de Gruyter Studium

Peter von Polenz
Deutsche Sprachgeschichte I

Deutsche Sprachgeschichte
vom Spätmittelalter bis zur Gegenwart

von

Peter von Polenz

Band I

Einführung · Grundbegriffe ·
14. bis 16. Jahrhundert

3. Auflage

bearbeitet von

Claudine Moulin

unter Mitarbeit von

Maria Backes und Natalia Filatkina

De Gruyter

ISBN 978-3-11-034794-4
e-ISBN (PDF) 978-3-11-049620-8
e-ISBN (EPUB) 978-3-11-049353-5

Library of Congress Control Number: 2020952730

Bibliografische Information der Deutschen Nationalbibliothek

Die Deutsche Nationalbibliothek verzeichnet diese Publikation in der Deutschen Nationalbibliografie; detaillierte bibliografische Daten sind im Internet über http://dnb.dnb.de abrufbar.

© 2021 Walter de Gruyter GmbH, Berlin/Boston

Einbandabbildung: Leyenschul. WIe man Künstlich und behend, schreyben unnd lesen soll lernen. Staatsbibliothek zu Berlin – PK, Ng 335, S. 13, URL: http://resolver.staatsbibliothek-berlin.de/SBB0001A34200000013, Public Domain Mark 1.0
Satz: Dörlemann Satz, Lemförde
Druck und buchbinderische Verarbeitung: CPI books GmbH, Leck

www.degruyter.com

Vorwort
zur 1. Auflage

Die längst wieder fällige Überarbeitung der „Geschichte der deutschen Sprache" (9. Aufl. 1978, Sammlung Göschen 2206) hat sich unter der Hand in ein völlig neues Buch verwandelt. Die Erforschung deutscher Sprachgeschichte, vor allem der neueren, ist seit den 70er Jahren durch eine große Zahl von Publikationen, neue Erkenntnisinteressen und Perspektiven expandiert worden, so daß eine kurze, vom Indoeuropäischen bis zur Gegenwart reichende Taschenbuchdarstellung für wissenschaftlich Interessierte mir nicht mehr möglich und verantwortbar erscheint. Heute ist eine sozial- und mediengeschichtliche Fundierung ebenso erforderlich geworden wie neue Schwerpunktbildungen: Sprachwandeltheorie, Soziolinguistik, Sprachpragmatik, Sprachkritik, Sprach(en)politik, Bilinguismus, Diglossie, Lehn-Wortbildung, Textsorten, Wissenschafts- und Fachsprachen, politische Begriffsgeschichte, Sprache der Massenmedien, Gruppenjargons, Minderheitensprachprobleme. Daneben dürfen die in der Forschung ebenfalls weitergeführten traditionellen Bereiche nicht zu sehr vernachlässigt werden.

Dies alles hatte bedenkliche quantitative Folgen: Aus den 6 Seiten der Einführung ins Grundsätzliche im alten Göschenband wurden über 70, aus den etwa 40 Seiten für die Zeit vom Spätmittelalter bis zum Ende des 16. Jahrhunderts wurden über 200 Seiten. Für die folgenden Jahrhunderte ist noch mehr Expansion zu veranschlagen. So habe ich mich entschließen müssen, in diesem Buch auf die älteren Epochen zu verzichten, für die es ohnehin genügend gute Darstellungen gibt. Der grobe Rück- und Überblick in Kap. 3 soll diesen Verzicht ein wenig kompensieren. Der Einstieg beim Spätmittelalter scheint mir auch durch die historische Tiefe gegenwartssprachlicher Probleme gerechtfertigt sowie durch die neuere Entwicklung der Interessengewichtung und Arbeitsteilung im Fach Germanistik, mit Frühneuhochdeutsch als gemeinsamem Arbeitsbereich von Mittelalterphilologen und historisch interessierten Linguisten.

Die Kapitel sind in der Regel leseökonomisch aufgebaut: Am Anfang steht meist eine Abstract-ähnlich komprimierte Übersicht über wesentliche Probleme und Ergebnisse, die im weiteren Verlauf detailliert abgehandelt werden; auch die Textabstufung in Normal- und Kleindruck geht vom Allgemeinen zum Besonderen. Aus der Fülle der genannten Forschungsliteratur konnte leider nicht alles im Text ausgewertet werden; Literaturangaben und Literaturlisten haben also größenteils weiterführende Hinweisfunktion. Dank gebührt den Verfassern von zusammenfassenden Forschungsberichten, Rezensionen und Handbuchartikeln, ohne die ein umfassender Überblick heute nicht mehr möglich wäre. Für wertvolle Hinweise und Kritik danke ich Dieter Cherubim, Kurt Gärtner, Hermann Gelhaus, Werner Holly, Alan Kirkness, Walter Röll, Georg Stötzel, Erika Timm und Herbert Wolf, für unermüdliche, perfekte Textverarbeitung Elsbeth Schirra, für mühsame Bibliotheks-, Korrektur- und Kontrollarbeiten Armin Maurer, für viel Geduld und Nachsicht meiner Frau.

Trier, im August 1990   P.v.P

Vorwort
zur 2. Auflage

Die weitere Forschungsexpansion zur neueren deutschen Sprachgeschichte brachte es mit sich, daß auch eine zweibändige Lösung im Rahmen der Sammlung Göschen für die Weiterführung bis zur Gegenwart nicht mehr realisierbar erschien. Auf meinen Vorschlag, den geplanten Göschen-Band II in zwei Bände mit je zwei Jahrhunderten zu teilen, hat der Verlag die Übernahme in die Reihe „Studienbücher" für angemessener gehalten. Für die sehr kooperative Handhabung dieser flexiblen und sachlich sinnvollen Lösung danke ich Frau Dr. Brigitte Schöning.
Die erforderliche Anpassung des nun vergriffenen Bandes I an die in den Bänden II und III bewährte Form besteht in der 2. Auflage in einer verbesserten Zugänglichkeit der Teilthemen in den Seitenköpfen und im Inhaltsverzeichnis, der Korrektur und Vermehrung der Vorausverweise auf Kapitel der Bände II und III, der Auflösung unnötiger Abkürzungen im laufenden Text, zahlreichen verdeutlichenden Umformulierungen und Ergänzungen, einer stärkeren Einarbeitung von Hinweisen auf die Forschungsliteratur (nicht nur der seit der 1. Auflage erschienenen) sowie einer differenzierteren thematischen Aufgliederung der Literaturhinweise am Ende der Kapitel. Thematisch Neues ist eingearbeitet über *sozial/gesellschaftlich* und Sozial-/Gesellschaftsgeschichte in der Sprachgeschichte (1.2E–H), über einen „gesellschaftswissenschaftlichen" Ansatz bei Hermann Paul (in 2.1A), über Natürlichkeitstheorie (in 2.1D), über sprachliche Innovation als „Ausbau" (in 2.3A), über „Eurolatein", Lehnpräfixe und „Germanismen" (am Ende von 2.3F), über ein Modell für pragmatische Semantik in der Diachronie, Begriffsgeschichte und Diskursgeschichte (2.3OPQ), über Phraseologie und Eigennamen (2.4EF), über ein Modell für Varietäten, Semantiktypen und Textsortenstile (2.4G), über ungewollte evolutive Wirkungen in der Perfektionierung von Rechtstexten und bei der Wahl prestigehafter Eigennamen (2.5K), über ein nederlandistisches Plädoyer für den Beginn ‚deutscher' Sprachgeschichte erst in der frühen Neuzeit (in 4.0), über den Schreibsprachwechsel in Köln (am Ende von 4.4G), über „Reliefbildung" im älteren Satzbau und asyndetische Relativsätze (in 4.5BC), über ein Forschungsprojekt zur Wortbildung in Nürnberg (am Ende von 4.6B). Die Kapitel- und Abschnittsgliederung mit Zahlen und Buchstaben wurde (mit Hinzufügung einiger neuer Abschnitte an Kapitelenden) aus der 1. Auflage beibehalten, das Register ergänzt.
Stellenhinweise auf andere Darstellungen der neueren deutschen Sprachgeschichte (s. 1.2Lit) werden in allen drei Bänden grundsätzlich nicht gegeben, da eine vergleichende und kontrastierende Benutzung anderer Sprach-

geschichten als selbstverständliche Ergänzung vorausgesetzt wird. Nur auf die themaspezifischen Artikel des HSK-Handbuchs „Sprachgeschichte" wird überall hingewiesen, und zwar bei Zitaten und Übernahmen aus der 1. Auflage (BRS) und dem bereits erschienenen Teilband 1 der Neubearbeitung (BBRS) mit Seitenzahlen, sonst nur im Voraus auf die vorgesehenen Artikelnummern der angekündigten Teilbände 2 und 3.
Für hilfreiche kritische und ergänzende Hinweise danke ich Hans Peter Althaus, Helmut Henne, Walter Röll, Rainer Wimmer, Herbert Wolf und den Rezensenten der 1. Auflage, für gewohnt zuverlässige, kooperative Textverarbeitung Elsbeth Schirra.

Trier, im August 1999 P.v.P

Vorwort

zur 3. Auflage

Die vorliegende 3. Auflage des ersten Bandes der *Sprachgeschichte* von Peter von Polenz wurde vom Autor selbst angeregt und im Hinblick auf das Konzept noch mit ihm besprochen. Es war der ausdrückliche Wunsch von Peter von Polenz, am Grundkonzept, an den theoretischen Prämissen und am wissenschaftshistorischen Kontext der ersten Auflage festzuhalten, ein Wunsch, den wir auch nach seinem Tod im Jahr 2011 weiterhin verfolgt haben. Die Neuauflage stellt demgemäß eine behutsame Überarbeitung sowie Aktualisierung der zweiten Auflage aus dem Jahr 2000 dar. Sie entspricht ihrer Verortung im Gefüge der dreibändigen *Sprachgeschichte* (der dritte Band erschien 1998 und wird zurzeit von Stephan Elspaß überarbeitet, der zweite Band erschien in einer überarbeiteten Auflage im Jahr 2013) – nicht zuletzt ist sie damit auch ein Zeitzeugnis ihrer Entstehung und des ihr zugrunde liegenden sprachhistorischen und gesellschaftlichen Verständnisses. Letzteres betrifft insbesondere die methodischen Einführungskapitel, die im Sinne einer Grundlegung der Sprachgeschichtsauffassung von Peter von Polenz selbst nun Teil einer wissenschaftlichen Historiographie geworden sind. Als „Meilenstein der Sprachgeschichtsschreibung" (Gardt, in: Bär u. a. 2019, 149) sind die vorliegende Sprachgeschichte und der vom Autor gewählte kulturhistorische und sozio-pragmatische Ansatz immer noch und insbesondere heute hochaktuell. Der gewählte Ansatz hätte selbstverständlich in einem ganz neuen Werk – welches aber hier nicht angestrebt ist – nochmals von neuem gedacht und anders weiterkonzipiert werden können. Wir haben deshalb in der vorliegenden, neu bearbeiteten Auflage inhaltliche Ergänzungen, notwendige Neujustierungen und Querverweise vorgenommen, ohne das Gesamtgerüst der von Polenz'schen (insbesondere kultur- und sozialgeschichtlichen) Argumentation allzu stark zu verändern.
Der Umfang an Forschungsliteratur ist seit dem Erscheinen der zweiten Auflage des Bandes für den vorliegenden Zeitraum sehr stark angewachsen, was zugleich auch die Intensität der sprachhistorischen Erschließung des Deutschen in den letzten Jahrzehnten – auf den von Peter von Polenz gelegten Spuren – erfreulich widerspiegelt. Im Hinblick auf die vielen neu gegründeten Monographiereihen und periodischen Erscheinungen zur deutschen Sprachgeschichte und ihren Teilaspekten musste daher eine Balance gefunden werden zwischen dem möglichst umsichtigen Dokumentieren der Sekundärliteratur und einer Auswahl der wichtigsten Themen und Neuerscheinungen. Inhaltlich stark ergänzt bzw. neu hinzugekommen sind Abschnitte zu neueren Entwicklungen in den allgemeinen einführenden Teilen (Kap. 1), bei der Darstellung der Sprachwandeltheorien und Grund-

begriffe der Sprachentwicklung (Kap. 2) sowie zur *Sprachgeschichte im digitalen Zeitalter* (1.3), ein Thema, das Peter von Polenz selbst mit großer Neugierde und Freude in seinen letzten Jahren zusammen mit uns in Trier verfolgt hat. Neben der behutsamen inhaltlichen Überarbeitung und thematischen Ergänzungen wurde Band 1 in der 3. Auflage formal in einer verbesserten Zugänglichkeit der Teilthemen durch eine differenziertere Darstellung in den Seitenköpfen und im Inhaltsverzeichnis sowie durch die Ergänzung eines Abbildungsverzeichnisses überarbeitet. Die sachlich gegliederten Literaturhinweise am Ende der Kapitel und das Gesamtliteraturverzeichnis wurden (nicht nur um die seit der 2. Auflage erschienene Forschungsliteratur) erweitert und vermehrt, Abbildungen und Tabellen neu gestaltet sowie das Register überarbeitet und ergänzt. Zitate aus historischem Quellenmaterial haben wir, soweit möglich, anhand der Originalüberlieferung bzw. wissenschaftlicher Editionen überprüft und entsprechend gegenüber den ursprünglichen Zitaten aus zweiter Hand korrigiert; dabei wurde der Unterschied zwischen rundem und langem <s> in der Regel aufgehoben.
Systematische Stellenhinweise auf andere Darstellungen der neueren deutschen Sprachgeschichte – ausgenommen die themaspezifischen Artikel des HSK-Handbuchs „Sprachgeschichte" in neuer (BBRS) sowie bei Bedarf in alter (BRS) Auflage – werden in allen drei Bänden der vorliegenden Sprachgeschichte grundsätzlich nicht gegeben, da eine vergleichende und kontrastierende Benutzung anderer Sprachgeschichten als selbstverständliche Ergänzung vorausgesetzt wird.

Unser Dank gilt den zahlreichen Kolleginnen und Kollegen, die mit ihrer Forschung und ihren Arbeiten zum mittelalterlichen und frühneuzeitlichen Deutsch das Weiterschreiben an der Sprachgeschichte dieses Zeitraumes maßgeblich gefördert haben; stellvertretend und für hilfreiche Diskussionen und Zusendung von Forschungsliteratur danken wir insbesondere Rolf Bergmann, Stephan Elspaß, Ursula Götz, Alexander Lasch, Wolf-Andreas Liebert, Nikolaus Ruge und Christof Schöch. Wir danken ferner dem Referat für Gleichstellung der Universität Trier für seine großzügige Unterstützung, Maria Backes (Trier) für die Besorgung der Sekundärliteratur und intensive Korrekturgänge, Natalia Filatkina (Hamburg) für die kritische Gegenlektüre und Ergänzung der einleitenden Kapitel, Simon Neuberg (Trier) für die Gegenlektüre und Aktualisierung der Abschnitte zum Jiddischen, Ingrid Schröder (Hamburg) für diejenigen zum Niederdeutschen sowie dem *Trier Center for Digital Humanities* für die hilfreiche Unterstützung. Ferner danken wir Dominic Harion (Luxemburg), Stefan Schug (Trier) und Heike Geyer (Trier), die das Vorhaben praktisch begleitet haben. Den besitzenden Bibliotheken und Museen sind wir für die freundliche Überlassung von Digitalisaten und Abbildungsrechten dankbar, dem Verlag de Gruyter – insbesondere Maria

Zucker, Jacob Klingner, Laura Burlon, Monika Pfleghar und Robert Forke – für die umsichtige und geduldige Betreuung der Publikation.

Peter von Polenz starb am 24. August 2011 in Korlingen bei Trier, dem Ort, wo er in seinem Garten seine dreibändige Sprachgeschichte konzipiert und zum Teil geschrieben hat – ihm bleiben wir in großer Dankbarkeit für die zusammen verbrachte Zeit, die gemeinsamen Diskussionen und Vorhaben tiefst verbunden.

Den Band möchten wir unserem viel zu früh verstorbenen Kollegen Jacob Klingner widmen.

Trier, im Winter 2020   Claudine Moulin

Abbildungsverzeichnis

Abb. 1: *Übersicht:*
Prozesse des Wortschatzwandels 53

Abb. 2: *Werkstatt Diebold Lauber:*
Bücheranzeige um 1450 136

Abb. 3: *Werkstatt Diebold Lauber:*
Moses mit Brille. Bibelhandschrift, Hagenau 1441–1449 138

Abb. 4: *Martin Luther:*
EJn Sermon oder Predig von dem ablasz vnd gnade, [Basel 1518] .. 152

Abb. 5: *Martin Luther:*
Von der Freyheyt eynisz Christen menschen, Wittenberg 1520 155

Abb. 6: *Argula von Grumbach:*
Wie eyn Christliche fraw des adels in Beiern, Breslau 1523 157

Abb. 7: *Titelblatt eines Zeitungsliedes:*
Der Bawrenkrieg, [Nürnberg 1526] 162

Abb. 8: *Übersicht:*
Vokalischer Lautwandel 170

Abb. 9: *Übersicht:*
Neustrukturierung des Vokalsystems 174

Abb. 10: *Übersicht:*
Entwicklung des neuhochdt. Konsonantensystems 177

Abb. 11: *Valentin Ickelsamer:*
Eiñ Teütsche Grammatica, [Nürnberg 1534] 200

Abb. 12: *Übersicht:*
Chronologie des lexikalischen Lehneinflusses –
Prozentsätze der Erstbelege des Deutschen Fremdwörterbuchs 241

Abb. 13: *Johann Eberlin von Günzburg:*
Der 10. Bundesgenosse, [Basel 1521] 280

Abb. 14: *Eike von Repgow:*
Sachsenspiegel, Anfang 14. Jh. 306

Inhalt

Vorwort zur 1. Auflage V

Vorwort zur 2. Auflage VII

Vorwort zur 3. Auflage IX

Abbildungsverzeichnis XIII

1. Zur Einführung 1

    1.1. Die Veränderbarkeit von Sprache und wie man darüber denkt 2
        A: Sprache als Tätigkeit — B: Synchronie/Diachronie — C–I: Sprachgeschichtsideologien — Literatur

    1.2. Erkenntnisinteressen der Sprachgeschichtsschreibung 9
        AB: Sprachgeschichte und historische Linguistik — C: Geschichtsbegriff — D: Wandel der Interessen und Perspektiven — E: soziopragmatisch, sozial/gesellschaftlich — F–H: Sprachgeschichte und Sozialgeschichte — Literatur

    1.3. Sprachgeschichte im digitalen Zeitalter................................... 22
        A: Digitale Geisteswissenschaften und Sprachgeschichte — BC: Quellen und Korpora — D: Editionen — E: Wörterbücher — F: Atlasvorhaben — Literatur und Linksammlung

2. Grundbegriffe der Sprachentwicklung.. 35

    2.1. Theorien über Sprachwandel 35
        A–C: Stammbaumtheorie, Wellentheorie, Entfaltungstheorie — D: Systemlinguistik, Natürlichkeitstheorie, Grammatikalisierung, Konstruktionsgrammatik — E: Sprachzustand als Sprachwandel — Literatur

    2.2. Sprachliche Ökonomie 44
        A: Reduzierte und explizite Sprache im Sprachverhalten — B: Systembezogene und informationsbezogene Ökonomie — C: Sprachökonomische Stile — Literatur

2.3. Sprachliche Innovation 51
A: Sprachausbau, innovativer Sprachgebrauch — B–D: Wortbildungsarten und -motive — EF: Entlehnung durch Sprachenkontakt, Integration, Lehn-Wortbildung — G–O: Semantischer Wandel — PQ: Begriffsgeschichte, Diskursgeschichte — Literatur

2.4. Sprachliche Variation 75
A: Sprachfunktionen — B–D: Varianten, Varietäten — E: Phraseologie — F: Eigennamen — G: Varietäten-Modell, Semantiktypen, Textsortenstile — Literatur

2.5. Sprachliche Evolution 90
A: Rudi Kellers *invisible-hand*-Theorie: Nichtintendierte Folgen intentionalen Sprachhandelns — B–K: Beispiele aus der deutschen Sprachgeschichte — L: Nebeneinander von Altem und Neuem, Sprachgeschichte als soziopragmatische Stilgeschichte — Literatur

3. Vom mittelalterlichen zum neuzeitlichen Deutsch: Kontinuität und Diskontinuität 99

A: Stefan Sondereggers „Konstanten" und „Inkonstanten" der deutschen Sprachgeschichte — B: Äußere Kontinuitäten — C: Innere Kontinuitäten — D: Äußere Diskontinuitäten — E: Innere Diskontinuitäten — Literatur

4. Deutsch in der frühbürgerlichen Zeit 117

4.0. Eine innovative Epoche 117
Frühbürgerlich, Frühneuhochdeutsch, Mittelniederdeutsch — Literatur

4.1. Staat, Wirtschaft und Gesellschaft 121
A: Spätmittelalter, frühe Neuzeit — B: Territorialisierung — CD: Kirche, Reformversuche, Reichsreform — EF: Sozial- und Wirtschaftsgeschichte — GH: Reformation und ‚Bauernkrieg' — Literatur

4.2. Mediengeschichte, Bildungsgeschichte, Textsortenentwicklung 132
AB: Expansion der Schriftlichkeit — C: Papier, Schreibmanufakturen — D: Lesebrillen — EF: Schriftentwicklung, städtische Schreibpraxis, Textrezeption — GH: Laienbildung, Schulwesen, Universitäten — J: Buchdruck — K–N: Frühe Publizistik, Humanisten, Reformation, Volksaufstände — O: Vorformen der Zeitung — PQ: Schulreformen, Alphabetisierung — R: Wissenschaften — Literatur

4.3. Neustrukturierung des Sprachsystems:
Phonemik, Graphemik, Morphemik 169
AB: Schreibsprachorientierte Homogenisierungstendenz — C–E:
Vokalismus — FG: Konsonantismus — H: Substantivflexion —
J: Verbflexion — K: Adjektivflexion — Literatur

4.4. Regionalschreibsprachen und überregionaler Ausgleich
auf dem Weg zur neuhochdeutschen Schriftsprache 182
A: Variantenreduzierung in hochdeutschen Schreiblandschaften,
Eigenständigkeit des Niederdeutschen und Niederländischen,
ältere Forschungsmeinungen — BC: Ost- und Westoberdeutsch —
D–F: Ostmitteldeutsch — G: Westmitteldeutsch — H: Mittelniederdeutsch — J: Prinzipien der Schreibsprachentwicklung — K:
Einfluss der Buchdrucker — L: Schreib- und Lesemeister, Orthographielehren — M: Lautungsnormen — NO: Ausgleich im Wortschatz — Literatur

4.5. Konsolidierung der Satzbaumittel 211
AB: Satzkomplexität, Reliefbildung — C: Satzverknüpfung, Konnektoren — D: Verbgefüge, Tempus, Modus, Passiv — EF: Satzrahmen,
Satzgliedstellung — Literatur

4.6. Ausbau des Wortschatzes 222
AB: Wachsende Produktivität von Wortbildungstypen — C: Fachsprachen — D: Frühe Wissenschaftssprache auf Deutsch — E: Altdeutsche Rechtssprache vor und nach dem römischen Recht — F:
Anfänge deutschsprachiger Lexikographie — Literatur

4.7. Sprachenkontakte, Entlehnungen aus anderen Sprachen...... 240
A: Chronologische Lehnwortstatistik nach dem DFWB — B–D:
Latein im Frühhumanismus, Übersetzen, Sprachmischung — E:
Sprachpurismus und Integrationstoleranz — F: Altgriechisch — G:
Entlehnte Fachterminologien — H: Lateinischer Einfluss im Satzbau — J–L: Französische, italienische, spanische Entlehnungen —
M: Lehn-Wortbildung — N: Entlehnungen aus dem Hebräischen
bzw. älteren Jüdischdeutsch — O: Entlehnungen aus slawischen
Sprachen — Literatur

4.8. Sprache der Reformation und der Volksaufstände 261
AB: ‚Lutherdeutsch', Vorbilder — CD: Sprechsprachnähe, Allgemeinverständlichkeit — E: Stil der Bibelübersetzung — F: Wortschatz, Sprichwörter, Satzbau — G: Wirkung der Lutherbibel — H:
Luthers Flugschriften — J: Reformationsdialoge — K: Agitationstexte der Aufständischen, Thomas Müntzer — L–N: Politischer
Wortgebrauch, Modalwörter, Wortbildung — Literatur

4.9. Anfänge sprachenpolitischen Verhaltens 284
A: Frühformen von Sprachenpolitik — B: Latein und Volkssprache — C–J: Schriftsprachwechsel von Niederdeutsch zu Hochdeutsch in Norddeutschland — K: Friesisch/Niederdeutsch/Hochdeutsch — LM: Entstehung des älteren Jüdischdeutsch/Jiddisch – N–S: Zurückdrängung slawischer Sprachen — Literatur

Literatur 315
Abkürzungen 453
Register 455

Band II: 17. und 18. Jahrhundert (Kap. 5)
Band III: 19. und 20. Jahrhundert (Kap. 6)

1. Zur Einführung

Sprache existiert konkret im gesellschaftlichen Umgang zwischen Menschen, ist also historisch veränderlich. Dies wird schon semiotisch (zeichentheoretisch) beim Vergleich mit anderen Kommunikationsmitteln deutlich: Als lineares Zeichensystem ist Sprache ein fortlaufend rezipiertes Kommunikationsmittel, im Unterschied beispielsweise zu bildlichen Verkehrsschildern, die auf einen Blick, also punktuell wahrgenommen werden können. Sprache ist an den Zeitablauf gebunden. Das zeitliche Nacheinander der gehörten/gelesenen Laute/Buchstaben und Wörter muss zwar mindestens bis zum Abschluss eines Satzes als ein Miteinander kognitiv gegenwärtig bleiben, besonders beim traditionellen deutschen Klammersatz-Stil, in dem – zum Ärger der Simultandolmetscher – der Kern des prädikativen Satzinhalts oft bis zu einem am Satzende stehenden Element (Prädikat, Prädikatsteil, Verneinung) aufgespart wird. Aber schon eine vor fünf Minuten gesprochene Äußerung kann in Vergessenheit geraten; und wir wissen in der Regel nicht mehr viel davon, was und wie wir vor zehn oder zwanzig Jahren gesprochen haben. Sprache ist immer wieder ein Neuvollzug, bei dem selbst das schon oft Gesagte meist anders gesagt wird. Zwar kann die schriftliche Fixierung einer Sprache den Sprachwandel verlangsamen; und die Gewöhnung an eine geregelte Schriftsprache kann über seine Unaufhaltsamkeit hinwegtäuschen. Aber stillgelegt wird der Sprachwandel niemals, es sei denn, es handelt sich um eine in Traditionen erstarrte reine Schriftsprache wie das Lateinische, das heute von keiner wirklichen Sprachbevölkerung mehr gesprochen wird, also kaum noch Geschichte hat.

1.1. Die Veränderbarkeit von Sprache und wie man darüber denkt

A. Sprache ist nicht nur veränderlich (im Sinne eines selbsttätigen, natürlichen Wandlungsprozesses), sondern auch veränderbar durch menschliches Handeln und Verhalten. Dies entspricht dem sprachphilosophischen Kern von Wilhelm v.Humboldts vieldiskutierter „Energeia"-These:

> „Die Sprache, in ihrem wirklichen Wesen aufgefaßt, ist etwas beständig und in jedem Augenblicke Vorübergehendes. Selbst ihre Erhaltung durch die Schrift ist immer nur eine unvollständige, mumienartige Aufbewahrung, die es doch erst wieder bedarf, dass man dabei den lebendigen Vortrag zu versinnlichen sucht. Sie selbst ist kein Werk (*Ergon*), sondern eine Thätigkeit (*Energeia*). Ihre wahre Definition kann daher nur eine genetische seyn. Sie ist nemlich die sich ewig wiederholende Arbeit des Geistes, den articulirten Laut zum Ausdruck des Gedanken fähig zu machen. Unmittelbar und streng genommen, ist dies die Definition des jedesmaligen Sprechens. [...] Das Zerschlagen in Wörter und Regeln ist nur ein todtes Machwerk wissenschaftlicher Zergliederung. Die Sprachen als eine Arbeit des Geistes zu bezeichnen, ist schon darum ein vollkommen richtiger und adäquater Ausdruck, weil sich das Daseyn des Geistes überhaupt nur in Thätigkeit und als solche denken läßt [...]. Mit dem Verstehen verhält es sich nicht anders. Es kann in der Seele nichts, als durch eigne Thätigkeit vorhanden seyn, und Verstehen und Sprechen sind nur verschiedenartige Wirkungen der nemlichen Sprachkraft. Die gemeinsame Rede ist nie mit dem Uebergeben eines Stoffes vergleichbar. In dem Verstehenden, wie im Sprechenden, muss derselbe aus der eignen, innren Kraft entwickelt werden; und was der erstere empfängt, ist nur die harmonisch stimmende Anregung" (Schriften zur Sprachphilosophie, Werke III, Darmstadt 1963, S. 418f., 430).

In der „energetischen", neohumboldtianischen Sprachtheorie Leo Weisgerbers wurden Humboldts Begriffe „Thätigkeit", „Arbeit des Geistes", „Sprachkraft" hypostasierend aufgefasst als „ununterbrochene Wirksamkeit der gesammelten Sprachkraft einer Sprachgemeinschaft" (L. Weisgerber 1949ff., Bd. II, 1962/73, 76), also im Sinne von selbsttätigem ‚Geist' und „wirkender Kraft" der ‚Sprache selbst', die das Denken und Sprechen der Menschen determiniert und ‚lenkt'. Heute werden diese Humboldtschen Begriffe – vor allem für die veränderbaren Bereiche von Sprache – nicht mehr so einseitig sprachdeterministisch interpretiert. In pragmatisch und soziolinguistisch orientierter Sprachtheorie und Sprachwandeltheorie finden sich Humboldts „Thätigkeit" und „Arbeit" wieder als individuelles, interaktionales „Sprachhandeln", als soziale „Sprechtätigkeit" und kollektives „Sprachverhalten" von Sprachbenutzenden, die nicht mehr idealistisch harmonisierend als „Sprachgemeinschaft" aufgefasst werden, sondern als differenzierte Gruppen innerhalb einer „Sprachbevölkerung" in spezifischen sozialen Kommunikationssituationen. Sprache ist auch nicht nur ein strukturalistisch zu beschreibendes System von Begriffen, Ausdruckselementen und Kombinationsregeln; in ihrer konkreten Existenz ist sie dynamische gesellschaftliche Sprachpraxis, nach einer Formulierung des amerikanischen Ethnolinguisten Dell Hymes (1967, 635): „[...] what those who have it can do with it – what they have made of it, and do make of it", aber auch was sie mit ihr nicht tun konnten und durften. Anders ausgedrückt: Objekt der Sprachgeschichte ist „die Organisation der Verständigung und des Verstehens im Verlaufe der Geschichte des Sprechens und Schreibens" (Knoop 1995, 24).

B. Die Veränderung von Sprache wird von normalen Sprachbenutzenden gewöhnlich nicht bemerkt, denn Sprache funktioniert scheinbar nur als jeweils gültiges s y n c h r o n e s (gleichzeitiges) Inventar von Zeichen und Regelsystem, muss also als grundsätzlich einheitlich und unveränderlich erscheinen. Unveränderlich ist Sprache aber auch in der Gegenwart nicht, denn sie reagiert auf historische und gesellschaftliche Veränderungen und die sich verändernden Bedürfnisse der Sprechenden. Wer ein gutes langzeitliches Erinnerungsvermögen hat oder mit Sprachzeugnissen aus der Vergangenheit vertraut ist, hat auch eine d i a c h r o n e Perspektive, in der man zeitlich weit auseinander liegende Sprachzustände vergleichen, also Sprachwandel erkennen kann. Wer nur selten dazu Gelegenheit hat und nur zufällige Einzelheiten des Sprachwandels beobachtet, ist meist darüber verwundert und neigt zu der Ansicht, früher habe man noch ‚falsch' gesprochen, oder meint umgekehrt in sentimentaler oder konservativer Verklärung der Vergangenheit, die Sprache der Vorfahren sei noch nicht ‚verderbt' gewesen vom modernen ‚Zeitgeist'.

Schon seit alten Zeiten sind die Menschen über den Sprachwandel und die damit zusammenhängende Sprachverschiedenheit beunruhigt gewesen. Man hat das unfassliche Phänomen der Wandelbarkeit und Zersplitterung der Sprache mythologisch gedeutet als eine Strafe für Sünden, die die Menschen vom göttlichen Ursprung der einen und wahren Sprache entfernt habe (Babylonische Sprachverwirrung). Die Vorstellung von der göttlichen ‚Ursprache' und der Heillosigkeit der Menschensprachen und ihrer Geschichte wirkte teilweise noch bis in die Zeit der Romantik nach. Die Klage über den ständigen ‚S p r a c h v e r f a l l' ist noch heute ein beliebter Topos in der kulturpessimistischen Sprachkritik, nicht zuletzt weil man als deutscher Bildungsbürger gewohnt ist, die Sprache der Gegenwart am Vorbild des ‚Klassischen' oder des ‚Urtümlichen' zu messen. Seit der Aufklärung setzen sich demgegenüber Sprachauffassungen immer mehr durch, in denen Sprache als historisch veränderliche Funktion gesellschaftlicher Tätigkeit gesehen wird (Borst 1957–1963; vgl. v.Polenz 2005; Strasser 2011; Plewnia/Witt 2013).

Die Ansichten über Sprache und Sprachwandel gehören mit zur „Arbeit des Geistes" einer Sprachbevölkerung und haben in mancher Hinsicht Einfluss auf ihre Sprachkultur und deren Entwicklung, ähnlich wie das Denken, Reden und Schreiben über gesellschaftliche Zustände (das „Alltagswissen" darüber) nach Ansicht moderner Soziologinnen und Soziologen mit zu den Faktoren gesellschaftlicher Bewahrung und Veränderung gehört. Dabei ist die Grenze zwischen wissenschaftlichen, populärwissenschaftlichen und politisch-ideologischen Ansichten fließend. Ideologien sind vergröbert popularisierte und politisierte Expertensysteme. In Bezug auf Sprache ist das Argumentieren über Ursachen und Bewertung von Vielfalt und Veränderung erschwert durch folgende sprachideologische Haltungen, die sich vielfach miteinander überschneiden und bei vielen ,Sprachfreundinnen und -freunden' mehr oder weniger durch politische oder bildungsbedingte Prädispositionen zu stereotypen Vorurteilen verfestigt sind (C–I):

C. Die sprachkonservative Haltung: Veränderung im Sprachgebrauch wird einseitig nur als Verlust eines alten, positiv bewerteten Sprachzustandes gesehen (*Sprachverfall, Sprachverderb, Sprachzerstörung*). Dabei werden die Veränderungen der gesellschaftlichen Kommunikationsbedürfnisse und die Entstehung neuer, differenzierterer Ausdrucksmittel ignoriert oder nicht akzeptiert. Die Beurteilung von Sprachveränderung als Verfall, Entwicklung oder Fortschritt hängt zusammen mit politischen Einstellungen zu entsprechenden Veränderungen der Gesellschaftsstruktur und des gesellschaftlichen Verhaltens.

So wird z. B. bei pauschaler Kritik am ,Verfall' (pragmatischer: am Nicht-mehr-Verwenden) alter Konjunktivformen meist nicht beachtet, dass der sprachgeschichtliche Ersatz flexivischer Konjunktivformen durch Modalverbfügungen, Modaladverbien oder Konjunktionen mit einem Gewinn an neuen semantischen Differenzierungen verbunden ist. Vgl. 5.9K, 6.9F!

D. Die sprachelitäre Haltung: Wenn Sprachmittel, die früher nur in privater mündlicher Alltagssprache, in Dialekten oder Subkulturjargons vorkamen, heute zunehmend auch in öffentlichem oder literarischem Gebrauch verwendet werden, so messen viele dies einseitig an traditionellen bildungsbürgerlichen Sprachnormen und Textsortenstilen und bewerten es negativ (*Nivellierung, Vulgarisierung, Verhunzung der Sprache Goethes*). Dabei werden Wirkungen von historischen Veränderungen der Sozialstruktur und der Massenmedienkultur ignoriert oder abgelehnt, also stilistische Tabus in bestimmten Textsorten für unveränderbar gehalten.

Beispielsweise wird die immer häufigere Verwendung von Wörtern des Jugendjargons (*anmotzen, Typ, Alter, krass* usw.) in Fernsehinterviews, Zeitungskommentaren, Schulaufsätzen, Dramen, Romanen als *Eindringen des Jargons in die deutsche Sprache* kritisiert. Im

Gesamtsystem der Sprache handelt es sich hier aber nur um Veränderung von Stilmöglichkeiten bestimmter Textsorten und Kommunikationstypen innerhalb der deutschen Sprache; auch Subkulturjargons sind immer schon Teile (Varietäten) einer Sprache als Gesamtsprache. Solange solche Wörter z.B. in einem polemisch-witzigen Kommentar einen Stilwert als Subkulturwörter metaphorisch behalten, stellen sie eine Bereicherung des Ausdrucksrepertoires solcher Textsorten dar. Vgl. 6.9V, 6.12M, 6.15L–N!

E. Die historistische oder philologistische Haltung: Viele glauben, gegenwärtigen Sprachgebrauch aus älterem Sprachgebrauch erklären oder an ihm messen zu müssen. Bei der Beurteilung von Wortbedeutungen beruft man sich gern auf die *ursprüngliche und eigentliche Bedeutung*, die man aus historisch-philologischer Bildung kennt. Dabei wird den Sprachbenutzenden mehr an spezieller Sprachbildung und -erinnerung unterstellt als nach deren Kommunikationsbedingungen, -erfordernissen und -bedürfnissen angemessen ist. Die Normalität von Bedeutungsvielfalt (Polysemie) in natürlichen Sprachen wird dabei ebenso wenig anerkannt wie die Veränderbarkeit von Gebrauchsbedingungen.

Das Wort *Alternative* zum Beispiel wird heute nicht mehr nur im traditionellen akademischen Sinne für binäre (,entweder/oder'-)Entscheidungen verwendet (nach lat. *alter* im Unterschied zu *alius*), sondern auch im Plural für mehrere zur Wahl stehende Möglichkeiten (z.B. *Welche Alternativen gibt es dazu?*). Bei popularisierten Wörtern aus der Wissenschaftssprache muss mit Bedeutungswandel gerechnet werden, der als Tatsache der Sprachgeschichte zu beschreiben ist. (s. 5.11T–V, 6.14E–G!)

F. Die sprachpuristische Haltung: Aus anderen Sprachen entlehnte Wörter und Wendungen werden pauschal als *Fremdwörter, Eindringlinge, Verwelschung, Anglizismen* usw. negativ bewertet und als für die deutsche Sprache *unnötig* oder *schädlich* aufgefasst. Als sprachpolitische Konsequenz wurde zeitweise amtliche Verdeutschung praktiziert (s. 6.7D–I), in radikaler Weise *Entwelschungs-Kampagnen* mit Menschenverfolgung (s. 6.7OP). Diese Einstellung resultiert teils aus traditionell-philologischem Bedürfnis nach *Reinhaltung* der Sprache und Abneigung gegen *Sprachmischung, Sprachmengerei, hybride Formen* seit der Humanistenzeit (s. 4.7E, 5.5), teils aus politischem Isolationismus (Nationalismus, Fremdenfeindlichkeit) seit der barocken ‚Alamode-Zeit' und der Napoleonzeit (s. 5.5, 6.7), teils aus basisdemokratischer Abwehr von Oberschicht-, Wissenschafts- und Bildungssprache seit dem 19. Jh. (s. 5.5Q–U). Dabei wird oft ignoriert oder nicht akzeptiert, dass viele Entlehnungen längst in die deutsche Sprache integriert sind (durch grammatikalische, semantische und/oder soziolinguistische ‚Eindeutschung', s. 2.3F, 5.4G, 6.10FL) und dass das Deutsche, wie andere moderne Kultursprachen, seit langem eine Mischsprache ist, und zwar mit sprachkulturellem Gewinn (s. 4.7AEM, 5.4, 6.7, 6.10); zur Geschichte des Sprachpurismus: Kirkness, in: BBRS 407 ff.

So ist der Ersatz des vermeintlichen ‚Fremdworts' *Adresse* durch die Verdeutschung *Anschrift* (seit 17. Jh., amtlich seit Ende des 19. Jh.s) nicht sehr erfolgreich gewesen, weil *Adresse* längst allgemein bekannt und wortbildungsmäßig wie phraseologisch produktiv geworden ist: *adressieren, Adressat, Adressbuch, eine Adresse an jemanden richten, bei jemandem an die falsche Adresse geraten, gute Adresse* usw. Bis heute blieb *Adresse* das populäre Wort für eher amtssprachliches *Anschrift*; vgl. 6.7D!

G. Die sprachmonomane Haltung: Man geht oft davon aus, dass von mehreren konkurrierenden Ausdrücken bzw. Bedeutungen nur eine(r) der/die *richtige, gute, eigentliche* sein könne (meist die eigene oder die den eigenen Interessen entsprechende Variante), die anderen seien *falsch* oder *schlecht*. Dahinter steht teils eine autoritäre, zentralistische, egoistische oder pedantische Sprachnorm-Auffassung (*Was nicht im Duden steht, gibt es nicht/ist falsch*), teils eine sprachrealistische Semantik (s. 2.3G): Man glaubt, für jede Sache dürfe es nur einen bestimmten Ausdruck geben (*Das heißt so und nicht anders*) und jedes Wort müsse eine bestimmte, feste Bedeutung haben, die mit der gemeinten Sache identisch sei (z.B. *Unrecht bleibt Unrecht, Mit Demokratie meine ich Demokratie*). Die in natürlichen Sprachen ganz normalen Wortschatzrelationen der Synonymie und Polysemie werden also nicht anerkannt genauso wie die Allgegenwärtigkeit des Sprachwandels, der Variation und der sprachlichen Zweifelsfälle (Klein 2018). Diese Semantikideologie beruht auf positivistischer Erkenntnistheorie, nach der man annimmt, dass die Realitäten (prä)existieren und man sie nur zu erkennen und zu benennen brauche. Dabei wird ignoriert, dass natürliche Sprache grundsätzlich nicht homogen (einheitlich), sondern in hohem Maße heterogen, ungenau und variabel ist und dass mit dem sprachlichen Benennen nicht die Realitäten selbst konstituiert werden, sondern nur sehr verschiedene, meist einseitige ‚Begriffe' von vermeintlich ‚objektiven' Realitäten, und zwar stark gruppeninteressen- und situationsbedingt (vgl. Felder/Gardt 2018).

Als im revolutionären Herbst 1989 die Bevölkerung der DDR sich als kritisches Staatsbürgervolk konstituierte und der Westberliner Oberbürgermeister Momper in einer Rede zur Öffnung der Berliner Mauer – mit impliziter Anspielung auf den Satz *Wir sind das Volk!* auf Spruchbändern und in Sprechchören bei den Leipziger Montagsdemonstrationen (s. 6.16Y) – den Ausdruck *das Volk der DDR* verwendete, warfen ihm der Bundeskanzler Kohl und dessen Parteifreunde vor, das Wort *Volk* unzulässig verwendet zu haben, also nicht mehr *auf dem Boden des Grundgesetzes zu stehen* (in dessen Präambel *das Deutsche Volk* als abstrakter Verfassungsgeber genannt ist). Es fällt vielen schwer, mit mehreren Bedeutungen eines Wortes zu rechnen und den Kommunikationspartnerinnen und -partnern das Menschenrecht auf situations- und interessenbedingte, freie (auch innovative) Verwendung der Sprache zuzugestehen. Das *Besetzen von Begriffen* ist Teil einer (im Deutschen seit Luthers politischer Publizistik nachzuweisenden, s. 4.8H) sprachmonomanen politischen Handlungsweise, bei der man *falschen Sprachgebrauch, Missbrauch der Sprache, Worthülsen, Leerformeln, Phrasendrescherei* immer nur beim Gegner/bei der Gegnerin feststellt, nie bei sich selbst. Zu wenig wird relativiert: ‚falsche' oder ‚leere'

Sprache ist oft nur ‚andere' Sprache, Sprache der ‚Anderen', der Andersdenkenden. – Zu politischem Sprachgebrauch s. 5.12K–Z, 6.16!

H. Die panlinguistische Haltung: Man überschätzt Sprache derart, dass man die Schuld an moralisch zu verurteilenden Wirkungen von Sprachgebrauch der ‚Sprache' selbst zuschreibt (*Macht des Wortes, Verführungsmacht Sprache, die Sprache lügt/kann nicht vergessen*) und dass man als Reaktion darauf gesellschaftliche Veränderungen durch Veränderungen der Sprache herbeiführen will. Dabei wird ignoriert, dass Wirkungen von Sprache immer nur durch bestimmte Handlungsweisen von Sprachbenutzenden in bestimmten Gruppenverhältnissen und Kommunikationssituationen zustande kommen, nicht durch die bloße Existenz bestimmter Sprachmittel. Die Bedeutungen der Wörter sind nicht in ihnen selbst ‚enthalten'; wichtige Teile des Gemeinten und des Mitzuverstehenden werden erst durch Gebrauch in bestimmten Kontexten konstituiert (vgl. v.Polenz 1985/2008, 298ff.). Will man Sprachwirkungen vorbeugend durch pauschale Ächtung bestimmter Wörter sprachkritisch vermeiden helfen, unterliegt man leicht dem Irrtum, Missstände durch Beseitigen ihrer Symptome abschaffen zu können. Die panlinguistische Haltung ist besonders in den 50er und 60er Jahren des 20. Jh.s gefördert worden durch die feuilletonistische Sprachkritik, die „energetische" Sprachtheorie Leo Weisgerbers, durch amerikanischen Sprachdeterminismus (B.L. Whorf) und durch die Bewegung General Semantics im Zusammenhang mit der Totalitarismus-Ideologie der Zeit des Kalten Krieges. Vgl. v.Polenz 2005; 6.8O–R!

So scheiterte z.B. der publizistisch-sprachkritische Versuch, aus dem Missbrauch des Wortes *betreuen* durch nationalsozialistische Menschenverfolgung und deren verschleiernde Propagandisten, aus seinem Präfix *be-* und seiner Akkusativkonstruktion eine Ächtung dieses Wortes als ‚Wort des Unmenschen' mit dem ‚inhumanen Akkusativ' abzuleiten. Wortbedeutungen können nicht kontextlos beurteilt werden; nicht das Wort hat ‚gelogen', sondern bestimmte Sprachbenutzende in bestimmten Kontexten. Vgl. 6.8Q, 6.16P!

I. Die kulturrevolutionäre Haltung, die besonders seit der studentischen Bewegung der 1968er die Diskussion über ‚Hochsprache' und ‚Sprachbarrieren' beeinflusst hat: Man verabsolutiert bestimmte sozialgeschichtliche Faktoren der Sprachentwicklung zum Teil derart, dass man traditionelle Sprachnormen pauschal nur als bürgerliche Herrschaftsmittel zur Unterdrückung sozialer Unterschichten auffasst. Dabei wird unterschlagen, dass die Jahrhunderte dauernde Sprachstandardisierung und Sprachkultivierung auch anderen, noch heute in einer demokratischen Gesellschaft wichtigen Zwecken diente: überregionaler, schriftlicher, literarischer, politischer, wissenschaftlicher, technischer, übernationaler Kommunikation.

Im muttersprachlichen Deutschunterricht werden z. B. manchmal traditionelle Stilregeln wie *Sag es in einem vollständigen Satz!* oder *Ersetze Substantive durch Verben!* als ‚unmodern' oder als repressive Durchsetzung alter bürgerlicher Bildungssymptome empfunden, diskreditiert und schließlich vernachlässigt, ohne zu beachten, dass solche Regeln des Genauersagens durchaus auch heute in nicht mehr elitärer Gesellschaftsordnung sprachkulturell und sprachkritisch wichtigen Anwendungszwecken dienen (vgl. v.Polenz 1985/2008, 24 ff., 40 ff.). Ökonomische, komprimierte Ausdrucksweisen sind oft nur für die Sprechenden/Schreibenden bequemer, nicht für weniger routinierte Rezipierende (s. 2.2).

Literatur

Sprachphilosophie: BBRS (Burger 181 ff.). Borst 1957, 1960. Coseriu 1975. Dascal u. a. 1992–1996. DPhA (Heintel 453 ff.). Hennigfeld 1994. Leiss 2012. LGL (Lorenz 1 ff.). Newen/Schrenk 2008. Strasser 2011. Viebahn i. Dr.

Einführungen in die Sprachwissenschaft: Auer 2013. Bartsch/Vennemann 1982. R. Bergmann u. a. 2010. Coseriu 1988. Ernst 1997/99. Gross 1988/98. Imhasly u. a. 1986. LGL (Abschn. I–III). Linke u. a. 1991/2004. Lyons 1971. Martinet 1963. H. Müller 2009. Pelz 1994. Schunk 1997/2002. Vater 2002.

Linguistische Terminologie: Abraham 1987. Bußmann 1983/2008. Glück/Rödel 2016. Lewandowski 1990.

1.2. Erkenntnisinteressen der Sprachgeschichtsschreibung

A. In der Auseinandersetzung mit solchen (und anderen) sprachideologischen Voreinstellungen können sprachgeschichtliche Kenntnisse Argumentationshilfen sein. Dazu bedarf es aber einer Auffassung von Sprachgeschichte, die über bloße Sprachsystemgeschichte hinausgeht und historische Zusammenhänge zwischen Sprache und Gesellschaft im Rahmen kommunikativer Praxis berücksichtigt. Die traditionelle historische Sprachforschung seit Jacob Grimm wurde oft als Propädeutik der Textphilologie und Literaturgeschichte verstanden und hatte vor allem die Aufgabe, frühere Sprachzustände als Systeme und als Inventare von Einzelfakten möglichst umfassend zu beschreiben, z. B. in historischen Grammatiken oder historischen Wörterbüchern, die dem Verständnis, der philologischen Erklärung und Aufbereitung von Texten aus früheren Zeiten dienen.

Außerdem verstand die Sprachsystemgeschichte ihre Aufgaben zum Teil auch als eine Art ‚Sprach-Archäologie', d.h. eine Hilfswissenschaft der prähistorischen Forschung, die in überlieferungsarmen Epochen auf eine Erklärung der wenigen als ‚Überreste' erhaltenen Sprachzeugnisse angewiesen ist, oder auf die Erhellung vorgeschichtlicher ethnologischer Zusammenhänge (z.B. Volksstämme, Völkerwanderung) aus der philologisch-historischen Rekonstruktion von Sprachverwandtschaften und hypothetisch erschlossenen Proto-Sprachen wie Indogermanisch/Indoeuropäisch, Altgermanisch, Nordseegermanisch, Kontinentalsüdgermanisch. Vgl. BBRS (Nr. 58–61); J. Klein u.a. 2017 (Abschn. IX).

B. Seit Friedrich Kluge (1920/25) wird germanistische Sprachgeschichtsschreibung nicht mehr vorwiegend in philologisch-hilfswissenschaftlichem Sinne als deskriptive Sammlung und Aufbereitung aller überlieferten Einzelfakten aufgefasst, sondern vielmehr auch als auswählende und in wirklich historischen Zusammenhängen erklärende Synthese. Ähnlich wie man in der Geschichtsschreibung – im Unterschied zu Chroniken, Annalen und Regesten – aus den Ergebnissen der historischen Quellenforschung diejenigen Themen und Fakten auswählt und zielgerichtet anordnet, die für langfristige Entwicklungen als wichtig und folgenreich, für bestimmte historische Epochen als kennzeichnend erkannt werden, so hat auch Sprachgeschichtsschreibung aus den Ergebnissen der historischen Sprachforschung diejenigen Bereiche auszuwählen, die sich für die Entwicklung einer Sprache – als Sprachfähigkeit und Sprachpraxis ihrer Benutzenden(gruppen) – als wesentlich erweisen. Dieses Auswählen und Erklären nach Erkenntnisinteressen ist unvermeidlich verbunden mit dem Wagnis des Bewertens, Hervorhebens, Gewichtens und des Behauptens oder Wahrscheinlichmachens kausaler Zusammenhänge zwischen Sprache und außersprachlichen Faktoren.

Es entspräche beispielsweise nicht den Aufgaben von Sprachgeschichtsschreibung, wenn man in quantitativ-demoskopischer oder sozialromantischer Weise davon ausginge, dass im 16. Jh. kaum fünf Prozent der Bevölkerung Deutschlands lesefähig gewesen sein können (s. 4.2P), und man demgemäß meinen würde, in der deutschen Sprachgeschichte des 16. Jh.s zu 95 Prozent das sprachliche (und nichtsprachlich-kommunikative) Alltagsleben dieser ‚nichtalphabetisierten' Bevölkerungsmehrheit beschreiben zu müssen und der damaligen Schreibsprachentwicklung höchstens fünf Prozent der Darstellung zuerkennen zu dürfen. Erstens ist in der Zeit vom 16. bis 19. Jh. mit einer starken Wirkung semioraler (halbmündlicher) bzw. semiliteraler (halbschriftlicher) Kommunikation zu rechnen (Schlieben-Lange 1983, 48f.), d.h. mit der Multiplizierung der Rezeption bestimmter Textsorten um mindestens das Zehnfache durch Vorlesen, Lesenhören und Auswendigsprechen, also durch einen beträchtlichen gesellschaftlichen Einfluss und partikuläre Teilhabe an der Macht im ständisch-absolutistischen Staat auf Seiten der ‚alphabetisierten' fünf Prozent (s. 4.2FMOP, 4.8K, 5.2CDF, 5.12S). Zweitens hat die deutsche Sprachgeschichtsschreibung sprachkritische Erkenntnisinteressen, die mindestens seit Carl Gustav Jochmanns Kritik am „Vertrocknen zu einer Büchersprache" (1828) und Jacob Grimms Akademierede *Über das Pedantische in der deutschen Sprache* (1847) bestehen und noch kaum befriedigt sind (s. 5.12Z, 6.8BC). Von daher besteht die Aufgabe, zu ergründen, woher es kommt, dass die deutsche Sprache – im Vergleich etwa mit Englisch, Französisch, Niederländisch, Jiddisch, Lëtzebuergesch – auf so umständliche, akademische, ‚papierene' Weise standardisiert worden ist, dass für Schwierigkeiten beim Erlernen, beim Gebrauch und bei der Beurteilung modernen Sprachwandels erklärende Argumente aus der Sprachgeschichte unerlässlich sind (s. 5.2N, 5.12Z, 6.8BC). So ist es beispielsweise zu rechtfertigen, für die sprachgeschichtliche Darstellung des Zeitabschnitts vom 16. bis zum 19. Jh. Frühformen und Anfänge von Sprachnormierung und Sprach(en)politik unproportional in den Vordergrund zu stellen. Oder: Es ist im Hinblick auf die Entwicklung politischer Sprache in Deutschland seit der Französischen Revolution (s. 5.12P–Z, 6.16) hochinteressant, der frühen politischen Publizistik in der Reformations- und ‚Bauernkriegs'-Zeit (4.8) mehr Aufmerksamkeit zu widmen als literarisch relevant und bisher üblich war.

C. Die Emanzipation germanistischer Sprachgeschichtsschreibung von positivistischer Deskription entspricht einem modernen politischen **Geschichtsbegriff**. Unter den verschiedenen Bedeutungen des Wortes *geschichtlich/historisch* (z.B. ‚früher gewesen, vergangen' oder ‚veränderlich, verändert, fortschreitend' oder ‚quellenmäßig gesichert' u.a.) kommt hier vor allem die reflektierend gewichtende Bedeutung in Betracht: ‚für den weiteren Gang der Entwicklung bedeutsam', ‚für die Handelnden bzw. Betroffenen wichtig, wesentlich, folgenreich', ‚in größeren sozialökonomisch-politischen Zusammenhängen erklärbar', im Gegensatz zu ‚zufällig, beliebig, vereinzelt'. Dieser Geschichtsbegriff ist gemeint in Kollokationen wie *eine geschichtliche Tat, sein historisches Verdienst, ein historisches Ereignis, ein Ereignis von geschichtlicher Bedeutung/Tragweite, eine historische Stunde/Entscheidung* usw.

Dieser politische Geschichtsbegriff ist von Vertreterinnen und Vertretern der Fächer Geschichte, Philosophie und Theologie seit über einem Jahrhundert entwickelt worden (vgl. v.Polenz, in: BBRS 41 ff., mit weiterer Literatur): ‚Geschichtlichkeit' wird als Grundbedingung sozialer Existenz des Menschen verstanden. Seit Ende des 18. Jh.s (Spätaufklärung, Französische Revolution) wurde *Geschichte* zu einem „politischen und sozialen Leitbegriff" (Koselleck, s. 5.12LM), wurde Geschichtsbewusstsein als mitformende Kraft politischer Prozesse erkannt und praktiziert: Erinnerung an gemeinsame Vergangenheit, gemeinsame Erfahrung geht in gemeinsames Planen, Fordern und Tun sich solidarisierender politischer Gruppen ein. Der politische Geschichtsbegriff steht im Gegensatz zu einem positivistischen, der mit der Vorstellung eines gesetzmäßig oder zufällig ablaufenden ‚objektiven' Prozesses verbunden war. Moderne Geschichtsphilosophie wurde vor allem von Hans Georg Gadamers philosophisch-hermeneutischem Geschichtsbegriff geprägt: Das Verstehen von Geschichte gehört selbst zur Geschichte dank der Wirkung von Tradition; jedes Verstehen kann das zu Verstehende verändern, gehört zu seiner Wirkungsgeschichte. Das Objekt ‚Geschichte' ist nicht positivistisch vorgegeben, sondern konstituiert sich aus Verstehen (Gadamer) und aus Erkenntnisinteressen (Habermas 1968/2016).

Auch zur Sprachgeschichte gehört die Entwicklung des Sprachgeschichtsbewusstseins der Sprachbevölkerung (Sonderegger 1979, 1 ff.; Reichmann, in: BBRS 24 ff.). Dies wird vor allem in der Geschichte der Sprachnormierung (s. 5.5, 5.6, 6.6, 6.1) und der Sprach(en)politik (s. 4.9, 6.4, 6.5) deutlich: Von den gelehrten Bemühungen um deutsche Sprachgeschichte und Sprachkultur seit der Humanistenzeit über die verschiedenen Wellen der Sprachnormung und ‚Sprachreinigung' vom 17. bis zum 21. Jh. bis hin zur nationalistischen Sprachenpolitik treffen wir immer wieder auf sprachgeschichtliche Rechtfertigungen und Leitbilder. Für verantwortliche sprachbezogene Tätigkeiten wie Bildungspolitik, Sprachstandardisierung, Sprachplanung, Sprachunterricht, Sprachkritik und ‚Sprachpflege' wird heute gefordert, sie sollten auf wissenschaftlicher Grundlage neu konzipiert und ausgeübt werden. Zu dieser wissenschaftlichen Grundlage gehört – neben sprach- und kommunikationswissenschaftlichen Kenntnissen über Bedingungen und Erfordernisse des öffentlichen Sprachverkehrs – auch einschlägiges Wissen aus der Sprachgeschichte. So sollten z. B. umstrittene Probleme wie Rechtschreibreform, Fremdwörter, Fachwörter, ‚schwere Wörter', Textsorten- und Medienstile, politische Semantik, Jugendsprache, literarische Sprachverfremdung nicht ohne Einsicht in die historischen Entwicklungen beurteilt werden, die zu diesen heutigen Problemen geführt haben.

D. Die Vorstellungen über außerwissenschaftliche **Anwendungsziele** von Sprachgeschichtsschreibung haben sich gewandelt. Seit den Anfängen sprachgeschichtlicher Interessen in der Humanistenzeit, dann vor allem von Jacob Grimm (1848) über Friedrich Kluge (1920) bis zu Adolf Bach (1938) stand die Beschäftigung mit und die Interpretation deutscher Sprachgeschichte im Zusammenhang mit der bildungsbürgerlichen Erweckung und Belebung des deutschen Nationalbewusstseins, bis hin zu dessen sprachimperialistischer Übersteigerung (s. 6.4.1/2; v.Polenz 1998).

Indem man soziale Gruppenunterschiede und -interessen und den Unterschied zwischen ‚Staatsnation' und ‚Kulturnation' (Friedrich Meinecke) ignorierte oder nicht akzeptierte, betrieb man deutsche Sprachgeschichte als ideologische Stützung der Gleichsetzung von ‚Sprachgemeinschaft', ‚Nation' und ‚Staat', besonders in der sprachpolitischen Entwicklung vom wilhelminischen Radikalnationalismus (s. 6. 1M) bis zum Nationalsozialismus. In Adolf Bachs „Geschichte der deutschen Sprache" (1938, noch in der letzten Auflage 1970, 467 ff.) wurde deutsche Sprachgeschichte verstanden als Widerspiegelung *„deutschen Geistes"*, *„deutschen Schicksals"* und als *„gewaltiges Denkmal volkhafter Einheit"*, wobei die Rolle der Sprachbevölkerung, die man *„Sprachgemeinschaft"* nannte, auf *„Diener am Wort, am sprachlichen Leben der Gesamtheit"* reduziert wurde. Noch euphorischer hatte schon Friedrich Kluge in seiner „Deutschen Sprachgeschichte" (1920, 340) den nationalistischen ‚Sinn' der *„Zehn Jahrtausende und mehr"* der *„Lebensgeschichte unserer Sprache"* formuliert, den Weg vom *„Germanentum"* als *„Einheit des Bluts und des geschichtlichen Erlebens"* bis zu *„über Nachbarn Ruhm und Weltherrschaft im Geist und in der Wahrheit"* (s. v.Polenz 1998, 10).

In der Nachkriegszeit wurde deutsche Sprachgeschichtsschreibung mehr oder weniger in gemäßigt traditioneller Weise weitergeführt (Bach 1938/70; Tschirch 1966; 1969/1983; 1989; Frings 1950/57; Maurer/Rupp 1974–1978; DPhA 1957, Bd. 1, 621 ff.; L.E. Schmitt 1970; Schweikle 1986/2002), in der DDR auf marxistisch-historischer Folie neuorientiert (W. Schmidt u.a. 1969/2013; J. Agricola u.a.1969; W. Fleischer u.a. 1983; Schildt 1976/81); teils versuchte man die traditionelle Art in sprachsoziologischer und/oder strukturaler Perspektive zu aktualisieren (Hugo Moser 1950/69; H. Eggers 1963/70; v.Polenz 1978/2020; Stedje 1979/2007; N.R. Wolf 1981; Wells 1985/90). Daneben wurde eine zeitgeschichtlich „abstinente" diachrone Systemlinguistik entwickelt (vgl. 2.1). Seit etwa 1980 ist, als langfristige Folge der innenpolitischen Auseinandersetzungen seit der studentischen Bewegung der 1968er Jahre und dem Übergang vom Kalten Krieg zur Entspannungs- und Normalisierungspolitik, ein neues Interesse für Geschichte und für die historischen Ursachen gesellschaftlicher Spannungen entstanden. Dies ist – im Rahmen der ‚pragmatischen Wende' der Linguistik (vgl. 1.2E, 2.1E, 2.3–5) – auch dem germanistischen Interesse an einer sozialgeschichtlich und kommunikationsgeschichtlich orientierten Sprachgeschichtsschreibung zugutegekommen. Diese Bemühungen wurden in einer ersten großen Überschau dokumentiert in dem von Besch/Reichmann/Sonderegger herausgegebenen HSK-Handbuch „Sprachgeschichte" (1984/85), abgek.: BRS, noch stärker soziopragmatisch in der 2., vollständig neu bearbeiteten und erweiterten Auflage von Besch/Betten/Reichmann/Sonderegger (1998–2004), abgek.: BBRS. Anstelle früherer Neigungen, mit Sprachgeschichte vor allem ‚Einheitlichkeit' und ‚Denkmalhaftigkeit' von Sprache und ‚Sprachgemeinschaft' darzustellen, stehen heute eher Variabilitäten, Gegensätzlichkeiten, Spannungen und Widersprüche im Vordergrund des Interesses:

- zwischen Schriftlichkeit und Mündlichkeit (Schreibsprache/Sprechsprache)
- zwischen spontan-emotionaler und rational standardisierter Sprache, individueller und sozial-kollektiver Sprache, privater und öffentlicher Sprache (Alltags-/Umgangssprache gegen Hoch-/Standardsprache)
- zwischen allgemeiner und spezialisierter Sprache (Gemein-/Normalsprache gegen Fachsprache, Wissenschaftssprache, Politiksprache, belletristische Literatursprache)
- zwischen Oberschicht- und Unterschichtsprache (Bildungssprache, Soziolekt, Subkulturjargon, Dialekt)
- zwischen lokaler, regionaler und überregionaler Sprache (Ortsdialekte, Stadtsprache, Regionalsprache, Einheitssprache)
- zwischen soziokulturellen und staatlichen Raumverhältnissen (plurinationale Schriftsprache, nationale bzw. staatliche Varianten/Varietäten)
- zwischen Deutsch und anderen Sprachen (Bilinguismus, Diglossie, Sprachenwechsel, Sprachenkontakt, Lehneinfluss und Integration, Sprachenpolitik gegenüber Minderheiten).

Didaktisch orientierte Gesamtdarstellungen der deutschen Sprachgeschichte sind etwa die von Astrid Stedje (1979/2007), Hans Ulrich Schmid (2009/2017) und Jörg Riecke (2016), sowie zum Mittelhochdt. mit Ansätzen aus dem Fremdsprachenunterricht Klaus-Peter Wegera u. a. (2011/2016).

E. In einer **soziopragmatischen** Sprachgeschichtsschreibung (s. Cherubim, Mattheier in: BBRS 538 ff., 824 ff.) geht es nicht nur um Oberschichtkultur und herausragende Leistungen (wie in der Kunst- und Literaturgeschichte), sondern auch um Mängel und Behinderungen der Sprachkompetenz bzw. der Sprachpraxis unterprivilegierter Teile der Sprachbevölkerung. Mit dem Kombinationsterminus *sozio-pragmatisch* ist als Objekt von Sprachgeschichtsschreibung gemeint: Sprache im gesellschaftlichen Handeln; also sind Arten von Sprache (Varietäten) nicht einfach nur bestimmten Gruppen zuzuordnen (*soziolinguistisch* im engeren Sinne), sondern auch verschiedenen Handlungs- und Verhaltensweisen von Gruppen in Situationen im Sinne einer funktional determinierten „inneren Mehrsprachigkeit" (Henne 1985; Löffler 2016, 79 ff.), die es in unterschiedlichen Konstellationen (Repertoires) in jeder Gruppe gibt. Als Brücke zwischen Sozialgeschichte und Sprachgeschichte ist damit auch die Medien- und Bildungsgeschichte wichtig geworden, einschließlich der technischen und institutionellen Voraussetzungen für die gesamtgesellschaftliche Kommunikationskultur: Sprach(en)politik, Alphabetisierung, Lesergeschichte, Entwicklung von Massenmedien und ihren Textsorten (s. 4.2, 5.2, 6.2, 6.3). Soziopragmatisch orientiert ist auch die programmatische Neukonzeption der Wort- und Begriffsgeschichte als umfassende „Diskurssemantik" (s. 2.3O, 5.12M, 6.9S–V).

Unter *sozial/gesellschaftlich* ist Verschiedenes zu verstehen, abgesehen vom allgemeineren philosophisch-anthropologischen Begriff vom Menschen als *soziales/geselliges Wesen* (vgl. v.Polenz, in: BBRS 41 ff.):

- Überstaatliche Gruppenverhältnisse nach sozialökonomischen, politischen, religiösen, edukatorischen usw. Kriterien. Hierhin gehören z.B. die soziopragmatischen Bedingungen von Wissenschaftssprache (s. 4.2HP, 4.6D, 5.2HR, 5.11, 6.2R, 6.14E–G) oder bildungsbürgerlicher Sprachkultivierung (s. 5.5, 5.6, 6.2K–O, 6.6X–Z) oder politisch-sozialer Begriffsgeschichte nach politischen Richtungen (s. 5.12K–Z)
- Staatsspezifische Gruppen- und Institutionenverhältnisse, vor allem seit der Französischen Revolution, z.B. Sprachbewusstsein und politischer Sprachgebrauch in der Entwicklung des deutschen Nationalismus (s. 6.4O, 6.7A–I, 6.16BCK) oder nationale/staatliche Varietäten des Deutschen (s. 6.11)
- Oberschichtliche Gruppenverhältnisse, die mit Privilegien, Besitz, Einfluss und Macht zusammenhängen, z.B. Französischsprechen in Mitteleuropa (5.3H–O, 6.10A–D) oder das bürgerliche Bildungsdeutsch (s. 6.2M–O, 6.12G) oder preußischer Offiziersjargon, studentische Korporationssprache (s. 6.12FG)
- Unterschichtliche Gruppenverhältnisse bei beherrschten, unterprivilegierten, einflusslosen, in Armut lebenden Teilen einer Gesamtgesellschaft, z.B. bei der Alphabetisierung von Mittel- und Unterschichten und deren begrenzten Möglichkeiten in öffentlicher Kommunikation (s. 5.2CEFMR, 5.8P–T, 6.2G–J, 6.12AHI), bei sprachlicher Behinderung der Gleichberechtigung von Frauen (s. 6.8W–Y) oder in gewisser Hinsicht bei Jugendsprache (s. 6.12K–M)
- Freiwillige kooperative Gruppenverhältnisse, z.B. bei den Sprache und Bildung fördernden Sozietäten der Barock- und Aufklärungszeit (s. 5.2HL, 5.5E–J), beim Herrnhutischen Pietismus (5.10I) oder den studentischen Korporationen (s. 6.2S, 6.12F)
- Unorganisiertes, privates Zusammenleben, z.B. beim Anredeverhalten (s. 6.9YZ)

F. Sprachgeschichte kann nicht nur potentiell in einer gewissen Beziehung zu Sozialgeschichte erforscht und dargestellt werden, ähnlich wie Literatur-, Kunst- oder Musikgeschichte; sie ist vielmehr ein zentraler Bestandteil von Sozialgeschichte, vergleichbar der Rechtsgeschichte oder Mediengeschichte, da Sprache für Aufbau, Erhaltung oder Veränderung von Gesellschaftsstrukturen und gesellschaftlichen Tätigkeiten konstitutiv ist. Dies gilt besonders für Epochen, in denen diese immer weniger von religiösen Ritualen, Erbfolgen oder Kriegführung determiniert werden, sondern mehr durch Marktwirtschaft, Verwaltung, Wissenschaft, Volksbildung, Öffentlichkeit, also in höherem Maße für die Neuzeit als für Frühzeit und Mittelalter. Das Fach Geschichte unterscheidet zwischen Sozialgeschichte als „Sektorwissenschaft", in der bestimmte soziale Teilgruppen oder Institutionen untersucht werden, und Sozialgeschichte als „Gesellschaftsgeschichte", in der die allgemeine

Geschichte, über die traditionell gern auf Eliten und große Staatsereignisse konzentrierte Perspektive hinaus, gesellschaftlich umfassender und differenzierter neu dargestellt wird (Kocka 1989, 2f.; v.Polenz, in: BBRS 42f.). Im Bereich von Sozialgeschichte als Sektorwissenschaft ist, auch im Sinne der „oral history" oder „Alltagsgeschichte" der Soziologie und Sozialgeschichte, die Erschließung bisher unbeachteter Quellengattungen wichtig geworden (z.B. Memoiren, Tagebücher, Bittschriften, Vereinssatzungen, Gerichtsprotokolle, Betriebstexte, Veteranenbefragung, Briefsteller usw.), nach denen subjektive Erfahrungen und Denkweisen unterprivilegierter oder in der Öffentlichkeit kaum wahrnehmbarer Gruppen bzw. basisnaher Institutionen erschlossen werden können. Diese Forschungsrichtung ist unvermeidbar politisch, zivilisations-, gesellschafts- oder wissenschaftskritisch motiviert. Sie wurde engagiert betrieben vor allem seit den 60er Jahren als Folge von Hochschulreform, Schulreform und der 1968er Studierendenbewegung. Sie fördert interessante neue Details vor allem in der Perspektive der von Macht und hoher Politik Betroffenen zutage und bringt unkonventionelle Fragestellungen und Erklärungsweisen in die Diskussion, ist aber methodologisch umstritten wegen einseitig exemplarischer, also kaum repräsentativer empirischer Untersuchungsansätze, oft auch mit der Gefahr sozialromantischer Trivialisierungen und politischer Voreingenommenheit nach Erkenntnisinteressen (Ritter, in: Kocka 1989, 61 ff.).

G. Als Sozialgeschichte der deutschen Sprache im Sinne von Sektorwissenschaft sind beispielsweise folgende Themenbereiche in den letzten Jahrzehnten mit neuen, ältere Auffassungen korrigierenden Ergebnissen wichtig geworden:

– Bei der zur kirchlichen Reformation komplementären sozialpolitischen Bewegung, die traditionell als „Bauernkrieg" oder „Grobianismus" abgewertet oder bagatellisiert wurde, handelt es sich um auch städtische Volksaufstände, deren programmatisch-agitatorische Texte von akademisch, vor allem juristisch Gebildeten professionell verfasst worden sind und – zusammen mit den Reformationsdialogen – den Beginn politischer Publizistik in Deutschland darstellen (s. 4.2KM, 4.8I–LN), der erst in der kurzen Phase der Wirkung der Französischen Revolution (s. 5.12P–Y) und im 19. Jh. fortgesetzt werden konnte (s. 6.16D–H).
– Die einseitig germanozentrische Beliebtheit der sprachenpolitischen Themen „Auslandsdeutschtum", „Sprachgrenze", „Sprachinseln" usw. in der traditionellen Germanistik wurde korrigiert durch vielfältige Erforschung auch der nationalistisch germanisierenden Geringschätzung und Unterdrückung nichtdeutscher Sprachminderheiten, die – zunächst in Bezug auf slawische Sprachen – bereits im Spätmittelalter begann, in der Zeit der Gegenreformation und seit dem deutschen Radikalnationalismus der wilhelminischen Zeit verschärft wurde (s. 4.9N–S, 6.4).

1.2. Erkenntnisinteressen der Sprachgeschichtsschreibung

- Die Entwicklung der Besonderheiten des älteren Jüdischdeutsch, aus dem seit dem späten 19. Jh. die Literatursprache Jiddisch entstand, erwies sich als Folge nicht nur jüdischer Eigenheiten und Fremdeinflüsse, sondern auch als Folge der modernisierenden bildungssprachlichen Kultivierung des Deutschen seit dem 17. Jh., an der das Jüdischdeutsche nicht mehr teilnahm (s. 4.9LM, 6.4.1Z, 6.4.2U, 6.4.3X).
- Bildungsstand und -chancen der Unterschichten sind nicht allein nach groben Kategorien wie „Schulpflicht" oder „Alphabetisierung" einzuschätzen. Bis ins frühe 19. Jh. ist mit semioraler Rezeption von Drucktexten durch Vorlesen, Lesenhören und Auswendigsprechen zu rechnen (s. 4.2, 5.2, 6.2); in der Frühen Neuzeit war der Unterschied Stadt/Land nicht so ausgeprägt wie seit dem späten 19. Jh., es gab auch eine ländliche Schriftlichkeit durch besitzbäuerliche Geschäftsführung und Selbstaufklärung (s. 5.2F, 5.8R–U). In der Zeit der Industrialisierung gab es bis ins letzte Drittel des 19. Jh.s trotz Schulpflicht einen funktionalen Analphabetismus und eine schulrechtliche Beschränkung auf Lernziele der Sozialdisziplinierung im Deutschunterricht (s. 6.2HI).
- Regionale Sprachunterschiede (Dialekte, Mundarten) hatten in den einzelnen Epochen einen unterschiedlichen Status: Bis in die frühe Neuzeit waren sie nicht einfach Varietäten einer deutschen ‚Sprache', sondern autochthone Normalsprachen aller Bevölkerungsschichten mit gegenseitiger überregionaler Verständlichkeit, auch in geschriebener Sprache als Schreiblandschaften, die erst im Laufe des 16. bis 18. Jh.s durch Ausgleich und Variantenreduzierung zugunsten überregionaler Normen verschwanden (s. 4.4, 5.8A–D). Erst seit der Sprachkultivierungsbewegung des 17. Jh.s wurde Dialekt/Mundart als *Pöbelsprache* sozialständisch diskriminiert, außer in der Schweiz (s. 5.8P–R, 6.12A); aber immer wieder gab es Gegenbewegungen für eine Wertschätzung regionaler Sprache (s. 5.8V) oder Funktionswandel des Dialektsprechens bzw. einen neuartigen Substandard (s. 6.12C–E).
- Die von der germanistischen Literaturwissenschaft lange als literarhistorischer Gegenstand ignorierte Trivial- oder Konsumliteratur (*Romanleserey*) ist sprachgeschichtlich als ein Komplement zur hochkulturellen Belletristik zu berücksichtigen, das seit der ‚Leserevolution' im letzten Drittel des 18. Jh.s vor allem die von höherer Bildung, beruflicher und öffentlicher Kommunikation ausgeschlossenen bürgerlichen Frauen nicht nur mit Ersatz- und Wunschwelten versorgte, sondern im Rahmen der Sozialdisziplinierung den spätfeudal-*gutbürgerlichen* Sprachstandard der *Konversation* und des Briefschreibens in den sozial aufstrebenden Mittel- und Unterschichten verbreitete und zahlreichen Schriftstellerinnen notdürftigen Lebensunterhalt bot (s. 5.2O, 5.10Z, 6.2L–O, 6.3B, 6.13D).
- Sprachliche Wirkungen von Alternativbewegungen gibt es in mehreren historischen Ansätzen, von ritueller Zinzendorfscher Kirchenlieddichtung (s. 5.10I) über *Genie-Zeit* und *Sturm und Drang*, Studentensprache, *Wandervogel* bis zum modernen Jugendjargon und zur 1968er Bewegung (s. 5.10I, 5.10Q–T, 6.12K–M, 6.16V).
- Zur sektorialen Sozialgeschichte der deutschen Sprache gehört – außer dem seit der Romantik germanistisch interessanten Bereich der Unterschichtensprache, der seit den späten 1960er Jahren auch engagiert soziolinguistisch erforscht worden ist – auch die bruchstückhafte Entwicklung von Oberschichtsprache: Von Französisch als Oberschichtsprache im 17./18. Jh., teilweise bis ins 19. Jh. (s. 5.3L–O), mit mangelhafter Schriftdeutschbeherrschung (s. 5.8EF) über den Sprachwechsel vom Französischen zum bildungsbürgerlichen Deutsch im 19. Jh. (s. 6.2M–O, 6.12A),

zum preußischen Offizierston und studentischer Korporationssprache (s. 6.12FG) oder zum elitären Englischsprechen (s. 6.10J).
- Sprachgeschichte von unten: Seit St. Elspaß (2005) gerät in der neueren Sprachgeschichte das private Schrifttum von routinierten wie unroutinierten Schreiberinnen und Schreibern in den Fokus der Untersuchungen. Die sich in privater Korrespondenz entfaltenden Gebräuche werden als sprachliche Normallage beschrieben, deren Entwicklungen die Tendenzen der Gegenwartssprache erst verstehbar machen. Untersuchungen dieser Art widmen sich der sprachlichen Analyse von Texten, die eine gewisse Nähe zur konzeptionellen Mündlichkeit sowie eine regionale und soziale Variation aufweisen, wie sie in der Geschichte des Neuhochdt. vor dem 20. Jh. fast völlig außer Acht gelassen wurde. In der neueren Sprachgeschichtsschreibung hat dies zu einem Perspektivenwechsel – „der Sprachgeschichte von unten" – geführt, die zum einen für eine stärkere Berücksichtigung des Sprachgebrauchs der Bevölkerungsmehrheit in der Sprachgeschichtsforschung plädiert und zum anderen die Notwendigkeit unterstreicht, Geschichte und Gegenwart einer modernen Kultursprache von ihrem soziokommunikativen Fundament der Alltagssprache aus zu beschreiben und zu erklären. In den Fokus geraten damit auch solche Fragestellungen, die die von P. Koch und W. Oesterreicher etablierte Unterscheidung von ‚Nähe' und ‚Distanz' als Dimension bei der Varietätenanalyse berücksichtigen (Koch/Oesterreicher 1985; Ágel/M. Hennig 2010, M. Hennig/Feilke 2016; H.U. Schmid 2010; Sinner 2014, 209 ff.; Tophinke 2016b).
- Die übliche sektoriale Behandlung der ‚Besonderheiten' des österreichischen und des schweizerischen Deutsch wurde in letzter Zeit ergänzt durch die traditionell ignorierte Frage nach dem deutschländischen Deutsch im Rahmen der nationalen Varietäten der deutschen Sprache, anstelle der missverständlichen monozentrischen Klassifizierung als „Binnendeutsch" (s. 6.11IJ); ebenso hat es sich als Desiderat erwiesen, zu den sprachlichen Sonderentwicklungen in der DDR als Komplement auch die beträchtliche Eigenentwicklung in der alten BRD zu berücksichtigen, die nicht einfach als das ‚eigentliche' oder traditionelle Deutsch missverstanden werden darf (s. 6.11K–N, 6.16T–X).

H. Eine Sozialgeschichte der deutschen Sprache im umfassenderen Sinne von Gesellschaftsgeschichte (Kocka 1989; Wehler 1987/95) hat bereits bekannte, auf die Gesamtgesellschaft bezogene sprachgeschichtliche Entwicklungen neu und differenzierter darzustellen, z.B. durch Überwindung der traditionell beliebten Beschränkung auf Bildungssprache, hochkulturelle Belletristik, Schriftsprache usw. Dabei sollte auch die übliche teleologische Perspektive überwunden oder relativiert werden, in der mit zu weit gefassten Epochenbegriffen (z.B. Neuhochdeutsch) die Gesamtentwicklung zu stark auf das reduziert wird, was zu dem (traditionell für alternativlos gehaltenen) hochkulturellen Zielobjekt hingeführt hat, wobei andere Entwicklungsstränge oder Alternativen vernachlässigt werden. Symptomatisch für eine solche exklusive Zielgerichtetheit sind anachronistische Rückprojektionen (z.B. Standard/Dialekt oder Stadt/Land in früheren Epochen) oder teleologisch bewertende Zeit-Adverbien wie *noch*, *schon*, *endlich* oder voreingenommene Abwertung der früheren natürlichen Variabilität von Sprache als *regellos, rückständig, zersplittert, wildwachsend, grob, vulgär* usw. Zu diesbezüglicher Kritik an der vorliegenden Sprachgeschichtsschreibung s. Cherubim 1980b; Gessinger 1982; Knoop 1987; 1988ab; 1995; Maas 1987; 1989; Mattheier 1988; 1990; 1995; Podiumsdiskussion, in: Gardt u. a. 1995, 455 ff.; Thesen, in: Sitta 1980, 129 ff.!

Als Gesellschaftsgeschichte aufgefasste Sozialgeschichte hat sich seit dem Ende der restaurativen Nachkriegsphase in einer (teilweise „kritische Sozialgeschichte" genannten) Bewegung des Fachs Geschichte neuartige Themenkomplexe vor allem des 19. und 20. Jh.s vorgenommen: Säkularisierung, Modernisierung, Industrialisierung, Urbanisierung, Mobilität, Demokratisierung, soziale Bewegungen, Vereinswesen, politisch-soziale Begriffsgeschichte, Nationalismus, Antisemitismus usw. Solche Bereiche wurden unerlässlich für die in der politischen „Zeitgeschichte" dringend gewordenen Fragen nach den Ursachen und Merkmalen des kontrovers diskutierten ‚Sonderwegs' Deutschlands im Rahmen der europäischen Geschichte vom Frühnationalismus der Befreiungskriege über den Bonapartismus Bismarcks und den Wilhelminismus zu nationalsozialistischer Diktatur, Zweitem Weltkrieg und Holocaust (Ritter, in: Kocka 1989, 52 ff.). Das Interesse für solche gesellschaftsgeschichtlichen Hintergründe wurde seit der 1968er Studierendenbewegung durch das *Hinterfragen* traditionell unreflektierter politischer, gesellschaftlicher und kultureller Einfluss- und Machtpositionen innenpolitisch, hochschulpolitisch und bildungspolitisch verstärkt. Gesellschaftsgeschichtlich relevante Themenbereiche der deutschen Sprachgeschichte seit dem Spätmittelalter aufgrund der neueren Forschung sind beispielsweise die folgenden:

– Entgegen mancher frühnationalistischen Wunschvorstellung der deutschen Germanistik des 19. Jh.s kann von einer deutschen ‚Einheitssprache' als kulturnationalem Zielbegriff erst seit der Anpassung Österreichs und Süddeutschlands an die stark ostmitteldeutsch-norddeutschen Schriftsprachnormen in der Gottsched-Zeit die Rede sein (s. 5.6P–S). Auch die kölnische Schreibsprachlandschaft hatte noch bis Mitte des 18. Jh.s viel Eigenständiges und Süddeutsches bewahrt (s. 5.8H). Vom 13. bis zum frühen 18. Jh. gab es nur einen vagen Sprachbegriff *deutsch* (s. 3B1) im Sinne von ‚Gemeinsamkeit' (*lingua communis*) zwischen den *Landsprachen*, nicht im Sinne von ‚Einheit'. Diese sprachhistorischen ‚Mundarten' werden heute in der Forschung als „Schreiblandschaften" erforscht, man rechnet dabei mit weitgehender gegenseitiger Verstehbarkeit, Adressatenorientierung, Diglossie und wechselndem Sprachprestige einzelner Regionen, allerdings mit zunehmender Variantenreduzierung im Sinne eines überregionalen Sprachausgleichs (s. 4.4, 5.6), im Bereich der Aussprachenormierung erst im 19./20. Jh., mit einer gewissen Resistenz in der Schweiz und in Österreich (s. 6.6X–Z).
– Zu den engagierten und einflussreichen Kräften bei dieser sehr langfristigen Sprachstandardisierung gehörten nicht nur der Reformator Luther mit seiner lange Zeit weithin vorbildlichen Bibelübersetzung (s. 4.8E–G), akademisch-literarische Sprachkultivierer (Sprachgesellschaften, Schriftstellerinnen und Schriftsteller,

Grammatiker, Lexikographen, Schulmeister, s. 4.2KL, 5.6, 5.7), sondern auch Medienprofessionelle wie die frühen Buchdrucker und ihre Korrektoren (s. 4.2JK, 4.8E), die frühen Zeitungsschreiber (s. 5.12DE), die Schauspielerinnen und Schauspieler, Theaterfachleute und schließlich die Nachrichtensprechenden (s. 6.6X–Z).
- Die Standardisierung zu einer stark normierten deutschen Sprache war nicht nur vom Bedürfnis nach besserer überregionaler Verständlichkeit her motiviert, bis ins 18. Jh. auch nicht vom Ziel einer staatlichen Einigung. Im Vordergrund stand vielmehr das Ziel einer *kunstmäßigen* Sprachkultivierung im gesellschaftsgeschichtlichen Sinne einer bildungsbürgerlichen Förderung eines neuen mittelschichtlichen Standesprestiges gegen das lateinisch-geistliche und französisch-spätfeudale Kulturmonopol, vom *Hochdeutsch* der Sprachkultivierer des 17./18. Jh.s bis zur *Hochsprache* der gymnasialen Popularisierung der *klassischen* Literatur und zur überschätzten *Hochlautung* der Bühnenaussprache (s. 5.6, 6.2K–O, 6.6X–Z).
- Die häufigen sprachkritischen Klagen über ‚Sprachverfall‘, ‚Sprachverderb‘, ‚Nivellierung‘ usw. seit der Mitte des 19. Jh.s, vorwiegend mit Beispielen aus Innovationsbereichen, die dem Ideal der etablierten bildungsbürgerlichen Normauffassungen nicht mehr entsprachen, lassen sich so als konservative oder kulturpessimistische Reaktionen auf den auch sprachkulturellen Übergang von der ständischen Gesellschaft zur Industriegesellschaft erklären (s. 6.8D–F, 6.15K–N).
- Der historisch kurzsichtigen konservativen Kritik an missliebigem Sprachgebrauch als ‚Unart‘ der Gegenwart oder jüngsten Vergangenheit können Beispiele für unerwartet höheres Alter solcher Erscheinungen sprachgeschichtlich entgegengehalten werden, z.B. Zeitungssprache (s. 5.12CE, 6.15A), Schlagworte, Leerformeln, biologisch-pathologische Metaphern, Umdeutungen usw. im politischen Sprachgebrauch (s. 4.8L, 5.12NVW), Wortgebrauch des Radikalnationalismus und Antisemitismus (s. 6.16K–Q). Auch Probleme und Querelen der zum Teil umstrittenen Rechtschreibreformen von 1996/98 (mit ihren Überarbeitungen 2004, 2006, 2011 und 2017) finden sich teilweise schon früher (s. 6.6H–M).
- Der starke ‚Einfluss‘ anderer Kultursprachen auf die deutsche Sprache (besonders Latein, Französisch, Englisch) muss nicht nur im Sinne des Fremdwortpurismus als langfristige Behinderung der Kultivierung des Deutschen und der Nationsbildung aufgefasst werden (s. 5.5, 6.7). Die Zwei- oder Mehrsprachigkeit in Mitteleuropa in der frühen Neuzeit hat auch zur Neutralisierung sprachenpolitischer Konflikte beigetragen (s. 4.9, 6.4), zu stärkeren Anstrengungen deutscher Sprachkultivierung (s. 5.4), zur geistigen Flexibilität, zur Europäisierung des deutschen Bildungswortschatzes (Eurolatein) einschließlich der systematisch produktiven Lehn-Wortbildung (s. 5.4BOPQ, 6.10). Der starke Rückgang von Zwei- oder Mehrsprachigkeit in der Zeit des nationalstaatlichen Monolinguismus im 19./20. Jh. hat allerdings Unlust am Erlernen moderner Sprachen, Fremdenfeindlichkeit und Intoleranz gegenüber Sprachminderheiten gefördert (s. 6.4, 6.5J–N).
- Die Entwicklung vielfältiger sprachkritischer Bemühungen in Deutschland über dreieinhalb Jahrhunderte hat – nach sprachpuristischen und kulturpessimistischen Übertreibungen oder Verirrungen – im 20. Jh. durch schrittweise Politisierung (Kraus, Brecht, Klemperer) in der späteren Nachkriegszeit zu einer zunehmend politisch-praktisch wirksamen öffentlichen Sprachsensibilität geführt, im ‚Vergangenheits‘-Diskurs, in der Friedens-, Öko- und Frauenpolitik usw. (s. 6.8IJM–Y, 6.16T–V), auch im Herbst 1989 in der DDR (s. 6.16Y).

1.2. Erkenntnisinteressen der Sprachgeschichtsschreibung

Literatur

Geschichtsbegriff: BBRS (Reichmann 1 ff., A. Burkhardt 98 ff.). BRS (v.Polenz 1 ff.). Coseriu 1974; 1980. Faber 1982. Gadamer 1958. Hardtwig 1990. Chr. Jones u.a. 2020. Jordan 2018. Knoop 1995. Koselleck 1979/2015; 2006 und in: Brunner/Conze/Koselleck 1975, 2, 593–717. Lingelbach/Rudolph 2005. Schulze 2010.

Über Sprachgeschichtsschreibung: Ágel/Gardt 2014. Bär/Müller 2012. Bär u.a. 2015. Bär u.a. 2019. BBRS (Reichmann 1 ff., Haß-Zumkehr 349 ff. Sonderegger 417 ff., 443 ff. Putschke 474 ff. Hildebrandt 495 ff., Cherubim 538 ff.). Bochmann 2007. W. Fleischer 1995. Gardt 2011b. Glinz 1969. R. Große 1981b. Harm u.a. 2016. Herrlich 1998. Knoop 1987; 1988; 1995. Maas 1988. Mattheier 1989a; 1999b. v.Polenz 1980; 2002a; 2007. Reichmann 2001; 2011a; 2014. Reiffenstein 1990. H.U. Schmid 2010; 2014. Schuster 2019. Sitta 1980. Sonderegger 1979, 1 ff.; 1988; 1990a. Sprachwandel und Sprachgeschichtsschreibung 1977. Wellmann 1972; 1995. Wimmer 1983.

Gesamtdarstellungen deutscher Sprachgeschichte: Adelung 1781. Grimm 1848. Scherer 1868. Behaghel 1898/1928. Hirt 1919. Kluge 1920/25. Sperber 1926. Bach 1938/70. Frings 1950/57. Hugo Moser 1950. Eggers 1963–77. Moskalskaja 1965. Tschirch 1966; 1969/1983; 1989. Schmidt u.a. 1969/2013. v.Polenz 1978/2020. Mollay 1974. Schildt 1976. König 1978/2019. Roelcke 2018. Sonderegger 1979. Stedje 1979/2007. Schweikle 1986/2002. Wells 1990. Straßner 1995. Ernst 2005/2012. Besch/Wolf 2009. H.U. Schmid 2009/2017. Vogel 2012. Bär 2013. Fischer/Casemir 2013. Riecke 2016. St. Hartmann 2018. – **In Englisch:** Waterman 1966. Carr 1968. Chambers/Wilkie 1970/2014. Lockwood 1976. R.E. Keller 1978. Wells 1985. Salmons 2012/18. – **In Französisch:** Lichtenberger 1895. Tonnelat 1927/1962. Raynaud 1982. Marcq/Robin 1997. – **In Italienisch:** Coletsos Bosco 1979/2003. – **In Russisch:** Guchman u.a. 1984.

Periodisierung: BBRS (Roelcke 798 ff.). Bentzinger/Kettmann 1988. Ernst 2004. Gardt 2011b. Hartweg/Wegera 1989, 18 ff./2005, 21 ff. Hartweg 1989. Heinzle 1983. Penzl 1988. v.Polenz 1989ac. Roelcke 1995a; 2000; 2001. Rössler 2008. Schildt 1980b; 1982; 1990b. Sonderegger 1979 (Kap. 4). Steger 1986. Wiesinger 1990b. H. Wolf 1971. N.R. Wolf 1989. – Vgl. 6.OB!

Geschichte der Germanistik: Bahner/Neumann 1985. BBRS (Gardt 332 ff., Haß-Zumkehr 349 ff.; Abschn. III). BRS (v.See 242 ff., Rössing-Hager 1564 ff.). Fohrmann/Vosskamp 1994. Haß-Zumkehr 1995. Hermand 1994. Herrlich 1998. J.J. Müller 1974. W. Neumann 1988. H. Schmidt 1991. v.See 1970. G. Simon 1979. v.Wiese/Henß 1967. Wyss 2015. – S. auch 2.1Lit: Sprachwissenschaft und 6.2Lit, 6.16Lit!

Soziopragmatische Sprachgeschichte: Ammon u.a. 2004–2006 (Abschn. X). Bax 1983; 1991. BBRS (Reichmann 19 ff., v.Polenz 41 ff., Wegera 139 ff., Cherubim 538 ff.). G. Brandt 1994; 1995. G. Brandt/Rösler 1988. D. Busse 1991. Busse u.a. 1994. Cherubim 1980b; 2017. Dieckmann 1975. R. P. Ebert 2003b. Erben 2016. Ernst 2012. Ernst/Werner 2016. Gardt u.a. 1995, 455 ff. Gardt u.a. 1999; 2011. Gessinger 1980; 1982. R. Große 1989. Henne 1975; 1985. Hermanns 1995. Knoop 1988ab; 1995; 2000. Lerchner 1974; 1986; 1988. Linke 1996; 1998; 2014. Lobenstein-Reichmann 2014. Löffler 1985/2016. Maas 1987; 1989. Mattheier 1988; 1990; 1995. Meier 2004a. Nübling u.a. 2017. v.Polenz 1980; 1983; 1995; 2007. Schieb 1980. Sitta 1980. Stelzel 2003. Steger 1988; 1990. – Vgl. 2.1Lit und Bd. 3! – **Mediengeschichte:** Biere/Henne 1993. Bobrowski u.a. 1987. Böning u.a. 2019. Engelsing 1973; 1974. Giesecke 1978; 1989. Hadorn/ Cortesi 1986. Hunziker 1988/96. Kirchner 1958/62. Koszyk 1966; 1972ab. Leonhardt u.a. 1999–2002. Lindemann 1969. Noelle-Neumann u.a. 1989/2014. v.Polenz 1989c; 1990a; 1991. Stöber 2000. Vgl. Lit. zu 5.2, 6.3! – **Europäische Sprachgeschichte:** Abraham 1995/2005. Ágel/Gardt 2014. BBRS (Reichmann 30ff., Abschnitt VII). P. Braun u.a. 1990. Cherubim/Grosse/Mattheier 1998. Goebl u.a. 1996. Görlach 2001/2005. Greule/Lebsanft 1997. Janich/Greule 2002. Kirkness 1996. Mayerthaler u.a. 1995. Munske 1995. Munske/Kirkness 1996. Panzer 1991. Reichmann 1991; 2001; 2002a. Chr. Schmitt 1995. Skála 1998. Stark 1993. – Vgl. 4.7, 4.9, 5.3, 5.4, 6.4, 6.5B–DY, 6.6H, 6.10H!

1.3. Sprachgeschichte im digitalen Zeitalter

A. Sprachgeschichtsforschung kann ohne Quellen (seien sie analog oder digital) und ihre philologisch gesicherte Auswertung nicht sinnvoll betrieben werden – überspitzt formuliert: Linguistische Theorien, insbesondere etwa im Hinblick auf Fragen des Sprachwandels, können ohne zuverlässige Quellengrundlagen im Sinne einer wissenschaftlich nachvollziehbaren Sprachgeschichtsschreibung nicht konstruiert bzw. nachvollzogen werden. Vor diesem Hintergrund bleiben Quellenkritik und die heuristische Auseinandersetzung mit diesen sowie mit ihren linguistischen Erschließungsmethoden auch nach dem so genannten *digital turn* eine zentrale Herausforderung der germanistischen Sprachgeschichtsschreibung. Ferner wurden und werden mit der digitalen Erschließung und Auswertung von Textkorpora neue methodische Zugänge und statistische Verfahren (weiter-)entwickelt, die es einerseits ermöglichen, theoretische Annahmen zu überprüfen oder spezielle linguistische Fragestellungen an größerem Textmaterial durchzuführen, andererseits aber auch ganz neue Fragen an die Korpora zu stellen. Dabei sollten sowohl die zugrunde gelegten Textbasen als auch die Methoden selbst, genauso wie in den sog. „traditionellen" geisteswissenschaftlichen Verfahren k r i t i s c h - e p i s t e m i s c h reflektiert werden. Allem voran muss sichergestellt werden, dass die geisteswissenschaftlich zentralen Aspekte der Transparenz und Überprüfbarkeit von Untersuchungsmaterial und Analyseverfahren dokumentiert, die Berücksichtigung früherer Forschungsergebnisse gewährleistet sowie die Nachvollziehbarkeit der Ergebnisse sowohl bei traditionellen als auch bei digitalen Methoden gesichert sind. Auch ist nicht immer alles unbedingt innovativ, was in neue „digitale Schläuche" gegossen wird. Die kritische Quellen- und Methodenkritik bzw. H e u r i s t i k sowie eine quantitative und qualitative D a t e n k r i t i k bleiben eine zentrale Aufgabe geisteswissenschaftlicher Forschung insbesondere im Hinblick auf deren Vermittlung, etwa im universitären Unterricht, die auch im Sinne einer d i g i t a l l i t e r a c y zu verstehen ist. Hand in Hand mit der mittlerweile etablierten Disziplin der D i g i t a l H u m a n i t i e s gehen nicht nur neue Praktiken im Hinblick auf Methoden, Arbeitsweisen, Materialerstellung und -auswertung, sondern auch neue Formen der wissenschaftlichen Publikation, Präsentation und Diskussion von Forschungsfragen und -ergebnissen, die – im Sinne des o p e n -a c c e s s -Gedankens – neben der klassischen Ergebnisdarstellung in (für die Geisteswissenschaften nach wie vor zentralen) Monographien und Aufsätzen, vor allem neue Formen der Wissenschaftskommunikation etwa durch Blogs

(s. etwa das *Blogportal für die Geistes- und Sozialwissenschaften* https://de.hypotheses.org/; Alexander Lasch 2019), Twitter, Wikis und andere Kanäle, sowie die Publikation von Forschungsdaten und Tools beinhalten. Im Folgenden sollen einige Aspekte des digitalen Arbeitens im sprachhistorischen Kontext überblicks- und beispielhaft thematisiert werden (vgl. für Weiterführendes Siemens u.a. 2004; Jannidis u.a. 2017; Börner u.a. 2018; Bergmann u.a. 2019, 177 ff.; Wegera, in: Bär u.a. 2019, 159 ff.; Bär, in: Bär u.a. 2019, 253 ff. sowie etwa die Zeitschriften *ZfdG – Zeitschrift für Digitale Geisteswissenschaften*, *Digital Medievalist* und *DSH – Digital Scholarship in the Humanities*).

B. Für den digitalen Zugang zu Primärquellen des älteren Deutsch sind unterschiedliche Formate möglich. Zunächst bieten digitale, erschließende Kataloge von Bibliotheken bzw. entsprechende vernetzte Angebote einen sehr guten Einstieg, etwa bei der Suche nach digitalen Ausgaben einer bestimmten (bereits bekannten) Quelle, oder auch nur zum Suchen mit Stichwörtern usw. (meist mit Online-Viewer, Möglichkeit der Erzeugung von PDFs oder Bildern usw.). So konnten auch viele Quellenzitate der früheren Ausgaben dieser Sprachgeschichte schnell an digitalisierten Originalexemplaren von älteren Handschriften und Drucken geprüft und entsprechend korrigiert werden. Für die frnhd. Buchproduktion sind die Druckverzeichnisse des deutschsprachigen Raums *VD16*, *VD17* und *VD18* sowie der *Gesamtkatalog der Wiegendrucke* (*GW*) wichtige Hilfsmittel, ferner auch das *ZVDD* (*Zentrales Verzeichnis Digitalisierter Drucke*) sowie der über weltweite Bibliothekskataloge hinweg suchende *KVK* (*Karlsruher Virtueller Katalog*). Ein weiteres Hilfsinstrument (und idealerweise – aber nicht immer – entsprechend in die vorher genannten Verzeichnisse eingebunden) bildet die Digitalisierung von umfangreichen historischen Handschriften- und Druckbeständen einzelner Bibliotheken, sowohl größerer Institutionen wie etwa der Herzog August Bibliothek in Wolfenbüttel, der Bayerischen Staatsbibliothek in München, der Bibliothek Preußischer Kulturbesitz in Berlin, der Universitätsbibliothek Heidelberg, der Niedersächsischen Staats- und Universitätsbibliothek in Göttingen, der Bibliothèque Nationale de France, der Schweizer Verbünde (https://www.e-rara.ch) oder von digital rekonstruierten Bibliotheksbeständen wie etwa der von St. Matthias in Trier, um nur einige wenige Beispiele zu nennen. Die Zugänge zu deutschsprachigen Quellen sind sowohl durch entsprechende digitale Verzeichnisse bzw. Bibliothekskataloge (vgl. oben) als auch durch fachspezifische digitale Portale der mediävistischen Germanistik möglich:

Für die deutsche mittelalterliche Literatur bildet der als Vorhaben der Universität Marburg und der Akademie der Wissenschaften und Literatur (Mainz) betriebene *Handschriftencensus* (www.handschriftencensus.de) mit den so genannten *Paderborner* (8.–12. Jh.) und *Marburger* (13.–14. Jh.) *Repertorien* die zentrale Anlaufstelle für Informationen über den entsprechenden Quellenbestand, mit u. a. vorbildlicher Dokumentation der Quellen, Beschreibungen der Handschriften, Links zu digitalisierten Angeboten sowie einer Forschungsliteraturdatenbank und einem Editionsbericht zu abgeschlossenen und laufenden Vorhaben. Zurzeit sind im Portal etwa 26.000 Fragmente und Handschriften aus der Zeit von 750 bis 1520 aus mehr als 1.500 Gedächtnisinstitutionen weltweit erfasst; damit assoziiert ist auch das Freidank-Repertorium sowie das Marburger Repertorium zur Übersetzungsliteratur im deutschen Frühhumanismus. Komplementär (von Bibliotheksseite kommend) hierzu zu benutzen ist das von der DFG geförderte Portal *Manuscripta mediaevalia* (http://www.manuscripta-mediaevalia.de). Es umfasst zurzeit mehr als 90.000 (nicht nur deutschsprachige) Dokumente zu abendländischen Handschriften, die hauptsächlich in Bibliotheken und Archiven im deutschen Sprachraum aufbewahrt werden.

Ein seit über 20 Jahren unentbehrliches Hilfsmittel für germanistische Mediävistinnen und Mediävisten im Netz ist das von Sonja Glauch (Erlangen-Nürnberg), Joachim Hamm (Würzburg) und Michael Rupp (Leipzig) herausgegebene Portal *mediaevum.de*. Es verzeichnet unter anderem Online-Datenbanken und (lexikographische) Hilfsmittel, Dokumentationen zu digital verfügbaren Textkorpora und Literatur im Internet sowie Informationen zu Tagungen, Forschungsvorhaben, Schriftenverzeichnissen, Bibliographien, einen Blog mit Stellenanzeigen und studentische Angebote. Ferner wird eine Linksammlung mit weiteren Tools für die wissenschaftliche Textverarbeitung, den Einsatz von Sonderzeichenfonts sowie die Literaturverwaltung zur Verfügung gestellt. Laufende Vorhaben im Bereich der Digital Humanities sind zudem auf dem Portal des Fachverbandes *DHd – Digital Humanities im deutschsprachigen Raum* dokumentiert (https://dig-hum.de/).

C. Für eine quellenbasierte Sprachgeschichtsschreibung sind (digital) erstellte Spezialkorpora unerlässlich, auch wenn noch nicht alle sprachhistorischen Fragestellungen heute zuverlässig mit den aktuellen Angeboten und zur Verfügung stehenden digitalen Methoden zu beantworten sind (vgl. http://texte.mediaevum.de/textkorpora.htm). Die germanistische Sprachgeschichtsforschung blickt hier auf eine lange Tradition der ‚elektronischen'/ ‚digitalen' Erstellung und Auswertung von Textkorpora zurück – sie zählt (wie etwa auch im Bereich der digitalen Edition und Lexikographie) in wichtigen Bereichen zu den frühen Pionieren der Digital Humanities als einer sich rasch entwickelnden geisteswissenschaftlichen (Teil-)Disziplin. Hier gilt – genauso wie bei der traditionellen Korpuserstellung der früheren Jahrzehnte – das Gebot der Einbringung von fachwissenschaftlicher Kompetenz bei der Erstellung und dem „Design" von Datenkorpora sowie dem Abwägen geeigneter Methoden und Instrumente zur Belegauswertung (vgl. Jannidis u. a. 2017, 253 ff.). Auch gibt es Fragestellungen, die nicht unbedingt mit einem digitalen Korpus sinnvoll zu bearbeiten sind, bzw. für die noch keine entsprechenden guten Instrumente der Analyse zur Verfügung stehen oder bei denen die Verhältnismäßigkeit der anzuwendenden Mittel nicht im Einklang mit der Forschungsfrage steht (etwa bei sehr kleinen Korpora). Dies stellt sich manchmal erst später heraus, wenn langwierige Vorhaben mit aufwendig annotierten Korpora, die nur für eine spezielle Fragestellung aufbereitet wurden, im Endeffekt die Ergebnisse früherer Untersuchungen (die zum Teil ebenfalls hohe Datenmengen in analoger Auswertung bearbeitet haben) lediglich bestätigen. Das ist zwar an sich auch ein Forschungsergebnis (und ein Beweis dafür, dass auch nicht-digital gute linguistische Ergebnisse erzeugt werden können), aber letztendlich nicht besonders innovativ. Hier gilt das Gebot der kritischen Überprüfung der eigenen Daten und Fragestellung, der Einbeziehung des (oft mehr als hundertjährigen) Forschungsstandes und der Herausforderung, digitale Textkorpora zu erstellen und zu annotieren, die später von anderen Forscherinnen und Forschern auch für andere bzw. neue Fragestellungen wiederverwendet werden können (*data reuse*). Auch gilt für alle digitalen Angebote die Herausforderung der sicheren Datenbereitstellung, Datensicherung, Langzeitarchivierung, der Anwendung gesicherter Standards, der Bereitstellung von Schnittstellen sowie der prinzipiellen Zugänglichkeit (*open access*) nicht nur von Forschungsergebnissen, sondern auch von Forschungsdaten, die insbesondere im Rahmen öffentlich geförderter Vorhaben erzeugt worden sind. Ferner ist es für größere, ressourcenintensive Forschungsvorhaben von Vorteil, stärker auf die Kooperation über Fachdisziplinen hinweg zu setzen – im Sinne der Interdisziplinarität – und auch Arbeitsmethoden neu zu denken, um weg vom individuell geführten Vorhaben hin zu kollaborativen Arbeitsweisen zu kommen, und somit in Richtung einer prinzipiellen Offenheit und Transparenz von Quellenmaterial, Daten und Forschungsergebnissen zu denken.

Bezüglich durchsuchbarer digitaler Volltextkorpora mit linguistisch zuverlässig annotiertem und aufbereitetem Quellenmaterial ist für den Augenblick noch kein umfassendes diachrones und sprachstadienübergreifendes Angebot vorhanden. Im Rahmen eines breit angelegten DFG-Vorhabens *Deutsch Diachron Digital DDD. Ein Referenzkorpus für das Deutsche* wurde eine solche Herausforderung kollaborativ an verschiedenen Standorten angenommen. Die HU Berlin sowie die Universitäten Frankfurt/Main und Jena beherbergen in diesem Rahmen das *Referenzkorpus Altdeutsch* (www.deutschdiachrondigital.de), das die althochdeutschen und altsächsischen Sprachdenkmäler (ca. 750–1050) auf der Grundlage von Originalen bzw.

handschriftengetreuen Editionen erschließt. Das linguistisch annotierte und durchsuchbare Textkorpus umfasst zurzeit ca. 650.000 Wortformen. Daran schließt zeitlich das *ReM. Referenzkorpus Mittelhochdeutsch* (1050–1350) der Universitäten Bonn und Bochum an, das Texte des Mittelhochdeutschen (1050–1350) mit einem Umfang von ca. 2 Mio. Wortformen aus verschiedenen größeren Teilkorpora zum Mittelhochdeutschen enthält (https://www.linguistics.rub.de/rem/#). Auch hier werden die Quellen handschriftengetreu, möglichst an Originalen erfasst, bearbeitet und linguistisch tiefenannotiert. Das entsprechende Vorhaben *Referenzkorpus Frühneuhochdeutsch (1350–1650)* (https://www.linguistics.ruhr-uni-bochum.de/ref) wird von den Universitäten Bochum, Halle und Potsdam bereitgestellt. Das interakademische Vorhaben *DIO – Deutsche Inschriften Online* (http://www.inschriften.net/) dokumentiert seinerseits die lateinischen und deutschen Inschriften des deutschen Sprachraumes in Mittelalter und Früher Neuzeit (bis 1650). Für das Mittelniederdeutsche werden im Hamburger-Münsteraner-Referenzkorpus *ReN – Mittelniederdeutsch/Niederrheinisch* (1200–1600; https://www.slm.uni-hamburg.de/ren.html) diplomatisch transkribierte, lemmatisierte und grammatisch annotierte Texte zugänglich gemacht. Erst bei der Fertigstellung dieser Teilinitiativen und deren Zusammenführung mit entsprechendem Datenaustauch und Suchangeboten wird ein leistungsstarkes Forschungsinstrument für die historische Linguistik zur Verfügung gestellt werden, das Fragestellungen epochenübergreifend auf Basis einer größeren empirischen Datenmengen zu beantworten erlaubt und das möglichst auch für interdisziplinäre Fragestellungen offen sein sollte.

Für das Mittelhochdeutsche stehen ferner das *Mittelhochdeutsche Textarchiv* (www.mhgta.uni-trier.de) (mit etwa 100 mittelhochdt. Texten) sowie das Quellenarchiv des neuen *Mittelhochdeutschen Wörterbuchs* (http://www.mhdwb-online.de/quellenverzeichnis.php) zur Verfügung. Ferner werden im Rahmen der seit 1904 bestehenden Publikationsreihe *Deutsche Texte des Mittelalters (DTM)* der Berlin-Brandenburgischen Akademie der Wissenschaften Editionen mittelalterlicher Texte des 13. bis 16. Jh.s digital neben der Printedition, zum Teil auch Retrodigitalisate älterer Jahrgänge, zugänglich gemacht (http://dtm.bbaw.de/publikationen/dtm-baende). Für die ältesten Sprachstufen (altfränk., althochdt., altsächs., mittelhochdt.) sei noch auf das Projekt *LegIT* (https://legit.germ-ling.uni-bamberg.de) hingewiesen, das den volkssprachlichen Wortschatz erfasst, der in den lateinisch geschriebenen kontinental-westgermanischen Leges barbarorum (u. a. Lex Alamannorum, Lex Baiuvariorum, Lex Frisionum, Leges Langobardorum) enthalten ist. Für das Mittel- und Frühneuhochdeutsche bietet auch das Portal *Computational Historical Linguistics* der Ruhr-Universität Bochum Zugänge zu Textkorpora und digitale Analysetools (https://www.linguistics.rub.de/comphist/).

Für das (ältere) Neuhochdeutsche ist u. a. das *DTA – Deutsches Textarchiv* (http://www.deutschestextarchiv.de/) der Berlin-Brandenburgischen Akademie der Wissenschaften (BBAW) zu nennen, das die Grundlagen für ein Referenzkorpus für die deutsche Sprache ab dem frühen 16. bis zum Beginn des 20. Jh.s liefert. Für die Gegenwartssprache sei u. a.

auf die vom Institut für deutsche Sprache (IDS) in Mannheim zur Verfügung gestellten Textkorpora verwiesen (https://www1.ids-mannheim.de/kl/projekte/korpora). Ferner steht für das 20. Jh. auch das Korpus des Digitalen Wörterbuchs der Deutschen Sprache (DWDS; https://www.dwds.de/d/korpora) für entsprechende linguistische Suchanfragen zur Verfügung; es integriert auch weitere Textkorpora, wie etwa das DTA.

Solche größere annotierte oder aber auch kleinere, eigens erstellte und annotierte digitale Korpora für speziellere Fragestellungen bzw. von bestimmten Teilmengen an Textmaterial ermöglichen Fragestellungen, die idealerweise klassische philologische Fragestellungen und Analysekategorien mit Verfahren der historischen Korpuslinguistik verbinden (vgl. für Beispiele Szczepaniak u.a. 2019). So haben die Herausgeber/innen eines Vorhabens zur linguistischen Genderspezifik in thüringischen Fürstinnenkorrespondenzen der frühen Neuzeit (mit einem annotierten Korpus von ca. 600 Briefen, die zwischen 1546 und 1756 entstanden sind) wohl bewusst ihren Untersuchungsband in diesem Sinne mit dem Untertitel „Korpus*philologische* Studien" versehen (Lühr u.a. 2018).

Viele der oben genannten Textkorpora sind auch im Verbund CLARIN-D (https://www.clarin-d.net/de/) abrufbar, der Teil von CLARIN (*Common Language Resources and Technology Infrastructure*) ist, einer europäischen Infrastruktur für linguistische Ressourcen in den Geistes- und Sozialwissenschaften, die u.a. auch Analyse- und Annotationswerkzeuge zur Verfügung stellt. Eine weitere geisteswissenschaftliche Infrastruktur bildet die ebenfalls europäische Initiative DARIAH, die mit dem deutschen Zweig DARIAH-DE (https://de.dariah.eu/) vielfältige Dienste aus dem Bereich Lehre, Forschung, Forschungsdaten sowie technische Komponenten zur Verfügung stellt. Beide Initiativen wurden vor Kurzem unter dem Dachverbund CLARIAH-DE (https://clariah.de) synergetisch zusammengeführt. Ferner wird in diesem Zusammenhang auch die *Nationale Forschungsdateninfrastruktur-Initiative* (NFDI) für die Geisteswissenschaften von Bedeutung sein.

Insgesamt ist das Angebot also vielfältig, wenn auch nicht ausschöpfend bzw. für alle sprachhistorischen Fragestellungen gleich gut aufgestellt – dabei sollte stets bedacht sein, dass zurzeit nur ein Bruchteil unseres (nicht nur schriftlichen) Kulturguts digital erfasst wurde bzw. digital zur Verfügung steht. Dies hängt nicht nur von der sprachlichen Epoche ab (das Althochdeutsche können wir im Textbereich z.B. wie eine Korpussprache überschauen, während das Frühneuhochdeutsche und das Neuhochdeutsche nur in Ausschnitten und somit bruchstückhaft durch Teilkorpora abgebildet sind), sondern auch von der Art und Weise, wie Korpora zusammengestellt, aufbereitet, annotiert und auch bezüglich ihrer Aufbereitung dokumentiert wurden (Stichwörter Standardisierung und Transparenz). Ferner gilt es, die Datengrundlagen zu prüfen: Eine Volltextdigitalisierung von älteren, etwa sprachlich normalisierenden Editionen wird – auch wenn sie annotiert in entsprechende digitale Infrastrukturen, weil urheberrechtfrei (u. U. im Gegensatz zu neueren wissenschaftlichen Printeditionen) eingebunden ist – nicht für systemlinguistische Fragestellungen taugen und sollte daher auch nicht als Basis für entsprechende Analysen dienen. Eine sorgfältige Korpuserstellung – bei digitalen genauso wie bei traditionellen Analysemethoden – ist somit grundlegend, und eine sorgfältige, dem Forschungsvorhaben angepasste Datenauswahl entscheidend für den Verlauf und den Erkenntnisgewinn eines Vorhabens. Für die jüngere Sprachgeschichte des Deutschen, wo bereits viel Datenmaterial zur Verfügung steht, hält Jochen A. Bär für den Bereich der Diskurslinguistik fest: „Datenquantität ist also weit weniger ein Problem des Zuwenig als eines des Zuviel: Will man nicht nur rein oder doch überwiegend quantitative Analysen durchführen, also ausschließlich oder hauptsächlich die Algorithmen spielen lassen, so muss man, um die Materialmengen bewältigen zu können, jeweils eine sinnvolle Auswahl treffen […]. Dies kann, wenn es nicht dem Zufallsprinzip folgen, sondern pro Einzelquelle angemessen begründet werden soll, Wochen oder – je nach angestrebtem Korpusumfang – auch Monate in Anspruch nehmen, da man die zur Verfügung stehenden Quellen komplett sichten muss. Sobald es beispielsweise darum geht, Subdiskurse, Ideologieformationen oder pragmatosemantische Kämpfe oder Allianzen zu bestimmen, muss man seine Quellen als solche kennen […]" (Bär, in: Bär u. a. 2019, 254).

D. Wertvolle Datengrundlagen bilden auch Editionen, die entweder in sprachhistorischen Vorhaben selbst (oder im interdisziplinären Verbund mit diesen, wie etwa historischen oder literaturwissenschaftlichen Projekten) entstehen oder aber von diesen benutzt werden. Der Bereich der germanistischen Editionswissenschaft ist dabei genauso alt wie die Germanistik selbst; aus historischer Sicht reicht er sogar – mit der Quellenedition mittelalterlicher Textzeugen – in den Kontext einer humanistisch-gelehrten Textwissenschaft zurück. Somit hat die Textedition ihre eigene Wissenschaftsgeschichte und ihre eigenen Traditionen, die zum Teil (z. B. im Bereich der Edition mittelhochdt. Texte) vielfachen Wandlungen unterworfen wurden. Hier ist insgesamt eine Vielfalt an Angeboten und Vorhaben vorhanden, die von der Retrodigitalisierung bereits im Print veröffentlichter Editionen, über Hybrideditionen bis hin zu digital-born Vorhaben, die unmittelbar auf digitaler Grundlage entstehen, reicht (s. Jannidis u. a. 2017, 234 ff.). Heute haben neue (wissenschaftliche) Editionsvorhaben in der Regel stets auch eine digitale Komponente, die entsprechende internationale Standards im Hinblick auf die digitale Präsentation, die Kodierung der Daten und Metadaten sowie idealerweise eine Verbindung von Edition und Digitalisat mit den ursprünglichen Bildquellen ermöglicht. Zu den wesentlichsten Standards gehören hier die Richtlinien der Text Encoding Initiative (TEI; https://tei-c.org sowie Burnard 2014) sowie die damit eng verbundenen Richtlinien CEI (Charters Encoding Initiative) speziell für Urkunden und EpiDoc speziell für epigraphische Dokumente. Für das Mittelalter und die Frühe Neuzeit sind germanistische Vorhaben in den oben erwähnten Fachportalen dokumentiert. Weiterführende Informationen bieten etwa das Portal *Mediaevum* und der *Handschriftencensus* (insbesondere der dort gepflegte Editionsbericht), die AG Germanistische Editionen (www.ag-edition.org) sowie die Zeitschrift *editio – Internationales Jahrbuch für Editionswissenschaft*.

E. Ein wichtiges Arbeitsinstrument der Sprachgeschichtsforschung stellen wissenschaftliche Wörterbücher dar, die sowohl Instrumente der Erkenntnis als auch des Nachschlagens (etwa von Bedeutungen oder Wortgebräuchen) sein können, und damit selbst als Quellenmaterial dienen können. Auch in den Bänden der vorliegenden Sprachgeschichte wurden sie häufig herangezogen und zitiert, so etwa das Fremdwörterbuch, das DWDS oder andere historische lexikographische Quellen. Die für die deutsche Sprachgeschichtsforschung wichtigsten lexikographischen Nachschlagewerke sind in dem vom Trier Center for Digital Humanities bereitgestellten Wörterbuchnetz (www.woerterbuchnetz.de) abrufbar, das einen zentralen Online-Zugang zu den historischen Sprachstufen des Deutschen darstellt. Es bietet nicht nur die digitale Suche durch einzelne Wörterbücher im Volltext, sondern es können auch wörterbuchübergreifende Abfragen durchgeführt werden. Im Trierer Wörterbuchnetz eingebunden sind zurzeit 36 Einzelwörterbücher bzw. Nachschlagewerke, darunter u.a. die digitalisierten Sprachstadienwörterbücher zum Alt-, Mittel- und Frühneuhochdeutschen (soweit die entsprechenden Wortstrecken bei laufenden Projekten digital veröffentlicht wurden), Dialektwörterbücher, das *Goethe-Wörterbuch* (*GWb*), das *Digitale Familiennamenwörterbuch Deutschlands* (*DFD*) sowie *Meyers Großes Konversationslexikon*.

Die im Wörterbuchnetz eingepflegten laufenden Wörterbuchvorhaben zu einzelnen Sprachstadien (oft langfristige Akademievorhaben) können auch jeweils unter den eigenen Online-Seiten aufgerufen werden. So etwa das thesaurusartig aufgebaute, ausführliche *Leipziger Althochdeutsche Wörterbuch* (http://awb.saw-leipzig.de/), das sukzessive nach dem Erscheinen im Print auch online zur Verfügung steht. Das neue *Mittelhochdeutsche Wörterbuch* (http://www.mhdwb-online.de/) wird als Vorhaben der Mainzer und Göttinger Akademien digital und auf der Grundlage eines digitalen Quellenarchivs erarbeitet und sukzessive auch online veröffentlicht. Die Onlineversion ist mit dem digitalen Quellenarchiv und den älteren Wörterbüchern des Mittelhochdeutschen (Lexer; Benecke/Müller/Zarncke) verknüpft. Zu erwähnen ist ferner die an der Universität Salzburg angesiedelte *Mittelhochdeutsche Begriffsdatenbank* (http://mhdbdb.sbg.ac.at/), die die Suche nach Begriffen aus verschiedenen Quellen der mittelhochdeutschen Literatur und daran geknüpfte semantische Fragestellungen an das jeweilige Textkorpus ermöglicht.

Für die Epoche des Frühneuhochdeutschen zentral ist das mittlerweile an der Akademie der Wissenschaften zu Göttingen angesiedelte Vorhaben eines ausführlichen Wörterbuchs (https://fwb-online.de/). Das *Frühneuhochdeutsche Wörterbuch* erscheint sowohl als Printwörterbuch als auch online. Ferner relevant ist das *Deutsche Rechtswörterbuch* an der Heidelberger Akademie der Wissenschaften (http://drw-www.adw.uni-heidelberg.de/drw/info/), das die deutsche Sprache des Rechts (und darüber hinaus) vom Beginn der schriftlichen Überlieferung in lateinischen Urkunden bis etwa 1800 dokumentiert. Im Angebot enthalten ist auch ein Online-Textarchiv mitsamt – soweit vorhanden – faksimilierten Quellen. Eine wichtige Quelle für sprachhistorische Fragen ist das ^{1}*DWB – Deutsches Wörterbuch von Jacob Grimm und Wilhelm Grimm*, das die deutsche Sprache ab ca. 1450 erfasst, aber bezüglich der Wortgeschichte bzw. aus etymologischer Sicht auch älteres Sprachmaterial heranzieht. Die erste Ausgabe des Grimm'schen Wörterbuchs (1854–1971) mit über 300.000 Stichwörtern ist – wie die anderen in diesem Abschnitt erwähnten Wörterbücher – im Trierer Wörterbuchnetz vollständig zugänglich (http://dwb.uni-trier.de). Die ersten Bände des *DWB* (Wortstrecke A–F; ^{2}*DWB*) sind von der Berlin-Brandenburgischen Akademie der Wissenschaften und der Akademie der Wissenschaften zu Göttingen neu bearbeitet worden; sie sind als Printversion zugänglich (http://dwb.bbaw.de/neubearbeitung) und inzwischen auch digitalisiert, mit dem ^{1}*DWB* auf Stichwortebene vernetzt und im Wörterbuchnetz zugänglich gemacht. Das Portal *mediaevum.de* hat ferner weitere mediävistisch relevante Lexika zusammengestellt, die für den Bereich der Literatur und der Quellenüberlieferung wichtig sind.

Für die Gegenwartssprache gibt es ebenfalls einige wichtige Online-Angebote sowie born-digital erstellte lexikographische Informationssysteme. Hierzu zählt das oben erwähnte Akademievorhaben DWDS (https://www.dwds.de/), das den deutschen Wortschatz von 1600 bis heute dokumentiert (und dank der Verlinkung mit dem DTA auch den Zugriff auf die Texte aus den früheren Epochen ermöglicht), etwa 465.000 Einträge in verschiedenen Wörterbüchern online bereit hält und als umfassendes „Wortinformationssystem" ausgebaut werden soll. Ferner stellt das Leibniz-Institut für Deutsche Sprache mit *OWID – Das Online-Wortschatz-Informationssystem Deutsch* (https://www.owid.de) ein lexikographisches Informationssystem zur Verfügung, das u. a. das *DFWB* (*Deutsches Fremdwörterbuch*), das *Neologismenwörterbuch* und das born-digital Vorhaben *elexiko – Online-Wörterbuch zur deutschen Gegenwartssprache* enthält. Auch kommerzielle Anbieter wie etwa der Duden-Verlag haben entsprechende Wörterbuchangebote online gestellt (https://www.duden.de/).

F. In einer pragmatisch orientierten Sprachgeschichte sind vielfältige Erscheinungsformen von Sprache relevant. So liefern etwa neben Dialektwörterbüchern auch Sprachatlanten wichtige diatopische Informationen. Hier ist vornehmlich das vielfältige Angebot des *Forschungszentrums Deutscher Sprachatlas* (Universität Marburg) zu nennen, das u. a. den *Digitalen Wenkeratlas* sowie andere Sprachatlanten und Sprachkarten im digitalen Informationssystem *REDE* (www.regionalsprache.de) zur Verfügung stellt und u. a. Originalkarten, Quellenmaterial, regionalsprachliche Datenbanken und Tondokumente zugänglich macht. Wichtig für Fragen des aktuellen Sprachwandels ist auch der *Atlas zur deutschen Alltagssprache* (www.atlas-alltagssprache.de/) der Universitäten Salzburg und Liège, der neben regionalen Varianten im Bereich des Wortschatzes auch Varianten im Bereich der Aussprache, Morphologie und Syntax erhebt.

Literatur (Auswahl zur Erstorientierung)

Digital Humanities/Digitale Geisteswissenschaften/Digitale Infrastrukturen: Bergmann/Moulin/Ruge 2019, 167–185. Jannidis u.a. 2017. Börner u.a. 2018. Lobin 2014. Lobin u.a. 2018. Siemens u.a. 2004. Stalder 2019 (jeweils mit weiterführender Literatur).

Digitale Lexikographie: Gloning 2017. Gouws u.a. 2013. Herrgen u.a. 2019 (Fischer/Limper 879 ff.). Moulin/Hildenbrandt 2012. – **Digitale Editionen**: Bein 2011. Burnard 2014. Driscoll/Pierazzo 2016. Gärtner 2011. Plachta 1997; 2020. Sahle 2013. – **Anwendungsbereiche/Deutsche Sprachgeschichte**: Bär u.a. 2019 (Wegera 157 ff.; Bär 253 ff.). Bergmann u.a. 2019. Dipper 2015. Gloning 2009. Herbers 2016. W.P. Klein 2018. Kwekkeboom/Waldenberger 2016. Lemnitzer/Zinsmeister 2015. Lühr u.a. 2018. Peters/Nagel 2014. Riecke 2017a. M. Schulz 2017. Springmann u.a. 2018. Steffens 2000; 2004. Schuster/Wille 2017. Szczepaniak u.a. 2019. Valihrachová 1998. Zinsmeister 2015. – **Digitale Wissenschaftskommunikation**: Gloning/Fritz 2011. Alexander Lasch 2019.

Linksammlung (vgl. auch Literaturverzeichnis!)

AG Germanistische Editionen: www.ag-edition.org

Althochdeutsches Wörterbuch online: http://awb.saw-leipzig.de

Archivportal-D: www.archivportal-d.de

Atlas zur deutschen Alltagssprache: www.atlas-alltagssprache.de/

CLARIN-D: https://www.clarin-d.net/de/

DARIAH-DE: https://de.dariah.eu/

DDD – Deutsch Diachron Digital: www.deutschdiachrondigital.de

Deutsches Referenzkorpus DeReKo: www1.ids-mannheim.de/kl/projekte/korpora/

DFD – Digitale Familiennamenwörterbuch Deutschlands: http://www.namenforschung.net/dfd/woerterbuch/liste/

DFWB – Deutsches Fremdwörterbuch (online): https://www.owid.de/wb/dfwb/start.html

FWB – Frühneuhochdeutsches Wörterbuch online: http://fwb-online.de

DHd – Digital Humanities im deutschsprachigen Raum: https://dig-hum.de/

DIO – Deutsche Inschriften Online: http://www.inschriften.net/

DIWA – Digitaler Wenkeratlas: http://www.diwa.info/

DRW – Deutsches Rechtswörterbuch online: www.rzuser.uni-heidelberg.de/~cd2/drw

DTA – Deutsches Textarchiv: http://www.deutschestextarchiv.de/

DTM – Deutsche Texte des Mittelalters: http://dtm.bbaw.de/publikationen/dtm-baende

¹DWB – Deutsches Wörterbuch von Jacob Grimm und Wilhelm Grimm, Erste Auflage online: www.dwb.uni-trier.de

²DWB – Deutsches Wörterbuch von Jacob Grimm und Wilhelm Grimm, Neubearbeitung (A–F): www.woerterbuchnetz.de/DWB2

DWDS – Digitales Wörterbuch der Deutschen Sprache: https://www.dwds.de/

GW – Gesamtkatalog der Wiegendrucke: https://www.gesamtkatalogderwiegendrucke.de/

GWb – Das Goethe-Wörterbuch im Internet: http://gwb.uni-trier.de/de/

Handschriftencensus – Eine Bestandsaufnahme der handschriftlichen Überlieferung deutschsprachiger Texte des Mittelalters: http://www.handschriftencensus.de/

Historisches Korpus, IDS Mannheim: https://www1.ids-mannheim.de/lexik/abgeschlosseneprojekte/historischeskorpus/historisches-korpus.html

Hypotheses – Blogportal für die Geistes- und Sozialwissenschaften: https://de.hypotheses.org/

Manuscripta mediaevalia: http://www.manuscripta-mediaevalia.de

Mediaevum.de – Informationsportal für die deutsche Literatur des Mittelalters: www.mediaevum.de

Mittelhochdeutsches Textarchiv online: http://mhgta.uni-trier.de

Mittelhochdeutsches Wörterbuch online: www.mhdwb-online.de

Mittelhochdeutsche Wörterbücher im Verbund: www.mwv.uni-trier.de

MUFI – The Medieval Unicode Font Initiative: https://mufi.info

NFDI – Nationale Forschungsdateninfrastruktur: https://www.nfdi.de/

OWID – Online-Wortschatz-Informationssystem Deutsch: www.owid.de/

Referenzkorpus Altdeutsch: www.deutschdiachrondigital.de

Referenzkorpus Mittelhochdeutsch: https://www.linguistics.rub.de/rem/#

Referenzkorpus Frühneuhochdeutsch: https://www.linguistics.ruhr-uni-bochum.de/ref/

Referenzkorpus Mittelniederdeutsch/Niederrheinisch: https://www.slm.uni-hamburg.de/ren.html

Regionalsprache.de – REDE: www.regionalsprache.de

VD 16 – Verzeichnis der im deutschen Sprachbereich erschienenen Drucke des 16. Jahrhunderts: https://www.bsb-muenchen.de/sammlungen/historische-drucke/recherche/vd-16/

VD 17 – Verzeichnis der im deutschen Sprachbereich erschienenen Drucke des 17. Jahrhunderts: www.vd17.de/

VD 18 – Digitalisierung und Erschließung der im deutschen Sprachraum erschienenen Drucke des 18. Jahrhunderts: www.vd18.de

KVK (Karlsruher Virtueller Katalog): https://kvk.bibliothek.kit.edu

Wörterbuchnetz, Trier Center for Digital Humanities: www.woerterbuchnetz.de

Zentrum für digitale Lexikographie der deutschen Sprache: https://www.zentrum-lexikographie.de/

ZfdG – Zeitschrift für Digitale Geisteswissenschaften: http://www.zfdg.de/

ZVDD (Zentrales Verzeichnis Digitalisierter Drucke): http://www.zvdd.de

2. Grundbegriffe der Sprachentwicklung

2.1. Theorien über Sprachwandel

A. Viele Sprachhistoriker des 19. Jh.s neigten dazu, sich an naturwissenschaftlichen Vorstellungen zu orientieren, im Gegensatz zu der schon (zeitgemäß) sozialgeschichtlichen Sprachgeschichts-Auffassung Adelungs (s. 5.6M11) und zu der schon anthropologisch-pragmatischen Auffassung Humboldts (s. 1.1A). Ein Beispiel für solche szientistische Anlehnung der Geisteswissenschaften an die Naturwissenschaften als Tribut an das industriegesellschaftliche Denken war die Stammbaumtheorie August Schleichers (1861/62), nach der man sich die Geschichte verwandter Sprachen vorstellte als *organisches Wachstum* von einer ursprünglichen Einheit zur Vielheit durch Aufspaltung einer (nur hypothetisch rekonstruierbaren) *Ursprache,* z.B. Indogermanisch, in *Tochtersprachen* (s. J. Klein u.a. 2017 (Abschn. I); N.R. Wolf 1990). Sprachgeschichte beschrieb man danach mit entsprechenden biologisch-genealogischen Metaphern: *Verzweigung, Aufspaltung, Blütezeit, Jugend, Alter, Verfall* usw. Mehr dem Vorbild von Physik und Chemie entsprach in der Leipziger Schule der „Junggrammatiker" in den 1870er Jahren (s. Putschke, in: BBRS 474ff.) das Ziel, lautliche Sprachveränderungen aus *Lautgesetzen* zu erklären, deren *Ausnahmslosigkeit* Georg Wenker in Marburg ab 1876 mit seinem „Sprachatlas des Deutschen Reiches" überprüfen wollte (s. Hildebrandt, in: BBRS 495ff.).

Scharfe Kritik an der vorwiegend szientistisch-gesellschaftsfernen Richtung der Sprachwissenschaft übte schon Hermann Paul, neben dessen sehr einflussreichem theoretischem Hauptwerk „Principien der Sprachgeschichte" (1880 [1995/2010]) auch zahlreiche wissenschaftskritische kleinere Publikationen berücksichtigt werden sollten (Henne/Kilian 1998, XIIff.): Gegen Diltheys Begriff der „Geisteswissenschaften" verstand er „Kulturwissenschaften" als „Gesellschaftswissenschaften", die notwendig „geschichtlich", aber auch – wie man heute sagen würde – ‚zeitgeschichtlich' und ‚alltagsgeschichtlich' orientiert sein müssten. So wandte sich Paul (ebenfalls in seiner Abhandlung „Aufgabe und Methoden der Geschichtswissenschaften", 1920) dagegen, dass die pädagogische „Beschäftigung mit der vaterländischen Geschichte […] vielfach missbraucht ist, um nationale Eitelkeit und Chauvinismus großzuziehen. Dem wahren Wohle des Vaterlandes kann nur gedient sein, wenn die nationalen Untugenden nicht verschleiert werden, wenn man aus den Sünden und Fehlern der Vergangenheit solche der Zukunft zu vermeiden lernt"; eine ganz andere kulturpolitische Einstellung als im gleichen Jahr die nationalistische Auffassung von deutscher Sprachgeschichte bei Friedrich Kluge (s. 1.2D). Auch wandte sich Paul in einem publizistischen Artikel (1888) und einem Gutachten (1899) gegen Sprachnormung ‚von oben' in Bezug auf Orthographie und Lautungsnorm: Nur mit Berücksichtigung der tatsächlichen Varianten und der Interessen der gesellschaftlich Betroffenen seien solche Reformen sinnvoll (s. Henne/Kilian 1998, XVIff., 281 ff.). Für eine konsequente Anwendung solcher recht moderner Einsichten eines streitbaren Hochschullehrers im Interessenspektrum der angeblich politikfernen Germanistik war die Zeit offenbar noch nicht reif. In der Art, wie Hermann Pauls Gesamtwerk wirkte, waren die Möglichkeiten der „gesellschaftlichen Einwirkung für die Sprache" bei Paul noch eingeengt auf abstrakte Vorstellungen wie „proportionale Analogie", auf psychische und physiologische Faktoren oder die Eltern-Kind-Beziehung beim Generationswechsel, also auf die individuenbezogene Erklärung von lautlichen und grammatikalischen Erscheinungen, ohne Beziehungen zum gesamtgesellschaftlichen Umfeld. So standen historische Laut- und Formenlehre und Wortbildung im Mittelpunkt der germanistischen Sprachgeschichtsforschung noch weit ins 20. Jh. hinein. Gesellschaftsgeschichtliches kam, sehr punktuell, in der historischen Wortforschung und Lexikographie in den Blick, oder bei traditionellen Lieblingsthemen wie Sprache des Rittertums, Sondersprachen, Dialekte.

B. Auch noch teilweise in szientistischen Traditionen stand die Wellentheorie, die Hugo Schuchardt (1868) und Johannes Schmidt (1872) der Stammbaumtheorie und der junggrammatischen Suche nach Lautgesetzen entgegenstellten; jedenfalls gilt dies für ihre metaphorische Erklärung: Wellenförmige Ausbreitung von Bewegungen wie auf einer Wasserfläche von Unruhezentren her.

Dieses raumdynamische Paradigma hat die sprachgeschichtliche Auswertung von Georg Wenkers Sprachatlaskarten in der Marburger sprachgeographischen Schule (Ferdinand Wrede, Theodor Frings, Walther Mitzka) sehr beeinflusst. Es ist symptomatisch erkennbar an entsprechenden Metaphern der sprachgeschichtlichen Beschreibungssprache (v.Polenz 1980): *Ausbreitung, Strömung, Strahlung, Einfluss, Einsickern, Vordringen, Überfluten, Überlagerung, Druck, Infiltration, Trichter, Sogwirkung* usw.; in den 20er und 30er Jahren des 20. Jh.s gern ins Militärische gewendet: *Vorbruch, Durchbruch, Ansturm, Vormarsch, Siegeszug, Kampf, Stoßkeil, Frontlinie, Barriere, Etappe, Rückzug, Grabenstellung* usw. Dies alles wurde hypostasierend (verdinglichend) von Lauten, Formen und Wörtern ausgesagt; damit wurde der Blick auf Sprache als soziales Handeln von Sprachbenutzenden fachjargonhaft verstellt. Diese Stilmode entspricht der sprachtheoretischen Überbetonung oder Verabsolutierung des Faktors Raum in der sprachgeographischen Dialektologie und in der Sprachgeschichtsschreibung (bes. Adolf Bach, Theodor Frings). Sie hat Parallelen in der raumdeterministischen Wissenschaftsideologie „Geopolitik" (Karl Haushofer), die in den 20er und 30er Jahren, vor allem in der nationalsozialistischen Zeit, in mehreren geisteswissenschaftlichen Fächern gewirkt hat (so auch in Geschichte, Kunstgeschichte, Literaturgeschichte, Volkskunde). Auch mögen moderne Techniken der Druckgraphik manche Forschende zu selbstsuggestiver, euphorischer Deutung raumbildlicher Darstellung von Forschungsmaterial verleitet haben.

Da es sich nur um eine animistische Metaphorik handelt, wenn man sagt, dass Wörter und andere Sprachelemente sich in geographischen Räumen

‚bewegen', ist die wellentheoretische Sprachgeschichtsauffassung konkret nur in der Weise verstehbar, dass sozial einflussreiche Sprachbenutzende durch Verkehr, Ortswechsel, soziales Prestige usw. ihre sprachlichen Varianten und Innovationen in andere Gegenden *übertragen* und dort die Rezipierenden die Neuerungen durch kollektive Nachahmung *akzeptieren, sich angewöhnen,* sei es freiwillig als Mode-Mitmachen, sei es gezwungen durch Unterwerfung, Anordnung, Diskriminierung, Sanktionierung usw. Anstelle von *Sprachströmungs*-Metaphorik empfahl Walther Mitzka (1940) mehr gesellschaftsbezogene Erklärungsweisen wie *Sprachanschluss, sprachlicher Markt, Mehrwert* usw. Im Hinblick auf spätere soziolinguistische Begriffe wie *Sprachprestige* bedeutete diese (manchmal „kulturgeographisch" genannte) sprachgeographische Perspektive schon eine Vorstufe zur heutigen sozialgeschichtlichen und pragmatischen Orientierung von Sprachgeschichtsforschung und -schreibung.

C. Einer einseitigen Anwendung der Wellentheorie trat Otto Höfler (1955) mit seiner Entfaltungstheorie entgegen: Zeitlich-räumliche Sprachunterschiede erklärte er aus polygenetischer Entwicklung. Auch hier finden wir noch einen biologischen Vergleich: Ähnlich wie sich die Baumblüte im Frühling in der einen Landschaft früher als in der anderen entfaltet, so können auch in der Sprachentwicklung gemeinsame „Prädispositionen" mehrerer Sprachen oder Dialekte hier früher und dort später wirksam werden. Die Einzelerscheinungen des Sprachwandels sind oft nur äußere Symptome, deren Ursachen tiefer liegen (z. B. Akzent, Intonation, Entwicklungstendenz zum analytischen Sprachtyp); vgl. BBRS (Seebold 963 ff., Schmidt 993 ff., Roelcke 1000 ff.).

So ist, jedenfalls in nichtsemantischen Bereichen von Sprache (Phonemik, Flexion), in einzelnen Fällen mit Kettenreaktionen zu rechnen, die sich über Jahrhunderte und Jahrtausende erstrecken, beispielsweise in der traditionellen Erklärung der Folgen des germanischen Akzentwandels (Stammsilbenbetonung) für die noch heute weiterwirkende Endsilben-Abschwächung, also für den Flexionsschwund (s. 3C2C4, 4.3H) und dessen Ersatzmittel (Hilfsverben, Modalverben, Funktionsverben, vgl. 4.5D; Präpositionen, Pronomen); vgl. aber Wells (1994: 445). ‚Entfaltung' statt ‚Ausbreitung' spielt auch bei neueren Erklärungen der neuhochdt. Diphthongierung eine Rolle (s. 4.3C). Diese Erklärungsweise befriedigt aber meist nicht bei Sprachveränderungen in den mit Semantik und Pragmatik, also gesellschaftlichem Handeln und Verhalten zusammenhängenden Bereichen Wortschatz, Satzbau, Stil, Textsorten; vgl. aber unten die Evolutionstheorie des Sprachwandels (2.5).

D. Seit den 1960er Jahren sind im Rahmen strukturaler und generativer Richtungen der Linguistik systemlinguistische Theorien des Sprachwandels entwickelt worden, mit denen man vorwiegend sprachvergleichenden, sprachtypologischen und prognostischen Fragestellungen nachgeht, wissenschaftsgeschichtlich unterschieden in Strukturalismus und Generativistik (s. BBRS: Schrodt 520 ff., Mayerthaler 529 ff.). Sie haben die Forschungen auf dem

Gebiet der Historischen Linguistik im Bereich der Phonemik, Morphemik und Syntax stark angeregt. Zu einer sozialhistorisch und sprachpragmatisch orientierten Sprachgeschichtsschreibung können sie kaum kritische Alternativen beitragen. Für die Geschichte der deutschen Sprache in der Neuzeit, in der die Beziehungen von Sprachentwicklung und Gesellschaftsentwicklung offensichtlich sind, hängt es von wissenschaftspolitischen Voreinstellungen und Zielen ab (vgl. 1.2), ob man ‚asketisch' außersprachliche Beziehungen und Kausalitäten ausschließt, solange sich Erklärungen aus abstraktem Systemwandel finden lassen, oder ob man systemlinguistische Erklärungen erst dann in Anspruch nimmt, wenn keine plausible außersprachliche möglich ist. In den Sprachbereichen Phonemik und Morphemik sind weitaus größere Teile systemlinguistisch zu erklären als in den stärker semantisch-pragmatisch determinierten Bereichen Wortschatz, Syntax, Text, Stil. Aber selbst bei der Neustrukturierung des Phonemsystems im Frühneuhochdt. sind in neuerer Forschung immer mehr Fälle entdeckt worden, die sich nicht nur systemlinguistisch erklären lassen: z.B. das Phonem /ɛː/ (nach der Graphie <å/ä>) und andere Erscheinungen von Leseaussprache und schreibsprachlichen Varianten-Aussonderungen gegen die natürliche Entwicklung der gesprochenen Dialekte (s. 4.3DEF, 4.4EM) oder das konservative Orthographieprinzip der Erhaltung von Wortstamm-Identität und Flexionsendungen gegen sprachökonomische Tendenzen (s. 4.3H, 4.4L).

In der strukturalistischen Systembeschreibung trennt man nach Ferdinand de Saussure (1931/2001) zwischen Sprachsystem (*langue*) und Sprachgebrauch (*parole*), zwischen Synchronie und Diachronie und geht vom Primat der Synchronie aus: Sprache sei primär Zustand, nur ausnahmsweise Wandel. Von daher versucht man Sprachwandel gern zu erklären als Übergang eines Sprachsystem-Stadiums L1 in ein anderes Sprachstadium L2, oder generativistisch ausgedrückt: von einer Grammatik G1 (als konsistentes, homogenes Regelsystem) in eine Grammatik G2, die sich von G1 in mindestens einer Regel unterscheidet. Entsprechend abstrakt sind die dabei angenommenen Prinzipien und Arten der Systemveränderung formuliert: Tendenz zur *Symmetrie* des *Systems*, *Harmonisierung* oder *Entlastung* von *Systemteilen*, *Aufhebung* zu starker *funktionaler Belastung* von *Systemstellen*, *Merkmalwechsel*, *Zusammenfall*, *Neutralisierung* von *Oppositionen*, *Spaltung* oder *Neubildung* von *Reihen* oder *Stufen*, *Hinzufügung*, *Tilgung* oder *Umordnung* von *Regeln* usw. Trotz mancher Feststellungen „typischer Verlaufsformen des Sprachwandels" stehen Sprache als ‚System' und ‚Sprachwandel' in unauflösbarem Widerspruch zueinander, in einer „strukturalistischen Aporie des Sprachwandels als Erklärungsproblem" (Schrodt, in: BBRS 520ff.): „Je abstrakter man solche Strukturen ansetzt, desto weniger kann sich ändern"; man müsse also „den Ausdruck ‚System' anders verstehen und ihn auf eine parole-nähere Sprachebene beziehen, wobei es völlig unklar bleibt, welche Ebene das sein soll" […] „Die Ursachen des Sprachwandels […] sind ohne Bezug auf Erscheinungen, die sich nicht strukturalistisch erfassen lassen, unmöglich" (Schrodt, in: BBRS 527).

Auch die Theoriebildung der generativen Transformationsgrammatik (GTG) steht – in ihren orthodoxen Richtungen – „dem Phänomen Sprachwandel insgesamt relativ hilflos gegenüber" (Mayerthaler, in: BBRS 532) wegen ihres Festhaltens an der Chomskyschen Idealisierung („idealer Sprecher/ Hörer in einer homogenen Sprachgemeinschaft"), an der „zu eng gefassten Kompetenz-Performanz-Dichotomie" und am Primat der Synchronie („betrachtet Diachronie als Aufeinanderhäufung statischer Sprachzustandsscheibchen"). Teilweise haben diese Positionen Eingang in die Natürlichkeitstheorie gefunden, die vor allem das Ziel hat, den grammatischen (morphologischen und syntaktischen) Wandel zu erklären sowie für Prognosen der wahrscheinlichsten Weiterentwicklung und für den sprachtypologischen Vergleich mit Nachbarsprachen Einsichten gebracht hat (Mayerthaler, in: BBRS 533 ff.; Mayerthaler u. a. 1995; 1997; Wurzel 1984/2001; 1994; Abraham 1995/2005).

In der Natürlichkeitstheorie wird ein biologisch-neurologisch gesteuertes, angeborenes, also universales (nicht einzelsprachliches) Spracherwerbsverhalten des „prototypischen Sprechers" angenommen. Grammatikalischer Sprachwandel beruhe auf dem Abbau von „Markiertheit" (Merkmalhaftigkeit) im phonologischen, morphologischen und syntaktischen System. Die Natürlichkeitstheorie ist vor allem an sehr langfristig verlaufenden Sprachwandelprozessen erprobt worden z.B. Singular-Plural-Unterscheidung, Kasusflexion, Artikelgebrauch, Verbgefüge statt Flexionsformen, Wortstellungstypen. Diese Ansätze universalpragmatischer Weiterentwicklung sind jedoch zum Teil umstritten. Die Begriffe ‚natürlich' und ‚unmarkiert' „werden invers synonym verwendet: Das Natürliche ist das Unmarkierte, und das Unnatürliche ist das Markierte"; ‚Natürlichkeit' wird „üblicherweise zirkulär, tautologisch, in jedem Falle aber unklar bestimmt" (R. Keller 2014, 156, 159). Vor allem bei hochfrequenten Wortformen finden sich immer wieder Gegenbeispiele zur idealisierten Vereinfachungstendenz, und Natürlichkeitsentwicklungen auf der einen Sprachebene (z.B. Morphemik) werden häufig durch Einwirkungen einer anderen Sprachebene (z.B. Phonemik) gestört. Nichtidealisierte ‚Natürlichkeit' besteht eher im gebrauchsbedingten ständigen Wechselspiel zwischen Vereinfachung und Komplizierung (Werner 1989; Meineke 1989; Schrodt, Mayerthaler, Werner, in: BBRS 525 ff., 533 ff.; 579 ff.; vgl. 6.9D). – Rudi Keller (2014, 164 ff.) empfiehlt, das Prinzip ‚Natürlichkeit' dadurch zu retten und fruchtbar zu machen, dass man zwischen der „Mikroebene des individuellen Handelns und der Makroebene sprachlicher Strukturen" trennt; ‚Natürlichkeit' sei der Mikroebene, ‚(Un)markiertheit' der Makroebene vorzubehalten.

Eine der einflussreichsten systemlinguistischen Sprachwandeltheorien ist die Grammatikalisierung. Wie die Natürlichkeitstheorie stellt sie die Fragen nach sprachlichen Veränderungen, insbesondere im Bereich der Morphosyntax, in ihren Mittelpunkt, unterscheidet sich aber wesentlich von der Natürlichkeitstheorie bei der Bewertung der Faktoren des Sprachwandels und der Erklärung seiner Mechanismen. Unter Grammatikalisierung wird der Prozess verstanden, in dem ein lexikalisches Zeichen vollständig oder teilweise seine lexikalische Bedeutung verliert und von den Sprecherinnen und Sprechern einer Sprache zunehmend als ein grammatisches Zeichen verwendet wird. Ein typisches Beispiel ist die Entstehung des Hilfsverbs *haben* in der analytisch gebildeten Tempusform Perfekt (*Julia hat ein Fahrrad verloren*) aus dem Vollverb *haben* mit der Bedeutung ‚besitzen' (*Julia hat ein Fahrrad*) – ein Sprachwandelphänomen, das nicht nur für das Deutsche, sondern für viele auf dem Territorium des heutigen Europas gesprochene Sprachen gilt (Moulin 2010; König 2019, 162). Weitere Beispiele sind die Entstehung der schwachen Flexionsendung *-te* (*machte, spielte*) aus dem Vollverb *tun*, des bestimmten Artikels *der/die/das* aus den entsprechenden Demonstrativpronomina oder die Entstehung des unbestimmten Artikels *ein/eine* aus dem Zahlwort *ein*. Grammatikalisierung ist aber auch ein Prozess, bei dem ein bereits grammatisches Zeichen immer stärker ausgeprägte bzw. neue zusätzliche grammatische Funktionen bekommt. In diesem Kontext ist z.B. die Polygrammatikalisierung des Verbs *werden* (ie. **u̯ert**, lat. *vertere* ‚wenden, drehen') als Kopulaverb (*sie wird krank*), Passivauxiliar (*sie wird gefragt*), Futurauxiliar (*sie wird fragen*) und Konjunktivauxiliar (*sie würde fragen*) zu sehen. Somit ist Grammatikalisierung ein ebenenübergreifender Entwicklungsprozess, der meistens unidirektional (s. anders zur Degrammatikalisierung Norde 2009) von den Rändern des sprachlichen Systems, d.h. von der Ebene des Diskurses über die Lexik und Syntax hin zu seinem Kern, zur Morphologie und Morphonologie verläuft. Dabei verliert ein lexikalisches Zeichen seine Bedeutung (Desemantisierung), wird von den Sprecherinnen und Sprechern in neuen Kontexten verwendet (Extension, Kontextgeneralisierung), kann in eine andere Wortart übergehen (Dekategorialisierung, vgl. Pronomen > Artikel) und schließlich seine phonologische Substanz reduzieren bzw. verlieren und mit einer syntaktisch nahe stehenden Form verschmelzen (Erosion, vgl. <tun>, [tu:n] > [tə] in *mach-te*). Grammatikalisierung liegt auch dann vor, wenn die Schritte Dekategorialisierung und Erosion nicht vollständig oder gar nicht vollzogen wurden; die ersten beiden Etappen (Desemantisierung und Extension/Kontextgeneralisierung) zählen hingegen zu den obligatorischen Schritten auf dem Weg zu einem grammatischen Zeichen. Grammatikalisierungsprozesse finden in allen sprachhistorischen Perioden des Deutschen sowie in der Sprachgegenwart statt. So ist etwa der Beginn der Grammatikalisierung der schwachen Präteritalendung *-te* in die germanische Zeit zu datieren, die Grammatikalisierung des Definitartikels ins Althochdt., die des Indefinitartikels ins Mittelhochdt., die analytischen Futurperiphrasen mit dem Hilfsverb *werden* sind erst seit dem Frühneuhochdt. systematisch belegt; das sog. Rezipientenpassiv (*sie bekommt das Fahrrad repariert*) mit den Hilfsverben *bekommen/kriegen*, das *am*-Progressiv (*sie ist am Arbeiten/Schreiben/Telefonieren*) oder die Entwicklung von (*nicht*) *brauchen* zu einem neuen Modalverb (*sie brauch(t) nicht (zu) kommen*, nach dem Muster *sie muss_ nicht _ kommen*) sind als Beispiele für aktuell im Neuhochdt. stattfindende Grammatikalisierungsprozesse zu betrachten. Grundsätzlich zur Grammatikalisierung vgl. Meillet 1912; Lehmann 1995; Diewald 1997; Bergmann u.a. 2010, 327 ff.;

Szczepaniak 2011, für zahlreiche Beispiele für Grammatikalisierungsprozesse aus den Sprachen der Welt vgl. Heine/Kuteva 2002 und Leuschner u.a. 2005.

Als eine weitere Antwort auf die Generative Transformationsgrammatik sind die in die frühen 80er Jahre des 20. Jh.s zurückreichenden **Konstruktionsgrammatiken** (KxG) zu verstehen. Die Fragen nach der Entstehung und Veränderung von Sprachen sind zentrale Untersuchungsgegenstände in diesem Forschungsparadigma, auch wenn es zunächst als ein rein synchrones und gegenwartssprachlich bezogenes Dachgefüge für mehrere theoretische Ansätze im angloamerikanischen Forschungskontext konzipiert wurde (s. den Überblick in Lasch/Ziem 2013, 31–76; vgl. Langacker 1987; Lakoff 1987; Goldberg 1995, 2006; Fillmore/Kay/O'Connor 1988). Diese Theorien entstehen in erster Linie als Antwort auf die empirische Inadäquatheit generativistischer Ansätze und unterscheiden sich von diesen durch ihre Orientierung am Sprachgebrauch und Sprachwissen (nicht in erster Linie am Sprachsystem), die Betonung des ganzheitlichen Charakters von Sprachen, die Ablehnung ihrer Einteilung in Lexikon und Grammatik sowie durch die Fokussierung der Syntagmatik statt der klassischen grammatischen Paradigmatik. Was die konstruktionsgrammatischen Theorien nicht bestreiten, ist die spätestens seit de Saussure bekannte Erkenntnis, dass Sprachen ein prinzipiengeleitetes System sind, dessen Elemente miteinander interagieren. Erhebliche Unterschiede liegen allerdings im Verständnis der Prinzipien und der Elemente, in der Gewichtung der Elemente und im Grad ihrer Interaktion.

Alle konstruktionsgrammatischen Herangehensweisen teilen die Annahme, dass die menschliche Sprache auf allen sprachlichen Ebenen aus Zeichen besteht, die konventionalisierte arbiträre Form-Bedeutungskorrespondenzen sind. Solche Zeichen werden als Konstruktionen (*constructions*) bezeichnet. Konstruktionen können sowohl nicht-kompositionell (Goldberg 1995, 4) als auch kompositionell (Goldberg 2006, 5) sein. Sie sind nach einem bestimmten Muster in einer Sprachgemeinschaft konventionalisiert und kognitiv verfestigt (*entrenchment*). Konstruktionen sind demnach sowohl Morpheme und Einzellexeme (z.B. Komposita) als auch idiomatische Wendungen, abstrakte periphrastische Verbformen wie analytisches Futur, Perfekt oder Passiv, ganze Sätze oder Wortarten und syntaktische Relationen. Grundlegend ist das Verständnis der Sprache als ein Kontinuum zwischen dem Lexikon und den abstrakten grammatischen Strukturen, dessen adäquate Analyse ausschließlich auf der integrativen Beschreibung des dynamischen Netzwerks solcher Zeichen beruhen kann und sollte. Die Tatsache, dass die Konstruktionsgrammatiken Konstruktionen als konventionalisierte arbiträre Form-Bedeutungspaare zu ihrem Untersuchungsgegenstand machen, führt zu der konsequenten Annahme, dass sich die Veränderungen nicht isoliert auf einzelnen systemlinguistischen

Ebenen (entweder in der Form oder der Bedeutung) abspielen, sondern im Gebrauch, ebenenübergreifend und aufeinander einwirkend. Natürlich war sich auch die traditionelle Sprachgeschichte bzw. Sprachwissenschaft dieses Zusammenspiels bewusst (de Saussure 2014, 111). Führt man sich aber existierende Sprachwandeltheorien vor Augen, wird deutlich, dass sie sich (wohl mit Ausnahme der Grammatikalisierung, s. dazu 4.3GK 4.4M 4.5D) schwerpunktmäßig auf eine Ebene im systemlinguistischen Sinn konzentrieren. Bei der Erklärung der Ursachen des Sprachwandels bzw. der Modellierung seiner „Regularität" war die traditionelle Sprachgeschichtsforschung aber selten monokausal und hat seit den 70er Jahren des 20. Jh.s z.B. auch die soziopragmatische Umgebung sprachlicher Strukturen sowie ihre Text- und Diskursabhängigkeiten stets berücksichtigt (s. unten Abschnitt E). Diese Faktoren fangen erst jetzt an, in konstruktionsgrammatischen Untersuchungen eine Rolle zu spielen (zu anderen in der KxG behandelten Kriterien vgl. Traugott 2003; Traugott/Trousdale 2013).

E. Zur Überwindung geschichtsferner systemlinguistischer Sprachwandel-Theorien hat Eugenio Coseriu (1974, s. auch Cherubim 1975) das Verhältnis zwischen Synchronie und Diachronie relativiert: Nur in der Perspektive der linguistischen Analyse sind als Arbeitshypothese beide Sehweisen trennbar; im Objekt Sprache selbst enthält jeder Sprachzustand immer schon Ansätze zum Sprachwandel; vgl. Cherubim, Mattheier, in: BBRS 538 ff., 824 ff.: Die Veränderlichkeit und Veränderbarkeit von Sprache ist vor allem aus folgenden Faktoren zu erklären (in wissenschaftsgeschichtlicher Reihenfolge):

- Ökonomie: Da man auch anderes und wichtigeres zu tun hat als mit sprachlicher Genauigkeit Zeit zu verschwenden und da man die Kommunikationspartner und -partnerinnen mit überflüssigem Gerede und Geschreibe verschonen will, macht man sich es oft mit der Sprache bequem und verwendet sie in reduzierter Weise (s. 2.2).
- Innovation: Das gewohnte Inventar der Sprache ist für kulturell kreative und modernisierende Diskurse nicht immer hinreichend geeignet, ist abgenutzt und entwicklungsbedürftig. So bedient man sich gelegentlich, aber regelhaft, vieler Möglichkeiten sprachlicher Neuerung (s. 2.3).
- Variation: Die Sprachbenutzenden sind – produktiv ebenso wie rezeptiv – sehr flexibel in Bezug auf die Wahl sprachlicher Mittel, je nach kommunikativen Bedingungen und Zwecken. Ein großer Teil der Sprachveränderungen resultiert aus (teilweise normativ verursachten) Verschiebungen im System der Varianten, die als stilistische Alternativen längst in der Sprache vorhanden sind (s. 2.4).
- Evolution: Der Sprachgebrauch und vor allem die Beeinflussung des Sprachgebrauchs durch gesellschaftliche Kräfte haben mitunter Wirkun-

gen auf die Sprache zur Folge, die von denen, die Sprache benutzen oder zu beeinflussen versuchen, gar nicht beabsichtigt sind (s. 2.5).

Literatur

Geschichte der Sprachwissenschaft: Ammon u.a. 2004–2006 (Abschn. V). Arens 1969. Brekle 1985. François 2017. Gardt 1999. Helbig 1971/73; 1986. Henne/Kilian 1998. Januschek 1985. Jellinek 1913/14. W.P. Klein 1992. LGL (Arens 97ff.). Maas 1988. R. Römer 1985. – S. auch 1.2Lit: Germanistik!

Historische Linguistik, Sprachwandel(-theorie): Admoni 1986. Boretzky 1977. Bybee 2015. Cherubim 1975; 1979; 1983; 2017. Davis/Iverson 1992. Demske 2005. Dinser 1974. Erfurt 1992. Filatkina 2013c. Hock 1986/91; 1996. Jeßing 1994. Ch. Jones 1992. J. Klein u.a. 2017. Kotin 2013. Lass 1997. Lehmann 1969. Lehmann/Malkiel 1968. LGL (Lehmann 547ff., Objartel 557ff.). McMahon 1994. Trask 1996/2015. – **auf das Deutsche bezogen:** Bauer 1986/2001. BBRS (Nr. 45–49). Feuillet 1989; 2012. Frey 1994. Marcq/Robin 1997. v.Polenz 1986. Moulin 2010. Nübling u.a. 2017. Roelcke 1997. Sonderegger 1979 (Kap. 1). Stricker u.a. 2016. Vogel 2013.

Traditionelle Sprachwandeltheorie: BBRS (Sonderegger 417ff., 443ff., Putschke 474ff., Hildebrandt 495ff.). O. Höfler 1955/56. H. Paul 1880/2010; 1998. Sprachwandel und Sprachgeschichtsschreibung 1977. Tschirch 1965. v.Wartburg 1970.

Systemlinguistische Sprachwandeltheorie: Bartsch/Vennemann 1982. Baumgärtner 1969. BBRS (Schrodt 520ff., Mayerthaler 529ff., Jäger 816ff.). Boretzky 1995. Boretzky u.a. 1991. Lieb 1970. Martinet 1963, 160ff.; 1981. Penzl 1972. Ronneberger-Sibold 1980. de Saussure 1931/2001; 2014. Ungeheuer 1969. – **Natürlichkeitstheorie:** Back 1991. BBRS (Schrodt 525, Mayerthaler 533ff., Werner 579ff., Haas 836ff.). Dotter 1994. Dressler u.a. 1989. Fliedl 1999. R. Keller 2014, 155ff. Mayerthaler 1981. Mayerthaler u.a. 1995; 1998. Meineke 1989. Werner 1989. Wurzel 1984/2001; 1988; 1989; 1994; 1997.

Soziopragmatische Sprachwandeltheorie: Becker-Mrotzek 1992/99. BBRS (Reichmann 19ff., v.Polenz 41ff., Wegera 139ff., Cherubim 538ff., Mattheier 824ff.). Bühler 1934/99. A. Burkhardt 1991. D. Busse 1987; 1990; 1991ab. Cherubim 1975 (Vachek 190ff., Labov 305ff., Gumperz 335ff.). Fix 1995. Gessinger 1982. Große 1990b. Große/Neubert 1982. Hartig 1983. Hartung/Schönfeld 1981. Kanngießer/Vogel 1998. R. Keller 1990/2014. Knoop 1987. Labov 1976/78. Lerchner 1974; 1986; 1988. Löffler 1985, 204ff./2016, 168ff. Lüdtke 1980. Luhmann 1980/81. Mattheier 1990. Nübling u.a. 2017. Presch 1981; 1991. Schenker 1977a. Schlieben-Lange 1983. Schlieben-Lange/Gessinger 1982. Sitta 1980. Steger 1990. Wegera 2011. Windisch 1988. D. Wolf 1983b. – Vgl. auch 1.2Lit!

Grammatikalisierung: Bergmann u.a. 2010, 327ff. Diewald 1997; 2000; 2014. Ferraresi 2014. P.O. Müller u.a. 2015–2016 (Habermann 1794ff.). Heine/Kuteva 2002. Lehmann 2005. Leuschner u.a. 2005. Szczepaniak 2009/2011. Stricker u.a. 2016, 209ff.

Historische Konstruktionsgrammatik: Barðdal u.a. 2015. Bergs/Diewald 2008. Diewald 2008. Hilpert 2011. Traugott/Trousdale 2013.

2.2. Sprachliche Ökonomie

A. Sprache ist veränderbar, weil Sprachkommunikation oft und gern eilig, ungenau oder verkürzt ausgeübt wird. Dies ist der kommunikativen Effizienz nicht grundsätzlich abträglich, da Sprache mehr oder weniger mit nichtsprachlichem Handeln verbunden ist (empraktische Sprachfunktion, Bühler 1934/1999), d.h. die Kommunikatoren bzw. Kommunikatorinnen können bei Bedarf (aus Bequemlichkeit, zur Zeit- und Materialersparnis usw.) viel vom potentiellen expliziten sprachlichen Ausdruck einsparen, da sie damit rechnen können, dass die Rezipienten bzw. Rezipientinnen das Nichtausgedrückte ergänzen können aus den nichtsprachlichen Kommunikationshandlungen (Intonation, Rhythmus, Gestik, Mimik, Typographie, Farben, Bilder usw.), aus der wahrnehmbaren Situation, aus dem gemeinsamen Vorwissen, aus den Voreinstellungen der Beteiligten usw. Außerdem ist das ‚Verstehen' sprachlicher Äußerungen nicht nur ein Registrieren des explizit Ausgedrückten, sondern besteht auch aus Annahmen der Rezipienten bzw. Rezipientinnen über die Intentionen des Sprechers/Verfassers bzw. der Sprecherin/Verfasserin, über Voraussetzungen und Situation, wozu auch hintergründig Mitzuverstehendes gehört (s.v.Polenz 1985/2008, Kap. 4). So kann man sich sprachliche Genauigkeit und Vollständigkeit in manchen Situationen durch sprachreduzierende Ausdrucksweisen verschiedener Art ersparen.

Sprachökonomisches Verhalten entspricht oft auch den Erwartungsnormen der Gesprächspartner bzw. Gesprächspartnerinnen. Nach den Konversationsmaximen von H. P. Grice (1975) gehört es zu den allgemeinen Grundsätzen kooperativer Kommunikation, dass man „seinen Gesprächsbeitrag nicht informativer als erforderlich machen" und nur das sagen soll, was je nach der Situation wesentlich oder „relevant" ist (s.v.Polenz 1985/2008, 311). Verstößt man erkennbar dagegen, z.B. langweilt man Gesprächspartner/Leser bzw. Gesprächspartnerinnen/Leserinnen mit Unwesentlichem, mit zu viel Redundanz (Informationsüberfluss), muss man damit rechnen, dass sie aus solcher Prinzipienverletzung ihre ‚stillen Folgerungen' (Grice: konversationellen Implikaturen) ziehen, z.B.: *Der will mich wohl für dumm verkaufen* oder *Die will wohl von etwas ablenken* oder *Der nimmt sich zu wichtig* o.ä. Die Verfügung über ökonomische Sprachmittel ist also auch soziopragmatisch wichtig. Andererseits ist Sprachökonomie eine sehr relative Qualität. Was für den einen Rezipienten bzw. die eine Rezipientin oder in der einen Situation ökonomisch wirkt (Zeit und Beziehungsstörungen erspart), kann für einen anderen Rezipienten oder eine andere Rezipientin oder in einer anderen Situation das Gegenteil davon sein. So gibt es in der Sprachkulturentwicklung gegen die sprachökonomischen Entwicklungstendenzen entsprechende Gegentendenzen des möglichst expliziten (genauen), redundanzreichen Ausdrucksstils. In manchen Textsorten/Situationstypen kann gerade der Überfluss (Redundanz) an Ausdrucksmitteln die für die Rezipienten bzw. Rezipientinnen ökonomischere Ausdrucksweise sein, z.B. die Pluralkennzeichnung sowohl durch Substantivflexion als auch Artikelwort-, Adjektivattribut- bzw. Verbflexion besonders in sehr komplexem, unübersichtlichem Satzbau.

Sprachökonomie gehört zu denjenigen Prinzipien strukturaler Sprachwandeltheorie, die aufgrund ihres konkreten Vorkommens im Kommunikationsverhalten auch in kommunikationstheoretischen Erklärungen von Sprachwandel ihren Platz haben. André Martinet (1963, 164) sieht als wichtiges Prinzip der sprachlichen Entwicklung „die ständige Antinomie zwischen den Kommunikationsbedürfnissen des Menschen und seiner Tendenz, seine geistige und körperliche Tätigkeit auf ein Minimum zu beschränken". In jedem Stadium der Sprachentwicklung komme es zu einem „Gleichgewicht zwischen den Mitteilungsbedürfnissen, die zahlreichere, spezifischere, nicht so häufig auftretende Einheiten verlangen, und der menschlichen Trägheit, die zum Gebrauch einer beschränkten Zahl von Einheiten drängt, die allgemeineren Wert haben und häufiger verwendet werden". Es muss dabei unterschieden werden zwischen Ökonomie der Gedächtnisleistung (Sprachsystem, *langue*, Sprachkompetenz) und Ökonomie der Artikulation und Formulierung von Sprache (Sprachgebrauch, *parole*, Performanz), und Entsprechendes auf der Seite der Rezipierenden.

Das Streben nach „optimaler Verteilung der Belastungen" ist relativ zu verschiedenen Kommunikationsbedürfnissen: Es gibt „kein absolutes Optimum" also auch keine sprachökonomisch ideale Sprache, sondern nur eine „relative Optimierung" in dreierlei Weise (Ronneberger-Sibold 1980, 227 ff.):
1. Das Bedürfnis nach „partikularer Optimierung" (auf nur einer Ebene des Sprachgebrauchs bzw. nur für die Bedürfnisse eines der Kommunikationsbeteiligten) ruft Reaktionen in anderer Richtung hervor, hält also die Sprache „in ständiger Bewegung".
2. Die optimale Realisierung ist von relativen Häufigkeiten abhängig, die sich „durch die äußeren historischen Verhältnisse" ändern können; sehr häufige Elemente werden am wahrscheinlichsten und stärksten gekürzt.
3. Sprachmischung (auch zwischen Varietäten einer Sprache) fördert die Vereinfachung des Sprachsystems, da der Sekundärspracherwerb bei Erwachsenen weniger durch Imitation als durch das Bedürfnis nach Analogie und Regelvereinfachung gekennzeichnet ist. Dies trifft jedoch nicht zu für die Komplizierung des deutschen Sprachsystems seit dem Einfluss des Humanistenlateins und des Barock-Französisch in der Lehn-Flexion und Lehn-Wortbildung (s.2.3F, 4.7EM, 5.4G–Q).

In einem weiteren Sinne ist im Hinblick auf den Aspekt der Sprachökonomie nach Hugo Moser (1971, 89 ff.) neben dem *homo faber*, mit seinen alltäglichen Gebrauchszwecken von Sprache, auch der *homo ludens* zu berücksichtigen, der mit sprachlichen Mitteln zu künstlerischen oder geselligen Zwecken kreativ umgeht, der *homo cogitans*, mit seiner Ausnutzung abstraktiver, systematisierender Sprachfunktionen, und der *homo novarum rerum cupidus*, der Neuerungen erstrebt und sich vom Gewohnten und Konventionellen auch sprachlich möglichst unterscheiden will. Alle diese ‚höheren' Verhaltenstypen könnten sich sowohl gegen sprachökonomische Tendenzen auswirken als auch beim kreativ-innovativen Umgang mit Sprache wiederum sprachökonomische Verfahren beachten und neu schaffen.

B. In Bezug auf Wirkungsbereiche unterscheidet Hugo Moser (1971, 93 ff., hier mit z.T. anderen Beispielen) als Haupttypen sprachlicher Ökonomie systembezogene (I) und informationsbezogene (II) Ökonomie:

I,1. **Einsparung sprachlicher Mittel**: Redundante Merkmale von Phonemen wurden aufgegeben, z.B. die rollende Zungenaussprache des /r/ in der Revision der Hochlautung; oder die reduzierte Aussprache unbetonter Endsilben wie *-en*, *-er* (s. 6.6Z); ebenso wurden Varianten in der Orthographie eingespart, z.B. <v> für <u>, <nn> für <n>, <dt> für <d> in frnhd. *vnndt* → nhd. *und,* oder <ph> neben <f> in *Photo* → *Foto*. In der Flexion wurden Kasusendungen von Substantiven und Adjektiven aufgegeben, weil sie durch die Flexion der Artikelwörter redundant sind, z.B. frnhd. *mit dem erschröcklichem grossen bauche* → nhd. *mit dem schrecklich großen Bauch*. Im Satzbau wurden Nebensätze zu Partizipialgruppen verkürzt: *Dort angekommen, ließ er seinen Wagen stehen* statt *Als er dort angekommen war, ließ...* Flektierte Adjektive wurden durch unflektierte nachgestellte Substantive (Appositionen) ersetzt: im 19. Jh. *die Meyersche Fabrik*, im 20. Jh. *die Firma Meyer*. Häufige mehrsilbige Wörter oder Wortgruppen wurden durch Kurzwörter (*Eisenbahn* → *Bahn*, *Automobil* → *Auto*) oder Abkürzungen (*Personenkraftwagen* → *Pkw*) ersetzt.

I,2. **Gesteigerte Ausnutzung** vorhandener sprachlicher Mittel: Eine Sprache, in der für jede begriffliche Neuerung oder Differenzierung ein eigenes Zeichen eingeführt werden müsste, würde anstrengende Gedächtnisleistungen erfordern; so ist zunehmende Polysemie oder Polyfunktionalität vorhandener Mittel sehr ökonomisch. Für die neuen Schreibfedern aus Stahl (in der Maschinentechnik ab 17. Jh., Schreibfeder ab Mitte 19. Jh.) brauchte man keine neuen Wörter zu erfinden, sondern übernahm das alte Wort *Feder*, das so eine zusätzliche (übertragene) Bedeutung erhielt (s. 2.3L). Für das Ergebnis einer ‚Handlung' und dessen konkreter Realisierungsform konnten Suffixe für Nomina actionis (Handlungsbezeichnungen) wie *-ung*, *-en* mit neuer, zweiter Bedeutung beibehalten werden: *Rechnung, Dichtung, Gutachten,*

B: Systembezogene und informationsbezogene Ökonomie

Einschreiben, ... Der Konjunktiv II von *werden* erhielt seit dem 16. Jh. zunehmend eine neue, zusätzliche Funktion als analytisches Modalverb für den teilweise zurückgehenden flexivischen Konjunktiv: *Das würde ich tun* statt ... *täte* ... (s. 4.5D, 5.9K, 6.9F). Die syntaktische Form des attributiven Adjektivs wird seit dem 17. Jh. zunehmend für die Einbettung einer zusätzlichen komplexen Prädikation mitbenutzt (erweiterte Attributgruppe, s. 5.9Q, 6.9J): *der den wichtigsten Teil der Untersuchung umfassende Band ...,* für den Sprecher/Schreiber bzw. die Sprecherin/Schreiberin ökonomischer als die Nebensatzvariante *der Band, der ...umfasst, ...*

I,3. Ökonomie beim **Ausbau** der sprachlichen Mittel, dank der Flexibilität im innovativen Umgang mit Sprachsystemen oder Systemteilen der Gesamtsprache und den Querverbindungen zwischen ihnen:

Anstatt neue Wörter zu bilden, werden „Fertigfabrikate" (Hugo Moser 1971, 99) aus anderen Sprachen bzw. aus anderen Varietäten einer Sprache vom gelegentlichen Code-Switching her allmählich zur ständigen Gewohnheit (s. Interferenz und Transfer in 2.3F). Anstelle von Ableitungen mit Suffixen werden die bequemeren Konversionen (Wortartwechsel ohne Zusätze, vgl. 2.3B) zunehmend bevorzugt, besonders in der Gegenwartssprache: *das Nein* statt *die Verneinung, der Treff* statt *das Treffen, der Treffpunkt; lacken* statt *lackieren; ernst* statt *ernstlich/-haft*. Das Prinzip der Wortkomposition wird immer weitergehend ausgenutzt bis zu vielgliedrigen Zusammensetzungen wie *Hochleistungsultrakurzwellengeradeausempfänger,* womit allerdings die Ökonomie des Wortschatzsystems so sehr überbeansprucht wird, dass für den Sprachgebrauch wiederum eine Ökonomie nach I,1 notwendig wird. Zusammenwachsen von Wortgruppen zu neuen Präpositionen sind ein weiteres Beispiel für die Wirkung von Ökonomie (etwa *infolge, anstatt, insofern*). Das durch Abschwächung der Endsilben gefährdete System der Kasusendungen von Substantiven wurde seit dem Frühneuhochdt. auf die Unterscheidung Singular/Plural hin umstrukturiert (s. 4.3H). Noch abstrakter wird der ‚Ökonomie'-Begriff auf Fälle von Systemwandel angewandt wie den starken Rückgang des Genitivs als Valenzkasus vom Mittel- zum Neuhochdt. (van der Elst 1984; Stricker u.a. 2016, 169f.; Wich-Reif 2016; vgl. 5.9M, 6.9D). Hier beginnt der Interessenbereich der Arbeiten nach der Natürlichkeitstheorie und der Grammatikalisierung (s. 2.1D).

Unter informationsbezogener Ökonomie (II) versteht Hugo Moser inhaltbezogene Wirkungen systembezogener Sprachökonomie auf die kommunikative Effizienz; es stehen also I und II im „Spannungsverhältnis" zueinander oder „fallen in der Praxis teilweise zusammen". Dazu zwei „Untertypen":

II,1. Beschleunigung des **Tempos** der Übermittlung von Information, als Artikulation beim Sender, als Rezeption beim Empfänger, dazu auch der Gesichtspunkt der syntaktischen **Überschaubarkeit**.

II,2. Vermehrung der **Informationsmenge** einschließlich ihrer inhaltlichen **Sicherung**.

In den Beziehungen zwischen systemökonomischen (I) und informationsökonomischen Typen (II) unterscheidet Hugo Moser u. a. folgende Fälle:

a) Die Informationsmenge wird durch systemökonomische Vorgänge nicht berührt, wohl aber das Informationstempo: Unflektierter Genitiv (*die Tage des Mai, die Quelle des Neckar*); Verfestigung trennbarer Präfixverben (*ich anerkenne ..., es widerspiegelt ...*); komprimierende Zusammensetzungen (*Goethewort, Kanzlerinnenreise, Spitzenkandidatin*); assimilierte Schreibung von Fremdwörtern (*Foto, Frisör, Telefon*).
b) Systemökonomisch neutrale Erscheinungen können informationsökonomisch relevant sein: Die moderne Tendenz zur Ausklammerung von Satzgliedern (Verkürzung der Satzklammer, s. 6.9K) beschleunigt zwar die Formulierung und die Rezeption beider Teile von Verbgefügen in Hauptsätzen, ändert aber das Thema/Rhema-Verhältnis (*Die Untersuchung wird sehr erleichtert dadurch, dass ...* statt *Die Untersuchung wird dadurch, dass ..., sehr erleichtert*).
c) Systemökonomische Erscheinungen können informationsunökonomisch sein: Initialabkürzungen sparen den Sprechenden/Schreibenden Zeit, enthalten aber für Nichtexpertinnen und -experten kaum noch Hinweise auf die Bedeutung, weshalb z. B. die gemäßigte Abkürzung *frühneuhochdt.* leserfreundlicher ist als die professionelle Form *frnhd.* Gleiches gilt für Fremdwörter und abstrakte Fachtermini. Wortzusammensetzungen und Satzkonstruktionen können inhaltlich so komprimiert sein, dass zu ergänzende Komponenten offenbleiben (komprimierter Stil, s. 2.2C, 6.91)
d) Systemunökonomische Erscheinungen können informationsökonomisch sein: Seit dem Frühneuhochdt. ist die einfache Konjunktion *dass* in finalen Nebensätzen durch zweigliedriges *damit*, in konsekutiven durch *sodass* ersetzt worden (s. 4.5C). Die Neigung zu substantivischen Prädikatsausdrücken (Verb+Substantiv statt Verb) kann zur Verkürzung des Spannungsbogens für wichtige Inhaltskomponenten beitragen: *... die Abstimmung über ... in der nächsten Sitzung durchzuführen* statt *... über ... in der nächsten Sitzung abzustimmen* (s. 6.9HI).

Darüber hinaus behandelt Hugo Moser Fälle, in denen System- und Informationsökonomie bzw. -nichtökonomie zusammengehen, und den Unterschied zwischen „punktueller" (d. h. nur für einzelne oder wenige Fälle geltend) und „zonenhafter" Sprachökonomie (ganze Klassen oder Systemteile betreffend). Sein dritter Haupttypus („III. Geltungsökonomie") betrifft die Vereinheitlichung von regionalen und sozialen Varianten (s. 2.4C). Da es sich hier um Variantenreduzierung handelt, sind diese Fälle auch nach 1,1 zu erklären.

C. Bestimmte Arten sprachökonomischer Ersparung können für **Textsorten** oder **Funktionalstile** und für langfristige sprachgeschichtliche Entwicklungsphasen und -tendenzen kennzeichnend sein:

Kompensatorischer Stil: Vieles von dem, was sich sprachlich ausdrücken ließe, wird oft durch para- oder nichtsprachliche Mittel signalisiert bzw. symptomatisch angezeigt: Lautstärke, Stimmqualität, Schnalzen, Pfeifen, Hüsteln, Räuspern, Ausrufe, Rhythmus, Pausen, Augenzwinkern, Stirnrunzeln, Kopfbewegung, Handgesten, Körperbewegungen; Kleidung, Farben, Bilder usw. Dieser urtümliche, allgemeinmenschliche Kommunikationsstil kommt zwar in direkten mündlichen Kommunikationssituationen noch heute vor und gilt als natürlich und sozial konventionalisiert, ist aber durch Schriftsprachnormung und elitäre, bildungsbürgerliche, akademisierte oder bürokratisierte Spracherziehung seit der absolutistischen Zeit oder durch moderne Medientechnik stark reduziert, teilweise gesellschaftlich diskriminiert. Heute gibt es daneben oder stattdessen neuartige Mittel der Sprachkompensation: Typographie, Bild-Wort-Kombination und Hintergrundmusik in Massenmedien, Piktogramme, pragmatische Satzzeichen (Fragezeichen, Ausrufezeichen, Anführungsstriche, Gedankenstriche, Doppelpunkte, drei Punkte, Sternchen usw.; s. 6.9P).

Elliptischer Stil: Bestimmte Wörter oder Wortteile können weggelassen, aber meist zweifelsfrei sinngemäß ergänzt werden:

So bei traditionellen Buchtiteln: z.B. in 4.2L das abgebildete Titelblatt von Luthers Flugschrift *Von der Freyheyt eyniß Christen menschen* (Wittenberg 1520) usw., zu ergänzen durch: *Dieses Buch handelt „Von …", ist verfasst von …, ist gedruckt in …*; oder im Telegrammstil: *Ankomme Dienstag 12.10 Hauptbahnhof*, zu ergänzen: *Ich, nächsten, Uhr, am, der Ort ist identisch mit dem Adressatenort*; in Kurzwörtern: *Ober*, zu ergänzen: *-kellner*. Solche Weglassungen gab es seit alter Zeit, auch in gesprochener Sprache. Moderner sind Initialabkürzungen (z.B. *S.M.* in der wilhelminischen Zeit, zu ergänzen: *Seine* und *Majestät*); sie sind in professioneller, institutioneller Schreibpraxis entwickelt worden (Kanzleistil, Kaufmannstexte, Diplomatie, Wissenschaft, Technik usw.), erfordern ein höheres Maß an erlerntem Ergänzungswissen und sind seit der Zeit um 1900 auch in gesprochener Form üblich, mit z.T. neuen Kurzwortbildungstypen (s. 6.9Q; zur Syntax der frnhd. Buchtitel s. Götz 2011; Götz u.a. 2017).

Komprimierter (kompakter, kondensierter, verdichteter) Stil: Ersparung sprachlicher Mittel wird hier so betrieben, dass der volle Inhalt nicht allein durch Ergänzung von weggelassenen Teilen erschlossen werden kann (wie beim elliptischen Stil), sondern durch Paraphrasierungsversuche (explizite Umformulierungen), von denen aber oft mehrere möglich sind. Der komprimierten Ausdrucksweise dienen vor allem Nominalisierungen und Wortzusammensetzungen:

So die Überschrift „*Der Bawrenkrieg*" im Titelblatt eines Zeitungsliedes (Nürnberg 1526; in 4.2O abgebildet): Ist damit gemeint: ‚der Krieg, den (welche?) Bauern (gegen wen?) geführt haben' oder ‚der Krieg, den jemand (Fürstenbünde?) gegen (welche?) Bauern geführt hat' oder ‚der Krieg, durch den (welche?) Bauern getötet, gefangen und unterdrückt worden sind'? So auch bei Substantivierungen: *Wiedervereinigung* (‚wer?', ‚mit wem?', ‚zu was?', ‚mit Wiederherstellung welches Zustandes?'). Komprimierter Ersparungsstil ist oft mit semantischer Vagheit (Ungenauigkeit, Offenheit, Leerheit) verbunden. Er kennzeichnet moderne Öffentlichkeitssprache vor allem seit dem späteren 19. Jh. durch Popularisierung wissenschaftlichen, administrativen und politischen Sprachgebrauchs in Massenmedien (s. 6.15, 6.16; v.Polenz 1985/2008, 24ff.).

2.2. Sprachliche Ökonomie

Hintergründiger Stil: Wesentliche Teile des Gemeinten sind gar nicht ausgedrückt, sondern müssen durch mitgemeinte Querverbindungen aus gemeinsamem Wissen der Rezipierenden erschlossen werden (vgl. v.Polenz 1985/2008, Kap. 4):

Beispielsweise waren bei den Leipziger Montagsdemonstrationen im Oktober 1989 manche Spruchbänder nur aus hintergründigen Anspielungen verständlich. So erforderte der Spruchbandtext *Schnitzler in die Muppet Show!* zu seinem Verständnis die folgenden vorausgesetzten und mitgemeinten Inhalte:

- In der beliebten westlichen Fernsehserie „Muppet Show" agieren Filzpuppen, die beim Sprechen in grotesk-komischer Weise das Maul aufreißen, dabei auch zwei hämisch kommentierende Greise.
- In der vorhergehenden Montagsdemonstration kamen Spruchbänder und Sprechchöre vor mit dem Satz *Stasi in die Volkswirtschaft*, der so zu verstehen ist: Die Leute des als Unterdrückungsorgan verhassten Staatssicherheitsdienstes sollten lieber nutzbringend umfunktioniert werden, indem man sie als Arbeiter in der Industrieproduktion einsetzt, die unter dem SED-Stasi-Regime ineffektiv arbeitet.
- Also meinen wir: Der längst unbeliebte regierungsamtliche DDR-Fernsehkommentator Eduard v.Schnitzler ist vergreist, reißt nur puppenhaft das Maul auf, kann nicht mehr ernst genommen werden und wäre allenfalls noch als Puppe in der „Muppet-Show" akzeptabel, ist also in eine nur noch komische Existenz zu entlassen.

Der hintergründig-anspielende ironische Stil ist Kennzeichen für *ingroup-*Sprache, besonders von Intellektuellen, und erfordert viel literarisches/massenmediales gemeinsames Hintergrundwissen. Er ist besonders in den westlichen Ländern im politischen Leben beliebt und durch Massenmedien verbreitet worden. In der DDR blühte er jahrzehntelang in privaten oppositionellen Gesprächen, bevor er infolge der gewaltlosen, sprachmächtigen Revolution im Herbst 1989 plötzlich in der Öffentlichkeit üblich wurde (s. 6.16Y).

Literatur

P. Braun 1979a, 28 ff./1998, 94 ff. Birkmann 1998. A. Burkhardt 1996. Eichinger/Plewnia 2019. van der Elst 1984. Hohendahl 2000. Koenraads 1953. Martinet 1963, 164 ff.; 1981. Meineke 1989, 318 ff. Hugo Moser 1971. Ronneberger-Sibold 1980; 1997a; 2010. Sandig 1971. Werner 1989. Wurzel 1997.

2.3. Sprachliche Innovation

A. Die Angewöhnung neuer sprachlicher Elemente und neuer sprachlicher Regeln mitsamt der damit zusammenhängenden Textsorten- und Stilroutinen wird offensichtlich verursacht von außersprachlichen soziokulturellen Veränderungen wie beispielsweise neuen Medien sowie dem Einfluss von Wissenschaft, Technik, Verwaltung, Demokratie usw. auf das sprachliche Alltagsleben. Solche Anpassung nennt man in der vergleichenden Sprachkulturforschung (z.B. Kloss 1978) Ausbau einer Sprache. So wie im 20. Jh. aufgrund sprachpolitischer Anlässe und Zwänge der moselfränkische Dialekt im Großherzogtum Luxemburg durch öffentliche Sprachpraxis und sprachplanerische Aktivitäten von Experten und Expertinnen als ‚Ausbausprache' schrittweise zur auch schriftlich und in höheren Sprachkulturbereichen verwendbaren Vollsprache *Lëtzebuergesch* entwickelt worden ist (s. 6.4.2GH, 6.4.3FG), hat im Zusammenhang mit Erfordernissen der Verschriftsprachlichung seit dem Spätmittelalter ein funktionaler Ausbau der deutschen Sprache stattgefunden, der weit über Einzelheiten der Wortschatzentwicklung hinausging: „Deutlich wird hier, daß die Bedingungen des Mediums die Sprecher/Schreiber zu Veränderungen bringen, die sie leisten müssen, um die Funktionen zu erfüllen: Orthographie zur gleichmäßigen Lesbarkeit, Wortbildung und Wortschatzausbau zum präzisen Ausdruck, verständlich auch in weiterer Entfernung, Satzbau zur Sicherung des Inhalts zwischen Schreiber und zeitlich/räumlich entferntem Leser" (Knoop in: Beitr 120, 1998, 14). Dazu s. vor allem die medien- und bildungsgeschichtlichen Kapitel 4.2, 5.2, 6.2, 6.3!

Sprache ist darüber hinaus grundsätzlich veränderbar, weil sie nicht nur rein reproduktiv, vielmehr meist produktiv benutzt wird. Zur Sprachkompetenz der Sprachbenutzenden gehört – neben der Fähigkeit zur Anwendung des gespeicherten üblichen Sprachinventars – auch eine Fähigkeit zum kreativen und phantasievollen, oft auch alternativen Sprachgebrauch. Sprachkommunikation läuft nicht kausal ab, wie nach Naturgesetzen, sondern intentional, final, zweckgerichtet (Coseriu 1974, 152 ff.; Fritz, in: BBRS 867 ff.); sie dient der Realisierung von Intentionen der Kommunizierenden (Sprecher/Verfasser bzw. Sprecherinnen/Verfasserinnen), die meist auf die Beeinflussung des Verhaltens von Rezipierenden (Hörern/Lesern bzw. Hörerinnen/Leserinnen) gerichtet sind. Sie findet in immer neuen Situationen statt, in denen man grundsätzlich damit rechnen kann, dass die Kommunizierenden zur mitdenkenden Verstehens-Kooperation bereit, also lernfähig sind, sodass man ihnen bei Bedarf auch neue sprachliche Ausdrücke (Neologismen) oder neue Verwendungen üblicher Ausdrücke zumuten kann. Innovation ist also grundsätzlich ein regelrechter Teil von Sprachverwendung, nicht ein Störfaktor. Pragmatische Innovation wird verstärkt auch im Paradigma der historisch ausgerichteten Konstruktionsgrammatik aufgegriffen und als erster Schritt der so genannten Konstruktionalisierung (*constructionalization*, Prozess der Entstehung neuer Konstruktionen) und des Konstruktionwandels (*constructional change*, Veränderungen innerhalb einer Konstruktion, in ihrer Struktur und Semantik) verstanden. Die Neigung konservativer Sprachkritiker/Sprachkritikerinnen und Sprachlehrender, üblich gewordene sprachliche Innovationen als ‚Fehler', ‚Sprachsünden', ‚Sprachverfall' usw. zu brandmarken (s. 6.8D–F), entspricht einer weitverbreiteten Sprachideologie, die sprachliche Kreativität allenfalls den Sprachkünstlern bzw. Sprachkünstlerinnen (etwa Dichtern/Dichterinnen, Schriftstellern/Schriftstellerinnen, Kabarettisten/Kabarettistinnen) zubilligt, nicht den normalen Sprachbenutzenden für alltägliche Kommunikationszwecke. Sprachunterricht wäre jedoch unvollständig und wenig effektiv, wenn er nicht auch systematische Innovationskomponenten enthielte, vor allem Wortbildungs-, Bedeutungs-, Entlehnungs- und Integrationslehre. Die Arten sprachlicher Innovation sind am offensichtlichsten im Bereich des Wortschatzes: Wortbildung, Wortentlehnung, Bedeutungswandel. – Eine Übersicht über die Arten des Wortschatzwandels bietet das nebenstehende Modell von Munske (1985, 32; s. auch Munske, in: Cruse u. a. 2005, 1387); zur Rolle der Innovation in der Sprachgeschichte des Deutschen vgl. Moulin 2018b; 2019 sowie Filatkina/Moulin 2018ab.

B. Als Teil von Grammatiken ist die Wortbildung etabliert. Es handelt sich dabei nicht nur um die analytische oder etymologische Beschreibung der Strukturen bereits üblicher, im Wortschatz ‚lexikalisierter' Wortbildungen, die in Wörterbüchern zu dokumentieren sind und von den Sprachbenutzenden reproduktiv verwendet werden (Wortwahl); auch nicht nur um die Beschreibung der verschiedenen Grade semantischer Motiviertheit (Durchsichtigkeit) von durch Wortbildung entstandenen Wörtern, z.B. noch vollgültige Motiviertheit bei *Gehweg*, durch soziokulturelle Entwicklung schon gestörte Motiviertheit bei *Bürgersteig*, Unmotiviertheit bei *Trottoir*, irreführende Motiviertheit bei *Elfenbein*, interessengruppenspezifische Motiviertheit bei *Entsorgungspark/Atommülldeponie*. Moderne Wortbildungslehre befasst sich auch mit den Regeln oder Mustern für künftig mögliche Wortbildungen (prädiktive, generative Wortbildungslehre); konkreter vom Sprachgebrauch her ausgedrückt: mit demjenigen Teil der Sprachkompetenz der Sprachbenutzenden, mit dem sie bei Bedarf in bestimmten Positionen der Formulierung von Sätzen statt der reproduzierenden Wahl üblicher Wörter oder Wortver-

B–D: Wortbildungsarten und -motive

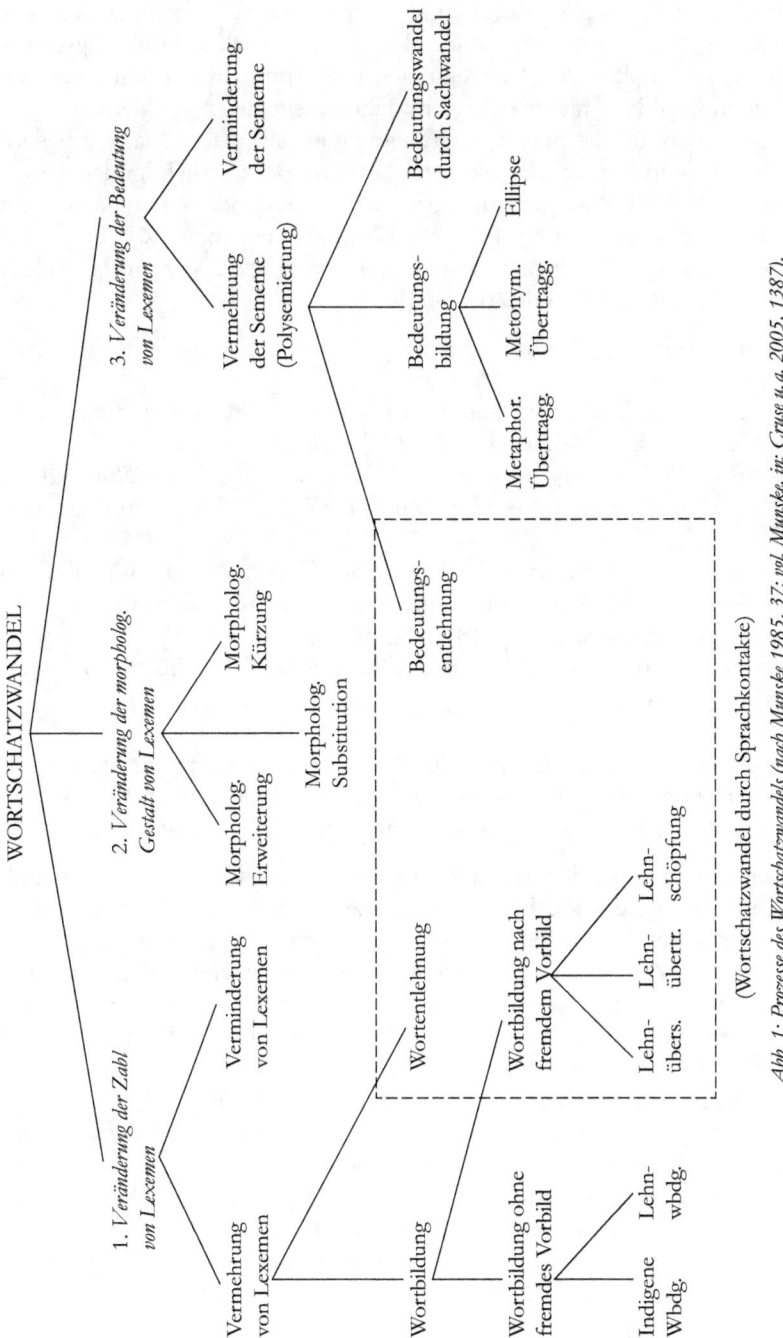

Abb. 1: Prozesse des Wortschatzwandels (nach Munske 1985, 37; vgl. Munske, in: Cruse u.a. 2005, 1387).

wendungen nach gewissen Regeln und Mustern neue Wörter bilden können. Infolge dieses kreativen Freiraumes, der je nach Begabung, Bildungsunterschieden, soziokulturellen Einstellungen und Routinen bei den einzelnen Sprachbenutzenden stärker oder schwächer ausgebildet ist, bleiben große Teile des Wortschatzes einer Sprache ständig in Bewegung. Dies gilt besonders für die deutsche Sprache, die dafür bekannt (oder berüchtigt) ist, dass in vielen Fällen Wortbildungen zur Verfügung stehen oder neu entstehen, wo man in anderen Sprachen syntaktische Gruppen verwendet (z. B. dt. *Sprachstruktur*, engl. *linguistic structure*, frz. *structure linguistique*). Man unterscheidet folgende formale Arten der Wortbildung:

- Komposition (Zusammensetzung) freier Lexeme: *Paris | aufenthalt, Reise | freiheit*
- Derivation (Ableitung) aus freiem Lexem mit Suffix und/oder Präfix: *Soldat | in, Vor | ruhestand, be | kräft | ig | en*
- Kombination aus unfreien Voll-Lexemen der Lehn-Wortbildung (Konfixen, s. Schmidt, in: Hoppe u. a. 1987, 50; s. 5.4Q, 6.10G): *Öko | pax, Thermo | stat*
- Konversion (Wortartwechsel): *das Hoch* (Substantiv aus Adjektiv), *das Ja* (Substantiv aus Interjektion), *frau* (Pronomen aus Substantiv) im Rahmen der feministischen Sprachkritik zu *man* (s. 2.5J, 6.8Y)
- Wortkürzung: *Uni* (*Universität*), *Bus* (*Omnibus*), *PKW* (*Personenkraftwagen*) (s. 6.9Q).

C. ‚Triebkräfte' oder ‚Tendenzen' der Wortbildung sind, sprachpragmatisch konkreter betrachtet, typische Motive von Sprachbenutzenden zur kreativen Anwendung ihrer Wortbildungskompetenz, z. B. folgende:

- Benennung neuer Sachverhalte, vor allem in Wissenschaft und Technik (Terminologisierung): *Zwischenhoch, Verkabelung*
- Univerbierung, d. h. Ersatz einer syntaktischen Wortgruppe durch ein Wort zum Zweck der raschen Kurzbenennung in Titeln, Registern, auf Karteikarten, Schildern usw.: *Einbahnstraße, Sprachgeschichte*
- Wortersatz zur Vermeidung oder Verdeutschung von ‚Fremdwörtern': *Rechner* für *Computer*
- Wortersatz zur besseren Motiviertheit: *Gehweg* für *Bürgersteig*
- Wortersatz zur Verallgemeinerung oder Verschleierung: *Familienplanung* für *Geburtenbeschränkung, Empfängnisverhütung*
- Wortersatz zur euphemistischen Vermeidung bewertender Konnotationen des üblichen Wortes: *Raumpflegerin* für *Putzfrau*
- Wortersatz zur polemischen Emotionalisierung: *Wendehals* für *Opportunist*
- Wortzusatz zur Verdeutlichung, Unterscheidung, Verstärkung: *Spitzensportler, postmodern, erzkonservativ*

- Syntaktische Flexibilität (Wortartvariation): *Quadrat – quadratisch, Kante – kanten, gelten – Geltung*
- Komprimierter Formulierungsstil zum ökonomischen Ausdruck komplexer Syntagmen: *Lehrfreiheit* für *Inhalt und Art des Lehrens frei wählen können.*

Innovationen nach Wortbildungsmustern entstehen mehr oder weniger individuell oder kollektiv, bewusst oder unbewusst, monogenetisch oder polygenetisch. Manche neuen, erfolgreichen Wortbildungen sind Schöpfungen von Einzelpersonen mit besonders starker Öffentlichkeitswirkung: Politiker bzw. Politikerinnen, die neue Ziel-, Solidarisierungs- oder Verschleierungsbegriffe in Umlauf setzen (s. 5.12K–Y, 6.16), Lexikographen bzw. Lexikographinnen, denen geeignete Fremdwortverdeutschungen gelingen (s. 5.5R–W, 6.14), Wissenschaftler bzw. Wissenschaftlerinnen und Techniker bzw. Technikerinnen, die zusammenhängende Terminologien im Rahmen erfolgreicher Systeme einführen (s. 5.11), Poeten bzw. Poetinnen und Schriftsteller bzw. Schriftstellerinnen, von denen einzelne Wortbildungen popularisiert werden. Häufiger ist aber mit polygenetischer Entstehung von Wortbildungen zu rechnen: Wenn bestimmte Themen, Denkweisen, Emotionen oder Praktiken öffentlich aktuell werden, können bestimmte neue Wortbildungen ‚in der Luft liegen', d.h. aufgrund gemeinsamer Wortbildungskompetenz der Beteiligten oder Betroffenen können gleiche Wortbildungen bei mehreren Sprachbenutzenden unabhängig voneinander zugleich entstehen und durch kollektives Gruppenverhalten üblich werden, oft durch Verbreitung der neuen Wortbildungen durch Massenmedien.

D. Ein und dieselbe Wortbildung kann mehrmals in unterschiedlicher Bedeutung neuentstehen. Daraus ergibt sich Wortbildungs-Polysemie. In einer speziellen Sprachvarietät, z.B. einer Fachsprache, einem Gruppenjargon, kann eine Wortbildung neu eingeführt werden, ohne dass man daran denkt, dass es in anderen Varietäten die betreffende Wortbildung bereits in anderer Bedeutung gibt. Es handelt sich dabei um jeweils eigene innovative Wortbildungsvorgänge, nicht um Bedeutungsveränderungen eines Wortes; auch mit der Erklärung als metaphorische Übertragung sollte man zurückhaltend sein.

Beispielsweise die vier verschiedenen fachsprachlichen Ableitungen des Verbs *köpfen* aus dem Substantiv *Kopf* (nach DGW; vgl. DWDS online: https://www.dwds.de/wb/köpfen):

köpfen^1: ‚jmdn. hinrichten' (Strafvollzug)
köpfen^2: ‚einen Ball mit dem Kopf (wohin) stoßen' (Fußballspiel)
köpfen^3: ‚etwas mit einem Kopf versehen' (z.B. Karteikarten in der Bürotechnik)
köpfen^4: ‚einen Kopf ausbilden' (z.B. Salat im Gartenbau)

Die Wahrscheinlichkeit solcher Neubildungen ist weitgehend abhängig vom Vorhandensein von Analogievorbildern, d. h. modellhaften Gruppen von Wortbildungen gleicher inhaltlicher Struktur, mit Varianten der formalen Ableitungsweise (Präfixe, Suffixe, suffixlos). Solche semantischen Wortbildungsmuster/-typen/-klassen sind in ihrer Produktivität (Häufigkeit von Neubildungen) teils allgemeinmenschlich, d. h. in vielen Sprachen und Sprachepochen vorkommend, teils kulturspezifisch oder epochentypisch (vgl. 5.9Z).

Die semantische Ableitungsstruktur des strafrechtlichen *köpfen*[1] ist einerseits nach dem Vorbild privativer Verbableitungen („etwas von etwas entfernen'): *enthaupten, skalpieren, entleiben* (ursprünglich ‚das Leben nehmen'), ohne ‚töten'-Komponente: *schuppen, schälen, entkernen, flöhen*, ...; andererseits ist es mit der Struktur ‚jemanden töten, indem man ihm den Kopf abschlägt' auch nach dem Vorbild der instrumentativen ‚Tötungs'-Verben („jemanden töten, indem man das Mittel/Verfahren x anwendet'): *guillotinieren, erschießen, erhängen, erdolchen, niederkartätschen, vergiften, vergasen*, ... Gemeinsames Wortbildungsmotiv für beide Inhaltstypen ist hier weniger Sprachökonomie (Univerbierung eines komplexen Handlungsbegriffs) als vielmehr die Spezifizierung der ‚Art und Weise' des Tötens im Basissubstantiv x der Ableitung. – Hinter dem sportsprachlichen *köpfen*[2] steht ebenfalls das instrumentative Ableitungsmuster ‚mittels x etwas tun', das in der Sprache von Sport, Spiel, Handwerk, Technik reich vertreten ist: *schultern, fingern, rudern, paddeln, trommeln, hämmern, hebeln, pinseln*, ... – Das bürotechnische *köpfen*[3] gehört zu den (ebenfalls sehr produktiven) industriegesellschaftlichen ornativen Verben („etwas mit x versehen/ausstatten/ausrüsten'): *stempeln, adressieren, etikettieren, beschriften, bebildern, rahmen, verglasen*, ... (s. 5.9Z).

Sprachwandel durch regelhafte Wortbildungs-Innovationen ist Sprachsystem-Wandel nur in dem Sinne, dass durch deren Lexikalisierung (Aufnahme in den üblichen Wortschatz) Teilbereiche des Wortschatzes (Wortfelder) in Umfang und Struktur verändert werden. So ist z. B. das Wortfeld der Farbbezeichnungen durch konventionalisierte unterscheidende Wortbildungen bereichert, also verändert worden: *preußischblau, kornblumenblau, jadegrün, feldgrau*, ... Damit ist jedoch noch keineswegs eine Systemveränderung der Wortbildung selbst (als Teilsystem der Grammatik) eingetreten; die Wortbildungen sind nur Realisierungen bereits im Sprachsystem enthaltener Muster nach Regeln. Wenn Wortbildungen eines bestimmten (semantischen und/ oder formalen) Typs sich in einer Epoche stark vermehren (der Typ besonders produktiv wird), z. B. die Eignungsadjektive auf *-bar*, die instrumentativen und ornativen Verben in der modernen Wissenschafts-, Technik- und Verwaltungssprache (s. 5.9Z), so ist dies kein Systemwandel der Wortbildung, sondern eine sprachgeschichtlich bedeutsame Wortschatzexpansion. Hier, wie beim Satzbau, ist zu beachten, dass die Sprachsystem-Möglichkeiten selbst meist bereits längst vorhanden waren, bevor sie in der Sprachpraxis bedeutsam, also sprachgeschichtlich relevant wurden. Das erste Auftreten bestimmter Systemmöglichkeiten muss also für die betreffende Epoche nicht typisch sein. Sprachliche Systementwicklung ist noch keine Sprachgeschichte (vgl. 2.5K), es sei denn, man beschreibt Epochen unter dem nur innersprachlichen Gesichtspunkt der strukturellen Vorbereitung der jeweils folgenden Epoche(n).

E. Eine Alternative zur Innovation durch Wortbildung ist die Entlehnung von Sprachelementen aus anderen Sprachen. Die meisten der unter B für die Wortbildung genannten Innovations-Motive treffen auch hier zu; es kommen hier aber als Motive der Entlehnung und des Gebrauchs von Entlehnungen noch hinzu: sprachliche Internationalisierung und sozialer Prestigegewinn durch Bildungssymptome (vgl. 4.7E, 5.3, 5.4, 6.10). Im lexikalischen Bereich werden folgende formale Entlehnungsklassen unterschieden:

- Lehnwörter: *Studium, servieren, clever*, …; als Zitat-Wort, wenn nur auf Sachverhalte im Herkunftsland bezogen: *Lord, Perestrojka, Siesta*, …
- Lehnsuffixe: *-ismus, -ität, -abel, -fizier(en)*, …
- Lehnpräfixe: *anti-, de-, ex-, Mini-*, …
- Lehnkonfixe: *Elektro-, Euro-, -therm, -krat*, …
- Lehnwendungen: *cum grano salis, chacun à son goût, last (but) not least*, …
- Lehnübersetzungen: *Sonn | tag* nach lat. *dies solis, Eiserner Vorhang* nach Churchills *Iron Curtain*, …
- Lehnübertragungen (freiere Wiedergaben mit nur teilweiser Strukturentsprechung): mhd. *ritt | er* (zu *rîten* ‚reiten') nach altfranz. *chevallier* (zu *cheval* ‚Pferd'), *Aufklärung* nach frz. *les lumières, Wolken | kratzer* nach engl. *sky | scraper*, …
- Lehnschöpfungen (vom Vorbild strukturell unabhängige freie Verdeutschungen): *Umwelt* nach frz. *milieu, Fallbeil* nach frz. *guillotine*, …
- Lehnbedeutungen (Übernahme der Bedeutung fremdsprachiger Wörter für bereits vorhandene Wörter): *realisieren* neben ‚verwirklichen' auch in der Bedeutung ‚erkennen, begreifen, einsehen' (nach engl. *to realize*), *schneiden* auch in der Bedeutung ‚jmn. demonstrativ nicht beachten' (nach engl. *to cut*), …

Lehnübersetzungen, -übertragungen, -schöpfungen und -bedeutungen fasst man unter dem Oberbegriff Lehnprägungen oder innerer Lehneinfluss zusammen.

F. Der Verlauf von Entlehnungsprozessen ist in verschiedene Stadien zu gliedern. Voraussetzung ist die individuelle Zweisprachigkeit (Bilinguismus) als persönlicher Sprachkontakt, wobei zwei Sprachen, genauer zwei Sprachkompetenzen, in der kommunikativen Kompetenz und im Kommunikationsverhalten einzelner Sprachbenutzenden miteinander in Kontakt stehen (z.B. Deutsch und Englisch), die – je nach Adressat bzw. Adressatin, Domäne (Sachbereich), Thema usw. – abwechselnd die eine oder die andere Sprache benutzen (textuelles Code-Switching). Wird das Code-Switching in einzelnen Positionen innerhalb von Sätzen vollzogen (vgl. die lat.- dt. Mischsprache der humanistischen Gelehrten, s. 4.7D), handelt es sich um Interferenzen (Störungen, Überschreitungen), die zunächst als einmalige, individuelle Innovationen wirken (Gelegenheitsentlehnungen). Erst wenn das entlehnte Element gewohnheitsmäßig immer wieder verwendet und auch von anderen, auch von nicht zweisprachigen Sprechenden übernommen wird, kann man von Entlehnung als Sprachwandel sprechen. Solche Transferenzen in den allgemeinen Sprachgebrauch, ihre Begleiterscheinungen und Folgen lassen sich nach verschiedenen Arten und Graden der Integration ins deutsche Sprachsystem (Assimilation, Eingliederung, Eindeutschung) beschreiben, gegliedert nach den Ebenen der Sprache (vgl. 5.4G–N, 6.10L):

Phonemische Integration: Fremdsprachige Phoneme (Lautwerte) oder Phonemverbindungen können durch entsprechende Phoneme/Phonemverbindungen des deutschen Lautsystems ersetzt werden (Lautsubstitution), z. B. engl. [st] durch [ʃt] in *Stop, Start*, engl. auslautender stimmhafter Verschlusskonsonant durch stimmlosen in *Mob, Gag, Lead*, ...

Graphemische Integration: Fremdsprachige Grapheme (Buchstabenwerte) können, indem die fremdsprachige Aussprache beibehalten wird, durch Grapheme des deutschen Phonem-Graphem-Systems ersetzt werden, z. B. engl. <i> (gesprochen [ae]) durch die deutsche Schreibung <ei> in *Streik* (aus engl. *strike*), engl. <c> (gespr. [k]) und <a> (gespr. [e:i]) durch dt. <k> und <e:> in *Keks* (aus engl. *cakes*), ...

Flexivische Integration: Fremdsprachige Pluralendungen von Lehnwörtern können durch deutsche ersetzt werden, z. B. *Verben* (statt *Verba*), *Kommas* (statt *Kommata*), *Computer* statt *Computers* (Plural).

Wortbildungs-Integration: Lehnelemente sind in das deutsche Wortbildungssystem integriert, wenn sie mit indigenen (‚einheimischen') Wortbildungselementen kombinierbar sind, z. B. *korrekt* → *Korrekt | heit*, dagegen nichtintegriert: *flexibel* → *Flexibil | ität* (nicht *Flexibel | heit*); *Horn* → *Horn | ist*, dagegen *Trompete* → *Trompet | er* (nicht *Trompet | ist*), *Spiel | o | thek* (nach *Disc | o | thek*); *super | schlau, Ex | gattin, Schein | problem*, ... Der traditionelle Terminus „hybride Bildung" für solche ‚Mischbildungen' sollte nicht abschätzig verstanden werden; Wortbildungs-Integration ist nicht ‚Mischung', sondern regelhafte monolinguale Verwendung.

Semantische Integration: Entlehnte Wörter können innerhalb des deutschen Wortfeldes einen eigenen Platz einnehmen und dadurch eine Bedeutungsveränderung benachbarter indigener Wörter verursachen; z. B. hat die Entlehnung von *violett* und *lila* aus dem Französischen (17./18. Jh.) bewirkt, dass der Gebrauch der vorher für solche Farbwerte üblichen Wörter *blau, braun, rot* entsprechend semantisch eingeschränkt wurde. Mitunter wird das Lehnwort in einer von der Herkunftssprache teilweise abweichenden Bedeutung verwendet; z. B. bedeutet das in der Barockzeit hochkulturell entlehnte Wort *Konversation* heute: „häufig konventionelles, oberflächliches und unverbindliches Geplauder;

Gespräch, das in Gesellschaft nur um der Unterhaltung willen geführt wird" (DGW 4, 1548; vgl. DWDS online: https://www.dwds.de/wb/Konversation); im Englischen und Französischen bedeutet es jedoch ‚Gespräch' allgemein; das Lehnwort ist also bei der Eingliederung in das bestehende deutsche Wortfeld (*Gespräch, Unterhaltung, Geplauder* usw.) semantisch eingeschränkt und allmählich negativ konnotiert worden.

Sprachsoziologische Integration: Ein Lehnwort ist in sehr geringem Grad in die deutsche Sprache integriert, wenn es nur in exklusiven Kreisen (in Eliten, bei Fachleuten) zum aktiven Wortschatz gehört, z.B. *Kontrapunkt* als Fachwort der Musik. Sprachsoziologisch stärker integriert sind Wörter der allgemeinen, fächerübergreifenden Bildungssprache, die Leute mit ‚Allgemeinbildung' beherrschen, z.B. *Kontinuität*. Sprachsoziologisch am stärksten integriert sind Wörter der Gemeinsprache, die keinerlei spezielle Bildung erfordern, z.B. *Kontrolle*.

Da die Integration auf den verschiedenen Sprachebenen unterschiedlich wirkt, ergibt sich ein komplexes System von Integrationskonstellationen. Damit wird die traditionelle Zweiteilung in Fremdwort und Lehnwort fragwürdig, zumal sie sich meist nur an phonemischen, graphemischen und flexivischen Kriterien orientierte. So ist das Wort *Manager* nach der alten Einteilung auf graphemisch-phonemischer Ebene nicht ins deutsche Sprachsystem integriert wegen seiner Fremdgrapheme (zweimal <a> für [ɛː], <g> für [dʒ]) und wegen seines Fremdphonems /dʒ/, müsste also als ‚Fremdwort' eingestuft werden, obwohl es flexivisch (*des Managers, die Manager, den Managern*), wortbildungsmäßig (*managen, Managertum, managerhaft*) sowie semantisch und sprachsoziologisch voll integriert ist. Andererseits wäre ein Fachwort wie *Flexion* phonemisch, graphemisch und flexivisch voll integriert, nicht aber wortbildungsmäßig, semantisch und sprachsoziologisch. Der vorwissenschaftliche Begriff ‚Fremdwort' ist also sprachwissenschaftlich eigentlich unpräzise und muss ersetzt werden durch eine differenziertere Betrachtungsweise nach einer gewichtenden Skala von Arten und Stufen der Integration, wobei heute auch den semantischen und sprachsoziologischen Kriterien Gewicht gegeben wird, nicht nur den grammatikalischen (s. P. Braun 1979b; Reichmann 2005b, Eisenberg 2011/2018; E. Winter 2005; Winter-Froemel 2011).

Die grammatikalische Nichtintegration oder Integrationsbehinderung bleibt dennoch auch ein soziopragmatisches Problem. Beispielsweise sind bestimmte Lehnwörter nur mit Phonem-Alternationen (Lautwechseln) in der deutschen Wortbildung produktiv, z.B. k/z bei *Musik/musizieren*, s/d bei *Explosion/explodieren*, ferner mit entlehnten Ableitungssuffixen, z.B. -ität statt -heit (*variabel/Variabilität*), oder mit seltenen mitentlehnten Pluralendungen, z.B. *Index/Indices, Kaktus/Kakteen, Atlas/Atlanten,* … (s. 4.7E). Diese Sonderregeln entlehnter Wörter wirken sich soziolinguistisch als bildungsbedingte ‚Sprachbarrieren' aus: Wer keine höhere Schulbildung oder Fremdsprachenkenntnis hat bzw. in dem betreffenden Sachgebiet nicht fachkompetent ist, kann damit Schwierigkeiten haben. Doch dies sind längst Probleme innerhalb des Varietätenspektrums der heutigen deutschen Sprache selbst, nicht ‚Überfremdungen' von ‚außen' her. Das komplizierte System der deutschen Lehn-Wortbildung, mit Lehnwortstämmen, -präfixen, -suffixen, -konfixen, -flexiven und entsprechenden Kombinationsregeln ist seit dem Übergang von lateinischer/französischer zu deutscher Wissenschaftssprache zu einem Subsystem innerhalb der deutschen Sprache geworden (s. 4.7M), dem man mit dem pauschalen Begriff ‚Fremdwort' nicht gerecht wird. Das Problem ist im Rahmen des internationalen Wortschatzausgleichs und der bildungssprachlichen Erfordernisse der modernen arbeitsteiligen Gesellschaftsordnung zu behandeln. Selbst in der Politiksprache sind Kommunikationskonflikte und ‚Sprachmanipulation' keineswegs auf Wirkungen von ‚Fremdwörtern' beschränkt. Statt der einseitigen, in vielen Fällen irreführenden Begriffe ‚Fremdwort', ‚deutsch' vs. ‚fremd', ‚Spracheinfluss' werden heute in der Sprachenkontaktforschung interlinguistische Begriffe wie Internationalismen, Eurolatein bevorzugt (s. 6.10A–I). Die parallele Wirkung der klassischen Sprachen in den benachbarten europäischen Sprachen sollte stärker als bisher unter dem Begriff „mitteleuropäischer Sprachbund" erforscht werden (s. Skála 1998).

Geschichte und Strukturformen der eigensprachlichen Produktivität entlehnter Elemente (Lehn-Wortbildung) wurden von einer Arbeitsgruppe im Institut für deutsche Sprache, Mannheim, auf breiter sprachhistorischer Datenbasis erforscht (s. Hoppe u.a. 1987): Die Etablierung derartiger Wortbildungsmuster kann sehr verschieden verlaufen: Nicht immer liegt das Vorbild einer in der ‚Herkunftssprache' bereits vorhandenen Lexemgruppe mit dieser Bildungsweise zugrunde (wie z.B. beim Lehnpräfix *anti-*). Ein gegenteiliges Beispiel ist das von Gabriele Hoppe (1999) untersuchte Lehnpräfix *ex-*: Bei den etwa 50 von 1773 bis 1830 belegten deutschen Personenbezeichnungen mit *Ex-* liegen nur in ganz vereinzelten Fällen entsprechende Wortbildungen im Neulatein oder Französischen zugrunde. Auslöser für die deutschsprachige Produktivität von *Ex-* war vielmehr das Leitwort *Exjesuit*, das seit dem Verbot des Jesuitenordens zugleich in den Hofkanzleien der Wittelsbacher und Habsburger und in einem „erstaunlich raschen Schub" seit den 1770er Jahren in der Öffentlichkeitssprache als spätaufklärerisches, antiklerikales „politisches Schlagwort" üblich wurde. In Zeitungs- und in literarischen Texten wurden nach diesem Vorbild satirisch-polemische Personenbezeichnungen wie *Exmönch, Exabt, Expriester, Exbischof* gebildet, seit der Französischen Revolution *Exfranzose, Ex-Adliger, Exbaron, Ex-König, Ex-Präsident* usw., wobei französisches Vorbild mehr semantisch-pragmatisch, nicht lexemisch, zusätzlich wirkte mit französischen ironischen Bezeichnungen der Revolutionszeit mit *cidevant*, weniger mit *ex-*. Seit der 2. Hälfte des 19. Jh.s wurden die *Ex*-Bildungen medienspezifisch: kaum mehr in literarischen, meist in Zeitungstexten, später auch für Sportler (*Ex-Champion*) oder Staaten (*Ex-DDR*) (Hoppe 1990, 167 ff.).

Da ein kaum abzuschätzender Teil des sog. Lehnwortschatzes sprachgeschichtlich zu solcher interlingualen Aneignung durch Wissenschaftler, Übersetzer,

Publizisten, Schriftsteller bzw. Wissenschaftlerinnen, Übersetzerinnen, Publizistinnen, Schriftstellerinnen usw. zu rechnen ist, kann die Frage, welche Sprachen welche anderen Sprachen mehr oder weniger ‚beeinflusst' haben, nur sehr ungenau beantwortet werden. Bei eurolateinischen Wörtern, die z. B. durch Lektüre oder Übersetzung deutschsprachiger Philosophen im Englischen bzw. Französischen üblich geworden sind, kann man wegen starker Integration die Herkunft von deutschsprachigen Autoren an der äußeren Form meist nicht erkennen. So beruhen Schätzungen über die sehr unterschiedlichen Zahlen von ‚Germanismen' in den Nachbarsprachen auf zum Teil nur fragmentarischem Material. Übersichten über Deutsches in europäischen Nachbarsprachen bieten: Stark 1993 (Kap. VI); Mitzka 1968 (4. Kap.).

G. Sprachwandel besteht zum größten Teil – aber den Sprachbenutzenden weniger auffällig als bei Wortbildung und Entlehnung – im Bedeutungswandel von bereits vorhandenen Wörtern und Wortverbindungen. Auf diesem historiolinguistischen Gebiet gibt es viele theoretische Ansätze, aber noch keine konsistente Gesamttheorie, entsprechend der widersprüchlichen Vielfalt von Bedeutungstheorien überhaupt. Als unbefriedigend gelten heute vor allem folgende traditionelle Bedeutungstheorien (Boretzky 1977; Busse, in: Cruse u. a. 2005, 1306 ff.; Fritz, in: BBRS 862 ff.; Koch 2001):

- Realistische Bedeutungstheorie: Uralt und weitverbreitet ist die naive Auffassung, sprachliche Ausdrücke stünden direkt für Gegenstände der Realität, seien mit den Gegenständen kongruent. Dieser Meinung wurde schon seit Plato (*Kratylos*) widersprochen: Wörter sind nicht ‚Gewachsenes' (*physei*), sondern von Menschen durch Konventionen ‚Gesetztes' (*thesei*). Die realistische Bedeutungserklärung versagt nicht nur bei extremen Beispielen wie *Einhorn, Abendstern/Morgenstern, Sünde, Unkraut*; sie ist auch ungeeignet für die Erklärung gesellschaftlich bedingten Sprachwandels.
- Mentalistische Bedeutungstheorie: Als Vermittlung zwischen Sprache und Realität nimmt man ‚Ideen', ‚Vorstellungen', ‚Begriffe', ‚Abbilder', ‚Widerspiegelungen', sprachliche ‚Weltbilder' oder sprachliche ‚Zugriffe' an, theoretische Konstrukte, die man psychologisch im Gehirn der Sprachbenutzenden vermutet, aber schwer beschreiben kann.
- Strukturale Bedeutungstheorie: Bedeutungen versucht man im Rahmen eines Sprachsystems und/oder eines Systems ‚universaler' semantischer Grundelemente als Konfigurationen von ‚Merkmalen' oder ‚Komponenten' zu fassen: Die Bedeutung eines Lexems (sein Semem) besteht aus einer geordneten Menge bestimmter Seme wie ‚konkret', ‚belebt', ‚zählbar', ‚positiv bewertet' usw. Für semantische Kontrastierungen im ‚Wortfeld' oder für lexikographische Definitionen ist diese Beschreibungsmethode eine gewisse Einstiegshilfe; sie bleibt aber bei der Erklärung des historisch determinierten Bedeutungswandels und des Wandels ganzer Begriffssysteme zu abstrakt und vorläufig.
- Behavioristische Bedeutungstheorie: Bedeutung sprachlicher Zeichen wird als ‚Reaktion' von Hörern/Lesern bzw. Hörerinnen/Leserinnen auf auslösende ‚Reize' aufgefasst. In dieser mechanistischen Sprachauffassung nach einer überholten

amerikanischen Richtung der Psychologie wird Bedeutung ebenfalls zur festen Eigenschaft des Zeichens reduziert; dass die Sprachbenutzenden sowohl produktiv als auch rezeptiv Freiheiten zur Konstitution von ‚Gemeintem' bzw. ‚Verstandenem' haben, wird dabei ebenso ignoriert wie ihre Innovationskompetenz. – Wesentlich differenzierter wird Psychologie in Verbindung mit systemlinguistischen „Kategorien" in der (sehr abstrakt formulierten) kognitiven Semantik angewandt (s. Fritz, in: BBRS 865 f.).

Heute werden pragmatische gebrauchsbasierte Bedeutungstheorien bevorzugt. Statt nach abstrakten Eigenschaften einer sprachlichen Ausdruckseinheit fragt man nach dem, was Sprachbenutzende mit ihr tun bzw. tun können/dürfen/wollen, und zwar im Rahmen von Sprachkommunikation als regelgeleitetem sozialem Handeln. Bedeutung ‚steckt' nicht in den Wörtern ‚drin', sondern konstituiert sich aus Sprachwissen, Voreinstellungen und Intentionen der Sprachbenutzenden (auf beiden Seiten) und ist nach Kontextbedingungen im Rahmen bestimmter kommunikativer Handlungszusammenhänge (‚Sprachspiele') zu beschreiben. Nach Anregungen des Sprachphilosophen Ludwig Wittgenstein postuliert man so eine „Gebrauchstheorie der Bedeutung" (Fritz 1974, 6 ff. und in: BBRS 866): Außer den Regeln, die angeben, auf welche Gegenstände man bestimmte Ausdrücke referierend und prädizierend anwenden kann (propositionaler Gehalt), sind Regeln darüber erforderlich, mit welchen anderen Ausdrücken man sie im Kontext kombinieren kann (Präsuppositionen über Kontextverträglichkeit), und Regeln über ihre Verwendung in bestimmten Handlungszusammenhängen: nach Sprachhandlungstypen, Sprechereinstellungen, Vorannahmen, Implikationen, Folgebeziehungen, Sprecherkonstellation, Situationstyp, Partnerbeziehung, Sozialstatus usw. Traditionelle Kategorien des Bedeutungswandels wie ‚Bedeutungsverengung'/‚-übertragung'/‚-verschlechterung', ‚Merkmalsreduzierung', ‚Metapher', ‚Euphemismus' dienen als vorläufige, allgemeinverständliche Grobraster, müssen aber durch pragmatische Erklärungen differenziert und modifiziert werden.

H. Unter Bedeutungserweiterung versteht man einen Wandel der Gebrauchsbedingungen eines Ausdrucks, der darin besteht, dass man ihn für mehr Gegenstände als referentielle und/oder prädikative Bezeichnung verwenden kann als in einem früheren Sprachzustand (Vergrößerung der Extension, des Begriffsumfangs). Dieser Vorgang wird struktural-semantisch als Reduzierung (Tilgung) distinktiver Merkmale erklärt: Durch Erweiterung seiner Anwendungsmöglichkeit verliert der Begriff in seiner Intension (Begriffsinhalt) ein oder mehrere unterscheidende Merkmale.

So hat das Wort *Frau*, das im Mittelhochdt. (*vrouwe*) nur für die ‚vornehme' Frau aus der feudalen Oberschicht verwendet wurde, das sozialdistinktive Merkmal ‚von vornehmem Stand' allmählich verloren, da seit der frühbürgerlichen Zeit immer mehr Frauen aus sozial aufsteigenden Schichten so benannt wurden, mit der Folge, dass man sich in den Oberschichten seit dem 17. Jh. zur erneuten Sozialdistanzierung das französische *Dame* angewöhnte. Aus ähnlicher Aufsteigertendenz ist die Bedeutungserweiterung (also Merkmalsreduzierung) bei *Herr, edel* und *hübsch* (urspr. ‚höfisch') zu erklären.

Anders liegen die sozialgeschichtlichen Gründe bei den Verwandtschaftsbezeichnungen *Muhme, Base, Oheim, Vetter.* Entsprechend der mittelalterlichen Unterscheidung von ‚mütterlicherseits' und ‚väterlicherseits' im Erbrecht bedeuteten ursprünglich: *Muhme* ‚Mutterschwester', *Oheim* ‚Mutterbruder', *Base* ‚Vaterschwester', *Vetter* ‚Vaterbruder'. Infolge des allmählichen Verfalls dieser Rechtsordnung der alten Großfamilie seit dem Spätmittelalter wurden die Merkmalsoppositionen ‚mütterlich' vs. ‚väterlich' und ‚ältere Generation' vs. ‚gleiche Generation' immer weniger beachtet, sodass dieses Wortfeld in zweierlei Hinsicht durcheinandergeriet. Erst nachdem seit dem 18. Jh. die französischen Oberschicht-Lehnwörter *Onkel, Tante, Cousin, Cousine* (bei denen von vornherein der Unterschied ‚mütterlich' vs. ‚väterlich' keine Rolle spielte) in den allgemeinen Gebrauch übergingen, konsolidierte sich das deutsche Wortfeld in der heutigen Weise: *Muhme, Oheim* und *Base* gingen dabei unter, und von den indigenen (altdt.) Lexemen konnte sich schließlich im 20. Jh. nur *Vetter* (mit neuer Bedeutung ‚Elterngeschwistersohn') teilweise gegen *Cousin* durchsetzen. Traditionelle sprachpuristische Formulierungen wie „Die französischen Wörter haben die deutschen verdrängt" sind einseitig und irreführend; sprachgeschichtlich gewirkt haben hier vor allem die Veränderung der ständischen Sozialstruktur (und damit der bereits eingetretene Verfall der semantischen Struktur des dt. Wortfeldes) und das spätfeudale Nachahmungsbedürfnis aufsteigender bürgerlicher Schichten (vgl. auch Jones, in: Cruse u.a. 2005, 1352ff.).

J. Bedeutungsverengung kann entsprechend erklärt werden als Eingrenzung der referenziell-prädikativen Anwendung des Lexems auf eine kleinere Anzahl von Sachen und Sachverhalten, strukturalsemantisch als Hinzufügung (Insertion) von Merkmalen zur Merkmalskonfiguration seines Begriffsinhalts.

Das Adjektiv *gemein* wurde in frühneuhochdt. Zeit noch im Sinne von ‚allgemein' oder ‚gemeinsam' verwendet (vgl. den Beispieltext in 4.8D); in der weiteren Entwicklung (16.– 19. Jh.) wurde seine Verwendung allmählich eingeschränkt durch die Merkmale ‚sozial minderwertig' (außer in idiomatisierten Restfällen wie *gemeines Wohl, Gemeinnutz, Gemeinplatz, gemeine Distel,* …). Ursache für diese Bedeutungsverengung war die Verschärfung der gesellschaftlichen Gegensätze zwischen der spätfeudalen Oberschicht und der als *Pöbel* verachteten, unterprivilegierten Mehrheit der Bevölkerung in der absolutistischen Zeit. Dadurch wurden für die nicht sozial diskriminierenden weiteren Bedeutungen des altdt. *gemein* die verdeutlichenden Wortbildungen *allgemein* und *gemeinsam* notwendig.

Das Wort *Hochzeit*, noch bis ins 17. Jh. für jegliche Art von ‚Fest' gebräuchlich, wurde seit dem 13. Jh. allmählich auf ‚Fest der Eheschließung' eingeschränkt, besonders auch durch Luthers Gebrauch, der einer protestantisch-frühbürgerlichen Konzentrierung des gesellschaftlichen und geselligen Lebens auf Ehe und Familie entsprach. Ausgelöst wurde die Bedeutungsverengung durch die moralische Abwertung des alten ‚Hochzeits'-Wortes *brûtlouf(t)* im Sinne von ‚Entjungferung' und die kirchliche Durchsetzung des Lehnwortes *Fest*, also durch euphemistischen Wortersatz.

Das Verb *fahren* wurde noch bis ins Frühneuhochdt. in sehr allgemeiner Bedeutung für ‚räumliche Fortbewegung' verwendet (resthaft in *Wallfahrt, Fähre, Himmelfahrt, fahrendes Volk, aus der Haut fahren*), mit der zunehmenden Technisierung und Institutionalisierung des Verkehrswesens jedoch langfristig auf ‚Fortbewegung mit technischen Hilfsmitteln' (Wagen, Schiff, Schlitten usw.) eingeschränkt.

K. Semantischer Merkmalswandel betrifft in vielen Fällen die Regeln des **Satzkontexts**, genauer: des referenziellen Umfeldes des prädizierenden Lexems, syntaktisch ausgedrückt: Zahl und Art (Selektionsrestriktionen) der von dem Lexem valenzabhängigen Satzergänzungen (vgl. v.Polenz 1985/2008, 116 ff.). Hier ist grammatikalischer mit lexikalsemantischem Wandel verbunden.

Das Verb *fällen* (ursprünglich kausativ ‚fallen machen') konnte noch im Frühneuhochdt. von Objekten wie Menschen, Tieren, Pflanzen, Mauern, Türmen, Burgen, Ankern usw. ausgesagt werden; im heutigen Deutsch ist die Objekt-Bedingung auf Bäume eingeschränkt, abgesehen von idiomatisierter Verwendung wie in *ein Urteil fällen*.

Das Rechtswort *emanzipieren* (aus römisch-rechtlicher Tradition) wurde auch nach seiner Entlehnung ins Dt. (Anfang 17. Jh.) zunächst mit der objektbezogenen Bedeutung ‚jmn. befreien, freilassen, entlassen' verwendet, ebenso das Substantiv *Emanzipation*. Unter dem Einfluss des aufklärerischen franz. *s'émanciper* gewöhnte man sich in politischen Kontexten an die reflexive Verwendung *sich emanzipieren*, im Satzsubjekt mit der Bezeichnung eines politisch selbst Handelnden, freiwerdenwollenden Individuums bzw. einer entsprechenden Gruppe, und an das Partizipialadjektiv *emanzipiert* im Sinne einer politischen Haltung aus Eigeninteresse. Während man in der Zeit des aufgeklärten Absolutismus (s. 5.1J) unter *Judenemanzipation* meist noch Sozialrechtsreformen von Regierungen verstand, wurde *Judenemanzipation* seit der Französischen Revolution zunehmend zur Bezeichnung einer Befreiungs- und Assimilationsbewegung (im Sinne des reflexiven Verbs), wurde *Emanzipation* überhaupt zum revolutionären Zielbegriff, der dann auch auf andere unterdrückte und unterprivilegierte Gruppen bezogen werden konnte (s. 5.1J, 6.4.1Z, 6.8W, 6.16JM). Seit dem Ende des 19. Jh.s ist der Begriff *Frauenemanzipation* in steigender Frequenz in den Referenz- und Zeitungskorpora des DWDS (aggregiert, frei) belegt als Bezeichnung für eine politische, gesellschaftliche und geistige Bewegung, die die Gleichberechtigung von Frauen sowie die Veränderung der traditionellen Geschlechterrollen und der männlich geprägten Lebensform und Kultur anstrebt.

Ethische Adjektive wie *artig, unartig, ungezogen, folgsam, naseweis, vorlaut* sind seit der Aufklärungszeit durch Pädagogisierung autoritätsfrommer Verhaltensweisen immer mehr auf die Kindererziehung eingeschränkt worden, indem sie vorwiegend mit Subjekten mit den Merkmalen ‚Kind' oder ‚Mensch als Produkt von Erziehung' verwendet wurden; mit bildungsbürgerlichem Konformismus und Erziehungsoptimismus verdrängte man die Anwendung auf entsprechendes Erwachsenen-Verhalten.

Für *fahren* als eines der zentralen Verben der industriegesellschaftlichen Kultur haben sich mehrere neue Valenzen (Satzbaupläne) entwickelt und so die Polysemie dieses Verbs innovativ vermehrt. Außer den traditionellen ein-, zwei- und dreiwertigen Verwendungsweisen ‚jemand fährt mit etwas wohin' im Sinne von ‚zielgerichtete räumliche Fortbewegung' haben wir es heute auch mit folgenden modernen Valenzen von *fahren* zu tun:

- *x fährt (y)*, wobei x → ‚Fahrzeuglenker', y → ‚Fahrzeug', mit der ‚Tätigkeits'-Bedeutung ‚ein Fahrzeug steuern' (z.B. *Von der Raststätte an fährst du!, Wer hat den Wagen zum Zeitpunkt des Unfalls gefahren?*)
- *x fährt y*, wobei x → ‚Fahrzeug', y → ‚Zeitpunkt nach Fahrplan', mit der ‚Eigenschafts'-Bedeutung ‚planmäßig verkehren' (z.B. *Der Zug fährt sonntags nicht*)
- *x fährt ein y*, wobei x → ‚Mensch als Konsument', y → ‚Warenname eines Fahrzeugs', mit der ‚Eigenschafts'-Bedeutung ‚sich leisten können', ‚besitzen und benutzen' (z.B. *Sie fährt einen Porsche*)
- *x fährt y*, wobei x → ‚Sportfahrer', y → ‚Ergebnis eines Wettbewerbs', mit der ‚Handlungs'-Bedeutung ‚erreichen, leisten' (z.B. *Er hat die beste Zeit gefahren*)
- *x fährt y*, wobei x → ‚Fahrzeug', y → ‚Höchstgeschwindigkeit', mit der ‚Eigenschafts'-Bedeutung ‚kann erreichen, leisten' (z.B. *Der Trabi fährt nur 100*)
- *x fährt y*, wobei x → ‚Betriebsleitung, Veranstalter', y → ‚technischer Ablauf, mit der ‚Tätigkeits'-Bedeutung ‚technisch ablaufen lassen' (z.B. *Wir fahren die Werbespots dreimal täglich*, im Fernsehen oder Rundfunk).

L. Bedeutungsveränderung kann auch durch außersprachlichen **Sachwandel** eintreten:

Das Schreibgerät *Feder* (*Feder²*) war bis ins 19. Jh. noch tatsächlich eine ‚Gänsefeder' (*Feder¹*), nur etwas handwerklich bearbeitet. Als Mitte des 19. Jh.s die Stahlfeder eingeführt wurde, behielt man die Bezeichnung *Feder* bei, sodass *Feder²* als Metapher aus *Feder¹* empfunden werden konnte (Polysemie), solange das Schreiben mit Gänsefedern noch in allgemeiner Erinnerung blieb, danach aber zum Homonym ohne semantische Beziehung zu *Feder¹* wurde; ähnlich schon seit dem 17. Jh. bei *Feder³* (elastisches Maschinenelement).

Andererseits kann sich das **Wissen** über Sachverhalte als belangloser Motiviertheitswandel auswirken, nicht als eigentlicher Bedeutungswandel:

Die Bedeutung von *untergehen* in der Wendung *die Sonne geht unter* wurde seit Kopernikus durch Wissenswandel nur in dem Sinne verändert, dass ihre Motiviertheit (Durchsichtigkeit) durch einen mitzuverstehenden Satz korrigiert wird: ‚Aber sie steht eigentlich still; nur von unserer Beobachtungsposition aus verschwindet sie infolge der Erdrotation aus unserem Gesichtskreis nach unten'; ebenso bei Zusammensetzungen wie *Walfisch* die Wissensimplikation ‚ist aber kein Fisch, sondern ein Säugetier'.

Wenn der Wissenswandel jedoch mit der Änderung zusammenhängender Systeme, Theorien, Ideologien, Weltbilder in Verbindung steht, können ganze Wortfelder in wesentlichen Bedeutungskomponenten umstrukturiert werden, z.B. der kosmologische Wortschatz durch die säkularisierten Naturwissenschaften der Renaissance- und Aufklärungszeit, der Rechtswortschatz durch die demokratische Überwindung des Absolutismus, der Industriewirtschaftswortschatz durch die ökologische Bewegung.

M. Eine vielfältige Klasse von Bedeutungsveränderungen wird als **Bedeutungsübertragung** erklärt. Es handelt sich dabei um lexikalisierte Resultate der ‚uneigentlichen' Verwendung von Lexemen nach einigen lexikalischen Stilfiguren, die schon in der traditionellen Rhetorik gelehrt wurden. Solange diese Stilfiguren noch als nur gelegentliche Abweichungen von der normalen Verwendung empfunden werden, handelt es sich zunächst nur um Sprachvariation (s. 2.4), noch nicht um Sprachwandel, wobei der noch lebendige Übertragungscharakter vor allem darin besteht, dass damit bestimmte pragmatische Bedeutungskomponenten (z.B. ‚spöttisch‘, ‚witzig‘, ‚polemisch‘, ‚euphorisch‘, …) stilistisch relevant sind. Von Sprachwandel kann man dann sprechen, wenn die ‚Übertragenheit‘ beim konventionalisierten Gebrauch nicht mehr bewusst ist oder wenn sie durch Häufung bestimmter Typen übertragener Ausdrücke zum Kennzeichen von Textsortenstilen oder Sprechereinstellungs-Repertoires wird. Man unterscheidet traditionell u.a. folgende Arten (vgl. Ueding 1992–2015):

– Metapher: Übertragung eines Lexems von einem Sachgebiet in ein anderes, wobei aufgrund eines verkürzten Vergleichs ein oder mehrere gemeinsame Merkmale (tertium comparationis) hervorgehoben, die anderen ignoriert werden: Mit *brisant* und *Brisanz* (aus frz. *brisant*, zum Verb *briser* ‚zerschlagen, zerbrechen‘) wurde im 19. Jh. die Explosivwirkung von Geschossen zu militärischen Zwecken bezeichnet; im heutigen Deutsch sind beide Wörter auf politische Vorgänge, Zustände und Eigenschaften übertragen, mit den gemeinsamen Merkmalen ‚schnell‘/‚stark‘, ‚gefährlich‘, ‚mit extrem zerstörerischer oder verändernder Wirkung‘, werden aber nicht mehr als Militärmetaphern empfunden, sondern im Sinne von ‚schwierig‘, ‚kontrovers‘, ‚heikel‘, ‚aktuell‘, ‚riskant‘ verwendet (Strauß u.a. 1989, 585).
– Metonymie: Ersetzung eines Ausdrucks durch einen anderen, der zum ersteren in einer außersprachlichen sachlichen oder logischen Beziehung steht: z.B. ‚Funktion‘ → ‚Gruppe‘ (*die Regierung/Opposition meint …*), ‚Produzent/in‘ → ‚Produkt‘ (*einen Brecht aufführen*), ‚Gebäude‘ → ‚Institution‘ (*das Weiße Haus dementiert*) usw. (s. A. Burkhardt 1996, Drößiger 2007).
– Synekdoche: Verwendung eines engeren statt des weiteren Begriffs: ‚Teil‘ → ‚Ganzes‘, pars pro toto (*ein Dorf mit 100 Seelen, dieser Titel ist vergriffen*).
– Synästhesie: Benennung von Eigenschaften mit Bezeichnungen aus einem anderen Wahrnehmungsbereich: Optisches für Akustisches (*helle Stimme*), Temperatur für Optisches (*warme Farbe*), Geschmackliches für Geistiges (*eine mit Anspielungen gewürzte Rede*).

Der Ertrag von Bedeutungsübertragungen für die Geschichte einer Sprache muss vorsichtig beurteilt werden, da die betreffenden Arten uneigentlicher Wortverwendung als noch empfundene Übertragungen eine wesentlich andere semantische Text-Wirkung haben als nach ihrer Lexikalisierung zu ganz normalen Lexemen. Es ist die Frage, ob lexikalisierte Metaphern, abgesehen von der Vermehrung der Polysemie und der größeren semantischen Differenzierung bestimmter Wortfelder, auch bleibende semantische Text-Wirkungen im Zusammenhang mit dem Herkunftsbereich behalten. Semantische Komponenten der Übertragenheit aus einem sachfremden Bereich gehen bei der Entmetaphorisierung grundsätzlich allmählich verloren, aber meist nicht ohne gewisse, wenigstens indirekte stilistische Folgen. Wenn die einseitige Hervorhebung eines oder weniger Inhaltsmerkmale bei der Metaphorik zu erklären ist als Versuch der Sprechenden, „ihre Adressaten zu Komplizen ihrer Sichtweise und ihrer handlungsleitenden Einstellungen" zu machen (Strauß u.a. 1989, 661 ff.), so ist beim sprachgeschichtlichen Vorgang der Lexikalisierung und Idiomatisierung von Metaphern, vor allem ganzen Metapherngruppen, danach zu fragen, wieviel von diesen speziellen „Sichtweisen" und „Einstellungen" dann in der ‚Sprache' (als *langue*, als das Denken weiterer Generationen bestimmendes Begriffssystem) noch erhalten bleibt und von den Sprachbenutzenden auch so verwendet und verstanden wird.

Wenn zur Bezeichnung und kritischen Kommentierung von Handlungen der Politikerinnen und Politiker besonders viele Metaphern aus dem Bereich Theater und Film verwendet werden (*Bühne, Kulissen, Publikum, Claqueure, Sommertheater, Drehbuch, Auftritt, Abgang, Regie, Szene, Hauptdarsteller, Staatsschauspieler,* ...), so impliziert und fördert diese lebendige, gruppenhafte Metaphorik Sichtweisen und Einstellungen, die mit der Erklärung von Politik in bürgerlichen Demokratien als ‚Inszenierung', ‚Mediendemokratie' oder ‚Telekratie' zusammenhängen (s. Holly u.a. 1986).

Ähnlich steht es mit der schon älteren Gewohnheit, Gegnerinnen und Gegner mit medizinisch-biologischen Metaphern zu diffamieren (*Bazillus, Ansteckung, Virus, Seuche, Ungeziefer, Agonie, Krämpfe, Immunisierung, Lähmung, Fieber, Rausch, Siechtum,* ...). Mit solcher pathologisierender Metaphorik wird Emotionalisierung, d.h. Entrationalisierung des politischen Denkens mit Verdrängung sozialökonomischer Kausalitäten betrieben (Haug 1987, 34 ff.). In beiden Fällen ist bereits jetzt, bei noch stark empfundener Metaphorik, zwar noch kein ‚Bedeutungswandel' einzelner Wörter als sprachgeschichtliche Tatsache festzustellen, wohl aber eine Anreicherung des pragmatischen Repertoires politischer Polemik mit mehr oder weniger konventionalisierten Ausdrucksvarianten, in denen solche Sichtweisen und Einstellungen mitzuverstehen sind. Hier werden Metaphern zu Metaphorik im Sinne von textsortenstilistischen Stereotypen. Zu biologisch-pathologischen Politikmetaphern s. 5.12RW, Bd. 3: Register!

Nehmen wir aber zum Vergleich einen wesentlich älteren Metaphernbereich der Politiksprache: *brisant, Angriff, Attacke, Rückzugsgefecht, Grabenkämpfe, Marschroute, Frontstellung, Etappensieg, taktisches Manöver, querschießen, Schützenhilfe, Flankenschutz,* ... sind ebenso wie noch ältere, längst verblasste Kriegsmetaphern (*Lunte riechen, eine Bresche schlagen, den Laufpass geben, verheerend, Pyrrhussieg,* ...) Übertragungen aus dem militärischen in den politischen Bereich. Pauschale Erklärungen wie ‚Militarisierung' der Politiksprache, oder: Symptome für ‚militaristische' Gesinnung wären hier voreilig oder irreführend. Als wichtigstes Motiv für solche Metaphorik ist zunächst die historische Notwendigkeit zu berücksichtigen, bei der Entstehung und Entwicklung der Sprache des politischen Parteienkampfes im 19. Jh., als Sportmetaphorik noch nicht zur Verfügung stand, den antagonistischen, auf Sieg und Niederlage hin orientierten Charakter politischer Persuasions- und Diffamierungshandlungen möglichst vielfältig und emotional zu verbalisieren, zumal Politik als verbaler Gruppenstreit die bürgerlich-demokratische Alternative darstellte zu dem, was in und zwischen den absolutistischen Fürstenstaaten oft und gern mit Waffengewalt getan wurde. In ähnlicher Weise diente seit alter Zeit Jagdmetaphorik und -idiomatik dem Zweck der Emotionalisierung des Ausdrucks politischer Praxis (*ins Netz gehen, durch die*

Lappen gehen, eine Spürnase haben, jemandem auf den Leim gehen, jemanden zur Strecke bringen, …). Nicht das gesellschaftliche oder institutionelle Gesamtbild eines Herkunftsbereichs muss bei übertragenem Wortgebrauch sprachgeschichtlich nachwirken, wohl aber bestimmte abstrakte Vergleichsmerkmale wie ‚schnell', ‚hinterhältig', ‚erfolgreich', ‚rücksichtslos', ‚aggressiv', ‚vernichtend', … Zu militärischen Politikmetaphern s. 5.12W, 6.16O!

N. Was in der traditionellen Erklärung von Bedeutungswandel als ‚Bedeutungsverbesserung' (Meliorisierung) und ‚Bedeutungsverschlechterung (Pejorisierung) behandelt wurde, gehört in den Bereich der „pragmatischen Regeln" des Bedeutungswandels (Fritz 1974, 11 ff., 119 ff.). Die bisher erörterten Arten von Bedeutungswandel bezogen sich primär auf die propositionalen Komponenten sprachlicher Äußerungen, vor allem Referenz und Prädikation (vgl. v.Polenz 1985/2008, Kap. 2.1). Außer diesem denotativen Bereich wurden schon in der traditionellen Semantik auch pragmatische Bedeutungskomponenten, pauschal Konnotationen genannt, berücksichtigt, z.B. Bewertung, Absicht, Distanzierung, Gruppenzugehörigkeit, Euphemismus usw. (s.v.Polenz 1985/2008, 218 ff.).

Zu den Beispielen in 2.3H–K: Das Schwinden des sozialdistinktiven Merkmals ‚von vornehmem Stand' bei *Frau* war u.a. Resultat einer veränderten pragmatischen Konditionierung dieser frühfeudalen sozialen Statusbezeichnung und der generellen Inflationierung von *Frau*, d.h. der neuen Verwendung etwa in der Anrede vor Namen (Nübling 2011; Koffhoff/Nübling 2018: 163–180). Um den gleichen Teilbereich von Pragmatik handelte es sich beim Prestigewert von *Onkel, Tante, Cousin, Cousine* und bei der Pejorisierung von *gemein*. Bei der Verdrängung von mhd. *brûtlouf(t)* durch nhd. *Hochzeit* zeigte sich eine euphemistische (beschönigende) Tendenz im Sinne von Benennungsverbesserung aus Gründen sozialer Rücksichtnahme und Prestigegewinnung. Der Valenzwandel von *emanzipieren* zu *sich emanzipieren* war mit einer pragmatischen Aktivierung des Rechtswortes als eines politischen Zielbegriffs verbunden, also mit der Verstärkung der Sprechereinstellungs-Konnotation ‚das ist etwas, was wir wollen und was wir erkämpfen sollten'. Die Einschränkung von *unartig, ungezogen, naseweis, vorlaut* usw. auf Verhaltensweisen von Kindern verstärkte die Sozialstatus-Konnotation im Munde der Erziehenden und ergänzte die negative moralische Bewertung ‚etwas, was man nicht tut' durch die unehrliche sozialdistinktive Sprechereinstellung ‚So etwas tun wir Erwachsenen natürlich nicht'. Bei zwei der Valenzmodifizierungen von *fahren* war Pragmatik im Spiel: Mit dem Typ *sie fährt einen Porsche* sind – je nach Kontext – sozialdistinktive Sprechereinstellungen wie ‚Bewunderung', ‚Neid', ‚Spott', ‚Distanzierung' verbunden, mit *Wir fahren den Werbespot dreimal täglich* expertenhaftes Sprachverhalten (Jargon), zumindest gegenüber Außenstehenden. Eine Bildungsjargon-Konnotation haben die übertragenen Ausdrucksweisen *einen Brecht aufführen, dieser Titel ist vergriffen*. Kollektive Sprechereinstellungen und Sprachhandlungen (zumindest entsprechende Sprachsymptome) sind oft mit gruppenhafter politischer Metaphorik des theatralischen oder pathologischen Typs verbunden. Bei alten bildungssprachlichen Metaphern und Redewendungen wie *Pyrrhussieg* und *den Laufpass geben* kann Archaisierung (Veralten) des Wortgebrauchs eintreten, was sich wiederum pragmatisch, je nach Kontext, Textsorte, Situation usw. in verschiedener Weise auswirken kann: elitäres Bildungssymptom, Sozialdistanzierung, Ironisierung, Emotionalisierung usw.

Bei Sprachwandel im pragmatischen Bereich muss mit perspektivenbedingter Ambivalenz gerechnet werden. Ein und dieselbe Sprachwandelerscheinung kann zugleich verschieden erklärt werden, je nachdem, ob man über Eigenschaften des sprachlichen Ausdrucks (eines Wortes, einer Redensart) etwas sagt oder über Handlungen von Sprachbenutzenden. Was beispielsweise bei der Bedeutungserweiterung (Merkmalsreduzierung) von *Frau* vom Wort her als Bedeutungsverschlechterung (Pejorisierung) erscheint (die feudale Prestige-Konnotation ging mit der Übertragung auf andere Bevölkerungsschichten verloren), war pragmatisch gesehen die Folge eines Sprachverhaltens, das man als Benennungsverbesserung, als Euphemismus erklären muss:

Diejenigen, die das feudale Prestigewort für Frauen nichtfeudaler Stände verwendeten, betrieben damit eine soziale AUFWERTUNG oder übten die Handlung SCHMEICHELN aus. Die pragmatische Regelveränderung lautet also: ‚Verwende das Wort *Frau* auch dann, wenn du einer Person oder Gruppe minderen Standes das soziale Prestige erhöhen willst!'. Veränderungen semantischer Eigenschaften von Wörtern sind also oft neue Bindungen an bestimmte Sprachhandlungstypen (Fritz 1974, 119f.). Nach Einführung des spätfeudalen Prestigewortes *Dame* führte wiederum eine beabsichtigte Benennungsverbesserung zur Pejorisierung des inzwischen in der Einstellung der Oberschichten prestigelosen *Frau* (so wie es im Mittelhochdt. mit *Weib* geschehen war), sodass es in bestimmten gesellschaftlichen Situationen dazu kommen konnte, dass der Gebrauch von *Frau* anstelle des erwarteten *Dame* als mit der Sprachhandlung des BELEIDIGENS verbunden erschien. Nicht irgendetwas im Wort selbst wandelt sich, sondern die Regeln, nach denen bestimmte Sprachbenutzende(ngruppen) bei bestimmten Sprachhandlungen in bestimmten Situationstypen die Wörter (und die Relationen zwischen Wörtern) benutzen; durch „Kontextregelsprung" wird „[e]ine soziale Verwendungsregel […] durch eine andere ersetzt" (A. Burkhardt 1991a, 31 f.).

O. Ähnlich wie in der „Satzsemantik" (v.Polenz 1985/2008) wird Pragmatik bereits von Armin A. Burkhardt (1991a) als Teil der Semantik in ein Modell für diachrone Semantik integriert. Die in den 80er Jahren des 20. Jh.s modische Identifizierung von Pragmatik und Semantik – nach der lakonischen Wittgensteinschen Gleichsetzung von „Bedeutung" und „Regel des Gebrauchs" – lasse den kognitiven Gehalt von Sprachzeichen unberücksichtigt. A. Burkhardts „integriertes Pragmatik-Semantik-Modell" ermöglicht die Erklärung kleinerer Entwicklungsschritte: „Bedeutungswandel setzt nicht selten an den Rändern der Wortbedeutung ein: bei den Gebrauchsregeln, deren Änderung dann selber in die Änderung des lexikalisch-semantischen Kerns umschlagen kann" (A. Burkhardt 1991a, 33). Zur Rolle der Pragmatik beim semantischen Wandel vgl. Wegera u.a. 2018, 251–272; Nübling u.a. 2017, 139–172.

In A. Burkhardts Modell (1991a, 40) enthält die von der „aktuellen Bedeutung" (parole/Performanz-Bedeutung) unterschiedene „grammatische Bedeutung" als Kern die „lexikalische Bedeutung", die aus drei Komponenten besteht:

- „Intensionsangaben" über „Eigenschaften, die ein Gegenstand haben muß, um von dem betreffenden Wort bezeichnet bzw. unter es subsumiert werden zu können", z.B. bei *Frau* Merkmale wie ‚Mensch', ‚weiblich', ‚erwachsen',
- „Konnotationsangaben" (Wertungen), z.B. bei *Frau* in manchen Verwendungen in Opposition zu *Dame* ‚ohne besonderes gesellschaftliches Prestige',
- „Angaben über lexikalische Präsuppositionen" in Bezug auf implizierte Gegenstandsbeziehungen, z.B. bei *Frau* in manchen Verwendungen die Beziehung ‚verheiratet mit einer Person X'.

Als Komplement zur lexikalischen Bedeutung gehören zur grammatischen Bedeutung die „Gebrauchsregeln", bei denen A. Burkhardt unterscheidet:

- „Kotextregelangaben" für die Ergänzbarkeit im Satz, z.B. *Frau* + Substantivattribut im Genitiv oder mit *von*,
- „Kontextregelangaben" in Bezug auf soziale Umgebungen für den Gebrauch, z.B. Regeln für die Variation *Frau/Dame*.

Beim „Bedeutungswandel" als allmählicher, kaum wahrnehmbarer „Wandel der Sprache beim Sprechen" gibt es nach A. Burkhardts „Theorie der semantisch-pragmatischen Sprünge" (A. Burkhardt 1991a, 54 ff.) Fälle von „qualitativem Umschlag" in der Weise, dass „ältere Merkmale durch andere ersetzt werden, die den Denotaten des betreffenden Wortes, zumindest in vielen oder in den meisten Fällen, ebenfalls zukommen":

- „Intensionssprung": Bei dem um 1550 entlehnten Adjektiv *politisch* schlugen die „Kernmerkmale des Substantivs *Politik*, die Handlungen und Entscheidungen zur Führung, Steuerung und Verwaltung eines Gemeinwesens beinhalteten", seit dem 17. Jh. „in die Nebenmerkmale ‚finales Handeln mit taktischem Geschick' um, so daß man heute problemlos von der *Verlagspolitik* und der *Unternehmenspolitik* einer einzelnen Betriebsleitung sprechen kann, die sich eben nicht immer mit den Interessen des Gemeinwesens decken."
- „Konnotationssprung": z.B. wird eine Wertung durch eine andere ersetzt, etwa vom negativ konnotierten *liberal* der Bismarckzeit bis zum positiven Gebrauch von *liberal* in der Bundesrepublik Deutschland.
- „präsuppositionaler Sprung": Seit der Abschaffung der weiblichen Standesbezeichnung *Fräulein* gilt bei *Frau* nicht mehr die Präsupposition ‚verheiratet mit …'.
- „Kotextregelsprung": Das Vorgangsverb *fahren* konnte im älteren Deutsch noch jede ‚mit Ortswechsel verbundene Bewegung' bedeuten, gleichgültig ob von ‚Mensch', ‚Tier', ‚Fahrzeug' oder ‚Gegenstand' ausgesagt, mit syntaktischen Ergänzungen wie *zu Berg, zu Tal, gen Himmel, in die Stadt*, ohne Benennung eines technischen Fortbewegungsmittels; so noch resthaft in *Wallfahrt, fahrendes Volk, Fähre, aus der Haut fahren*. Dagegen stehen heute Ergänzungen wie *mit der Eisenbahn, im Auto, mit dem Fahrrad* regelhaft im Vordergrund. Diese Kotextregel-Verschiebung ist mit einer Veränderung der intensionalen Bedeutungskomponente verbunden.
- „Kontextregelsprung": Beispielsweise bei *Fräulein* war die ursprüngliche soziale Verwendungsregel ‚in höfischer Standesumgebung' in der frühen Neuzeit allmählich durch Gebrauch in anderen, später allen Bevölkerungsschichten geschwunden; durch Wirkung der Frauenrechtsbewegung in der Nachkriegszeit ist das Wort

schließlich tabuisiert worden, sodass sich Kontextbeschränkungen wie ‚Angestellte bei der Telefonvermittlung', ‚Bedienerin im Restaurant' entwickelten, ebenfalls mit Auswirkung auf die Intension. Solche fast unmerklichen Regelveränderungen sind unbeabsichtigt, wenn auch Folge eines intentionalen Eingriffs in den Wortgebrauch, gehören also auch in den Bereich des Sprachwandels durch Evolution (s. 2.5).

Dass sich Sprachen im permanenten Wandel befinden und Innovation dabei eine Rolle spielt, zeigt auch Rudi Keller (2014, s. ausführlich 2.5A). Den Ausgangspunkt seiner Theorie der unsichtbaren Hand (als Lehnübersetzung von *invisible hand*) bildet der Gedanke, dass Sprache weder ausschließlich ein Naturphänomen noch ausschließlich nur ein kulturelles Artefakt ist, sie ist vielmehr ein „Phänomen der dritten Art" (Keller 2014, 93). Sprache ist Ergebnis kollektiver menschlicher Handlungen (wie die Kulturphänomene), nicht aber Ziel menschlicher Intention (wie die Naturphänomene). Sprachwandel ist demnach ein natürlicher evolutionärer Prozess, d.h. dass Sprachen sich weder eigenständig, unabhängig von ihren Sprecherinnen und Sprechern, im Sinne „ein[es] Ding[es] mit ihm innewohnenden Lebenskräften, ein[es] Organismus, wie man im 19. Jahrhundert zu sagen pflegte" (Keller 2014, 25), verändern können noch sind die Einwirkungen der Sprechenden auf Sprachen als absichtliche und geplante Bestrebungen, diese zu verändern, zu klassifizieren. Die permanente Veränderung einer Sprache erzeugen die Sprechenden/Schreibenden „wie von unsichtbarer Hand geleitet", durch die tägliche millionenfache Benutzung dieser Sprache (Keller 2014, 30), wobei sie die Veränderungen in der Regel nicht beabsichtigen und meist auch gar nicht bemerken. Wie aus einer Vielzahl regelgeleiteter Bewegungen einzelner Individuen auf einem Rasen ein Trampelpfad entstehen kann, können sich auch durch Sprachhandlungen innovative sprachliche Formen und Bedeutungen entwickeln und durch Wiederholung im Sprachgebrauch konventionell werden.

P. Während Bedeutungswandel zur „intersubjektiven, tendenziell konservativen und kommunikativ-konventionalen Seite der Sprache" und zu den unauffälligsten Folgen der Kommunikationstätigkeit einer Sprachgemeinschaft gehört, ist Begriffsgeschichte Teil der „subjektiv-kreativen und kognitivkonstitutiven" Kommunikationstätigkeit von Einzelnen, von Gruppen oder Institutionen, ist „kausal-intentionale [...] Veränderung des geschichtlichen Entwurfs, d.h. des Verständnisses einer Sache", die einen Sprachusus überhaupt erst schafft (A. Burkhardt 1991a, 41ff.). Insgesamt fokussiert die Begriffsgeschichte „die Erkundung der meist absichtsvollen Veränderung von gesellschaftlichen und geistesgeschichtlichen Termini; sie bezieht sich im Wesentlichen auf eine bestimmte Diskurstradition oder auf Termini einer Fachsprache. Im Unterschied dazu geht es der ‚allgemeinen' Historischen

Semantik gerade um den von den Sprechern oftmals gar nicht intendierten Wandel alltagssprachlicher Wörter und um die dahinter stehenden Prinzipien" (Blank, in: Cruse u. a. 2005, 1325). Zur Begriffsgeschichte gehören zum Beispiel auch das ‚Begriffe-Besetzen' und die ‚Bezeichnungs-/Bedeutungskonkurrenz' in politischer Sprache, worauf man in der Forschung ebenso wie in öffentlicher Sprachsensibilität aufmerksam geworden ist (s. 4.8H, 5.12LMV–Y, 6.8TW, 6.16HPV). Seit den 1960er Jahren ist von Historikerinnen und Historikern die „politisch-soziale Begriffsgeschichte" der deutschen Sprache aufgrund gezielter Auswertung historischer Quellentexte (von kompetenten und einflussreichen Autorinnen und Autoren: Philosophinnen und Philosophen, Politikerinnen und Politikern, Diplomatinnen und Diplomaten, Publizistinnen und Publizisten usw.) aufgearbeitet worden in ausführlichen Handbuchartikeln über politische Schlüsselwörter wie *Adel, Anarchie, Arbeit, Aufklärung* usw. (Brunner/Conze/Koselleck 1972–92; Koselleck 1978; 1979/2015). Einige begriffsgeschichtliche Beispiele werden in Band II im Zusammenhang mit der Entwicklung politischer Sprache seit Spätaufklärung und Französischer Revolution in 5.12L–O behandelt. Der zentrale Begriff, nämlich *Begriff*, blieb dabei jedoch zu vielfältig definierbar; teils handelt es sich um Geschichten einzelner Wörter in ihren politisch-sozial relevanten Kontexten (z. B. *Eigentum, Familie, Gesetz*), teils um kleine Gruppen semantisch eng verwandter Wörter (z. B. *Ehre/Reputation, Geschichte/Historie, Gesellschaft/Gemeinschaft*).

Begriffsgeschichtliche Untersuchungen sind in der Gefahr, mit dem Blick auf einzelne Lexeme die gesellschaftliche Wirklichkeit zu ausschnitthaft darzustellen. Sie müssen deshalb ergänzt werden durch die Einbeziehung ganzer Begriffsfelder. So gehören zur Begriffsgeschichte von *Nation, national* vom 18. zum 21. Jh. komplementär hinzu mindestens auch die Begriffsgeschichten von *Volk, Völkerschaft, Vaterland, Land, Territorium, Heimat, Landsmann, Untertan, Landesherr, Abstammung, eingeboren, einheimisch, Einwohner, Bevölkerung, Bürger* und Gegenwörter wie *ausländisch, fremd, zugezogen* usw. Weiterhin sind in der historischen Wortforschung Veränderungen in Bezug auf die Möglichkeiten der Kollokation, des kotextuellen Miteinandervorkommens von Wörtern zu berücksichtigen (H. Schmidt 1995). Es hat z. B. viel mit semantischen Veränderungen zu tun, wenn man feststellt, dass etwa im Grimmschen Wörterbuch (Bd. 13, 1889; s. auch www.dwb.uni-trier.de) mit *Nation/national* noch Lexeme wie *altmärkisch, leipzigerisch, Laune, Abneigung, Fehler* in attributiver oder Kompositionsbeziehung verbindbar waren, in einem Wörterbuch des heutigen Deutsch dagegen Lexeme wie *Ebene, Einkommen, Feiertag, Liga, Trainer, Trikot, Park, Straße, österreichisch, vereint* neben gleichgebliebenen Kollokationen mit *Bewusstsein, Charakter, Gefühl, Stolz, Sprache, Speise,* … (Kotextregeln nach A. Burkhardt 1991a).

Q. In umfassender, den historischen Handlungskontext systematisch einbeziehender Weise wurde Begriffsgeschichte programmatisch zur Diskursgeschichte oder Diskurssemantik erweitert (Busse 2005; Busse u.a. 1994; Busse/Teubert 1994; 2013; Wengeler 2006): Nach Vorbildern in der Geschichts- und Politikwissenschaft (Michel Foucault, Michel Pêcheux) wird das semantische Interesse über die Grenzen von Wort, Satz und Einzeltext hinaus auf „größere semantische Beziehungsnetze" gerichtet. Methodische Ausgangsbasis dafür soll ein „virtuelles Textkorpus" sein, das nicht als beliebige, nur exemplarische Belegsammlung für Wörter zustande kommt, sondern historische Handlungszusammenhänge nachzeichnet aufgrund von verschiedenartigen Texten, die für diese historischen Prozesse konstitutiv sind und „sich mit einem als Forschungsgegenstand gewählten Thema, Wissenskomplex oder Konzept befassen, untereinander semantische Beziehungen aufweisen und/oder in einem gemeinsamen Aussage-, Kommunikations-, Funktions- oder Zweckzusammenhang stehen" (Busse/Teubert 1994, 14). Zu untersuchen ist in der Diskursgeschichte jeweils eine „Serie von einzelnen Ereignissen der Sinnkonstitution, welche über verschiedene Texte, Situationen, Zeiten, Orte verstreut sind, aber in der Regelmäßigkeit ihres Auftauchens eine diskursive Strategie andeuten" (Busse 1987, 264). Dabei müssen alle historischen Faktoren der Sinnkonstitution berücksichtigt werden, gerade auch die unbewussten, nicht ausgedrückten, gesellschaftsgeschichtlich selbstverständlichen, auch die Gegenkonzepte, alternativen Sichtweisen usw. (Busse/Teubert 1994, 23). – Zur Diskurssemantik s. auch 6.9S!

Literatur

Historische Wortbildung: R. Bergmann 1998ab. BBRS (Solms 596 ff., Erben 2525 ff.). Erben 1975a/2006. W. Fleischer 1986. W. Fleischer/Barz 1992/2012. Ganslmayer 2011. St. Hartmann 2014; 2016. Heidermanns 2005 (Bibliographie). Henzen 1965. Hoppe 1999. Hoppe u.a. 1987. Kühnhold u.a. 1973 ff. LGL (v.Polenz 169 ff.). Meineke 2006. P.O. Müller u.a. 2015–2016 (Abschn. X–XIII); 2017. Paul 1916–20/68, Bd. V. v.Polenz 2002b. Reichmann 2002b. Sonderegger 1979, 255 ff. Wilmanns 1911 ff., II. Abt. – Vgl. auch 4.6 u. 5.9W!

Entlehnungen aus anderen Sprachen: Augst 1977, Abschn. B. BBRS (Abschn. VII, XIX). P. Braun 1979b. P. Braun u.a. 1990. Clyne 1975. Eisenberg 2011/18. Görlach 2001/05. Hoppe 1999. Hoppe u.a. 1987. Kirkness 1975; 1991; 1996. Kolb/Lauffer 1977. LGL (Abschn. IX). Lüllwitz 1972. P.O. Müller u.a. 2015–2016 (Abschn. VIII u. IX). Munske 1988. Munske/Kirkness 1996. v.Polenz 1977/79. Russ 1983/84. Schippan 1992, 261 ff. Seiler 1910 ff. – **Deutsches in europäischen Sprachen:** Görlach 2001/05. Mitzka 1968, Kap. 4. Stark 1993, Kap. VI.

Historische Semantik/Lexikologie: BBRS (Reichmann/Wolf 610 ff., Wiegand 643 ff., Fritz 860 ff., Reichmann 2539 ff.). Bechmann 2013; 2016. Ch. Bergmann 1995. Boretzky 1977, Kap. III. A. Burkhardt 1990; 1991; 1996. Busse 1987. Cruse u.a. 2005 (Wiesinger 1108 ff.; Abschn. XXIX, XXXI). Dornseiff 1955/66. Fix 1995. Fritz 1974; 1998/2006. Habermann u.a. 2000. Heidermanns 2005 (Bibliographie). Herberg/Kinne

1998 (Bibliogr.). Jussem 2011. Klute 1978. Koch 2001. Lobenstein-Reichmann 2011. Munske 1990. Olschansky 1996. Reichmann 1976; 2005b; 2018a. Riecke 2011. Roelcke 1995b. Schippan 1992, Kap. 10. H. Schmidt 1995. Steger 1986. Teubert 1998. Wellander 1917. Wellmann 1974. D. Wolf 1983b. – **Begriffsgeschichte:** Brunner/Conze/Koselleck 1972–92. Busse u.a. 1994. Busse/Teubert 1994. Cruse u.a. 2005 (Blank 1324 ff.). Dutt 2003. Koselleck 1978; 1979/2015; 2006. Riecke 2011. Weiteres in 5.12Lit! – **Diskurssemantik, -geschichte:** Becker/Mrotzek 1992. Busse 1987; 1990; 1991. Busse u.a. 1994. Busse/Teubert 1994; 2013. Steger 1986. Wengeler 2006.

2.4. Sprachliche Variation

A. Sprache ist veränderbar, weil sie variabel benutzt wird. Den eine Sprache Benutzenden steht in vielen Fällen nicht nur eine Ausdrucksmöglichkeit zur Verfügung, sondern zwei oder mehrere Varianten, die sie nach bestimmten Bedingungen wählen. Die im Sprachsystem angelegte Variantenwahl ist jedoch mehr oder weniger eingeschränkt durch Sprachnormen, mit denen durch gesellschaftliche, oft institutionalisierte Konventionen bestimmte Varianten mit Prestige ausgestattet, andere Varianten diskriminiert und mit negativen gesellschaftlichen Sanktionen belegt, in extremen Fällen stigmatisiert oder tabuisiert sind. Das veränderbare und veränderliche Spannungsverhältnis zwischen Sprachsystem und Sprachnormen ist eine der wichtigsten Triebkräfte für Sprachwandel.

Konflikte zwischen Variantenwahl und gesetzter Norm entstehen ganz alltäglich aus der Polyfunktionalität von Sprache, die vom Standpunkt der Normen her oft nicht berücksichtigt wird: Natürliche Sprache dient mehreren Funktionen, gleichzeitig und mit wechselnden Gewichtungen. Nach dem bekanntesten Sprachfunktionen-Modell, dem „Organonmodell" von Karl Bühler (1934/99), benutzt man Sprache nicht nur zur Darstellung von ‚objektiven' Sachverhalten (Darstellungsfunktion, repräsentative, kognitive Funktion), sondern auch zum Ausdruck von Gefühlen, Stimmungen, Absichten, Bewertungen, Einstellungen (Ausdrucksfunktion, expressive Funktion) und zum Appell an die Kommunikationspartnerinnen und -partner, zur Beeinflussung ihres Verhaltens (Appellfunktion, Auslösefunktion, konative Funktion). Darüber hinaus hat Sprache auch eine Symptom-Funktion (die Bühler noch mit der Ausdrucksfunktion zusammengesehen hatte): Sprachliche wie nichtsprachliche Äußerungen enthalten manchmal – meist ohne Absicht und Bewusstsein der Sprechenden/Schreibenden – unvermeidbare Anzeichen, die es den Hörenden/Lesenden ermöglichen, etwas Mitzuverstehendes über soziale/psychische Eigenschaften oder Zustände der Sprechenden/Schreibenden zu erkennen oder anzunehmen: Herkunft, soziale Gruppenzugehörigkeit, Stimmung, Gesinnung, Wünsche usw. (v.Polenz 1973; 1985/2008, 302ff.). Das Miteinander oder Gegeneinander von Bedeutungskomponenten nach verschiedenen Sprachfunktionen (z.B. als Wortkonnotationen) kann zur Entstehung oder Verschiebung sprachlicher Ausdrucksvarianten und damit zum Sprachwandel beitragen.

B. Wie in der Soziolinguistik ist auch beim Verhältnis von Sprachvariation und Sprachwandel zwischen Varianten, Variablen und Varietäten zu unterscheiden: Sprachliche Ausdrucksalternativen haben ihren Status als Varianten nur im Bezugsrahmen einer bestimmten Variablen, d.h. einer abstrakten übergeordneten Einheit, die durch eine bestimmte Zahl von Varianten alternativ realisiert wird, z.B. verschiedene Lautvarianten (Phone, Aussprachen) als Realisierungsmöglichkeiten des Phonems (Lautwertes) /r/, das hier die Variable darstellt. Oder: Verschiedene Satzbau-Varianten für den Ausdruck der Variablen KAUSAL-Beziehung (vgl. v.Polenz 1985/2008, 279 ff.). Das Verhältnis zwischen Varianten und Variablen ist aus öffentlichen Datenerhebungen bekannt, so wie beispielsweise in einem Behördenformular die Variable „Familienstand" durch eine der Varianten ‚ledig', ‚verheiratet', ‚geschieden', ‚verwitwet' ausgefüllt werden soll. Im Rahmen größerer Systemzusammenhänge werden Mengen von Varianten aus vielen Variablen zu Varietäten (engl. *varieties*) zusammengefasst, d.h. als für die betreffende Varietät typisch aufgefasst, z.B. bestimmte Lautvarianten für einen Dialekt, bestimmte Satzbauvarianten für einen Textsortenstil oder Funktionalstil. Im sozialen Bereich würde dem beispielsweise entsprechen: eine bestimmte Bevölkerungsgruppe als Varietät der Gesamtgesellschaft, gekennzeichnet durch die Varianten ‚verheiratet', ‚beamtet', ‚zwei Kinder', ‚Eigenheimbesitzer', ‚Krawattenträger', ‚nicht sehr risikobereit'. Die Varianten einer Varietät bilden eine offene Liste, mit unscharfen Rändern; die meisten Varianten kommen auch in anderen Varietäten vor, aber in einer sehr verschiedenen Variantenkonstellation.

Aus Varianten- und Varietäten-Verhältnissen kann Sprachwandel entstehen, da in der Sprachkompetenz der meisten Sprachbenutzenden mehrere Varietäten – ebenso wie mehrere Sprachen – auf variable Weise nebeneinander existieren (individuelle Koexistenz von Varietäten). Normalerweise wird diese ‚innere Mehrsprachigkeit' (Henne 1985) von Sprachbenutzenden mit regelhaft konditionierter Varianten-Wahl angewandt, ohne dass sich an ihr etwas verändert. Bei besonderem kommunikativem Bedarf kann jedoch die Trennung zwischen den Varietäten überschritten werden durch Übernahme einer Variante aus einer anderen Varietät, vergleichbar der Interferenz bei äußerer Mehrsprachigkeit (s. 2.3F), z.B. Übertragung einer Sport- oder Technik-Metapher in den Sprachgebrauch eines politischen Kommentars (vgl. 2.3M). Durch Konventionalisierung kann dadurch punktueller Wortschatz-Wandel entstehen, vergleichbar dem Transfer fremdsprachlicher Elemente (2.3F). Nach den verschiedenen Ebenen (Teilbereichen) von Sprache sind folgende Bereiche der Sprachvariation (mit Varianten exemplarischer Variablen) zu unterscheiden:

Graphemische Variation (Schreibung): *ß/ss/sz* bzw. *ß/SS/SZ* als Varianten des deutschen Graphems <*ß*> („scharfes *s*"), wie in *Maß, Buße, draußen, Masse, Kuss*, ... (vgl. Eroms 2000a). Die Variante *ß* hat in der Großbuchstabenschrift erst seit 2017 offiziell eine fakultative Entsprechung in der amtlichen deutschen Rechtschreibung, es wird aber auch mit *SS* oder teilweise *SZ* verschriftlicht (z.B. im Telegrammtext, in Buchtiteln, Inschriften); *ß* fehlt zum Teil auf nichtdeutschen Tastaturen und muss durch obige Varianten oder typographische Kombinationstricks ersetzt werden; in der Schweiz gibt es kein *ß*, sodass *ss* stets normative Variante von *ß* ist.

Orthographische Variation (Rechtschreibung): *ph* und *f* als Varianten für das Phonem /f/ in Lehnwörtern aus dem Griechischen (z.B. *Photo/Foto, Graphik/Grafik*), wobei die Variation nach Textsorten oder Sozialstil geregelt ist: *ph* wirkt wissenschaftlicher und konservativer, *f* kommerzieller und moderner.

Phonemische Variation (Lautung): Verschiedene Aussprachen des Phonems /r/ als Zungen-*r* (alveolar), Zäpfchen/Rachen-*R* (uvular, velar), einmal/mehrmals bzw. kurz/länger angeschlagen oder vokalisiert; oft als regionale Variation: bestimmte Varianten des Zungen-*r* in Bayern, Österreich, Schweiz, Hessen, Mecklenburg, Oberlausitz usw.

Orthoepische Variation (Lautnorm): Seit den 30er Jahren des 20. Jh.s gilt mehrmals angeschlagenes Zungen-*r* nicht mehr als obligatorische Norm der Deutschen Bühnenaussprache (Hochlautung); Zäpfchen-*R* und *r*-Vokalisierung im Auslaut sind heute zugelassen (s. 6.6Z).

Flexivische Variation: Endungs-*e*/endungslos im Dativ Singular bestimmter Substantive (*am Tage/Tag*); in diesem Fall ist die Variation rhythmisch-stilistisch geregelt, z.B. mit -*e* vor konsonantischem Anlaut (*am Tage danach/am Tag einmal*), oder historisch-stilistisch (-*e* archaisch-poetisch, vgl. das „Lutherische *e*' im 17./18. Jh., s. 5.9F), bis ins späte 19. Jh. literarische Norm, oder regional (-*e* im Obersächsischen, Schlesischen).

Wortbildungs-Variation: -*heit*/-*keit*/-*igkeit*/-*el*/-*ität*/-*ness* als Suffixvarianten für Adjektivabstrakta (Nomina qualitatis): *Schönheit, Übelkeit, Schnelligkeit, Wärme, Banalität, Fitness*; kombinatorische Variation eines semantischen Wortbildungstyps.

Lexikalische (lexemische) Variation (Wortvariation): *Fahrstuhl/Aufzug/Lift* als Synonyme (Gleichbedeutende, Sinnverwandte).

Morphosyntaktische Variation: Konjunktiv II/*würde*-Fügung (*böte/würde bieten*); als historisch-stilistische Variation: Synthetische Konjunktive bei manchen Verben sind weniger frequent als die analytische Konjunktivperiphrase mit *würde* (s. 4.5D, 5.9F, 6.9F).

Syntaktische Variation: Nominalgruppe/Nebensatz (*wegen des Regens* bzw. *wegen dem Regen/weil es regnet*); stilistisch und textsortenspezifisch geregelt: die *wegen*-Fügung wirkt förmlicher, amtssprachlicher.

Textsorten-Variation: Zeitungsannonce/Internetanzeige/Plakat/Rundschreiben/Flugblatt/Lautsprecheransage als Varianten für die Textsorte ‚Veranstaltungs-Ankündigung', mit medienstilistischen Formulierungsunterschieden; situations-, medien- oder gruppenspezifische Variation.

C. In Bezug auf die Bedingungen für Variation sind drei Typen von Varianten zu unterscheiden: kombinatorische, freie und außersprachlich bedingte Varianten. **Kombinatorische** (distributionelle) Varianten sind grammatikalisch oder lexematisch, also innersprachlich konditioniert und systemlinguistisch beschreibbar. Ihr Vorkommen ist nach der phonemischen oder morphemischen Umgebung geregelt, sodass sie zueinander in komplementärer Distribution (Verteilung) in Bezug auf Umgebungen stehen.

Das Allophon *ich*-Laut [ç] für das Phonem /*ch*/ steht im Deutschen (außer in der Schweiz) nach hellem Vokal, das Allophon *ach*-Laut [x] nach dunklem Vokal; deutschsprachige Schweizerinnen und Schweizer haben beim Hochdeutschsprechen Schwierigkeiten mit dieser im Deutschen normativen Variation, sodass sie das unvariierte schweizerdt. [x] meist auch vor hellem Vokal beibehalten. Kombinatorische Variation ist auch die Verteilung der Wortbildungs-Allomorphe *-heit/-keit/-igkeit* nach phonemischen Umgebungsregeln, der Allomorphe *-e/-ität/-ness* nach lexemischen (indigen vs. entlehnt). Bei kombinatorischen Varianten ist keine Semantik im Spiel, sodass Sprachwandel schwer möglich ist. Zwar versuchen es Kinder und Fremdsprachlernende beim Spracherwerb manchmal mit Übergeneralisierungen (*Schnellheit, Tiefheit, Normalheit*); aber dies ist noch keine Regelveränderung. Nur ausnahmsweise werden subkulturelle oder scherzhafte Verletzungen solcher Variationsregeln zu festem Sprachgebrauch (*auf die Schnelle, Schwulität, Luftikus, burschikos, ...*); so im älteren Studentenjargon aus alter vorpuristischer Tradition (s. 4.7M, 5.4O, 5.8Y, 6.12K).

Freie Varianten erscheinen auf den ersten Blick als gleichwertig und beliebig; graphemisch: <ü/ue>; lexemisch: *Streichholz/Zündholz*; Wortbildung: *Kanalisierung/Kanalisation*. Hier gibt es scheinbar keine Bedingungen für den Gebrauch der einen oder anderen Variante. Solche freien Varianten erscheinen als Ausnahmen, sprachlicher Luxus und führen manchmal zu Zweifelsfällen (Klein 2018: 288–234, vgl. z.B. *derselbe/der gleiche, anscheinend/scheinbar, baldmöglichst/möglichst bald*. Doch bei den meisten vermeintlich ‚freien' Varianten kommt es zu pragmatischen/semantischen Gebrauchsnuancen, sodass sie doch nicht ganz ‚frei' sind, sondern **außersprachlich** konditioniert.

So waren in der jüngsten Sprachgeschichte vermeintliche Synonyme wie *Telefon/Fernsprecher* in ihrer Variation so verteilt, dass *Fernsprecher* eher von Postbeamten und Technikern verwendet wurden, *Telefon* eher von Telefonierenden im nichtoffiziellen Umgang; so auch bei *Adresse/Anschrift, Briefmarke/Postwertzeichen*. In solchen Fällen ist die Beziehung zwischen Sprachvariation und Sprachwandel historisch nachzuweisen: In der Zeit nach 1874 hat die Postverwaltung des Deutschen Reiches zahlreiche ‚Fremdwörter' in der sprachpuristischen Stimmung nach der Reichsgründung durch Verdeutschungen ersetzen lassen. In Fällen wie den obengenannten hatte diese amtliche Sprachregelung aber kaum Wirkung auf den nichtoffiziellen Sprachgebrauch, sodass die Innovation durch Wortersatz ungewollt und unbemerkt zu einer neuen, sozialstilistisch geregelten Variantenbildung führte, nicht zur beabsichtigten Wortverdrängung. Soziopragmatische Sprachdifferenzierung war den nichtoffiziellen Sprachbenutzenden in diesen Fällen offenbar wichtiger als die reichsnationalistische ‚Sprachreinigung' (s. 6.7D).

D. Sprachnormung als geplanter Sprachwandel kann also auch zu ungewollten Ergebnissen führen, weil Sprache grundsätzlich allen Sprachbenutzenden gehört (evolutionärer Sprachwandel, s. 2.5). Außersprachlich bedingte Varianten sind in besonderem Maße für die Beobachtung von Sprachwandel interessant. Dieser in ständiger Spannung und Bewegung befindliche Bereich kann in verschiedene außersprachliche Faktorenbereiche unterteilt werden, da in vielen Fällen die Varianten nicht nur zufällige Einzelheiten darstellen, sondern zusammen mit anderen Varianten einen quasisystematischen Zusammenhang bilden, den man in der Soziolinguistik Varietät nennt. Unter diesem Begriff fasst man verschiedenartige ‚Teilsysteme' oder ‚Subcodes' einer Sprache pauschal zusammen, d.h. Variantenmengen, die durch eine bestimmte Kookkurrenz (Miteinandervorkommen) bestimmter Varianten gekennzeichnet sind.

So ist die soziolektale Varietät des altbundesdeutschen Studentenjargons heute durch Varianten gekennzeichnet wie die folgenden: *Uni* für *Universität*, *Prof* für *Professor/Professorin*, *Hiwi* für *wissenschaftliche Hilfskraft* oder veraltet *einen Schwanz machen* für *eine Teilprüfung nicht bestehen*, durch ironischen oder übertreibenden Gebrauch von Fachtermini, durch uneingeleitetes Duzen untereinander und noch ein paar Dutzend andere Merkmale, an den einzelnen Universitäten bzw. in Fächern teilweise verschieden.

Die Gesamtsprache ‚Deutsch' ist nur eine Abstraktion im Sinne eines Diasystems über allen Varietäten, die man der deutschen Sprache zurechnet. Auch das ‚gute Deutsch' ist nur eine Varietät der deutschen Sprache, allerdings eine stark idealisierte, über deren Varianten man sehr streiten kann. Statt der Zweiteilung Standard/Dialekt oder der Dreiteilung Hochsprache/Umgangssprache/Dialekt rechnet man heute in der Sprachwissenschaft mit ‚innerer Mehrsprachigkeit' (Henne 1985) der Sprachbenutzenden, wobei -*sprach*- hier im Sinne von Varietäten zu verstehen ist. Hier einige Beispiele für **außersprachlich** bedingte Variationsbereiche mit zugehörigen exemplarischen Varianten und Varietäten:

Idiolektale Varianten: Individuelle Sprachgewohnheiten einer Person (Personalstil), z.B. der Personalstil des Philosophen Heidegger, Goethes Altersstil, Luther-Deutsch, der ‚dunkle Stil' Wolframs von Eschenbach.

Lokale (ortsdialektale) Varianten: z.B. Berlinisch *Stulle* für ‚bestrichene Brotscheibe'. Lokale Varietäten: die Mundart von Oberammergau, das Wienerische usw.

Regionale (areale) Varianten (Heteronyme): in größeren Gebieten, z.B. bayerisch *Haxen* für *Beine*, süddeutsch *Bub* für *Junge*. Regionale Varietäten (landschaftliche Umgangssprachen, Regiolekte): Rheinisch, Kärntnisch, Obersächsisch; regionale Schriftdialekte: „Meißnisches Deutsch" (16./17. Jh.), „Wettinische Kanzleischreibe" (14.–16. Jh.), „Süddeutsches Reichsdeutsch" (16./17. Jh.). Eine ganze Reihe von solchen regionalen (und auch lokalen) Varianten ist für die Gegenwartssprache im Atlas zur deutschen Alltagssprache dokumentiert und kommentiert (online: http://www.atlas-alltagssprache.de/).

Staatliche Varianten: z.B. *Abitur* (Deutschland)/*Matura* (Österreich)/*Matur, Maturität* (Schweiz). Staatliche/nationale Varietäten (im Sinne von ‚staatsnational', nicht ‚kulturnational'): Österreichisches Deutsch, Schweizerhochdeutsch, BRD-spezifisches Deutsch, DDR-spezifisches Deutsch (s. 6.11; Ammon 1995; 1997; 1998; Ammon u.a. 2016; Cruse u.a. 2005, Abschn. XXVII; v.Polenz 1999; W. Koller 1999); dagegen nicht als Varietät des Deutschen einzustufen: Lëtzebuergesch in Luxemburg als eigene Sprache (s. 6.4.2GH, 6.4.3FG).

Fachspezifische (z.B. politische) Varianten: Unterschiedlicher Sprachgebrauch unterschiedlicher beruflicher/weltanschaulicher Gruppen, z.B. politischer Ideologie- und Interessengruppen. Politische Varietäten (Politolekte): z.B. regierungsamtlicher Verlautbarungsstil, Alternativstil der Grünen, Nazideutsch, Sprache der Arbeiterbewegung. Meist handelt es sich bei politischen Varietäten nicht um geschlossene Systeme, sondern um eine kleine Menge von Schibboleths (Kennwörtern) und Wortverwendungen, an denen man die politische Ideologie oder Gruppenzugehörigkeit sprachsymptomatisch erkennt, z.B. in den 60er Jahren des 20. Jh.s die umstrittene westdeutsche Variation *Sowjetzone/Ostzone/Zone/Mitteldeutschland/DDR/Deutsche Demokratische Republik* (mit oder ohne distanzierende Anführungsstriche). Vgl. 5.12K–Y, 6.16!

Soziolektale Varianten (soziale, soziolinguistische, gruppenspezifische): z.B. jugendsprachlich *Typ* für normalsprachlich *Junge, junger Mann, Mann*; die Redewendung *cum grano salis* im Akademikerstil für normalsprachlich *sozusagen, mehr oder weniger*. Soziolektale Varietäten: z.B. Bundeswehrjargon, Gastarbeiterdeutsch, Theaterjargon, Preußischer Leutnantston, Waidmannsdeutsch, Höfisches Mittelhochdt.; meist nicht geschlossene Systeme, sondern begrenzte Mengen auffälliger gruppentypischer Varianten. Vgl. 5.12F–M!

Funktionale/situative Varianten: bedingt von bestimmten Kommunikationsfunktionen, Kommunikationszwecken, Handlungstypen, Situationstypen, oft stark konventionalisiert oder ritualisiert, mit Sanktionen bestraft bzw. belohnt: z.B. *essen/speisen/fressen; Gesicht/Angesicht/Antlitz/Physiognomie/Visage/Fresse; Birne/Glühbirne/Glühlampe*. Funktionale/situative Varietäten (Funktionalstile, Funktiolekte, Situalekte, Situationsregister, Rollenregister, Fachsprachen): z.B. Plauderton, Schmeichelton, Wahlredestil, Predigtstil, Kasernenhofton, Gouvernantenton, Börsenjargon, Informatik-Terminologie; oft Überschneidung mit Soziolekten und Fachsprachen (z.B. „linker Soziologenjargon"). Funktionale Varietäten sind in vielen Fällen als spezielle Textsortenstile konventionalisiert: z.B. Nachrichtenstil, Feuilletonstil, Festredestil, Flugblattstil, Protokollstil, Geschäftsbriefstil, Telegrammstil, Urkundenstil usw. – Zur Schriftlichkeit s. 4.2B.

Historisch-stilistische Varianten: Veralteter Sprachgebrauch, der durch Kommunikation zwischen den Generationen neben modernerem bewahrt (z.B. *Steckenpferd/Hobby, Brause/Dusche, wirklich gut/echt gut*) und in manchen Fällen über längere Zeiträume hinweg als Archaismus mit funktionalem Variationswert konventionalisiert wird: z.B. *Alma Mater* für *Universität, Kommilitone* für *Mitstudent, Kolleg* für *Vorlesung* im Universitätsjargon; *Kerker* für *Gefängnis, Scherge* für *Polizist* in politischer Polemik. Manchmal bildet sich später ein Bewusstsein von Zeitstilen in ablehnenden Benennungen historisch-stilistischer Varietäten: z.B. *Gartenlauben-Stil* (kitschig-rührselige Schreibweise wie in der populären Zeitschrift *Die Gartenlaube* in der wilhelminischen Zeit), *Zopfstil* (späthöfischer Kunst- und Sprachstil im 18. Jh.), *Alamodestil* (französelnder Hofstil im Barock), *Grobianismus* (alltagssprachlich-derber Stil der Reformations- und Bauernkriegszeit). Vgl. Bd. 2 und 3 im Register: Archaismen, Historismen!

E. Sprachliche Variabilität wird mehr oder weniger eingeschränkt in stark idiomatischen Phraseologismen wie *jemanden einen Korb geben, Öl ins Feuer gießen* oder *jemandem einen Bären aufbinden*. Ihre Gesamtbedeutung lässt sich nicht mehr (wie bei freien Syntagmen) aus den Bedeutungen der Einzelelemente erklären, deren ursprünglicher Sinn sich meist nur aufgrund speziellen sprach- und kulturhistorischen Wissens rekonstruieren lässt. In dieser semantischen Idiomatizität besteht das Hauptmerkmal solcher Wendungen, denen in der Linguistik lange ein hoher Grad an lexikalischer und struktureller Festigkeit attestiert wurde. Allerdings zeigen sprachhistorische und gegenwartsbezogene korpuslinguistische Studien, dass Variation selbst bei solchen Wendungen möglich ist, auch wenn sie im Vergleich zu freien Syntagmen eingeschränkter sein kann. Der Bereich der Phraseologismen ist sprachtheoretisch und sprachgeschichtlich erst in letzter Zeit systematisch berücksichtigt und im Kontext allgemeiner Sprach(wandel)theorien verortet worden (Burger/Linke, in: BBRS 743 ff.; Burger 1998/2015; Dobrovol'skij/Piirainen 2009; Filatkina 2018; Stein/Stumpf 2019): Die Festigkeit einer festen Wortverbindung (Idiomatisierung, Lexikalisierung) kann für ältere Sprachentwicklungsstufen nur selten, oft nur indirekt nachgewiesen werden, z. B. durch nichtwörtliche Übersetzung in andere Sprachen in zweisprachigen Wörterbüchern. Die Entwicklungsarten von Phraseologismen sind so vielfältig, dass man kaum verallgemeinern kann. Es bleibt zu prüfen, ob stärkere schriftsprachlich-normative, rationalistische Sprachkultur (z. B. seit der Aufklärungszeit) sich auf größere Festigkeit des Lexembestandes und der grammatikalischen Form von Phraseologismen auswirkt. Besondere Vorliebe für den Gebrauch von Phraseologismen ist nicht auf bestimmte soziopragmatische Richtungen, Haltungen oder Kommunikationszwecke festzulegen. Neuere text- und gesprächslinguistische Untersuchungen, u. a. im konstruktionsgrammatischen Paradigma, zeigen, dass formelhafter Sprachgebrauch für alle Kommunikationssituationen im gleichen Maße prägend ist, wenngleich seine konkrete Realisierung unterschiedlich ausfallen kann und von schriftlichen Textsortenkonventionen bzw. vom Usus der mündlichen Kommunikationssituationen abhängt (Stein 1995; 2004; 2010; Stumpf 2017). Die jeweiligen soziopragmatischen Motive für den Gebrauch bestimmter Arten von Phraseologismen können aber nicht rein linguistisch erklärt werden; dazu ist umfassende Diskurssemantik unter Einbezug historischer Umstände unerlässlich (s. 2.3Q):

Die teilweise bis heute weiterbenutzten Zwillingsformeln der altdeutschen Rechtssprache (z. B. *mit Haut und Haar, Kind und Kegel, mit Fug und Recht*) dienten ursprünglich als Merkhilfen oder zur emphatischen Zuspitzung im Rechtsstreit (s. 4.6E). Gegenüber der Fülle volkstümlicher Wendungen in vielen frühneuhochdt. Texten erscheinen die sprachkultivierenden Sprachstile der bildungsbürgerlichen Entwicklung vom Späthumanismus bis zur Weimarer Klassik in dieser Hinsicht etwas zurückhaltender, wobei das soziopragmatische Bedürfnis nach neuartiger sprachlicher Gruppensymbolik ersatzweise eher durch rhetorische Figuren, feste Epitheta, Zitate usw. befriedigt wurde. Diese Entwicklung gelangte auf einen Höhepunkt mit der Wirkung schillerscher Epitheta und Sentenzen auf das bildungsbürgerliche Deutsch im 19. Jh., kodifiziert in Büchmanns beliebten „Geflügelten Worten" (s. 5.10XY, 6.9X). Die literarische Zitierlust wurde modern-popularisiert fortgesetzt in der Beliebtheit von Zitaten aus Operetten und Schlagern seit den 1920er Jahren und in der kommerziellen Verwertung von Idiomen, Sprichwörtern, Zitaten und Anspielungen in Werbetexten bis heute.

Eine ganz andere, sozusagen kritisch-alternative Entwicklungslinie des Gebrauchs von Phraseologismen wird erkennbar in ironisch-fatalistischer Verwendung von Sprichwörtern in nichtoffiziellen politischen Diskursen seit dem Vormärz (s. 6.9X), im kommentarlosen Zitieren und Montieren von Zitaten und anderen Phraseologismen in verfremdender, wortspielerischer Sprachkritik seit Karl Kraus (s. 6.8J), so auch in literarischen Stilen der Moderne (s. 6.13I), in Glossen, Kommentaren und Polemiken in Massenmedien und in der Jugendsprache (s. 6.12M), schließlich auch im öffentlichen Diskurs der sprachlichen Entritualisierung in der DDR im Herbst 1989 (s. 6.16Y).

F. Sprachwandel beruht mehr auf Variation als auf Innovation auch in dem Randbereich des Wortschatzes, den die **Eigennamen** (Nomina propria) bilden. Dies betrifft besonders die Vornamengebung, da hier die Sprachbevölkerung allgemein mit Akten der Namengebung und alltäglichen Variationen der Namenbenutzung unmittelbar zu tun hat (Debus,W. Fleischer, Sandig, in: Eichler u. a. 1995, Nr. 50, 57, 82, 84, 269; Debus 1967; 1976; 1977; Nübling u. a. 2015): Eigennamen sind zwar, im Unterschied zum Normalwortschatz (Nomina appellativa), individuenbezogene Benennungen, mit denen grundsätzlich nur identifiziert und nicht prädiziert wird, und die nicht in das semantische System des Wortschatzes integriert sind (weshalb sie normalerweise nicht übersetzt werden). Aber insbesondere Personennamen sind „Sozionyme" (Debus, in: Eichler u. a. 1995, 393), indem sie sowohl beim Namengebungsakt von der sozialpsychologischen Mentalität der Namengebenden und ihren Bedürfnissen nach Signalisierung der gesellschaftlichen Prägung der benannten Person abhängig sind als auch beim Namengebrauch mit lebenslanger individueller Selbstidentifizierung und kaum beeinflussbarer Identifizierung durch die gesellschaftliche Umgebung verbunden sind, von der Wahl prestigebringender Namen, etwa Heiligen- oder Fürstennamen, bis hin zur Stigmatisierung bestimmter Namen, etwa bei traditionell typischen bzw. rassistisch aufgezwungenen Namen mit der Konnotation ‚jüdisch' (s. Bering, in: Eichler u. a. 1995, Art. 200; Bering 1987; 1991; s. 6.16M). Bei Personennamen ist, durch heutiges staatliches Namenrecht, früher durch kirchlichen Einfluss und durch mikrosozialen Konformismus der Schicklichkeit unter Seinesgleichen, die Einführung völlig neuer Namen sehr stark behindert; die Namengebenden müssen aus dem üblichen Nameninventar der engeren gesellschaftlichen Umgebung schöpfen, worunter im Lauf der

Jahrhunderte zunehmend auch Namen aus für hochwertig gehaltenen bzw. beliebten Texten zu verstehen sind (von epischer Dichtung und Bibel bis zu Romanen, Operetten, Kinofilmen, Serien und Fernsehsendungen). Das Entstehen und der Wechsel von Namengebungs-Moden stellt – von wenigen Ausnahmen abgesehen – grundsätzlich nur eine Verschiebung der proportionalen Verhältnisse zwischen bereits vorkommenden Varianten dar: Auch die zu einer gewissen Zeit modisch werdenden Namen waren als Wahlmöglichkeit meist längst vor der starken Zunahme vereinzelt oder in geringen Prozentsätzen schon vorhanden, allerdings mitunter mit anderer Verteilung auf den Gebrauch in bestimmten Gesellschaftsschichten, Regionen oder Ländern. – Zum evolutionären Verlauf des Wandels von Namenmoden s. 2.5.!

Namenstatistische Forschung hat nachgewiesen, dass Behauptungen über einzelne besonders häufige Namen oder über das Motiv bzw. Vorbild für eine modisch werdende Namenwahl sich empirisch oft nicht bestätigen lassen und dass die Anzahl der jeweils besonders häufigen Namen seit dem 19. Jh. immer größer wurde, die Prozentzahlen der häufigsten Namen also immer geringer. Dies hängt mit einer allgemeinen Entwicklung von stärker ständischer, regionaler, lokaler und großfamiliärer Bindung zu immer mehr Wahlfreiheit aus immer vielfältigeren Motiven zusammen. An die Stelle alter hierarchischer Gesellschaftsformen sind mehr berufliche Gruppierungen und Freizeitinteressen getreten. Das traditionelle Prinzip der Nachbenennung (Namenwahl nach Vorfahren, Paten oder Verwandten) ging durch die industriegesellschaftliche Auflösung der Großfamilie zurück und wurde nur nach den beiden Weltkriegen zum Andenken an Gefallene kurzfristig wiederbelebt; ebenso nahm die mit Nachbenennung zusammenhängende, aus Oberschichten übernommene Mehrnamigkeit (*Johann Wolfgang*, *Marie Louise*) im 19. und 20. Jh. ab (Debus 1977). Die seit dem hohen Mittelalter starke Bevorzugung von biblischen und Heiligennamen (im Protestantismus des 17./18. Jh.s durch semantisch motivierte ersetzt: *Fürchtegott*, *Gottlieb*, *Friedelind*, ...) wurde seit der Romantik von der Vorliebe für semantisch oder historisch nichtmotivierte altdeutschgermanische Namen abgelöst (*Wolfgang*, *Hildegard*), im 20. Jh. für möglichst einsilbige für Männer (*Wolf*, *Horst*, *Kurt*), zweisilbige für Frauen (*Ilse*, *Inge*, *Else*, ...), schließlich seit den 1930er Jahren für möglichst klangvolle (*Klaus*, *Jürgen*, *Erika*, *Uta*, ...), in der Nachkriegszeit auch für solche aus anderen Ländern, nur zum geringen Teil mit nachweisbaren literarisch/massenmedialen Vorbildern (*Jens*, *Torsten*, *Mike*, *Tanja*, *Nicole*, *Sylvia*, *Kevin*, ...). Vgl. 6.9W! – Das Prinzip Variation scheint bei Eigennamen heute auch in öffentlichen Textsorten sehr beliebt zu sein. Die Bezeichnung der gleichen Person, des gleichen Ortes wird z.B. in einem Kommentartext oft mehrmals variiert, einschließlich bloßer Vornamen und Übernamen. Texte werden gern durch Namensspielereien interessant gemacht. Vgl. Sandig, W. Fleischer, in: Eichler u.a. 1995, Nr. 82, 84; Gyger 1991.

G. In der heutigen Sprachforschung dominiert das Interesse für Verschiedenheit (Heterogenität, Variabilität) das für Einheitlichkeit (Homogenität, Normativität). Damit ist aber die Schwierigkeit verbunden, ein konsistentes, wohldefiniertes System für die sehr verschiedenen Arten von Varietäten oder Erscheinungsformen von Sprache zu entwickeln und anzuwenden.

Noch sehr traditionell ist die Neben- oder Gegeneinanderstellung pauschaler Varietätenblöcke wie Standard-/Hochsprache, Umgangssprache/Alltagssprache, Dialekt/Mundart, Jargon. Statt solcher grober ‚Schubfächer' der Klassifizierung geht man heute lieber von verschiedenen soziopragmatischen Faktoren aus, die in vielfältiger Weise die Diagliederung einer Sprache determinieren, z.B. (nach Löffler 2016, 79ff.): Individualität (Idiolekte), Situation (Situolekte), Medium (Mediolekte), Funktion (Funktiolekte), Arealität (Dialekte), soziale Gruppierung (Soziolekte), Geschlecht (Sexlekte), Lebensalter (Alterssprachen). Die beliebte expertensprachliche Benennung von Varietäten mit dem künstlichen Suffix *-lekt* (analog *Dialekt*) darf allerdings nicht dazu verleiten, dabei bestimmte ‚Sprachen', ‚Stile' anzunehmen. Einen Mediolekt ‚Zeitungssprache' beispielsweise gibt es nicht, schon gar nicht seit der immer stärkeren Differenzierung von Zeitungstextsorten im 19. Jh. Es gibt nur bestimmte medienspezifische Stilmerkmale, die sich aus den besonderen Kommunikationsbedingungen des Mediums Zeitung herleiten lassen; sie sind aber mit Merkmalen der jeweiligen Textsorte aus ganz anderen die Variabilität determinierenden Kommunikationsfaktoren kombiniert (s. 5.12A–G, 6.15A–F). So sind auch Sprechsprache und Schreibsprache keine Varietäten für sich, sondern „jeweils innerhalb bestimmter Erscheinungsformen vorkommende ‚Stile', nicht mit eigenem sprachstrukturellem Zeicheninventar, sondern mit medien-/situations- und textsortenspezifischen Abwahlen der Sprachmittel aus dem Gesamtinventar der betreffenden Erscheinungsform, mit unterschiedlichen Häufigkeiten und Kombinationen" (Steger, in: BBRS 48). Aufgrund von Anregungen aus der Soziologie und Sozialphilosophie hat Hugo Steger (Steger 1988; zusammenfassend in: BBRS 284ff.) ein auf die sprachgeschichtliche Varietätenentwicklung anwendbares Modell entworfen:

Eine wohldefinierte, konsistente Terminologie muss jeweils Bezeichnungen nach den drei notwendigen Dimensionen „Historischer Zeitpunkt/Zeitraum", „Soziale Reichweite" und „Funktional-zweckhafte Leistung" enthalten. Beispielsweise die (gut dokumentierte) Varietät der historischen deutschen Studentensprache als *Burschensprache* (s. 6.12K) muss differenziert werden mit einer Zeitangabe (z.B. frühes 19. Jh.), einer sozial-räumlichen (z.B. Universität Jena) und einer sozietären Gruppenangabe (z.B. Studenten als Mitglieder einer Korporation) und einer Angabe des funktionalen Zwecks (z.B. Solidarisierung mit freiheitlich-vaterländischen und beruflichen Zielen). In Bezug auf die dritte Dimension legt Steger großen Wert auf eine nicht beliebige, zentrale Position der allen anderen Varietäten mehr oder weniger zugrundeliegenden Semantik der „Alltagssprache", also „Alltagssemantik" (Steger 1982; 1988; 1991): Damit ist nicht eine vom hochkulturellen Bildungsdenken her minderbewertete Sprachvarietät gemeint, sondern die für alle Mitglieder einer Sprachbevölkerung verbindliche, durch primäre Sozialisation ungezielt und unbewusst erlernte lebenspraktische Vielzwecksprache, „von der alle höherentwickelte kulturelle Kommunikation ihren Ausgang genommen hat" (Steger 1991, 56f.). Sie regelt verhaltenssichernd aufgrund sozialer Kontrolle, nicht durch Normierung, das spontane, direkte, kooperative sprachliche Reagieren auf natürliche und soziale Umwelt, zugunsten eines möglichst breiten, unreflektierten, auf typisierenden Interpretationen beruhenden gesellschaftlichen Konsenses, also mit unscharfen, ganzheitlich-komplexen, vielfach emotional konnotierten, stark text- und situationsabhängigen Begriffen.

Alltagssprachsemantik beruht (nach Hugo Steger 1998) auf konkreten Alltagserfahrungen in Kleingruppen, in Großfamilie, Nachbarschaft, lokalen Wirtschafts- und Herrschaftsverhältnissen, gesteuert durch Vorbilder und Dogmen in Religion und Volkspoesie. Seit der frühen Neuzeit wurde diese allgemeine kernsprachliche Basis jedoch immer mehr teilweise ersetzt durch spezielle Alltagsbegriffe und Alltagstheorien aus Wissenschaften, Technik und Institutionen, seit der Französischen Revolution aus politischen Ideologien, die z.T. verzerrte, erfahrungsferne Anwendungen dieser speziellen Semantiken darstellen, mit Leerformeln wie *Würde, Ehre, Ordnung, Fortschritt, Freiheit, Volk, arisch*, ... Diese langfristige Veränderung und Beeinflussung von Alltagssprachsemantik durch andere Semantiken hat nach Steger (in: BBRS 287ff.) mit einem historischen Verhältnis zwischen drei Semantiktypen zu tun: Vom „Denotat-Konnotat-Typ" sei die Alltagssprachsemantik, ebenso die literarischer Texte. In diesem Normaltyp sei die Beziehung zwischen Denotat (referenziell-prädikativer Wirklichkeitsbezug) und Konnotat (Kommentierung, Wertung, u.a. pragmatische Komponenten) grundlegend. Er sei von „nur ausreichender Genauigkeit" gekennzeichnet, einer „relativ geringen Zahl von lexikalischen Ausdrücken", aber sehr differenzierter Syntax. Auch in der neuzeitlichen religiösen Sprache (außer Gebet, Predigt, Liturgie) löse der „Denotat-Konnotat-Typ" den im Mittelalter in Religion und Wissenschaft, z.T. auch Dichtung, dominierenden zweiten Semantiktyp ab: die „Allegorese/Typologie-Semantik" mit „mehrfachem Schriftsinn" und „durch Inspiration zuteilgewordener Einsicht in die Wege Gottes zu den Menschen und der Menschen zu Gott". Stegers dritter Semantiktyp, der „Denotat-Typ", wird seit dem Spätmittelalter zur Grundlage der Semantik der technischen, institutionellen und wissenschaftlichen Texte, mit Anfängen seit dem frühen Mittelalter in der Artes-Literatur und scholastischen Philosophie. Dabei rücke „die Festlegung auf nur eine (denotative) Bedeutung pro Ausdruck" in den Vordergrund, mit einer systematischen Steigerung der Genauigkeit durch Beseitigung der „Randunschärfen" und der Mehrdeutigkeiten, also mit „einer wesentlichen Vergrößerung der Zahl notwendiger Ausdrücke" in „vielstelligen Begriffshierarchien und Metaphoriken" und einer Zurückdrängung der konnotativen Bedeutungskomponenten, wodurch die Syntax von der Aufgabe der Genauigkeitssteuerung entlastet werde.

Vor dem Hintergrund dieses allgemeinen Varietäten-Modells deutet Steger (in: BBRS 289ff.) allgemeine Entwicklungslinien der Textsortengeschichte an: Durch das Zusammenwirken von immer mehr Kommunikationsfaktoren wird seit der frühen Neuzeit eine immer stärkere Textsortendifferenzierung deutlich. Konkret fassbar sei dabei die Einwirkung der ständigen Vergrößerung des räumlichen Kommunikationsradius (Verkehr, Arbeitsteiligkeit, Vervielfältigungstechniken, Geldwirtschaft, Flächenstaat), wobei die Denotatsemantik des Institutionen- und Wissenschaftsbereichs teilweise auch in alltagssprachliche Textsorten wie Brief, Reisebericht, Geschäftstexte, städtische Verwaltungsordnungen, Ratgeberliteratur übernommen wird (s. 4.2, 5.2, 6.2, 6.3). Problematisch im Sinne der Vermischtheit der Semantiktypen wurden Textsorten des sich seit den Flugschriften der Reformationszeit entwickelnden öffentlichen, vor allem politischen Sprachgebrauchs (s. 4.8, 5.12, 6.16).

Heterogenität bis zu Rollenkonflikten und Widersprüchlichkeit ist bei modernen Textsorten nichts Anormales, insofern Textsorten als gesellschaftliche Handlungsmuster zu erklären sind (Presch 1991, 83 ff.): Individuelle Ziele sind aufgrund gesellschaftlicher Erfahrung meist nur mittels kollektiv ausgearbeiteter und konventionalisierter komplexer Handlungsmuster erfolgreich oder auch nur akzeptabel kommunizierbar, die oft mehrere unterschiedliche Zwecke miteinander kombinieren und deshalb Widersprüche enthalten können. Viele Textsorten sind mehrfunktional, mehrfach interpretierbar, mehrfach adressiert und geben Anlass zu Interpretationsdivergenzen.

Beispielsweise Bittschriften der absolutistischen Zeit sollten einerseits den Fürsten oder seine Regierung zu einer bestimmten Ausnahmehandlung zugunsten des Bittstellers veranlassen, andererseits dessen Unterwürfigkeit gebührend signalisieren. Parlamentsreden sind – besonders im Zeitalter der Massenmedien – Inszenierungen mit einer Doppelrolle des Redners bzw. der Rednerin: Einerseits wird in ‚Schaukämpfen' der Eindruck erweckt, die Redner bzw. Rednerinnen ‚debattierten' wirklich miteinander und führten dadurch Meinungsbildung und Entscheidungen erst hier im Plenum herbei, andererseits sind Meinungsbildung und Entscheidung längst in nichtöffentlichen Fraktions- und Ausschusssitzungen fest vorprogrammiert, und die Redner bzw. Rednerinnen betreiben gegenüber dem Publikum im Grunde nur Imagearbeit für sich selbst und ihre Partei; ähnlich im Politikinterview und in Fernsehtalkshows (Holly 1982; 1990; Holly/Püschel/Kühn 1986; A. Burkhardt 1993). In Arbeitszeugnissen werden (geheim konventionalisierte) Bewertungsvarianten benutzt, die dem/der Beurteilten gegenüber wie Lob klingen, potentiell künftige Arbeitgeber bzw. Arbeitgeberinnen aber vor negativen Eigenschaften warnen (z.B. *ist gesellig* in der Geheimbedeutung ‚trinkt, feiert und schwätzt gern'; *bemüht sich* im Sinne von ‚wenig effektiv').

Mehrfachadressierung (Kühn 1995; s. 6.2X, 6.3E, 6.15I) und Vermischtheit von Textfunktionen (Stolt 1986; s. 6.15HIL) sind im Zeitalter der Massenmedien unter den Sammelbegriffen *Infotainment* und *Boulevardisierung* eine zunehmende textsortengeschichtliche Tendenz (s. 6.3AN, 6.15MN). Widersprüche zwischen Textfunktionen beruhen z.T. auch auf in der Gesellschaftsordnung bereits existierenden Widersprüchen: „Die Bindung der Widersprüche in ihrerseits widersprüchlichen Handlungsmustern ist zu erklären als Momentaufnahme aus langen gesellschaftlichen Kampfgeschichten, und genau hier liegt der Übergang zu Sozialgeschichte" (Presch 1991, 98).

Aus sprachhistorischer Sicht erscheint ein möglich flexibler und dynamischer Textsortenbegriff wünschenswert, etwa wie ihn Brinker u. a. entwickelt haben: „Textsorten sollen zunächst ganz allgemein als konkrete Realisationsformen komplexer Muster sprachlicher Kommunikation verstanden werden, die innerhalb der Sprachgemeinschaft im Laufe der historisch-gesellschaftlichen Entwicklung aufgrund kommunikativer Bedürfnisse entstanden sind. Textsorten sind demzufolge kulturell geprägt, d. h. sie beruhen auf (einzel-) kulturellen Übereinkünften innerhalb von Kommunikationsgemeinschaften, die für ein geordnetes Miteinanderhandeln Routinen entwickelt haben, die sie zur Bewältigung kommunikativer Aufgaben verwenden" (Brinker u. a. 2018, 133).

Literatur

Sprachvariation, -varietäten: Ammon u. a. 2004–2006. Ammon u. a. 2016. Auer/J. Schmidt 2010. Bailey 1973. Barbour/Stevenson 1998. BBRS (Abschn. XV, XVII). Besch u. a. 1983. G. Brandt 1994. Cherubim 1980. Durrell 1998. Hartung/Schönfeld 1981. Labov 1976/78. Lameli u. a. 2010. Lerchner 1986. Löffler 1985/2016, Kap. 5. Mattheier 1997; 2005. Mihm 2000b. Nabrings 1981. Roelcke 1997. Sankoff 1978. J. Schmidt/Herrgen 2011. J. Schmidt/Herrgen 2019 (Elmentaler/Voeste, 61 ff.). Solms 2014. Steger 1986; 1988; 1990. Wildgen 1977. S. auch http://www.atlas-alltagssprache.de/. – **Sprachfunktionen:** Austin 1962. Bühler 1934/99. W. Busse 1975. Coseriu 1970/79. Hindelang 2010. Löffler 1985, 104 ff./2016, 94 ff. Meibauer 2008. v. Polenz 1973a. Staffeldt 2009. – **Sprachnormen, Sprachpolitik:** Ammon/Hellinger 1992. Augst 1977. Bartsch 1987. BBRS (Roth 383 ff., Gloy 396 ff. Mattheier 1085 ff. Moulin-Fankhänel 1903 ff.). Coulmas 1985. Der öffentliche …, Bd. 1. 1981. Gröschel 1982. R. Große 1989, 404 ff. W.P. Klein 2018a. Maas 1989. Mattheier 1997. Hugo Moser 1967. Moulin 2021. v. Polenz 1972; 1973b; 1985. v. Polenz u. a. 1986.

Historische Phonemik: Back 1991. BBRS (Kohrt 552 ff., Haas 836 ff., Löffler 2419 ff. Lerchner 2425 ff., Wiesinger 2440 ff.). Cercigniani 1979; 1983. Herrlitz 1970. Kienle 1969. Moulton 1961. H. Paul 1916, Bd. I. Penzl 1975. Reis 1974. Nübling u. a. 2017, 25–60. Ronneberger-Sibold 1989. Russ 1982. Simmler 1976. Szulc 1987. Weithase 1961. Wilmanns 1911 ff., 1. Abt. – **Historische Graphematik/Graphemik/Orthographie:** Behr 2014. Bergmann 1998; 2009. BBRS (Grubmüller 300 ff., Kohrt 552 ff., Veith 1782 ff., Nerius 2461 ff., Simmler 2472 ff.). Eisenberg/Günther 1989. Elmentaler 2000a; 2003; 2018. W. Fleischer u. a. 1983, 675 ff. Garbe 1978. Glinz/Schaeder 1987. Günther/Günther 1983. Günther/Ludwig 1994. Habermann u. a. 2000. Klute 1974. Kohrt 1987. Maas 1992. Mentrup 1979; 1980. Mihm 2000b; 2007a. Meisenburg 1998. Moulin 1990. Munske 1997. Nerius u. a. 1987/2007. Nerius/Rahnenführer 1993 (Bibliogr.). Nerius/Scharnhorst 1980; 1992. Nübling u. a. 2017, 241–274. Ruge 2004; 2005; 2013.

Ruge/Voeste 2018. Schlaefer 1980. Simmler 2004a. Skála 1997. Steffens 2010. Stetter 1990. Tophinke 2000. Voeste 2008ab; 2010; 2103a; 2015; 2016a; 2018. Vgl. auch 6.6Lit u. 5.9B! – **Historische Morphemik:** BBRS (Werner 572 ff. Leiss 850 ff., Erben 2520 ff.). Christiansen 2016. Dressler u. a. 1989. Fliedl 1999. Kern/Zutt 1977. Kienle 1969. Mayerthaler 1981. Mayerthaler u. a. 1995; 1998. Nübling/Dammel 2004. Nübling u. a. 2017, 61–116. H. Paul 1916–20/68, Bd. 2. Ronneberger-Sibold 1989. Werner 1965; 1969; 1989. Wilmanns 1911, 3. Abt. Wurzel 1984/2001; 1988; 1989; 1994. – **Historische Syntax:** Abraham 1995/2005. Admoni 1973; 1980; 1987; 1990ab. Askedal 1998. BBRS (Hundsnurscher 755 ff., Leiss 850 ff., Härd 2569 ff.). Behaghel 1923 ff. Betten 1987; 1990ac; 1998. Dal 2014. Donhauser 1995. Ebert 1978; 1999. Eggers 1983. Erben 1984, Kap. 3. Eroms 2000. Faarlund 1990. Fleischmann 1973. Gerritsen/Stein 1992. Greule 1982. Härd 1981. Höchli 1981. Hünecke 2015. Kettmann/Schildt 1976. Lefèvre/Simmler 2008. Lenerz 1984. Lockwood 1968. Mayerthaler u. a. 1995; 1998. Nübling u. a. 2017, 117–137. H. Paul 1916–20/68, Bd. 3, 4. v.Polenz 1984; 1985/2008, Kap. 1.1. Rieck 1977. Ronneberger-Sibold 1991; 1994; 1997b; 2010. Simmler/Wich-Reif 2007. Sonderegger 1979, 262 ff. Tarvainen 1986. Heinrich Weber 1971; 1991.

Wortschatzgeschichte: Agricola u. a. 1969 (Pfeiffer 464 ff.). Bär 2018. BBRS (Reichmann/Wolf 610 ff., Fritz 860 ff., Reichmann 2539 ff.). Habermann u. a. 2000; 2001. Heidermanns 2005 (Bibliographie). Leipold/Solms 2009. Lutzeier 1997 (Bibliogr.). Mackensen 1962. Maurer/Rupp 1974–1978. Mitzka 1968. Munske 1985; 1990. Munske u. a. 1988. Nübling u. a. 2017, 173–193. v.Olberg-Haverkate 2008. Schirmer/Mitzka 1969. Schlaefer 1995. H. Schmidt 1986. E. Schwarz 1967. Steger 1986. – **Historische Lexikographie:** BBRS (Wiegand 643 ff., Gärtner/Kühn 715 ff.). Brunner/Conze/Koselleck 1972 ff. Deutsches Rechtswörterbuch 1914 ff. Erler/Kaufmann 1964–97. Gloning 2003. Grimm 1854 ff. W.J. Jones 2009. Kettler 2008. Kirkness 1980. P. Kühn 1978. LGL (Henne 778 ff.). Osman 1971/2007. H. Paul 2002. Reichmann 2016. Ritter/Gründer 1971–2007. Schulz/Basler 1913 ff. Trübner 1939 ff. Vgl. 5.7Lit! – **Etymologie:** Birkhan 1985. Cruse u. a. 2005 (Abschn. XXIX). Duden Herkunftswörterbuch 2014. Hiersche 1986 ff. Kluge/Seebold 2011. Pfeifer 1989/2003. Seebold 1981. B. Weisgerber 1998. – **Nationale/ staatliche Varietäten:** Ammon 1995; 1997; 1998. v.Polenz 1999. W. Koller 1999. – Zu **Historische Semantik, Wortbildung, Entlehnungen, Diskurssemantik** s. 2.3Lit!

Historische Phraseologie: Beyer/Beyer 1985. BBRS (Burger/Linke 743 ff., Mieder 2559 ff.). Burger 1973; 1977; 1998, Kap. 6. Burger u. a. 1982. Coulmas 1981. Filatkina 2011; 2012; 2013ac; 2018. Filatkina/Hanauska 2011. Filatkina/Gottwald/Hanauska 2009. W. Fleischer 1982/97; 1996. Gottwald/Hanauska 2013. Hanauska 2009; 2014. Jesko 2006. Kessler 2012. Kühn 1985. LGL (Heller 180 ff.). Mieder 1992; 1995ab. Munske 1993. Neumann 2016. Parad 2003. Pilz 1981. Röhrich 1991/2006. Rothkegel 1973. Schöndorf 2002. Schuster 2007. St. Stein 1994. Weiteres in 6.9Lit!

Historische Namenforschung: Bach 1952 ff. Bauer 1985/98. BBRS (Abschn. XXI). Bering 1987; 1991. Debus 1967; 1977; 1988; 1997 (Bd. 2). Debus/Seibicke 1989. E. Eichler/Walther 1986/88. E. Eichler u. a. 1995. Eis 1970. R. Fischer u. a. 1963. W. Fleischer 1968. Gottschald 1982/2006. Gyger 1991. K. Heinrichs 1908. H. Kaufmann 1965. Koß 1990. Kunze 1998/2004. Kunze/Nübling 2009–2018. LGL (Debus 187 ff.). H. Naumann 1987; 1994. H. Naumann u. a. 1988. Schützeichel 1988. Seibicke 1982/2008; 2002; 1996. Socin 1903. Vgl. 4.6Lit u. 5.8Z!

Textsorten, Textsortengeschichte: Adamzik 1985. Assion 1973. Barz u. a. 2000. Barz/ Fix 2008. Babenko 2001. BBRS (Steger 284 ff., Stolt 786 ff., A. Schwarz 1222 ff., Kästner/ Schirok 1365 ff., Meier/Möhn 1470 ff., Kästner u. a. 1605 ff., Endermann 1918 ff.). Betten 1991. Biere/Henne 1993. A. Burkhardt 1993. Eis 1967; 1971; 1982. Ernst/Meier 2014. W. Fleischer/Michel 1977. Gansel 2011. Greule 2010. Große/Wellmann 1996. Gülich/ Raible 1972/75. v.Hahn 1979; 1983. Hertel 2000. Hinck 1977. Holly 1982; 1990. Holly/ Kühn/Püschel 1986. Hünecke 2015. Hundt 1995. Kühn 1995. Alexander Lasch 2010. Link 1976/80. Pfefferkorn 1998. Presch 1991. Püschel 1982; 1991. Reichmann 1996. Sandig 1971; 1986/2005. Schenker 1977a. Schildt 1990b. Schneider-Mizony 1999. Schuppener 2008. Schuster 2000. Schwitalla 1983. Simmler 1997; 2002; 2004bc. Sowinski 1972. Steger 1982; 1983; 1989; 1991. Steinhausen 1889/91. Stolt/Trost 1976. Textsorten und ... 1983. Werlich 1975/79. N.R. Wolf 1996. S. auch 4.2Lit, 5.2Lit, 6.2Lit, 6.3Lit! – **Textlinguistik:** Betten 1990c. Brinker u. a. 2018. Coseriu 1981. Gloning 2010; 2015; Greule u. a. 2012 (Schuster 263 ff.). Grolimund 1995. Korhonen 1993. Krause 1987. Lötscher 2010a. Meier 2004ab. Riecke u. a. 2004. Stolt 1986. N.R. Wolf 1990a.

2.5. Sprachliche Evolution

A. Sprache ist veränderbar und zugleich veränderlich, weil ihre Existenzweise nicht in einer ‚revolutionären' Abfolge von festen Zuständen und plötzlichen Veränderungen besteht, sondern in ständiger evolutionärer Bewegung. Sprachentwicklung ist weder nur ‚Fortschritt' noch nur ‚Verfall'; weder eine allgemeine Vermehrung noch eine allgemeine Verringerung der Sprachelemente oder -regeln, weder eine allgemeine Spezialisierung noch eine allgemeine Generalisierung der Sprachinhalte kann positiv oder negativ bewertet werden. Was in einem bestimmten Teilbereich der Sprache, für einen bestimmten Kommunikationszweck ein Vorteil ist, kann in einem anderen Teilbereich, für einen anderen Zweck ein Nachteil sein. Allenfalls auf eine sehr abstrakte „Ausgewogenheit hinsichtlich der Zahl der Elemente und ihrer Ausnutzung" (Boretzky 1977, 73) kann Sprachentwicklung (als Systementwicklung) im Sinne der Sprachökonomie (s. 2.2) ‚gerichtet' sein. Sprachliche ‚Evolution' kann grundsätzlich „nicht als eine auf ein konkretes sprachliches Ziel ausgerichtete Veränderung" (Boretzky) aufgefasst werden, da sie trotz individueller Anstöße den Bedingungen und Folgen kollektiven menschlichen Handelns unterliegt, die grundsätzlich nicht den Intentionen der auslösenden Individuen oder Gruppen entsprechen müssen.

Es gibt Ansätze zu einer „evolutionären Theorie des Sprachwandels" im engeren Sinne, mit denen auf „nichtintendierte Konsequenzen intentionalen Handelns" hingewiesen und Sprachwandel als „unbeabsichtigter, unreflektierter ‚Nebeneffekt' kommunikativen Handelns" und als „Sonderfall soziokultureller Evolution" erklärt wird (R. Keller 1990/2014):

> Über das Verhältnis zwischen ‚beabsichtigt' und ‚nicht beabsichtigt', ‚bewusst' und ‚unbewusst' im Sprachwandel haben sich schon manche Sprachtheoretiker seit dem 18. Jh. Gedanken gemacht (R. Keller 1990, 47 ff./2014, 51 ff.; Cherubim 1983, 65 ff.). Als Bausteine zu einer evolutionären Sprachwandeltheorie verweist Rudi Keller auf die Entdeckung eines „großen Bereichs von Phänomenen, zu dem im Wesentlichen soziale Institutionen wie Geld, Recht, Sprache, Märkte etc. gehören, die weder von Menschen erfunden noch von Gott erschaffen sind", seit Bernard Mandevilles „Bienenfabel" (1705); man habe schon früher erkannt, dass es gesellschaftliche Institutionen gibt, „which are indeed the result of human action, but not the execution of any human design" (Adam Ferguson, 1767), oder „Erscheinungen, die nicht das Ergebnis socialteleologischer Factoren, sondern das unreflektirte Ergebniss gesellschaftlicher Bewegung sind", eines Prozesses, der „immerhin als ein organischer bezeichnet werden mag" (Carl Menger, 1883).

Rudi Keller (1982; 1990, 53 ff., 83 ff./2014, 57 ff., 87 ff.) beruft sich auf eine schottische Schule der Wirtschaftsphilosophie im 18. Jh., nach der es drei Arten von Kausalität gebe: Neben ‚natürlichen' Vorgängen (z. B. Regnen, Blühen, Gebären) – mit naturwissenschaftlich zu erklärender Kausalität (‚Gesetzmäßigkeit') – und ‚künstlichen' Vorgängen im Sinne von intentionalen menschlichen Handlungen (z. B. Hausbau, Reisen, Heiraten) – mit finalistisch zu erklärender Kausalität (Coseriu) – gebe es auch „Phänomene der dritten Art", die weder natürlich noch künstlich sind: Sie werden zwar von Menschen durch intentionale Handlungen ausgelöst; ihre Ergebnisse in unbewusstem kollektivem Verhalten sind aber nicht von ihnen beabsichtigt (*invisible-hand*-Prozesse), z. B. Preis-Inflation, Autobahn-Stau, Trampelpfad, Buckelpiste. Obwohl abstrakte und hypostasierende Hilfsbegriffe wie „Phänomene der dritten Art", „*invisible-hand*-Prozesse" fragwürdig und wohl überflüssig sind (Cherubim 1983; Eyer 1983; Nübling u.a. 2017, 157–163) und solche Erklärungen nur für einen Teil der Sprachwandelphänomene zutreffen, erscheint es nützlich, in der Sprachgeschichtsschreibung mehr als bisher auf Sprachveränderungen achtzugeben, deren Ergebnisse und Folgen nicht den sie auslösenden Intentionen entsprechen oder ihnen sogar zuwiderlaufen. Die soziopragmatische Perspektive solcher Beobachtungen liegt im Bereich der in 1.2 angedeuteten Erkenntnis- und Anwendungsinteressen von Sprachgeschichtsschreibung. Die „zentrale Botschaft" von Rudi Kellers Theorie über „spontane Ordnungen" in der Sprache lautet schlicht und konkret: „Der gegenwärtige Zustand unserer Sprache ist das unbeabsichtigte Ergebnis der Wahlhandlungen der Sprecher und ihrer Vorfahren" (Keller 2014, 11).

Dieter Cherubim (1983, 70) macht als Kritiker des Kellerschen Ansatzes das Zugeständnis: „Daß wir in diesem Zusammenhang keine sprachhistorischen Prognosen machen können, finde ich, wie Keller, nicht bedauerlich. Wohl aber brauchen wir ein besseres Wissen über Veränderungsmöglichkeiten bei gegebenen Sprachzuständen und für bestimmte Sprachgruppen, um sprachkonservativer Borniertheit und sprachkritischer Intoleranz ebenso entgegenwirken zu können wie ahistorischer Naivität oder verantwortungsloser Sprachplanung. Kellers Untersuchung des Zusammenwirkens unterschiedlicher, z.T. gegenläufiger Maximen kommunikativen Handelns […] ist sicher ein Schritt in die richtige Richtung."

B. In den Sprachbereichen Phonemik und Grammatik hat evolutionäre Sprachtheorie nach Helmut Lüdtke mit Sprache als teils biologischem, teils sozialem Phänomen zu rechnen; die zur Erklärung phonemischen, morphemischen und syntaktischen Sprachwandels erforderlichen Kategorien sind daher sehr abstrakt (Lüdtke 1980, 1 ff., 182 ff.; Keller 1990, 143 ff./2014, 147 ff.). Für eine soziopragmatische Sprachgeschichte sind vor allem Sprachveränderungen im lexikalischen Bereich interessant, aber auch in den grammatikalischen Bereichen besonders Fälle des bewussten Eingreifens in das Verhältnis zwischen Sprachnorm und Sprachsystem, oder Fälle des Zusammentreffens miteinander unverträglicher Innovationsmotive und sprachideologischer Haltungen (s. 4.9A).

Für solche Fälle nichtintendierter Folgen intentionalen Sprachhandelns gibt Keller leider nur wenige, marginale Beispiele. Sein Paradebeispiel (Keller 1990, 109 ff., 125 ff./2014, 114 ff., 130 ff.) ist das Verschwinden des alten Wortes *englisch*[1] ,engelhaft' durch die wachsende Popularität von *englisch*[2] ,britisch' in der Mitte des 19. Jh.s: Da Homonymie als Erklärung für das Aussterben von *englisch*[1] weder notwendig noch hinreichend sei (es gibt viele Homonyme ohne Probleme), müssten „ökologische Bedingungen", „Handlungsmaximen" und ein „*invisible-hand*-Prozess" als Erklärungen herangezogen werden:

Zu den „ökologischen Bedingungen" (sozialer Kontext) gehöre es, dass damals ,Engelhaftigkeit' als Idealbild von Frauen die Verwendungsanlässe von *englisch*[1] erhöhte, andererseits England und Produkte aus England damals politisch und wirtschaftlich eine zunehmende Rolle spielten. Dadurch sei ein „Homonymen-Konflikt-Potential" entstanden, bei dem die Wortbildungsbeziehung von *englisch*[1] zu *Engel* (semantische Motiviertheit des Wortes) besonders störend gewirkt habe. Nach den Handlungsmaximen ,Rede so, dass du möglichst nicht missverstanden wirst!' und ,Rede so, dass du verstanden wirst!' sei ein Bedürfnis nach Vermeidung von *englisch*[1] entstanden. Der „*invisible-hand*-Prozess" bestünde dann darin, dass infolge der immer seltener werdenden Verwendung das Wort *englisch*[1] in Vergessenheit geraten und von nachwachsenden Generationen nicht mehr erlernt worden sei, sodass zur Vermeidung die Unfähigkeit vieler Jüngerer zum Verwenden des Wortes hinzugekommen sei, dazu der Rückkoppelungseffekt, dass wegen der geringen Frequenz der Verwendung die Alten das Wort auch dann nicht mehr verwendeten, wenn die Homonymie im Kontext nicht störte. Das Verschwinden von *englisch*[1] (außer im kirchlichen Gebrauch, z. B. in *englischer Gruß*) wäre somit ein „kausaler", aber „nichtfunktionaler Effekt funktionalen Handelns" (Keller 2014, 125).

Ein anderes Beispiel ist die Pejorisierung (Abwertung) von Wörtern mit sozialer Bedeutung (Keller 1990, 103 f./2014, 107–109): Die abwertende Konnotation der Wörter *Weib* (gegenüber *Frau*) und *Frau* (gegenüber *Dame*) ist paradoxerweise durch Aufwertungsabsicht gegenüber den damit bezeichneten Personen entstanden, durch die im Galanteriespiel routinierte Neigung im Sozialprestige möglichst eine Stufe höher zu greifen. Laut Keller wurde durch gesellschaftliche Gewöhnung dann der höherwertige Ausdruck allmählich zum Normalwort, was unbeabsichtigt zur Folge hatte, dass das ältere Normalwort in bestimmten Kontexten (wo das höherwertige erwartet wird) eine Abwertung enthält. „Das Motiv der Galanterie auf der Ebene der Individuen führt auf der Ebene der Sprache langfristig wie von unsichtbarer Hand geleitet zur Pejorisierung. Es handelt sich dabei um eine Form der Inflation" (Keller 1990, 104/2014, 108 f.). Zur Kritik und Weiterentwicklung dieses Erklärungsansatzes mit Blick auf die vergleichende sprachhistorische Entwicklung mehrerer Frauen- und Männerbezeichnungen vgl. Nübling 2011 und Kotthoff/Nübling 2018, 163–180.

Über solche Einzelheiten hinaus gibt es Fälle von nichtintendierten Sprachwandel-Folgen intendierter Sprachhandlungen mit wesentlich allgemeineren Auswirkungen. Dazu die Beispiele in C bis K:

C. Reformatorische Übersetzungen vom Hochdeutschen ins Niederdeutsche haben langfristig zur Gefährdung und Verdrängung der niederdeutschen Schriftsprachkultur beigetragen, obwohl die Reformatoren das Niederdeutsche zunächst förderten (s. 4.9G):

Insbesondere die Übersetzungen lutherischer Bibel- und anderer Kirchentexte sollten der besseren Verständlichkeit bei nur niederdeutsch verstehenden Laienchristen dienen. Durch ihre Methode der Wort-für-Wort-Übersetzung erreichten sie schließlich, dass die Gemeinden, für die die hochdeutschen Texte vorbereitet wurden, diese dadurch später leichter akzeptieren konnten. Mit dem Durchdringen der Reformation wurde die reiche mittelniederdt. Kirchenliteratur-Tradition publizistisch beiseitegeschoben, zugleich das Bedürfnis oder der Zwang zum originalen Luther-Text gefördert. Dies hat sich schließlich durch kirchliche Institutionalisierung als Widerspruch ausgewirkt zu Luthers theologischem Prinzip der Laienfrömmigkeit, zu seinem Übersetzungsprinzip ‚Sinn aus Sinn' (s. 4.8DE) und zu seiner Anerkennung der Gleichberechtigung aller Sprachen (s. 4.9B).

D. Luthers Förderung einer dialektfreien Sprechkultur mit korrekter Leseaussprache in der Prediger- und Lehrerausbildung wirkte sich in der absolutistischen Zeit als schulisches Mittel der Sozialdisziplinierung aus.

Die überregional-frühnationale sprachpolitische Haltung des Reformators, der von Norddeutschen ebenso wie Süddeutschen verstanden werden wollte, war aus der Theologie der Laienfrömmigkeit motiviert und – mangels einer etablierten allgemeinen Lautnorm – an der exakten Aussprache Buchstabe für Buchstabe nach der hochdt. Schreibnorm orientiert, und zwar auf Luthers heimatsprachlicher südostniederdt. Artikulationsbasis (s. 4.4M). Nach den späteren protestantischen Schulordnungen wirkte sich diese Methode der Wittenberger Predigerausbildung als Verpflichtung zu Buchstabier- und Lautierübungen aus, die einerseits zu der bis heute gültigen Vorbildlichkeit norddeutscher Lautung der Schriftsprache (‚Hochlautung') geführt haben (s. 5.6FG, 6.6XY), andererseits zur rigorosesten Art der Dialekt-Diskriminierung und -Verdrängung in Deutschland, die soziolinguistisch im Zusammenhang mit bildungssprachlicher Sozialdistanzierung der oberen Bevölkerungsschichten vom *Pöbel* erklärt wird (s. 4.9J, 5.8AB, 6.12A; Gessinger 1980; Maas 1983; 1986; 1989).

E. Metasprachliche Urteile über das Prestige der eigenen Sprachnormen und Sprachpraxis können evolutiv umschlagen in extrem gegenteilige Bewertung durch die Mehrheit der Sprachbevölkerung:

Das Prestige der lutherisch-osthochdeutschen Schreibsprache wurde nach der Reformation vor allem in ostmitteldeutschen und norddeutschen Zeugnissen auch auf die Sprechsprache der südlichen Teile Kursachsens (Obersächsisch) übertragen, ohne zu berücksichtigen, dass sich seit Luther (der kein Obersachse war) eine norddeutsch orientierte

Leseaussprache als gesamtdeutsche Lautnorm anbahnte. Die Folge dieser übertriebenen Selbsteinschätzung der Obersachsen war in anderen Teilen des deutschen Sprachgebiets langfristig eine umso stärkere Abneigung gegen die obersächsische Aussprache seit dem 17. Jh., verstärkt nach dem Siebenjährigen Krieg, sodass das Obersächsische seit dem 19. Jh. als die deutsche Regionalsprache mit dem niedrigsten Prestigewert gilt (s. 4.4FM, 5.6C–F, 5.8B, 6.12A; v.Polenz 1986).

F. Sprachpurismus in der Lehn-Wortbildung bewirkte zusätzliche Wortentlehnungen und sprachsystemwidrige Komplizierungen der lautlichen und grammatikalischen Verwendung entlehnter Elemente:

Seit der Humanistenzeit (s. 4.7EFM), noch mehr seit der Wirksamkeit der barocken Sprachgesellschaften und ‚Sprachreiniger' (s. 5.4OP) wurde die bis dahin übliche Kombination indigener (ererbter) Elemente mit entlehnten Elementen (*hausieren, Reiterei, Hornist, Grobian, Lieferant, Romling, evangelisch*, ...) in bildungssprachlicher Abneigung gegen ‚hybride' Formen normativ so rigoros behindert, dass Mischbildungen wie etwa **Deutschist, *Erdologe, *Freiheitismus, *Cleverheit, *Fitheit*, ... unmöglich und dafür weitere Lexem- bzw. Suffixentlehnungen nötig wurden: *Germanist, Geologe, Liberalismus, Cleverness, Fitness*, ...). So haben die ‚Sprachreiniger' durch Nichtachtung des Erfordernisses der Wortbildungs-Produktivität zur erheblichen Vermehrung und Komplizierung des Lehnwortschatzes und der Lehn-Wortbildung beigetragen, was sie ja eigentlich nicht wollten.

Das Gleiche gilt für die unbeabsichtigte Vermehrung der Pluralendungen von Substantiven durch Fremdflexion von Lehnwörtern: *Indices, Atlanten, Doktores, Kakteen*, ... (s. 4.7E, 5.4O); die Intentionen der bildungssprachlichen Fremdflexion, nämlich die markierende Ausgrenzung von ‚Fremdwörtern' aus dem deutschen Wortschatz und die damit verbundene soziale Prestigefunktion, führten durch kollektive Übernahme der Lehnwörter und Lehnendungen in den deutschen Gemeinwortschatz zur Entstehung eines umfangreichen sekundären Wortschatzsystems der deutschen Sprache mit ungesteuert festgewordenen Sonderbedingungen (Munske 1988, 50, 67ff.); so auch bei den aus dem Lateinischen übernommenen Phonem-Alternationen, z.B. *d/s* in *kollidieren/Kollision, k/z* in *Musik/musizieren* (s. 2.3F).

G. Sprachpuristischer Wortersatz hat oft nicht Wortverdrängung, sondern semantisch/pragmatisch differenzierte ‚Synonymik' zur Folge (s. 5.5L–W, 6.7D):

Campes Verdeutschungsvorschlag *Gesichtskreis* für *Horizont* hat das ‚Fremdwort' nicht verdrängt, sondern zum Nebeneinander von *Horizont* (für physikalisch-optische und geistige) und *Gesichtskreis* (für geistige und soziale Begriffe) geführt; ähnlich *Karikatur/Zerrbild, sentimental/empfindsam*. Postamtliche Verdeutschungen der Bismarckzeit wie *Anschrift* für *Adresse, Fernsprecher* für *Telefon* waren nur mit soziopragmatischer Differenzierung erfolgreich: Postkunden behielten das ‚Fremdwort' bei (mit längst etablierter deutscher Wortfamilie: *adressieren, Adressat, Adressbuch*, ...; *telefonieren, telefonisch, Telefonat, Telefonbuch*, ...), während die Verdeutschung als Wort der Amtssprache eine sozialdistanzierende Konnotation erhielt.

H. Übertrieben korrekter, ästhetischer, emotionsfreier Sprachstil von Nachrichtensprechenden führte zur feierlichen Ritualisierung der Textsorte und damit zu nicht beabsichtigter konservativer und entpolitisierender Meinungsbeeinflussung durch die eigentlich als ‚rein informativ' geltende Textsorte ‚Nachricht', besonders im frühen Rundfunk und Fernsehen.

Nachdem Nachrichtensprechende in Rundfunk und Fernsehen die vorbildgebende orthoepische Rolle der Schauspielerinnen und Schauspieler des 19. Jh.s übernommen (s. 6.6Z) und die westlichen Alliierten in der Bundesrepublik bei der Neuzulassung von Massenmedien die strenge Trennung von Information und Meinung als Regel der parteipolitischen Neutralität und ‚Ausgewogenheit' durchgesetzt hatten, entwickelte sich ein steriler Nachrichten-Sprechstil, in dem Korrekt- und Schönsprechen sowie Emotionsfreiheit (ohne auf Inhalt bezogene Prosodie, Mimik und Gestik) oberste Gebote waren. Linguistische Medienanalyse und -kritik sieht als unbeabsichtigte Folge davon eine Gewöhnung der meisten Rezipierenden an ‚gebetsmühlenhaft' zelebrierte Nachrichtensendungen mit stark rekurrenten (wiederholungsreichen), kommentarlosen Informations-Häppchen, was nicht zur staatsbürgerlich-kritischen Meinungsbildung anrege, sondern zu konformistischer und/oder unpolitischer Affirmation der ‚verlautbarten' Texte, ähnlich beim Interview von Politikerinnen und Politikern mit Interviewenden, die sich auf die formale, meinungslose Frage-Rolle des Mikrophonhalters beschränken. Die Gegenbewegung zum anderen Extrem führte seit den 70er Jahren des 20. Jh.s zu ‚Infotainment' und ‚Boulevardisierung' (s. 6.3M–Q, 6.15G–N).

J. Zahlreiche Kontroversen und u.a. auch Attribuierungen wie „sprachkritischer Übereifer" haben sprachliche Veränderungen ausgelöst, die mit der Frauenrechtsbewegung der 70/80er Jahre des 20. Jh.s zusammenhängen. Dies betrifft vor allem das so nannte generische Maskulinum. Nachdem die Frauenrechtsbewegung beispielsweise in den 1970/80er Jahren erreicht hatte, dass in Texten, die unmittelbar mit Chancengleichheit der Geschlechter zu tun haben (z.B. Stellenausschreibungen für Berufe), neben den maskulinen stets auch die femininen Personenbezeichnungen einerseits verwendet werden müssen (*einen/e Geschäftsführer/in*), wurde diese sprachfeministische Forderung des ‚Splitting' von Personenbezeichnungen auch auf den allgemeinen öffentlichen Sprachgebrauch, vor allem Gesetzestexte, ausgedehnt, um Frauen überall gebührend ‚sichtbar zu machen' (Müller, Stickel, Schoenthal, in: ZGL 16/17, 1988/89; s. ausführlicher 5.9X und 6.8W–Y!). Andererseits wurde diese Errungenschaft als nicht systemangemessen und die Konventionen der deutschen Grammatik und Rechtschreibung verletzend verurteilt. In zahlreichen psychologischen, psycholinguistischen, linguistischen und soziologischen Experimenten wurde mittlerweile nachgewiesen, dass die mindestens seit dem römischen Recht gültige Regel, maskuline Personenbezeichnungen seien angeblich – falls nicht durch den Kontext eindeutig auf ‚männlich' festgelegt – stets als generische (geschlechtsneutrale) sprachökonomische Benennungen zu verstehen, tatsächlich nicht immer eindeutig generisch ist, sondern eher als veralteter Ausdruck patriarchalischer, androzentrischer, sexistischer Gesinnungen und Verhältnisse zu gelten hat und durch jedesmaligen Gebrauch beider Geschlechts-Varianten oder kontextlos eindeutig geschlechtsneutraler Ausdrücke ersetzt werden sollte (vgl. den Überblick über alternative Ausdrucksweisen in Diewald/Steinhauer 2017 und Diewald/Steinhauer 2019). Geschlechterneutraler Sprachgebrauch ist eine sprachliche Reaktion auf die sich verändernden gesellschaftlichen Gegebenheiten und gleichzeitig auch ein Mittel der Mitgestaltung dieser Gegebenheiten mit Hilfe der Sprache. In diesem Sinne ist der geschlechterneutrale Sprachgebrauch auch ein Beispiel für die sprachliche Evolution: „Manche sehen es als Gebot der Höflichkeit, beide Geschlechter zu repräsentieren. [...] Höflich zu sein ist immer mit höheren Kosten verbunden, etwa indem man anderen „Guten Appetit" wünscht, sie begrüßt oder sich nach ihrem Befinden erkundigt. So wie man wortlos zu essen beginnen oder grußlos einen Raum betreten kann, also Mitmenschen ignoriert, kann man auch Frauen ignorieren: „Trotzdem gelten diese Gesten als Zeichen von Respekt, Interesse und gutem Benehmen" (Stefanowitsch 2011). Es handelt sich demnach um eine Frage der Zivilisiertheit" (Koffhoff/Nübling 2019, 121, unter Rückgriff auf Stefanowitsch 2011).

K. Ein Beispiel für nichtgewollte Kommunikationserschwernis im Sinne eines „Invisible-Hand-Phänomens in der Sprachentwicklung" ist das Missverhältnis zwischen öffentlichem Bedürfnis nach ‚bürgernaher' Rechtsprache und zugleich nach zunehmender Rechtssicherheit durch „Juridifizierung" des alltäglichen öffentlichen und auch privaten Lebens (Wimmer 1998, 19): Durch fortschreitende Demokratisierung in der modernen Massengesellschaft verlangen immer mehr Staatsbürger/Staatsbürgerinnen und Interessengruppen „immer häufiger nach (gültigen) juristischen Entscheidungen" für ihre alltäglichen rechtlichen Konflikte, wozu sie von den Parlamenten als gesetzgebende Institutionen mit immer mehr, immer längeren Gesetzen pro Legislaturperiode bedient werden. Diese Nachfrage führt „letztlich zu immer weitergehenden differenzierteren juristischen Terminologisierungen", die von den Rechtssubjekten eigentlich nicht „intendiert", sondern „ständig hervorgerufen werden durch ihr Streben nach Gerechtigkeit und Rechtssicherheit" (vgl. auch 6.14BC).

Aus der Onomastik (Namenforschung) ist bei den Personennamen das „alte onomastische Wettrennen" bekannt (Debus, in: E. Eichler u. a. 1995, 394): Prestigenamen der Oberschicht werden von aufstiegsorientierten Mittelschichten, die durch solche Namengebung Erhöhung ihres Sozialstatus beabsichtigen, ungewollt entwertet, sodass sich die Oberschicht zur Sozialdistanzierung neue exklusive Prestigenamen angewöhnen muss, usw. (vgl. die

Entwicklung bei *Frau/Dame, Mann/Herr* 2.3HN, 2.5B). Dieser Mechanismus könnte auch in der modernen Zeit bei der Wahl vermeintlich seltener, antiquiert anmutender und daher eher prestigehafter Vornamen (*Friedrich, Liselotte*) eine Rolle spielen, die unversehens rasch Mode werden (vgl. 6.9W).

L. Zum evolutionären Charakter der meisten Sprachwandelprozesse gehört auch die starke Überschneidung im Verhältnis zwischen Altem und Neuem. Infolge der Heterogenität von Sprache, Sprachbevölkerung und Sprachfunktionen ist das Alte meist noch lange neben dem Neuen in Gebrauch; es wird nicht einfach ‚ersetzt' oder ‚verdrängt'. Das Neue existiert oft vereinzelt schon lange vor seinem Auffälligwerden. So wäre es für die Sprachgeschichte – ebenso für verwandte Bereiche wie Sozial- oder Bildungsgeschichte – irreführend, wenn man Epochen oder kleinere Entwicklungsphasen jeweils mit dem frühesten Auftreten einer sprachlichen Innovation beginnen ließe. Sprachliche Varianten, die sich für bestimmte Epochen/Entwicklungsphasen als kennzeichnend und folgenreich erweisen, sind als im Sprachsystem vorhandene Varianten in bestimmten Textsortenstilen mitunter schon Jahrzehnte oder Jahrhunderte früher nachzuweisen (vgl. 2.3D). In dieser Hinsicht ist nicht die abstrakte Veränderung des Sprachsystems (z.B. Einführung eines neuen Elements oder einer neuen Regel) sprachgeschichtlich wichtig, sondern die auffällige Zunahme des Gebrauchs bestimmter Varianten in für die gesellschaftliche Kommunikation relevanten Textsorten.

Beispielsweise die Nominalisierung (Substantivierung) von Verben und Adjektiven ist als Mittel der Wortbildung und des Satzbaus bereits im Althochdt. in klösterlich-gelehrter Prosa, in mystischen Texten und Fachprosa des Spätmittelalters sowie in deutscher Wissenschaftssprache der Humanisten- und Aufklärungszeit anzutreffen (s. 4.6BD, 5.9X, 5.11F–V); sie wird aber erst durch die ‚Verwissenschaftlichung' (Akademisierung) der Sprache des öffentlichen Lebens vor allem seit der Mitte des 19. Jh.s in Massenpresse, Verwaltungs- und Politiksprache so auffällig und gemeinsprachlich, dass man den Nominalisierungsstil – zusammen mit anderen Mitteln des kompakten/komprimierten Satzbaustils – als eine der wesentlichen Entwicklungstendenzen des modernen Deutsch bezeichnen und sprachkritisch erklären kann (s. 6.9H–J; v.Polenz 1985/2008, Kap. 1.1).

Im Unterschied zum strukturalistischen ‚Systemwandel' sind demnach große Teile der Sprachgeschichte als soziopragmatische Stilgeschichte zu verstehen, d.h. als Geschichte starker Ausnutzungen und Konventionalisierungen längst vorhandener Systemmöglichkeiten. Dies gilt vor allem für diejenigen sprachlichen Elemente und Regeln, die unmittelbar mit Bedeutungen, also mit Semantik und Pragmatik zu tun haben: Wörter, Wortbildungen, Satzbau, Text-Konstitution; es gilt weniger für Flexionselemente, am wenigsten für die Lautung (Phonemik, Phonetik). Aber auch in diesen nicht unmittelbar ‚sinnhaften' Sprachbereichen, die vorwiegend mit physiologischen Gesetzmäßigkeiten der Sprechorgane und mit psychischen Bedingungen (Bequemlichkeit, Zeitersparnis, Analogiebildung, Nachlässigkeit, Wahrnehmbarkeit usw.) zu tun haben, gibt es gesellschaftliche Eingriffe in die Sprachentwicklung durch Sprachnormierung und soziale Prestige- und Diskriminierungswirkungen. Diese Eingriffe haben im Laufe der letzten fünf Jahrhunderte keineswegs einen einheitlichen, statischen Sprachtyp entstehen lassen, sondern eine dynamische Vielfalt der Sprache mit einem komplizierten Verhältnis zwischen Systemmöglichkeiten und Sprachnormen, zwischen intentionaler Veränderbarkeit und evolutionärer Veränderlichkeit.

Literatur

Boretzky 1977, 62 ff. BBRS (Mattheier 824 ff.). Croft 2000. Heringer 1998. Rudi Keller 1982 (dazu Baldinger 1993, Cherubim 1983, Eyer 1983, Keller 1984, Ladstätter 2004); 1983; 1989ab; 1990/2014. Lee 1992. Lüdtke 1980. Meineke 1989, 349 ff. Nübling u. a. 2017. Seppänen 1989. N.R. Wolf 1990b. Wurzel 1997.

3. Vom mittelalterlichen zum neuzeitlichen Deutsch: Kontinuität und Diskontinuität

A. Den Einstieg in die deutsche Sprachgeschichte im Spätmittelalter zu nehmen, bedeutet eine Vernachlässigung der ‚Vorgeschichte' der Neuhochdeutsch genannten Sprache, also eine Beschränkung auf ihre eigentliche ‚Geschichte', die vom Frühneuhochdeutschen (im weiteren Sinne von etwa 1350 bis etwa 1650) im Wesentlichen kontinuierlich bis zum Gegenwartsdeutsch führt. Die Erklärung der sozial- und mediengeschichtlichen Voraussetzungen und Bedingungen und der Tendenzen des heutigen Deutsch erfordert einen zusammenhängenden Überblick über mindestens dieses halbe Jahrtausend, während die Erforschung und Darstellung des mittelalterlichen Deutsch großenteils anderen Erkenntnisinteressen dient und die mittelalterliche Sprachbezeichnung *diutisk, diutsch, dietsc* usw. eine teilweise andere Bedeutung hatte. (Vgl. auch 4.0).

Die in bisherigen deutschen Sprachgeschichten übliche detaillierte Darstellung der von Jacob Grimm bis heute intensiv erforschten älteren deutschen Sprachgeschichte, einschließlich deren Vorgeschichte, würde im Rahmen dieser Sprachgeschichte einen weiteren Band erfordern: Vom Indogermanischen/Indoeuropäischen über die germanischen Dialekte, die althochdt. Konsonanten- und Vokalverschiebungen, den römisch- und christlich-lateinischen Lehneinfluss, die Entstehung eines vagen *diutisken* Sprachbewusstseins seit der Karolingerzeit, die Sprache der alt- und mittelhochdt. geistlichen Literatur, der höfischen Dichtung der Stauferzeit, bis zu spätmittelalterlichen Sprachvarietäten wie der deutschen Mystik-, Rechts- und Urkundensprache seit dem 13. Jh. und vieles mehr. An guten Darstellungen der älteren deutschen Sprachgeschichte ist kein Mangel (vgl. oben die Literaturhinweise nach Kap. 1.2.; ferner sei auf die spezialisierten Artikel der Abschnitte VI–XI in der 2., erweiterten Auflage des HSK-Handbuchs „Sprachgeschichte" verwiesen, BBRS, 1998–2004). Eine ideale Ergänzung für literaturwissenschaftliche und kulturhistorische Aspekte des frühmittelalterlichen Deutsch bietet die von J. Heinzle (1988ff./1995ff.) herausgegebene, mehrbändige Literaturgeschichte.

Auf die deutsche Sprachgeschichte des Mittelalters kann hier nur kurz und fragmentarisch hingewiesen werden mit einer verallgemeinernden Rückschau auf den Übergang vom Mittelalter zur Neuzeit. Diese orientiert sich am Verhältnis zwischen Bewahrung und Weiterwirken einerseits (Kontinuität) und grundsätzlichen Neuerungen, Neuansätzen und Tendenzänderungen andererseits (Diskontinuität). Damit soll die Beschränkung auf die neuere Zeit (im weitesten Sinne) mit Hinweisen auf ihre notwendige Anbindung an das Mittelalter kompensiert, aber auch das grundsätzlich Neue der Entwicklung vom Spätmittelalter bis zur Gegenwart im Kontrast deutlicher herausgearbeitet werden. Mit der Zusammenstellung von Fällen der Kontinuität wird auch der traditionellen Gewohnheit der Sprachgeschichtsschreibung, ausschließlich oder vorwiegend Veränderungen darzustellen und das Gleichbleibende zu vernachlässigen, ein wenig entgegengewirkt.

Eine wegweisende Skizze der „Konstanten" und „Inkonstanten" in der deutschen Sprachgeschichte hat Stefan Sonderegger entworfen, als Alternative zur traditionellen Gewohnheit der Epochengliederungen der deutschen Sprachgeschichtsschreibung. Unter einer „konstanten" Entwicklungstendenz versteht er „in der Diachronie des Deutschen nicht nur eine über kürzere oder längere Zeit hin wirksame, sondern durch die gesamte deutsche Sprachgeschichte von Sprachstufe zu Sprachstufe immer wieder hervortretende Veränderungstendenz" im Sinne einer „geistesgeschichtlich gleichgerichteten oder im Sprachsystem unablässig wirksamen Entfaltung" (Sonderegger 1979, 217f.). Die konstanten Entwicklungstendenzen seien aber besonders in der deutschen Sprachgeschichte durch „inkonstante" Entwicklungen modifiziert, gestört, unterbrochen oder abgebrochen worden, denn: „Je größer eine Kulturgemeinschaft bevölkerungsmäßig wird und je weniger zentralistisch sie staatlich geführt wird, desto bedeutender werden die inkonstanten Merkmale der Entwicklung" (Sonderegger 1979, 217). Dies gilt in hohem Maße für den Übergang vom Mittelalter zur Neuzeit im deutschen Sprachgebiet, da das Spätmittelalter, das im weitesten Sinne von der Mitte des 13. Jh.s (Interregnum) bis zum Beginn der Reformation (1517) angesetzt werden kann (s. 4.1A), von politischen, wirtschaftlichen, sozialen und geistesgeschichtlichen Veränderungen gekennzeichnet ist, die sich auf die Entwicklung Europas bis heute entscheidend ausgewirkt haben. Anhand von Sondereggers „Konstanten" und „Inkonstanten" der deutschen Sprachgeschichte – teilweise über sie hinaus – wird im Folgenden erörtert, in welchen Punkten die deutsche Sprachentwicklung vom Mittelalter zur frühen Neuzeit kontinuierlich oder diskontinuierlich verlaufen ist.

B. Als „äußere Konstanten" der deutschen Sprachgeschichte, im Sinne von sprachräumlich, sprachsoziologisch und sprachkulturell, erörtert Sonderegger (1979, 219ff.) sieben Bereiche, die sich auch zwischen Mittelalter und Neuzeit kontinuierlich ausgewirkt haben (B1 bis B7):

B1. Die „sprachliche Selbstbezeichnung" *deutsch* war – im Unterschied etwa zur Entwicklung beim Englischen und bei den nordgermanischen Sprachen – von der Karolingerzeit bis heute kein primär ethnischer Volksname, sondern ist als „übergreifender Sprachname" verwendet worden, und zwar als adjektivisches Appellativ (ahd. *diutisk*, zu ahd. *diot* ‚Volk') für eine die kontinentalsüdgermanischen Stammesdialekte umfassende überregionale sprachliche Zusammengehörigkeit gegenüber dem Lateinischen und den romanischen, slawischen und nordgermanischen Sprachen. Sie war unabhängig vom Gegensatz Hochdeutsch/Niederdeutsch (s. 4.9C) und unabhängig von politischen Verhältnissen, die mit den sprachgeographischen stets inkongruent waren (vgl. auch Reiffenstein, in: BBRS 2191 ff.; 2205 ff.; D. Busse 1994; Jakobs 1998). Ein allgemeines, vages Bewusstsein einer sprachlichen Gemeinsamkeit (nicht ‚Einheit'!) gab es also bereits Jahrhunderte vor der Entwicklung der pränationalen Standardsprache (16.–18. Jh.) und der Nationalstaaten (19./20. Jh.). Es war aber bis ins 17. oder 18. Jh. mit einem starken Bewusstsein der (mündlichen und schriftlichen) Eigenständigkeit der Regionalsprachen verbunden (Wiesinger 1985; Reiffenstein, in: BBRS 2205 ff.; Wegstein, in: BBRS 2229 ff.). Diese waren zunächst Stammessprachen, seit dem Spätmittelalter mehr nach politischen Territorien, Verkehrs- und Siedlungsverhältnissen gegliedert.

Die Bezeichnung *deutsch* begegnet immer wieder auch in pluralischen Ausdrücken: *in tiuschen landen, Teutsche sprachen, die Deutschen zungen*. Seit dem 14. Jh. gibt es Zeugnisse über das Bewusstsein der Sprachenvielfalt innerhalb des Deutschen unter der Sammelbezeichnung *lantsprâchen* (Hugo v.Trimberg, um 1300), mit lautcharakteristischen Angaben über *Swâben, Franken, Beier, Düringe, Misener* usw., manchmal mit Nennung regionaler Unterschiede des Wortgebrauchs (Heteronyme), mit Klagen über Verständigungsschwierigkeiten, noch bei Luther 1538 (Wiesinger 1989, 332 ff.). Die Gliederung der *alten Teutschen Sprache in Mundarten* wurde bereits 1663 von Schottelius übersichtlich dargestellt (vgl. Hartweg/Wegera 1989, 26/2005, 31).

Das bereits in der höfischen Dichtung der Stauferzeit angebahnte Regionalsprachbewusstsein wurde seit Mitte des 14. Jh.s verstärkt durch die landschaftlichen Schreibdialekte (s. 4.4). Obwohl ein „sprachlich motivierender Einfluss auf die deutsche Nationsbildung" von dem alten, vagen Begriff *tiutsch*, der „hauptsächlich zur Abgrenzung nach außen" verwendet wurde, anzunehmen ist (Wiesinger 1989, 341 f.), kann – abgesehen von der Tendenz höfischer Dichter zur überregionalen Reinheit der Reime – vor der Zeit um 1500 vom Bewusstsein einer einzelsprachlichen *lingua communis/gemein teutsch* noch keine Rede sein. Dieses Bewusstsein entstand durch Standardisierungsansätze seit Kaiser Maximilian I. (s. 4.4B), auch durch das Aufkommen des lat. Begriffs *natio*, den seit Ende des 15. Jh.s üblichen Titel *Heiliges Römisches Reich deutscher Nation* und das Lehnwort *Nation* (Wiesinger 1989, 336 ff.).

Ein wissenschaftspolitisch brisantes Problem ist die Stellung des Niederländischen im Rahmen dieses großräumigen pränationalen Sprachbewusstseins. Es entwickelte sich eine eigenständige mittelniederländische Verkehrs- und Literatursprache seit Mitte des 13. Jh.s, zunächst auf der Grundlage der blühenden flämisch-brabantischen Stadtkultur, seit der spanischen Herrschaft mehr nördlich orientiert (*Holländisch*). Trotzdem blieb die

Bezeichnung *dietsc, duutsc, diutesch* (nicht in der Bedeutung ‚deutsch') noch teilweise bis in die Neuzeit in Gebrauch, neben *Hollands, Nederduitsch* und *Nederlands* (dies ab 1815 amtlich). Auch das davon herstammende engl. Wort *Dutch* wurde erst im Laufe des 17. und 18. Jh.s auf die Bedeutung ‚niederländisch' eingeschränkt, als sich das neue bildungssprachliche Wort *German* durchsetzte. Ein Bewusstsein der Zugehörigkeit zur deutschen Sprachgemeinsamkeit in den Niederlanden selbst wird von niederländisch-flämischen Experten auch für das Mittelalter verneint. Das Mittelniederländische kann nicht zur deutschen Sprache gerechnet werden (Hartweg/Wegera 1989, 27 f./2005, 33 f.), ebenso wenig dessen Vorstufe Altniederfränkisch. Die von der Humanistenzeit bis in die Germanistik des 19./20. Jh.s tradierte deutsche Auffassung, das Niederländische sei nur ein Teil des Deutschen, ist ein gelehrter und nationalistischer Irrtum. Heute wird das Niederländische eher als von vornherein eigenständiger Zweig des Kontinentalsüdgermanischen aufgefasst. (De Smet, in: BBRS 3290 ff.; De Grauwe 1992; Coulmas 1985, 19 ff.; vgl. Eickmans, in: Cruse u. a. 2005, 1180 ff.; Hinskens/Taeldeman 2013); über die Kontroversen und Widersprüche zu dieser Frage s. Reichmann, in: BBRS 8 f.; s. auch 4.0, 6.4.1K, 6.4.2J!

In dem Deutschen näherstehender Weise blieb, trotz sozialer und räumlicher Isolierung und sprachlicher Eigenentwicklung seit dem Spätmittelalter, für das Jüdischdeutsch der in Deutschland lebenden oder aus Deutschland stammenden Juden noch bis in die Neuzeit die Bezeichnung *taitsch* teilweise neben *jidisch taitsch* üblich, ehe ab Ende des 19. Jh.s die eigene Sprachbezeichnung *Jiddisch* für eine neue Ausbausprache üblich wurde (vgl. 4.9LM, 6.4.1Z).

B2. Die Veränderung des deutschen **Sprachraumes** blieb von der Ottonenzeit (10. Jh.) bis ins 20. Jh. insofern eine konstante Entwicklungstendenz, als die Westgrenze (zum Französischen hin) sich nur geringfügig und sehr allmählich veränderte, während im ganzen Süden (Wallis, Graubünden, Südtirol, Kärnten, Steiermark) und Osten (vom Donaugebiet bis zum Baltikum) sich deutsche Sprache in ständiger Expansion befand, durch Eroberung, ländliche und städtische Siedlung, Handel und Gewerbe im Auftrag deutscher und heimischer Territorialherren (Sonderegger 1979, 221 ff.). Im Spätmittelalter gab es im Osten mit der ‚Ostkolonisation' einen extensiven Entwicklungsschub, der sich in der frühen Neuzeit als Verdrängung slawischer Sprachen sprachenpolitisch ausgewirkt (s. 3D4 und 4.9N–S) und der deutschen Schriftsprachentwicklung eine stärker östliche und nordöstliche Orientierung gegeben hat (s. 4.4D–G, 5.6B–E).

B3. Unter „**Überstaatlichkeit der Sprachgeltung**" versteht Sonderegger (1979, 222 ff.) die konstante Tatsache, dass weder ein Stammesgebiet (der älteren Zeit) noch ein staatliches Territorium (seit dem Spätmittelalter) noch das alte Reichsgebiet als politische Einheit die Geltung der deutschen Sprache bestimmt oder beeinflusst hat. Viele Territorien waren ebenso mehrsprachig wie das (universal orientierte) alte Reich. Eine bewusste Tendenz zur Kongruenz von Staatsgebiet und Sprachgebiet gab es erst seit dem 19. Jh. durch Wirkung der Französischen Revolution (vgl. 6.4O). Anfänge sprachenpolitischer Behinderung oder Unterdrückung von Minderheitensprachen gab es jedoch seit dem Spätmittelalter im Osten, besonders seit Hussitenzeit, Reformation und Gegenreformation (vgl. 3D4 und 4.9N–S, 6.4).

B4. Konstant war seit althochdt., besonders frühmittelhochdt. Zeit (11./12. Jh.) die schrittweise „Vervolkssprachlichung" (Vernakularisierung) oder „Entlatinisierung" des Schreibens und Lesens und damit kulturell wichtiger Kommunikationsbereiche (Sonderegger 1979, 227 ff., vgl. 4.9B): Von überwiegend geistlichen Texten (Althochdt. und Frühmittelhochdt.) über die Buchepen der höfischen Dichter (um 1200), Urkunden und Rechtstexte (ab 13. Jh.), Predigten (ab 12. Jh.), Erbauungsliteratur und Bibelübersetzungen (14.–16. Jh.), politische Publizistik in Flugschriften, Flugblättern und frühen Zeitungen (Reformationszeit) bis zur pränationalen Literatur-, Verwaltungs- und Wissenschaftssprache (17.–19. Jh.). Besonders starke Entwicklungsschübe deutschsprachiger Schriftlichkeitsexpansion gab es vom Ende des 14. Jh.s bis zur Reformationszeit durch extensivierte städtische Schreibpraxis, Einführung des Papiers und des Buchdrucks sowie durch reformatorische und revolutionäre Publizistik (s. 4.2, 4.8), worauf eine eher retardierende Phase folgte durch zunehmenden Gebrauch des Französischen in den Oberschichten der absolutistischen Zeit (17./18. Jh.), auch in Politik und Wissenschaften (s. 5.3).

B5. Eine „umgekehrt proportional verlaufende Entwicklung von Mundarten und Schreibsprachen bzw. Schriftsprache" stellt nach Sonderegger (1979, 230 ff.) das Zusammenwirken von abnehmender Bedeutung der sich konstant weiterentwickelnden Mundarten für das Schreiben und von zunehmend autonomer Entwicklung der Schriftsprache dar. Diese Konstante im Verhältnis zwischen gesprochener und geschriebener Sprache gilt wahrscheinlich für die Geschichte jeder verschriftlichten Sprache. Im Deutschen beginnt sie mit Kontinuitätsbrüchen und Neuansätzen im Spätmittelalter (vgl. 3D3).

B6. Im Bereich der „Fremdeinflüsse auf das Deutsche" ist seit der spätrömischen Zeit die Übernahme lateinischer Wörter und Wortbedeutungen sowie ihre Nachbildung im ‚inneren Lehneinfluss' (s. 2.3E) eine durchgehende Konstante (Sonderegger 1979, 231 ff.), kontinuierlich auch im Übergang vom Mittelalter zur Neuzeit. Latein blieb trotz der Reformation bis ins 18. Jh. die Sprache der Wissenschaften und der höheren Bildung (s. 4.7, 5.3). Die Bereicherung des deutschen Wortschatzes und die Systematisierung argumentativer Satzstrukturen durch die lateinische Kirchen-, Rechts- und Wissenschaftskultur ist eine europäische Erscheinung der sprachlichen Konvergenzentwicklung aller kirchlich nach Rom orientierten Länder; dies hat die deutsche Sprache zu einer „Mischsprache" werden lassen, ähnlich wie die anderen davon betroffenen Sprachen (Munske 1988; vgl. 6.10HI).

Als Komplement zur Konstanz des lateinischen Spracheinflusses wäre zu ergänzen, dass vom Frühmittelalter bis heute die Spracheinflüsse von nordwestlichen und nördlichen Nachbarsprachen (Niederländisch und skandinavische Sprachen) und von östlichen (baltische und slawische Sprachen, Madjarisch) zwar in soziolinguistischen Unterschichten und nicht hochkulturellen Kommunikationsbereichen kontinuierlich wirkten, in standardsprachlichen Bereichen jedoch relativ gering waren (s. 4.7O, 6.10QR). – Nicht so kontinuierlich waren dagegen der französische und italienische Spracheinfluss und die deutsche Lehnwortbildung (s. 3E4, 4.7, 5.4BO–Q, 6.10E–G).

B7. Die kontinuierliche „Zunahme des deutschen Wortschatzes" (Sonderegger 1979, 236f.) war – neben der Offenheit für Entlehnungen aus fremden Sprachen – von der ständig zunehmenden Entwicklung und systematischen Ausnutzung der Wortbildungsmöglichkeiten bedingt, im Zusammenhang mit höherer Bildung und fachlicher Differenzierung (Sprachausbau, s. 2.3A).

Die wachsende Bedeutung schriftlicher Sprachverwendung ließ es dazu kommen, dass die „Zuwachsrate" stets immer größer wurde gegenüber der viel geringeren „Abgangsrate durch aussterbende Wörter"; eine grobe, nur relativ zu nehmende Übersicht über die Wortschatzvermehrung gibt Sonderegger (1979, 236f.) anhand folgender Zahlen von Stichwörtern von Wörterbüchern bzw. Wortindices:

Abrogans (um 800)	3.693
Notker v.St. Gallen (um 1000)	ca. 7.800
Lexer, Mittelhochdt. Taschenwörterbuch	ca. 37.550
Stieler, Teutscher Sprachschatz (1691)	ca. 68.000
Wörterbücher der 2. Hälfte des 20. Jh.s	bis zu 138.000

Für das Althochdt. insgesamt rechnet Jochen Splett mit etwa 28.500 überlieferten Wörtern (in: BBRS 1197), wobei insbesondere für den Wortschatz der althochdt. Glossen weiterhin mit Zunahmen zu rechnen ist. Die mittelhochdt.-frühneuhochdt. Kontinuität ist je nach Sachbereichen und Textsorten verschieden: am stärksten in der Rechtssprache (Gesetze, Urkunden), wo es um die Sicherung alter Rechtstraditionen ging, und in der religiösen Prosa (Scholastik, Mystik, Predigt, Frömmigkeitsliteratur, Bibelübersetzungen), wo z.T. der frühmittelhochdt. vorhöfische Wortgebrauch wieder erscheint (N.R. Wolf 1981, 165ff., 186ff.; s. 4.8B), wesentlich geringer in den großenteils neuartigen Gebrauchstexten der spätmittelalterlichen städtischen Schriftlichkeit bis hin zur Entstehung von Fach- und Wissenschaftssprachen (s. 4.2E, 4.6CD, 5.11). – Zur Kritik an der Methodik solcher diachronischen Vergleiche von Wortschatzmengen s. Klaus Siewert, in: ZDL 60, 1993, 335!

C. Unter „Innere Konstanten in der Entwicklung des Sprachsystems" erörtert Sonderegger (1979, 237) gleichbleibende Entwicklungstendenzen der innersprachlichen, d.h. lautlichen, flexivischen, syntaktischen und wortbildungsmäßigen Strukturen. Diejenigen Konstanten der deutschen Sprachgeschichte, die auch zur Kontinuität zwischen mittelalterlichem und neuzeitlichem Deutsch gehören, sind folgende (C1 bis C6):

C1. Die Palatalisierung (Aufhellung) dunkler Stammsilbenvokale durch Umlaut, verursacht in vordeutscher Zeit durch germanische Stammsilbenbetonung und qualitative Vorwegnahme der Palatalvokale *i, î, j* einer schwachtonigen Folgesilbe (*a* → *e, o* → *ö, u* → *ü, ou* → *öü, uo* → *üe*) wirkte von voralthochdt. Zeit bis ins Mittelhochdt. als Lautwandel. Als Kennzeichen des Deutschen innerhalb der germanischen Sprachen hat er das Vokalsystem umstrukturiert zu einer Opposition zwischen umgelauteten und nichtumgelauteten Wortformen (Sonderegger 1979, 299 ff.; Nübling 2013; Nübling u. a. 2017, 296–307). Graphematisch ist diese mit Hilfe von diakritischen Graphemzusätzen (<*ó*>, <*ô*> <*ŭ*>, <*ü*> usw.) erst im Mittelhochdt. vereinzelt, seit dem späteren Frühneuhochdt. systematisch gekennzeichnet worden. Der Umlaut spielte dann auch in der Kategorienfestigung der Flexion und Wortbildung eine wichtige Rolle, auch als „analogischer" Umlaut (in systemgerechten Fällen, wo niemals ein palataler Umlaut-Auslöser in der Folgesilbe gestanden hatte), besonders seit dem Spätmittelhochdt.:

– als Pluralkennzeichen von Substantiven: *Hühner, Gäste, Kräfte*, …; analogisch: *Häuser, Wälder, Bäume, Hände*, …; als einziges Pluralkennzeichen: *Brüder, Mütter, Väter, Klöster*, …
– als Steigerungskennzeichen von Adjektiven: *länger, längste, höher, höchste*, …
– als Konjunktivkennzeichen von Verben: *nähme, böte, würde, bräuchte*, …
– als Wortbildungskennzeichen von Ableitungen: *Fräulein, Hündchen, Ärztin, Güte, närrisch, fällen*, …
– als Wortdifferenzierungskennzeichen vom althochdt. Unterschied zwischen Adverb (*-o*) und Adjektiv (*-i*) her: *schon/schön, fast/fest*, …

Dabei ist die Systemhaftigkeit des morphemisch-lexemisch wirkenden Umlauts immer wieder gestärkt worden durch Ausscheidung systemstörender Umlautfälle, z. B. mhd. Gen./Dat. Sg. *krefte* → nhd. *Kraft*, mhd. 2. Sg. Prät. *spræche* → nhd. *sprachst*, … Durch die morphemisch-lexemische Kategorisierung ist der Umlaut schließlich im Neuhochdt. dem Ablaut und anderen Vokalwechseln gleichgestellt worden: z. B. *nehmen – nahm – nähme – genommen* (Sonderegger 1979, 318; Nübling u. a. 2017, 296–307).

C2. Die Nebensilbenabschwächung, die nach traditioneller Ansicht (s. Roelcke, in: BBRS 1005) noch als Spätfolge der Akzentkonzentrierung auf den Wortstammsilben in germanischer Zeit zu erklären ist, reduziert vom Althochdt. bis zur Gegenwart stufenweise die vollen Nebensilbenvokale *a, e, i, o, u* zu schwachtonigem *e* [ə], teilweise bis zum Schwund (Synkope, Apokope): ahd. *hêriro* → mhd. *herre* → nhd. *Herr*. Dies hatte weiteren Verfall der Flexionskennzeichnung in der Morphemik zur Folge, besonders im Frühneuhochdt. (Sonderegger 1979, 238 ff.; Nübling u. a. 2017, 45 f.; s. 4.3H).

C3. Das hochdt. Konsonantensystem blieb nach der 2. Lautverschiebung von althochdt. Zeit bis zur Gegenwart konstant. Eine weitere Veränderungstendenz war die Vereinfachung und Beseitigung der Doppelkonsonanten (Geminaten), deren Schreibung (*ff*, *tt*, *nn* usw.) im Mittelhochdt. noch phonemische Bedeutung hatte (Doppel- oder Langkonsonanz) und seit dem Frühneuhochdt. in der Standardsprache zunehmend zur Vokalkürzebezeichnung umfunktioniert wurde. Die binnendeutsche Konsonantenschwächung hat sich nur auf Mundarten, nicht mehr auf die nhd. Standardsprache ausgewirkt (s. 4.3F), sodass die Konstanz des Konsonantensystems großenteils als Schreibsprachprodukt zu erklären ist.

C4. In der Entwicklung des Formensystems, dessen stärkste Veränderungen bereits im Mittelhochdt. oder vorher eingetreten waren, bildet die Kombination aus Flexionsendungen, Stammsilbenvokal-Wechsel und Begleitwörtern eine Konstante der deutschen Sprachgeschichte (Sonderegger 1979, 241 ff.; Nübling u.a. 2017, 61 ff.): Die Endungsflexion tritt immer mehr zurück zugunsten des Vokalwechsels (schon stark im Mittelhochdt.) und (besonders seit dem Frühneuhochdt.) der Flexion durch vorangestellte Begleitwörter (Artikel, Pronomen, Attribute, Hilfs- und Modalverben). Das noch relativ gut erhaltene Kasussystem des Neuhochdt. beruht darauf, dass der Kennzeichnungsverlust bei der Substantiv-Kasusflexion durch Stabilität der Begleitwort-Kennzeichnung – auch im Sinne einer Nominalgruppenflexion – kompensiert wurde.

Die Anzahl der Endungsmorpheme ist beim Substantiv von 52 im Ahd. und 16 im Mhd. auf 6 im Nhd. zurückgegangen, beim Adjektiv von 47 (Ahd.) und 24 (Mhd.) auf 6 (Nhd.) (Sonderegger 1979, 246). Das Frühneuhochdt. bildet hierin ein kontinuierliches Übergangsstadium, in dem alte Endungen nach Flexionsklassen und Funktionen umstrukturiert wurden (s. 4.3H). Die Entwicklung bei den Verben war in dieser Hinsicht langsamer; hier sind – neben der Verminderung der Zahl von Simplex-Verben mit starker Flexion – vor allem die Vokalwechsel und Konsonantenwechsel weiter abgebaut worden (s. 4.3J).

C5. In der Entwicklung der Wortbildung bildet die Zunahme von Komposita (Zusammensetzungen), auch solchen mit mehr als zwei Teillexemen, eine deutliche Konstante des Deutschen von althochdt. Zeit bis heute, vor allem im Zusammenhang mit der Entwicklung von Verwaltungs- und Wissenschaftssprache (Sonderegger 1979, 255 ff.). Kontinuität ist auch beim stetigen Ausbau der Ableitungstypen und Präfixbildungen festzustellen; die meisten Bildungsmittel (Suffixe, Präfixe) gab es schon im Alt- und Mittelhochdt. Doch die Konsolidierung und expandierte Produktivität wissenschafts- und fachsprachlicher Ableitungs- und Präfigierungstypen – ebenso wie die Lehn-Wortbildung – seit spätmittelalterlicher Prosa gehört mehr zu den diskontinuierlichen Erscheinungen auf dem Wege zum Neuhochdt. (Nübling u.a. 2017, 91–116; s. 3E4).

C6. Im Satzbau (einschließlich Morphosyntax) sind insbesondere folgende konstante Entwicklungstendenzen zu beobachten (vgl. Sonderegger 1979, 262 ff.; Nübling u. a. 2017, 117–127): In Verbindung mit der Formensystementwicklung werden Begleitwörter von Substantiven seit althochdt. Zeit zunehmend obligatorisch. Im Rahmen der sprachtypologischen Entwicklung vom synthetischen (flektierenden) zum analytischen Sprachbau werden Flexionsformen mehr und mehr durch Verbgefüge (Periphrasen) mit Hilfs- und Modalverben ersetzt (Tempus, Modus, Passiv, Aktionsarten), die im Mittelhochdt. auch dreigliedrig, im Neuhochdt. auch viergliedrig möglich sind (s. 4.5D). Das prädikative Adjektiv verliert seine Flexion, während die unflektierte Form des attributiven Adjektivs im Frühneuhochdt. nur noch resthaft vorkommt (vgl. heute erstarrte Bildungen wie *kölnisch Wasser*, s. Bär 2007, 317 f.). Im Bereich der Wortstellung werden die Möglichkeiten der Verbklammer (Trennung des finiten Verbs von den infiniten Prädikatsteilen im Hauptsatz) und die Festigkeit der Stellung von Prädikatsteilen immer mehr ausgebaut, mit größerer Variabilität bis ins Frühneuhochdt. (s. 4.5EF). Die Herausbildung eines Systems semantisch differenzierter Subjunktionen (Konjunktionen) von Nebensätzen und Konnektoren von Hauptsätzen ist seit althochdt. Zeit z. T. nach lateinischen Vorbildern im Gange. Die stärkere Systematisierung und Monosemierung dieser für den hypotaktischen (argumentativ expliziteren) Satzbau wichtigen Bereicherung seit der Humanisten- und Aufklärungszeit ist nur das erfolgreiche Endstadium einer langen konstanten Entwicklung, bei der auch die Unterscheidung in Haupt- und Nebensatz immer konsequenter wurde (s. 4.5BC, 5.9AO–V).

D. Folgende „äußere inkonstante Merkmale" der Geschichte der deutschen Sprache (Sonderegger 1979, 319 ff.) wirken sich beim Übergang vom Mittelhochdt./Mittelniederdt. zum Neuhochdt. als diskontinuierliche Entwicklungen aus (D1 bis D3):

D1. Unter „Schichten der sprachlichen Überlieferung" weist Sonderegger auf Veränderungen der Textsorten hin: Nach dem zeitlichen Überlieferungs-Bruch zwischen Althochdt. und Mittelhochdt. (11. Jh.) bzw. Altsächsisch und Mittelniederdt. (11./12. Jh.) traten neue literarische Gattungen des höfischen Publikums (Minnesang, höfisches Epos, Spruchdichtung) neben die herkömmliche übersetzte geistliche Literatur, hatten aber kaum eine kontinuierliche Weiterentwicklung über das 13. Jh. hinaus. Zukunftsträchtig waren dagegen Textsorten, die mit den Kommunikationserfordernissen der städtischen Schriftlichkeit zusammenhingen, teilweise im Sprachenwechselprozess Latein → Deutsch, und in der Übergangszeit von der Mitte des 13. Jh.s bis zum 15. Jh. nach und nach in den Vordergrund der Schreib-, Lese- und Überlieferungstätigkeit traten: Rechtstexte, Urkunden,

Geschäftstexte, Fachprosa, Erzählprosa, Chroniken, Frömmigkeitstexte, Bibelübersetzungen, Dramen, Satiren, Flugschriften. Dies war zugleich eine Tendenz vom Reimverstext zur Prosa, vom Hörtext zum Selbstlesetext, von der schönen Form zur Zweckform und Wahrheitssicherung (vgl. N.R. Wolf 1981, 166 ff.; s. 4.2EF). So kam es, dass die neuhochdt. Schriftsprache kaum an die Literaturblüte der höfischen Stauferzeit anknüpfen konnte (s. 3D3).

In der mittelniederdt. Schriftsprache der Hansestädte gab es keine eigentliche höfische Dichtung, da Fürsten und Adel in Norddeutschland schon stark hochdt. orientiert waren. Die Diskontinuitäten der Textsortenentwicklung hängen auch mit den mediengeschichtlichen Entwicklungsschüben vom Ende des 14. Jh.s bis zur Reformationszeit zusammen: Papier statt Pergament, Lesebrille, Buchdruck, Holzschnitt, Kupferstich, Verlagswesen, Anfänge der öffentlichen Publizistik usw. (s. 4.2). In Bezug auf das Verhältnis zwischen gesprochener und geschriebener Sprache und auf Textsorten plädiert Rolf Müller (1991) für eine stärkere Betonung der Diskontinuität zwischen Mittelhochdt. und Neuhochdt.: Beim sog. Neuhochdt. handle es sich um die „Entwicklung einer anderen Sprache". Er begründet dies mit dem deutlichen Bruch zwischen höfisch-mittelhochdt. Reimdichtung und spätmittelalterlicher Prosa, mit einer neuartigen Priorität von Schreibsprache vor der Sprechsprache, die mehr als „Vorlesesprache" kultiviert worden sei; das Neuhochdt. sei vor allem durch „Emanzipation einer neuen Sprache vom Latein" entstanden. Dazu s. 4.0, 4.2A–G!

D2. Als zweites „äußeres inkonstantes Merkmal" nennt Sonderegger (1979, 323) die Entwicklung der „Schrift- und Schreibsysteme", die von den Anfängen bis zur Gegenwart „kaum eine durchgehende Entfaltungstendenz" hätten. Dies wäre zu modifizieren in Bezug auf die Schriftarten (Paläographie, Typographie), die sich nach einem langfristigen zyklischen Rhythmus entwickelten (Jensen 1969, 526 ff.; Flood 1996; Nerius u.a. 2007, 294 ff.; Spitzmüller 2013):

- ‚Verwilderung' und Differenzierung der spätrömischen Unzialschrift in der Merowingerzeit
- Vereinfachende Schriftreform um 800 (karolingische Minuskel)
- Allmähliche Variierung, Ausdifferenzierung und Komplizierung der Schriftsysteme im Hoch- und Spätmittelalter: Routinisierung zur Kursive für Alltagstexte, neben ornamentalisierender Ausprägung in den gotischen Buchschriften: Textura, Rotunda, Mischform Bastarda usw. (s. 4.2E)
- Erneute Schriftreformen mit der humanistischen Antiqua neben anderen, aus Textura und Bastarda entwickelten lesbareren Druckschriften (z.B. Schwabacher, Fraktur)

Es gab also eine gewisse Diskontinuität im 15./16. Jh. durch die Antiqua, auf die Dauer jedoch weitere Kontinuität durch das relativ starke deutsche Festhalten an ‚gotischen' Druckschriften, die alternative Verwendung der

Antiqua-Schrift für fremdsprachige Texte, Zitate, ‚Fremdwörter' und Eigennamen und die Beibehaltung der traditionellen, schwerer lesbaren Schreibschrift bis ins 20. Jh., die als ‚deutsche Schrift' ideologisiert wurde (s. 6.2C–E).

Die letzte Schriftreform gab es während des Zweiten Weltkrieges, als – zusammen mit dem Fremdwort-Purismus (s. 6.7) – die ‚deutsche Schrift' (einschließlich gotischer Druckschriften) abgeschafft und nur noch Antiqua und ‚Normalschrift' (lat./franz. Schrift) üblich wurden, aus politischem Anlass bei der Umstellung der NS-Propaganda von ‚großdeutschen' auf ‚abendländische' Ziele (s. 6.2D).

In Bezug auf Schreibsysteme (Prinzipien der Graphemik und Orthographie) sieht Sonderegger (1979, 323) Inkonstanz in den „widerstreitend[en] Tendenzen in Richtung phonetische Schreibung, etymologisch-historische und grammatisch-systematisierende Schreibung". Hier ist nach neueren Forschungsergebnissen zu ergänzen und zu präzisieren (vgl. Nerius u. a. 2007, 287 ff.): Seit der Zeit um 1500 ist ein bis heute wirkendes neues Prinzip der Beziehung zwischen Lautung und Schreibung festzustellen: Grapheme dienen nicht nur der kongruenten und konsequenten Wiedergabe von Phonemen (Aufzeichnungsfunktion), vielfach festigen sich konventionelle Graphien gegen die Phonemsysteme im Dienste eines semantischen Grundprinzips der Schreibung. Dies geschieht insbesondere zur Stärkung der Lesedeutlichkeit (Erfassungsfunktion), mit graphischer Variantenreduzierung, zur Kennzeichnung der Morphemidentität (*Hand – Hände*), der Homonymendifferenzierung (*Seite – Saite*), der Konservierung gewohnter Schriftbilder, sogar mit ersten Ansätzen zur Leseaussprache: Sprich wie du schreibst! (s. 4.3DE, 4.4LM). Dies ist eine weiterhin das ganze Neuhochdt. prägende Diskontinuität der deutschen Sprachentwicklung am Beginn der Neuzeit (s. Grubmüller, in: BBRS 305 ff.; Nerius u. a. 2007; vgl. 6.6H–V).

D3. Drittens rechnet Sonderegger (1979, 323 f.) die „Entwicklung zur Literatur- und Schriftsprache" zu den inkonstanten Merkmalen. Wie schon die mittelhochdt. Reim- und Wortwahltendenz zum überregionalen Ausgleich der höfischen Dichter- und Standessprache (K. Gärtner, in: BBRS 3029 ff.; Besch, in: BBRS 2252 ff.) kaum auf den althochdt. Versuchen zur deutschsprachigen Schriftlichkeit aufbaute, so gibt es keine direkte Kontinuität zwischen der soziolektalen Textsorten-Varietät ‚höfisches Mittelhochdeutsch' und der neuhochdt. Schriftsprache, ganz im Unterschied zur Entwicklung in Frankreich und England. Die alte These von einer kaiserlichen Kontinuität der ‚Hofsprachen' von den Karolingern bis zu den Habsburgern (Müllenhoff, Scherer, Burdach) ist längst widerlegt (s. 4.4A). Die überregionalen Aussonderungs- und (später) Standardisierungsprozesse beruhten im Wesentlichen auf ganz anderen sozialen Kommunikationsbedürfnissen und Textsorten, auf anderen regionalsprachlichen Konstellationen, vor allem vorwiegend auf Schriftlichkeit (N.R. Wolf 1981, 175 ff.; s. 4.4), teilweise auf Sprachgelehrsamkeit (s. 4.4L, 5.6).

Nicht nur die vorbildgebenden Regionen wechselten: Fränkisch teilweise im Althochdt., Niederrheinisch im frühen Mittelhochdt., Süddeutsch (bes. Alemannisch) im höfischen Mittelhochdt., östliches Süddeutsch im Frühneuhochdt. bis zur Reformation, danach Ostmitteldeutsch und norddeutsches Hochdeutsch (s. 5.6). Verändert hat sich auch die allgemeine Einstellung zu regionalem Prestige überhaupt. Bewährte regionale Literatursprachtraditionen konnten rasch beiseitegeschoben werden, so wie z.B. die reich entwickelte religiöse Literatur des Mittelniederdt. durch die in Norddeutschland reformationskirchlich durchgesetzten Lutherischen Schriften verdrängt wurde (s. 4.9CD). Für den Kontinuitätsbruch zwischen höfischem Mittelhochdt. und neuhochdt. Schriftsprache kann allerdings nicht allein Luther verantwortlich gemacht werden – so die Klage des schweizerischen Gottsched-Gegners Bodmer (s. 5.6O, 5.10JK). Es war vielmehr eine neue, frühbürgerliche Auffassung des Sozialwerts von Schriftlichkeit, die es seit dem 16. Jh. dahin kommen ließ, dass durch weitgehend künstliche Aussonderungsprozesse (s. 4.4, 5.6) landschaftliche Vorbilder überhaupt zugunsten eines abstrakteren überregionalen Schreibkulturprinzips vernachlässigt wurden. So kam es, dass mitunter für regionalsprachlich orientierte Sprachbevölkerungen schließlich „die neue Schriftsprache den Status einer Fremdsprache erlangt und auch als eine solche empfunden wird" (Besch 1979, 330 f.), in extremer Weise als Diglossie in Norddeutschland, Schweiz, Elsass, Luxemburg (s. 4.9CH, 6.4.3GH, 6.11T). – Wie rasch und diskriminiert regionales Sprachprestige schwinden konnte, zeigt auch das Beispiel der Stigmatisierung der obersächsischen Aussprache schon zur Zeit des noch behaupteten *meißnischen* Schriftsprachvorbilds (s. 5.6F).

Ebenso wechselten die sprachlich einflussreichsten sozialen Gruppen: Geistliche im Althochdt. und frühen Mittelhochdt., Fürsten und Adel im Mittelhochdt., städtebürgerliche Professionelle (Kanzleischreiber, Prediger, Buchdrucker, Schreib- und Lesemeister, Gelehrte, Schriftsteller) im frühbürgerlichen Deutsch (s. 4.2, 4.4K–M), das Bildungsbürgertum, seine ‚Klassiker', Professoren und Gymnasiallehrer im Neuhochdt. bis zur wilhelminischen Zeit, schließlich Politiker und Politikerinnen, Journalisten und Journalistinnen, Schauspieler und Schauspielerinnen, Berufssprecher und Berufssprecherinnen im modernen Deutsch seit dem späten 19. Jh. (s. 5.6, 5.7, 6.6).

Auf eine damit zusammenhängende politikbezogene Inkonstante der deutschen Sprachgeschichte, auch als Diskontinuität zwischen Mittelalter und Neuzeit, weist Sonderegger an anderer Stelle hin (1979, 202): „Die Einheit der deutschen Sprache ist der Einheit des Deutschen Reiches in der Neuzeit immer voraus gewesen, während sie ihr im mittelalterlichen Deutschen Reich nur langsam und schrittweise nachzufolgen vermochte".

D: Äußere Diskontinuitäten

Dies hängt damit zusammen, dass die seit dem Spätmittelalter allmählich und mühsam zur Macht im Staat aufsteigenden Oberschichten des Bürgertums – im Unterschied zum übernational orientierten Feudalsystem – die Sprache, und zwar ihre eigene, überregional standardisierten, als soziokulturelles Kommunikationsmittel und als Sozialsymbol dringend benötigten, schließlich auch als politisches Motiv für nationalen Patriotismus und die Schaffung des Nationalstaates ideologisch einsetzten (s. 5.5–5.7, 6.6, 6.7).

D4. Eine weitere, bei Sonderegger noch nicht berücksichtigte Diskontinuität der äußeren deutschen Sprachgeschichte zwischen Mittelalter und Neuzeit ist in den Anfängen sprachenpolitischen Verhaltens zu erkennen (s. 4.9). Seit dem Spätmittelalter, besonders seit der Reformation wird eine Tendenzwende deutlich: Die tolerantere (besser: uninteressierte) reichspolitische Haltung des universal denkenden Mittelalters zum rechtlichen und kulturellen Verhältnis zwischen koexistierenden lebenden Sprachen (unter dem Dach des alles beherrschenden Lateins) wird abgelöst von kultursprachlicher Chancen-Ungleichheit und Sprachenverdrängung in der Neuzeit.

Vorbild für die Ausübung von Herrschaft oder sozialem Prestige durch Fremdsprachgebrauch war im Mittelalter einerseits das Kulturmonopol des Lateins in Kirche und Geistlichkeit, das jedoch Aufsteigern aus unteren Bevölkerungsschichten unabhängig von deren Muttersprache gleiche Chancen gewährte. Andererseits gab es in der höfischen Gesellschaft der Stauferzeit gewisse Tendenzen zur Standessymbolik durch französische und niederländische Lehnwörter und durch ‚Französeln' und ‚Flämeln' im sozialen Distanzierungsverhalten (vgl. N.R. Wolf 1981, 179ff.), aber noch ohne das hohe Prestige des höfischen Mittelhochdt. zu beeinträchtigen. Es gab aber schon Anfänge sozialer Diskriminierung der unhöfischen, provinziellen Redeweise der *dörpaere* (nach frz. *vilain*, davon nhd. *Tölpel*).

Von Frühformen von ‚Sprachenpolitik' – mehr oder weniger direkt und systematisch – kann erst bei institutionellen Ereignissen wie der kirchlichen Verfolgung nichtlizensierter Übersetzungen durch den Mainzer Erzbischof (1485) gesprochen werden (s. 4.2N, 4.9B) oder bei Verboten niederdeutscher oder sorbischer Sprache in lutherischen Kirchen und Schulen (s. 4.9JQ), in Böhmen bereits bei Anordnungen eines tschechisch-deutschen Proporzes in Universität und anderen Institutionen seit Mitte des 14. Jh.s, besonders seit der Hussitenzeit (s. 4.9S). Diese Anfänge sind im Zusammenhang zu sehen mit der Entstehung eines frühen (oberschichtlich-intellektuellen) Nationalbewusstseins und damit der allmählichen Entwicklung von Nationalsprachen in Europa. Diese Entwicklung verlief für das Deutsche relativ verspätet, verzögert und (durch Latein und Französisch als Oberschichtsprachen) behindert. Trotzdem zeigte sich die mit jeder ‚nationalen' Orientierung mehr oder weniger verbundene negative Einschätzung der Eigenarten (auch der Sprache) der ‚Anderen' bereits seit Spätmittelalter und früher Neuzeit gegenüber den Sprachen unterworfener und benachbarter Slawen, gegenüber dem Friesischen, schließlich auch gegenüber der bereits entwickelten niederdeutschen Sprachkultur im Gebiet der Hansestädte. Dabei ist stets auch notwendig-freiwillige Anpassungsbereitschaft der sozialen Aufsteigerschichten unter den Unterlegenen mitzuberücksichtigen. Die Emanzipation der deutschen Sprache vom Kulturmonopol des Lateins (dann auch des Französischen), die sich vom 15. bis 18. Jh. im Zusammenhang mit sozial- und mediengeschichtlichen Entwicklungen vollzog, war offenbar verbunden mit dem Aufbau eines neuartigen Kulturmonopols der neuhochdt. Sprachnormen gegen landschaftliche Varianten und gegen unterlegene Sprachen und Sprachvarietäten. Die nationalistischen Sprachenkämpfe des 19. und 20. Jh.s sind also nicht ausschließlich aus ideologischen Anregungen der Französischen Revolution, Herders und der deutschen Nationalbewegung der napoleonischen Zeit zu erklären (s. 6.4.0); ihre Wurzeln reichen offenbar zurück bis in die frühbürgerliche Zeit.

E. In der „Geschichte des Sprachsystems", also im innersprachlichen Bereich, stellt Sonderegger (1979, 324 ff.) „inkonstante" Entwicklungen vorwiegend beim Übergang vom Germanischen zum Althochdt. und vom Althochdt. zum Mittelhochdt. fest. Eine Bedeutung für die Diskontinuität zwischen mittelalterlichem und neuzeitlichem Deutsch haben die folgenden (E1 bis E3, zusätzlich E4):

E1. Im Bereich des Wortakzents zeigen sich im Frühneuhochdt. die Anfänge eines neuen phonisch-syntaktischen Differenzierungsprinzips bei den Präfixen und Verbzusätzen (Sonderegger 1979, 326 ff.; Herbers 2002): Stammsilbenbetonung bleibt bei *e*-haltigen Präfixen (*Begríff, Verlúst*) und bei nichttrennbaren Zusatz-Verben (*begreífen, unterwándern*); Anfangssilbenbetonung wird regelhaft bei vollvokalischen Präfixen (*Ábbruch, vórläufig*) und bei trennbaren Zusatz-Verben (*áufstehen, wíederkäuen*), sodass es zur Homonymendifferenzierung durch Wortakzent und (Nicht)trennbarkeit kommt (*umfáhren* vs. *úmfahren, durchkreúzen* vs. *dúrchkreuzen*).

E2. Während beim Konsonantensystem die größten Veränderungen zwischen Voralthochdt. und Althochdt. liegen und im Nebensilbenvokalismus eine konstante Entwicklungstendenz vom Althochdt. bis heute wirkt, ist der Übergang vom Mittelhochdt. zum Neuhochdt. von starker Diskontinuität im System der Stammsilbenvokale gekennzeichnet (Sonderegger 1979, 331 ff.): Diphthongierung, Monophthongierung, Dehnung, Kürzung (s. 4.3C–E). Im Unterschied zur frühmittelalterlichen Entwicklung handelt es sich hierbei um eine umfassende Umstrukturierung des ganzen Stammsilbenvokalismus mit einem „Ineinandergreifen" aller Teilsysteme einschließlich quantitativer Veränderungen. Dabei ist die im Mittelhochdt. relativ hohe

Anzahl von Phonemen stark abgebaut worden, vor allem im Bereich der Diphthonge. Der Unterschied zwischen Langvokal und Kurzvokal wurde zunehmend relativiert. Hierbei ist die starke Schriftsprachlichkeit dieser Vorgänge zu beachten: Graphemsystem der Standardnorm gegen Phonemsystem der Dialekte, Dominanz des Graphemsystems über das Phonemsystem, z.T. mit künstlichen Leseaussprachen zur Erhöhung der Wortdifferenzierung (s. 4.3D) und zur Verbreitung des überregionalen Variantenausgleichs auf dem Wege zur neuhochdt. Schriftsprache (s. 4.4).

E3. Bei der Flexion konstatiert Sonderegger „völlig neue Wege" des Neuhochdt. beim Substantiv (1979, 340 ff.; vgl. auch Nübling u.a. 2017, 62–91): Anders als beim „kontinuierlichen Abbau" der starken Verbflexion zugunsten der schwachen gab es im Neuhochdt. bei den Substantiven einen stärkeren Entwicklungsschub in der Weise, dass eine stark-schwache Mischklasse aller drei Genera mit stark dekliniertem Singular und schwach dekliniertem Plural entstand und die schwache Deklination auf wenige Maskulina beschränkt blieb, wobei eine neuartige „Systematisierung der Wörter auf je einen Deklinationstyp" eintrat. Neu ist auch die systematische Vernachlässigung der Kasusunterscheidung zugunsten der stärkeren Numerusprofilierung mit einer starken Vermehrung der Varianten für die Pluralkennzeichnung seit dem Frühneuhochdt., auch bei nichtintegrierten Lehnwörtern (s. 4.3H, 4.7E), eine zum sonstigen Abbau des Flexionsprinzips gegenläufige Tendenz. Beim Adjektiv fand zum Neuhochdt. hin (mit Anfängen im Mittelhochdt.) ein Ausgleich zugunsten der schwachen *-en-*Formen statt, allerdings bei den Steigerungsformen ein neues, syntaktisch geregeltes Nebeneinander starker und schwacher Flexion. Beim Verb sind im Neuhochdt. systematisierende Vereinfachungen eingetreten: zweiformiger Plural im Indikativ Präsens, Ausgleich der Stammvokale in Numerus, Tempus und Modus (s. 4.3J), Funktionalisierung des Ablauts zur Tempuskennzeichnung bei starken Verben.

E4. Eine weitere Diskontinuität zwischen Mittelalter und Neuzeit ist die Entstehung der Lehnwortbildung (s. 4.7M, 5.4O–Q, 6.10E–G). Der Fremdspracheneinfluss, vom Lateinischen her seit spätrömischer Zeit, vom Französischen her besonders im höfischen Mittelhochdt., vom Griechischen her seit der Humanistenzeit, erhielt eine grundsätzlich neue Qualität, als seit dem Spätmittelalter (bes. 15./16. Jh.) zur Entlehnung einzelner Wörter und Wortbedeutungen und zur Lehnbildung (Lehnübersetzung, Lehnübertragung, s. 2.3E) die systematische Nachbildung lateinischer Wortbildungsmuster und die Wortbildungs-Produktivität bereits entlehnter Lexeme innerhalb des Deutschen hinzukam. Die zahlreichen systematischen Nachbildungen lat. Wortbildungen auf *-atio/-itio, -itas, -alis* mit dt. Ableitungen auf *-unge, -heit/-keit, -lich* in Texten der Hochscholastik und Mystik (statt Entlehnung lat. Lexeme) sind als eine wichtige Vorbereitung des Wortbildungssystems deutscher Wissenschafts- und Fachsprache der Neuzeit einzuschätzen (N.R. Wolf 1981, 188 ff.).

Der Schritt zur Lehnwortbildung zeigte sich auch beim französischen Spracheinfluss: Während die vorwiegend mündlich übermittelten französischen Wörter im höfischen Mittelhochdt. insbesondere stilistische Funktion als Bildungs- und Statussymptome hatten und meist untergingen, setzte im Spätmittelalter die Weiterbildung, also die Produktivität des Lehngutes im Deutschen ein, vor allem Ableitungen von schon vorhandenen entlehnten Wörtern, während die Zahl der direkten Neuentlehnungen aus dem Französischen relativ gering blieb (N.R. Wolf 1981, 223).

Von den Missionaren der Karolingerzeit bis zu den dominikanischen und franziskanischen Sprachvermittlern des 13./14. Jh.s bestand der lateinische Lehneinfluss auf das Deutsche vorwiegend in allgemeinverständlichen, ins dt. Sprachsystem voll integrierten Lehnbildungen (z.B. *superfluitas* → ahd. *ubarfleozzida*, *sapientia* → mhd. *wîsheit*). Seit der Latein-Renaissance der humanistischen Gelehrten standen jedoch entlehnte lat. Lexeme und Wortbildungsmittel im Vordergrund, die ins dt. Sprachsystem so gut wie nicht integriert wurden und sich zu einer umfangreichen deutschen Sonderlexik mit soziolinguistischen Verständigungsproblemen entwickelt haben (s. 4.7DE). Andererseits gewann so die deutsche Sprache den Anschluss an die internationale Entwicklung der Wissenschaftssprache bereits in der Zeit, als deutsche Gelehrte noch vorwiegend lateinisch schrieben, aber in deutschlateinischer Mischsprache miteinander redeten (s. 4.7AM).

Auch in der lautlichen Integrationsweise entlehnter Elemente ging das Neuhochdt. neue Wege: Die vom germanischen Stammsilbenakzent abweichende Betonung von Lehnwörtern nach der Originalbetonung der Herkunftssprache wirkt zwar bereits seit mittelhochdt. Zeit; im Frühneuhochdt. nimmt sie jedoch weiter zu und wird auch auf ältere Entlehnungen übertragen, die nun nach erneutem lat./roman. Vorbild eine neue Betonung annehmen: ahd. *áltari*, mhd. *álter*, nhd. *Altár*; ahd. *kánali*, mhd. *kánel*, nhd. *Kanál* (Sonderegger 1979, 329 f.). Die neuhochdt. sprachpuristische Tendenz zur Nichtintegration von Lehnwörtern ins deutsche Graphem-, Phonem- und Flexionssystem, d.h. ihr ‚Fremdwörter-Status' (s. 4.7E, 5.5, 6.7), war also schon länger vorbereitet, wurde aber durch humanistische Gelehrsamkeit und barocke und spätere nationalistische ‚Sprachreinigung' zum strengen Prinzip gesteigert.

Literatur

BBRS (Steger 284 ff., Roelcke 798 ff., Krewitt 948 ff., Schmidt 993 ff., Reiffenstein 2191 ff.; 2205 ff., Besch 2252 ff.). – S. auch zu „Periodisierung" in 1.2!

Mittelhochdeutsch: A. Bach 1938/70 (Kap. II B2). BBRS (Abschn. X). Bergmann/Moulin/Ruge 2019. Besch/Wolf 2009, 169 ff. DPhA (Moser I, 748 ff.). Eggers 1963–77, Bd. 2. Ehrismann/Ramge 1976. Hennings 2020. Penzl 1989; 1991. Schmitt 1970 (Schieb 347 ff.). Seidel/Schophaus 1994. Weddige 1996/2015. Wegera u.a. 2011/2016. Wells

1985, 95 ff. N.R. Wolf 1981, 159 ff. Zeman 2010 – **Grammatik:** BBRS (Wegera 1304 ff., Simmler 1320 ff., Grosse 1332 ff., Wolf 1351 ff.). Th. Klein u.a. 2009; 2018. Mettke 1983. Paul u.a. 2007. – **Wortschatz:** Bachofer 1988. Bachofer/v.Hahn/Möhn 1984. BBRS (Grubmüller 1340 ff., Zutt 1358 ff.). Benecke/Müller/Zarncke 1864/1963. K. Gärtner u.a. 1992. B. Hennig 1993/2014. Koller u.a. 1990. Lexer 1872/1979. Maurer/Rupp 1974 (Freytag 1,165 ff., Wießner/Burger 1,187 ff.). Pretzel 1982. Socin 1903/1966.

Althochdeutsch: A. Bach 1938/70 (Kap. II AB). BBRS (Abschn. VIII). Bergmann/ Moulin/Ruge 2019. Bergmann u.a. 1987. Braune/Ebbinghaus 1994. DPhA (Moser I, 694 ff.). Eggers 1963/77, Bd. 1. Meineke/Schwerdt 2001. Penzl 1986. Sonderegger 1974/2003; 1979, 124 ff.; 1997. Wells 1985, 31 ff. N.R. Wolf 1981. – **Grammatik:** BBRS (Simmler 1155 ff., Sonderegger 1171 ff., Greule 1207 ff.). Braune/Heidermanns 2018. Schrodt 2004. – **Wortschatz:** BBRS (Splett 1196 ff., 1213 ff.). Bergmann 1991. Förstemann 1900/68. Graff 1834/1963. Karg-Gasterstädt u.a. 1952 ff. Lloyd u.a. 1988 ff. Maurer/Rupp 1974 (Weisweiler/Betz 1,55 ff., Betz 1,135 ff.). Schützeichel 2004; 2012. Seebold 2001; 2008. Splett 1993. Starck/Wells 1972–1990.

Mittelniederdeutsch: s. Lit. zu 4.4!

Altniederdeutsch/Altsächsisch: BBRS (Abschn. IX). Krogh 1996. LGL (Cordes 576 ff.). Rooth 1949. Schmitt 1970 (Krogmann 211 ff.). Stellmacher 2015. Wirrer 1998. – **Grammatik:** BBRS (Th. Klein 1248 ff., Tiefenbach 1252 ff., Rauch 1263 ff.). Cordes 1973. Gallée/Tiefenbach 1993. – **Wortschatz:** BBRS (Sanders 1257 ff., Meier/Möhn 1270 ff.). Holthausen 1967. Sehrt 1966. Tiefenbach 2010.

Niederländisch und Deutsch: BBRS (Reichmann 8 f., De Smet 3290 ff.). De Grauwe 1992. Goossens 1976. Krogh 1997. Leloux 1980. Lerchner 1992. Menke 1992. Mihm 2000a. Sonderegger 1993. Sonderegger/Stegemann 1993. Toorn u.a. 1997. Vekeman/ Ecke 1993. de Vooys 1970. v.d.Wal 2004. Westheide 1997. Willemyns 1995.

Germanisch: A. Bach 1938/70 (Kap. 13, 14). BBRS (Seebold 963 ff., Binnig 973 ff., Beck 979 ff.). Braune/Ebbinghaus 2004. DPhA (Moser 1,621 ff.). W. Fleischer/Hartung/ Schildt 1983, 537 ff. Hoops/Beck 1971–2008. Hutterer 1975/90. Kellermann 1966. J. Klein u.a. 2017 (Abschn. IX). Krüger 1979/83. Lehmann 1986. Lerchner 1965. LGL (Ris/Seebold 564 ff.). Maurer/Rupp 1974 (Stroh 1,35 ff., Weisweiler 1,55 ff.). Hugo Moser 1969, 76 ff. Schmitt 1970 (van Coetsem 1 ff.). E. Schwarz 1972. Schweikle 1986/2002, 26 ff., 85 ff. Sonderegger 1979, 57 ff. Speyer 2007. Streitberg 1974. N.R. Wolf 1981, 17 ff.

4. Deutsch in der frühbürgerlichen Zeit

4.0. Eine innovative Epoche

Die Übergangsepoche zwischen mittelalterlichem und neuzeitlichem Deutsch wird heute in der Sprachgeschichtsforschung mehr als eigenständige Epoche, nicht nur als bloße Vorbereitung des neuzeitlichen Deutsch gesehen. Sie ist durch beginnende regionale und überregionale Vereinheitlichung von Schreibsprachen und durch sprachsoziologische Expansion gekennzeichnet:

– Im 15. Jh. entwickeln bzw. konsolidieren sich mehrere großräumige Schreib- und Druck-Varietäten der deutschen Sprache (Schreiblandschaften): vor allem im östlichen Oberdeutschen, in den wettinischen Territorien, im Gebiet der Hansestädte (s. 4.4).
– Durch eine quantitative und qualitative Expansion des Schreibens und Lesens seit der Zeit um 1400 und die Einführung des Buchdrucks ab Mitte des 15. Jh.s werden der deutschen Sprache neue kulturell wichtige Kommunikationsbereiche – teilweise anstelle des Lateins – zugänglich: z. B. Verwaltungssprache, Fachsprache, politische Öffentlichkeitssprache (s. 4.2, 4.6–8).
– Ansätze zu vornationaler Gemeinsprachnorm (Variantenreduzierung) zeigen sich im ganzen deutschen Sprachgebiet, am wenigsten im Nordwesten, Westen und Südwesten, konzentrieren sich aber durch die Reformation und Luthers Sprachwirken im 16. Jh. zunehmend auf den mittleren Osten und den Nordosten (s. 4.4D–H, 4.9D–J).
– Im Zusammenhang mit diesen ersten Standardisierungstendenzen kommt es zur sprach(en)politischen Verdrängung bzw. Aussonderung unterlegener bzw. sprachkulturell weniger entwickelter Sprachen: Niederdeutsch, Friesisch, slawische Sprachen, Jiddisch (s. 4.9).

Für diese sehr vielschichtige, in letzter Zeit verstärkt erforschte Epoche wurde in der ersten Auflage der vorliegenden Sprachgeschichte die neue Bezeichnung „Deutsch in der frühbürgerlichen Zeit" vorgeschlagen, da weder die sprachgeschichtlich (mittlerweile etablierte) Bezeichnung *Frühneuhochdeutsch* noch die historischen Epochenbenennungen *Spätmittelalter* und *Frühe Neuzeit* den hier zu behandelnden Zeitraum (nach Überzeugung von Peter v. Polenz) entsprechend genau wiedergeben (s. auch Gardt 2011b, 1997 ff. zur ‚pragmatischen Wende' in der Sprachgeschichtsschreibung des Deutschen).

Mit dem sozialgeschichtlichen Stichwort *frühbürgerlich* sind nicht nur – wie in der damaligen DDR-Germanistik – die revolutionären Vorgänge des frühen 16. Jh.s gemeint, sondern auch die umfassendere sprach- und literatursoziologische Tatsache, dass in dieser Epoche deutschsprachiges Schreiben und Lesen vorwiegend von aufstrebenden, aber heterogenen städtischen Bevölkerungsschichten betrieben wurde, die mittels Schreib- und Druckkommunikation kulturelle, politische, wirtschaftliche und soziale ‚Modernisierungen' versuchten bzw. voranbrachten. Anfangsphase des frühbürgerlichen Deutsch ist die Schreib- und Lese-Expansion um 1400 (s. 4.2A–F), Endphase (Mitte 16. bis Anfang 17. Jh.) die Konsolidierung des absolutistischen Systems zwischen Augsburger Religionsfrieden und 30jährigem Krieg mit ihren sprach(en)politischen Folgen: Ausscheiden des Niederdeutschen aus der deutschen Sprachkulturentwicklung; Gewöhnung deutscher Oberschichten an das Französische als Prestigesprache (s. 4.9C, 5.3; vgl. die ausführliche Behandlung der Frühen Neuzeit als Epoche Achermann 2016).

Diese Epochenauffassung kommt zwar rein zeitlich dem traditionellen Begriff *Frühneuhochdeutsch* nahe, der meist von etwa 1350 bis etwa 1650 angesetzt wird, außersprachlich orientiert am Beginn der Sprachkulturblüte am Hof Kaiser Karls IV. in Prag und dem Ende des 30jährigen Krieges. Mit diesem Sprachstufenbegriff wird jedoch das *Mittelniederdeutsche* (13. bis 16. Jh., resthaft bis ins 17. Jh.) ausgeschlossen, das in der vorliegenden Betrachtung jedoch auch mitzudenken ist. Blütezeit und Niedergang des Mittelniederdt. gehören damit sprachgeschichtlich zum frühbürgerlichen Deutsch dazu, das nicht nur eine hochdeutsche Sprachkultur war (s. 4.4H, 4.9D–J).

Den von Wilhelm Scherer (1868/78) eingeführten Epochenbegriff „Frühneuhochdeutsch" versteht Johannes Erben (1969) nicht nur als ‚Übergangszeit', sondern als „eigene Periode" mit „Aufbau neuer und spezifischer Normensysteme", was er exemplifiziert mit einem Vergleich von Luthers Wortgebrauch im Bereich der Personenbezeichnungen für Alter, Geschlecht und Verwandtschaft mit dem mittelhochdt.: Als abgebaut erscheinen dabei die feudal-standesgebundenen Bezeichnungen bzw. Bedeutungen (z.B. bei *Herr, Frau, Jungherr/Jüngling/Junker, Jungfrau*) zugunsten allgemeingesellschaftlicher, auch mit verstärkter Differenzierung durch Wortbildung. Die im Deutsch der frühen Neuzeit sehr einflussreiche Luthersprache habe nur zum Teil an die ältere Literatursprache angeknüpft, sehr viel stärker an geistliche Traditionen und die Sprache des Rechts und der Verwaltung, auch an umgangssprachliche Schichten. Gerade in diesem Sinne soll hier *frühbürgerlich* verstanden werden. – Zum sozialhistorischen Begriff „frühbürgerlich" s. Haverkamp 1975.

Der (ursprünglich aus arbeitsökonomischen Gründen gewagte) traditionswidrige Beginn einer „Deutschen Sprachgeschichte" erst im Spätmittelalter könnte jetzt auch mit einer neuen, radikaleren Sicht des sprachhistorischen Verhältnisses zwischen Hochdeutsch, Niederdeutsch und Niederländisch gerechtfertigt werden, die aus einer politisch-ideologischen, nämlich postnationalistischen Motivation zu verstehen ist: Gegen die traditionell-germanistische und deutschnationalistische Vereinnahmung des Niederländischen in einen sprachhistorischen Zusammenhang ‚Deutsch' (mit Höhepunkt im Zweiten Weltkrieg, s. 6.4.1K, 6.4.2J) formuliert L. De Grauwe den Unterschied zwischen einer „kontinental-südgermanischen" Vorgeschichte bis zum Spätmittelalter und der eigentlich „deutschen" Sprachgeschichte: „Im Grunde genommen gibt es vor der Neuzeit keine – im modernen Sinne – deutsche Sprachgeschichte, ebenso wenig wie eine niederländische: es gibt allenfalls eine kontinentalsüdgermanische, die sich freilich ausdifferenzieren ließe in eine solche „auf dem Boden des heutigen Deutschland, Österreich und der Schweiz" bzw. „auf dem der heutigen Niederlande und Nordbelgiens (Flanderns)" [...] Was ist folglich deutsche Sprachgeschichte? Es dürfte deutlich geworden sein, daß erst mit der Etablierung der Hochsprache ihre eigentliche Geschichte anfängt [...]; alles Davorliegende, Vorgeschichtliche also bleibt i.c. stecken im KSGen [Kontinentalsüdgermanischen] Diasystem von Schreibsprachen, das die ineinanderfließenden Teilkomplexe des Mnl., Mnd. und Mhd. umfaßte" (De Grauwe 1993, 542; s. auch De Grauwe 1992). Vgl. 3B1, 3D3. – Zur Periodisierung s. Hartweg 1989!

Als Konsequenz aus der heute stärker soziopragmatischen Orientierung von Sprachgeschichtsschreibung (s. 1.2) werden in dieser „Deutschen Sprachgeschichte" die sprachgeschichtlichen Epochen nach Kriterien der sozialökonomischen und medien- und kommunikationsgeschichtlichen Entwicklung gegliedert und entsprechend benannt. Jeder ‚Epoche' (Kap. 4, 5, 6) werden Überblickskapitel über die politischen und sozialökonomischen Voraussetzungen sowie zur Mediengeschichte, Bildungsgeschichte und Textsortenentwicklung vorangestellt. Diese zeitliche Gliederung ist mit sehr breiten Überschneidungs- und Übergangsphasen zu verstehen, die der ‚Ungleichzeitigkeit des Gleichzeitigen' in der Gesellschaftsentwicklung entsprechen.

Diese in der vorliegenden Sprachgeschichte angesetzte Neujustierung des sprachhistorischen Denkens, die Gliederung der dreibändigen Ausgabe sowie die vorgeschlagene Periodisierungsbezeichnung sind in der germanistischen Sprachgeschichtsschreibung nach Erscheinen der ersten Auflage stark rezipiert und weiterreflektiert worden. So hält A. Gardt im Hinblick auf die vorliegende Sprachgeschichte fest: „Den Kapitelüberschriften sind Unterpunkte zugeordnet, die erkennen lassen, dass die systembezogenen Angaben in einen Rahmen von im weitesten Sinne kulturgeschichtlichen Ausführungen gestellt sind, eben weil *Staat, Wirtschaft, Gesellschaft* usw. die Orte sind, wo die Sprache, deren Geschichte beschrieben werden soll, begegnet. [...] Erwähnenswert ist auch die Periodisierungskategorie „Deutsch in der frühbürgerlichen Zeit", an die sich im zweiten Band der Sprachgeschichte „Deutsch in der Zeit des Absolutismus und der bildungsbürgerlichen Sprachkultivierung" anschließt, im dritten schließlich „Deutsch in der Zeit des Nationalismus und der Industriegesellschaft". Das ist kulturgeschichtlich (und damit auch sprachgeschichtlich) sprechender als die traditionelle Einteilung in Alt-, Mittel-, Frühneuhochdeutsch und Neuhochdeutsch, wie sie häufig in stärker systembezogenen Darstellungen begegnet. Mit den von v.Polenz gewählten Periodisierungskategorien aber wird auch sehr deutlich, dass der sprachhistorische Zugriff alles andere als wertfrei ist: Die Begriffe *bildungsbürgerliche Sprachkultivierung, Zeit des Nationalismus* usw. setzen deutliche Akzente; wer sie wählt, gibt nicht nur eine methodisch-historiographische Überzeugung des Sprachwissenschaftlers zu erkennen (der eben nicht die Kategorie *Althochdeutsch* usw. wählt), sondern auch seine Auffassung davon, was in der deutschen Geschichte zu einer bestimmten Zeit im Hinblick auf die sprachliche Entwicklung prägend war" (Gardt, in: Bär u.a. 2019, 149f.).

Literatur

Frühneuhochdeutsch: BBRS (Abschn. XII, Besch 2252 ff.). Bentzinger 1986. Bentzinger/Kettmann 1988. DPhA (Schirokauer 855 ff.). W. Fleischer 1995. Hartweg/Wegera 1989/2005. Heinzle 1988 ff., Bd. 3. Henzen 1954. Kluge 1918. LGL (Besch 588 ff.). Lobenstein-Reichmann/Reichmann 2011. V. Moser 1909/71; 1982. Penzl 1984. Philipp 1980. v.Polenz 1983. Reichmann 1978a. L.E. Schmitt 1970 (Erben 386 ff.). Wegstein 1983. – **Periodisierung:** BBRS (Roelcke 798 ff.). Bentzinger 1993. De Grauwe 1992. Hartweg 1989. Heinzle 1983. Janota 1983. Kriegesmann 1990. R. Müller 1991. Penzl 1984b; 1988. v.Polenz 1989c. Roelcke 1995a. Rössler 2008. Schildt 1980b; 1982. H. Wolf 1971. N.R. Wolf 1983; 1989; 1997.– **Textauswahlen:** Erben 1961. Götze/Volz 1976. Hoffmann/Wetter 1985/87. Kettmann 1971. Reichmann/Wegera 1988. Tschirch 1955/69. Volz 1963. Bonner Frühneuhochdeutschkorpus: https://korpora.zim.uni-duisburg-essen.de/FnhdC/; Referenzkorpus Frühneuhochdeutsch: https://www.linguistics.ruhr-uni-bochum.de/ref/.

Frnhd. Grammatik: Admoni 1980. BBRS (N.R. Wolf 1527ff., Wegera/Solms 1542ff., Erben 1584ff.). Ebert u.a. 1993. W. Fleischer 1966. Guchman/Semenjuk 1981. Kettmann/Schildt 1976/81. V. Moser 1909/71; 1929–1951. Hugo Moser u.a. 1970ff. Ch. Roth 2007. Wegera 1987. Vgl. auch zu 4.3, 4.5! – **Frnhd. Lexik:** Anderson u.a. 1986ff. v.Bahder 1925. Bär u.a. 1999. Baufeld 1996. BBRS (D. Wolf 1554ff., Wegera/Prell 1594ff.). Bremer 1984. Dietz 1870/72. Dückert 1981. Eickmans 1986. Götze 1967. Grubmüller 1967. Haß 1986. Ising 1968. Maurer/Rupp 1974 (Kunisch 1,255ff., Rosenfeld 1,399ff.). Kl. Müller u.a. 1976. Reichmann 2018b. Spillmann 1971. Tauber 1983. Wetekamp 1980. Winkler 1975. Vgl. auch 4.6Lit, 4.7Lit!

Mittelniederdeutsch: s. 4.4Lit, 4.9Lit!

4.1. Staat, Wirtschaft und Gesellschaft

A. Der traditionelle Epocheneinschnitt, den man als Beginn der ‚Neuzeit' um 1500 oder bei Luthers Thesenverbreitung (1517) ansetzte, ist in der Geschichtswissenschaft fragwürdig geworden. Die Vorstellung eines schlagartigen, ‚revolutionären' Übergangs vom Mittelalter zur Neuzeit durch die Reformation Luthers entsprach einem Wunschdenken der protestantisch-preußischen Geschichtsideologie seit Hegel, besonders in der Bismarckzeit (Skalweit 1982, 98 f.). Es ist vielmehr mit einem sehr fließenden Übergang vom Spätmittelalter zur Frühen Neuzeit zu rechnen. Die Reformation war weniger ein Beginn als vielmehr der Kulminationspunkt einer langen Übergangsepoche, die vom späten 14. bis zur Mitte des 16. Jh.s reichte. Einerseits verfielen alte Strukturen des Mittelalters, wurden aber teilweise konserviert, restauriert oder der ‚Modernisierung' nur angepasst: Reichsverfassung, universale katholische Kirche mit weltlichen Herrschaftsansprüchen, spätfeudaler Ständestaat, territoriale Souveränität der Fürsten. Andererseits wurde in immer neuen Versuchen die Befreiung aus mittelalterlichen Verhältnissen eingeleitet, durch Entwicklung modernisierender Strukturen in Staat und Kirche, Wirtschaft und Gesellschaft, z. T. durch Rezeption antiken Gedankengutes (Römisches Recht, Renaissance, Humanismus), durch frühe Wissenschaften, Erfindungen und Entdeckungen, vor allem langfristig (seit dem 13. Jh.) durch Frömmigkeits- und Reformbewegungen von Bettelorden und Mystik bis hin zu Luthers Kirchenspaltung. Es war die Zeit des werdenden Verwaltungsstaats, des städtebürgerlichen Frühkapitalismus und Frühkolonialismus, aber auch gescheiterter Aufstände von Unterschichten.

B. In der Reichsverfassung traten im 14. und 15. Jh. schrittweise Veränderungen ein, mit denen die universale (übernationale) und auf Rom bezogene Orientierung und die zentrale Gewalt des Königs und Kaisers geschwächt wurde. Die Formel *keiser und reich* wurde zunehmend als Gegensatz, nicht mehr als Einheit aufgefasst, da die *Reichsstände* (Kurfürsten, Fürsten, Reichsgrafen, Reichsstädte) immer mehr eigene Befugnisse erhielten, seit 1487 auch auf regelmäßigen *Reichstagen*. Mit Hilfe der sieben Kurfürsten (Mainz, Trier, Köln, Böhmen, Pfalz, Sachsen, Brandenburg) konnten sich die von ihnen gewählten deutschen Könige auch als *Römische Kaiser* allmählich dem päpstlichen Anspruch auf Krönung und Einfluss entziehen. Dementsprechend wuchsen, besonders seit dem Reichsgrundgesetz *Goldene Bulle* (1356), Einfluss und Eigenmächtigkeit der Kurfürsten und anderen Reichsstände bis zu fast anarchischen Verhältnissen. Vom Ende des 14. Jh.s an bestand die innere Reichspolitik des Kaisers vorwiegend im unsicheren Lavieren zwischen verfeindeten Fürsten-, Adels- und Städtebünden, von deren Geldern er nun wegen der Söldnerheere (statt feudaler Ritteraufgebote) abhängig war. Während in Frankreich, England, Ungarn, Böhmen, Polen und in den skandinavischen Ländern Nationalbewusstsein und nationale Königtümer erstarkten, zerfiel das *Heilige Römische Reich deutscher Nation* immer mehr in Territorialfürstentümer. Viele von ihnen entstanden ohne eine traditionelle Basis (nach Stammeszugehörigkeit oder geographischer Einheit), da sie aufgrund von Heiraten, Erbschaften, Verträgen oder Käufen der Fürsten zustande kamen, sich entwickelten oder verschwanden. Der Kaiser war bald nicht viel mehr als ein Territorialfürst mit gewissen Sonderrechten und Hausmacht-Territorien. Es fehlte ein bleibendes örtliches Zentrum für die Entstehung eines deutschen Nationalstaates. Die Entwicklung eines frühen *deutschen* Nationalbewusstseins blieb auf wenige humanistisch Gebildete beschränkt. Dies hat die Entwicklung einer deutschen ‚Nationalsprache' auch weiterhin verhindert und zu einem bildungsbürgerlichen Kulturpatriotismus (s. 5.5) und schließlich Sprachnationalismus (s. 6.4.0) geführt.

In Frankfurt wurde der König gewählt, in Aachen gekrönt, in Regensburg tagte der Reichstag. Unter den Kaisern aus dem Hause Luxemburg (Karl IV., Wenzel) war Prag von 1346 bis 1400 als kulturell einflussreiche Hofhaltung bedeutend, mit deutscher Oberschicht-Minderheit in tschechischer Umgebung. Infolge der antideutschen Hussitenaufstände (ab 1419) und des Übergangs der Kaiserkrone an die Habsburger (ab Albrecht II., 1438) etablierte sich die kaiserliche Hofhaltung dann für Jahrhunderte in Wien, das sich jedoch zum Mittelpunkt eines Nationalstaates wegen seiner extremen Randlage und der übernationalen habsburgischen Hausmachtpolitik nicht eignete. Durch den Erwerb von Krain (1335), Triest (1382), Burgund, Neapel, Sizilien und Spanien mit Überseekolonien (ab 1493), Böhmen und Ungarn (1526) wurde der Weg zur habsburgischen Vielvölkermonarchie so zielstrebig beschritten, dass schon Karl V. (1519–1556), der kein Deutsch konnte, sich meist in Spanien aufhielt und sich um die deutschsprachigen Territorien kaum kümmerte. Die österreichische Linie der Habsburger wurde von Reichsangelegenheiten dauerhaft abgehalten durch die Angriffe und Eroberungen der Türken (*Osmanisches Reich*) im Donauraum (1521–1697).

Für die Entwicklung der deutschen Schriftsprache wurde es einflussreich, dass im traditionsärmeren mittel- und norddeutschen Osten, als künftiges Gegengewicht gegen Kaiser und Reich, mächtige, politisch modernisierende Territorialfürstentümer entstanden: unter den Wettinern (seit 1423 Kurfürsten von Sachsen) und Hohenzollern (seit 1415 Kurfürsten von Brandenburg) und unter den Hochmeistern des *Deutschen Ordens* in Ost-/Westpreußen und im Baltikum. Das Deutschordensland geriet nach dem polnischen Sieg bei Tannenberg (1410) in die Lehnsuntertänigkeit des Königs von Polen und erhielt dadurch gegenüber dem Reich eine für das spätere preußische Königtum wichtige Sonderstellung.

Die schweizerischen *Eidgenossen* erkämpften in mehreren Kriegen (zwischen 1315 und 1499) ihre Unabhängigkeit von habsburgischer Landesherrschaft und von der Oberhoheit des Reiches. Im Westen wurde 1477 durch Kaiser Maximilians I. Heirats-Erbschaft (Herzogtum Burgund, von Savoyen über Lothringen und Luxemburg bis in die Niederlande) der für Jahrhunderte die europäische Politik bestimmende deutsch-französische Antagonismus eingeleitet, der auch das Verhältnis zwischen Staatsgrenzen und Nationalsprachgrenzen später schwierig machte (Elsass, Lothringen, Luxemburg). Für die eigene Nationsbildung in den späteren *Niederlanden* wurde die Errichtung des *Burgundischen Kreises* (1512, 1548) wichtig, dann dessen Zuordnung zu Spanien (1555) und die Loslösung des vorwiegend calvinistischen nördlichen Teils durch einen langwierigen kriegerischen Befreiungsprozess (1579–1648).

C. Das moralische Prestige der Römischen Kirche erlitt im 15. Jh. Einbußen durch den Fiskalismus der ‚Renaissancepäpste', die die aus allen Ländern des Abendlandes nach Rom strömenden Abgaben (für Ämterbesetzungen und kirchliche Dienste) vorwiegend für ihren eigenen fürstlichen Luxus und zum Ausbau der Territorialherrschaft des Kirchenstaates verwendeten und wichtige Ämter, einschließlich des Heiligen Stuhls, mit Verwandten und Freunden besetzten (Nepotismus). Die Römische Kurie wurde in Verbindung mit den oberitalienischen Bankiers zur führenden Finanzmacht in Europa, die wiederum mit Geldern in die politischen Spannungen zwischen den mächtigen Territorialstaaten eingriff.

Einen entscheidenden Autoritätsverlust des Papsttums bedeutete seine von 1309 bis 1377 dauernde Abhängigkeit vom französischen König und die Verlegung der Papstresidenz von Rom nach Avignon, dann vor allem das Papst-Schisma (1378–1449), in dem zwei bis drei Päpste gegeneinander gewählt waren. Entschieden antipäpstlich war die Reichspolitik bereits unter König Ludwig d.Bayern (1314–1347), mit dem Ergebnis, dass die Kurfürsten im *Kurverein von Rhens* (1338) den Päpsten jedes Recht bei der Königswahl bestritten. Maximilian I. nahm 1493 als erster den Kaisertitel ohne päpstliche Krönung an.

D. Das 15. Jh. war im kirchlichen wie im weltlichen Bereich von Reformversuchen gekennzeichnet. Der Begriff *reformatio* bedeutete (ähnlich wie *Renaissance* ‚Wiedergeburt') so etwas wie ‚Wiederherstellung' eines alten, richtigen Zustandes, der durch Fehlentwicklung und Sittenverfall in Kirche und Staat verloren schien. Die Monopolisierung der Epochenbezeichnung *Reformation* für Luthers Kirchenspaltung geschah erst im Rahmen einer aufklärerischen Geschichtsdeutung des 18. Jh.s (Skalweit 1982, 80). Im kirchlichen Bereich muss vielmehr mit einer langfristigen Reform-Tendenz von Nikolaus v.Kues (*De concordantia catholica*, 1433) bis zu Luthers großen Reformationsschriften von 1520 gerechnet werden. Luther selbst verstand sein Werk als Vollendung der *reformatio*-Bewegung des 15. Jh.s. Die Reformversuche, bei denen Kirchen- und Reichsreform bis 1460 noch zusammengehörten, wurden von den Kaisern Sigismund (1410–1437) und Maximilian I. (1493–1519) eingeleitet und vorangetrieben, von den Päpsten jedoch zunehmend behindert. Die Ergebnisse kamen am wenigsten der Kirche, in mancher Hinsicht der Verfassung des Reiches, am stärksten jedoch den Territorialfürsten zugute.

Der seit Beginn des Schismas lebendige Gedanke eines Generalkonzils des Abendlandes wurde auf Betreiben Sigismunds mit dem Konstanzer Konzil (1414–1418) verwirklicht. Außer der Absetzung von Päpsten und der Beendigung des Schismas kam für die Kirchenreform nichts weiter zustande als einige Konkordate der Römischen Kurie mit einzelnen Ländern (*nationes*) sowie die Ketzer-Verbrennung des Prager Magisters Jan Hus. Dieser hatte aufgrund der Lehren des Oxforder Theologen John Wyclif (um 1330–1384) in Böhmen eine radikale Kirchenreformbewegung begründet. Mit Unterstützung des tschechischen Adels entwickelte sich der zugleich sozialrevolutionäre, prophetische und nationalistische Hussitenaufstand zu den *Hussitenkriegen* (1419–1436), die auch auf Österreich, Bayern, Franken, Meißen und Schlesien übergriffen. Nachdem auch das Baseler Konzil (1431–49) so gut wie erfolglos verlaufen war, erklärte Papst Pius 1460 die Konzilstheologie für *ketzerisch*. Alle sonstigen Bestrebungen für religiöse Erneuerung seit dem 12./13. Jh. (Joachim de Fiore, Armutsbewegung, Bettelorden, Predigerorden, Laienorden, Waldenser, Katharer, Mystik usw.) blieben bis zu Luthers und Zwinglis Reformation offiziell erfolglos oder auf den sozialen Untergrund beschränkt.

Erfolgreicher war die weltliche Reichsreform unter Maximilian I., der 1495 auf dem Reichstag zu Worms mit dem Fehdeverbot (*Ewiger Landfrieden*) die Selbsthilfe-Anarchie lokaler und regionaler Gewalten beendete und mit der Einteilung des Reiches in 10 Kreise, der Reichssteuer (*Gemeiner Pfennig*) und der Einrichtung des vom Kaiserhof unabhängigen *Reichskammergerichts* verwaltungsstaatliche Prinzipien einführte, die jedoch – im Unterschied zu anderen europäischen Ländern – nicht dem Nationalstaatsgedanken, sondern mit Sonderrechten für die Fürsten der Souveränität der Territorien (*Landesherrschaften*) zugutekamen. Die mittelalterliche feudale Beziehung zwischen Herrscher und ‚Volk' wurde dadurch folgenreich zerstört, ebenso wie durch die offizielle Einführung des *römischen Rechts* (1495): Rechtsprechung und Rechtspflege gerieten im 15. Jh. immer mehr in die Hände studierter Juristen städtischer Herkunft und der Universitätsjuristen, die ein autonomes akademisches Recht aus der römischen Kaiserzeit (Justinian), in Buchform systematisch fixiert, an die Stelle des hauptsächlich mündlich tradierten, der Bevölkerung geläufigen *Landrechts* setzten (s. 4.6E). Dadurch wurden die zu Reformation und ‚Bauernkrieg' hinführenden sozialen Spannungen gefördert.

E. In der Sozial- und Wirtschaftsgeschichte bedeutete das 15. und 16. Jh. den allmählichen Übergang von der agrarischen Feudalgesellschaft des Mittelalters zur frühkapitalistisch-agrarischen Ständegesellschaft der frühen Neuzeit. Die Bevölkerungszahl Deutschlands war durch Missernten,

Unruhen, Kriege, Seuchen und starken Preisverfall für landwirtschaftliche Produkte seit der Mitte des 14. Jh.s stark zurückgegangen; sie stieg aber im Laufe des 15. Jh.s im Zusammenhang mit der Städteentwicklung von ca. 10 auf ca. 15 Millionen wieder stark an. Inzwischen waren neben den alten Ständen (Adel, Geistliche, Bauern) in den Städten neuartige Bevölkerungsschichten entstanden, die sich schwer und nur teilweise in die traditionelle Ständeordnung einfügten. Wenn dabei von frühbürgerlichen Schichten die Rede ist, so darf darunter keineswegs schon eine homogene ‚Klasse' mit gleichen Voraussetzungen und Zielen verstanden werden. Die mittelalterlichen Städte waren sehr verschiedenen Ursprungs: Alte Bischofsstädte (z.B. Köln, Trier, Mainz), landesfürstlich privilegierte Gründungsstädte seit Ende des 12. Jh.s (z.B. Lübeck, Freiburg i.Br.), Residenzstädte seit dem 15. Jh. (z.B. München, Wien, Dresden) und die große Masse der als Gesinde- und Kaufmannssiedlungen bei Herrensitzen und Klöstern entstandenen Kleinstädte. So setzte sich auch die städtische Bevölkerung aus sehr verschiedenen, z.T. einander feindlichen Gruppen zusammen, die jedoch alle – nach dem Sprichwort *Stadtluft macht frei* – mehr oder weniger dazu tendierten, neue sozialökonomische Strukturen zu entwickeln und die landesfürstliche Stadtherrschaft abzuschütteln oder zu unterlaufen. Die Kultur des frühen Städtebürgertums vom 14. bis 16. Jh. ist durch ihre Werke der Architektur und bildenden Kunst z.T. noch heute eindrucksvoll bezeugt.

Die traditionelle Oberschicht in der Stadt bildete das *Patriziat*, das aus Adligen, Juristen, Dom- und Stiftsherren bestand, die Landbesitz innerhalb und außerhalb der Stadt hatten. Nur die Patrizier hatten *herrschaftliche* Rechte (Gerichtshoheit, Ratsfähigkeit, militärisches Gefolge, ritterliche Lebensweise); sie distanzierten sich exklusiv gegenüber den Mittelschichten, besonders im Süden und Westen, wo sich im 14. Jh. heftige Bürgerkämpfe um das Mitspracherecht im Stadtrat abspielten.

Zu den besonders im 15. Jh. aufsteigenden Mittelschichten gehörten durch Fernhandel und Geldwirtschaft reich gewordene Kaufleute (in *Gilden* organisiert) und die Handwerksmeister (in *Zünften* organisiert). Neuartig war im 15. Jh. auch die kleine Gruppe der weltlichen Intellektuellen (Notare, Stadtschreiber, Lehrer), die kaum ratsfähig, aber kulturell einflussreich und sprachgeschichtlich bedeutsam wurden (s. 4.2E). Ihnen am nächsten standen der niedere Klerus, Predigerorden (Dominikaner), Bettelorden (Franziskaner) und Laienorden der Armuts- und Frömmigkeitsbewegung. Sie alle erhielten allmählich auch das Bürgerrecht.

Zu den Unterschichten (ohne Bürgerrecht), in Stadt und Land, zählten kleine Händler, Fuhrleute, Handwerksgesellen, Bauern, Tagelöhner, Gesinde, Bettler, Landstreicher, Sinti und Roma. Zu diesen Nichtprivilegierten gehörten

4.1. Staat, Wirtschaft und Gesellschaft

auch die Juden, obwohl viele von ihnen reich und dadurch den Herrschenden unentbehrlich geworden waren. Nach dem Verfall des kaiserlichen Judenschutzes und infolge der christlichen Kreuzzugsideologie wurden sie im Spätmittelalter immer stärker religiös und sozial diskriminiert, teilweise vertrieben. Sie waren unter einer strengen Kleiderordnung, durch den Zwang, in Gettos zu leben (in größeren Städten) und durch Berufsverbote sozialökonomisch eingeschränkt und ausgegrenzt: Kein Grundbesitz, keine Ämter, kein Handwerk waren ihnen erlaubt. So spezialisierten sie sich auf den Geldhandel und das (Christen nicht gestattete) Zinsnehmen. Der religiöse Antijudaismus wurde so durch einen ökonomischen verstärkt. Bedrückungen und Pogrome hatten eine starke jüdische Auswanderung nach Osteuropa zur Folge, was später die Entstehung des Jiddischen förderte (s. 4.9L, 6.4.1Z; zur sprachlichen Ausgrenzung dieser unterschichtlichen Gruppen s. Lobenstein-Reichmann 2013).

F. Seit der Zeit um 1400 gab es zusammenfassend für Mittel- und Unterschichten in Stadt und Land die Bezeichnung *der gemein man* (*man* = ‚Mensch, Leute'), weniger in offiziellen Rechtstexten, mehr in Chroniken, Beschwerdeschriften usw., in lateinischen Texten mit *plebs* übersetzt. Seit dem 16. Jh. wurde diese Bezeichnung immer mehr auf Unterschichten eingeschränkt und zum Teil abschätzig verwendet (vgl. Besch 2000; zum Bedeutungswandel ‚allgemein' → ‚niedrig' s. 2.3J). Die Wachstums- und Blütezeit der spätmittelalterlichen Städte begann im 13. Jh. in Norditalien und Flandern, in Deutschland im Wesentlichen im 14. oder 15. Jh., am frühesten und stärksten im Westen und Südwesten.

Um 1500 lebte ungefähr ein Zehntel der Bevölkerung Deutschlands in ca. 3.000–4.000 Städten (meist Kleinstädten); davon hatten nur wenige zwischen 20.000 und 30.000 Einwohner (Lübeck, Danzig, Köln, Magdeburg, Nürnberg, Prag, Straßburg, Ulm, Wien) oder zwischen 10.000 und 20.000 (Rostock, Braunschweig, Frankfurt, Mainz, Augsburg). Solche größeren Städte waren vor allem durch den Fernhandel groß und mächtig geworden, viele von ihnen hatten sich aus der landesfürstlichen Oberhoheit befreit (*Reichsstädte*). Der Gegensatz zwischen Stadt und Land war jedoch noch nicht so scharf wie seit dem 19. Jh.: Viele Stadtbewohner waren *Ackerbürger*; der Landadel hatte feste Sitze und großen Einfluss auch in den Städten; auf dem Lande gab es, besonders im Süden und Westen, neben bäuerlicher Bevölkerung auch Gewerbetreibende, Händler und Fuhrleute mit z.T. überregionaler Mobilität (Knoop 1987; 2000) sowie eine geschäftsfähige bäuerliche Oberschicht mit ländlicher Schriftlichkeit (s. 5.8R–T).

Für die überregionalen sprachlichen Ausgleichstendenzen dieser Epoche waren die frühkapitalistischen Fernhandelsbeziehungen wichtig. Mit der aus Italien und Flandern kommenden Geldwirtschaft, mit den aus Italien eingeführten öffentlichen Uhren und mit der Expansion von Schreib- und Verwaltungstätigkeit im täglichen Leben (s. 4.2E) entwickelte sich in den spätmittelalterlichen Städten ein neuer Arbeits- und Lebensstil, der den

Gegensatz zwischen Stadt und Land langfristig vorbereitet hat: Kommerzielle Vorrats- und Geldwirtschaft, mit Unternehmer-Risiko statt agrarischer Tauschwirtschaft für Eigenbedürfnisse, überregionale, z.T. schon internationale Marktbeziehungen, Monopole von Handelshäusern für bestimmte Rohstoffe, Fertigprodukte und Luxusgüter, Handelszentralisierung auf großen Messen (Frankfurt, Leipzig). Seit den überseeischen Entdeckungen (1492 gelangte Columbus nach Amerika), an denen die deutschen Kaufleute nicht beteiligt waren, wurden auch marktbeherrschende Edelmetalle und Kolonialwaren von weither über Spanien, Norditalien und die Niederlande importiert. Durch diese Verlagerung der wirtschaftlichen Zentren nach West- und Südeuropa verloren im 16. Jh. die deutschen Städtebünde und Handelshäuser viel von ihrem Einfluss, sodass für Jahrhunderte westeuropäische Nationalstaaten in der sozialökonomischen Entwicklung führend wurden.

Zu dem sich seit Mitte des 13. Jh.s entwickelnden norddeutschen Städtebund der Hanse gehörten etwa 200 Städte, südwärts bis Köln, Göttingen, Halberstadt, Breslau, dazu auswärtige Kontore in London, Brügge, Bergen, Nowgorod. Führendes Zentrum war Lübeck, wo meist die regelmäßigen Hansetage stattfanden und von wo auch mittelniederdt. Rechtstexte (wie auch aus Magdeburg) bis weit nach Osten als Vorbild übernommen wurden. Die Hanse vertrat auch die Reichsgewalt im Nord- und Ostseeraum in selbständigen diplomatischen Verhandlungen und militärischen Aktionen, wurde aber von Kaiser und Reich niemals unterstützt. So geriet der Bund bereits im 15. Jh. in Bedrängnis durch nationalwirtschaftliche Bestrebungen Dänemarks. Infolge der lebhaften Handelsbeziehungen mit Süddeutschland und Italien wirkten sich die überseeischen Entdeckungen bis in die 1. Hälfte des 16. Jh.s noch kaum nachteilig auf die Hanse aus. Danach verfiel sie aber rasch durch die erfolgreiche Konkurrenz der Niederländer. Die Ostsee wurde zum Randmeer, und viele Mitgliedsstädte mussten durch landesherrschaftlichen Druck ihr national ungeschütztes Genossenschaftsprinzip aufgeben. Dies war einer der Gründe für den Untergang der niederdeutschen Schreibsprachkultur in der 2. Hälfte des 16. Jh.s (s. 4.9C–J).

Auch in Süddeutschland konnten die Ansätze frühkapitalistischen Unternehmertums nicht zu einer nationalen Wirtschaftspolitik führen. Das bedeutende Handelshaus der Fugger (Augsburg) wurde zwar durch Rohstoff- und Warenmonopole und Geldleihgeschäfte größten Ausmaßes mit Kaiser und Papst zur politisch einflussreichsten Finanzmacht in Europa. Dies förderte jedoch eher die kaiserliche Hausmacht- und fürstliche Territorialpolitik und den kirchlichen Fiskalismus (*Ablass*-Handel). Im deutschen Binnenhandel wurde das süd- und ostmitteldeutsche Übergewicht beherrschend, besonders nach dem Verfall der Hanse. Dies hat die sprachpolitische Wirkung der Reformation in Norddeutschland verstärkt (s. 4.9D).

G. Die Ereignisse zwischen 1517 und 1555, die später die Reformation genannt wurden, entwickelten sich ungeplant aus Luthers persönlicher Erneuerung der Frömmigkeit des Individuums: allein aus dem Glauben, nicht aus den Werken (d.h. nicht aus materiellen Leistungen), allein aus der Bibel, nicht nach kirchlichen Dogmen und priesterlicher Bevormundung („sola fide", „sola scriptura", „sola gratia", „solus christus"; vgl. Reinitzer 2014). Die neue Glaubenslehre traf unversehens auf breite Bereitschaft und Erwartungen für eine gründliche Erneuerung in Kirche, Gesellschaft und Staat. Äußerer Anlass für Luthers ‚Anzettelung' einer zunächst akademisch-öffentlichen Diskussion (Thesenverbreitung Wittenberg 1517) war der allgemeine Missbrauch der *Ablass*-Gelder: Mit hohen Geldsummen konnte man sich von begangenen oder künftigen Sünden ‚freikaufen'; die Gelder wurden für weltliche Zwecke von Kirche und Kirchenfürsten verwendet. Erst allmählich und schrittweise entwickelte sich aus Luthers *Ablass*-Protest eine Kirchenspaltung und damit eine politische Spaltung des Reiches.

Die in wenigen Wochen nach dem 31. Oktober 1517 mit gedruckten Flugblättern in ganz Deutschland verbreiteten (ins Dt. übersetzten) *Thesen* lösten zu Luthers Entsetzen allgemeine Unruhe aus. Erst 1520 ging Luther mit den großen Reformationsschriften (s. 4.2L) und der öffentlichen Verbrennung der päpstlichen *Bann-Bulle* konsequent zum publizistischen Handeln in deutscher Sprache über. Auf dem Wormser Reichstag (1521) weigerte er sich vor Kaiser, Reichsständen und päpstlichem Abgesandten, seine Schriften zu widerrufen. Das Schicksal der Verbrennung als *Ketzer* blieb ihm erspart, weil sein Landesherr, Kurfürst Friedrich der Weise von Sachsen, ihn vor der *Reichsacht* durch eine heimliche Entführung auf die Wartburg schützte.

Die landesfürstliche Rettung der Reformation wurde dadurch ermöglicht, dass der Kaiser, Karl V., für fast 10 Jahre durch Kriege, Aufstände und andere Probleme in Spanien, Frankreich, Italien, Ungarn von der Verfolgung der lutherischen *Ketzer* abgehalten war und die Fürsten die religiöse Unbotmäßigkeit für ihre territorialherrschaftlichen Zwecke gegen Kaiser und Reich ausnutzten. Der Erfolg von Luthers Reformation beruhte auch darauf, dass weitere Gruppen und Institutionen seine neue Lehre zur Rechtfertigung eigener politischer Ziele ausnutzten. Die Stadträte rechtfertigten mit ihr die Expansion ihrer Souveränität als autonome *Obrigkeit* und setzten eigene Priester ein (Ratsreformation). Der niedere Adel, der reichsunmittelbare ebenso wie der *landsässige*, versuchte sich regional zwischen 1515 und 1523 unter Franz v. Sickingen mit teils raubritterlichen, teils machiavellistischen Gesinnungen und Methoden zu befreien von den Einschränkungen seiner mittelalterlich-feudalen Rechte durch städtische Wirtschaftsexpansion, römisches Recht und landesfürstliche Reglementierung. Ulrich v. Hutten (1488–1523) brachte mit seiner nationalhumanistischen Publizistik (s. 4.2L) die Sickingenschen Ritterbund-Fehden mit Luthers Reformation in direkte Beziehung, sodass der Eindruck entstand, der niedere Adel sei Vorkämpfer für evangelische Wahrheit und Befreiung von Fürstenherrschaft (so in Goethes *Götz von Berlichingen*). 1523 wurde dieser eher reaktionäre Aufstand von den Landesfürsten von Trier, Pfalz und Hessen niedergeschlagen.

In den sozialen Unterschichten gab es auf dem Lande wie in Städten bereits seit dem 13. Jh., besonders im 15. Jh., mehrmals kleine lokale Aufstände gegen die Erhöhung der Abgaben und Dienste für die Grundherren, gegen die wachsende Rechtsunsicherheit durch das römische Recht, gegen die damit verbundene Einschränkung der bäuerlichen Rechte und des Gemeindebesitzes, gegen territorialherrschaftliche Zentralisierung und Bürokratisierung. Die örtlichen und regionalen Aufstände, die sich zwischen 1522 und 1525 häuften und später unzutreffend „Bauernkrieg" genannt wurden, waren eine Summe sehr verschiedenartiger Einzelaktionen, die aber durch die schnelle Verbreitung von Flugschriften (s. 4.2M, 4.8H–L) und durch die religiöse Rechtfertigung mit Luthers Lehre weithin Aufsehen erregten und militärische Gegenmaßnahmen der Obrigkeiten auslösten. Es war noch keine „frühbürgerliche Revolution" (wie man Bauernkrieg und Reformation zusammen in der Geschichtswissenschaft und Germanistik der DDR nannte). Es gab weder eine einheitlich und planvoll agierende frühbürgerliche ‚Klasse' noch eine gesamtgesellschaftliche sozialökonomische Krise (außer den unklaren *reformatio*-Erwartungen).

Im ‚Bürgertum' waren die Stadträte und die sie tragenden Schichten eher an der Integration der frühkapitalistischen Modernisierung in das spätfeudale System des Ständestaates interessiert. In der Sozial- und Wirtschaftsgeschichte unterscheidet man seit Werner Sombart zwischen Früh-, Hoch- und Spätkapitalismus. Im Frühkapitalismus (bis um 1800) spielte Handelskapital die Hauptrolle, im Merkantilismus (17./18. Jh.) auch die Finanzpolitik der absolutistischen Höfe und Staaten, im Unterschied zum Agrar- und Industriekapital des Hochkapitalismus. ‚Revolutionär' gesinnt (in einem vagen, heterogenen Sinn) waren im Frühbürgertum nur die mit Predigten und Flugschriften agitierenden Intellektuellen, viele der unterprivilegierten kleinen städtischen Handwerker und Händler und die zu sektiererisch-prophetischer Radikalität weitertreibenden *Bilderstürmer*, *Auserwählten Gottes* (um Thomas Müntzer) und *Wiedertäufer*. Unter den aufrührerischen Bauern gab es, vor allem zu Anfang (als sogar Verträge mit den Obrigkeiten zustande kamen), viele relativ wohlhabende, denen es allein um die Wiederherstellung alter genossenschaftlicher Rechte aus der Zeit vor dem römischen Recht ging. Mit zunehmender Verbreitung und Verschärfung des Kampfes schlossen sich frühproletarische Schichten aus den Städten an, auch Bergleute.

Solche Aufstände gab es in den Jahren 1524 und 1525 vor allem in Schwaben, Franken, Thüringen, zunächst noch gemäßigt mit nur wenigen Gewalttaten.

Landesfürsten organisierten als Gegenmaßnahme den *Schwäbischen Bund* und erweiterten die Bekämpfung der Unruhen zu einem überregionalen Landesfürstenkrieg. Ihr Verbündeter wurde Luther, nach anfänglichem Zögern, mit seinen Flugschriften *Wider die räuberischen und mörderischen Rotten der Bauern* und gegen den radikalen abtrünnigen Theologen Thomas Müntzer und seine Anhänger (die er als *Schwarmgeister* denunzierte). Er schloss sich den rächenden Obrigkeiten an, die er als Vollstrecker von *Gottes Willen* rechtfertigte und ermunterte. So wurden die Aufstände mit brutaler militärischer Gewalt (auf beiden Seiten) sehr rasch niedergeschlagen, mit Nachspielen bis zum Ende des *Wiedertäufer-Reichs* in Münster (1535).

H. Das blutige Ende der sozialen Unruhen im Jahre 1525 bedeutete eine für Jahrhunderte einflussreiche politische Weichenstellung der deutschen Geschichte:

- Die Territorialfürsten festigten ihre Macht auf dem Wege zum Absolutismus, indem sie sich niederen Adel und landsässige Städte unterwarfen.
- Besitz- und Bildungsbürgertum passten sich der Fürstenherrschaft an, sodass der frühbürgerliche Weg zur sozialökonomischen Modernisierung bis zur Französischen Revolution blockiert war.
- Die Lutherische Reformation (nicht die von Zwingli und Calvin in der Schweiz und in einigen süddeutschen Städten) verleugnete ihre revolutionären Ansätze und erstarrte innerhalb weniger Jahrzehnte in orthodoxen *Landeskirchen*, die viel zu den geistigen Restriktionen und zum obrigkeitsfrommen Untertanenbewusstsein des deutschen Absolutismus beitrugen.
- Die soziale und wirtschaftliche Lage der Bauern verschlechterte sich – besonders in den einst slawisch besiedelten Kolonialgebieten östlich von Elbe und Saale – zur gutsherrschaftlichen *Erbuntertänigkeit*, teilweise *Leibeigenschaft*. – Zur ländlichen Schriftlichkeit s. 5.8R–T!

„Indem Luther die religiöse Aufgabe aus dem Chaos der sozialen Revolution rettete, zahlte er den hohen Preis ihrer landesfürstlichen Institutionalisierung" (Treue 1978, 253). Die Entstehung der religiösen Oberhoheit der Landesfürsten begann auf den beiden Reichstagen in Speyer 1526 und 1529 (von daher der Name *Protestanten*), begünstigt durch die Türken-Nöte des Kaisers, der für militärische Hilfsversprechen der protestantischen Fürsten die *Augsburger Confession* (1530) tolerierte. 1532 schlossen die protestantischen Fürsten Nord- und Mitteldeutschlands mit 10 Reichsstädten den *Schmalkaldischen Bund* gegen katholische Restaurationsbestrebungen. In den *Schmalkaldischen Kriegen* (1546/47) unterwarf Kaiser Karl V. Süddeutschland für die Gegenreformation, musste sich aber nach einem Aufstand der Fürsten (auch katholischer) 1552 aus der deutschen Politik zurückziehen. Im Augsburger

‚Religionsfrieden' (1555) wurde die unumschränkte Konfessionsherrschaft der Landesfürsten festgeschrieben („Cuius regio, eius religio", ‚wessen Gebiet, dessen Religion'). Von da an prägten Konfessionsgegensätze und gesellschaftspolitische Intoleranz das politische Leben in Deutschland für Jahrhunderte.

Literatur

Baethgen 1986/99. Bosl 1999, Kap. 33–41. Hartweg/Wegera 1989, 5 ff./2005, 7 ff. Chr. Jones u. a. 2020. Oestreich 1986/99, Kap. 3–5, 11–13. Skalweit 1982. Treue 1978, 201–276. Zeeden 1986/99, Kap. 1–3.

Wirtschafts- und Sozialgeschichte: BBRS (Bolten 128 ff.). Blickle 1989. Engelsing 1983, Kap. 7–12. Franz 1976. Gerteis 1986. Haverkamp 1975. Kellenbenz 1976. Lütge 1966, Kap. 4. Lutz 1979. Treue 1986, Kap. 1–9. Walter 1994/2008.

Reformation, ‚Bauernkrieg': Blickle 2004; 2012. Brackert 1975/85. Dingel 2016. Fuchs 1999. Grochowina 2020. Kaufmann 2016. Leppin 2017. Mörke 2017. Schnabel-Schüle 2017. Stjerna 2009. Winterhager 1981.

4.2. Mediengeschichte, Bildungsgeschichte, Textsortenentwicklung

A. Wenn man einen dem Entwicklungsschub der neuen Medien des 20. und 21. Jh.s entsprechenden mediengeschichtlichen Einschnitt in früherer Zeit sucht, muss man bis ins Spätmittelalter zurückgehen, genauer: in die Zeit um 1400. Damals wurde in Deutschland das bis heute andauernde Papier-, Schreib- und Druckzeitalter eingeleitet durch eine qualitative und quantitative Expansion der Schriftlichkeit in den spätmittelalterlichen Städten, vor allem durch Erfordernisse der Verwaltung und des Fernhandels, aber auch der Frömmigkeitsbewegungen:

– Bisher lateinisch geschriebene, aber auch neue Textsorten des praktischen und individuellen Alltagslebens in deutscher Sprache
– Weltliche Bildung in städtischen Schulen und Universitäten
– Expansion der Literatur: mehr Deutsch, mehr Weltliches, mehr Alltägliches, Fachliches, Erbauliches und Unterhaltendes, mehr Prosa
– Individuelle Rezeptionsweise schreibsprachlicher Texte: Neben Lautlesen und Vorlesen auch zunehmend stille Selbstlektüre
– Übergang vom Auswendigsprechen vorgegebener Texte zur pragmatisch differenzierten Schreibpraxis und zum extensiven, situationsbedingten Benutzen allgemein und ständig verfügbarer Schreibprodukte (Bremer, in: BRS 1386; Betten, in: BBRS 1652 ff.).

Die Schreib- und Lese-Expansion stand im gegenseitigen kausalen Zusammenhang mit technisch-ökonomischen Neuerungen der Zeit um 1400:

– Inländische Manufakturproduktion des Papiers als weitaus billigerer Ersatz für das teure Pergament
– Preiswerte Herstellung von Lesebrillen für Alterssichtige; Ausweitung des Kreises zahlungskräftiger Buchkäufer und Buchleser bzw. Buchkäuferinnen und Buchleserinnen.
– Kommerzielle Vervielfältigung von Büchern durch Diktieren in Schreibwerkstätten (Vorstufe des Buchdrucks), nichtklerikaler Buchhandel.

B. Die neue Schriftlichkeit der frühbürgerlichen Zeit ist gegenüber dem Mittelalter von einer andersartigen soziopragmatischen Funktion geschriebener Sprache gekennzeichnet. Seit etwa dem 15. Jh. wird in der Geschichte der deutschen Sprache deutlich, dass geschriebene Sprache nicht einfach ein

‚Abbild' der gesprochenen Sprache ist – so die mehr traditionelle Auffassung in der Sprachwissenschaft –, sondern ein eigenes, von der gesprochenen Sprache weitgehend unabhängiges Kommunikationssystem. Geschriebene Sprache ermöglicht gezieltes Handeln und Eingreifen in die gesellschaftliche Umwelt: „[...] die Arbeit und die Verteilung der Produkte werden organisiert, Projekte werden planbar, Beziehungen zwischen einzelnen Gesellschaftsmitgliedern oder ganzen Gruppen werden initiiert, aufrechterhalten und gefestigt, Bündnisse werden geknüpft, einheitliche Normen werden geschaffen, Eigentum wird gesichert, Staaten werden aufgebaut, Zeit und Geschichte werden geordnet erfahrbar, Wissenschaften werden aus klassifizierenden und systematisierenden Verfahren entwickelt, technische Verfahren werden konstruiert, Weltbilder werden gewonnen und verbreitet" (Feldbusch 1985, 381). Schriftlichkeit ist indirekte Kommunikation, macht die Kommunizierenden unabhängig von Raum und Zeit und von einem direkten Interaktionsverhältnis zwischen Textproduktion und -rezeption, macht Verfügung über strukturiertes Wissen ohne eigene empirische Erfahrung möglich (Bremer, in: BRS 1386 f.; Betten, in: BBRS 1646 ff.). Geschriebene Sprache ist „fast ausschließlich auf verbale Mittel angewiesen", erfordert also Sprachstandardisierung und möglichst expliziten Ausdrucksstil, ist auf maximale Verständlichkeit für die Adressaten gerichtet, tendiert zu „analytischer und kontrollierter", „weniger persönlicher und emotionaler Formulierungs- und Rezeptionsweise" (Ludwig, in: LGL 325). Diese Merkmale waren wesentliche Voraussetzungen für die Entwicklung von Verwaltungs- und Wissenschaftssprache sowie für eine politische Publizistik. Gegenüber der mittelalterlichen feudalhöfischen Art von Öffentlichkeit, die vor allem auf Herrschaft legitimierenden Ritualen der personalen Standesdarstellung mit viel inszenierter Situationstypik und nichtsprachlichem Verhalten beruhte (s. Wenzel 1995), bedeutete frühbürgerliche Schriftlichkeit einen neuartigen Ansatz zu gesellschaftlicher Geltung durch sachbezogen funktionalisierte Sprachlichkeit (vgl. Schmölders 1986; s. auch 5.2E, 6.12G).

Gerade im 15. Jh. wird die eigenständige Funktion geschriebener Sprache auf vielfältige Weise deutlich (Bremer, in: BRS 1381 ff.; Betten, in: BBRS 1646 ff.): Viele sachgebundene, pragmatisch determinierte Textsorten sind jetzt nicht mehr auf mündliche Vermittlung hin, sondern zum Selbstlesen oder sinnvollen, verständnissichernden Vorlesen konzipiert, oft ohne traditionelle Vorbilder in gesprochener Sprache. Schreibsprache wird „experimentell" (Weinmayer 1982, 204) und entwickelt „Normen, die vorher nie gesprochen worden sind" (Bremer, in: BRS 1381 ff.). Für die Sprachnormen werden sozialkommunikative Erfordernisse und Situationstypen bestimmend. Sogar für den Grundsatz ‚Sprich wie du schreibst!' finden sich Anfänge schon im 15./16. Jh. (vgl. 4.4M). Dass sich auch der Grundsatz

‚Schreib wie du sprichst!' bereits damals bei Gelehrten und Orthographiemeistern als Kritik an der üblichen Orthographie findet (K. Müller 1990, 16ff.), stimmt zur zunehmenden Inkongruenz zwischen gesprochener und geschriebener Sprache ebenso wie das Einsetzen metasprachlicher Quellen über deutsche Sprachnormen überhaupt (s. 4.4L). Die verstärkte Bedeutung der Lese- oder Vorlese-Rezeption geschriebener Texte zeigte sich seit dem 15. Jh. darin, dass man sich zunehmend um die bessere Überschaubarkeit größerer Lektürequantitäten bemühte, mit Gliederungsmitteln wie Kapitelüberschriften, Inhaltsverzeichnissen, Textabschnittszeichen, satzgliedernder Interpunktion, auch im Zusammenhang des Übergangs von Versdichtung zu Prosatexten (Betten 1987).

Literatur- und sprachsoziologisch bedeutet die frühbürgerliche Schriftlichkeit den Übergang von „mnemotechnischen Aneignungsformen" mit vorgegebenen Texten (Auswendiglernen, Memorieren, in ritueller Weise auswendig Vorsingen oder Vortragen, Verlesen) zu freierem Umgang mit Texten (Vorlesen, Besprechen, Selbstlesen, Selbstschreiben). Die neue Zugänglichkeit geschriebener Texte für Nichtprivilegierte – über den kirchlich-klösterlichen und feudalen Bereich hinaus – bedeutete eine „Demotisierung eines professionellen Arkanums" (Maas 1985, 57ff.), eine „Senkung der kulturellen Zutrittsschwelle" (Weinmayer 1982, 207) als mediensoziologische Seite der „Literatur-Explosion" (H. Kuhn 1980, 20; vgl. Glauch/Green 2013; Messerli 2013).

C. Die Schriftlichkeits-Expansion um 1400 wurde durch die Einführung des Papiers gefördert, das in der Herstellung vier- bis zehnmal billiger war als das (aus Tierhäuten hergestellte) Pergament. Papier ermöglichte die beliebige Planung und Standardisierung von Buchformaten. Die ersten auf Papier geschriebenen Texte in Deutschland waren daher vor allem weltliche alltägliche Gebrauchstexte wie Briefe, Rechnungsbücher, Kaufmannsberichte, Gerichtsprotokolle, Stadtbücher. Da Papier, im Unterschied zum Pergament, in großen Mengen auf Vorrat produziert und gelagert werden kann, leitete die Einführung der Papierherstellung auch ein neues Zeitalter ökonomischer und politischer Strukturen ein: Frühkapitalistische Wirtschaftsweise, mit schriftlich gesicherter Geldwährung, mit schriftlichen Aufträgen, Marktnachrichten und Abrechnungen im Fernhandel, wurde erst mit Hilfe des Papiers möglich, ebenso die großräumige Territorialverwaltung in Flächenstaaten mit Ämterverfassung. Gleiches gilt für die in beiden Bereichen erforderliche schriftliche Kodifizierung und Sicherung des geltenden oder neueinzuführenden Rechts.

Die in China erfundene Herstellung von Papier gelangte im 8. Jh. zu den Arabern. Seit dem 12. Jh. importierte man in Südeuropa arabisches Papier. Die ersten europäischen Papiermühlen gab es 1276 in Italien, 1348 in Frankreich, 1389 in Nürnberg, 1392 in

Ravensburg, bald nach 1400 in mehreren deutschen Städten (um 1450 in zehn), wobei weiterhin große Mengen Papier aus Italien eingeführt wurden. Im 15. Jh. sind die Papierpreise „bei wachsendem Verbrauch fortwährend gesunken und haben dadurch die Ausbreitung des Verbrauchs überhaupt erst ermöglicht" (Engelsing 1973, 8). Wie sehr die Einführung des Papiers mit der Expansion der schriftlichen Verwaltungspraxis in Städten und Territorien und mit dem gewachsenen städtebürgerlichen Selbstbewusstsein zusammenhing, ist daran zu erkennen, dass der erste deutsche Papierfabrikant, der Nürnberger Ulman Stromer (1329–1407), vor allem die Kanzlei des Pfalzgrafen Ruprecht und die Stadt Nürnberg belieferte. Im Jahr 1400 schrieb er zudem ein *Püchel von meim gesiecht und abentewr*, ein frühes Dokument mit autobiographischen Elementen in deutscher Sprache (B. Schmid 2006, 67 ff.).

Auch in der Textproduktion begann man sich hie und da unternehmerischer Methoden zu bedienen: Mit der Serienherstellung handschriftlicher Texte (Handschriften) in S c h r e i b m a n u f a k t u r e n betrieb man, über das alte Auftragsprinzip hinaus, Vorratsproduktion mit Verkaufswerbung und mit Rücksicht auf erwarteten Publikumsgeschmack. Zur raschen Vervielfältigung kommerzialisierten einige städtische Schreibwerkstätten die in Klöstern und Kanzleien längst angewandte Methode des lauten Diktierens von Texten an mehrere Schreiber zugleich. So wurde die Zeit um und nach 1400 in der deutschen Literaturgeschichte und Städtegeschichte durch eine Flut von Papierhandschriften auffällig. Mehr als 70 % der bis heute erhaltenen mittelalterlichen Handschriften stammen aus dem 15. Jh. und sind auf Papier geschrieben.

Von den Gesetzbüchern des 13. Jh.s, dem *Sachsenspiegel* und dem *Schwabenspiegel*, sind 270 bzw. 380 Handschriften erhalten, von Rudolfs von Ems *Weltchronik* 100, von Wolframs *Parzival* 82. Heinrich Seuses *Büchlein der Ewigen Weisheit* ist im 14. Jh. in 39, im 15. Jh. in 260 Handschriften überliefert (Williams-Krapp 1986/87, 47). Die starke Zunahme deutschsprachiger Handschriften vom 14. zum 15. Jh. ist jedoch nur „Teil einer allgemeinen Zunahme der Schriftzeugnisse": dt. Handschriften um das Achtfache, lat. Handschriften um das Fünffache (Grubmüller 1986, 38).

Eine bedeutende Schreibmanufaktur, die des Schreibers und Handschriftenhändlers Diebold Lauber in Hagenau (Elsass), war von 1427 bis 1467 tätig. Mit über 20 Spezialisten für das Abschreiben, Illustrieren, Initialen-Malen, Rubrizieren, Binden und Angestellten für Werbung und Vertrieb hat sie etwa 50 Texte vervielfältigt, meist deutsch, meist auf Papier, mit einer großen Themenvielfalt: Historienbibeln, Erbauungsschriften, Geschichtswerke, mittelalterliche Epen, medizinische und naturwissenschaftliche Schriften (Koppitz 1980, 46 f., 98; Mentzel-Reuters 2013). Ihre Werbeanzeigen (s. Abb. 2) enthalten neben den Titeln und Inhaltsangaben auch Hinweise auf Herstellungsweise (*hübsch gemolt, mit den viguren gemolt*), auf literarische Form (*gerymet, mit glosen*), auf die Rezeptionsweise (*winterteil und sumerteil, durch das Jar allen tag*). Ähnlich wie der frühe Buchdruck, konnte Lauber nur für vornehmes, zahlungskräftiges Publikum produzieren (s. Fechter 1935/1966; Rapp 1998; Saurma 2011; Fasbender 2012).

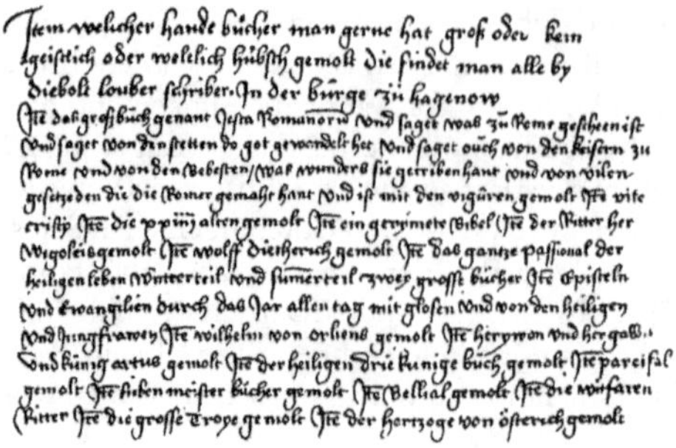
Item welcher hande bücher man gerne hat groß oder klein
geistlich oder weltlich hübsch gemolt die findet man alle by
diebolt louber schriber. In der burge zu hagenow
Item das groß buch genant Gesta Romanorum und saget was zu Rome gescheen ist
und saget von den stetten do got gewandelt het und saget ouch von den keisern zu
Rome und von den Bebesten / was wunders sie getriben hant und von vilen
gesetzeden die die Romer gemaht hant und ist mit den viguren gemolt Item vita
cristi Item die xxiiij alten gemolt Item ein gerymete Bibel Item der Ritter her
Wigoleis gemolt Item wolff dietherich gemolt Item das gantze passional der
heiligen leben Winterteil und sumerteil zwey grosse bücher Item Epistelen
und Ewangilien durch das Jar allen tag mit glosen und von den heiligen
und Jungfrawen Item wilhelm von orliens gemolt Item her ywon und her gawan
und küng artus gemolt Item der heiligen drie kunige buch gemolt Item parcifal
gemolt Item siben meister bücher gemolt Item Bellial gemolt Item die wirfaren
Ritter Item die grosse Troye gemolt Item der hertzoge von österrich gemolt

Abb. 2: Bücheranzeige aus der Schreiberwerkstatt von Diebold Lauber (Hagenau), um 1450 (Auszug, aus: Widmann 1965, 15).

Bahnbrecher für diese vor-Gutenbergsche Vervielfältigungspraxis war der niederländische Laienorden „Brüder/Schwestern vom gemeinsamen Leben", von Geert Groote (1340–1384) in Deventer gegründet. Diese zur *devotio moderna* (‚neue Frömmigkeit') gehörige städtische Frömmigkeitsbewegung hat sich neben karitativen und seelsorgerlichen Tätigkeiten um die Verbreitung volkssprachlicher und aus dem Lateinischen übersetzter Bücher zur religiösen Laienbildung in ganz Westeuropa verdient gemacht (Kock 2002; Boer/Kwiatkowski 2013; Kwiatkowski/Engelbrecht 2013). Auch andere Mönchsorden (Augustiner, Franziskaner, Dominikaner, Karthäuser u. a.) haben im Rahmen der Klosterreformen des 14./15. Jh.s mit Erbauungsliteratur und Laienbibliotheken, besonders für Frauen, zur Schriftlichkeitsexpansion und damit zugleich zur Vorbereitung der Reformation viel beigetragen (Williams-Krapp 1986/87; Kock/Schlusemann 1997). Im 14. Jh. entstand ein neuartiges Laien-Publikum als Anregende, Adressatinnen/Adressaten und Lesende von sowohl religiöser als auch sachlich belehrender Literatur: *Weltchristen*, *kluge/vernonftige* Laien im Unterschied zu *illiteraten*, *einfeltigen* Laien (Steer 1983).

D. Mit dem mediengeschichtlichen Entwicklungsschub des 15. Jh.s hängt auch die Einführung von Lesebrillen zusammen. Nachdem man sich seit dem 13. Jh. mit Lesestein und Lupe behelfen musste, wurde die aus Italien kommende Brille im 14. Jh. auch in Deutschland für weniger wohlhabende Alterssichtige erschwinglich, die sich einen Vorleser oder teure Handschriften mit größeren Buchstaben nicht leisten konnten. Der früheste Brillenfund in Deutschland stammt aus dem Zisterzienserinnenkloster Wienhausen (um 1320). Der Philosoph Nikolaus von Kues erwähnt um 1450 erstmals auch konkave Brillen für Kurzsichtige. 1450 werden in Frankfurt, 1478 in Nürnberg Brillenmacher erwähnt (Engelsing 1973, 20).

Die früheste bildliche Darstellung eines Brillenbenutzers in Deutschland findet sich auf dem 1403 vollendeten Passionsaltar Conrads v.Soest in der Stadtkirche Bad Wildungen: ein Apostel, der im Vordergrund eines Pfingstwunderbildes in ein Buch vertieft ist und sich eine Kneifbrille (ohne Bügel) über die Nase hält. Es trifft sich, dass der Maler mit dieser Darstellung eines Brillenbenutzers eine kunstsoziologische Innovation verbunden hat: die kryptographische Angabe seines Namens in den kalligraphischen Schriftzeichen des Buches, die älteste bekannte Künstlersignatur auf deutschen Tafelbildern (R. Fritz 1950, 113). Dieses doppelte Wagnis des Künstlers um 1400 ist als Anzeichen für den Beginn der frühbürgerlichen Kulturepoche zu verstehen. In der gleichen Zeit bedeutet der Durchbruch naturalistischer Strömungen in der Buchmalerei, der Übergang zu optisch einheitlicher Raumdarstellung, zur Porträt- und Landschaftsmalerei eine Emanzipation der Kunst aus ihren mittelalterlichen Bindungen an feudale Repräsentation, sakrales Ritual und Ornamentalität. Eine andere Darstellung eines Brillenträgers findet sich in einer Bibelhandschrift der Werkstatt Diebold Lauber, die zwischen 1441 und 1449 im elsässischen Hagenau entstand (s. Abb. 3). Die Illustration leitet das Buch Leviticus ein. Abgebildet ist Mose, der als gehörnte Gestalt an einem Schreibpult sitzt und eine Brille trägt. In der rechten Hand hält er einen Federkiel, die Brille steht hier wohl im Zusammenhang mit der Schreibtätigkeit.

Die Einführung der Lesebrille brachte vielen älteren und kurzsichtigen Lese- und Schreibfähigen die Möglichkeit zu geistiger Freizeitbeschäftigung (s. Manguel 1998, 339ff.). Dieser Einstieg zusätzlicher Bevölkerungsgruppen in das Lese-Publikum hatte auch einen erheblichen Einfluss auf literarischen Geschmack und Thematik der im Spätmittelalter expandierenden deutschen Literatur (Eis 1962, 42ff.): Deutsch statt Latein, Laienfrömmigkeit statt gelehrter Theologie, Realistisches und fachlich Nützliches, Prosa statt Reimdichtung, Unterhaltsames, mitunter Frivoles, größere Lektüre-Quantitäten, aber auch kleinere, handlichere Buchformate.

E. Die städtischen Schreib- und Lese-Aktivitäten des Spätmittelalters bedeuteten einen folgenreichen Einbruch in das Bildungsmonopol der Geistlichkeit. Bis ins 14. Jh. war das Schreibwesen in Klöstern, Universitäten, Kanzleien, an Fürstenhöfen und in Städten noch vorwiegend ein Privileg von Geistlichen. Seit Mitte des 14. Jh.s wurden in fürstlichen und städtischen Kanzleien vereinzelt auch nichtklerikale Schreiber angestellt. Im 15. Jh. waren solche Lohnschreiber schon in der Mehrheit, auch Schreibergruppen unter einem *protonotarius*. Das im Laufe des 14. Jh.s eingeführte Amt des Stadtschreibers hat den Gebrauch des Deutschen in Alltagstexten sehr gefördert (Grubmüller 1986, 36; Elmentaler 2018, 79–92). Insgesamt ist aus diachroner Sicht im Hinblick auf diese Professionalisierung des Schreibens festzuhalten: „Natürlich hatte es auch im frühen und hohen Mittelalter schon kompetente Schreiber (meist Kleriker) gegeben, wie die erhaltenen althochdt. und altsächsischen Texte belegen. Deren Ausbildung war jedoch noch nicht in der Weise institutionalisiert, dass sich regionale Schreibkon-

Abb. 3: Moses mit Brille. Bibelhandschrift, Werkstatt Diebold Lauber, Hagenau 1441–1449. Universitätsbibliothek Heidelberg, Cod. Pal. germ. 19, fol. 141v.

ventionen hätten herausbilden können. Erst durch den Umstand, dass sich die schriftsprachliche Kommunikation ab dem 14. Jh. auf immer mehr Lebensbereiche ausdehnte und die Nachfrage nach professionellen Schreibern wuchs, wurde die Gründung von Aussbildungsstätten (Schreiberschulen) und Kanzleien notwendig" (Elmentaler 2018, 81).

Mit dieser mediensoziologischen Veränderung hat auch die teilweise Verkomplizierung und Variierung der Schreibschrift im 15. Jh. zu tun (s. Jensen 1969, 526 ff.; Schneider 2014, 28 ff.; Elmentaler 2018, 45 ff.): Die kalligraphische ‚gotische' Buchschrift des Hoch- und Spätmittelalters (Textura, ähnlich wie auf dem Luther-Titelblatt in 4.2L), die dem Gottesdienst und der Repräsentation diente, ebenso wie ihre Weiterentwicklungen: Rotunda, ab Ende des 15. Jh.s Schwabacher (s. das Zeitungslied in 4.2O), im 16. Jh. zunehmend Fraktur, förderte mit eckigen, gebrochenen, spitzfüßigen und z.T. verzierten Formen die Lust an der Ornamentalität mehr als die schnelle Lesbarkeit. In alltäglicher Schreibpraxis, vor allem auf Papier, wurde andererseits die frühmittelalterliche Schreibschrift (karolingische Minuskel) durch routiniertes Schnellerschreiben mit Anbindungen von Buchstaben, Ligaturen und Abkürzungen zur Kursive ‚ausgeschrieben' (daraus die spätere ‚deutsche' Schreibschrift), die wiederum im 15. Jh. die Buchschrift als Bastarda beeinflusste (s. z.B. die Laubersche Bücheranzeige in 4.2C). Vor dem Hintergrund dieser wildwuchernden Vielfalt wurde für höhere ästhetische Ansprüche der Bildungselite in der Renaissancezeit von Italien her die ‚humanistische' Antiqua eingeführt (in Deutschland zuerst 1472 in Augsburg). Sie war eine erfolgreiche Reformschrift in Anlehnung an die klaren Grundformen der antiken Großbuchstaben (Kapitalis) und der karolingischen Minuskel. Sie ist bis heute internationaler Standard geblieben. – Zum Variationsverhältnis zwischen Antiqua und ‚deutschen' Schriftarten vgl. 5.3J, 5.9D, 6.2C–E!

In der städtischen Schreibpraxis waren die kulturellen Bedürfnisse im Spätmittelalter stark angewachsen. So waren die städtischen Schreiber im 14. und 15. Jh. sehr vielseitig beschäftigt und entsprechend gebildet, vor allem juristisch. Sie hatten nicht nur Amtliches und Rechtliches zu formulieren und niederzuschreiben, als Notare, Beamte, Protokollanten, Gesandte, Zeugen, Berater des Magistrats, Anwälte (vgl. Mihm 1999a; Elmentaler 2018, 79 ff.); sie waren meist zugleich als *homines litterati* für vielfältige Aufgaben tätig.

Dazu zählen Tätigkeiten als Chronisten, Briefsteller, Gelegenheitsschriftsteller, Übersetzer, Schreiblehrer, Büchersammler, Literaturvermittler, Reiseberichterstatter, als Vermittler von Fachwissen und kommerziellen Geschäften, im Dienst des Magistrats, aber auch gelegentlich im Auftrag vermögender Patrizierfamilien. Bekannte Beispiele solcher Persönlichkeiten waren Johannes Rothe (Eisenach), Michael de Leone (Würzburg), Konrad Peutinger (Augsburg), Niklas v.Wyle (Esslingen), Sebastian Brant (Straßburg), Jörg Wickram (Kolmar), die drei letzten auch als frühhumanistische Schriftsteller bekannt.

4.2. Mediengeschichte, Bildungsgeschichte, Textsortenentwicklung

Vonseiten der Kaufleute kamen durch die Ausweitung des Fernhandels und der Geldwirtschaft weitere neue Schreib-Erfordernisse hinzu (Maas 1985, 62): Bis ins 14. Jh. korrespondierten sie mit ihren auswärtigen Geschäftspartnern (oder von auswärts mit dem heimischen Kontor) vielfach lateinisch und vermischten Geschäftliches mit Privatem, so auch in der Buchführung. Ein grundlegender Wandel des Handelsverkehrs brachte stärkeren Zwang zur Schriftlichkeit mit neuen Textsorten mit sich: Der Bartransport von Geld trat zurück; an die Stelle des „Kaufs auf Besicht" trat Lieferverkehr mit Hilfe von Dokumenten. „So ist bürgerliche Schriftlichkeit im wesentlichen Resultat der kaufmännischen Notwendigkeit, Fernhandelsgeschäfte abzuwickeln, ohne die Waren stets begleiten zu müssen. Spätestens seit dem ausgehenden 14. Jh. agierten oberdeutsche Kaufleute vom Kontor aus mit weit verbreiteten Niederlassungen" (Bolten, in: BBRS 130). In der gleichen Zeit wurden zur Besitzsicherung feste Familiennamen obligatorisch (Seibicke, in: BBRS 3535 ff.).

Im 15. Jh. wurden strengere Formen des Geschäftsverkehrs üblich: mit doppelter Buchführung, mit arabischen Zahlen, mit übersichtlicher Systematik, auf gleichformatigem Papier (s. Mihm/Mihm 2007 für Duisburg). Diese kaufmännische Routine in deutscher Alltagsschriftlichkeit kam auch den Stadtverwaltungen und von daher der territorialherrschaftlichen Verwaltung zugute. Die Verwendung des Deutschen in Urkunden und Urbaren neben und schließlich statt des Latein begann im alemannischen Südwesten (Oberrheingebiet) besonders früh, Mitte 13. bis Mitte 14. Jh., wegen der dortigen besseren Rechtsstellung des freien, genossenschaftlichen Bauerntums (Kleiber 1976, 202 ff.; Kleiber u. a. 1979, 1,13 ff.). Der für das 13. Jh. geprägte Begriff *deutsche Urkundensprache* ist für den Übergang zum 15. Jh. zu eng und wurde daher in der Forschung weiterdifferenziert: „Der am Texterzeuger orientierte und erst seit dem 18. Jh. gebräuchliche Terminus *Kanzleisprache* meint die geschriebene Sprache der städtischen, fürstlichen und kaiserlichen Kanzleien im Spätmhd. und Frnhd. An den Textsorten orientiert sind die Termini *Urkunden-* und *Geschäftssprache*, wobei letzterer der allgemeinere ist, da in den Kanzleien bzw. im Auftrage der Kanzleien auch Briefe, Sal- und Kopial-, Stadt- und Rechnungsbücher, Urbare, Register(bücher), Amtsbücher und andere Aufzeichnungen entstanden" (Benzinger, in: BBRS 1665; vgl. Greule u. a. 2012).

Der Übergang vom Latein zur Volkssprache (*sermo vulgaris*) war nicht nur von der mangelnden Lateinbildung der neuen Schreiber- und Leserschichten verursacht; er war auch bedingt von der Ausweitung der Schreibpraxis auf neuartige städtische Kommunikationssituationen und Textsorten (institutionelle und private), für die es in der lateinischen Kanzleitradition keine oder nicht mehr praktikable Vorbilder gab. Sie waren weniger auf mündliche Vermittlung hin konzipiert (Verkünden, Verlesen), mehr auf verständliches

Vorlesen, Selbstlesen, Nachschlagen usw. (Bremer, in: BRS 1383): Protokolle, Verträge, Feuerordnungen, Kleiderordnungen, Zunftordnungen, Polizeiordnungen, Beschwerdebriefe, Rechnungsbücher, Güterverzeichnisse, Messekataloge, Exportbestimmungen, Geschäftsbriefe, Werbeanzeigen, Kochbücher, Arzneibücher, technische Anleitungen, Briefsteller usw.

Literaturgeschichtliche Charakterisierungen des 15. Jh.s wie „volkssprachliche Popularisierung der lateinischen Schrift-Tradition", „Zeitalter der Übersetzungen, Bearbeitungen, Adaptionen" und des „Texte-Verbrauchs" (H. Kuhn 1980, 20f.) betreffen die eine, belletristische und traditionalistische Seite der Schreib- und Lese-Expansion. Die andere, mehr soziopragmatische besteht in neuen Gebrauchsfunktionen von Schriftlichkeit, vor allem in einer „neuen Öffentlichkeit" (H. Kuhn 1980, 21 ff.). So erscheint das 15. Jh. als medien- und rezeptionsgeschichtliche Vorbereitungsphase der frühbürgerlichen Öffentlichkeitssprache, die ein Jahrhundert später in Reformation und Bauernkrieg politisch wirksam werden konnte.

Eine schon politische Motivation für die städtische Schreibpraxis, längst vor Einführung des Buchdrucks, war das Bedürfnis nach Rechtssicherheit durch Dokumentation wichtiger Rechtsvorgänge, um sie gegen das Vergessen zu schützen und jederzeit überprüfbar zu machen, ferner das Aufzeichnen lokaler und regionaler Geschichte in Chroniken und Stadtbüchern, um die gewählten städtischen Administrationen durch Verlesen des lokal Gültigen politisch zu „eichen", als „gemeinsame Sicht der lokalen Tradition, die als Verpflichtung für die Zukunft orientierend war", also Schriftlichkeit als „symbolische Verdoppelung der Realität und damit ihre innovative Bearbeitung" (Maas 1985, 59).

Städtische Schriftlichkeit in der Volkssprache war zunächst stärker lokal und regional orientiert im Unterschied zur mehr universalen und heterozentrierten (von fremden Zentren her bestimmten) mittelalterlich-feudalen Schreibkultur. Das frühbürgerliche Deutsch hatte deshalb, z.T. noch bis in die Reformationszeit, eine „Autozentrierungs"-Tendenz (Maas 1985): Verständlichkeit und Wirksamkeit der Texte ging von den unmittelbar Handelnden und Betroffenen aus und war auf ebensolche Adressaten gerichtet, meist noch nicht auf ferne Leser bzw. Leserinnen wie in der späteren ‚nationalsprachlichen' Perspektive (s. 4.4).

F. Die neue Schriftlichkeit war mit neuen Bedingungen und Zwecken der Textproduktion und Textrezeption verbunden. ‚Öffentlichkeit' war im Mittelalter auf auditive repräsentative Veranstaltungen (Gerichtstage, Hoftage, Feste) beschränkt, in denen sich Obrigkeiten mit dem Dienst weniger schreib- und lesekundiger Kleriker mittels Verkünden und Verlesen behelfen konnten. Fürsten und Adel konnten in der Regel weder schreiben noch lesen; selbst manche Geistliche, auch hochgestellte, waren bis ins 15. Jh. nur lese-, nicht schreibfähig, waren damit aber nicht in der rechtsgültigen Teilnahme an institutionellen Veranstaltungen behindert (Engelsing 1973, 3). Die frühbürgerliche ‚Öffentlichkeit' erforderte von Ratsherren seit Anfang des 15. Jh.s die volle Schreib- und Lesefähigkeit und für die sonstigen betroffenen und mitwirkenden Rechtssubjekte eine geregelte semiorale (halbmündliche) Praxis in der Weise, dass rechtlich verbindliche und politisch wichtige Texte nicht nur verlesen, sondern sinnvoll und auf Verständlichkeit hin vorgelesen, erklärt und beredet wurden. Vorlesen wurde im Laufe des 15. Jh.s auch im häuslichen Kreis zu belehrenden und unterhaltsamen Zwecken üblich. Der Übergang vom lauten Verlesen und Vorlesen zur Selbstlektüre wird in dieser Zeit an der großen Zahl von Prosaauflösungen mittelhochdt. Reimpaar-Epen des 13. Jh.s und gereimter Legendare und Weltchroniken des 13. und 14. Jh. deutlich (Rupprich 1970, 1,72 ff.; Betten 1987, 50 ff.). Reimpaarverse waren im Mittelalter zum Auswendig-Vortragen langer Texte nützlich; jetzt brauchte man dies nicht mehr, dafür aber mehr Mittel der Selbstlese-Syntax (s. 4.5A).

Diese Tendenzwende der Literaturrezeption stellte Johan Huizinga auch für Westeuropa fest: „Nichts scheint stärker von Stillstand und Verfall zu zeugen als die Tatsache des Umgießens der alten Ritterromane und anderer Reimdichtungen in ellenlange, einförmige Prosa. Und doch kündet eben dieses ‚Entreimen' des fünfzehnten Jahrhunderts den Übergang zu einem neuen Geiste an. Die Abkehr von der gebundenen Rede als dem primären Ausdrucksmittel bedeutet zugleich Abkehr vom Stil des mittelalterlichen Geistes [...] Die gebundene Form bedeutet, daß der Vortrag der beabsichtigte Weg der Mitteilung ist. Nicht der persönliche, gefühl- und ausdrucksvolle Vortrag, sondern das Herleiern, denn in primitiveren literarischen Epochen wird der Vers auf eine feststehende Weise halb gesungen. Das neue Bedürfnis nach Prosa bedeutet Streben nach Ausdruck, das Heraufkommen des modernen Lesens gegenüber dem alten Vortragen. Damit hängt auch die Einteilung des Stoffes in kleine Kapitel mit zusammenfassenden Überschriften zusammen, die im fünfzehnten Jahrhundert allgemein wird, während man vorher die Werke kaum zu gliedern pflegte" (Huizinga 1987, 356).

Ein wichtiger Interessentenkreis für (klösterliche oder häusliche) stille Lektüre waren auch Frauen unter den Kunden der neuen deutschsprachigen Schreibproduktion des Spätmittelalters. Sie trugen viel zur Reduzierung des alten Unterschiedes zwischen *homo litteratus* und *homo illitteratus* bei: „Die stärkste Triebfeder für die Auflösung der Normen, die die Sprache des Volkes aus dem Schrifttum verbannten, liegt offenbar in der Tatsache, daß die Frauen die Bildungsgrenze zwischen Klerus und Laientum überschneiden und verwischen"; schon im *Sachsenspiegel* (1235) findet sich die Bestimmung, Bücher stets an Frauen weiterzuvererben (Grundmann 1965, 139, 145). Viele vornehme Frauen finden sich auch unter den literarischen Auftraggebenden, Abschreibenden und Lesenden (Bumke 1982, 145). Im 15. Jh. wurde es Sitte, dass in Kreisen literarisch interessierter Frauen Briefe kursierten, die von vornherein für einen größeren Leser- und Leserinnenkreis berechnet waren

(Engelsing 1973, 11), auch dies eine neue Art von Schriftlichkeit ohne Vorbild in der mündlichen Kommunikation. Kölner Ehefrauen von Kaufleuten konnten um 1400 die Geschäftsbriefe ihrer auswärts tätigen Männer lesen und geschäftlich auswerten (Maas 1985, 62).

G. Die seit der Tätigkeit der Bettelorden (13. Jh.) angebahnte Laienbildung erfuhr seit Ende des 14. Jh.s einen Entwicklungsschub durch die Expansion und Profanierung (Verweltlichung) des Schulwesens und der Universitäten (s. Gramsch-Stehfest 2019). Organisation und Inhalte gingen immer mehr in die Hände nichtkirchlicher (landesherrschaftlicher oder städtischer) Institutionen über. Hier verliefen autochthone städtische Entwicklungen mit frühhumanistischen literarischen Bestrebungen der Kaiserhöfe in Prag und Wien parallel, als Vorbereitung der großen humanistischen Bewegung, die in Deutschland erst in der zweiten Hälfte des 15. Jh.s wirkte. Auch in der Rechtssprache und in der Fachprosa hat sich im 14. und 15. Jh. eine bedeutende vorhumanistische, akademische und subakademische deutsche Sprachtradition aus praktischer mündlicher, halbmündlicher und schriftlicher Tradition entwickelt (s. 4.6DE). Seit Ende des 14. Jh.s sind Ratsbibliotheken und umfangreiche Hausbüchereien vermögender Büchersammler(innen) nachzuweisen (Engelsing 1973, 14; 1974, 12f.; Eis 1962, 52). Eines der erfolgreichsten Nachschlagwerke zum lateinisch-deutschen Sprachenkontakt im Selbststudium war der im 15. Jh. in 280 Handschriften überlieferte, bis 1505 48mal gedruckt erschienene *Vocabularius Ex quo* (s. 4.6F).

Das Schulwesen war mehrschichtig (Puff 1995; Gramsch-Stehfest 2019): Im Spätmittelalter gab es neben den rein klerikalen Stifts- und Klosterschulen auch städtische *Latein-*, *Rats-* oder *Pfarrschulen* unter dem Patronat des Stadtrates, aber unter kirchlicher Aufsicht. Sie dienten sowohl der höheren Bildung (Vorbereitung auf ein Universitätsstudium) als auch praktischen kirchlichen Diensten. Deutsch diente meist nur als Hilfssprache des Lateinunterrichts. Von den Erfordernissen der städtebürgerlichen Schriftlichkeit her traten aber immer mehr praktische Lese- und Schreibbedürfnisse für Rechtsleben, Verwaltung, kaufmännische Buchführung und Handwerk in den Vordergrund.

So entstanden im 14. und 15. Jh. immer mehr kleinere, gemischte, private Arten von Schulen, die auch von Mädchen besucht werden durften und – unter Aufsicht des Rates – von zunftmäßig organisierten *Schreib- und Lesemeistern* geleitet, z. T. auch von Nonnen und Beginen betrieben wurden. Sie hießen *deutsche Schulen*, *vermengte* oder *gemaine Schulen*, *Schreiber-*, *Küster-*, *Bei-*, *Klipp-* oder *Winkelschulen*. Die *Buchstabierbüchlein* dieser Schreib- und Lesemeister (seit dem 15. Jh.) waren Vorläufer der späteren deutschen Grammatiken (s. 4.4L). In der Nürnberger Stadtchronik ist 1487 die Rede von *pei vier tausend lerkneblein und maidlein*; Ende des 16. Jh.s hatte Nürnberg 75 Schulen (Hartweg/Wegera 1989, 53/2005, 64).

H. Nach Anfängen im 12. und 13. Jh. in Italien und Westeuropa begann die Gründungsphase der Universitäten in Mitteleuropa um 1350 (1348 Prag, 1365 Wien, 1386 Heidelberg) auch mit städtischen Gründungen wie in Köln (1388) und Erfurt (1389). Vorstufen des Universitätsstudiums im Zusammenhang mit der Ausbildung von Bettelorden gab es bereits im 13. Jh. in Köln (Albertus Magnus, Thomas v.Aquin) und Erfurt (Meister Eckhart). Um 1500 gab es etwa 15 Universitäten in deutschsprachigen Ländern. Seit der Zeit um 1400 bauten Stadtverwaltungen eigene Universitätsgebäude außerhalb des kirchlichen und klösterlichen Bereichs und förderten mit Kostenbefreiungen, Stiftungen und Stipendien das Studium von Angehörigen aus mittleren und unteren städtischen Bevölkerungsschichten. Unter den Lehrenden hatten zunächst Angehörige der Mittelschicht die Mehrheit; Adel und Patriziat interessierten sich erst ab Ende des 15. Jh.s mehr für akademische Ausbildung (Grundmann 1964, 22; Koller, in: Maschke/Sydow 1977, 17 ff.). Eine Vorform des Buchhandels entwickelte sich aus dem Beruf des Universitäts*stationarius*, der ursprünglich für das Abschreiben und Korrigieren von Lehrbüchern verantwortlich war, im 14. und 15. Jh. auch für deren Ausleihe.

Am Anfang des Universitätsstudiums standen noch lange die *septem artes liberales* (Sieben Freien Künste) als propädeutische Fächer, bestehend aus Grammatik, Dialektik, Rhetorik, die das *Trivium* bildeten (davon der Ausdruck *trivial* ‚allgemein bekannt', ‚anfängerhaft') und Arithmetik, Geometrie, Astronomie, Musik (das *Quadrivium*). Die *artes* wurden an der philosophischen (*Artisten-*)Fakultät gelehrt. Auf ihr bauten die höheren Fakultäten der Juristen, Mediziner und Theologen auf. Die Philosophie war in die Theologie eingebunden. Von italienischen Universitäten her (besonders Bologna, Padua) gewann die Jurisprudenz im 15. Jh. zunehmend an Bedeutung, vor allem durch die Rezeption des römischen Rechts. Medizin und Naturwissenschaften konnten bis ins 17. Jh. nur sehr allmählich und unter größten Schwierigkeiten (Verdacht von *Nigromantie, Teufels- und Hexenkunst*) an deutschen Universitäten Fuß fassen. Die vielseitige, reiche frühneuhochdt. Fachprosa, die *artes*-Literatur genannt wird, umfasst jedoch neben den akademischen Fächern auch vor allem praxisbezogenes Wissen und Fertigkeiten der seit der Antike den ‚Unfreien' zugänglichen *artes illiberales*, und zwar aus den *artes mechanicae* (Handwerk, Technik) und den *artes magicae* (verbotene und geheime Künste: Astrologie, Zauberei, Weissagung, Teufels- und Hexenkünste usw.) sowie Medizinisches und Alchimistisches, meist in Rezept-, Anweisungs- oder Werbetextform. Die Fachprosa war als Vorstufe von Wissenschafts- und Techniksprache bedeutsam (s. 4.6C).

J. Die Expansion deutscher Schriftlichkeit war also – sozialgeschichtlich begründet aus der Entstehung städtischer Lebensformen, mediengeschichtlich aus der Einführung des Papiers und der Brille – längst in Gang gekommen, ehe mit der ‚Erfindung' des Buchdrucks die bis ins 20. Jh. fortwirkende Innovation der Publikationstechnik wirksam werden konnte. Die Bedeutung des Buchdrucks für die Popularisierung des Lesens und für die deutsche Sprachgeschichte des Frühneuhochdt. ist zum Teil überschätzt worden (vgl.

für eine Gesamtschau Messerli 2013). Im 15. Jh. jedenfalls waren kaum 7 % der Druckwerke deutsch; und die meisten Frühdrucke, auch Bibeln, dienten mehr repräsentativen Zwecken vermögender Leute. Gedruckte Bücher waren so teuer, dass sich noch bis weit ins 16. Jh. hinein das Abschreiben von Büchern lohnte. Der Buchdruck hatte zunächst „nur eine marginale Rolle bei der Demotisierung der Schrift" (Maas 1985, 63). Durch den Buchdruck sind in den ersten Jahrzehnten noch keine neuen Leser- bzw. Leserinnenschichten für das Bücherlesen gewonnen worden. Die mediengeschichtliche Kausalität war umgekehrt: Die Lese-Expansion um 1400 hat die Erfindung Gutenbergs notwendig gemacht. Der Buchdruck hat zwar auf die Dauer die durch Korrekturlesen und hohe Auflagen textlich gesicherte Selektion, Standardisierung und Vermittlung des Wissens gefördert, also die Entstehung moderner Wissenschaften, und in der Reformationszeit hat er durch Flugschriften eine breite politische Öffentlichkeit ermöglicht; aber ein qualitativer Entwicklungssprung war der Buchdruck zunächst nicht. Neue Leser- bzw. Leserinnenschichten konnten allenfalls durch Buchillustrationen (als Lesehilfe oder Lese-Ersatz für Halbalphabeten) gewonnen werden.

Man druckte im 15. Jh. nahezu die gleichen Arten von Texten und auf die gleichen buchkünstlerischen Weisen wie bei der Handschriften-Vervielfältigung. Wegen der Verdächtigung der neuen *Schwarzen Kunst* als *Teufelswerk* haben die deutschen Drucker in der Frühdruckzeit (*Inkunabeln*/Wiegendrucke, bis 1500) traditionelle verschnörkelte *gotische* Buchschriften (vor allem die *Textura*) imitiert und die Bastarda zur *Schwabacher* (ab 1480) und *Fraktur* (nach 1500) weiterentwickelt (Schneider 2014, 38 ff.); die für den Druck weitaus geeignetere *Antiqua* der Humanisten wurde in Deutschland mehr für lateinische Werke verwendet. Es wurden z. T. Handkolorierungen und -illustrationen beigegeben, wobei man auf traditionelle und lokale/regionale Geschmacks- und Interessenrichtungen zahlungskräftiger Sammler-Kunden Rücksicht nehmen musste. Die Nutzung des Buchdrucks für die Interessen herrschaftlicher Institutionen begann 1454 mit Gutenbergs Ablassbrief, dem ersten gedruckten ‚Formular' mit freigelassenen Stellen zum Ausfüllen.

In der Vorgeschichte des Buchdrucks behalf man sich mit Tonstempeln (seit 12. Jh.), und mit dem Holzschnitt (seit etwa 1400). Damit wurden Einblattdrucke aus Bildern mit kurzen erklärenden Texten hergestellt, die man ab 1430 auch zu Blockbüchern zusammenheftete (Rautenberg 2015, 60 f.). Diese Druckform des Halbalphabetismus spielte bis ins 16. Jh. eine große Rolle bei der Popularisierung des Lesens, da mit dem Tempo der Entwicklung von Vervielfältigungsmöglichkeiten (Papier, Druck) die Entwicklung der Alphabetisierung der Bevölkerung nicht Schritt halten konnte. Das Betrachten von Bildern galt noch lange, neben Lesen und Lesenhören, als „eine andere Form der Lektüre" (Engelsing 1973, 10). Durch den Holzschnitt und den ab 1446 nachweisbaren leistungsfähigeren Kupferstich konnte man für die nichtlesenden oder nur schwach lesefähigen Bevölkerungsmassen

Bücher und Flugschriften zum sinnvollen Textverständnis reich illustrieren (ab etwa 1460).

Bis etwa 1450 entwickelte Johann Gutenberg in Mainz den Letterndruck, d.h. erfand die für den Typendruck erforderlichen beweglichen Lettern, das zu deren Gleichförmigkeit nötige Gießinstrument und die (aus einer Weinpresse umfunktionierte) Druckerpresse. Er musste sich damit in hohe Schulden stürzen und konnte selbst keinen Gewinn daraus ziehen. Durch Angelernte und Nachahmer sind die (*Offizinen* genannten) frühen Druckereien ab 1461 rasch über Deutschland und Europa verbreitet worden, bis 1470 zunächst nur in Süddeutschland (Mainz, Straßburg, Bamberg, Köln, Augsburg, Basel, Nürnberg), erst danach auch in Mittel- und Norddeutschland und in anderen Ländern. Ende des 15. Jh.s gab es etwa 62 Offizinen in 53 deutschsprachigen Städten, wobei die Zahl deutscher Drucke gegenüber lateinischen nur in Augsburg 59%, sonst lediglich 8 bis 15% betrug.

Die eher handwerklich-künstlerische Frühphase des Buchdrucks, mit risikoloser Produktion beliebter traditioneller Titel für vermögende Auftraggeber, mit geringen Auflagen (100 bis 200 Exemplare), endete um 1480 mit einer Krise und einer Umorientierung: Die Drucker mussten sich als *Verleger* auf niedrigere Preise, überregionalen Absatz und breitere Leserschichten (Kaufleute, Handwerker, Beamte, Lehrer, Studenten) umstellen, auf deren geringere Vermögenslage und pragmatische Bedürfnisse, auch auf Kleindrucke (Einblattdrucke oder Flugschriften aus wenigen Blättern), auf höhere Auflagen (Anfang des 16. Jh.s um 1000), auf kleinere, handlichere Formate, einfachere Typographie für Selten- und Langsamleser, auf billigere, stereotype Illustrationen. Die Themen und Textsorten wurden volkstümlicher (Bibeln, Beicht-, Sterbe- und Trostbücher) und weltlicher (Formelbücher, Titelbücher, Fachprosa, Volksbücher, Schwänke, Streitschriften, Beschwerdeschriften, Prophezeiungen, Kalender usw.).

Der religiöse Anteil sank bis 1520 in deutschsprachigen Drucken auf 29%. Das lesefähige Publikum wird für die Zeit um 1500 in Deutschland auf 1–4% der Bevölkerung, doch weit über 5% der Stadtbevölkerung, geschätzt (Engelsing 1973, 16, 19f.). Mit Einbeziehung der Langsamleser und des Vorlesepublikums wird man höhere Anteile von Druck-Rezipienten ansetzen dürfen (Hartweg, in: BBRS 1685f.). Die Berufsrolle des unternehmerischen Verlegers (von *vorlegen* ‚Vorschuss geben') wurde Ende des 15. Jh.s von der nur handwerklichen des Druckers getrennt. Größere Verleger hielten sich Angestellte und Vertriebsagenten (*Buchführer*) und betrieben Werbung. So wurden seit der Zeit um 1480 Titelblätter mit Inhalts- und Verlagsangaben üblich (Rautenberg 2008; Götz u.a. 2017). Für das nach bibliographischer Konvention wichtige Jahr 1500 (Ende der Inkunabel-Zeit) wird die Zahl der insgesamt erschienenen Druckwerke auf 30.000–40.000 geschätzt, davon etwa 10.000 Kleindrucke, in insgesamt 450.000–500.000 Exemplaren, wobei der in Deutschland erschienene Anteil 30–48% ausmacht, der deutschsprachige jedoch nur 6–7% (Engelsing 1973, 15).

Erst nach dieser Umstellung auf gesteigerten und überregionalen Absatz gegen Ende des 15. Jh.s begann der Buchdruck einflussreich zu werden für die weiträumige Vereinheitlichung der deutschen Sprache (s. 4.4K) und für die politisch-publizistische Vorbereitung von Reformation und Volksaufständen. Das Verhältnis zwischen lateinischen und deutschen Drucken veränderte sich in der Reformationszeit deutlich: 20/1 (1500), 10/1 (1518), 3/1 (1524), 7/3 (1570). In Norddeutschland haben die Drucker noch bis zur Mitte des 16. Jh.s unter den deutschen Texten das Niederdeutsche bevorzugt; die Blütezeit der mittelniederdt. Schriftsprache reicht bis 1530 (s. 4.4H).

Die Gesamtzahl deutscher Drucke ist in der Reformationszeit angestiegen von 80 (1500) auf 150 (1518), 570 (1520) und 990 (1524), wobei Luthers deutsche Schriften ab 1519 meist über ein Drittel ausmachten (Tschirch 1969, 99; vgl. Hartweg, in: BBRS 1684). Zwischen 1518 und 1526 wurden fast dreimal so viele deutsche Druckwerke herausgebracht wie zwischen 1500 und 1517. Ein Drittel der gesamten Buchproduktion zwischen 1501 und 1520 ist in Deutschland erschienen; im ganzen 16. Jh. betrug die deutsche Buchproduktion das zehnfache im Verhältnis zu der des 15. Jh.s, obwohl die Bevölkerungszahl sich nur verdoppelt hatte; der Rückgang kam erst im 30jährigen Krieg (Engelsing 1973, 26, 31).

K. Die Entstehung einer politischen Publizistik war an einen neuen Begriff ‚Öffentlichkeit' gebunden. Das Wort *offenlich* erhielt nach Vorbild von lat. *publicus* im 15. Jh. neben seiner alten Bedeutung ‚allgemein offenbar, bekannt' auch die medienpolitische Bedeutung ‚dazu bestimmt, dass etwas für jeden bekannt werde' (Ukena 1977, 36). Die seltene Öffentlichkeit mittelalterlicher Hof- und Gerichtstage war hierarchisch, konservativ und extrem formalistisch geregelt, diente repräsentativen, noch nicht eigentlich politischen Zwecken. Auch im kirchlichen Bereich war die Vorstufe von ‚Öffentlichkeit', die Predigt, eher autoritär und dogmatisch, wie das Wort Gottes selbst, noch nicht rhetorisch-persuasiv.

Die mittelalterlich-christliche Art des Gesprächsverhaltens, stark von Ambrosius' *De officiis* (nach 386) geprägt, war das Gegenteil von sozialer, partnerorientierter Interaktion (Schmölders 1986, 16 ff.): Verschwiegenheit, Schweigen, Misstrauen, Demut, Affektvermeidung, Scherzverbot waren allgemeine Verhaltensprinzipien, auch über das monastische Leben hinaus. Höfische Geselligkeit seit dem 13. Jh. und soziale Zuwendung in spätmittelalterlichen Laienorden bedeuteten schon Ausbrüche aus dieser weltfeindlichen Strenge. Die Konversationslehre der Renaissance (Schmölders 1986, 21 ff.) setzte an deren Stelle eine auf Cicero zurückgehende heitere, witzige, gesellige Art *hofmännischer* Umgangsformen, die vor allem durch die Bücher von Giovanni Pontanus, Sekretär und Prinzenerzieher bei Kaiser Ferdinand I. (*De sermone* 1499) und Baldassare Castiglione (*Il libro del cortegiano* 1528, in 60 Auflagen im 16. Jh.) verbreitet wurden.

Die frühbürgerliche politische Publizistik hatte eine Vorgeschichte, in der Anregungen der lateinisch-gelehrten humanistischen Bewegung sich mit volksnaher städtischer Praxis der Predigt, des Rechtsstreits und der Satire verbanden. Dass der Begriff ‚politisch' im Spätmittelalter und in der frühen Neuzeit auch innerkirchliche und theologische Kämpfe einschloss, ergab sich aus der mittelalterlichen ‚Verstaatlichung' des Christentums seit Karl d.Gr. und dem Widerstreit zwischen kaiserlicher und päpstlicher Gewalt. Der Kampf gegen die anmaßende Herrschaft des Papstes und der römischen Kurie stand im Zusammenhang mit frühen nationalstaatlichen Tendenzen nördlich der Alpen, die aber vor der Reformationszeit noch im Rahmen des feudalen Systems und des akademisch-lateinischen Bildungslebens blieben. Besonders seit dem Papst-Schisma (1378–1417) und dem Konstanzer Konzil (1414–1418) wurde der Begriff *reformatio, renovatio* von der italienischen Renaissance her (Dante, Petrarca, Cola di Rienzo) auch bei deutschen frühhumanistischen Gelehrten zum kirchen- und reichspolitischen Ziel- und Kampfbegriff.

Früheste Beispiele antirömischer politischer Publizistik (Rupprich 1970, 1, 393, 401): Lateinische Streitschriften zur Staatsrechtslehre von den beiden Franziskanern Marsilius v.Padua (1324) und Wilhelm v.Ockham (1338) am Münchener Hof König Ludwigs des Bayern. Für die Verbreitung ins Deutsche übersetzter hussitischer Propagandatraktate wurde 1421 der Regensburger Geistliche Ulrich Grünsleder verbrannt. Der aus der Umgebung des Baseler Konzils (1431–49) stammende anonyme deutsche Traktat *Reformatio Sigismundi* (ab 1439 in 16 Handschriften, 1476 bis 1522 in acht Drucken) galt zu Unrecht als früheste deutsche Flugschrift. Darin wurden mit Berufung auf Kaiser Sigismund scharf agitatorisch Kirchen- und Reichsreformen gefordert und das Elend der Bevölkerung angeprangert. Er wird von Historikern für eine frühe „Trompete des Bauernkrieges" gehalten, muss aber mit 300–400 Seiten als Handschrift, 50–100 Seiten im Druck, ein recht teures Buch gewesen sein, das die Volksmassen kaum erreicht und die lateingewohnten Gebildeten wenig interessiert haben wird (Boockmann, in: Moeller u.a. 1983, 112 ff.). Die Zeit war noch nicht reif für deutschsprachige politische Publizistik (s. 5.12F!).

Der nachweisbare Beginn deutscher Flugschriftenliteratur liegt um 1490 (Schwitalla 1983, 287; Schilling 2018): Kaiser Maximilian I. hat zwischen 1493 und 1511 in 90 gedruckten *Ausschreiben* an die Reichsstände die politischen Kräfte des Reiches argumentativ-publizistisch, wenn auch noch in schwerfälligem Kanzlei-Satzbau, für seine Politik gewinnen wollen. Auch durch Sebastian Brants moralsatirische Flugschriften wurden um 1500 Fürstenhöfe und Städte zu Zentren publizistischer Modernisierungsversuche. Die journalistischen Merkmale Aktualität, Öffentlichkeit, Kritik und Themenvielfalt gehörten schon zu denen der Flugschriftenliteratur um 1500.

Im Hinblick auf die Materialität unterscheidet man zwischen Flugblättern und Flugschriften. Ein Flugblatt kann wie folgt definiert werden: „nach franz. *feuille volante*: fliegendes Blatt, einseitig bedrucktes Einzelblatt (Einblattdruck) als Variante der gedruckten Flugpublizistik, das anlass- bzw. ereignisgebunden (>fliegend<) publiziert wird. Der Normaltyp des F[lugblattes] zwischen dem 16. und 18. Jh. ist charakterisiert durch einseitigen Druck im Folio- bzw. Doppelfolio-Format und ein ausgewogenes Text-Bild-Verhältnis. [...]" (Rautenberg 2015, 169). Eine Flugschrift ist demgegenüber „ein Druckwerk von geringem Umfang, das ungebunden (>fliegend<) anlass- bzw. ereignisgebunden publiziert wird. Formal unterscheidet sich die F[lugschrift] vom Flugblatt durch Mehrblättrigkeit und ein kleineres Format (zwischen dem 15. und 19. Jh. in der Regel in Quart) sowie inhaltlich durch Textbasiertheit [...]" (Rautenberg 2015, 169; vgl. Griese u.a. 2010; Honemann 2016). Funktional verfolgten Flugschriften, die in der Regel einen Umfang von vier bis acht Blätter hatten, vornehmlich das an die Öffentlichkeit gerichtete „Ziel der Agitation (Beeinflussung des Handelns) und/oder der Propaganda (Beeinflussung der Überzeugung)" (Köhler 1981, 3). Flugblätter bilden terminologisch eine Untergruppe der so genannten Einblattdrucke; sie sind funktional vor allem an die Vermittlung von „Neuigkeiten" gebunden, da sie rasch verbreitet wurden („durchs Land flogen"; s. Honemann 2016, 350). Insgesamt wiesen Einblattdrucke ein breites Funktionsspektrum auf: Ablassbriefe, Almanache, Frömmigkeitsschrifttum, amtliche Bekanntmachungen, Gesundheitsschrifttum, Lieder, Schützenbriefe, Bücheranzeigen, Ankündigungen usw. (s. Honemann 2016).

Die Ein- und Mehrblattdrucke berichteten also über aktuelle Ereignisse oder über verschiedene Themen der praktischen (urbanen) Modernisierung: Rezepte, Naturwissenschaftliches, Prophezeiungen usw. Ein anderer Zweig der frühen Flugschriftenliteratur hatte alte Wurzeln in satirischer Alltagspraxis: Bibelparodien, Liedkontrafakturen, ironische Gebete oder Litaneien, politische Zehn Gebote oder Katechismen, fingierte Dialoge und Briefe. Hier wirkten z.T. mittelalterliche Traditionen nach (Vagantenlieder, Spruchdichtung, volkstümliche Spottverse, Fastnachtsbräuche).

Viele der frühen Flugblätter und Flugschriften richteten sich mit attraktiven Holzschnitten oder Kupferstichen (z.T. von bedeutenden Künstlern wie Albrecht Dürer und Lucas Cranach) an ein Vorlese- und Anschau-Publikum. Oft bestanden sie nur aus einem Bild und einem kürzeren sprachlichen Kommentar. Flugschriften veränderten das ökonomische Verhältnis zwischen Produktion und Rezeption: An die Stelle der unmittelbaren Abhängigkeit der Verleger von Aufträgen oder Publikumsgeschmack trat in der Reformationszeit vielfach das politische Interesse an der Verbreitung neuer Ideen und Formen beim anonymen Massenpublikum durch werbende *Buchführer*. Nach dem stärker rezeptiven, alte Texte neubearbeitenden 15. Jh. war das frühe 16. Jh. literarisch kreativ. Dies zeigt sich auch am Übergang von lateinisch-deutschen Vokabularien zu deutsch-lateinischen und schließlich deutschen Wörterbüchern (Bremer, in: BRS 1386; vgl. 4.6F).

Ein entscheidender Anstoß zur politischen Publizistik der Reformationszeit kam von humanistischen Gelehrten. Obwohl viele deutsche Humanisten, im Unterschied zu italienischen, weniger in politische Tagesfragen verstrickt waren, sondern eher weltabgewandt, schöngeistig, akademisch-pädagogisch und mathematisch-naturwissenschaftlich orientiert (Rupprich 1970, 1,452 ff.), war die Bewegung doch von sehr ernsthaft und leidenschaftlich geführten reformtheologischen Fehden gekennzeichnet. Ihr weltliterarisch wirksamer Höhepunkt waren die „Dunkelmännerbriefe", die viel zur literarischen Erprobung und politischen Radikalisierung der frühbürgerlichen Publizistik beigetragen haben. Von vielen Humanisten ist das Auftreten Luthers zunächst nur als Fortsetzung humanistischer Auseinandersetzungen der spätmittelalterlichen *reformatio*-Bewegung verstanden worden (s. 4.1D).

Der humanistische, judenfreundliche Gelehrte Johannes Reuchlin geriet 1509 in einen jahrelangen Disput mit dem Kölner Dominikaner Johannes Pfefferkorn über die Zulässigkeit oder Beschlagnahme der althebräischen Literatur. Der Streit wurde anfangs auch in deutschen Flugschriften ausgetragen, dann aber im Hinblick auf literarisches Niveau und Parteienbildung auf höchster akademischer und politischer Ebene meist auf Lateinisch weitergeführt. Daraus entstand in Erfurter Universitätskreisen die berühmte Sammlung *Epistolae obscurorum virorum* (1515, 1517), in der auf satirische Weise eine umfassende Kulturkritik an Kirche und Theologie geübt wurde, indem den dogmatisch borniertem ‚Dunkelmännern' die humanistisch aufgeklärten reformfreudigen *clari viri* gegenübergestellt wurden. Der erste Teil (vor allem von Crotus Rubeanus) war eine bunte Mischung aus spätscholastisch-gelehrten, renaissancehaft-individualistischen und volkstümlich-derben Elementen, in parodistischem Mischlatein (mitunter mit lateinisch flektierten deutschen Wörtern), der zweite Teil (vor allem von Ulrich von Hutten) war mehr ernste politische Polemik. Solche Lateintexte gehören, angesichts der hochentwickelten Zweisprachigkeit deutscher Gelehrter in der Zeit des Humanismus, auch zur deutschen Publizistikgeschichte (Rupprich 1970, 1,709 ff.; Hess 1971).

L. Mit den „Dunkelmännerbriefen" war die Brücke zwischen humanistischem Gelehrtenstreit und frühbürgerlicher politischer Öffentlichkeit geschlagen, vor allem durch Ulrich v. Hutten (1488–1523), den man (neben Sebastian Brant) als einen der ersten bedeutenden politischen Publizisten Deutschlands bezeichnen kann. Hutten stammte aus dem fränkischen Reichsrittertum und war geistig vom nationalen Humanismus des Conrad Celtis und von seinen Tacitus-Studien geprägt, politisch von seinem im Bündnis mit Franz v. Sickingen geführten feudalrevolutionären Kampf gegen die Verdrängung des traditionellen Landrechts durch das römische Recht und gegen die Willkürherrschaft des Herzogs Ulrich v. Württemberg. Unmittelbar nach dem Eintreten für die Reuchlin-Partei ging er zur leidenschaftlichen Propaganda für Luthers Reformation über, mit zahlreichen eigenen Flugschriften, aber auch als Herausgeber antipapistischer Schriften Anderer (Rupprich 1970, 1, 720 ff.; Honemann 1996; A. Becker 2013).

Der Übergang vom Gelehrtenstreit zur politischen Publizistik ist bei Hutten bewusst auch eine Hinwendung vom Latein zum Deutsch der Volksmassen, von gekünstelter Rhetorik zu derb-aufreizender politischer Sprache. 1520 schrieb er darüber in dem Gedicht *Clag vnd vermanung gegen den übermässigen / vnchristlichen gewalt des Bapsts zu Rom vnd der vngeistlichen geistlichen*:

> *Latein ich vor geschriben hab /*
> *das was eim yeden nit bekandt.*
> *Yetzt schrey ich an das vatterlandt*
> *Teütsch nation in irer sprach /*
> *Zu bringen dißen dingen rach –*
> (zit. nach Rupprich 1970, 1,726; Beck 2013, 210).

Zwischen 1519 und 1520 ging Hutten vom Lateinischen auch (aber nicht ausschließlich) zum Deutschen über und übersetzte auch seine antirömischen früheren Schriften in die Volkssprache (vgl. Beck 2013).

Auch Martin Luther hat diesen Schritt von lateinischer Gelehrtenkontroverse zu deutsch-frühbürgerlicher Öffentlichkeit erst im Laufe der Radikalisierung des Kirchenreform-Kampfes getan. Er ist auch später als Mehrsprachiger beim Nebeneinander von Latein und Deutsch geblieben, je nach Zweck und Adressaten; und die überlieferten Tischgespräche waren totale Mischsprache (s. 4.7D). Humanist im damaligen bildungsgeschichtlichen Sinne war er nur als hochbegabter Philologe; in seiner Publizistik war er mehr Reformtheologe und radikaler Glaubenserneuerer aus deutschen Traditionen der Bettelorden, Laienbewegungen und Mystiker/Mystikerinnen.

Luthers Bildungsgang entsprach spätmittelalterlicher Reformtheologie und frühbürgerlich-städtischer Weltoffenheit: Stadtschule in Mansfeld, Magdeburger Domschule der *Brüder vom gemeinsamen Leben*, ab 1501 Universität Erfurt mit philosophischen Anregungen von Wilhelm v.Ockham, 1505 Magistergrad, Jurastudium und Glaubenskrise mit asketischem Klosterleben bei den Erfurter Augustiner-Eremiten, 1511 Romreise mit bewegenden Eindrücken von päpstlicher Macht-Praxis, 1512 theologische Promotion, Professur in Wittenberg, Vorlesungen in Auseinandersetzung mit Schriften von Paulus, Ockham und Mystikern (vor allem Tauler und die *Theologia deutsch*; vgl. Wegener 2016).

Die *Ablass*-Affäre um Johann Tetzel war nur äußerlicher Anlass für Luthers publizistische Tätigkeit in verschiedenen Stufen der Medienvariation: zuerst Predigten in der Kirche, dann 97 lateinische Disputationsthesen vom 4. Sept. 1517, die er gedruckt verschickte. Erst die ihm unerwartete große Wirkung der 95 (noch immer lateinischen) Thesen, die bald danach ohne sein Zutun auch auf Deutsch kursierten, zog ihn über die lokale Akademiker-Öffentlichkeit hinaus in eine unaufhaltsame überregionale Publizitätskampagne, in einen kirchlich-reichspolitischen Ketzerprozess hinein. An die ungelehrte Bevölkerung wandte er sich anfangs nur mit lehrhaften Schriften über die neue Frömmigkeit aus dem Glauben statt aus Werken, vor allem im vielfach aufgelegten *Sermon von Ablass und Gnade* (Wittenberg 1518; s. Abb. 4!; vgl. Moulin 2014).

Luthers Übergang zu politischer Publizistik kam von außen: Seine neue Glaubenstheologie wurde von sozialpolitischen Interessengruppen aufgegriffen

Abb. 4: Martin Luther. *EJn Sermon oder Predig von dem ablasz vnd gnade*, [Basel: Pamphilus Gengenbach 1518]. Exemplar der Öffentlichen Bibliothek der Universität Basel, Sign. *UBH FM1 X 16:16*.

und zur Rechtfertigungsbasis politischer Forderungen und Aufrufe gemacht: Zünfte, niederer Adel, ab 1522 auch revolutionäre Gruppen in der bäuerlichen und städtischen Unterschichtbevölkerung. Das Flugschriftenwesen war so weit entwickelt, dass Luther in immer rascherer Abfolge in einen eskalierenden Medienzwang geriet, zur Stellungnahme, zur Rechtfertigung, zum Eingreifen, zur Polemik gegen Gegner; in kurzer Zeit wurde er mit witziger, ironischer, wortspielerischer, übertreibendbeleidigender, aber gekonnt auf wesentliche Ziele konzentrierter Formulierungsweise zum erfolgreichsten politischen Publizisten der Unruhezeit 1520–1525. Entscheidend für seinen endgültigen Bruch mit Rom, also für sein großes reichspolitisches Wagnis, war jedoch ein Ereignis akademischer Öffentlichkeit: die Leipziger Universitäts-Disputation mit Eck und Karlstadt. Man brachte ihn mit Hutten und mit der aufständischen Reichsritterschaft um Franz v.Sickingen in Beziehung. Seine politisch-publizistische Tätigkeit gipfelte 1520 in den drei großen Programmschriften *An den Christlichen Adel deutscher Nation* an Kaiser und Adel, *Von dem babylonischen Gefängnis der Kirche* (zuerst lateinisch) an die Gelehrten Europas, *Von der Freiheit eines Christenmenschen* (s. Abb. 5!). Luthers frühe Flugschriften hatten – noch vor seiner Bibelübersetzung – einen für damalige Zeit epochemachenden raschen Erfolg, überregional und europäisch.

Schon Luthers *Sermon von Ablass und Gnade* (Wittenberg 1518) erschien innerhalb von 10 Monaten in 12, bis 1520 in 25 Ausgaben. Noch im selben Jahr wurde der *Sermon* sowohl ins Niederdeutsche übersetzt und in Braunschweig veröffentlicht; ferner erfolgte ebenfalls in 1518 im Rahmen eines Sammelbands mit Lutherschriften eine Übertragung ins Lateinische (Moulin 2014). Von der Schrift *An den christlichen Adel deutscher Nation* (Wittenberg 1520; s. Th. Kaufmann 2014) waren die 4.000 Exemplare der ersten Auflage in fünf Tagen vergriffen; sie ist dann in 15 Ausgaben (14 hochdt., 1 niederdt.) weitergedruckt worden. Von der Freiheits-Schrift erschienen von 1520 bis 1526 20 Ausgaben (Engelsing 1973, 271). Sie gehört zu den Texten des Reformators, die er selbst in einer lateinischen und einer deutschen Fassung verfasst hat, in diesem Falle mit deutlich voneinander abweichender Stilisierung. Die innerhalb von zwei Tagen entstandene deutsche Fassung steht dem Stil volksverbundener Predigten nahe, ist aber mit einem sehr seriösen, ästhetisch wohlgelungenen Titelblatt veröffentlicht, mit akademisch-lateinischer Stilisierung beim Personennamen, Ortsnamen und der Jahresangabe, mit den landesfürstlichen Wappen (Kurschwerter oben, Herzogtum Sachsen unten im Wittenberger Wappen) zur privilegierenden Absicherung gegen die Zensur; vgl. dagegen das Titelblatt von Eberlins Flugschrift in 4.8N!

Luthers Übersetzung des Neuen Testaments erschien in Wittenberg 1522 (Septembertestament) in 3.000–5.000 in wenigen Wochen vergriffenen Exemplaren noch anonym, zu einem Preis, der etwa dem Wochenlohn eines Handwerksgesellen entsprach, bereits im Dezember 1522 eine verbesserte Neuauflage. Schon nach wenigen Monaten wurden in Basel und in Augsburg Nachdrucke herausgegeben. Von 1522 bis 1524 erschienen 14 autorisierte Ausgaben und 66 nicht autorisierte Nachdrucke, von 1522 bis 1546 87 hochdeutsche, 34 niederdeutsche Ausgaben, insgesamt etwa 100.000 Stück (Engelsing 1973, 29). Luthers Vollbibel erschien ab 1534 in 6 Teilen mit 117 Holzschnitten, zu einem Preis etwa im Wert von 8 Kälbern, eine gründliche Revision 1541, die letzte von Luther selbst (mit Mitarbeitern) verbesserte Auflage 1546; bis 1574 etwa 100.000 Exemplare ohne die Nachdrucke (Rupprich 1973, 2,35). Neben Flugschriften und Bibel beruhte Luthers Publikationswirkung auch auf seinem *evangelischen Gesangbuch* (ab 1524), seinen *Postillen* (ab 1527, Bibeltext-Erklärungen) und vor allem seinem *Deudsch Katechismus*, von dem zwischen 1529 und 1563 über 100.000 Exemplare erschienen.

Zusammen mit der Bibelübersetzung hat vor allem der auswendig zu lernende Katechismus in lutherischen Territorien viel zur Verbreitung vieler Normen der späteren neuhochdt. Schriftsprache in der Bevölkerung beigetragen (s. 4.4F, 4.8C–H). Die auf breite Volksbildung hin orientierte Publikationstätigkeit Luthers muss eine beträchtliche Verschiebung im deutschen Buchmarkt hervorgerufen haben. Die bis dahin bei Gebildeten beliebte wissenschaftliche und unterhaltsame Literatur „wurde durch diese Flut regelrecht beiseitegespült" (Engelsing 1973, 28). Erasmus v. Rotterdam schrieb 1523: „Die schreiben alles Deutsch. Wir haben es mit der Masse zu tun"; und 1524: „Bei den Deutschen läßt sich kaum noch etwas verkaufen außer lutherischen oder antilutherischen Büchern" (Engelsing 1973, 26 f.). Luthers Schriften sollen nach einer groben Schätzung in Deutschland in mehr als 200.000 Häusern verbreitet gewesen sein, bei einem lesenden und lesenhörenden Publikum von annähernd 1 Million, also etwa 10% der Bevölkerung (Engelsing 1973, 29).

Vor allem in den protestantisch gewordenen Ländern wurde das Bedürfnis nach dem Lesenkönnen über professionelle Erfordernisse hinaus gefördert. Reformatorische Schriftlichkeit bedeutete für die Geistlichen die Pflicht zur aktiven Schreibsprachkompetenz (bis ins 15. Jh. konnten viele Kleriker nur lesen) und zur philologisch kontrollierten Arbeit am Text nach humanistischem Vorbild (Maas 1985, 58). Für die Laienchristen, jedenfalls für die bildungsfähigen oberen Mittelschichten, bedeutete schriftgebundene Frömmigkeit die des Lesens, Lesenhörens und Redens über Glaubensfragen, die damals von Fragen der Rechtsordnung kaum zu trennen waren. So wurde es Laien möglich, mit Geistlichen über Glaubens- und Rechtsfragen zu argumentieren, was mehrfach bezeugt ist und von den intellektuellen Anführern der Bewegung im Sinne des späteren Begriffs ‚Aufklärung' beabsichtigt war (vgl. über Dialoge 4.8J):

Aber die waren prediger uñ lerer [...] sehen das es not ist das man dem volk den rechten grund fürhalte [...] vnd schriben solichs auß in teütscher sprach das ein jeclicher frommer christ in seim hauß mag läsen vnd wol bedencken. [...] Das ist ein vrsach warumb man alle ding in teütsch bringt zů nutz vnd hail dem teütschen land [...]. (Johann Eberlin von Günzburg, *WArumb man herr Erasmus von Roterodam in Teütsche sprach transferiert.* [= *Der Bundesgenosse VIII*] (Basel 1521, fol. 3v-4r); vgl. Feldbusch 1985, 338).

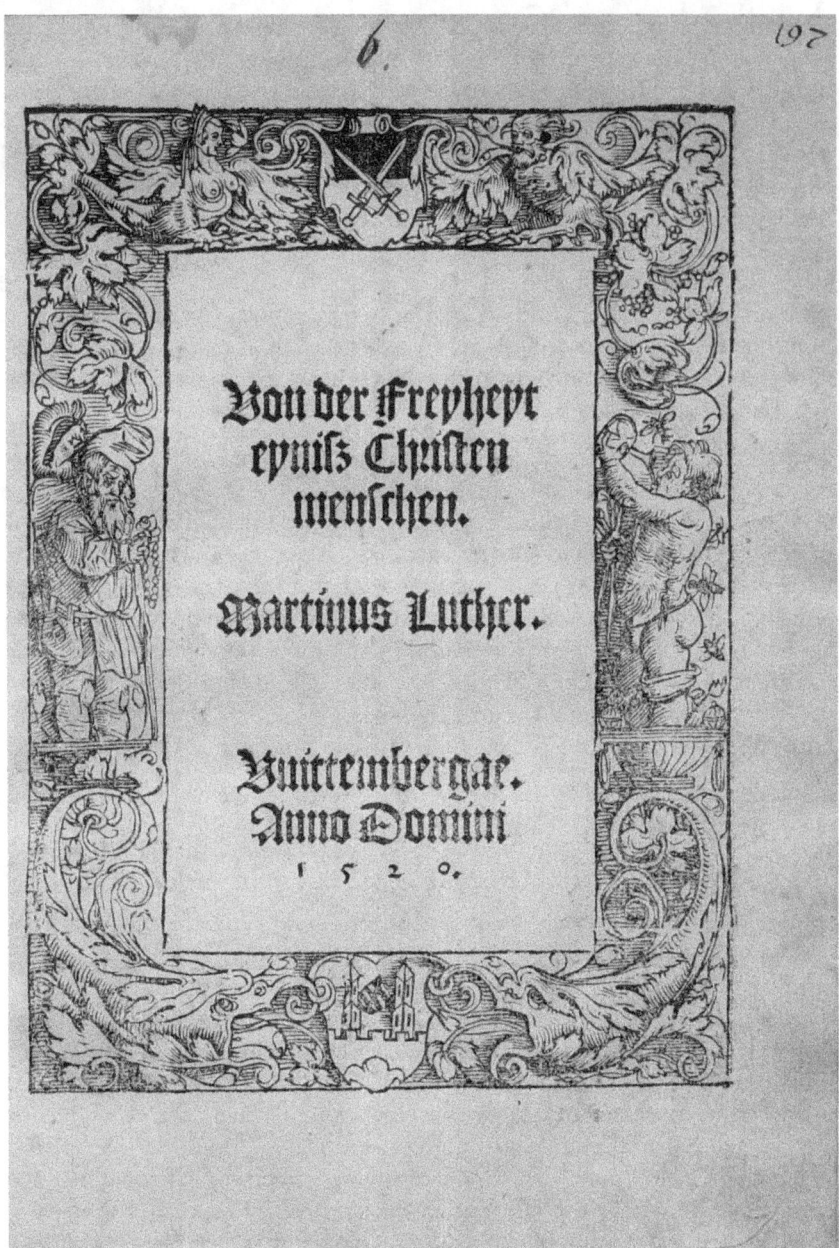

Abb. 5: Martin Luther. Von der Freyheyt eynisz Christen menschen, Wittenberg: Johann Rhau-Grunenberg 1520. Exemplar der Universitäts- und Landesbibliothek Sachsen Anhalt in Halle (Saale), Sign. Jb 4187a (6).

M. Der frühbürgerliche Entwicklungsschub in der Popularisierung deutscher gedruckter Schriftsprache darf nicht einseitig auf Luther und die Reformation beschränkt werden wie in traditionellen Darstellungen. Auch die Bedeutung der politischen Propaganda- und Agitationsliteratur der revolutionären Jahre 1520 bis 1525 ist für die frühneuhochdt. Sprachgeschichte und deutsche Mediengeschichte in den Blick genommen worden. Im Anschluss an Huttens und Luthers frühe Programmschriften kam es im Jahre 1520 explosionsartig zu einer Flut politischer Kleinpublikationen. Zwischen 1516 und 1546 sind über 4.000 Flugschriften nachzuweisen, besonders massiert zwischen 1520 und 1525. Die neben Einblattdrucken häufigeren Mehrblattdrucke (meist 4–8 Blätter) wurden damals *büchlein, sendbrief* o. ä. genannt, erst in späterer Buchgeschichtsforschung *Flugblatt* bzw. *Flugschrift* (weil ungebunden, ,fliegende Blätter'; von franz. *feuille volante*; s. oben 4.2K!).

Die meisten Flugschriften erschienen anonym wegen der Gefahr von Verfolgung und Beschlagnahme. Die Verfasser waren überwiegend theologische und juristische Intellektuelle, Berufsschreiber oder Buchhändler, die als Verbreiter der Reformideen oder des Aufruhrs wirkten. Sie waren auch als Formulierungshelfer der Aufständischen unentbehrlich, zur Überwindung der Sprachbarrieren, die zwischen dem einfachen Volk in Stadt und Land und den kirchlichen oder weltlichen Herren und Institutionen durch die latinisierende Einführung des römischen Rechts und durch allgemeine Verschriftlichung der Verwaltung entstanden waren (Wettges 1978, 69 ff.; Brackert 1975/85, 68 ff.; Weyrauch, in: Köhler 1981, 248; Moeller/Stackmann 1996).

Unter den Verfassern von Flugschriften finden sich auch bekannte Namen wie Eberlin v. Günzburg, Thomas Müntzer, Hans Sachs. Von Paracelsus und Valentin Ickelsamer ist aktive Beteiligung an den Volksaufständen als Redner bezeugt. Oft geben sich anonyme Verfasser bewusst ungelehrt im Sprachstil des *gemeinen mans*; doch viele sprachliche Merkmale (lateinische Wörter, theologische oder juristische Argumente) weisen auf ihren akademischen oder professionellen Hintergrund als Wanderprediger, Franziskaner, Ratsschreiber, oder Gerichtsfürsprecher hin. Auch einige Buchdrucker, Buchführer, Kaufleute und Handwerker sind nachweisbar. In den mündlichen und halbschriftlichen Kommunikationsformen (Volksversammlungen, Laienpredigten, Verbündnisberatungen, Beschwerdeschriften usw.) spielten Handwerker, Bauern und Plebejer eine größere Rolle (G. Brandt 1988a, 30 ff.). Insbesondere sind auch Druckschriften von Frauen im reformatorischen Kontext bezeugt; für die Jahre 1523–25 sind fünf Frauen mit insgesamt 15 Flugschriften (z. T. mit mehreren Auflagen) greifbar, und zwar Argula von Grumbach (s. Abb.6!), Katharina Zell (geb. Schütz), Ursula Weyda, Katharina Rem und Florentina von Oberweimar (Halbach 1992; G. Brandt 1997; Schwitalla 2002; Stjerna 2009; Domröse 2010; Kommer 2013): „Mit der

Abb. 6: Argula von Grumbach. Wie eyn Christliche fraw des adels in Beiern durch ihren/ in Gotlicher schrifft/ wolgegrundten Sendtbrieffe/ die hohenschull zu Jngoldstat/ vmb das sie einen Euägelischen Jungling/ tzu widersprechung des wort gotes/ betrangt haben/ straffet, Breslau: Kaspar Libisch 1523. Exemplar der SLUB Dresden / Digitale Sammlungen / Hist.eccl.E.264,11.

Entscheidung, ihre Texte drucken zu lassen, widersetzten sich diese Frauen dem Verbot der öffentlichen Rede, das bis in die Anfänge des Christentums zurückging. [...] Es war den Frauen also bewusst, dass sie ein Tabu brachen, als sie Texte für die Öffentlichkeit schrieben" (Schwitalla 2002, 282ff.). Zum Teil wurden sie für ihre Flugschriften angefeindet, öffentlich verspottet bzw. ihre Ehemänner entsprechend verantwortlich gemacht.

Die meisten Textsorten der Flugschriften hatten traditionelle Vorbilder, die zeitgerecht modifiziert wurden. Die Anknüpfung an altgewohnte Formen

4.2. Mediengeschichte, Bildungsgeschichte, Textsortenentwicklung

diente der Aufnahmebereitschaft beim Publikum, das sich aus Angehörigen vieler Stände und Berufe zusammensetzte. Es sind vor allem folgende Textsorten (Schwitalla 1983; D. Wolf 1983):

- Predigten (*Sermone*), meist Nachdrucke bereits öffentlich gehaltener Predigten, bestehend aus belehrenden Teilen (*docere*), mit vielen rechtfertigenden Bibelzitaten, und persuasiven Teilen (*movere*) aus der *exhortatio* der Predigttradition
- Offene Briefe (*Sendbriefe*), nach der alten Tradition der biblischen Apostelbriefe, stark polemisch (*Schmachbüchlein*), an reale Potentaten, Gegner oder fingierte Personen gerichtet
- Beschwerde- und Bittschriften, mit Vorbildern in den *gravamina*, die im 15. Jh. besonders auf Reichstagen vorgebracht wurden
- Programme (*Artikel, Hauptartikel*) als Systematisierungen und Verallgemeinerungen des Beschwerde- und Bittschrifttypus, aus kirchenrechtlicher Tradition

Mit solchen praxisnahen Textsorten antwortete man oft in rascher, eskalierender Folge auf Flugschriften der Gegner oder auf empörende Ereignisse. Daneben gab es **fiktive** Textsorten:

- Dialoge (*Gespreche, Gesprechbüchlein*) aus alter akademischer Tradition seit der Antike, aber auch in drastisch-satirischen volkstümlichen Formen
- Fastnachtsspiele, sozialsatirische Monologreihen verschiedener typischer Personen, aus mittelalterlicher Schwanktradition
- Spottlieder, Spottverse, Litaneiparodien, aus der Vagantentradition, oft nachts öffentlich angeschlagen und am nächstfolgenden Sonntag von manchen Leuten in der Messe als Kontrafakturen mitgesungen (rituelle Melodien mit untergelegtem falschem Text)
- *Himmelsbriefe, Teufelsbriefe*, fingierte Briefe aus dem Jenseits.

Eine besondere politisch-persuasive Wirkung hatten die sprechsprachlich-emotional formulierten Texte, die einem Zuhörpublikum von Lesekundigen mit imitativer Lautung und Mimik vorgelesen werden konnten; sie hatten eine politische „Eröffnungs- und Führungsfunktion" (Moeller, Scribner und Rössing-Hager, in: Köhler 1981). Dazu gehörten – neben den Predigt-Nachdrucken – die beliebten Dialoge, von denen zwischen 1521 und 1550 rund 150 erschienen. Sie spiegeln etwas von der nichtüberlieferten mündlichen oder halbmündlichen Kommunikationspraxis der Reformations- und Bauernkriegszeit, von den leidenschaftlichen Streitgesprächen in Ratsstuben, Wirtshäusern, an Straßenecken, auf Marktplätzen, mit selbstbewusster Beteiligung von Menschen aller Stände wider; sie waren literarisch-didaktisch kultiviert (vgl. 4.8J).

1523 klagt in Niklaus Manuels *Fastnachtsspiel vom Papst und seiner Priesterschaft* ein Geistlicher über die religiöse Mündigkeit einfacher Laienchristen gegenüber hilflosen Klerikern:

> *Die leyen mercken vnsern list*
> *Wo du* [Gott] *nit vnser helffer bist*
> *So gat vns ab an allen dingen*
> *Dann si wend selb der gschrifft zů tringen*
> *Der tüfel nem die trucker gesellen*
> *Die alle ding in tütsch stellen*
> *Das alt vnd new testament*
> *Ach werend sie halb verbrent*
> *Eyn ieder pur der leßen kan*
> *Der gewüntß eim schlechten pfaffen an*
> *Wir hand in des papstß rechten glesen*
> *Vnd in Aristotelis wesen*
> *Thoma/ Scoto/ vnd anders meer*
> *Der alten schůler vnd schriber leer*
> *So kummend sie mit Cristus worten*
> *Zeigend an/ wo/ wie/ an welchen orten*
> *Vnd bringend da so starcke stuck*
> *Werffend all doctores zůruck*

(Uraufführung 1523, Druck 1524; zit. n. Zinsli/Hengartner 1999, 134; vgl. Ukena 1977, 38)

Über die Wirkung der Reformationspublizistik durch öffentliches Vorlesen (*lesen hören*) sagt die Figur Frantz v.Sickingen in dem Martin Bucer zugeschriebenen *Gesprech biechlin neüw Karsthans* (1521):

> (*Der*)*halbn sichst du yetzund/ manchen vngelerten leyen/ (der) allein hat Luterische geschrifft lesen hōrē/ mer vō dē Ewangelio vnd grund vnsers glaubēs wissen zů sagen/ dañ manchen pfaffen/ der .x. oder .xv. jar gepredigt/ und vil bůcher durchlesen hat/* (*Gesprech biechlin neüw Karsthans*, [Straßburg 1521], fol. B4r-v).

Diese Art von Dialogschriften der Reformations- und Bauernkriegszeit steht literaturhistorisch in der Tradition der frühhumanistischen *Ackermann-Dichtung* des Johannes von Tepl (Böhmen, um 1400), die zu den bedeutendsten deutschen Dichtungen des Spätmittelalters gehört; sie ist auch in der Buchdruckzeit bis in die Mitte des 16. Jh.s (vornehmlich im oberdeutschen Raum) gedruckt worden (Rupprich 1970, 1,393 ff.; Kiening 1998, 475–523). Die berühmteste, oft nachgeahmte Dialogschrift der Reformations-Unruhen war der (dem oben erwähnten *Neüw Karsthans* unmittelbar vorausgegangene) radikale, anonym erschienene *Karsthans* (Straßburg 1521). Solche Betitelung mit dem Namen einer der argumentierenden Personen (der Bauer *Karsthans*), statt mit einem Thema, kann auch als Symbol für die damals beanspruchte Mündigkeit und argumentative Gleichberechtigung der handelnden Personen aus der Unterschichtbevölkerung gedeutet werden. Der Bauer *Karsthans* steht dabei für den „Typus des besonnenen christlichen Bauern, der, frei über sich verfügend, sein Leben in Selbsterkenntnis und gleichzeitig in Einklang mit einer kultivierten Natur gestaltet" (Kiening 1998, 295 A.309; s. auch Neukirchen 2011; Filatkina/Moulin 2018a).

In Bezug auf Sprachhandlungstypen standen (nach Schwitalla 1983, D. Wolf 1983, 151) von 1520 bis 1525 argumentative und persuasive Handlungen im Vordergrund: Begründen, Rechtfertigen, Sich-Berufen, Fordern, Aufrufen, Sich-Beschweren, Anklagen, Polemisieren (vgl. 4.8K). Die nur spottenden oder beleidigenden Flugschriften waren selten, im Gegensatz zu den einblättrigen Spottliedern, -sprüchen und -bildern. Der Charakter echter politischer Publizistik wird besonders deutlich in den verschiedenen Programmschriften des ‚Bauernkrieges' 1525, die viel zur Verbreitung der revolutionären Bewegung beigetragen haben.

Neben vielen nur handschriftlich überlieferten hatten die in 24 Drucken verbreiteten *Zwölff Artikel gemeiner Bauernschaft* des Memminger Kürschnergesellen Sebastian Lotzer eine große Wirkung. Sie waren mit einer einleitenden Berufung auf Luthers evangelische Rechtfertigung von dem Prediger Christoph Schappeler versehen, bestanden sonst aber aus konkreten wirtschaftlichen und rechtlichen Forderungen aus der sozialen Unterschicht, im selbstbewussten kollektiven *wir*-Stil, zugleich als Appell an die Herrschenden und als Solidaritätspropaganda für Gleichgesinnte und Mitbetroffene (Rupprich 1973, 2,125). Zur Sprache der ungedruckten Alltagsschriften vgl. 4.8K!

N. Die Gegenpartei, die romtreuen Altkirchlichen, von den (ab 1529 so genannten) *Protestanten* polemisch als *Papisten* oder *Römlinge* bezeichnet, waren infolge ihrer kirchenautoritären, akademischen, öffentlichkeitsfeindlichen Gewohnheiten daran gehindert, die Mittel der neuartigen Massenpublizistik und den volksnahen Redestil auch für ihre Ziele einzusetzen. Aber auch sie waren aus konkreten Anlässen gezwungen, Flugschriften drucken zu lassen; diese waren aber meist langatmig-gelehrt oder im Kanzleistil formuliert (Cole, in: Köhler 1981, 139 ff.). Nach der Niederwerfung der Aufstände von 1525 wurde die Verbreitung von Flugschriften durch eine Verschärfung der Bücherzensur stark behindert.

Schon 1485/86 hatte der Mainzer Erzbischof den Verkauf nichtlizensierter Bücher (auch Bibelübersetzungen) auf der Frankfurter Messe mit der Androhung der Exkommunikation zu verfolgen begonnen. Solche Präventivzensur ordnete 1487 auch eine Bulle des Papstes an. Eine erste staatliche Zensur enthielt das Wormser Edikt (1521) gegen Luthers Schriften. Seit 1530 mussten Verleger ihre Produkte mit Druckort und Druckernamen auf dem Titelblatt kennzeichnen. Im Zusammenhang mit der landesfürstlichen Konfessionalisierung des Kirchenkampfes (Augsburger ‚Religionsfriede' 1555) ist in katholischen Territorien die gezielte systematische Bücherzensur mit dem *Index librorum prohibitorum* eingeführt worden (inoffiziell in Rom 1559 erschienen, kirchenamtlich seit dem Kölner Konzil 1564).

Die politische Wende von 1525 bedeutete zwar nicht das Ende der frühbürgerlichen Öffentlichkeit, aber doch eine starke Reduzierung politischer Offenheit in der Publizistik. Auch die protestantische Seite hielt sich auf dem Wege der dogmatischen Erstarrung und landeskirchlichen Anpassung an diese Entpolitisierung. Trotzdem blieb das 16. Jh. auch weiterhin das Zeitalter der Flugschriftenpublizistik, vor allem in drei thematischen Gruppen (Schwitalla 1983, 290 ff.):

– Offizielle Rechtfertigungen und Propaganda von landesfürstlichen Regierungen für eine bestimmte Politik, oft gegen andere Fürsten, etwa bei besonderen Anlässen (Reichstage, Konzilien, Fehden, Kriege, Türkengefahr)
– Theologische Streitschriften, besonders in der Auseinandersetzung zwischen verschiedenen protestantischen Konfessionen oder im Kampf gegen Sektierer und Wiedertäufer und in der Gegenreformation
– Moralisierende und erbauliche Anweisungen für neue Frömmigkeit, neues Recht, neue Sitten in Gemeinden und Familien, als *Haushaltungsbüchlein* Vorläufer der späteren Erbauungs- und Hausväterliteratur (s. 5.2D, 5.12H)

O. Zu den gedruckten Flugschriften gehören auch die Vorläufer der Nachrichtenpresse, ab 1502 *Newe Zeitungen* genannt. Dies waren Einblatt- oder Mehrblattdrucke, die von *Zeitungsschreibern* mit Briefverbindungen in alle wichtigen Städte professionell hergestellt und von *Buchführern* auf öffentlichen Plätzen oder durch Hausieren vertrieben wurden. Sie erschienen unregelmäßig und berichteten über bestimmte Ereignisse oder Ereignisfolgen (z.B. Türkenkriege), aber ohne Kommentar, ohne Agitation und anonym, um der Zensur zu entgehen. Ab 1588 wurden als *Meßrelationen* Nachrichtensammlungen halbjährlich zur Frankfurter und Leipziger Messe herausgegeben. Mit solchen gedruckten Informationsquellen wurde das Nachrichtenmonopol der feudalen und ständischen Institutionen allmählich ebenso gebrochen wie mit den Flugschriften der Unruhezeit 1520–25, aber in politisch reduzierter und getarnter Weise.

Seit dem 15. Jh. gab es handgeschriebene und exklusiv verbreitete Nachrichten und Nachrichtensammlungen, die Fürsten, Diplomaten, Heerführer, Kanzleien, Magistrate, Orden, Universitäten, Zünfte und vor allem Handelsfirmen sich von ihren Agenten für ihre speziellen politischen bzw. kommerziellen Zwecke, z.T. als Briefbeilagen, kommen ließen (*geschriebene Zeitungen, Briefzeitungen, Fuggerzeitungen*). Sie wurden in der zweiten Hälfte des 16. Jh.s auch durch *Postmeister* in Handelsstädten vertrieben. Geschriebene Zeitungen gab es – zur Umgehung der Zensur – bis ins 19. Jh. Im 16. Jh. wurden Nachrichten auch in Versform als *Zeitungslieder* oder *Postreuter* bänkelsanghaft vorgetragen. Das Wort *Zeitung* (niederdt. *tiding*) wurde noch bis ins 18. Jh. für ‚Einzelnachricht' verwendet (*Habt Ihr die neueste Zeitung schon vernommen?*).

Abb. 7: *Titelblatt eines Zeitungsliedes. Der Bawrenkrieg, [Nürnberg: Hans Hergot 1526]. Exemplar der Staatsbibliothek zu Berlin – PK, Abteilung Historische Drucke, Sign. Ye 2723 : R.*

Am Titelblatt eines *Zeitungsliedes* über die Niederschlagung des Bauernkrieges (Abb. 7; vgl. Strohbach 1975, Tafel 3) wird der semiorale (halbmündliche) Charakter dieser frühen Art von Publizistik deutlich: In gut lesbarer Schwabacher-Type, mit größerer Überschrift und werbendem Attribut (*Ein schön lied*) wurde eine knappe, aber drastische (*erschlagen vnd zertrennet*) Inhaltsangabe vorangestellt, dazu die Angabe der Melodie, auf die der Text als Kontrafaktur zu singen war (*Im thon* …). Beherrschender Blickfang und Kaufanreiz auch für nicht lesefähige Rezipienten waren die beiden Holzschnitte, auf denen zwei Bauern und ein Söldner (mit Spieß) dargestellt sind. Die Rezeptionsweise solcher Texte kann man sich so vorstellen, dass die Käufer mit der Bild-Flugschrift neugierig zu einem der wenigen Lesefähigen gingen und ihn baten, den Text vorzulesen oder vorzusingen, und die Umstehenden den moritatenhaften Text mitsangen, bald auswendig konnten und weiterverbreiteten.

P. Die Reformation brachte einen Entwicklungsschub in der Alphabetisierung der Bevölkerung durch Schulreformen im Rahmen landesfürstlicher evangelischer Kirchenordnungen, zuerst in Hessen (1526), Sachsen (1528), Braunschweig (1528), Hamburg (1529), Pommern (1535), Hannover (1536). Die erste Schulordnung mit detaillierten Anweisungen für den Deutschunterricht war die vorbildliche württembergische von 1559 (G. Hampel 1980, 73 ff.). Nach Luthers Grundsatz der Rechtfertigung des Glaubens *allein aus der schrift* („ex sola scriptura") und seiner Idee des Laienpriestertums sollten alle Laien, jung und alt, Männer und Frauen, hoch und niedrig, zur Bibellektüre und zum Verständnis der konfessionellen Gegensätze und der neuen öffentlichen Ordnungen befähigt werden. In seiner Flugschrift *An den christlichen Adel deutscher Nation* (Wittenberg 1520) forderte er die evangelische Laienbildung für alle, in der Schrift an die Ratsherrn (1524) die Einrichtung weiterer Schulen, auch eigener Schulen für Mädchen (so schon Erasmus v. Rotterdam).

Die bestehenden städtischen Schulen wurden reformiert übernommen, die privaten Schulen in öffentliche Hand überführt, die *Winkel- und Klippschulen* geschlossen. Zusätzliche Lehrkräfte standen aus dem Reservoir der aus aufgehobenen Klöstern entlaufenen Mönche und Nonnen zur Verfügung. Im Zusammenhang mit der zunehmenden Dogmatisierung der protestantischen Lehre entstand so das bis ins 19. Jh. bedeutsame zweischichtige System städtischer Schulen unter kirchlicher Aufsicht. Die Realisierung des ursprünglichen protestantischen Volksbildungsprogramms war allerdings lokal und regional sehr unterschiedlich und nach der Niederschlagung des ‚Bauernkrieges' rückläufig.

In der Hansestadt Lübeck hat es – als extremes Beispiel – Ende des 16. Jh.s 60 deutsche Schulen gegeben, die auch von Unterschichtkindern besucht wurden (Engelsing 1973, 36). Der Augsburger Meistersinger Daniel Holtzmann frohlockte 1580 in seiner gereimten *Wahrhaftigen vnnd schönen Beschreibung der Vralten Kunst der Schreiberey*:

> *Wie dann bey vns in Teutschen landen/*
> *Ain sollich Sprichwort ist entstanden.*
> *(Diser sey nur ain halber Man/*
> *Der nit lesen vnd schreiben kan.)*

(Daniel Holtzmann, Warhafftige vnnd schöne Beschreibung der Vralten löblichen Kunst der Schreiberey, Regensburg 1580, fol. E1v)

Auf dem Lande sah es, auch in protestantischen Gegenden, wesentlich anders aus. Die nach 1525 verschärfte rechtliche und ökonomische Lage der bäuerlichen Bevölkerung erlaubte vielfach für Jahrhunderte nicht den Luxus der Einrichtung von Dorfschulen und keinen regelmäßigen Schulbesuch (s. 5.2F, 6.2GH). Hier war meist nur gelegentlicher notdürftiger Unterricht durch Pfarrer oder Küster möglich, wobei man über das Buchstabieren, Syllabieren, Auswendiglernen und über die Einübung in die sonntägliche Kirchenpraxis kaum hinausgekommen ist.

Für das 16. Jh. schätzt Engelsing (1973, 33) den lesefähigen Teil der Bevölkerung Deutschlands auf 400.000 bis 800.000, also kaum mehr als 5%, in Städten wesentlich mehr, besonders im Südwesten, auf dem Lande weitaus weniger, besonders in katholischen Gegenden. Die Zahl der Rezipienten veröffentlichter Texte muss jedoch um ein Vielfaches höher gewesen sein: Zur Erklärung des großen Publizitätserfolgs der Flugschriften der Reformationszeit ist die Praxis des Vorlesens (Semioralität) einzubeziehen. Bereits längst vor dem 30jährigen Krieg ist – im Unterschied zu England und Frankreich – ein Rückgang der Alphabetisierung festzustellen; neben den Folgen von 1525 und der den Fortschritt hemmenden Entwicklung absolutistischer Verhältnisse macht Engelsing (1973, 39ff.) dafür die nur „halbherzige" Schulordnung (1528) des humanistischen Lutherfreundes Philipp Melanchthon verantwortlich:

Entsprechend der humanistischen und evangelischen Renaissance des Sprachenlernens und der philologischen Textarbeit wurden die städtischen *Lateinschulen* mit Festlegung auf einen antiken Literaturkanon weiter gefestigt und durch Griechisch und Hebräisch erweitert. Im Gedanken des Laienpriestertums wurden sie – ohne Rücksicht auf Berufsziele – für die Söhne (nicht Töchter!) des entstehenden Besitz- und Bildungsbürgertums, auch für die von Handwerkern obligatorisch. Obwohl in den vorausgesetzten *deutschen Schulen* in Bezug auf deutsche Sprachkenntnisse kein hinreichendes Sprachbildungsniveau erreicht werden konnte, gab es in den Lateinschulen bis ins 18. Jh. meist keinen Deutschunterricht; das Deutschsprechen (um seiner selbst willen) und die Aufführung deutscher Dramen waren z.T. verboten. Zwar war Deutsch als Hilfssprache im Lateinunterricht unentbehrlich (Puff 1995), aber die *eloquentia* blieb, wie in der mittelalterlichen Rhetorik und Dialektik, nach wie vor dem Lateinischen vorbehalten. Die nicht akademisch, sondern kommerziell oder zünftisch orientierten Bürgersöhne „hatten davon kaum Gewinn, weil der Unterricht ihren Bedürfnissen nicht entsprach" (Engelsing 1973, 39). Dieses (Luthers Postulat der allgemeinen Laienbildung missachtende) zweischichtige Schulsystem hatte – wie die landesherrliche Domestizierung der Reformation überhaupt – politische Motive, die auf das Verhalten des Bildungsbürgertums in der absolutistischen Zeit vorausweisen (s. 5.1E, 5.2AEF): „die Kulturrevolution der Reformation einzudämmen und dem höheren Bildungswesen eine dem Landesstaat zuträgliche und ungefährliche Form zu geben" (Engelsing 1973, 39).

Q. Die Reform der katholischen Kirche wurde verspätet in mehreren Ansätzen auf dem Konzil zu Trient (1545–63) vorbereitet, mit Disputationen und dogmatischen Festlegungen unter Kirchenvertretern, Theologen und humanistischen Beratern. Die katholische Bildungspolitik wurde in die Hände des Jesuiten-Ordens gelegt (ab 1534). Er reformierte die Universitäten und das höhere Schulwesen im Sinne einer neuen, strengen Religiosität der ‚Seelenführung' nach Anregungen aus der Theologie des Thomas von Aquin und der Mystiker. Seine Wirksamkeit in den deutschen Territorien begann 1544 in Köln, 1551 in Wien, vor allem mit der jesuitischen Erziehung Kaiser Rudolfs II., in dessen Regierungszeit (1576–1612) die Gegenreformation die politische und geistige Zweiteilung Deutschlands für zwei Jahrhunderte festigte.

So wie man in der Bildungspolitik mit dem für das niedere Volk zuständigen Kapuziner-Orden eine soziale Schichtenbildung einführte, so wurde der maßgebliche katholische Katechismus von Petrus Canisius (zur Zeit seines Todes in 200 Auflagen und 12 Übersetzungen verbreitet) in drei Versionen herausgegeben: für Gebildete, für Gymnasiasten, „für Kinder und das Volk" (Rupprich 1973, 2,142). Zentren der Gegenreformation waren Wien, Salzburg, München, Köln, für die Universitäten Ingolstadt.

R. Weitgehend unabhängig von Reformation und Gegenreformation, aber parallel dazu, wurden im 16. Jh. weiterwirkende Ansätze zu deutscher Wissenschaftssprache entwickelt. Obwohl Naturwissenschaft und Technik noch längst nicht akademisch und kirchlich anerkannt waren, erreichte der breite Strom spätmittelalterlicher deutscher Fachprosa, zugleich im Geist der italienischen Renaissance, bedeutende Glanzpunkte in den medizinisch-naturphilosophischen Schriften des Paracelsus (*Grosze Wundartzney* 1536), der in Basel 1527/28 Deutsch als Lehrsprache an der Universität erfolglos einzuführen versuchte (s. 4.6D), und in Albrecht Dürers für die deutsche mathematisch-geometrische Terminologie grundlegender Schrift *Underweysung der Messung* (1536); s. 4.6CD. Auch für Astronomie, Historiographie, Poetik, Rhetorik, Grammatik (s. 4.4L), Lexikographie (s. 4.6F) ist von humanistischen Gelehrten im 16. Jh. der Grund gelegt worden; diese Arbeiten sind allerdings meist lateinisch verfasst oder nur lateinisch verbreitet worden. Der auch durch die Reformation nicht angetastete lateinisch-deutsche Bilinguismus deutscher Wissenschaftler dieser Zeit ist eine sprachsoziologische Tatsache, die dafür spricht, auch die nur lateinisch überlieferte wissenschaftliche Literatur in der deutschen Sprach- und Literaturgeschichte zu berücksichtigen. Vielfach gab es deutsche neben lateinischen Fassungen wissenschaftlicher Werke, zumindest eine mündliche, didaktische deutsche Version lateinischer Wissenschaftsterminologien, zahlreiche Übersetzungen von antiken und Renaissance-Autoren ins Deutsche, auch deutscher Werke ins Lateinische mit übernationaler Wirkung. Dies alles hat viel beigetragen

4.2. Mediengeschichte, Bildungsgeschichte, Textsortenentwicklung

zur Entwicklung des deutschen Fachwortschatzes (s. 4.6CD), der deutschen Lehn-Wortbildung (s. 4.7M), der wissenschaftlichen Textsorten (Kästner u. a., in: BBRS 1605 ff.). Mit wohlüberlegten textuellen Verfahren der Verständlichmachung wurde modernisierendes Wissen in „Fachkompendien" *dem gmainen Mann zu guttem Teutsch gemacht* (s. Kästner/Schütz/Schwitalla 1990; vgl. auch N.R. Wolf 1987ab; 1995; Schmid 2015a). Manches aus diesen deutschsprachigen Ansätzen zur Wissenschaftssprache hat, zumindest in der mündlichen Lehr- und Anwendungspraxis, die absolutistische Epoche des verstärkten Bildungsmonopols von Latein und Französisch überdauert, sodass die Gelehrten der Aufklärungszeit teilweise daran ebenso anknüpfen konnten wie an Traditionen der altdeutschen Rechtssprache (vgl. 5.11, 5.12).

Literatur

Medien- und Kommunikationsgeschichte: BBRS (Steger 284 ff., Kästner u. a. 1605 ff.). Eisermann 2003ab. Fassler/Halbach 1998. Faulstich 1996; 1998. Faulstich/Rückert 1993. Giesecke 1992/98. Hadorn/Cortesi 1986. Knoop 1992. Linke 2014. Noelle-Neumann u. a. 1989/2014. North 1995/2001. Pohl 1989. Schieb 1980. Schuster/Schwarz 1998. A. Schwarz 1995. Wandhoff 1996. – **Rhetorik, Rituale, Konversation, Höflichkeit:** Beetz 1990; 1991. Berns/Rahn 1995. R. Bogner 1997. Fleckenstein 1990. Göttert 1991. A. Hausmann 2006. Honemann 2006. Jucker 2020 (für die Geschichte des Englischen). Listen 1999. Lötscher 2001. Mihm 1995b. Schanze 1974. Schmölders 1986. Ueding 1976; 1992–2015. Wenzel 1995. Vgl. auch 5.2Lit u. 5.8E! – **Papiergeschichte:** Grenzmann/Stackmann 1984 (Brandis 176 ff.). Santifaller 1953/84. – **Typographie, Schriftarten:** Brekle 1998. Günther/Ludwig 1994 (Brekle 171 ff., 204 ff.). Jensen 1969. Vgl. 6.2Lit!

Sprechsprache/Schreibsprache; Mündlichkeit/Schriftlichkeit: BBRS (Sonderegger 1231 ff., Sanders 1288 ff., S. Grosse 1391 ff., Bischoff/Peters 1491 ff., Betten 1646 ff.). Betten 1990b. Eggert/Kilian 2016. Ehlert 1997. Ehlich 1993; 1999. Ernst 2010. Graser/König 2019. Klatte 2008. Knoop 1983b; 1993. Köhn 1986. Laubinger 2008. Maas 1991. Metzler 1989b; 1995a. Mihm 1995b; 2004b; 2007a. K. Müller 1990. O. Müller 1995. Ong 1987/2016. Pflug 1994. Reichmann 2004. Röcke/Schaefer 1996. Rösler 1995; 1997. H.U. Schmid 2010. Tophinke 2009. Voeste 2016b. Zeman 2013b. – **Schriftlichkeitsforschung:** Baurmann/Günther/Knoop 1993. BBRS (Grubmüller 300 ff.). Bohn 1998. Feldbusch 1985. Giesecke 1978. Glück 1987. S. Grosse 1983. Günther/Günther 1983. Günther/Ludwig 1994. Knoop 1983a. LGL (Ludwig 323 ff.). Ludwig 1991. Stetter 1997.

Verschriftlichungs- und Leseexpansion 14.–16. Jh.: BBRS (Steger 284 ff., Grubmüller 300 ff., Moulin-Fankhänel 1903 ff.). Becker 1977. Betten 1987, 57 ff. Engelsing 1974, 12 ff. Fechter 1935/1966. Giesecke 1980; 1990b. Glauch/Green 2013. Grabarek 1997. Grubmüller 1986. Gumbrecht 1980 (Giesecke 39 ff.). Hartweg/Wegera 1989, 79 ff./2005, 100 ff. Keller/Grubmüller/Staubnach 1992. Koppitz 1980. H. Kuhn 1980. Maas 1985. Messerli 2013. Mihm 1999a. Micus 1985. Hans Moser 1987. Moulin 2021. J.D. Müller 1994. v.Polenz 1989c; 1991. M. Schulz 2014b. Wandhoff 1996. Weinmayer 1982. Williams-Krapp 1986/87. N.R. Wolf 1993. Zedelmaier 2013. – **Städtische und kommerzielle Schriftlichkeit, Stadtsprachenforschung:** BBRS (Möhn 2297 ff., Schildt 2312 ff., van der Elst 2341 ff., Wiesinger 2354 ff.). Besch 1972. G. Brandt 1988a. Brunner 1982.

Engelsing 1973, 3 ff. Fleckenstein/Stackmann 1980. Gerteis 1989. E. Glaser 1993; 1996a. Goltz 1986. Grolimund 1995. R. Große 1982. Harion 2010; 2013; 2015. H. Heimann 1998. Honemann 1983. Janota/Williams-Krapp 1995. Kettmann 1968; 1990. Kleinschmidt 1982a. Krejci 1932. Mattheier 1981b; 1982. Meier 1997; 2002. Meier/Ziegler 2001a. Mihm 1999a; 2010. Moeller u.a. 1983. U. Peters 1983. Pohl 1989. Ravida 2010; 2012. Sachse 1989. Schildt 1992a. L.E. Schmitt 1942; 1966, Kap. 2,b. Schultzke 1977. Tophinke 1999. Uhlig 1989. N.R. Wolf 2000a; s. 4.4 (Literatur zu den einzelnen Städten) u. 5.8H–J! – **Kanzleien/Kanzleisprachen**: Bogacki 2008. Brom 2009. Greule u.a. 2012. Hünecke/Aehnelt 2016. Meier 2008a; 2009. Meier/Ziegler 2003; 2008ab. Moshövel/ Spáčilová 2009. Vaňková 2009. Ziegler 2001; 2009. – S. auch oben u. „Städtische und kommerzielle Schriftlichkeit". Vgl. 5.6JLOQ!

Buchdruck, Buchhandel: BBRS (Schmitz 320 ff., Hartweg 1682 ff., N.R. Wolf 1705 ff.). J. Becker 1977. DPhA (Schirokauer 1, 894 ff.). Engelsing 1973, Kap. 4–6. Flood 1991; 1996. Giesecke 1991/2006. Götze 1963. Grenzmann/Stackmann 1984 (Brandis 176 ff., Kreutzer 197 ff.). Große/Wellmann 1996. Hellinga/Härtel 1981. Hirsch 1974. Jäger 1993. Koppitz 1980. Künast 1996. J.D. Müller 1993. H. Neumann 1977. Prell 1994. Röll 1992. Schanze 1999. G. Schulz 1981/90. Spitzmüller 2013. Stopp 1978b. Walch 1996b. Weinmayer 1982. Widmann 1965; 1975. Wittmann 1991. H. Wolf 1984; 1993. – **Laienbildung, Schulen, Alphabetisierung** (s. auch 4.6Lit!): Baldzuhn 2008; 2009. BBRS (Moulin-Fankhänel 1903 ff., Maas 2403 ff.). Beckers 1993. G. Bellmann 1996. Bödeker/Hinrichs 1999. G. Brandt 1988a, 60 ff. Engelsing 1973, 6 ff., 34 ff.; 1974, 12. Frank 1976. Giesecke 1979. Grenzmann/Stackmann 1984. Grosse 1999. G. Hampel 1980. Hartweg/Wegera 1989, 52 ff./2005, 63 ff. Henkel 1988. Hessmann 1969. Kaemmel 1986. Kiepe 1981; 1983. Kleinschmidt 1982b. Knoop 1994; 2000. Kock/Schlusemann 1997. Lemberg u.a. 1988. Maas 1985; 1995a. Moeller u.a. 1983. J. Müller 1882/1969. Puff 1995. Schwitalla 2000. Steer 1983. Wartenberg 1999. – **Weiblicher Sprachgebrauch**: G. Brandt 1994–2012; 1997. Classen 2002. Ebert 1998ac. Grundmann 1965. Kleinschmidt 1998. Lühr u.a. 2018. Rössler 2007. Schwitalla 2002a. Stjerna 2009. Voeste 2002. – **Universitäten:** DPhA (Schirokauer 1, 875 ff.). Grundmann 1964. Maschke/ Sydow 1977. Moeller u.a. 1983. Protze 1989. Rupprich 1970, 1, 24 ff. Stelzel 2003. – **Humanismus:** Achermann 2016, 17–37. Ashcroft 2008. BBRS (Knape 1673 ff.). R.P. Becker 1981. Böhme 1986. Fuchs 1999, 36 ff. K. Garber 1989. Gerlach 1993. McLelland u.a. 2008. Protze 1989. Rupprich 1970, 1, 425 ff. Wels 2000. – **Rechts-, Wissenschafts-, Fachliteratur:** Assion 1973. BBRS (Jacob 173 ff., Pörksen 193 ff.). DPhA (Eis 2, 1103 ff.). Eis 1962; 1967; 1971; 1982. Giesecke 1980. Hertel 1996ab. W.P. Klein 1992. Metzler 1996b. Pörksen 1986. Priesner/Figala 1998. Riha 1994. Rupprich 1970/73, 652 ff.; 2, 405 ff. Treue 1986, 57 ff. – Zur **Wissensliteratur** s. auch 4.6Lit!

Textsorten: Babenko 2001. BBRS (Wegera 139 ff., Steger 284 ff., Stolt 286 ff., Kästner u.a. 1605 ff.). G. Bellmann 1996. Bentzinger 1996. Betten 1988; 1990c; 1991. G. Brandt 1988. Ernst/Meier 2014. B. Frank u.a. 1997. E. Glaser 1996b. Götz 2016. Götz u.a. 2017. Greule u.a. 2012 (Greule 283 ff.). Große/Wellmann 1996. Habermann 2011c. Hartweg/ Wegera 1989, 84 ff./2005, 105 ff. Kästner/Schütz 1991. Kästner/Schütz/Schwitalla 1990. Knauer 1993. Maria Lange 2009. Alexander Lasch 2010. Lerchner 1991. Macha u.a. 2005. Metzler 1995b; 1996ab. Hans Moser 1996. Pfefferkorn 1993. Prell 1994. Reichmann 1996. Schildt 1987ab; 1990b. Schmidt-Wiegand 1989. Schnell 1998. Schuppener 2008. Schütz 1991. Schuster 2000. Simmler 1991; 1997; 2002; 2004bc. Smolka-Koerdt u.a. 1988. Spáčilová 2000ab; 2003. E. Weber 2010. Wellmann 1990.

4.2. Mediengeschichte, Bildungsgeschichte, Textsortenentwicklung

Publizistik, Flugschriften, Einblattdrucke: Amft 2018. R.P. Becker 1981. Berns 2016. BBRS (A. Burkhardt 98 ff.). Brackert 1975/85. G. Brandt 1988a. Eisermann 2001. Engelsing 1973, 27 ff. Grenzmann/Stackmann 1984 (Wohlfeil 41 ff.). Griese 2000. Guchman 1974. Habermann 2001b. Harms 1985. Harms/Schilling 1998; 2008. Harmus u.a. 1979–2018. Henkel 2000. Hölscher 1979. Honemann 2016. Kettmann/Schildt 1978. Klug 2012. Knauer 1993. Köhler 1981. Körber 1998. Koszyk 1972. Messerli/Schilling 2015. Noelle-Neumann u.a. 1989/2014. Pasierbsky 1988/89 (Bibliogr.). Rössing-Hager 2015. Rupprich 1973, 2, 24 ff. Schildt 1980a; 1989. M. Schilling 1990; 2018. Schottenloher 1922/85. Schuster 2001. Schwitalla 1983; 1999ab. Spillmann 1971; 1991. Steinmetz 1976. Ukena 1977. Wäscher 1955. Wettges 1978. H. Winkler 1975. D. Wolf 1983. H. Wolf 1969. N.R. Wolf 1996b. – Zu **Luther, Reformation, ‚Bauernkrieg'** s. auch 4.8Lit! – **Vorformen der Zeitung:** BBRS (Bolten 130 f.). Böning 2008. H. Fischer 1936. Hadorn/Cortesi 1986, 2, 24 ff. Kleinpaul 1930. Koszyk 1972. Lindemann 1969, Kap. III. Mötsch 2019. Pfefferkorn u.a. 2017. P. Roth 1914/63. Salomon 1900/73. Schottenloher 1922/85. Straßner 1975 (Fischer 29 ff.). Ukena 1977. – Vgl. auch 5.2Lit!

Zum Verhältnis **Latein/Deutsch** s. 4.7Lit!

4.3. Neustrukturierung des Sprachsystems: Phonemik, Graphemik, Morphemik

A. Die traditionelle Auffassung eines kontinuierlichen Systemwandels der deutschen Sprache von einem mittelhochdeutschen (mhd.) zu einem frühneuhochdeutschen (frnhd.) und schließlich neuhochdeutschen (nhd.) System beruht auf der stark idealisierenden Annahme jeweils eines einzigen, homogenen Systems für willkürlich angesetzte Sprachstadien. Es hat weder ein bestimmtes mittelhochdeutsches noch ein frühneuhochdeutsches System gegeben. So ist auch die Annahme einer kontinuierlichen Entwicklung von einem ‚klassischen Mittelhochdeutsch‘ her nur eine sprachgeschichtlich illusionäre Arbeitshypothese für Zwecke der vorläufigen groben Einordnung überlieferter Textmassen, die sich in der differenzierenden Detailforschung nicht bewährt hat. Es ist vielmehr von regional und textsortenspezifisch verschiedenen Sprachsystemen auszugehen. Erst seit dem 15. Jh. lassen sich Ansätze zur Aussonderung von Varianten und zur Konsolidierung eines übergreifenden Sprachsystems erkennen (s. 4.4). Dabei wurde aber nicht ein bestehendes System (etwa einer Region) zugrunde gelegt, sondern es hat sich vom (Varianten reduzierenden) Schreibgebrauch her zwecks größerer Leseverständlichkeit allmählich ein teilweise künstliches neuhochdt. Sprachsystem entwickelt. Es war in wesentlichen Teilen anders strukturiert als die gesprochenen Dialekte, mit mehr Ausgewogenheit der Systemteile, mit mehr Redundanz für die Erfordernisse einer geschriebenen Kultursprache, die hohe Satzkomplexität ausnutzt. Diese starke Schriftabhängigkeit hat bis heute zur Folge, dass nach der frühneuhochdeutschen Umstrukturierung und der allmählich rigoroser werdenden Standardisierung des Graphem-, Phonem- und Flexionssystems kaum wirkliche Systemveränderungen, sondern nur noch Variantenverschiebungen zu erwarten sind und dass sich sprachplanerische Sprachnorm-Reformen in diesen Bereichen schwer realisieren lassen.

B. Das neuhochdt. **Phonemsystem** ist nicht aus rein lautgeschichtlicher Systementwicklung erklärbar, sondern teilweise aus Umstrukturierungen nach Vorbild von Graphemsystemen, weitgehend unabhängig von Phonemsystemen bestimmter Dialekte. Dieses Schreib-Lautsystem hatte sogar Auswirkungen auf Lautnormtendenzen, die – mangels einer vorbildlichen Aussprachenorm eines Fürstenhofes – z.T. als Lese-Aussprache zu erklären sind.

Als einer der ersten Forscher hat Wilhelm Braune 1904 diese Besonderheit der deutschen Sprache klar erkannt und hat sie – im Kontrast zu den phonemisch-graphemischen Schwierigkeiten des Englischen – etwas euphorisch bewertet: „Ich meine, wir dürfen zufrieden damit sein, daß mangels einer altobersächsischen dominierenden Hofsprache man künstlich die veralteten Formen unserer Schrift im Sprechen nachgebildet und so eine Übereinstimmung zwischen Laut und Schreibung hergestellt hat, wie sie jetzt unserer Aussprache zu grunde liegt" (Braune 1904, 20); vgl. 4.4M und 6.6X–Z!

C. Im Vokalsystem werden bei der traditionellen (normalisierte Graphemsysteme voraussetzenden) Kontrastierung zwischen Mittel- und Neuhochdt. folgende drei das neuhochdt. System konstituierenden Reihenschritte als ‚neuhochdeutsche' Lautveränderungen eingestuft: Diphthongierung, Monophthongierung, Dehnung in offener Tonsilbe. In der neueren Forschung hat man sich um eine differenziertere Betrachtungsweise bemüht, nach verschiedenen Regionen und Quellen und mit Berücksichtigung des inkongruenten Verhältnisses zwischen den (einzig überlieferten) Schreibungen, den Graphemen (mit <...> bezeichnet) mit ihren Varianten (Allographen, Graphien) einerseits und den dahinter nur indirekt zu erschließenden Phonemen (mit /.../ bezeichnet) und Phonemvarianten (Allophonen) andererseits. Daraus ergab sich, dass diese drei Lautgruppenveränderungen nur in Bezug auf ihre überregionale Durchsetzung in der Schreibung im größten Teil des deutschen Sprachgebietes ‚neuhochdeutsch' sind, nicht aber in einem Teil der gesprochenen Dialekte, wo sie bereits in mittelhochdt. Zeit begonnen haben bzw. bis heute nicht eingetreten sind.

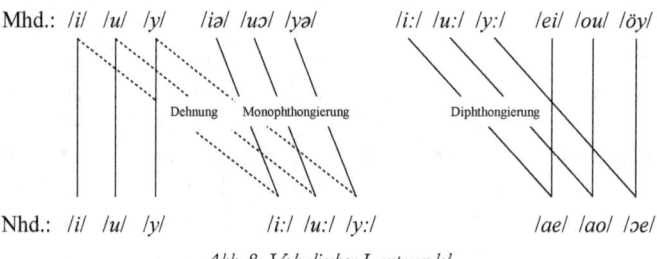

Abb. 8: Vokalischer Lautwandel.

Durch die vom Südosten und Osten ausgehende **Diphthongierung** sind die mitttelhochdt. engen Langvokale /i:/, /u:/, /y:/ (geschrieben <i>, <u>, <u/iu>) in die neuhochdt. steigenden Diphthonge /ae/, /ao/, /ɔe/ (frnhd. geschrieben <ei/ai/ey>, <au/aw>, <eu/ew/âu>) verwandelt worden: z.B. mhd. *zît* → nhd. *Zeit*, mhd. *hûs* → nhd. *Haus*, mhd. *friunt* → nhd. *Freund*. In der Schrift erscheint die Diphthongierung seit dem 12. Jh. in Südtirol und Kärnten, seit dem 13. Jh. in Österreich und Bayern, seit dem 14. Jh. in Ostfranken, Böhmen, Schlesien, seit dem 15. Jh. in Schwaben und Sachsen, erst seit dem 16. Jh. teilweise im Ober- und Mittelrheingebiet (Lindgren 1961; vgl. auch Siller 1996; König 1978/2019, 146 f.). Im Niederdeutschen und in einigen Dialekten ist sie bis heute nicht eingetreten: Nordhessisch, Westthüringisch, Ripuarisch (um Köln), Alemannisch (Südbaden, Elsass, Schweiz).

Die scheinbare ‚Ausbreitung' der Diphthongierung von Gebieten südlich der Alpen her nordwärts ist ein sprachgeographisch irreführendes Bild nach dem Auftreten von Diphthong-Graphien in Schreibtexten, vor allem Urkunden. Der Beginn in diesen extrem südlichen Randgebieten kann damit erklärt werden, dass die Schreiber dort, in deutsch-romanischer Zweisprachigkeit, auf das Missverhältnis zwischen deutscher und romanischer Aussprache der Grapheme <*i*> und <*u*> früher aufmerksam wurden und deshalb die Diphthonge früher in der Schrift bezeichneten als in anderen Gebieten (Lüdtke 1968; vgl. Reiffenstein 2000). Andererseits ist indirekt nachzuweisen, dass der Lautwandel in manchen Gebieten in gesprochener Sprache viel früher begonnen hat, als er in der Schreibung auftrat.

So kann aus dem Vorkommen der Diphthonge im Hochpreußischen (ostmitteldeutsch besiedeltes Deutschordensland im südlichen Ost- und Westpreußen) geschlossen werden, dass die Siedler sie bereits im 13. Jh. aus dem Ostmitteldeutschen mitgebracht haben; das gleiche gilt für das Verhältnis zwischen Siebenbürgerdeutsch und Moselfränkisch. Es muss also mit polygenetischer Entfaltung der Diphthongierung, statt ‚Strahlung' (nach der ‚Wellentheorie'), gerechnet werden (s. 2.1BC). Jedenfalls scheint der Lautwandel als solcher eine frühe Gemeinsamkeit von östlichem Oberdeutsch und Ostmitteldeutsch (s. 4.4BDF) gewesen zu sein.

Die vom Westen und mittleren Osten ausgehende Monophthongierung vereinfachte die mittelhochdt. fallenden Diphthonge /iə/, /uɔ/, /yə/, geschrieben <*ie*>, <*uo/ů*>, <*ue/ů/üe*>, zu den neuhochdt. Monophthongen /i:/, /u:/, /y:/, frnhd. geschrieben <*i/ie/ih*>, <*u/uh*>, <*u/ůh/ü/üh*>: z.B. mhd. *liebe* → nhd. *Liebe*, mhd. *bruoder* → nhd. *Bruder*, mhd. *müede* → nhd. *müde*. In der Schrift tauchen die Monophthonggraphien schon in mhd. Zeit auf, zuerst im West- und Ostmitteldt., erst im 15./16. Jh. zögernd im Oberdt. In den meisten oberdt. Dialekten ist der Lautwandel bis heute nicht eingetreten.

Die im Nieder- und Hochdeutschen gleichermaßen durchgeführte Dehnung kurzer Vokale in offener Tonsilbe (und in einsilbigen Wörtern) hat im Neuhochdt. weitere Langvokale entstehen lassen. Der Lautwandel muss bereits im 12./13. Jh., zuerst im Westmdt., dann im Ostmdt., seit dem 14. Jh. im Oberdt. eingetreten sein, ist aber in der Schrift nur ausnahmsweise nachzuweisen. So wie die mittelhochdt. Kurzvokale als solche in der Schrift nicht gekennzeichnet waren (mhd. *leben* als [ˈlɛbən] gesprochen), so ist auch die Dehnung im Neuhochdt. meist nicht gekennzeichnet (nhd. *leben* als [ˈleːbən] gesprochen), da es hier keine Opposition zwischen Lang- und Kurzvokal bei gleicher Umgebung gibt. In vielen Fällen wurde die Bezeichnung der langen Vokalquantität in der Schrift durch behelfsmäßige Längezeichen üblich, vor allem seit der 2. Hälfte des 16. Jh.s. Dies war ein vom natürlichen Sprachsystem her nicht notwendiger Eingriff von Orthographieexperten in das Verhältnis zwischen Phonemik und Graphemik:

- Nachgestelltes <e> bei <i> (mhd. *siben* → nhd. *sieben*), eine Ausnutzung der durch die Monophthongierung funktionslos gewordenen Graphemverbindung <ie>, zuerst im Ostmdt.
- nachgestelltes <h> (mhd. *nemen* → nhd. *nehmen*), eine Ausnutzung des Graphems <h> für den Reibelaut [ç/x], der im Spätmhd. zwischen Vokalen verstummt war
- Doppelschreibung des Vokalgraphems (mhd. *sal* → nhd. *Saal*)
- Vokalkürzebezeichnung durch funktionslos gewordene Doppelkonsonanzgrapheme: <ff>, <ll>, <mm>, <nn>, <ck> usw.

Diese drei Reihenschritte im Vokalsystem haben zum Zusammenfall von Phonemreihen geführt. Die alten steigenden Diphthonge mhd. <ei>, <ou>, <öu> fielen mit den durch die Diphthongierung entstandenen neuen zusammen. Dies hatte einige Homonyme zur Folge: z.B. mhd. *wîde* (Baumart) und *weide* (Futtergrasfläche) wurden beide zu nhd. *Weide*. Außerdem gab es einen Zusammenfall zwischen alten (nichtdiphthongierten) Langvokalen und den aus der Monophthongierung und der Dehnung entstandenen neuen Langvokalen. In einigen Fällen haben Orthographielehrer und Grammatiker Homonyme durch unterschiedliche Vokalschreibungen differenziert (vgl. 4.4L); auch dies war (streng gesehen) systemlinguistisch nicht notwendig, da Homonyme durch den Kontext monosemiert werden.

Dagegen gab es keinen Zusammenfall zwischen den auf dem Wege zur Diphthongierung befindlichen alten Langvokalen und den neuen Langvokalen, da die alten offenbar schon enger gesprochen worden sind. Durch die Dehnung ist andererseits Phonemspaltung eingetreten: Stellungsbedingte Allophone wurden allmählich zu eigenen Phonemen, die weiteren Zuwachs für die nhd. Langvokale brachten. Sprachtypologisch erklärt Roelcke (in: BBRS 1003f.) diese Reihenschritte: „Die Gewichtung zwischen Lang- und Kurzvokalen bleibt trotz eines Übergewichts an Dehnungen erhalten, während das Verhältnis zwischen Monophthongen und Diphthongen durch den Abbau von Diphthongen eine Schwächung erfährt", letzteres in Dialekten stärker im Norden als im Süden und Osten.

D. Es ist auffällig und typisch für die frühbürgerliche Schriftlichkeit, dass diese Phonemzusammenfälle den gesprochenen Dialekten meist nicht entsprechen, vielmehr als abstrakte Produkte einer vorwiegend schreibsprachlichen Neustrukturierung des Vokalsystems zu erklären sind, als „geredete Graphie" (Hans Moser 1987) oder Rückwirkung des Graphemsystems auf das Phonemsystem (Braune 1904; Moulton 1961; W. Fleischer 1965; Schmidt/Vennemann 1985, 18ff.; Szulc 1987, 123ff.).

Die alten Diphthonge mhd. /ei/, /ou/, /öy/ konnten beispielsweise in obersächsischen Dialekten nicht mit den durch Diphthongierung entstandenen neuen Diphthongen zusammenfallen, da sie dort zu /eː/, /oː/, /eː/ monophthongiert wurden: [mae haos] ‚mein Haus', aber [ˈmaenə ˈoːxŋ] ‚meine Augen', [tsveː ˈbeːmə] ‚zwei Bäume'. Der dialektale Lautwandel /ei/, /öy/ → /eː/, /ou/ → /oː/ ist in ostmdt. Schreibsprache dem Schriftbild zuliebe vermieden worden. Dies gilt auch für die Entrundung der Umlautvokale, die ebenfalls gegen den Lautstand der meisten hochdt. Dialekte in der nhd. Schriftsprache den gewohnten Buchstaben zuliebe verdrängt wurde, auch um weitere Phonemzusammenfälle zu vermeiden: obsächs. [diːrə] ‚Tiere/Tür', obsächs. [ˈheːfə], obdt. [heːf] ‚Höfe'; obsächs. [ˈhaesəɻ] ‚Häuser'. – Der schriftsprachliche Zusammenfall gedehnter Kurzvokale mit alten Langvokalen ist in den obdt. Mundarten nicht eingetreten.

In einem Fall wird im Frühneuhochdt. sogar die Entstehung eines künstlichen Phonems nach Vorbild eines Graphems angenommen: Weil es das Graphem <å/ä> gab – zur graphemischen Bezeichnung der Wortstammverwandtschaft (morphematisches Prinzip; vgl. Ruge 2004) für Umlaut des *a* (vgl. 4.4L) –, gewöhnte man sich durch Leseaussprache an eine Opposition /eː/ ≠ /ɛː/, z.B.: [eːrə] ‚Ehre', [ɛːrə] ‚Ähre'; [tseː] ‚Zeh' [tsɛː] ‚zäh', obwohl es bei den anderen Langvokalen eine solche Opposition nicht gibt; dies ebenfalls gegen die hochdt. Dialekte (Braune 1904; W. Fleischer 1966, 95; Szulc 1987, 149; vgl. 4.4L). Ob also nhd. /ä/ ein „Ghostphonem" oder ein Sprachphänomen ist, bleibt umstritten (Sanders 1972; Hinderling 1978; Elmentaler 2018, 158).

Welche bedeutende Rolle die graphemischen Konventionen und Möglichkeiten schon im Frühneuhochdt. gegenüber dem Phonemsystem spielten, wird auch an der Entwicklung der anderen Umlautbezeichnungen deutlich: Durch die Monophthongierung wurde das Digraph <ue, ui> mit seinen Varianten <ů/ü/ú> funktionslos und frei verfügbar. So wurden diese Graphien im 15./16. Jh. zunehmend zur Bezeichnung des Umlauts /y/ aus /u/ verwendet, besonders im Ostmitteldt.; danach bald auch <ȏ/ö> für den Umlaut /ö/ aus /o/ (N.R. Wolf, in: BBRS 1536; Elmentaler 2018, 289ff.).

Die Grammatiker des 16. Jh.s hatten zum Teil Schwierigkeiten mit der Umlautbezeichnung (die bis weit ins 16. Jh. oft unterblieb), weil sie die Umlaute u.a. für Diphthonge hielten. Es kamen für die Umlautbezeichnung drei Faktoren zusammen: 1. zu starke funktionelle Belastung von <o> und <u> bei fehlender Umlautbezeichnung (*lösen ≠ losen, güte ≠ gute*), 2. Grammatikalisierung des Umlauts für die Plural- und Konjunktivkennzeichnung, 3. Verfügbarkeit der Zeichen <ue/ů/ü> durch Monophthongierung des mhd. *ue/üe* (N.R. Wolf, in: BBRS 1536). Das nhd. Ergebnis der Umlautgrapheme <ä>, <ö>, <ü> erscheint sprachvergleichend als eigenwillig, kann aber beim Vergleich mit anderen Lösungen (z.B. skandinavisch <y>, <ø>, französisch <u>, <eu> usw.) als eher konsequent und systematisch eingeschätzt werden. – Ausführlich zum Umlaut s. Elmentaler 2018, 289ff.

E. Das Ergebnis der stark schreibsprachlichen Neustrukturierung des Vokalsystems bedeutet eine Vereinfachung und Systematisierung gegenüber den stellenweise überfüllten und funktional ungleich belasteten mittelhochdt. Vokalsystemen:

/i/ /y/ /u/   /i:/ /y:/ /u:/

/ɛ/ /ö/ /ɔ/   /e:/ /ø:/ /o:/   /ae/ /ao/ /ɔe/
                   /ɛ:/

/a/   /a:/

Abb. 9: Neustrukturierung des Vokalsystems.

Das künstliche Lese-Phonem /ɛ:/ (nach <å/ä>) fügt sich nicht gut in dieses System ein, da es gegen eine weitere Regel der Neustrukturierung verstößt: Im Gegensatz zum System des Mittelhochdt. und der oberdt. Dialekte haben sonst alle nhd. Kurzvokale offene, ungespannte, alle nhd. Langvokale enge, gespannte Qualität: [lɛʁnən] ‚lernen', [le:rən] ‚lehren'; [hɔfən] ‚hoffen'; [ho:f] ‚Hof'. Für diese Regel, ebensowie für die Opposition /e:/ (<e>) ≠ /ɛ:/ (<ä>), wird das seit Luther angebahnte (vgl. 4.4M) und durch die spätere preußische Hegemonie verstärkte norddeutsche Lautungsvorbild als Ursache angenommen (Braune 1904; Schmidt/Vennemann 1985, 14; Szulc 1987, 144). Jedenfalls ist die redundante Koppelung mehrerer Merkmale ([+lang], [+eng], [+gespannt]) typisch für eine auf maximale Verständlichkeit bedachte Leseaussprache.

Eine noch experimentierende Übergangserscheinung des Frühneuhochdt. ist die graphemische Überschreitung des Systemunterschieds zwischen Vokalen und Konsonanten: <v> steht ebenso für /f/ (*Vater*) wie für /u/ (*vnd*); <w> steht ebenso für /v/ (*Wald*) wie für /y/ (*ewer* ‚euer') oder für /u/ (*bawern* ‚Bauern'); <j> ebenso für /j/ (*Jahr*) wie für /i/ (*jhm*) (N.R. Wolf, in: BBRS 1529). Diese typisch frnhd., zum Teil aus der lateinischen Schrifttradition ererbten Varianten sind teilweise auch typographisch bedingt: In den üblichen Frakturschriften (mit starker Betonung senkrechter Buchstabenformen) waren <u>, <i>, <n>, <m> in Sequenzen oft kaum zu unterscheiden, sodass <w> und <v> für /u/ bzw. /f/ wegen der schrägen Formen, <j> für /i/ wegen der Unterlänge der optischen Verdeutlichung dienen konnte. Ebenso ist das damals beliebte <y> für /i/ nicht nur als humanistisches Bildungssymptom (so vor allem bei Entlehnungen aus dem Griechischen), sondern meist einfach als typographische Verdeutlichungstechnik (wegen der Unterlänge) zu erklären. – Im späteren 16. Jh. werden solche Grenzüberschreitungen zwischen Vokal- und Konsonantengraphemen durch Korrektoren und Orthographen beseitigt (N.R. Wolf, in: BBRS 1529f.).

F. Bei den Konsonanten scheint auf den ersten Blick von der 2. Lautverschiebung (in vor-althochdt. Zeit) bis zum Neuhochdt. keine Systemveränderung eingetreten zu sein, nur Veränderungen in einzelnen Positionen des Systems. Doch auch hier ist ein erheblicher Unterschied zwischen gesprochener und geschriebener Sprache zu beachten. Es gab in deutschen Dialekten vom Mittelhochdt. zum Neuhochdt. durchaus einen gravierenden Wandel des Konsonantensystems: die binnenhochdeutsche Konsonantenschwächung (Szulc 1987, 158; Schmidt/Vennemann 1985, 158 ff.):

Im größten Teil der hochdt. Mundarten (westl. und nördl. Oberdt., Obersächsisch) sind seit spätmhd. Zeit die starken Verschlusslaute (Fortes) /p/, /t/ zu schwachen (Lenes) /b/, /d/ geworden, im nordwestlichen Obersächs. auch /k/ zu /g/. Damit ist die Opposition zwischen beiden Phonemreihen neutralisiert worden, da die neuen Schwachverschlusslaute mit den alten zusammenfielen. Dieser landschaftlich unterschiedlich konsequent eingetretene Phonemzusammenfall ist, obwohl auch in großen Teilen Süddeutschlands üblich, besonders vom Obersächsischen bekannt und schon in der Zeit des Prestigekampfes um das „Meißnische Deutsch" (s. 4.4EF, 5.6C–G) kritisiert worden: z.B. [breːdǝn] ‚predigen'/‚Brötchen', [bilʃǝr] ‚Pilger'/‚billiger', [diːrǝ] ‚Tiere'/‚Tür', [gardǝn] ‚Karten'/‚Garten'. Spuren davon finden sich noch bei den (süddt.) Dichtern der Weimarer Klassik: Goethe reimte mitunter *heute* : *Freude*, *Ende* : *Testamente*, Schiller *Kleider* : *heiter*, *getötet* : *verödet* (Szulc 1987, 159).

Von diesem konsonantischen Strukturwandel sind nur das Ripuarische (um Köln), Nordthüringische und Schlesische ganz verschont geblieben. Ein systemempfindlicher Lautwandel, der gerade in Regionen, die auf die neuhochdt. Schreibnorm sonst einflussreich waren, in den Dialekten eingetreten war, ist also in der neuhochdt. Schriftsprache (einschließlich der überregionalen Lautnorm) konsequent gemieden worden. Dies ist (seit Braune 1904) ein weiterer Beweis dafür, dass die gemeinsprachlichen Aussonderungsprozesse (s. 4.4) vorwiegend auf der Schriftebene, mitunter gegen die Sprechsprachentwicklung, verlaufen sind.

Diese Konservierung eines veralteten Lautstandes nach dem konventionalisierten Schriftbild hat das Konsonantensystem gegen einen Phonemreihen-Zusammenfall stabilisiert. Sie wurde verstärkt durch eine dreifache Merkmalskoppelung: Zum Unterschied zwischen stark und schwach (Fortis, Lenis) kam der zwischen stimmlos und stimmhaft und der zwischen behaucht (aspiriert) und unbehaucht hinzu: /p/, /t/, /k/ sind nach der heutigen Hochlautung (vgl. 6.6X–Z) behauchte stimmlose Starkverschlusslaute, /b/, /d/, /g/ unbehauchte stimmhafte Schwachverschlusslaute. Da Stimmhaftigkeit und Behauchung in diesen Phonemreihen in den meisten hochdeutschen Mundarten fehlen, aber im Niederdeutschen vorhanden sind, wird für diese Merkmalsbündelung – außer dem Motiv der Merkmalsredundanz für maximale Leseverständlichkeit – auch das Vorbild norddeutscher Lautung angenommen: „graphisch motivierte Lehnlautung" beim Hochdeutschsprechen der Norddeutschen (Schmidt/Vennemann 1985, 165 ff.; Mihm 2003).

Mit der binnendeutschen Konsonantenschwächung hängt – nach klassischer Auffassung in der Forschung – die mittelhochdt. Auslautverhärtung zusammen (vgl. hierzu Mihm 2004a, 2007c; Elmentaler 2018, 277 ff.): Im Auslaut sei die Opposition zwischen Stark- und Schwachverschlusslauten im Mhd. neutralisiert worden, sodass /b/, /d/, /g/ auslautend in der Schrift als <p>, <t>, <k/c> erschienen: mhd. *geben – gap, werden – wirt, tage – tac*. Seit dem 14. Jh. sind zwar zahlreiche graphische Belege vorhanden, die rein graphisch als eine Aufhebung der graphischen Kennzeichnung der Auslautverhärtung gedeutet werden könnten (*geben – gab* usw.), und als Folge entsprechend im Sinne einer Wirkung des orthographischen Wortstammprinzips (morphematisches Prinzip; s. 4.4L u. 5.9B!) gedeutet wurden; solche Graphien müssen aber stets auf dem Hintergrund gesprochener regionaler Varietäten gesehen und entsprechend in ihrer funktionalen Deutung abgewogen werden. Methodisch ist somit „das Phänomen der Auslautverhärtung wenig geeignet, um einen generellen Nachweis der Durchsetzung morphembezogener Schreibungen im Deutschen zu führen" (Elmentaler 2018, 280). Die Auslautverhärtung ist phonemisch – in der normierten Hochlautung – noch heute in der Aussprache vorhanden: Zwischen *Rad* und *Rat* besteht – im Unterschied zum Englischen – kein lautlicher Unterschied; der Auslaut ist in beiden Fällen stimmlos und schwach (außer in hyperkorrekter Aussprache).

G. Sonstige konsonantische Lautveränderungen vom Mittel- zum Neuhochdt. betreffen nur Einzelpositionen, nicht ganze Systemteile:

Lange Konsonanz wurde durch die Vokaldehnung in offener Silbe redundant, sodass konsonantische Doppelgrapheme im Nhd. nicht mehr lange Konsonanten, sondern Vokalkürze anzeigen (*Himmel, decken* usw.).

/h/ zwischen Vokalen ist, besonders im Mitteldt., bereits in mhd. Zeit geschwunden, sodass es als Graphem zum Längezeichen nach Vokalen umfunktioniert werden konnte (*mahlen, Sohn* usw.); Wörter wie *gehen* lauten heute [ˈgeːən] oder [geːn], in hyperkorrekter Leseaussprache [ˈgeːhən].

Der mhd. Unterschied zwischen auslautendem <s> und <ʒ> (*es ≠ eʒ*) wurde seit dem 13. Jh. aufgehoben. Der lautlich irrelevante orthographische Unterschied zwischen nhd. *das* und *daß/dass* (ab Ende 15. Jh.) hat damit nichts zu tun; er entspricht der Grammatikalisierungstendenz der Orthographen und Grammatiker (s. 4.4L). Die heutige Opposition zwischen inlautendem ‚weichem' und ‚scharfem' *s* (*reisen ≠ reißen*) beruht auf einer Neuverteilung in diesem Systembereich.

Ein neues Phonem /ʃ/ war im Mhd. aus der Lautverbindung /sk/ entstanden (ahd. *skōni* → mhd. *schœne*). Es erhielt seit dem 14. Jh. Zuwachs aus /s/ in den Anlautverbindungen /sp/, /st/, /sl/, /sm/, /sn/, /sr/. Im Gegensatz zum nördlichen Niedersächsischen (Bremen, Hamburg, Hannover, wo man auch standardsprachlich „über einen *s-pitzen*

S-tein s-tolpert') und zu den meisten anderen Sprachen, haben diese Konsonantenverbindungen im Nhd. [ʃ] statt [s], obwohl dies graphemisch teilweise nicht gekennzeichnet wird: *Spiel, Stahl*, in Lehnwörtern: *spontan, Stil, Stop*, aber *schlagen, schmecken, Schnee, schreien*. Umständliche Graphemverbindungen wie <scht>, <schp> wurden wahrscheinlich wegen der vielen lat./griech. Lehnwörter mit <st->, <sp-> vermieden. Dass das mhd. /s/ allgemein noch eine /ʃ/-ähnliche Aussprache hatte (wie noch heute im Niederländ.), wird an Lautsubstitutionen deutlich wie mhd. *Orense* für afrz. *Orange, Sebnitz* (Ortsname) aus altsorbisch *žaba* ‚Frosch'. Die deutliche nhd. Opposition /s/ ≠ /ʃ/ (*sein* ≠ *Schein*) beruht auf einer Neuverteilung zugunsten stärkerer Phonemdistinktion.

Der Velarnasal /ŋ/ – im Ahd. noch eine kombinatorische Variante des /n/ vor /g/ oder /k/, im Mhd. noch als Teil einer Phonemverbindung an der Auslautverhärtung zu erkennen (*singen, sinc* ‚singe!') – wurde im Nhd. zum eigenen Phonem, indem das /g/ dem /ŋ/ assimiliert wurde: [siŋgən] → [siŋən], [siŋg] → [siŋ]; die Graphemverbindung <ng> wurde monophonematisiert (Szulc 1987, 161). Die auslautenden <-nc/-nk>-Schreibungen hören im 16. Jh. auf. Diese Besonderheit des Deutschen bereitet beim Sprachenkontrast mit Englisch oder slawischen Sprachen Lern- und Transfer-Schwierigkeiten und stellt auch für deutsche Muttersprachlerinnen und Muttersprachler einen phonetischen Zweifelsfall dar (Duden, Zweifelsfälle, 2016, 124); ferner auch mit franz. Nasalvokalen: [balˈkɔŋ/ balˈkoːn] neben bildungssprachlich [balˈkõ] ‚Balkon'. So wurde die Nasalreihe durch ein drittes Phonem bereichert, entsprechend der Reihe der stimmhaften Spiranten (Reibelaute), wo die mhd. Halbvokale <w> und <j> im Nhd. phonemisch als Konsonanten integriert wurden.

Durch all diese Umstrukturierungen und Systemstabilisierungen ist im Laufe der frühneuhochdt. Zeit das meist dreigliedrige neuhochdt. Konsonantensystem entstanden (vgl. Szulc 1987, 150):

stimmlose behauchte Starkverschlusslaute:	/p/	/t/	/k/
stimmhafte unbehauchte Schwachverschlusslaute:	/b/	/d/	/g/
stimmlose Reibelaute:	/f/	/s/ /ʃ/	/ç, x/ /h/
stimmhafte Reibelaute:	/v/	/z/	/j/
Nasale:	/m/	/n/	/ŋ/
Liquiden:		/l/	
		/r/	

Abb. 10: Entwicklung des neuhochdt. Konsonantensystems.

Die Affrikaten /pf/, /ts/ werden dabei als Phonemverbindungen gerechnet, ebenso /ks/ (<x/chs>). Die Varianten /ç/ und /x/ (*ich*-Laut, *ach*-Laut) sind stellungsbedingte Allophone des Phonems /ch/, die /r/-Varianten freie Allophone. Mit der Lautschrift nicht identische Grapheme sind: <sch/s> für /ʃ/, <ch> für /ç, x/, <w> für /v/, <s/ß/ss> für /s/, <ng> für /ŋ/, abgesehen von bildungssprachlichen Lehn-Graphemen wie <ph>, <th>, <v>, <c>, <y>, <j> durch gelehrten und fremdsprachlichen Einfluss (vgl. 4.7F).

H. Das frühneuhochdt. Flexionssystem ist von weiterem Endungsabbau gekennzeichnet, aber auch von Ansätzen zur Neustrukturierung von Systemteilen, die bis heute anhält. Bei den Substantiven war die Apokope der Endung -*e*, besonders im Oberdt., auch im Westmitteldt., bis zum frühen 16. Jh. so weit vorangeschritten, dass in diesen Schreiblandschaften endungslose Formen die Regel waren, mit Einfluss bis ins Ostmitteldeutsche. Erst nach der Reformationszeit begann vom Ostmitteldeutschen her die Gegenbewegung konservativer Grammatiker („lutherisches -*e*"), durch die das -*e* im Dativ Singular fakultativ, im Plural vieler Substantive obligatorisch wiedereingeführt wurde (vgl. Habermann 1997; s. 5.9F!). Die Neustrukturierung wirkte sich in der Weise aus, dass die Unterscheidung nach Kasus und Genus, die seit mittelhochdt. Zeit zunehmend von der Flexion der Artikelwörter und attributiven Adjektive mitgetragen oder übernommen wurde, im Neuhochdt. bei der Substantivflexion weiter vernachlässigt, die **Numerus-Unterscheidung** jedoch mit verschiedenen Mitteln stärker profiliert wurde (= Numerusprofilierung, Kasusnivellierung). Dies hat die Zahl der **Pluralkennzeichen** (Pluralmarker) stark vermehrt (Wegera/Solms, in: BBRS 1544f.; Nübling u.a. 2017, 64–72):

- Plural auf -*e*, ausgehend vom Ostmdt., auf andere Klassen übertragen (*Tag – Tage*)
- Plural auf -*er*, im Mhd. nur bei wenigen Neutra, auf andere Klassen übertragen (*Kind – Kinder*), mitunter in Wörtern, in denen -*er* später wieder aufgegeben wurde (*Stücker, Menscher*, ...), teils in Konkurrenz mit -*e*, mit späteren Bedeutungsdifferenzierungen (*Lande – Länder, Worte – Wörter*)
- Plural auf -*en*, von mhd. schwachen Flexionen auf andere Klassen übertragen (*Leid – Leiden*), vorübergehend auch in Fällen wie *Worten, Werken, Gesichten*, ...
- Plural mit Umlaut des Stammsilbenvokals, auch in Kombination mit anderen Endungen (*Apfel – Äpfel, Koch – Köche, Wald – Wälder*), im Oberdt. noch weitergehend (*Tör, Täg, Wägen, Nämen, Dörnen*, ...)
- Plural endungslos (*Lehrer – Lehrer*)

Den Plural auf -*s* gibt es erst ab Ende des 17. Jh.s durch franz. und/oder niederdt. Einfluss (*Onkels, Kerls*, ...; s. 5.9G), dann zunehmend für Lehnwörter (*Hotels, Streiks*, ...) und bestimmte moderne Wortbildungsarten (*Hochs, Fotos, Pkws*, ...; s. 6.9D). – Zur Fremdflexion entlehnter Substantive der Bildungssprache s. 4.7E.

Der Endungsschwund bei den Kasus im Singular hat im Frühneuhochdt. teilweise auch das Genitiv-*s* in Fällen erfasst, wo es später wieder restituiert worden ist, besonders oberdt. im 14./15. Jh.: *des Elendt, des Ritter, des Leben*. Dieser an der Gegenwartssprache gern kritisierte Genitivschwund ist also schon alt; nur das konservative Flexionsprinzip der Grammatiker und Sprachlehrer (s. 5.9G) hat hier Einhalt geboten. Es gab aber auch gegenläufige Tendenzen wie die Anfügung von Genitiv-*s* in der schwachen Flexion: *des Herzens, Willens, Friedens*, ...

J. Bei den Verben hat eine ähnliche Neustrukturierung gewirkt: Die Tempus-Funktion wurde auf Kosten der Unterscheidung nach Person, Numerus und Modus verstärkt (Wegera/Solms, in BBRS 1545 ff.; Nübling u. a. 2017, 72–91). So beginnt bereits damals die Unsicherheit im Konjunktivgebrauch und der Konjunktiv-Ersatz durch Modalverbgefüge mit *würde, möchte, möge, sei, wäre, habe* usw. (s. 5.91, 6.9F), ebenso der (besonders oberdt.) Ersatz des Präteritums durch Perfektformen, also ein sprachtypologisch bedingter Übergang von Teilen der Flexionsfunktionen in den Bereich syntaktischer Gefüge, also der Morphosyntax (s. 4.5D).

Bei den starken Verben wurde im Laufe des 15./16. Jh.s der Ablautunterschied zwischen Singular und Plural des Präteritums ausgeglichen. Noch Luther schrieb (wie im Mhd.): *er bleyb – sie blieben, er fand – sie funden*. Beim Ausgleich setzte sich entweder der Vokal des Singulars durch (*fanden*) oder der des Plurals (*blieb*) oder der über die Verbklassen hinweg sich ausbreitende Präteritalvokal *o* (*hob – hoben*). Ein bis heute gebliebener Rest des unausgeglichenen Zustands ist das poetische *ward* statt *wurde*. Auch die Endung der 2. Sg. Prät. (mhd. *du næme*) wurde im 15. Jh. dem Präsens angeglichen (*du nahmst*), der Konsonantenwechsel beseitigt: mhd. *was – wâren* → nhd. *war – waren*, mhd. *verlôs – verlurn* → nhd. *verlor – verloren*. All diese Ausgleichsvorgänge kamen der Profilierung des Tempusunterschieds zwischen Präsens und Präteritum zugute. Die Zahl der starken Verben wurde im Frühneuhochdt. weiter reduziert, auch wenn es kein linearer Prozess war und auch Übergänge in die Klasse der starken Verben belegt sind (Wegera u. a. 2018, 183–185), sodass schwache Flexion im Nhd. produktiver ist. Dies äußerte sich auch darin, dass vom 16. bis 18. Jh. zum Teil ein (analog zur schwachen Flexion gebildetes) -*e* im Prät. Sg. starker Verben (entgegen der grammatischen Norm) gesetzt wurde (*sahe/gabe/schrye*, … ‚sah/gab/schrie') (Hoffmann/Solms, in: Besch/Wegera 1987, 43 ff.).

Bei den schwachen Verben mit ‚Rückumlaut' wurde der Vokal-Unterschied zwischen Präteritum und sonstigen Verbformen (frnhd. *setzen – satzte – gesatzt*) im Laufe der frühneuhochdt. Zeit ausgeglichen, am spätesten im Ostmitteldeutschen (*setzte – gesetzt*). Heutige Reste des alten Zustands sind *brennen – brannte – gebrannt*, ebenso bei *nennen, bringen*; mit stilistisch, semantisch oder regional markierter Variation im Prät.: *sandte/sendete, wandte/wendete*. – Der Unterschied zwischen Verben mit Endung -*ete* und solchen mit -*te* wurde im 15./16. Jh. zunächst mit Bevorzugung von -*ete*, danach zugunsten von -*te* ausgeglichen. Der Modus-Unterschied wurde allgemein abgebaut: *ich spreche* (Ind.) – *ich spreche* (Konj. I) → *ich spreche* (Ind., Konj. I); *sie sprechent* (Ind.) – *sie sprechen* (Konj. I) → *sie sprechen* (Ind., Konj. I). Heute gibt es im Konj. I fast nur noch in der 3. Person Sg. einen Unterschied: *er/sie spricht* (Ind.) – *er/sie spreche* (Konj. I). Im Präteritum fiel der Unterschied zwischen Indikativ und

Konjunktiv im Laufe des Frühneuhochdt. bei den schwachen Verben weg; nur noch bei einigen starken Verben blieb der Umlaut als Kennzeichen des Konjunktivs II (*nahm – nähme*).

Die Reduzierung der Unterschiede von Personalendungen des Verbs war schon im 16. Jh. meist abgeschlossen; nur bei den Endungen des Plurals hielt sich die Endung -*ent* teilweise bis ins 17. Jh., im westlichen Oberdt. noch länger (vgl. schwäb. *wir ganget* ‚wir gehen'). Auch das Präfix *ge-* im Partizip II wurde erst im 17./18. Jh. feste Regel, am spätesten bei ursprünglich *ge*-losen Verben: *kommen, funden, troffen, bracht,* noch heute: *worden.*

K. Beim Adjektiv ist die Verteilung starker und schwacher Flexion auf den Gebrauch der Artikelarten noch nicht wie im Neuhochdt. geregelt. Erst im 17. Jh. setzt sich die neue, stärker grammatikalisierende Regelung allmählich durch, nicht mehr nach der „Sinnregel": schwache Flexion für individualisierende Referenz, starke für generalisierende, sondern nach der „Formregel": „Abhängigkeit von der grammatischen Markiertheit der Nominalgruppe" (Solms, in: Besch/Wegera 1987, 73; Bergmann u.a. 2019, 151 ff.). Unflektierte Adjektive finden sich noch gelegentlich, auch in Voranstellung:

Vom Neuhochdt. abweichende frühneuhochdt. Attributflexionen: *dem aller/höhesten zeitlichem Guthe* (zit. n. Wegera, in: BBRS 1550); *des morgendes tages; vber die gantzen erde* (zit. n. Philipp 1980, 85); *newe vnd viel bûcher, jnn diesen funffzehen vergangen jaren, iñ jren eigen worten* (*Catalogus oder Register aller Bücher vnd schrifften D. Mart. Luth.,* Wittenberg 1533, Vorrede, fol. A2r-4r).

Literatur

Phonemik: H. Bach 1934. v.Bahder 1890. BBRS (Grubmüller 303 ff., Forester 1999, Kohrt 552 ff., N.R. Wolf 1527 ff.). Hartweg/Wegera 1989, 101 ff./2005, 133 ff. Herrlitz 1970, 20 ff. Kienle 1969. LGL (Veith 129 ff.). Paul 1916–20/68. Paul/Stolte 1962. Penzl 1975, 109 ff. Ronneberger-Sibold 1989 (Bibliogr.). Russ 1978; 1982. O. Schmidt/Vennemann 1985. Szulc 1987, 123 ff. Voeste/Wischer 2004. Werner 1972. – **Vokalismus:** BBRS (Wiesinger 2440 ff.). Biszczanik 2006. E. Glaser 1996a. Hinderling 1978. Th. Becker 1998. Th. Klein 1993. Lindgren 1961. Nübling 2013. Reiffenstein 2000. Reis 1974. Russ 1977. Sanders 1972. Seidelmann 1999. – **Nebensilbenvokale:** Brogyanyi 1986. Habermann 1997. Herbers 2011. Lindgren 1953. Sauerbeck 1970. Stopp 1972/1978b. – **Konsonantismus:** BBRS (Lerchner 2425 ff.). Cercignani 1979; 1983. Kyes 1988. Mihm 2004a; 2007c. – **Graphemik und Phonemik:** Anderson/Goebel/Reichmann 1979. BBRS (Grubmüller 303 ff., Kohrt 552 ff., N.R. Wolf 1527 ff., Nerius 2461 ff.). Elmentaler 2018. W. Fleischer 1965; 1966; 1970. Freund 1991. E. Glaser 1985; 1988ab; 1993; 1996a. 1998. E. Glaser/Seiler/Waldispühl 2011. Hartweg/Wegera 1989, 96 ff./2005, 133 ff. Kettmann 1987ab; 1992. G. Koller 1989. v.d.Lee 1978. LGL (Veith 129 ff., Althaus 142 ff., Besch 592 f.). Mihm 2002 (Prosodie); 2004a; 2007c. Hans Moser 1977; 1987. Petkov 2001. Piirainen 1968. Sandberg 1983. Skála 1997. Steffens 1988.

Stopp 1976. Straßner 1977. Voeste 2006; 2009; 2010; 2012. Wiesinger 1993. N.R. Wolf 1975. – Zur **Orthographie** und **Aussprache** s. 4.4Lit!

Morphemik: H. Bach 1934; 1974/85. BBRS (Werner 572 ff., Wegera/Solms 1542 ff.). Besch/Wegera 1987, 18 ff. Graser/Wegera 1978. Hartweg/Wegera 1989, 116 ff./2005, 151 ff. Kern/Zutt 1977. Kienle 1969. LGL (Weber 159 ff., Besch 593 ff.). Ono 1986. Paul 1916–20/68 Paul/Stolte 1962. Ronneberger-Sibold 1989 (Bibliogr.). Russ 1978. Werner 1989. – **Substantivflexion:** Ahlsson 1965. BBRS (Schrodt/Donhauser 2504 ff.). Bittner 1987. Boiunga 1890. van der Elst 1984. Dammel/Gillmann 2014. Pavlov 1995a; 2003. Rauch 1991. Ronneberger-Sibold 2016. Stegmann v.Pritzwald 1958. Stopp 1974. Suchsland 1969. Wegera 1987. Werner 1969. Woronow 1962. – **Adjektivflexion:** Peter 2013. Schwerdt 2007. Solms 1991. Trojanskaja 1972; vgl. auch 5.9H!. – **Verbflexion:** Abplanalp Luscher 2001. Alm 1936. BBRS (Schrodt/Donhauser 2504 ff.). Chirita 1988. Dammel 2010. Dammers/Hoffmann/Solms 1986. Eroms 1993. Fertig 2000. Fourquet 1969. Gerth 1987a. Graser 1977; 1987. Große 1988. Guchman/Semenjuk 1981. Hempen 1988. W. Hoffmann 1979; 1988. Kishitani 1991. Lindgren 1953; 1957. Nübling 1998. Solms 1984; 2001. Strömberg 1907. Theobald 1992. Thoursie 1984. Voeste 2002. Walch 1996. Werner 1965. – **Pronomen:** Howe 1996. Lefèvre 1996. Walch 1990. Walch/Häckel 1988. – Zu **Verbgefügen** s. 4.5Lit!

Mittelniederdeutsch: Barteld u.a. 2019. BBRS (Peters 1409 ff., Niebaum 1422 ff., Härd 1431 ff.). Peters/Nagel 2014. Quak 1989. Ringgaard 1986. Schöndorf 1989. I. Schröder 2014ab.

4.4. Regionalschreibsprachen und überregionaler Ausgleich auf dem Weg zur neuhochdeutschen Schriftsprache

A. Die frühbürgerliche Epoche war die Vorbereitungszeit der (erst im 18. Jh. abgeschlossenen) Entstehung der kulturnationalen Standardsprache Neuhochdeutsch. Sie war aber noch von stark plurizentrischer Entwicklung gekennzeichnet. Es gibt aus dem 16. Jh. viele Zeugnisse von gelehrtem Bewusstsein der regionalsprachlichen Unterschiede der deutschen Sprache, z. B. von dem bayerischen Chronisten Johannes Turmair, gen. Aventinus (s. für einen Überblick zur metasprachlichen Reflexion über das Deutsche etwa Josten 1976; Reiffenstein, in: BBRS 2205 ff.). Da der Wiener Kaiserhof – anders als Paris, London oder Prag bei der Entstehung der Nationalsprachen der Franzosen, Briten oder Tschechen – nicht monozentrisch wirken konnte (s. 4.1B), blieb er auf eine begrenzte, nur schreibsprachliche Mitwirkung beschränkt bei der Ausbildung einer kanzleisprachlichen Regionalschreibsprache in Österreich und Süddeutschland und deren Einfluss auf den weiteren überregionalen Ausgleichsprozess. Unter einer spätmittelalterlichen Schreiblandschaft (Besch 1967, 13ff.) sind Ansätze zu überregionalem Ausgleich zu verstehen zwischen den Schreibgewohnheiten fürstlicher und städtischer Kanzleien im Rahmen einer die territorialherrschaftlichen Grenzen meist überschreitenden Großregion. Ihr Schreibgebrauch war noch nicht ein festes, normiertes System, hatte aber erkennbare Ansätze zur Vereinheitlichung in wichtigen Teilen des Sprachsystems, vor allem im Bereich der Graphemik/Phonemik und der Flexion. Die Schreiblandschaften waren nicht Schreibdialekte; sie bildeten sich weitgehend unabhängig von den gesprochenen Dialekten der betreffenden Regionen. Mit Ausgleich ist vor allem die Aussonderung bestimmter Varianten (vor allem primärer, d. h. auffälliger Dialektmerkmale) gemeint, d. h. die Reduzierung der Variationsbreite auf zunächst zwei oder mehrere konkurrierende Varianten, schließlich auf nur noch eine Variante mit höchstem Verbreitungsgrad und Prestigewert. Hierbei hat in der Regel noch keine bewusste und reflektierte Normung gewirkt, sondern die Alltagsroutine der Schreiber und Kanzleivorsteher im Sich-Einstellen auf die Schreib- und Lesegewohnheiten der jeweiligen Adressaten und Adressatinnen der Texte. Schließlich entwickelte sich auch unabhängig vom Empfängerprinzip eine überregionale Tendenz um ihrer selbst willen, auch gegen die traditionellen regionalen Schreib- und Sprechgewohnheiten. Die Aussonderungsprozesse wurden gefördert durch die vielfältige überregionale Herkunft der Kanzleischreiber im 14. und 15. Jh. Dabei waren meist die Großkanzleien führend (kaiserliche bzw. fürstliche Kanzleien oder großstädtische wie Nürnberg, Augsburg). – Wesentlich stärker regional und sprechsprachlich orientiert war dagegen die eigenständige Entwicklung der mittelniederländischen Verkehrs- und Literatursprache seit der Mitte des 13. Jh.s auf flämisch-brabantischer Grundlage; damit blieb das Niederländische auch als werdende Nationalsprache von der deutschen Sprachgeschichte unabhängig (vgl. 3B1).

In der Forschung ist einerseits die Beteiligung vieler Schreiblandschaften an diesem Prozess deutlich geworden (gegen monozentrische frühere Auffassungen), andererseits eine deutliche Priorität zuerst des Südens, vor allem Südostens zusammen mit dem mittleren Osten, dagegen eine bewahrende Passivität und schließlich Unterlegenheit des Nordens, Westens und Südwestens (s. Reichmann, in: BBRS 1623 ff., Benzinger, in: BBRS 1665 ff., Besch, in: BBRS 2252 ff.; Mattheier 1981a; Reichmann 2003). Das frühe Übergewicht des Südens beruhte auf der Wirkung kaiserlicher Institutionen in Wien, Regensburg und Nürnberg, das Zusammengehen des Südostens mit dem mittleren Osten vor allem auf der bedeutenden Fernhandelsverbindung von Italien über Augsburg und Nürnberg nach Leipzig. Der Westen und Südwesten waren territorial zersplittert, der Westen und Norden wirtschaftlich mehr nach außen orientiert und eigenständig. Das Vorangehen der ganzen Osthälfte des Reiches (Österreich, Böhmen, Mark Meißen, östliches Norddeutschland) war historisch begründet in der administrativen Modernität der großenteils in fremdsprachigen Regionen etablierten großräumigen Flächenstaaten der Habsburger, Wettiner, Hohenzollern und des Deutschen Ordens.

In der Zeit um 1500 gab es noch eine Chance für die Entwicklung zweier deutscher Schriftsprachen, die schon weitgehend und großräumig angebahnt waren: einer hochdeutschen, auf der Basis des Ausgleichs der ostoberdt. und ostmitteldt. Schreiblandschaften und einer niederdeutschen im Gebiet der Hansestädte unter Führung von Lübeck, die auch über das deutschsprachige Gebiet hinaus als Verkehrssprache im Ostsee- und Nordseeraum wirkte. Das Bewusstsein des hochdeutsch-niederdeutschen Gegensatzes (*oberlendisch*, *niderlendisch*) ist seit Ende des 13. Jh.s bezeugt. Der Untergang der Hanse, das römische Recht und die Reformation haben die Entwicklung zweier deutscher Standardsprachen auf Kosten des Niederdeutschen verhindert (s. 4.9C–J) und die Durchsetzung einer dann besonders von Wittenberg und Leipzig aus kultivierten protestantischen Sprachnorm zur Folge gehabt, die aber keineswegs rein ostmitteldt. war.

Die älteren Forschungsmeinungen in der nationalpolitisch relevanten Frage der Entstehung der neuhochdt. Schriftsprache waren meist einseitig auf bestimmte Regionen und Institutionen festgelegt und hingen mit zeitgeschichtlich bedingten ideologischen Tendenzen zusammen. In der Bismarckzeit fand Karl Müllenhoffs und Wilhelm Scherers These von einer kaiserlichen Kontinuität der Schreibsprache viel Anklang: Vom Hofe Karls d. Großen in Aachen (um 800) über die Staufer in Schwaben (um 1200), die Luxemburger in Prag (um 1350) zu den Habsburgern in Wien (15. Jh.). Konrad Burdach versuchte Ende des 19. Jh.s diese Kontinuität mit seiner neuhumanistisch-geistesgeschichtlichen These von der literarstilistischen Vorbildlichkeit der Prager kaiserlichen Kanzlei (vgl. Henne 1978) noch bis zur wettinischen Kanzleisprache zu verlängern, in einer ungedruckten Berliner Akademierede sogar bis in die wilhelminische Zeit. Alle diese Kontinuitäten haben sich in der neueren Forschung als unzutreffend erwiesen (vgl. 3D3).

Ideologiegeschichtlich bedingt war auch die seit den 1930er Jahren verbreitete ‚Siedelraumthese' von Theodor Frings: Im Anschluss an die Marburger sprachgeographische Schule (Georg Wenker, Ferdinand Wrede) und an die Belebung der Mundartforschung in den 20er und 30er Jahren lehrte er eine neue Version der bereits bei Adelung (s. 5.6M11) konzipierten These von der Mark Meißen als Wiege des Neuhochdt. Sie ist einerseits vor dem Hintergrund der protestantischen Überbetonung der Rolle Luthers und der kursächsischen Kulturblüte des frühen 18. Jh.s (Adelung!) zu verstehen; andererseits kam sie der neuromantisch-agrarischen Kulturauffassung der Vorbereiter und Mitläufer des Nationalsozialismus entgegen. Frings wollte durch Rückschlüsse von sprachgeographischen Befunden des späten 19. Jh.s nachweisen, dass die nhd. Schriftsprache „eine Schöpfung des Volkes, nicht des Papiers und des Humanismus" sei, nämlich eine in die wettinische Kanzleischreibe übernommene „koloniale Ausgleichssprache", die in der Mark Meißen durch Siedlermischung seit dem 12. Jh. entstanden sei. Obwohl diese These auch marxistischer Sozialgeschichte nicht entsprach, ist sie – wegen Frings' wissenschaftspolitischem Prestige in der DDR – noch bis in die 70er Jahre in der Germanistik der Sowjetunion und der DDR gelehrt worden. Sowohl durch neuere dialektgeographische Arbeiten als auch Kanzleisprachuntersuchungen in Ost und West ist die Fringssche These widerlegt worden (Schützeichel 1960/74; Besch, in: BBRS 2257 ff.; v.Polenz 1986a; 1990b; vgl. H.U. Schmid 2011; 2013).

Heute besteht weithin Konsens darüber, dass die Annahme einer Kontinuität von (bäuerlicher oder städtischer) Sprechsprache zur Kanzleischreibe sozial-, medien- und wirtschaftsgeschichtlich unhaltbar ist. Seit den 1960er Jahren werden in der Forschung der mehr schreibsprachliche Ansatz aus der frühbürgerlichen Stadtkultur (s. 4.2BE) sowie Phänomene der Sprachauswahl und des Ausgleichs in den Vordergrund gestellt, ferner auch vermehrt soziopragmatische und textsortenspezifische Faktoren.

B. Die am frühesten vorbildliche donauländische Schreiblandschaft, das Ostoberdeutsche, hatte einen Vorsprung durch den relativ frühen Übergang Süddeutschlands vom Lateinischen zum Deutsch in der Rechtssprache (*Schwabenspiegel*, dt. Urkunden unter König Ludwig d.Bayern). Ausgleichstendenzen wurden vor allem von den Habsburgern, von der Wiener Hofhaltung und Kanzlei und von den Regensburger und Nürnberger Reichstagen gefördert. Die ostoberdt. Schreibsprache des 15./16. Jh.s wird in der Forschungsliteratur auch mit dem (seit 1464 mehrdeutig überlieferten) Ausdruck *gemein deutsch* identifiziert und deshalb gern auch „oberdeutsches Gemeindeutsch" oder, mit Blick auf die Reichsinstitutionen, „süddeutsches Reichsdeutsch" genannt (Elmentaler/Voeste, in: Herrgen/Schmidt 2019, 83 f.). Die zeitgenössische Bezeichnung *gemein deutsch* ist jedoch in vielen Kontexten nicht im überregionalen oder proto-standardsprachlichen, sondern im sozialstilistischen Sinne (‚allgemein verständlich, für jedermann') zu verstehen. Außer der Reichsgewalt waren städtische Kanzleien und Drucker ebenso an den süddeutschen Ausgleichsprozessen beteiligt, vor allem in Nürnberg und Augsburg. Immerhin hat das Ostoberdeutsche das Ostmitteldeutsche stark beeinflusst und stand noch über die Reformationszeit hinaus in starker Konkurrenz mit dem protestantischen kursächsischen Deutsch (s. 5.6).

Das Ostoberdt. setzt sich sprachgeographisch zusammen aus Bairisch-Österreichisch und Ostfränkisch (Würzburg-Nürnberg-Bamberg), beides mit Fortsetzungen bis zu Neusiedlergebieten und -städten im westlichen und südlichen Böhmen, im südlichen Mähren, in Ungarn, Jugoslawien und Italien. Dialektale Merkmale wurden zunehmend vermieden, so die in der Kanzleischreibe der Habsburger noch bis Ende des 15. Jh.s häufigen bairischen *p* für *b*, *t* für *d*, *kch/kh/ch* für *k* im Anlaut, *ai* für *ei* (so noch heute *Kaiser, Maier/Mayer, Laib* usw.). Fast nie erschienen in der Schrift die Verdumpfung des *a* zu *o* und die nord- und südbairischen gestürzten Diphthonge *ei, ou* für mhd. *ie, uo, üe*; sie sind nur aus hyperkorrekten Schreibungen zu erschließen. Die bis heute erhaltenen Diphthonge *ie, ue, üe* wurden bereits seit dem 13. Jh. in Regensburger Texten oft als Monophthonge *i, u, ü* geschrieben (Skála, in: BRS 1776 f.). So ist im Ostoberdt. die das Neuhochdt. konstituierende Kombination von Diphthongierung und Monophthongierung am frühesten erreicht, wobei die Monophthongierung einen mitteldt. Schreibeinfluss darstellt. In der Kanzleisprache von Eger (Westböhmen) waren, ähnlich wie in Regensburg, bereits im 15. Jh. die meisten zum Nhd. führenden Schreibnormen üblich, und zwar ohne Abhängigkeit von der Prager kaiserlichen Kanzlei (Skála 1967; 1970).

Die von Luther gerühmte besondere Leistung Kaiser Maximilians I. (1493–1519) in Richtung auf eine gesamtdeutsche Ausgleichsnorm ist – gegenüber dem schon recht fortschrittlichen Stand in Regensburg, Nürnberg, Eger – etwas überbewertet worden. Immerhin ist unter seinem Kanzler Niclas Ziegler in der Wiener Kanzlei viel zur systematischen Vereinfachung der graphemischen Varianten getan worden, z. B. bei der Monophthongierung und der Vereinfachung von Konsonantenhäufungen wie etwa *ff, cz, dt* (Hans Moser 1977; Schildt, in: BBRS, 58). Maximilians Nachfolger Karl V. zeigte für solche nationalsprachlichen Bestrebungen kein Interesse mehr.

Eine besondere Wirkung auf die gemeindeutschen Tendenzen des östlichen Oberdeutsch hatte Augsburg (E. Glaser 1985, Graser 2000): Hier gab es seit dem 13. Jh. schreibsprachliche Ausgleichstendenzen zwischen Alemannisch und Bairisch, in der 2. Hälfte des 15. Jh.s eine starke Annäherung der Augsburger Drucker an die kaiserliche Kanzlei, deren Erlasse sie druckten. Insgesamt erlangten die Augsburger Drucker vom Ende des 15. Jh.s bis in die Reformationszeit überregionale Geltung.

Für den Fortschritt (in Richtung auf eine kulturnationale Standardsprache) mindestens ebenso entscheidend wie der kaiserliche Wirkungsbereich war die schon frühe nördliche Orientierung des Ostfränkischen, vor allem Nürnbergs, das als Stadt des Fernhandels nach Norden und als Ort vieler Reichstage eine Schlüsselstellung innehatte. Es ist in der Forschung strittig, ob die engen vorreformatorischen Schreibsprachbeziehungen zwischen Ostoberdeutsch und Ostmitteldeutsch nur einseitig südnördlich gerichtet waren oder teilweise auch umgekehrt. Jedenfalls wurde vom 15. bis 18. Jh. unter *hochdeutsch/oberlendisch* stets das Mitteldeutsche einbegriffen; erst seit dem Grammatiker Bödiker (s. 5.6M4) ist der das Mitteldeutsche ausschließende Begriff *Oberdeutsch* im Sinne von ‚Süddeutsch' nachzuweisen (Schulte, in: Piirainen 1972, 34).

C. Ausgesprochen passiv, zögernd oder konservativ verhielt sich die westoberdeutsche Schreiblandschaft im alemannischen Dialektgebiet, mit den zentralen Schreib- und Druckorten Straßburg, Basel, Zürich. Die Diphthongierung wurde zwar im 15. Jh. im Schwäbischen übernommen (Augsburg, Ulm), aber weiter westlich erst im späten 16. Jh. Im Alemannischen (Elsass, Südbaden, Schweiz, Vorarlberg) ist sie im Dialekt bis heute nicht eingetreten. Trotz starker politischer und dialektaler Eigenentwicklung haben (im Unterschied zu den von alter städtischer Eigenkultur geprägten Niederländern) die schweizerischen Eidgenossen keine eigene Schriftsprache entwickelt. Die schweizerische Reformation unter Zwingli bevorzugte noch stark regional geprägte Bibeltexte; Luther hat sich beim Marburger Religionsgespräch (1529) über Zwinglis provinzielles Deutsch mokiert (Schenker 1977b, 8f.; s. 4.9A). Die Übernahme der neuhochdt. Schriftsprachnormen im 17. und 18. Jh. durch Buchdrucker, Gelehrte und Schriftsteller (vor allem vom süddeutschen Gemeindeutsch her; s. 5.6O) hat die schweizerischen und elsässischen Dialekte kaum beeinflusst, sondern eine echte Diglossie-Situation zwischen Mundart und Schriftsprache geschaffen, die bis heute anhält. Die nationalsprachlichen Distanzierungsbewegungen des äußersten Südwestens im 19. und 20. Jh. (s. 6.4.2C–H, 6.4.3B–G, 6.11T–X) sind also historisch langfristig vorbereitet.

D. Die mit dem Ostoberdeutschen kooperierende und konkurrierende Schreiblandschaft wird allgemeiner „Ostmitteldeutsch" genannt, im engeren Sinne: „wettinische Kanzleischreibe", seit 16. Jh. „Meißnisches Deutsch". Hierzu sind einige historische Details nötig: Kerngebiete des im 15./16. Jh. mächtigen wettinischen Territoriums waren das schon in älterer Zeit deutschbesiedelte Thüringen und die Mark Meißen als ehemals sorbisches Kolonialgebiet östlich der Saale. Die Übertragung der sächsischen Kurwürde (1423) brachte den Wettinern einen bedeutenden Machtzuwachs in der Reichspolitik und im östlichen Norddeutschland in Konkurrenz mit den Hohenzollern in der Mark Brandenburg. Im Osten kam 1635 vom Königreich Böhmen die Ober- und Niederlausitz hinzu. Mit dieser wettinischen Expansion war eine geographische Verschiebung des Namens *Sachsen* verbunden. Noch für Luther galt er vorwiegend für das alte Kurterritorium, das Herzogtum Sachsen-Wittenberg als dynastische Fortsetzung der untergegangenen niedersächsischen Herzogtümer der Welfen und Askanier. Im Laufe des 16. Jh.s ist er allmählich auf die thüringisch-altmeißnischen Gebiete übertragen worden. Für die Frage der Vorbildwirkung des „Meißnischen Deutsch" (s. 4.4F, 5.6C–G) ist es wichtig, die oft vermischten Bezeichnungen *wettinisch, meißnisch, (ober)sächsisch* und *ostmitteldeutsch* auseinanderzuhalten (v.Polenz 1986a; 1990b; vgl. H.U. Schmid 2012a; H.U. Schmid/Ulbrich 2010):

Unter dem Terminus *wettinische* Kanzleischreibe ist der stark vereinheitlichende Schreibgebrauch in den markgräflichen, später herzoglichen/kurfürstlichen Kanzleien etwa im Gebiet der nach 1918 bestehenden Verwaltungseinheiten Thüringen, Sachsen und Sachsen-Anhalt zu verstehen, einschließlich des süddeutschen Randterritoriums um Coburg. Parallel und kooperierend entwickelten sich im gleichen Gebiet städtische Schreibkonventionen. Wenn dieser Schreibsprachtypus und seine literatursprachliche Weiterentwicklung im 16. bis 18. Jh. dann zunehmend *meißnisch, sächsisch, kursächsisch, obersächsisch* benannt wird, so darf dies nicht mit den späteren *(ober)sächsischen* Mundarten und städtischen Umgangssprachen des Gebietes um Leipzig – Chemnitz – Dresden identifiziert werden.

Die moderne dialektgeographische Bezeichnung „ostmitteldeutsch" ist weitaus umfassender: Einerseits wird sie als summierende Benennung der Großraumdialekte Thüringisch, Obersächsisch, Schlesisch verwendet, dazu die durch spätmittelalterliche/ frühneuzeitliche Siedlungen entstandenen ostmitteldeutschen Sprachinseln: in Teilen von West- und Ostpreußen (Deutschordensland um Marienburg-Allenstein), in Polen, im nördlichen Böhmen und Mähren, in der Slowakei. Andererseits wird in Sprachgeschichtsdarstellungen mit „ostmitteldeutsch" auch das erfolgreiche literatursprachliche Aussonderungsprodukt aus wettinischer Kanzleischreibe, oberdt. Gemeindeutsch, Lutherdeutsch und schlesischem Barockdeutsch bezeichnet, wobei in der traditionellen Forschung, im Anschluss an eine protestantische Sprachideologie des 16. bis 18. Jh.s, die eigentlich *meißnische/*(kur)sächsische Komponente überschätzt worden ist.

E. Obwohl die Prestigewirkung der ostmitteldeutschen Literatursprache im 16. bis 18. Jh. hauptsächlich auf Luther und der Reformation beruhte, bleibt als wichtigste Voraussetzung für Luthers Erfolg die bereits relativ weit vorangeschrittene Einheitlichkeit und das Ansehen der **wettinischen** Kanzleischreibe um 1500. Als Ursache dafür wird heute in der Forschung weniger die bäuerliche Siedlermischung des 12.–14. Jh.s in der Mark Meißen angesehen (Frings) als vielmehr die territorial- und städtegeschichtliche Fortschrittlichkeit dieses nach Süden ebenso wie nach Norden und Osten orientierten Übergangsgebiets, das altländische Traditionen (im westsaalischen Teil) mit ökonomischen und administrativen Innovationen des spätmittelalterlichen

Landesausbaus im deutsch-sorbisch gemischten Neusiedelgebiet verband. Die der überregionalen Sprachkultivierung förderlichen soziokulturellen Voraussetzungen sind stichworthaft folgende: Früher Bergbau in Erzgebirge und Harz, frühe Manufakturindustrien und Verstädterung besonders in Freiberg, Zwickau, Chemnitz, Fernhandel durch die Leipziger Messen, fortschrittliche wettinische Ämterverfassung, Zusammenhang von Kanzleitätigkeit mit literarischen Aktivitäten, geistigliterarische Blüte in Erfurt, Leipzig, Zwickau, Wittenberg schon lange vor Luther (Frings 1950; 1956; Schmitt 1966/82; R. Große 1955; 1961; 1981a; 1982; 1986; H.U. Schmid 2012a; H.U. Schmid/Ulbrich 2010).

Das auswärtige Prestige der wettinischen Kanzleisprachnormen im östlichen Norddeutschland beruhte u.a. auf der Rolle meißnischer Auswanderer im Nordosten: In den ost- und westpreußischen Kanzleien des Deutschen Ordens schrieb man meist ostmitteldeutsch, nur im Baltikum niederdeutsch. Im Gebiet zwischen Halle, Magdeburg und Wittenberg (Luthers Wirkungsort) ist in den fürstlichen und städtischen Kanzleien schon im Laufe des 15. Jh.s das meißnische Hochdeutsch eingeführt worden, in der gesprochenen Sprache der Stadtbevölkerung jedoch erst rund hundert Jahre später. Auch die Universitäten Wittenberg und Frankfurt/Oder haben wohl viel zum Vordringen der wettinischen Schreibnormen nach Norden beigetragen. Ein gewisses Ansehen in Süddeutschland hing mit dem Einfluss des wettinischen Erzbischofs und Reichskanzlers Albrecht (1480–82) auf die Mainzer Reichskanzlei und dem des sächsischen Kurfürsten Friedrich d.Weisen zusammen, der Ende des 15. Jh.s und ab 1519 eine bedeutende Rolle in der Reichspolitik spielte; einflussreich war auch die wichtige Handelsverbindung Leipzig-Nürnberg.

Die wettinische Kanzleischreibe war ein vorwiegend **schreibsprachliches** Aussonderungsprodukt; sie entsprach – entgegen manchen traditionellen Ansichten – weder den ländlichen Dialekten noch der (aus einst sorbischen Siedelgebieten erschließbaren) „kolonialen Ausgleichssprache" der Mark Meißen (Frings), zumal die wettinischen Schreiber aus sehr verschiedenen Gegenden stammten, vor allem aus Thüringen, auch aus dem Rhein-/Moselland und aus Ostfranken (Schmitt 1966/82; R. Große 1955; 1961; W. Fleischer 1970; Kettmann 1967/69). Ähnlich wie im süddeutschen Gemeindeutsch sind primäre Dialektmerkmale des Obersächsischen bereits im 15. Jh. im Schreibgebrauch weitgehend vermieden worden, obwohl sie – nach gelegentlichen Einzelvorkommen, hyperkorrekten Schreibungen, Ortsnamenschreibungen und dem Reimgebrauch – bereits im Spätmittelalter in der gesprochenen Sprache vorhanden gewesen sein müssen:

- Schwächung starker Verschlusskonsonanten, Zusammenfall mit den schwachen: *b* für *p*, *d* für *t*, im Nordwestobersächs. auch *g* für *k*;
- *f* für *pf* anlautend (*fund* ‚Pfund'), *pp* für *pf* inlautend (*schnuppm* ‚Schnupfen');
- Monophthongierung alter Diphthonge: *e* für *ei*, *o* für *au* (*bēnə* für ‚Beine', *ōch* für ‚auch');
- Verengung von *e* zu *i*, *o* zu *u* (*schnī* ‚Schnee', *brūd* ‚Brot');

- Öffnung von *e* zu *a* (*rachd* ‚recht');
- Entrundung gerundeter Vokale: *e* für *ö*, *i* für *ü*, *ai* für *äu/eu* (*derfer* ‚Dörfer', *mīdə* ‚müde', *haidə* ‚heute');
- Verdumpfung des *a* zu *o* (*strōsə* ‚Straße').

Solche Merkmalsaussonderung geschah schon aus Rücksicht auf innerwettinische Unterschiede, vor allem gegenüber dem Thüringischen, das viele dieser Lautveränderungen bis heute nicht mitgemacht hat. Die thüringische Kanzleischreibe, z. B. von Jena (s. Suchsland 1968) und Zeitz (s. Otto 1970) war schon längst vor Luther stärker oberdt. beeinflusst als die mehr mitteldeutsch geprägte „koloniale Ausgleichssprache" (Bentzinger 1993, 20 f.). Die für das neuhochdt. Lautsystem konstitutiven Lautwandel Diphthongierung, Monophthongierung, Dehnung (s. 4.3C) waren nach Ausweis von historischen Ortsnamenschreibungen und frühen Auswandererdialekten bereits seit dem Hochmittelalter im Ostmitteldeutschen eingetreten.

F. Zusätzlich zu diesen günstigen gemeinsamen Voraussetzungen von Ostmitteldeutsch und Ostoberdeutsch wirkte seit dem 14. Jh., besonders seit der 2. Hälfte des 15. Jh.s starker s ü d l i c h e r Einfluss auf die Schreibnormen der wettinischen Kanzleien, sodass mit einer „ostmitteldeutsch-ostoberdeutschen Schreiballianz" als Basis für Luthers reformatorische Beschleunigung des Aussonderungsprozesses gerechnet werden muss (Besch, in: BBRS 2260 f.). Schon um 1500 stimmte die Kanzleisprache von Eger (Nordwestböhmen) in wesentlichen Punkten mit dem späteren Schreibgebrauch in Luthers Schriften überein (Skála 1967, 291 ff.). Die später ständig wachsende Bereitschaft Süd- und Westdeutschlands, das ostmitteldeutsche Vorbild anzuerkennen, ließe sich nicht recht verstehen, wenn die ostmitteldeutsche Lösung des Gemeinsprachproblems nur etwas Eigenwilliges gewesen wäre. Dieses Ergebnis der Quellenforschung bestätigt Luthers Ausspruch von 1532 aus seinen Tischreden (2, Nr. 2758b), mit zeitgemäß opportuner Hervorhebung fürstlicher Obrigkeiten:

„Nullam certam linguam Germanice habeo, sed communem ut me intelligere possint ex superiori et inferiori Germania. *Ich rede nach der Sechsischen cantzley,* quam imitantur omnes duces et reges Germaniae; *alle reichstette, fürsten höfe schreiben nach der Sechsischen cantzeleien vnser churfürsten.* Ideo est communissima lingua Germaniae. Maximilianus imperator et elector Fridericus imperium ita ad certam linguam definierunt, *haben also alle sprachen in eine getzogen.*" [Kursive steht hier für Frakturschrift] – Zur Textstelle vgl. Feudel 1970; v. Polenz 1986a; Hartweg/Wegera 2005, 90 f.

Mit *Sechsisch* meinte Luther die Wittenberger Kanzlei seines Landesherrn, nicht die der (noch katholischen) Herzöge in Meißen/Dresden. Über die *Misner/Meichsner* äußerte Luther anderswo mehrfach negative Urteile; er selbst fühlte sich als *Sachse* (= Niedersachse), ausdrücklich im Gegensatz zu Thüringern und Meißnern (v. Polenz 1986a, 187; H. Schmidt 1984, 149). Als im hochdeutsch-niederdeutschen Übergangsgebiet (Mansfeld, Wittenberg) ‚zweisprachig' (in Diglossie) Lebender bevorzugte er bewusst das überregionale Prinzip der *communis lingua* (= *gemein deutsch?*) zur Vermittlung zwischen Niederdeutschen und Oberdeutschen. Süddeutsche Einflüsse, auch in Luthers Schriften, waren u. a. das Diminutivsuffix *-lein* statt *-chen* und endungslose Singular-Dative und Plurale von Substantiven, die seit der 2. Hälfte des 16. Jh.s im Ostmdt. nicht mehr auftraten. – Zur überregionalen Wortwahl Luthers vgl. 4.4N!

Ob die Tendenzwende vom ostoberdeutschen zum ostmitteldeutschen Sprachprestige bereits vor der Reformation eingeleitet war, bleibt umstritten. Über Luther als entscheidenden Vermittler und Vollender einer breiten, über mehr als zwei Jahrhunderte gehenden Gemeinsprachbewegung urteilt Werner Besch, trotz seiner grundsätzlichen Kritik an der traditionellen Überbetonung des ostmdt. Vorbilds: „Man kann vor Luther schlechterdings nicht von nhd. Schriftsprache oder vom nhd. Sprachtypus reden; denn erst durch ihn entscheidet es sich, welche gemeinsprachlichen Tendenzen der Zeit und in welcher Kombination sie zum Zuge kommen. Das heißt, daß Arbeiten, die auf frühere Zeiträume zielen, immer nur Teilvoraussetzungen klären, Vorformungen bestimmter Einzelzüge unserer Schriftsprache eruieren können, nicht diese selbst [...]" (Besch 1967, 351). Ferner merkt Besch hierzu an: „Es ist hier nicht auf Luther als Sprachschöpfer abgestellt, sondern auf die Tatsache, daß seine in die Entwicklung eingebundene Sprachwahl fürderhin dominant wird und andere Ansätze von Gemeinsprachlichkeit nicht mehr zuläßt" (Besch, in: BBRS 2260). Für den unwiderstehlichen Erfolg der lutherisch-ostmitteldeutschen Schriftsprache im 17. und 18. Jh. sei nach dem Prinzip des größeren „Geltungsareals" ihre Durchsetzung im protestantischen Norddeutschland ausschlaggebend gewesen (Besch, in: BBRS 2283f.; vgl. 4.9D).

Die historischen Zeugnisse für Vorbildlichkeit des „Meißnischen Deutsch" berufen sich meist auf Luthers Schriften; sie häufen sich in auffälliger Weise seit 1555, dem Jahr des Augsburger Religionsfriedens, und stammen vor allem von ostmitteldeutschen und norddeutschen Autoren, sind also großenteils als Eigenpropaganda oder Reflexe davon zu verstehen (v.Polenz 1986a, 189ff.; Josten 1976). Einen „zusätzlichen Impuls" für ostmitteldeutsches Sprachnormbewusstsein kann der planmäßige Ausbau der Leineweberei in Schlesien, Lausitz, Nordböhmen ab 1550 gegeben haben (Bolten, in: BBRS 131). Die Auswirkungen dieser Sprachprestigebewegung gehören in die nächste Epoche (s. 5.6C–F).

G. Das Westmitteldeutsche – dialektgeographisch zu verstehen als Oberbegriff für Rheinfränkisch (Pfälzisch, Hessisch), Moselfränkisch und Ripuarisch (Aachen-Köln-Bonn) – verhielt sich als spätmittelalterliche Schreiblandschaft zunächst ähnlich konservativ wie der äußerste Südwesten, ist aber bereits Ende des 15. Jh.s von dem Aussonderungsprozess des süddeutschen Gemeindeutsch teilweise beeinflusst worden, im Süden (Mainz, Frankfurt, Koblenz, Trier) mehr als im Norden (Schützeichel 1960; 1976). In der 2. Hälfte des 16. Jh.s waren die Frankfurter Bibeldrucke der heutigen Orthographienorm teilweise schon näher als die Wittenberger (Wells 1993; 1996).

Primäre Dialektmerkmale erschienen im Ripuarischen bis ins späte 16. Jh. häufig in der Schrift (Piirainen, in: BRS 1373 ff.; Mattheier, in: BBRS 2712 ff.): Nichtdiphthongierte Langvokale, monophthongierte alte Diphthonge (*meester* ,Meister', *globen* ,glauben'), gesenktes *i* (*wetwe* ,Witwe'), unverschobenes *t* (*dat* ,das', *water* ,Wasser'), unverschobenes *p* (*plegen* ,pflegen', *kopper* ,Kupfer', *dorp* ,Dorf'), *f/v* für *b* (*geven* ,geben', *gaff* ,gab'), Längebezeichnung für Vokale durch nachgestelltes *e, i, y* (wie noch heute in niederrheinisch-westfälischen Ortsnamen mit *ae, oe, oi, oy, ui*) usw. Schon im 15. Jh. setzte eine regionale Vereinheitlichungstendenz ein, die noch nicht südlich beeinflusst war (Hoffmann/Mattheier, in: BBRS 2327, vgl. auch Macha u.a. 2000).

In Köln, der größten deutschen Stadt im Spätmittelalter, ist eine ausgeprägt parallel-mehrschichtige Entwicklung zu erkennen (Hoffmann/Mattheier, in: BBRS 2321 ff.; W. Hoffmann 2003): Von etwa 1250 bis ins 16. Jh. wird eine eigenständige regionale Schriftlichkeit entwickelt. Ab etwa 1500 wird diese durch eine vom süddeutschen Gemeindeutsch übernommene überregionale Schreibsprache überschichtet, die sich bis Ende des 16. Jh.s in Ausrichtung auf die neuhochdt. Normen konsolidiert, sich jedoch erst im 17. Jh. ganz durchsetzt. In der gesprochenen Stadtsprache beginnt der überregionale Ausgleich erst Ende des 16. Jh.s; einen ausgeprägten Stadtdialekt gibt es bis heute. Für die deutsche Sprachgeschichte grundsätzlich wichtig und neu ist es, dass trotz der Wirkungen der Reformation bis ins 18. Jh. nicht so sehr ostmitteldeutsche Normen als vielmehr oberdeutsche übernommen und, besonders in der Gegenreformation, sogar von Köln aus ins nordwestliche niederdeutsche Gebiet weitervermittelt wurden, und dass in dieser Zeit der Abstand zwischen gesprochenem Kölner Stadtdialekt und der als fremd empfundenen Schriftsprache so groß war, dass man, wie in der Schweiz und in Norddeutschland, auch hier von „Diglossie" sprechen darf.

Diese Entwicklung ist soziolinguistisch und sprachpragmatisch durchschaubar (Hoffmann/Mattheier, in: BBRS 2321 ff.): Wegen der kommerziellen und politischen Erfordernisse hatten die Schreiber der großen Kanzleien eine „Lese- und Hörkompetenz für andere Regionalsprachen" (besonders süddt. Gemeindt., Niederländ., Niederdt.) und waren schon früh gewohnt, ihre Texte nach der Empfängernorm zu verfassen. Noch mehr gilt dies für die an überregionalem Absatz interessierten Kölner Buchdrucker. Durch wirtschaftliche Schwächung des Nordens gewann die südliche Sprachnorm an Prestige. Zuerst übernahm man einzelne südliche Graphien und Wörter in ripuarische Texte. Ab Ende des 15. Jh.s trat eine „Polarisierung" ein: überregionale Texte nach süddt. Norm, regionale und lokale weiterhin ripuarisch, bis in die 70er Jahre des 16. Jh.s, vereinzelt bis ins 17. Jh. Die erzbischöfliche Kanzlei ging darin voran, dann folgten Stadtverwaltung und Fernhandel, schließlich die Drucker. Konsonanten wurden früher modernisiert als Vokale.

Der Übergang Kölns von eigener (ripuarischer) Schreib- und Drucknorm zu oberdeutschem Frühneuhochdt. im Laufe des 16. Jh.s war nach W. Besch (1967, 333) „erstaunlich", weil „der Anschluß an den niederländischen Typ der Schriftsprache von der Schreibtradition und Mundart her mindestens genauso organisch, wenn nicht organischer gewesen wäre" (s. auch Bolten, in: BBRS 131). Dieser ‚Sprachwechsel' war aber nach Hartmut Beckers (1990) keineswegs unvorbereitet: Der Kölner Jaspar von Gennep war als Drucker und Autor um 1540/50 konsequent zu oberdeutschen Normen übergegangen. In dieser „damals bedeutendsten Druckerstadt Deutschlands" müsse jedoch den „Wegbereitern des sich dann um die Jahrhundertmitte vollziehenden definitiven Sprachwechsels in der obersten Ebene der Kölner Schriftlichkeit mehr Aufmerksamkeit gewidmet und eine größere sprachgeschichtliche Bedeutung zuerkannt werden"; innerhalb der Kölner Oberschicht muss sich durch Lektüre von für auswärtigen Absatz in Köln gedruckten Büchern „ein Bewußtsein vom Frühneuhochdeutschen als einer (jedenfalls für gewisse Textgattungen und Schreibsituationen) höherwertigen Varietät des Deutschen" durchgesetzt haben.

Zu diesen einflussreichen hochdeutsch druckenden Kölner Druckern (Beckers 1990; Th. Kaufmann 2019, 710 ff.) gehörten vor allem Peter Quentel, der ab 1520 hochdt. verfasste theologische Werke in seiner Offizin druckte, und Arnd von Aich mit seiner St. Lupuspresse, in der zwischen 1511 und 1555 von 75 deutschsprachigen Druckwerken 39 hochdeutsch und nur 26 ripuarisch orientiert waren, und zwar sowohl oberrheinisch als auch rheinfränkisch und augsburgisch. Diese überregionale Sprachnormenvielfalt war nicht programmatisch, sondern pragmatisch bestimmt (Beckers): nach Zielpublikum, Textsorte, Zweck oder Geschäftsverbindung. So sollten die Lupusdrucke über die Trierer Heiligtümer (1511/12) im gesamten deutschen Sprachgebiet für die Pilgerfahrt nach Trier werben. Auch besonders medizinische und pharmazeutische Fachschriften druckte Aich westoberdeutsch, ebenso politisch-publizistische Texte seit 1519, meist mit Beibehaltung oberdeutscher Vorlagen.

H. In Norddeutschland ist die frühbürgerliche überregionale Schreibsprachentwicklung auf eindrucksvolle Weise durch den Fernhandel der Hanse und die damit zusammenhängenden Bevölkerungsbewegungen, Rechts-, Verwaltungs- und Kulturbeziehungen gefördert worden. Die „Blütezeit" des **Mittelniederdeutschen** (ca. 1370–ca. 1530; Peters, in: BBRS 1420) wird in der Forschung auch verallgemeinernd „Hansesprache" genannt (Sanders 1982; vgl. Elmentaler/Voeste, in: Herrgen/Schmidt 2019 82 f.). Der Beginn der Vereinheitlichung (oder wenigstens Variantenreduzierung) um 1370/80 fällt zusammen mit der spätmittelalterlichen Schriftlichkeitsexpansion (s. 4.2A) und mit dem Höhepunkt der kommerziellen und politischen Machtentfaltung des hansischen Städtebundes, außerdem mit dem Übergang vom Latein zur Volkssprache in Urkunden und anderen amtlichen Texten der Hanse. In Rechts-, Geschichts- und religiösen Texten hatte man diesen Schritt schon seit dem 13. Jh. getan; auch fürstliche und adelige Urkunden waren schon längst mittelniederdt. verfasst worden. Dieser relativ späte Übergang zu hansisch-deutscher Urkundensprache hängt mit den Erfordernissen weiträumiger Verständlichkeit zusammen; die Hansestädte hielten wegen ihres großen Geschäftsbereichs im Nord- und Ostseeraum noch relativ lange am übernationalen Latein fest. Ein Übergang zur Volkssprache war also nur unter der Bedingung überregionaler Vereinheitlichung möglich. Diese ging von Lübeck aus, dem wirtschaftlichen, rechtlichen und politischen Zentrum der Hanse seit etwa 1300, der zweitgrößten Stadt im spätmittelalterlichen Deutschland (25.000 Einwohner). Nach dem Schreibusus der Lübecker Ratskanzlei und den Rechtssprüchen und -satzungen des Lübecker Obergerichts richteten sich im 15. und 16. Jh. viele von Lübeck aus im Osten gegründete Städte und auch sonst die meisten Hansestädte (mit Einschränkungen im Westen und Süden). Die weitere sprachliche Ausstrahlung des Mittelniederdt. als Verkehrssprache in Nordeuropa ist an niederdeutschen Lehnwörtern und Lehnprägungen in skandinavischen und baltischen Sprachen zu erkennen (vgl. Jahr 1995; Kreye 1993; Ureland 1987).

Gesamtniederdeutsche Kennzeichen sind (vgl. auch die Textprobe in 4.9G): fehlende 2. Lautverschiebung (*dat* ‚das', *up* ‚auf', *rike* ‚Reich'), fehlende Diphthongierung (*sinen* ‚seinen', *up* ‚auf'), erhaltenes altes germ. *ō* (*sachtmodig* ‚sanftmütig'), monophthongiertes altes germ. *ai* (*enen* ‚einen') und andere Eigenheiten des Lautsystems. In der frühmittelniederdt. Zeit – in bestimmten Textsorten noch weiterhin – gab es deutlich zu unterscheidende regionale Schreibsprach-Varietäten (Peters, in: BBRS 1413f.): Im Westen Ijsselländisch und Groningisch-Ostfriesisch (mit stark ndl. und westfäl. Einflüssen), Westfälisch (Soest, Dortmund, Münster, Osnabrück, Paderborn), östlich der Weser Ostfälisch (Hannover, Hildesheim, Braunschweig, Goslar, Göttingen) und Elbostfälisch (Magdeburg, Halle), im Norden Nordniedersächsisch (Bremen, Stade, Hamburg, Lüneburg), im Osten das ostelbische und baltische Mittelniederdt. (Lübeck, Rostock, Stralsund, Stettin, Danzig, Baltikum) und das Südmärkische in der Mark Brandenburg (Berlin, Zerbst) mit sprachlicher Prägung von umfangreicher niederländischer Besiedlung her.

Die regionalsprachliche Ausgangssituation Lübecks war für sprachlichen Ausgleich günstig: Nach der Neugründung Lübecks durch Heinrich den Löwen (1159) kam ein großer Teil der Einwohner aus Nordalbingien ebenso wie aus West- und Ostfalen. Ob sich daraus zunächst eine überregionale mündliche Ausgleichssprache bildete, die sich vor der schriftlichen Konsolidierung auch im weiträumigen Fernhandel, in der Schifffahrt und in den noch lange Zeit mündlichen Rechtsauskünften des Lübecker Oberhofes bewährt hatte (Bischoff 1962), bleibt umstritten (Sanders 1982; Peters, in: BBRS, 1415). Die lübischen Rechtstexte waren jedenfalls bereits seit Ende des 13. Jh.s sehr einheitlich (Korlén 1951), stark nordniedersächsisch und ostfälisch geprägt. Kennzeichen des hansischen Niederdeutsch waren vor allem der Einheitsplural der Verben im Präsens Indikativ auf *-en*, der Einheitskasus *mi* ‚mir/mich', *di* ‚dir/dich', das nichtnasalierte Pronomen *uns* (statt *us*), eine schreibsprachliche Konservierung gegen die Mundartenentwicklung. Die mittelniederdt. Vereinheitlichung ist nicht als bewusste Normensetzung zu verstehen, nur als Variantenvermeidung, auch nach Textsorten verschieden. Sie war im Grunde eine soziolektale Sprachhaltung der städtischen Oberschichten, hauptsächlich im überregionalen geschäftlichen und amtlichen Schriftverkehr. Am wenigsten richtete man sich nach den Lübecker Normen in den mehr nach Köln hin orientierten westfälischen Städten und im Übergangsbereich zum Niederländischen (Groningen, Deventer). Schwach war das hansische Sprachprestige auch im Elbostfälischen und Südmärkischen, wo der ostmitteldeutsche Einfluss schon im 15. Jh. so stark war, dass er zum Sprachwechsel führte. – Auch in der Zeit des Buchdrucks, der bis Mitte des 16. Jh.s das Niederdeutsche förderte, wurden die meisten niederdeutschen Drucke im nordniedersächsisch-ostfälischen Raum hergestellt (Lübeck, Rostock, Hamburg, Magdeburg), wobei Lübeck „der bedeutendste Druckort des europ. Nordens" war – dort erschien auch um 1473 der älteste Druck in ndt. Sprache (R. Peters 2015, 24).

J. In der Forschung hat man **Prinzipien** (Wirkungsfaktoren) der Schreibsprachentwicklung zu ergründen versucht (Stopp 1976; Besch, in: BBRS 2262 ff.; Hartweg/Wegera 1989, 36 ff./2005, 45 ff.): Die Aussonderungsentscheidungen der Schreiber waren weder willkürlich noch zufällig. Man richtete sich (nach Besch) danach, welche Variante das größte „Geltungsareal" hatte (quantitativ weiteste Verbreitung), den größten „Geltungsgrad" (geringste Konkurrenz anderer Varianten), die größte „Geltungshöhe" (höchstes soziolinguistisches und stilistisches Prestige), die stärkste „strukturelle Disposition" (Festigkeit und Funktionalität innerhalb des betreffenden sprachlichen Teilsystems). Seit dem 15. Jh. wurde darüber hinaus eine „Landschaftskombinatorik" (Besch) wichtig, d.h. eine Vorkommenskombination bestimmter prestigehafter Schreiblandschaften.

Als Beispiel diene die Diphthongierung als Schreibkonvention (unabhängig vom Vorkommen in der gesprochenen Sprache): Zu Ende des 15. Jh.s hatte sie ein großes Geltungsareal (Bairisch-Österreichisch, Ostfränkisch, Ostmitteldeutsch außer Westthüringisch, teilweise Schwäbisch und Rheinfränkisch), dabei in diesen Gebieten einen hohen Geltungsgrad (die alten Monophthonge wurden meist systematisch gemieden), eine vorbildliche Geltungshöhe (bereits seit langer Zeit in der kaiserlichen Kanzlei, im angesehenen süddeutschen Gemeindeutsch, in der wettinischen Kanzlei), eine starke strukturelle Disposition (konstitutiver systematischer Reihenschritt des nhd. Phonemsystems, vgl. 4.3E) und eine hochwertige Landschaftskombinatorik (Ostobdt. + Ostmdt.). Es war also auch für die Restlandschaften im Südwesten, Westen und Norden in hohem Maße opportun, sich ebenfalls auf *zeit, haus, freund* statt *zit, hus, fründ* umzustellen, und zwar im Laufe des 16. und 17. Jh.s.

K. Nach 1500 wechselten die Vorbildgeber der gemeinsprachlichen Aussonderung: Weniger die Kanzleien waren jetzt maßgebend, mehr die Drucker, Universitäten, vorbildlichen Autoren, Schulmeister, Verfasser von Orthographien. Nach der traditionellen Auffassung der Sprachgeschichtsschreibung seien die **Buchdrucker** entscheidend an der deutschen Sprachvereinheitlichung beteiligt gewesen, da sie geschäftlich an überregionalem Absatz interessiert waren. Dies wird in der Forschung inzwischen differenzierter betrachtet (Hartweg, in: BBRS 1686 ff.; vgl. auch die Ausführungen in Mihm 2013, 163–170, 197–200): Im 15. Jh. hatten die Drucker zu wenig Kapital für überregionalen Export, waren noch stark von lokalen und regionalen Käufern abhängig, die nicht durch fremdartige Sprache verärgert werden durften. Die Auflagen waren noch klein, Nachdrucke wurden – auch in der Flugschriftenzeit – vielfach für spezifische Abnehmerkreise regionalsprachlich umgeschrieben. Den Bücherlesern konnte damals ein hohes Maß an Kenntnis fremdregionaler Varianten zugemutet werden; die Schwelle der Variantentoleranz lag wesentlich höher als seit der Sprachkultivierung der Aufklärungszeit. Noch zu Anfang des 16. Jh.s sind den Schreiblandschaften vergleichbare regionale ‚Druckersprachen' zu unterscheiden (Hartweg, in: BBRS 1686 ff.):

Ein südöstlicher Typ (München, Wien, Ingolstadt), ein schwäbischer (Augsburg, Ulm, Tübingen), ein oberrheinisch-alemannischer (Straßburg, Basel), ein innerschweizerischer (Zürich, Bern), ein westmitteldeutscher (Köln, Mainz, Worms, Frankfurt), ein ostfränkischer (Nürnberg, Bamberg), ein ostmitteldeutscher (Wittenberg, Leipzig, Erfurt, Jena), ein niederdeutscher (Lübeck, Köln, Magdeburg, Rostock). Am Beispiel Köln wird deutlich, dass an einem Druckort Bücher nach verschiedenen regionalen Schreibkonventionen herausgegeben wurden.

Der prozentuale Mittelwert der Drucktätigkeit in den einzelnen Drucklandschaften hat sich erst relativ spät zum Ostmitteldeutschen hin verlagert (Hartweg, in: BBRS 1686 ff.). In der ersten Hälfte des 16. Jh.s dominierte das westoberdeutsche vor dem ostmitteldeutschen, westmitteldeutschen und ostfränkischen Druckergebiet, in der 2. Hälfte das westmitteldeutsche vor dem ostmitteldeutschen und westoberdeutschen; im 17. Jh. tritt das Ostmitteldeutsche an die Spitze dieser quantitativen Entwicklung. Auf Niederdeutsch gab es einen letzten Aufschwung an Drucken in der Reformationszeit (s. 4.9H). Luther hatte es also noch keineswegs mit einer einseitig ostmitteldeutschen Orientierung der Drucker zu tun.

Obwohl die Verhältnisse in den einzelnen Offizinen sehr verschieden waren, darf seit der Flugschriftenzeit (insbesondere 1520–25) doch mit vielfältigen Beiträgen des Buchdrucks zur Entstehung einer überregionalen deutschen Literatursprache gerechnet werden (Hartweg, in: BBRS 1686 ff.; vgl. Götz 2017): Vor allem die in Druckereien angestellten Korrektoren haben regionale

Varianten vermieden, auch gegen die Normvorstellungen der Autoren. Luther hat sich auch mit seinen Korrektoren (insbesondere Georg Rörer) über orthographische Varianten auseinandergesetzt (H. Wolf 1984; vgl. v.Merveldt 2008, 211 ff.). Manche Drucker haben sich um die Beigabe von Listen mit Worterklärungen oder um das Zustandekommen von Vokabularien, Orthographien, Schreib- und Lesefibeln bemüht. Das Interesse von Druckern an überregionaler Sprachnorm ist besonders deutlich in Basel und in Zürich, wo schon vor der Reformation bzw. 1527 die gemeindeutschen Diphthong-Graphien eingeführt wurden, obwohl in der Sprechsprache dieser Region die alten Monophthonge bis heute erhalten sind. Andererseits sind niederdeutsche Drucke auch außerhalb des niederdeutschen Gebiets hergestellt worden, besonders in Köln, mitunter sogar in süddeutschen Städten. Besonders starken Einfluss auf einen konsequenten, stabilen Orthographieusus hatte der Wittenberger Drucker Hans Lufft in seiner Ausgabe der Lutherbibel und der Lutherschriften. In vielen Fällen hat sich die neuhochdt. Orthographie aber mehr nach Frankfurter Bibeldrucken von Feyerabend gerichtet, die sich weniger nach dem phonetischen Orthographieprinzip richteten und mehr für eine Lesekultur bestimmt waren, sodass in der Orthographieentwicklung mit einem „recht wichtigen westmitteldeutschen Intermezzo" in der 2. Hälfte des 16. Jh.s zu rechnen sei (Wells 1993; 1996).

Gezielte graphematische Untersuchungen zu bestimmten Offizinen haben die Bedeutung der Korrektoren nochmals in den Fokus gerückt. So hält A. Mihm im Rahmen einer Analyse des *Melusine*-Roman-Drucks (1474) aus der Augsburger Offizin des Johann Bämler in der Zusammenschau zur Rolle der Korrektoren von deutschsprachigen Drucken fest: „Das Aufkommen der Korrektoren seit dem 16. Jahrhundert bedeutet eine Wende in der Entwicklung der Druckersprachen und für den Prozess der Sprachvereinheitlichung. Für anspruchsvolle Drucke kontrollierten sie die Setzarbeit und regulierten die sprachliche Form, sodass Kontraste, wie sie in Bämler-1474 zu beobachten sind, verschwanden. Dieser neue Berufsstand, der für zahlreiche Offizinen bezeugt wird […], zeigt ein neues spezifisches Profil. Korrektoren müssen über einen hohen Bildungsstand verfügen, der umfangreiche sprachliche Fähigkeiten sowie grammatische Kenntnisse einschloss, sodass man ihnen zu Recht die zunehmende Systematisierung des orthographischen Erscheinungsbildes zuschreibt. Sie verfügten über einen größeren Erfahrungshorizont als die Setzer und eine Vorstellung von den verschiedenen Varietäten des Sprachgebiets" (Mihm 2013, 198 f.; vgl. auch Flügge 2005, 109–118).

L. Zu den überregionalen Aussonderungsprozessen des Frühneuhochdt. haben auch Vorstufen deutscher Grammatik beigetragen, die wegen ihrer praktischen Zwecke besser Schreib- und Leselehren, wegen ihrer Beschränkung auf nur einen Teilbereich der Sprache auch Orthographielehren genannt werden können. M. H. Jellinek (1913, 40 ff.) unterscheidet vonseiten der Verfasser dieser Werke für das 16. Jh. die zwei großen Gruppen der Schreiber (Kanzlisten) einerseits und der Schulmeister andererseits. Im Unterschied zu den frühesten lateinisch verfassten Versuchen (ab 1451), die nur der Erleichterung des Lateinunterrichts dienten, waren die deutschen Schreiblehren zunächst für die Anwendung beim Schreiben deutscher Briefe und geschäftlicher Texte konzipiert (Formularbücher, Titelbüchlein, Briefsteller, Buchstabierbüchlein, Fibeln), seit der Reformation aber zunehmend für umfassendere Bildungsbedürfnisse der Laien und der Jugend, die zum Selbstlesen und Selbstschreiben über den Schul- und Amtsgebrauch hinaus angeleitet werden sollten. Der *gemein man* soll mit der Lesefähigkeit auch eine dadurch ermöglichte eigenständige Urteilsfindung erlangen: *Lesen können hat ynn langer zeyt nie so wol seinen nůtz gefunden/ als itzo/ dweyls seer ein yeder darumb lernet/ das er Gottes wort vnd etlicher Gotgelertē menner außlegung/ darüber selbs lesen/ vnd desto bas daryñ vrteilen mőge* (Ickelsamer, *Die rechte weis*, Erfurt 1527, fol. A2r). In einer späteren Ausgabe wird zudem ausdrücklich auf Drucke (zu denen auch Flugschriften zählen) als Instrument der selbstständigen Meinungsbildung verwiesen: *Dazu kann itzo nichts kundwirdigs inn der gantzen welt geschehen/ Es kumbt schrifftlich durch den Truck zu lesen* (Ickelsamer, *Die rechte weis*, Marburg 1534; vgl. Fechtner 1882/1972, fol. A2r).

Neben der reformatorischen Lesefähigkeit für religiöse Texte sollte also auch das kritische Lesen politischer Publizistik gefördert werden. Einer der bedeutendsten dieser Schreibmeister, Valentin Ickelsamer, war Student bei Luther in Wittenberg, dann Schulmeister und 1525 Mitglied im revolutionären Bürgerausschuss in Rothenburg (s. Moulin-Fankhänel 1994, 106 ff.). Die Verfasser solcher Schriften hatten überregionale Sprachkenntnisse in Bezug auf Schreibnormen. Ihr Ziel, zur überregionalen Variantenreduzierung, also zu einer frühnationalen Standardisierung beizutragen, äußerte sich in Zielbegriffen, die sowohl im überregionalen als auch im überständischen (gesellschaftlichen) Sinne zu interpretieren sind: *gemein deutsch, hochdeutsch, recht und gut deutsch, gemeine teutsche sprache*. Der Umschlag von horizontaler Varietätengeltung zu „vertikaler Varietätenbewertung" ist nach O. Reichmann u. a. (1988, 174 f.; vgl. Götz 1992) zwischen dem Kölner *Schryfftspiegel* (1527) und der *Orthographia* des Kanzlisten Fabian Frangk (1531) festzustellen: das *förmliche, gebürliche, recht buchstäbige, rechtförmige* Schreiben. Auch konkrete Beispiele vorbildlicher Texte werden angegeben: *Aber das fürnemlichst/ so zu dieser sach förderlich vnd dienstlich/ ist/ das man gutter Exemplar warnehme/ das ist/ gutter deutscher bücher vnd verbriefungen/ schriefftlich oder im druck verfast ausgangen/ die mit vleisse lese/ vnd jnen in dem das anzunehmen vnd recht ist/ nachuolge. Vnnder welchen mir ettwan/ des tewern [...] Keiser Maximilians Cantzlej/ vnd dieser zeit/ D. Luthers schreiben/ neben des Johann Schönnsbergers von Augsburg druck/ die emdendirtsten vnd reinsten zuhannden komen sein/* (Fabian Frangk, *Orthographia Deutsch*, Wittenberg 1531, fol. A3r-v). Die wichtigsten dieser Schreib- und Leselehren sowie Kanzleilehren mit orthographisch-grammatischen Teilen aus dem 16. Jh. waren (s. Moulin-Fankhänel 1994):

[1527] [Anonym]: *Formulare vñ duytsche Rhetorica/ ader der schryfftspiegel ghenant* [...], Köln: o.J.

1527 Valentin Ickelsamer: *Die rechte weis/ aufs kůrtzist lesen zu lernen* [...], Erfurt 1527; 2. Aufl. Marburg 1534.

1530 Johann Kolross: *ENchiridon/ das ist/ Handbůchlin / tütscher Orthographi / hächtütsche sprāch artlich zeschryben* [...], Basel 1531; weitere Ausgaben: Nürnberg [1529], 1534, Zürich 1564.

1531 Fabian Frangk: *Ein Cantzley vnd Titelbůchlin* [...]. *Orthographia Deutsch/ Lernt recht buchstābig schreiben,* Wittenberg 1531; weitere Ausgaben: Frankfurt a.M. 1531, Wittenberg 1532, Augsburg 1532, Frankfurt/O. 1538, Wittenberg 1538/39. Zu den Einzeldrucken des *Cantzley und Titel buchlin* und der *Orthographia* s. Moulin-Fankhänel 1994, 66 ff.

1531 Jacob Grüßbeutel: *Ein Besonder fast nützlich stymen büchlein* [...], Nürnberg 1531; weitere Ausgaben: [Nürnberg] 1534, 1536, [um 1552], 1591, 1633.

1532 Hans Fabritius: *Eyn Nutzlich buchlein etlicher gleich stymender worther Aber vngleichs verstandes* [...], Erfurt 1532.

1533 Peter Jordan: *Leyenschůl* [...]. Mainz 1533.

[1534] Valentin Ickelsamer: *Eiñ Teütsche Grammatica / Darauß einer võ jm selbs mag lesen lernen/ mit allem dem/ so zům Teutschē lesen vñ desselben Orthographia mangel vnd überfluß* [...] *zů wissen gehȯrt* [...], [Nürnberg 1534]; weitere Ausgaben [Augsburg um 1535], Nürnberg 1537 (s. Abb. 11!).

1538 Johann Elias Meichßner: *HAndbůchlin gruntlichs berichts recht vñ wolschrybens,* Tübingen 1538; weitere Ausgaben: Tübingen 1541, 1545, 1550, 1556, Straßburg [um 1556].

1542 Ortholph Fuchsperger: *Leeßkonst* [...]. Ingolstadt 1542.

Die Neuausgaben an anderen Orten lassen überregionale Wirkung vermuten. Interessant ist ferner die starke Überlieferung aus den 1530er Jahren. Hier sind insbesondere die zum Teil in textlicher Abhängigkeit zueinander stehenden Werke von Ickelsamer (Erfurt 1527), Kolroß (Basel 1530), Frangk (Wittenberg 1531), Grüßbeutel (Nürnberg 1531) und Fabritius (Erfurt 1532) zu nennen, die alle der reformatorischen Bewegung mehr oder weniger nahestanden. Frangks erste Ausgabe der *Orthographia* erschien beim Luther-Drucker Nickel Schirlentz in Wittenberg und weist denselben Titelrahmen aus der Werkstatt von Lukas Cranach d.Ä. mit Salome und der Enthauptung des Johannes auf, wie viele andere (reformationsnahe) Drucke aus derselben Offizin (s. Moulin 2021).

Erste deutschsprachige Lesefibeln sind bereits aus dem letzten Viertel des 15. Jh.s handschriftlich überliefert, so etwa der *Modus Legendy* des Christoph Hueber (hs. 1477; s. Moulin-Fankhänel 1994, 92 ff.; Kiepe 1981; 1983; Moulin 2018c). Ferner sind kürzere Interpunktionslehren und sprachlich-orthographische Anmerkungen in Einleitungen von humanistischen Übersetzungen ins Deutsche sowie Rhetoriklehren in Inkunabeln erhalten (Heinrich Steinhöwel, Niklas v.Wyle, Friedrich Riederer). Insgesamt können etwa dreißig Werke zur deutschen Sprache von mehr als zwanzig Verfassern nachgewiesen werden, z.T. in mehreren Auflagen (s. Moulin-Fankhänel 1994).

Die ersten relativ vollständigen deutschen Grammatiken aus dem letzten Viertel des 16. Jh.s waren lateinisch verfasst (Laurentius Albertus 1573, Albert Ölinger 573, Johann Claius 1578) und dienten unter anderem Ausländern zum Erlernen des Deutschen. Ihre Formen- und Kategorienbildung war stark von der lateinischen Grammatik beeinflusst (vgl. Moulin-Fankhänel, in: BBRS 1903 ff.). – Zum Anteil der Grammatiker für die Sprachstandardisierung insbesondere im 17./18. Jh. s. R. Bergmann 1982 und 5.6!

In den Orthographieprinzipien der Schreibmeister war – im Unterschied zum Mittelhochdt. – der noch heute vorhandene und problematisierte Widerspruch zwischen dem phonematischen Prinzip der Lautschreibung und dem lexematisch-semantischen Prinzip der Wortstammschreibung (morphematisches Prinzip; logographische Tendenz) zum Teil bereits wirksam. Man beschränkte sich nicht mehr auf die natürliche eins-zu-eins-Beziehung zwischen Phonem und Graphem (‚Schreib, wie du sprichst!'), sondern wollte – in gelehrter, professioneller oder wohl leserfreundlicher Weise – die Wortbildungsbeziehungen, die etymologische Herkunft und die Identität von Wortstämmen in allen Flexions- und Ableitungsformen durch Orthographie anzeigen sowie Homonyme (gleichlautende Wörter) differenzieren, auch gegen lautliche Identität; man hielt also die visuelle Gliederung des Textes in kleinste Sinneinheiten (Morpheme, Lexeme) für wichtiger als die lautgerechte Schreibung (s. Moulin 2004). Dies kam u.a. auch der Leselehre didaktisch zugute.

Zum Lautschreibungsprinzip schreiben ältere Grammatiker: *Ist als bei der ausprach zumercken* (Frangk, Orthographia, Wittenberg 1531, fol. B4v); [...] *das er dasselb wort oder seine theyl / das ist/ die bůchstabē/ zůuor in seinen mund neme/ vnd frag seine oren/ was vn̄ wie es laute/ dañ die pronūciation vn̄ laute/ thůt souil zům verstand der wörter/* [...] (Ickelsamer, *Die rechte weis*, Marburg 1534; vgl. Fechtner 1882/1972, fol. C7r). Zum Wortstammprinzip (d.h. zum morphematischen Prinzip, hier morphemidentifizierend): *DAs a/ mit dem kleinen e/ oder zweien punctlin* [...] *betzeichnet, wird gebraucht/ in deriuatiuis/ das ist/ on den worten/ so jr ankunfft von anndern nehmen/* [...] *als vom vater kompt våter/ våterlich/ gnad/ gnådig gnådiglich/* (Frangk, Orthographia 1531, fol. B2v). *Wer den verstand eins worts/ dasselb recht zůschreibē haben will/ der mercke auff die bedeütung vn̄ Composition des selbē worts/ das ist/ er sehe vn̄ merck/ was es sei vnd heisse/* [...] (Ickelsamer, *Die rechte weis*, Marburg 1534; vgl. Fechtner 1882/1972, fol. C7r).

Dem morphematischen Prinzip (Wortstammprinzip) entspricht es, dass die (in der Aussprache noch heute vorhandene) im klassischen Mhd. graphisch markierte Auslautverhärtung in der Schrift (nach klassischer Auffassung) „beseitigt" wurde, um den Wortstamm (das Grundmorphem) in allen Flexionsformen und Ableitungen gleich zu schreiben (morphemidentifizierend): mhd. *gap – gaben*, nhd. *gab – gaben*; mhd. *tac – tage*, nhd. *Tag – Tage*; mhd. *leit – leiden*, nhd. *Leid – leiden* (vgl. die differenzierende Betrachtung bei Elmentaler 2018, 278 ff.). Die mhd. Verteilung der Grapheme <*e*> und <*ä*> auf zwei verschiedene Lautwerte (Primär- und Sekundärumlaut: mhd. *geste* ‚Gäste', *mähtec* ‚mächtig', *geslähte* ‚Geschlecht') wird aufgegeben. Das sich von süddt. Druckereien her

4.4. Regionalschreibsprachen und überregionaler Ausgleich

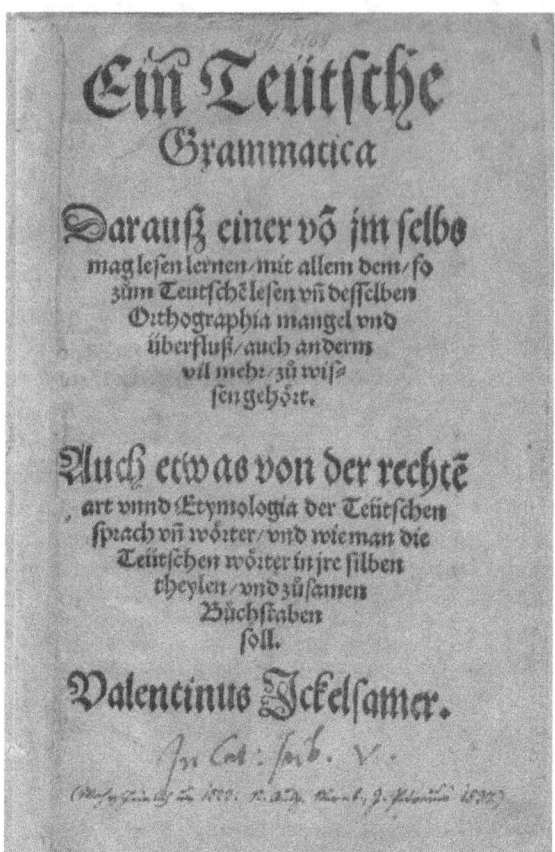

Abb. 11: Valentin Ickelsamer. Eiñ Teütsche Grammatica, [Nürnberg 1534]. Exemplar der Staatsbibliothek zu Berlin – PK, Abteilung Historische Drucke, Sign. Y 3900 : R.

verbreitende <*å*> wurde nun in den Dienst des morphematischen Prinzips gestellt, wie heute in umlautenden Flexionsformen und Ableitungen von Wortstämmen mit *a* (*Gäste* zu *Gast*, aber *Geste*; *mächtig* zu *Macht*; *rächen* zu *Rache*, aber *Rechen*; hierzu Ewald 1997). Diese graphemische Differenzierung hat beim langen *ä* dazu geführt, dass das nhd. Vokalsystem um ein Phonem bereichert wurde, das weder diachronisch aus der Lautentwicklung berechtigt war noch synchronisch in das Vokalsystem hineinpasste. Die jahrhundertelange Übung, Wörter wie *Ehre* und *Ähre*, *Gewehr* und *Gewähr*, *Reeder* und *Räder* auf dem Papier durch die Graphem-Opposition <*e*> ≠ <*å/ä*>zu unterscheiden, hat heute in der Aussprache (nicht in Berlin und im Nordosten, wo man in beiden Fällen beim engen [eː] geblieben ist) eine Opposition zwischen engem [eː]-Phonem und offenem [ɛː]-Phonem entstehen lassen, die der sonstigen Korrelation zwischen Enge und Länge im nhd. Vokalsystem widerspricht. Dies wird als ein seltener, für die sprachgeschichtlichen Bewegkräfte im Papierzeitalter symptomatischer Einfluss des Schreibens auf das Sprechen gesehen (W. Fleischer 1966; vgl. Elmentaler 2018, 289 ff. und 4.3D).

Dem Wortstammprinzip bzw. morphematischen Prinzip entsprechen auch orthographische Homonymendifferenzierungen seit dem Frühneuhochdt. (d.h. morphemdifferenzierend; s. Öhmann 1934; Elmentaler 2018, 139): *leeren/lehren, Moor/Mohr, malen/mahlen, Leib/Laib*, ... Syntaktisch motiviert ist die seit dem 16. Jh. zunehmende orthographische Differenzierung zwischen *das* und *daß/dass* (beide aus mhd. *daz*). Solche orthographischen Differenzierungen sind eigentlich sprachstrukturell unnötig, da die Bedeutung von Homonymen durch Kontextbedingungen genügend determiniert wird (z. B. *Die* [1] *Weide steht auf der* [2] *Weide*, aber nicht umgekehrt). Bis heute sind entsprechend viele weitere Homonyme orthographisch undifferenziert geblieben, ohne dass es stört: [1]*Schloss*/[2]*Schloss*, [1]*Ball*/[2]*Ball*, [1]*Flügel*/[2]*Flügel*/[3]*Flügel* usw., wobei historisch entstandene Polysemien synchronisch als Homonymien wirken können, wenn die Bedeutungen nicht mehr als voneinander abgeleitet empfunden werden.

Homophonen- und Quasihomophonenlisten erfreuten sich über den gesamten Zeitraum großer Beliebtheit bei den älteren Orthographielehren und Grammatiken des Deutschen, so etwa in der ersten Hälfte des 16. Jh.s im *Schryfftspiegel*, bei H. Fabritius, J. E. Meichßner, A. Ölinger u. a.: „Solche Listen (auch ‚Differentialia-Sammlungen' genannt) bilden in der Geschichte der europäischen Grammatikographie einen festen Traditionsstrang, der aus dem Unterricht der klassischen Sprachen bekannt ist und bis heute im Schulunterricht seine Fortsetzer findet. Im Rahmen der schulischen Vermittlung kann man fast von einer Art ‚Drill' sprechen, vor allem im Zusammenhang mit dem Gebot einer schriftgemäßen Aussprache" (Moulin 2007b, XXVI; s. Bellmann 1990, 296 ff.; Götz 1992, 259–268).

Die Orthographen bemühten sich auch um Variantenreduzierung, weniger in Bezug auf regionale Gewohnheiten (deren Vereinheitlichung längst durch Anpassung in der Praxis im Gange war) als vielmehr hinsichtlich der Redundanz, die sich Schreiber und Drucker zur Absicherung ihres professionellen Status, vielleicht auch zur quantitativen Streckung ihrer Lohnarbeit angewöhnt hatten. Besondere Schwerpunkte (s. Moulin-Fankhänel, in: BBRS 1903 ff.; Prowatke 1988a, 181 ff.; 2004; Nerius u. a. 2007, 301 ff.):

Starke Varianz im Gebrauch von *i, y, j* und *v, f*; Konsonantenverdopplungen wie *dt, dtt, td, dd; gk, gg; ss, ſſ, sz, ſz, ß, ſß* usw.; Umlautbezeichnung als *u, ủ, ü* usw. (wobei Ickelsamer und Frangk bereits die Pünktchen-Varianten empfehlen). Auch die Verwendung von Majuskeln wird in Sprachlehren ab dem 16. Jh. thematisiert: Die alte Hervorhebungsfunktion für einzelne Wörter (Personennamen, Sakrales) wird ergänzt durch Empfehlungen, Großschreibung auch für geographische Namen, Titel (Ehrerbietung), Satzanfänge zu verwenden (s. Bergmann/Nerius 1998). Die Substantivgroßschreibung weitet sich gegen Mitte des 16. Jh.s allmählich aus; zur Norm wurde sie erst Mitte des 18. Jh.s (s. Nerius u. a. 2007, 308 ff.). Im Hinblick auf die Worttrennung am Zeilenende sind Grammatikeraussagen ab 1530 (Johann Kolroß) belegt (vgl. Güthert 2005, 218 ff.). Für die Interpunktion werden neben den gewohnten rhythmisch-intonatorischen Prinzipien (Vorlese-Abschnitte) bereits einige grammatikalische empfohlen. Die Befolgung aller dieser Empfehlungen als systematische Norm ist jedoch meist erst im 18. Jh. erreicht worden (vgl. 5.9D). In der Verdeutschung lateinischer Termini der Grammatik gab es noch viele Varianten; z. B. für *vocales*: *lautbuchstaben, stimmbuchstaben, reedbuchstoben, selbstlaute, stimmer, ruffer.*

M. Als Produkt orthographischer Aussonderungen gab es bereits im 16. Jh. Anfänge von Überlegungen zu einer Lautungsnorm (Orthoepie). Entsprechend der starken graphemischen Beeinflussung des neuhochdt. Lautsystems (s. 4.3BD), ist das Lautnormprinzip ‚Sprich, wie du schreibst!' (Leseaussprache, Schriftlautung) schon in einigen Sprachlehren des 16. Jh.s nachzuweisen, etwa bei Ickelsamer (Hans Moser 1987, 391 ff.; Penzl 1983): Martin Luther ist mit südostniederdeutschem Dialekt (Elbostfälisch), von der Mutter her mit westthüringischem, also in hochdeutsch-niederdeutscher Diglossie aufgewachsen und fand dieselben Sprachverhältnisse in Wittenberg vor (s. 4.4F). Alles spricht dafür, dass er an der sehr überregional und übernational frequentierten Wittenberger Universität und in seinen Predigten sowie in seinen Bemühungen um die Prediger- und Lehrerausbildung im Deutschen das Dialektsprechen gemieden und eine korrekte schriftnahe Aussprache bevorzugt hat, wahrscheinlich in Anlehnung an die niederdeutsche Lautung, die er ausdrücklich gelobt und der *oberlendischen* Sprache gegenübergestellt hat. Mit dieser mehr nördlich orientierten Lautungspräferenz wendete er sich gegen das zu seiner Zeit nachzuweisende Lob süddeutscher Aussprache (Josten 1976, 68 ff., 91 ff., 113, 286).

Luther hat aus sprechtechnischen Gründen die Verbindung von Lehrerberuf und Predigeramt empfohlen; er hat auf Anfragen weithin Prediger vermittelt, nannte *ein fein ausreden, ein gut aussprechen* unter den wichtigsten Predigerqualitäten. Ferner forderte er das korrekte Auswendiglernen des Katechismus. Von seiner Sprechkultur im Gottesdienst wurde berichtet, er habe mit scharfer, deutlicher, hoher und hallender Stimme gebetet und gesungen. Als Dichter vieler Kirchenlieder legte er Wert auf hohe Konformität von Wort und Ton. In der in 4.4F zitierten Äußerung aus seinen Tischreden kann also *Ich rede nach der Sechsischen cantzley ...* durchaus als ‚Ich spreche nach der allgemein anerkannten Schreibnorm' verstanden werden. Dass er hier Sprechsprache meinte, wird dadurch gestützt, dass er im Kontext vorher über Sprachmischung, Entlehnungen und Sprachverfall bei lebenden und historischen Sprachen (auch nichtliterarischen) sowie über seine Fähigkeiten im theologischen Disputieren auf Griechisch und Hebräisch gesprochen hat, noch mehr dadurch, dass er unmittelbar nach der zitierten Stelle die weiche brandenburgische Aussprache lobt und noch über die (nieder)sächsische, seine eigene, stellte: *Marchionica lingua facilis est, vix labra moventur, et excellit Saxonicam* (Luther, WA 2, 640; vgl. v. Polenz 1986a; 1990b; dazu R. Große 1993; 1999).

Schon Wilhelm Braune (1904) führte das Prinzip der Leseaussprache auf die „sächsischen Schulmeister" der Lutherzeit zurück. In protestantischen Schulordnungen seit 1559 ist von *Buchstabier-, Lautier-* und *Syllabier-Methoden,* Lautlesen und Auswendiglernen die Rede (Weithase 1961, 251 ff.; G. Hampel 1980, 74 ff.), was sich in *zierlicher sprache [...], weil sie so lautet wie man zu schreiben pfleget* bei vornehmen Leuten in Obersachsen im 17. Jh. soziolinguistisch widerspiegelt (Josten 1976, 38; v. Polenz 1986a, 190 ff.). Die *Orthographia* von Fabian Frangk richtete sich an Leute, die *rechtförmig deutsch schreiben odder reden* wollen (Frangk, *Orthographia*, Wittenberg 1531, fol. A3r). Valentin Ickelsamer, ein abtrünniger Luther-Schüler, legte mit seiner Lautiermethode großen Wert auf genaue Aussprache nach den Buchstaben (Penzl 1983). In seiner *Teutschen Grammatica* (s. Abb. 11!) stellte er Regeln auf, die er unter der Kapitelüberschrift *Teütsche wort recht Bůchstábisch zůschreiben oder zů reden Regule* aufführt. Dort heißt es in der zweiten Regel, dass man „*die bůchstaben vor in seine oren neme/ vnd frag seine zungen wie es kling/ hart oder waich/ vnd was es aigentlich für laute hab* […]" (Valentin Ickelsamer, *Teutsche Grammatica*, o.O. o.J [Augsburg, um 1535, fol. B4v-5r], VD16 I 26, vgl. Hans Moser 1987, 386). Wie aufmerksam man schon im 16. Jh. auch Veränderungen der Lautungsnorm beobachtete, beweist die Äußerung des Kölner Chronisten Hermann Weinsberg in 1584: *die wort, so man spricht, lauten nit wie vormails. Itz ist in Coln ein andere pronunciation und maneir zu reden, dann vor sesszich jaren* […] (Das Buch Weinsberg, 1897, 232 f.; vgl. Hoffmann/Mattheier, in: BBRS 2330).

Die norddeutsch orientierte deutsche Lautungstendenz ist also keineswegs erst eine Folge der preußischen Hegemonie im 18. und 19. Jh., sondern ist aus dem schon starken Schreiblautungsprinzip der frühneuhochdt. Schriftlichkeit zu erklären. Ohne Zweifel hat Luthers halbniederdeutsche Biographie dabei eine Rolle gespielt. Es handelt sich aber nicht um Übernahme eines niederdeutschen Phonemsystems, sondern um ein abstraktes Prinzip der Leseaussprache, gefördert von frühen Deutschexperten, eine „Grammatikalisierung der Aussprache", die z.T. auf lateinischen Grammatiktraditionen (z.B. Erasmus v.Rotterdam) beruhte (Hans Moser 1987). Dieses Sprechen nach der Schrift, zur Förderung der Allgemeinverständlichkeit für Nieder- und Oberdeutsche ist nachweislich von Wittenberger Studenten und Predigern weithin verbreitet worden, besonders im Norden und mittleren Osten. Dass dieses lutherische allgemeinbildende, religiös motivierte Korrektsprechen ab Mitte des 16. Jh.s sprachideologisch als *Meißnisch* bezeichnet und in der absolutistischen Zeit in den sprachpolitischen Dienst bildungsbürgerlicher Sozialdiskriminierung genommen wurde (s. 5.6, 5.8, 6.2M–O), wird z.T. in den Bereich der sozialgeschichtlich erklärbaren Folgen von Sprachnormung gesehen (s. 2.5; vgl. die differenzierende Betrachtung bei Elmentaler 2018, 157 f.).

N. Die regionale Differenzierung des Wortschatzes ist in der frühbürgerlichen Zeit ebenso vielfältig wie die Ansätze zu überregionaler Vereinheitlichung. Auch hier wird in der Forschung nicht mehr die beherrschende Stellung einer bestimmten Schreiblandschaft nachzuweisen versucht. Der komplizierte frühe Standardisierungsprozess kann – ebenso wie in den Bereichen der Grammatik – nur als „Aussonderung" von Varianten, als „Variantenabbau" (Besch) beschrieben werden. Neben regionalen Varianten (Heteronymen), wie sie z.T. noch heute bestehen (z.B. *Samstag/Sonnabend*) handelt es sich dabei auch um stilistische, textsortenbedingte, gruppen- und institutionenspezifische Varianten. Es war noch keine ‚Normsetzung', noch kein bewusst planendes oder präskriptives Vorgehen von Personen oder Institutionen, mehr ein pragmatisches Auswählen und Bevorzugen beim Textformulieren, -abschreiben, -abdrucken, -neudrucken, aufgrund professioneller metasprachlicher Kenntnisse über den Wortgebrauch in anderen Gegenden, Städten, Institutionen, Gruppen, Textsorten, stark an den Voraussetzungen und Präferenzen der Text-Adressaten orientiert. Ein beliebtes Mittel für überregionale Verständlichkeit waren die Zwillingsformeln (s. 4.6E). Auch gab es vereinzelt hilfreiche Wortlisten mit regionalen Entsprechungen als Beigaben zu Druckwerken (z.B. in Baseler Nachdrucken der Lutherbibel, vgl. Sonderegger, in: BBRS 238ff.).

Eine wohl bewusst überregionale Wortwahl ist vor allem bei Luther zu verzeichnen, der als ‚zweisprachiger' Nordthüringer (Thüringisch, Elbostfälisch) auf überregionale Verständlichkeit bedacht war (vgl. Schildt, in: Cruse u.a. 2005, 1514ff.). Durch seine Bibelübersetzung haben sich auch im nichtreligiösen Bereich manche mittel- und norddeutsche Wörter, die in Süddeutschland nicht oder weniger gebräuchlich waren, als neuhochdt. Standard allmählich durchgesetzt, z.B. *Lippe* (gegen *Lefze*), *Träne* (*Zähre*), *prahlen* (*geuden*), *Stufe* (*Staffel*), *Topf* (*Hafen*), *Ziege* (*Geiß*), *Peitsche* (*Geißel*), *Ufer* (*Gestad*), *Hügel* (*Bühel*), *Ernte* (*Schnitt*), *pflügen* (*ackern, eren*), *krank* (*siech*). Dagegen war seine Wortwahl süddeutsch gegen norddeutsch in anderen Fällen: *gefallen* (*behagen*), *Schwanz* (*Zagel*), *Morgen* (*Osten*), *Mittag* (*Süden*), *Abend* (*Westen*), *Mitternacht* (*Norden*). Wie bei den meisten Autoren der Zeit findet sich auch bei Luther viel Regionales, Fremdregionales und bereits vor ihm Überregionales oft im gleichen Text nebeneinander, ebenso bei dem lutherischen Prediger Johannes Mathesius aus dem Erzgebirge, dessen erklärende Zusätze z.T. als Anzeichen für noch geringe überregionale Bekanntheit von Wörtern zu verstehen sind (D. Wolf, in: BBRS 1558f.). Hans Sachs benutzt Bairisches, Schwäbisches und allgemein Oberdeutsches (Tauber 1983). In den politischen Flugschriften 1520–25 finden sich wider Erwarten relativ wenige Regionalismen (1:22); man wollte möglichst weithin verständlich sein (Winkler 1975, 171 ff.).

O. Die frühneuhochdt. lexikalischen Aussonderungsprozesse können nicht allein von einzelnen Autoren und Texten des 16. Jh.s her beurteilt werden. Sie wurden in der Forschung (etwa Besch 1967; Ising 1968; Dückert 1976/81) umfassender unter Einschluss auch des 15. und 17. Jh.s untersucht. Die Variantenreduzierung bzw. -präferenz muss schon vor Luther in vollem Gang gewesen sein. Eine stichprobenhafte Auswertung von Texten aus dem handwerklichen, kaufmännischen und rechtlichen Bereich für die Jahre 1470–1530 und 1670–1730 hat im ersten Zeitraum (um 1500) eine größere regionale Vielfalt von Heteronymen, eine größere Zahl von Konkurrenzwörtern überhaupt festgestellt, im zweiten Zeitraum (um 1700) dagegen stets die Dominanz eines bestimmten, bereits dem heutigen Standard entsprechenden Wortes (z.B. *Strafe*), daneben aber noch einige Konkurrenten (z.B. *Pein, Buße*) mit stark zurückgegangener Häufigkeit bzw. räumlicher Geltung (Dückert 1976/81).

Solche Aussonderungen waren oft mit einer institutionell bedingten **semantischen** Differenzierung verbunden. So wurde das von Zünften und Stadträten konservativ festgehaltene Wort *knecht* immer mehr auf den bäuerlichen und hauswirtschaftlichen Bereich beschränkt, *knappe* auf Bergbau und Textilgewerbe, während sich für Handwerke gegen die Zünfte das Wort *geselle* durchsetzte, das im frühen 16. Jh. meist nur für Mitglieder von Gesellenvereinen galt. *strafe* setzte sich als juristischer Terminus gegen *busze* durch, das im 16. und 17. Jh. mehr und mehr auf Geldstrafen eingeschränkt bzw. als religiöse Haltung verstanden wurde, während *pein* (aus lat. *poena*), das noch 1532 in der *peinlichen halsgerichts-Ordnung* Karls V. im Sinne von ‚Straf-‘ üblich war, um 1700 in juristischer Bedeutung nur noch wenig gebraucht wurde, um schließlich nur noch (wie heute) für physischen oder psychischen ‚Schmerz‘ verwendet zu werden.

Sprachstrukturelle Ursachen waren wirksam, beispielsweise, wenn polysemer Wortgebrauch vermieden, ein einfaches Wort gegen ein zusammengesetztes, ein wortbildungsmäßig besser motiviertes bevorzugt wurde (Dückert 1976/81, 319):

Das Wort *ware* hat sich gegen das um 1500 besonders im Süden und Westen übliche Wort *kaufmannschaft* durchgesetzt, weil dieses eine dreigliedrige Wortbildung war und eine zweite Bedeutung als Abstrakt- oder Gruppenbegriff hatte; um 1700 war es nur noch im Südosten und Westen resthaft belegt. Das ostmitteld. *fleischer* hat sich gegen seine Konkurrenten *fleischhauer/haker, schlachter, metzger, metzler, metzinger, knochenhauer, geisler, küter, lästerer* am besten behauptet, weil die Motiviertheit (Durchschaubarkeit) von *fleisch-er* die verschiedenen Tätigkeiten dieses Handwerkers am allgemeinsten bezeichnet. Die Form *becker* hat sich gegen *beck(e)* durchgesetzt, weil das Suffix *-er* bei Berufsbezeichnungen höheren Systemwert hat.

Bei der Aussonderung **regionaler** Varianten hat nach den Untersuchungen der Arbeitsgruppe Dückert (1976) „nicht eine Landschaft allein [...] die überragende Rolle gespielt", sondern „verschiedene Landschaften sind – auf Grund bestimmter (ökonomischer, politischer) Voraussetzungen – wirksam geworden", wobei dem Ostmitteldeutschen (einschließlich des östlichen Ostfränkischen, bes. Nürnberg) eine „bedeutende sprachliche Mittlerrolle" zwischen Süd und Nord (und umgekehrt) zukam, während der Westen sich „stärker beharrend" verhielt (Dückert 1976/81, 215). Bewegende Kraft bei der Verbreitung und Aussonderung von Wörtern im wirtschaftlichen Bereich war der Fernhandel zwischen Süddeutschland und dem Hanse-Raum bzw. dem östlichen Mitteleuropa über Nürnberg und Leipzig. Besonders im Rechtswortschatz ist das Übergewicht des Südens u.a. aus der Bedeutung süddeutscher Reichsinstitutionen zu erklären: Reichstag in Regensburg, Reichskammergericht in Frankfurt, später Speyer, Kaiserhof in Wien. Schon der 1275 in Augsburg verfasste *Schwabenspiegel*, das nach Vorbild des norddeutschen *Sachsenspiegels* bearbeitete Rechtsbuch, war als kaiserliches Recht überregional orientiert im Sinne des oberdeutschen Gemeindeutsch.

Nach Dückert (1976/81) dominierte das Ostmitteldt. z. B. bei *fleischer* (gegen *metzger*, *schlachter* usw.), bei *geselle* (gegen *knecht, knappe*), bei *ware* (gegen *gut, kaufmannschaft*), wobei aber auch der Norden schon um 1500 *ware* neben *gut* hatte. Das Ostmitteldt. war Vermittler eines niederdt. Wortes bei *pranger, makler, vormund, stapel, fracht* und den ursprünglichen Rechtswörtern *echt* und *gerücht* (mit nd. *cht* für *ft*). Das östliche Oberdeutsche dominierte bei *strafe*, das westliche bei *advokat*.

In vielen Fällen war „Landschaftskombinatorik" im Sinne Beschs (s. 4.4J) ausschlaggebend: So war für lat. *placere* in Bibelübersetzungen bereits vor Luther *gefallen* im Oberdeutschen überall vorwiegend üblich, im westlichen Ostmitteldeutschen teilweise, sodass Luther sich für *gefallen* gegen *behagen* u. a. entschied (G. Ising 1968, Bd. 2, 53; Besch, in: BBRS 2264f.). In der Konkurrenz zwischen *scheune* und *scheuer* für ‚landwirtschaftl. Vorratsgebäude' konnte sich Luther zwischen beiden nicht entscheiden, hat beide nebeneinander verwendet, da *scheune* nur im Ostniederdeutschen und Ostmitteldeutschen verbreitet war, *scheuer* dagegen sonst überall, außer im Bairischen, wo *kasten* und *stadel* galten (G. Ising 1968, Bd. 2, 27; Besch, in: BBRS 2264f.). Selbst bei quantitativ annähernd gleichen Geltungsarealen scheint eine östliche Landschaftskombinatorik den Ausschlag gegeben zu haben: *liebe* hat sich gegen *minne* nicht nur wegen der sozialgeschichtlich bedingten Bedeutungsverschlechterung von *minne* durchgesetzt, sondern auch weil es um 1500 im Ostniederdeutschen, Ostmitteldeutschen, Ostfränkischen und Bairischen galt, also im ganzen Osten des Sprachgebiets, *minne* nur im Westen und Süden (Besch, in: BBRS 2269). Hier kommt jedoch wegen der positiveren sozialstilistischen Wortkonnotation von *liebe* (auch als Wort für religiöse und verwandtschaftliche ‚caritas') das Prinzip des „Geltungsgrades" (Besch) hinzu.

Rein quantitatives „Geltungsareal" (Besch) im Sinne der größten Verbreitungsgebiete ergab den Mehrwert einer Variante bei der Bezeichnung für den vom Landbau lebenden unterschichtlichen Stand: Bereits um 1500 ist für (besonders ostfrk. und ostniederdt.) *bauer* größere überregionale Geltung festzustellen, neben süddt. *baumann*, ostmitteldt. *gebauer*, während *ackermann* von vornherein zum mehr literarischen Gebrauch gehört, in Luthers Bibel ausschließlich, nach der Niederschlagung des Bauernkrieges als Euphemismus zu verstehen (Dückert 1976/81, 17 ff.). – Um 1500 sind *ziege* (gegenüber *geiß* u. a.) und *schmerz* (gegenüber *pein, weh* u. a.) schon in so weiten Teilen des Sprachgebietes verbreitet, dass es sich als allgemeine Norm durchsetzen musste (Ising 1968, 98).

Die Entwicklung ist nicht immer geradlinig verlaufen. Beim Diminutivsuffix wurde im 15. Jh. das oberdt. *-lein* auch im Mitteldt. gegen *-chen* bevorzugt (so z. T. auch bei Luther; vgl. Tiefenbach 1987, 2 ff.). Seit der 2. Hälfte des 16. Jh.s setzte sich wieder das durch niederdt. *-ke(n)* gestützte mitteldt. *-chen* durch, im

18. Jh. auch im Süden als hochsprachlicher Standard; ein Beispiel für frühes oberdt. Übergewicht und dessen spätere Zurückdrängung durch das „Meißnische Deutsch", das nicht immer mit Luthers Sprachgebrauch identisch war.

Literatur

Sprachausgleich, Variantenreduzierung, Standardisierung, Entstehung des Neuhochdeutschen: Arndt 1990. BBRS (Grubmüller 306 f., Reichmann 1623 ff., Betten 1646 ff., Bentzinger 1665 ff., Hartweg 1682 ff., Besch 1713 ff., 2252 ff.). Berthele u. a. 2003. Besch 1967; 1968; 1979ab; 1983; 1986; 1988. Besch u. a. 1996. Dittmer 1986. DPhA (Schirokauer 855 ff.). van der Elst 1987. Erben 1975b; 1989. Ernst 2000a. Ewald 1997. Ewald/Nerius 1999. W. Fleischer 1962; 1966; 1995. Frings 1936; 1950/57. Frings/Schmitt 1944. E. Glaser 2003. Götz 2017. Goossens 1994. Guchman 1964/70. Guchman/Semenjuk 1981. Haas 1999. Hartweg/Wegera 1989, 36 ff./2005, 45 ff. Hentschel 1997. Henzen 1954. Josten 1976. Knoop 1988; 1992; 1993. Kriegesmann 1990. Lindgren 1961. Mattheier 1981a; 1989; 1990; 1991; 1999a. Mihm 2001b; 2003. R. Müller 1991. Penzl 1986b; 1988. Piirainen 1968; 1972a. v.Polenz 1995. v.Polenz/Erben/Goossens 1986. Reichmann 1978b; 1990; 2003. Reichmann u. a. 1988. Rössler 2004; 2005; 2012. Schildt 1987a. Schildt u. a. 1974/92. L.E. Schmitt 1936/72; 1942; 1966. Schützeichel 1967. Skála 1997. Socin 1888. Sonderegger 1999. Steffens 2010. Stichlmair 2009. Stopp 1976; 1978b. Voeste 2008b. Wegera 1986/2007. Wiesinger 1980; 1989. N.R. Wolf 1975. Zur Ausbildung ... 1976–83. – **Forschungsgeschichte:** BBRS (Sonderegger 419 ff.). Bentzinger 1993. Besch 2003a. Hartweg/Wegera 1989, 36 ff./2005, 45 ff. Kriegesmann 1990. Mattheier 1981. W. Neumann 1988. v.Polenz 1995. v.See 1970. Wegera 1986/2007.

Schreiblandschaften, Dialekte, Regionen: BBRS (Wegstein 2229 ff., Abschn. XVII). Berend 1999. Besch 1967; 1979; 1983. Debus 1983b. Elspaß 2010. Herrgen/Schmidt 2019 (Elmentaler/Voeste 61 ff.). Penzl 1988; 1991. Socin 1888.

Ostoberdeutsch: BBRS (Klepsch/Weinacht 2767 ff., Reiffenstein 2825 ff., 2889 ff., Wiesinger 2971 ff.). Besch/Wegera 1987 (Habermann/Müller 118 ff.). D. Breuer 1979. Brooks 2006. Bürgisser 1988. Herrgen/Schmidt 2019 (Elmentaler/Voeste 64 ff.). LGL (Straßner 479 ff., Freudenberg 486 ff.). Mattheier 1989b; 1991. Hans Moser 1977. Reiffenstein 1991; 1995b. Rössler 2004; 2005; 2012. Sandberg 1983. Schwob 1990. Skála 1970; 1981. Szulc 1987, 140 f. Tauber 1993. Thoursie 1984. Werbow 1963. Wiesinger 1988b; 1993; 1996ab; 1998; 1999. – **Augsburg:** Baumann-Zwirner 1991. Behr 2011. Dauser 2008. Freund 1991. Fujii 1997; 2007. E. Glaser 1985; 1988a; 1993; 1996a; 2002. Glück u. a. 2013. Graser 2000; 2011. Graser/König 2019. Graser/Tlusty 2019. Häberlein 2010. Kaltz 2010. Lang 2010. P.O. Müller 2010. K. Schröder/Walter 2011. Stopp 1979. – **Nürnberg:** BBRS (van der Elst 2341 ff.). Fertig 2000. Gloning 2015c. Glück 2010. Glück u. a. 2013. Kaltz 2010. Klatte 2010. G. Koller 1989. Kourukmas 2015; 2016. Ch. Kuhn 2010. Lippi–Green 1994. Macha 2014b. Mihm 2019. Morisawa 2004. P. O. Müller 2002; 2010. Ruge 2020a. Sahm/Schausten 2015. Staudenmaier 2010. Straßner 1977. Thomas 2002. N.R. Wolf 1988. – **Regensburg:** Greule u. a. 2012 (Näßl 441 ff.). Harnisch 2002. Herrnleben 2002. Matzel u. a. 1989. Skála 2001b; 2002. Näßl 2001; 2002. Reiffenstein 2002. H.U. Schmid 1989. – **Wien:** BBRS (Wiesinger 2354 ff.). Ernst 1994; 1996; 2000b; 2001. Greule u. a. 2012 (Wiesinger 415 ff.). Hans Moser 1977. Tennant 1986. Wiesinger 1971.

Westoberdeutsch: BBRS (Hartweg 2778 ff., Kunze 2810 ff., Sonderegger 2825 ff.). Brooks 2006. Garovi 1998. Herrgen/Schmidt 2019 (Elmentaler/Voeste 63 f.). Kleiber 1976; 1980. Kleiber/Kunze/Löffler 1979. LGL (Kleiber 482 ff.). R. Müller 1995. Sonderegger 1993a. Waldispühl 2019. – **Basel:** Bickel 2000. Grolimund 1995. N.R. Wolf 1988. – **Chur:** A. Ludwig 1989. – **Sarnen:** Studach 1993. – **Straßburg:** G. Bauer 1988. Behr 2011. F. Rapp 1980. Stockmann-Hovekamp 1991.

Ostmitteldeutsch: BBRS (Lerchner 2744 ff.). Czajkowski u.a. 2007. Erben 1961; 1993b. Frings 1950/57, Bd. II; 1956. Frings/Schmitt 1944. Griese 2018. Hartweg/Wegera 1989, 39 ff./2005, 48 ff. Herrgen/Schmidt 2019 (Elmentaler/Voeste 66 f.). LGL (Putschke 474 ff.). Mitzka 1959. Otto 1970. R. Peters 2003. H.U. Schmid 2012a. H.U. Schmid/Ulbrich 2010. Schmidt-Wiegand 1989. Schmitt 1966/82. Weller 1977. – **Kursächsisch/Meißnisch** (vgl. 5.6Lit!): H. Bach 1943. Eichler/Bergmann 1968. Frings 1936. R. Große 1955; 1961; 1981a; 1986; 1993; 1999. Kettmann 1967/69. Lerchner 1997. v.Polenz 1986a; 1989b. Schöndorf 2008. H. Wolf 1990. – **Berlin:** BBRS (Schildt 2312 ff.). Agathe Lasch 1910; 1927. H. Schmidt 1986b; 1988. Walch 1996a. – **Dresden:** W. Fleischer 1970. Greule u.a. 2012 (Hünecke 457 ff.). Hünecke 2009; 2016; 2020. – **Leipzig:** Hertel 1989. v.d.Lee 1978. Schildt 1987b. H.U. Schmid 2015b. – **Wittenberg:** Kettmann 1987ab; 1996b; 2003; 2008; 2001. ten Venne 2001a. **Thüringen:** Ahlsson 1965. Bach 1943. Bentzinger 2001. Suchsland 1968. – **Erfurt:** Bentzinger 1973; 1990a; 1996; 2001. Bentzinger/Döring 1992. Besch 1990a. – **Schlesien:** Bogacki 2008. Graser 1977. Jungandreas 1937. Keil/Menzel 1995. Mihm 2015. Piirainen 1988; 1993a; 1997. Skála 1972a. – Zur Wirkung **Luthers** s. 4.8Lit, 5.6Lit!

Westmitteldeutsch: Aubin/Frings/Müller 1926. BBRS (Mattheier 2712 ff., Ramge 2729 ff., Klepsch/Weinacht 2767 ff.). Bruch 1953. Frings 1924/56. K. Gärtner 1995. K. Gärtner/Holtus 1995; 2005. Greule u.a. 2012 (Steffens 475 ff.). Haubrichs 2002. Herrgen/Schmidt 2019 (Elmentaler/Voeste 67 ff.). W. Hoffmann 1979. Th. Klein 1993; 2000. LGL (Beckers 468 ff.). Macha/Neuss/Peters 2000. Möller 2000. Ruge 2019. Schützeichel 1960; 1976. Wells 1996. – **Frankfurt:** Meiß 1994. Wells 1993. – **Köln:** BBRS (Hoffmann/Mattheier 2321 ff.). Beck 1977. Beckers 1985; 1989; 1990; 1993. Cornelissen 2015. Greule u.a. 2012 (Möller 495 ff.). Groten 2015. Hanauska 2009; 2014. Herborn/Mattheier 1978; 1998. W. Hoffmann 1980; 1983; 2003. Klein/Peters 2015. Macha 1991. Mattheier 1981b; 1982. Mihm 2015. Möller 1998. Möller 2001. R. Müller 1998. Scheel 1983. Schützeichel 1972. Wich-Reif 2013. Woggan 2015; vgl. auch 5.8H! – **Luxemburg:** Bange/Mayr 2010. Bruch 1953. Filatkina 2011. Gniffke 2010. Harion 2010; 2013; 2015. Lauer 2018. Moulin 2007a; 2010; 2016b. Ravida 2010; 2012. – **Mainz:** Steffens 1988; 1993; 2010.

Niederdeutsch (Mittelniederdeutsch): BBRS (Reichmann 7 ff., Abschn. XI). Beckers 1982; 1989. Besch u.a. 1982/83 (Sanders 991 ff.). Bieberstedt 2007. K. Bischoff 1962. Borchling/Claussen 1931–57 (Bibliogr.). Cordes/Möhn 1983. Cruse u.a. 2005 (Eickmans 1180 ff.). Das Niederdeutsche ... 1981. DPhA (Foerste 1729 ff.). Gernentz 1981; 1995. Goltz 1986. Hundt/Lasch 2015ab. Hyldgaard-Jensen 1964. Krogh 1996. Langer 2009. Agathe Lasch 1914/2011; 1979. Agathe Lasch u.a. 1928 ff. LGL (Härd 584 ff.). Lübben 1988. Maas 1983; 1986. Mähl 2014. Meineke 1999, 151 f. Mihm 2001c. Nagel/R. Peters 2004; 2018. R. Peters 1984; 1995d. 1998; 1999a; 2010; 2015. R. Peters/Nagel 2014. Quak 1989. Ringgaard 1986. Rooth 1949. I. Rösler 1996; 2010; 1997ab. Sanders 1982. Schmidt-Wiegand 1989b. Schöndorf 1989; 2001. I. Schröder 2014ab. Stellmacher 1981; 1983; 1990a; 2017. Tophinke 2009. Tophinke/Wallmeier 2011. Ureland 1987. Wirrer

1998. – **Westniederdeutsch:** Ahlsson 1964. BBRS (Eickmans 2629 ff., Peters 2640 ff., Scheuermann 2663 ff.). Elmentaler 2000b. Fedders 1987; 1993. Goebel/Fedders 1988. Th. Klein 2000. R. Kröger 2001. Leloux 1980. LGL (Niebaum 458 ff.). Mihm 1992; 2000a. Niebaum 1998. R. Peters 1995ac; 2011b; 2016. Tervooren/Beckers 1987. – **(Elb) ostfälisch:** K. Bischoff 1967. R. Große 1999. Schmidt-Wiegand 1989a. Seidensticker 1990b. – **Ostniederdeutsch:** BBRS (Gessinger 2674 ff., Rösler 2699 ff.). Damme 1987; 1988. Gernentz 1964/80; 1981. Agathe Lasch 1910. LGL (Stellmacher 464 ff.). Mitzka 1959. I. Rösler 1987; 1995. Stellmacher 1990b. – **Niederdeutsch im Nord-/Ostseeraum, Baltikum:** Boden 1995. Braunmüller/Diercks 1993/95. Cordes/Möhn 1983 (Hyldgaard-Jensen 666 ff.). Gernentz u.a. 1988. Greule u.a. 2012 (Lele-Rozentāle 399 ff.). Hyldgaard-Jensen u.a. 1989. Kala 2016. Lele 1995. Lele-Rozentāle 2008. Mähl 2010. Schöndorf u.a. 1987. Ureland 1987. **Kleverländisch:** R. Peters 1999b.

Einzelne Städte: Berlin: Agathe Lasch 1910; 1927. H. Schmidt 1986. – **Braunschweig:** Greule u.a. 2012 (Jarling 367 ff.). Jarling 2009; 2010. Roolfs 1997ab. – **Duisburg:** Elmentaler 1993. Hildegard Weber 2003. Mihm/Mihm 2007–2008. – **Goslar:** Cordes 1934. Lehmberg 2013. – **Greifswald:** Kütt 2020. I. Schröder 2001. M. Schulz 2015; 2017. – **Hamburg:** BBRS (Möhn 2297 ff.). Lide/Larsson 1922. R. Peters 1996. – **Lübeck:** Bieberstedt 2009. Greule u.a. 2012 (Peters 347 ff.). Korlén 1951. Nagel 1999. R. Peters 1988; 2000ab. Rösler 2010. Solling 2015a. – **Münster:** Besch 1995. Greule u.a. 2012 (Peters 327 ff.). R. Peters 1995b. – **Oldenburg:** Peters 1995d; 2013. – **Osnabrück:** U. Weber 1987; 2003. – **Rostock:** A. Hampel 2001ab. Prowatke 1988b. – **Soest:** Ch. Fischer 1998; 2000; 2006. Ch. Fischer/R. Peters 2010. R. Peters 2011b.

Auslandsdeutsche, Sprachinseln: BBRS (Scheuringer 3365 ff.). Greule u.a. 2012 (Abschn. V). LGL (Wiesinger 491 ff.). – **Böhmen, Mähren:** Avis 2005. Bentzinger 1999b. Boková 1981; 1998. Greule u.a. 2012 (Vaňková 511 ff.). Klatte 2008. Masařík 1985; 2009. Piirainen 1980b. E. Schwarz 1965/66. Skála 1964; 1965; 1967; 1972a; 1984; 1987; 1989; 1990; 1995; 2001a. Spáčilová 2000ab: 2003; 2004; 2006. Vaňková 1999; 2001; 2004. H. Wolf 1990. – **Prag:** Bindewald 1985. Boková 1999. Greule u.a. 2012 (Spáčilová 529 ff.). Klatte 2010. Makowski 1994. Ono 1986. L.E. Schmitt 1936/72. Skála 1972b; 1994. 2001b. 2002. – **Slowakei:** Dormann 1996. Greule u.a. 2012 (Papsonová 557 ff.). Kretterová 2003; 2008. Meier 2004. Papsonová 1997; 2003. Piirainen 1972b; 1986; 1988; 1993b; 1995; 1997. Piirainen/Meier 1993. Piirainen/Papsonová 1992. Protze 1988. Žifčák 2008. – **Ungarn:** Bassola 1985; 2008. Gardonyi 1965. Greule u.a. 2012 (Greul 543 ff.). Mollay 1959; 1986. – **Krakau:** Duda/Sławomira 2001. Hanamann 2008. Wiktorowicz 1995; 2008; 2009. – **Siebenbürgen:** Dogaru 2006; 2009ab; 2011. Greule u.a. 2012 (Dogaru 571 ff.). K.K. Klein 1963.

Stadtsprachen: Bauer 1988. Bausch 1982 (Mattheier 87 ff.). BBRS (Besch 2252 ff., Möhn 2297 ff., Schildt 2312 ff., Hoffmann/Mattheier 2321 ff., van der Elst 2341 ff., Wiesinger 2354 ff.). Bentzinger 1973; 1990a. Bentzinger/Döring 1992. Besch 1972; 1995. Besch/Wegera 1987 (Maas/Mattheier 227 ff.). Blume 1997 (Bibliogr.). Elmentaler 1993; 2000. Greule u.a. 2012. Hartweg/Wegera 1989, 49 ff./2005, 59 ff. W. Hoffmann1983. Kettmann 1990; 1996ab. W.P. Klein 2020. Kolbeck u.a. 2013. Maas/Mattheier 1987. Meier 1998; 2004ab; 2008b. Moshövel 2009. Moulin 2007a; 2016b. Moulin/Ravida/Ruge 2010. Pickl/Elspaß 2019. Piirainen 1972b; 1986; 1988; 1993ab. Piirainen/Meier 1993. Schildt 1987b. Schildt/Schmidt 1986. L.E. Schmitt 1942. Skála 1967; 1972b; 1990; 1994; 1995. Stichlmair 2009. Hildegard Weber 2003. Wiktorowicz 1995. Online-Bibliographie des In-

ternationalen Arbeitskreises Historische Stadtsprachenforschung, bearb. von R. Hünecke: https://tu-dresden.de/gsw/slk/germanistik/gls/iak_hssf/ressourcen/dateien/biblio_syst?lang=de
(s. auch unter den Städten in obigen Abschnitten; vgl. 5.8H!)

Druckersprache: Baumann/Zwirner 1991. BBRS (Hartweg 1682 ff.). M. Beck 1977. Beckers 1985; 1989; 1990; 1993. Behr 2011; 2014. Behr/Habermann 2010. Benzing 1982. Fujii 1997; 2007. Giesecke 1990a; 1991. Götze 1963. Große/Wellmann 1996. Hartweg 1981. Hartweg/Wegera 1989, 72 ff./2005, 92 ff. W. Hoffmann 2003. Kettmann 1984; 1987ab; 1996b. Meiß 1994. Mihm 2013. Reske 2015. Scheel 1983. Schildt 1987b. Schirokauer 1951. Stockmann-Hovekamp 1991. Stopp 1976; 1978b; 1979. H. Wolf 1984; 1993. N.R. Wolf 1988.

Sprachbewusstsein, Grammatiker, Schreib-/Leselehren: Auroux u.a. 2000/01 (Rössing-Hager, 777 ff.). BBRS (Gloy 402 f., Sonderegger 417 ff., Moulin-Fanhkänel 1903 ff., Reiffenstein 2205 ff.). R. Bergmann 1982; 1983; 1984. Donhauser 1989. Eisermann/H.U. Schmid 2008. Erben 1989. Gardt 1999, Kap. 2. Giesecke 1979; 1992. Götz 1992; 2016. Hankamer 1965. Hartweg/Wegera 1989, 55 ff./2005, 69 ff. Jellinek 1913. Josten 1976. Kiepe 1981; 1983. W.P. Klein 1992. LGL (Cherubim 775 ff.). Moeller u.a. 1983 (Kiepe 453 ff.). Moulin 2020; 2021. Moulin-Fankhänel 1994 (Bibliogr.). Padley 1985/2008. Penzl 1983. Penzl/Tennant 1989. Prowatke 1988a. Ravetto 2005. Rössing-Hager 1984. Schiewe 1998, Kap. III. Schneider-Mizony 2010a; 2013. Solling 2015b. Sonderegger 1999. Wich-Reif 2015. – S. auch 5.6Lit! – **Orthographie(lehre):** R. Bergmann 1984; 1998. R. Bergmann u.a. 1998 ff. R. Bergmann/Ewald 2004. Eroms 1997. Güthert 2005. Habermann u.a. 2000. Kettmann 1987ab; 1992; 1996a. Maas 1992. Moulin 2004; 2020. Moulin-Fankhänel 1994 (Bibliogr.). Nerius u.a. 1987/2007. Nerius/Rahnenführer 1993 (Bibliogr.). Penzl 1983. Penzl/Tennant 1989. U. Riecke 1998. Solling 2010; 2012. Wells 1993; 1999. – **Majuskelgebrauch, Großschreibung:** Barteld u.a. 2016. R. Bergmann 1999. R. Bergmann/Nerius 1998. Elmentaler 2018, 303–318. Ewald/Nerius 1999. Götz 1998. Götz/Bergmann 2009. Kaempfert 1990. Maas 1995b. Malige-Klappenbach 1955. Meisenburg 1990. Moulin 1990. Risse 1980. Schutzeichel/Szczepaniak 2015. Stolt 2015. Walz 1989. W.R. Weber 1958. Wegera 1996. Woggan/Neumann 2016. – Vgl. auch 5.6Lit! – **Lautungsnorm, Aussprache:** Braune 1904. Hartweg/Wegera 1989, 82 f./2005, 103 f. Josten 1976. Mihm 1995a. Hans Moser 1987. S. Painter 1989. Penzl 1983. Penzl/Tennant 1989. v.Polenz 1986a; 1990b. Ramseyer 1990. H. Schmidt 1984. Szulc 1987, 146 ff. Wiesinger 1996.

Wortschatzunterschiede/-ausgleich: v.Bahder 1925. BBRS (D. Wolf 1554 ff., Seibicke 2377 ff., Reichmann 2539 ff.). Besch 1967; 1997. Dückert 1976/81. Hartweg/Wegera 1989, 144 ff./2005, 185 ff. G. Ising 1968. Maurer/Rupp 1974 (Erben 1,572 ff.). Schmidt-Wiegand 1995. H. Winkler 1975. N.R. Wolf 1975.

4.5. Konsolidierung der Satzbaumittel

A. In der frühbürgerlichen Zeit entwickelten bzw. verstärkten sich fast alle diejenigen noch heute gültigen Prinzipien der deutschen Syntax, die mehr oder weniger mit der stärkeren und systematischeren Ausnutzung der Satzkomplexität (Hypotaxe, Satzgefüge) für die Wiedergabe komplexer Inhaltsstrukturen zusammenhängen:

- klare formale Unterscheidung in Haupt- und Nebensatz durch Mittel der Satzverknüpfung und feste Verbstellungsregeln
- Ausbau des Systems der Verbgefüge mit Hilfs-, Modal-, Funktions- und Modifikationsverben (d.h. Gefüge mit *lassen*, *beginnen*, *aufhören*, *pflegen* usw.), teilweise mit Umstrukturierung des Tempus-, Modus-, Aspekt- und Aktionsarten-Systems
- Zunahme des Satzrahmenprinzips (Satzklammer) durch Verbendstellung im Nebensatz und vom finiten Verb getrennte Endstellung von Prädikatsteilen im Hauptsatz
- kontextsemantische Funktionalisierung der Variation von Satzgliedstellungen für das Thema-Rhema-Prinzip (funktionale Satzperspektive) als Mittel der Rezeptionssteuerung (Betten 1987, 162)
- Strukturierung der Nominalgruppe in Bezug auf Attribute vor und nach dem Substantiv, mit Auswirkungen vor allem in der neuesten Zeit (s. 5.9, 6.9)

Diese Prinzipien wurden jedoch nicht ausnahmslos und übertrieben angewendet. Der Satzbau der frühbürgerlichen Zeit war noch sehr variabel und unregelmäßig. Altes und Neues, Schreibsprachliches und Sprechsprachliches, Gelehrtes und Alltäglich-Praktisches standen nebeneinander, stark sozial- und funktionalstilistisch differenziert. Die meisten Systematisierungen von Funktionsklassen (Hilfs- und Modalverben, Konjunktionen, Subjunktionen, Präpositionen, Satzadverbien) waren durch die neue Schriftlichkeit des 15. Jh.s (s. 4.2B) zur besseren Übersichtlichkeit von Texten und gedanklichen Zusammenhängen erforderlich geworden. Es haben in dieser Epoche jedoch noch keine Grammatiker normativ eingegriffen (wie wohl auch in den anderen Bereichen nicht); Traditionen und Innovationen wirkten noch allein durch pragmatische Konventionalisierung innerhalb von Textsortenstilen. – Zu den frühen Grammatikern (ab 1573) S. 4.4L, 5.6!

B. Die Satzkomplexität wurde erhöht und vermehrt durch stärkere Ausnutzung der hierarchischen Unterordnung (Hypotaxe) von Nebensätzen, zunehmend auch satzwertigen Infinitiv- und Partizipgruppen, unter einen Hauptsatz. Die Praxis der Formulierung und Rezeption komplexer oder komplizierter Satzgefüge wurde durch den Übergang vom lauten zum stillen Lesen gefördert. Die Entwicklung ist nach Textsorten differenziert zu sehen (Betten 1987, 153; Ebert 1986/99, 172 ff.): In Rechtstexten, Urkunden und anderen offiziellen Schriftstücken hat es bereits im mittelalterlichen Deutsch erstaunlich lange und vielfältig abgestufte Satzgefüge gegeben. Wladimir G. Admoni (1980, 45 ff.) fand in seinem Material den längsten, komplexesten Satz in einer Urkunde von 1411: mit 44 Elementarsätzen, mit Nebensätzen bis zum 15. Unterordnungsgrad. Auch ohne Vorbild des lateinischen Periodenbaus hat sich in der (vorwiegend mündlich tradierten und praktizierten) altdeutschen Rechtssprache die Gewohnheit ausgebildet, Nebensätze (vor allem Konditional- und Kausalsätze) den Recht setzenden Hauptsätzen voranzustellen oder in sie einzufügen, oft ganze Reihen oder unterordnende Bündel von Nebensätzen (R. Große 1970). Die Zunahme hypotaktischer Strukturen sowie eine allgemein zunehmende syntaktische Verdichtung und damit der Übergang von Vorlese- zu Lesetexten ist im Mittelniederdeutschen insbesondere in Rechtstexten und Urkunden zu beobachten (Ihden 2020; Tophinke 2009; 2012; Tophinke/Wallmeier 2011). Auch Luther, der in öffentlich wirksamen Schriften den verschachtelten Periodenbau zugunsten von Sprechbarkeit und Allgemeinverständlichkeit meist vermied, benutzte in seinen Briefen nach der Tradition der Rechts- und Urkundensprache mitunter sehr komplexe hypotaktische Strukturen (Rössing-Hager 1972). Unabhängig von dieser spezialsprachlichen Entwicklung hat es im mittelalterlichen Deutsch längst Objekt-, Subjekt-, Attribut- und Temporalsätze als normalsprachliche Arten von Nebensätzen gegeben. Das Kanzleideutsch und Humanistendeutsch hat die Komplexität des deutschen Satzes nur insofern beeinflusst, als bestimmte Prinzipien in manchen Textsortenstilen verfestigt oder übertrieben wurden (vgl. 4.7H, 5.9).

Auch Spezifika des Layouts bei der Drucklegung können aus syntaktischer Sicht eine Rolle spielen, so etwa bei frühneuzeitlichen Titelblättern, die syntaktisch eigene Charakteristika enfalten, sodass man mit einer gewissen Berechtigung für diesen Bereich auch eine „Titel*blatt*sprache" ansetzen kann (Götz u. a. 2017, 330; vgl. Neumann 2016). Bei einer Untersuchung von 600 Titelblättern aus dem 15. bis 17. Jh.s konnte festgestellt werden, „dass frühneuhochdt. Titelblätter durch eine Vielzahl spezifischer struktureller Merkmale gekennzeichnet sind, durch die sich das Titelblatt deutlich vom Fließtext unterscheidet. [...] Dazu zählen in erster Linie die syntaktische Verdichtung, die durch die Verwendung nominaler und anderer kondensierter Sprachstrukturen erreicht wird, die verfestigten Beziehungen zwischen syntaktischen Einheiten und inhaltlich-funktionalen Abschnitten sowie die syntaktische Ambiguität, die sich vor allem aus der Segmentierung des Titelblatttexts in deutlich voneinander getrennt positionierte Textblöcke ergibt" (Götz u. a. 2017, 330).

Der frühneuhochdt./mittelniederdt. hypotaktische Satzbau unterscheidet sich insgesamt vom späteren Standarddeutsch vor allem in seiner lockeren und flexiblen Art der Zusammenfügung. Die ‚Lockerheit' des mittelalterlichen Satzbaustils resultiert teilweise daraus, dass „der Status der satzverknüpfenden Adverbien häufig noch der eines selbständigen, semantisch vollwertigen, kataphorische oder anaphorische Bezüge stiftenden Wortes war und koordinierend verwendet wurde" (Betten 1991, 173). Im Unterschied zum stärker formalgrammatischen, vom Lateinischen beeinflussten bildungssprachlichen Prinzip des Neuhochdt., mit seiner syntaktischen Über- und Unterordnung (Hypotaxe), wirkte teilweise bis ins Frühneuhochdt. hinein noch das redesprachliche Prinzip der „Abstufung der Information nach Vorder- und Hintergrundsgeschehen [...] durch Partikeln, bevorzugt an Nahtstellen zwischen Informationseinheiten" (Betten 1991, 175), eine Art Reliefbildung. Dem entsprechen Befunde zur Interpunktion im gleichen Zeitraum: Zeichensetzung (Komma, Kolon, Virgel usw.) hatte noch nicht hauptsächlich syntaktische, sondern vorwiegend rhetorische Funktion zur Gewichtung des Informationsflusses für den Hörer (s. Nerius u.a. 2007, 235 ff.; Kirchhoff 2017; Rinas 2017). Für die Luthersyntax konnte beobachtet werden: „Vordergrundinformation und Fokussierung kann durch Aufteilung in kleinere Einheiten und damit häufigeres Pausieren dem Verständnis verlangsamt und vereindringlicht dargeboten werden, während Hintergrundinformation und Wiederholung von bereits Bekanntem zu größeren Einheiten zusammengefaßt und schneller vorgetragen werden konnten" (Stolt 1990a, 385 f.). Eine besondere Rolle kommt der Virgel in frnhd. Texten als polyfunktionales Zeichen im Satzinnern zu. Für Texte der Mitte des 16. Jh.s konnte festgestellt werden: „In Abwesenheit anderer satzinterner Interpunktionszeichen wie dem Semikolon oder dem Doppelpunkt hat die Virgel eine Funktionsbreite, die das moderne Komma nicht aufweist. So übernimmt die Virgel [...] in Kombination mit einem vorangehenden verbum dicendi (und in vielen Fällen einer folgenden Interpunktionsmajuskel) die Markierung einer direkten Rede. In diesen frühen Systemen muss der Leser eine präzisere Deutung dieses Interpunktionsmittels damit aus dem Kontext rekonstruieren. Deshalb ließe sich argumentieren, dass frühe Systeme mit wenigen, polyfunktional vagen Zeichen optimaler für den Schreiber als für den Leser sind. Die Entwicklung zu präziseren Zeichen und mithin zur Erweiterung des Interpunktionsinventars könnte man als Tendenz zur Leseoptimierung deuten" (Kirchhoff 2017, 173). Zur Weiterentwicklung der deutschen Interpunktion s. 5.9E! Einiges von der sprechsprachlich orientierten, die Hypotaxe hilfreich mildernden Vagheit der Satzverknüpfungen aus dem mittelalterlichen Deutsch ist bis heute bewahrt – trotz einer normativen Diskriminierung im 17. bis 19. Jh. – als Kennzeichen spontaner Sprechsprache üblich (Sandig 1973; Betten 1987, 147 ff.):

Ausklammerungen; Nachträge; pronominale Wiederaufnahme eines durch Hypotaxe ferngerückten Subjekts; parenthesenhaft eingeschobene Hauptsätze in der Funktion von Attributsätzen; parataktisch angeschlossene Objektsätze; mit *und* angeschlossene Hauptsätze als Objektsätze oder Adverbialsätze; Konjunktiv als Nebensatzkennzeichen; Überwechseln von Nebensatz- zu Hauptsatzwortstellung in koordinativ erweiterten Nebensätzen; andere Arten des Konstruktionswechsels oder -bruchs mitten im Satz oder Satzgefüge (Anakoluth, Apokoinu); Nebensätze ohne Hauptsatz; überhaupt systematische Ambivalenz des Unterschieds zwischen Haupt- und Nebensatz.

Ein Beispiel für solche teilweise unbestimmte Art der Satzfügung ist das in 4.8F erklärte Satzgefüge aus Luthers Flugschrift *An den christlichen Adel deutscher Nation* (Wittenberg 1520). Die Vagheit frühneuhochdt. Satzfügung wird am Beispiel der sog. „weiterführenden Nebensätze" deutlich. Solche ‚Nebensätze', die heute mit Relativpronomen angeschlossen werden, aber inhaltlich nicht als Attributsätze zu einem Substantiv, sondern als kommentierende weiterführende Textschritte zu erklären sind, waren im 16. und 17. Jh. sehr beliebt und wurden mit Pronominaladverbien eingeleitet (z. B. *davon* statt heutigem *wovon*, *darumb* statt heutigem *weshalb*); z. B. *Friderich Behaim ist gestorben / hat ain seer christenlich ende genomen / davon mir Herr Dominicus / der bey ime gewest / nit genug sagen kan* […] *Dem Oßwald ist vor 14 tagen in seinem haus ain eniglein gestorben / darumb er von stund an herauß ist geflohen* (aus einem privaten Brief von Lazarus Spengler, Nürnberg 1533, zit. n. Ebert 1986/99, 172). Die mit *davon* und *darumb* eingeleiteten Sätze sind nach heutigen Normen Nebensätze (wegen der Endstellung des Verbs) und zugleich Hauptsätze (wegen der *d-*Pronomina); im Frnhd. konnten solche „Scharnierstellen" des Gesamtsatzes auch durch eine Majuskel gekennzeichnet werden, und so als „syntaktisches Gliederungsmerkmal" dienen (s. Moulin 1990, 136 ff.). Hier scheint eigentlich nur aus der Perspektive späterer Normenstrenge zwischen „weiterführend" und „Nebensatz" ein Widerspruch zu bestehen (Holly 1988; Eroms 2009).

Noch heutige standardsprachliche Reste der alten lockeren Hypotaxe sind vorangestellte nichteingeleitete konditionale Nebensätze (*Hilfst du mir, helf ich dir*), durch Konjunktiv gekennzeichnete Nebensätze (*…, es sei denn*; *…, als wolle sie …*); mit *und* angeschlossene Objektsätze (*Sei so freundlich und tu das* statt *…, das zu tun*); parataktisch angeschlossene Objektsätze (*Ich weiß: Du ärgerst Dich*); nichtnormative Verwendung von *weil* als Hauptsatzkonnektor oder Präposition (*Ich will nicht, weil ich hab meine Erfahrungen damit*; *eine schwierige, weil riskante Lösung*) usw. (vgl. 5.9R, 6.9L); zum hohen Alter beider Wortstellungsvarianten von *weil* s. Selting 1999!

Im Hinblick auf die Geschichte und Funktion der deutschen Nominalklammer kann eine Gesamtschau nur im Zusammenspiel mit Aspekten der Morphologie und Syntax betrachtet werden, die gleichsam Veränderungen und Bewahrungen von Strukturen sowie das Pendeln zwischen Profilierung des rechten und linken Klammerrandes berücksichtigen. Hierzu hält Ronneberger-Sibold (2010, 98) fest: „Diese Veränderungen und Bewahrungen betreffen 1. Die Wortstellung innerhalb der Nominalphrase, 2. Die Flexion der Adjektive und Determinantien am linken Klammerrand sowie 3. die Flexion, das Genus und die Wortbildung der Substantive am rechten Klammerrand. In ihrer Gesamtheit unterscheidet sich durch sie die Entwicklung der deutschen Nominalphrase in charakteristischer Weise von ihren Entsprechungen in den anderen germanischen Sprachen."

C. Durch Variantenreduzierung und Monosemierung von Konnektoren sind in der Satzverknüpfung Ansätze zum neuhochdt. System von Konjunktionen, Subjunktionen und adverbialen Hauptsatz-Konnektoren erreicht worden (Betten 1987, 78 ff.): An Prosaauflösungen mittelhochdt. Versdichtungen im 15. Jh. lässt sich zeigen, dass eher narrative, aneinanderreihende Strukturen, mit einer großen Zahl hochfrequenter, sehr polysemer Verknüpfungselemente ersetzt worden sind durch eher argumentative, erklärende, belehrende, den Text konsistent machende Strukturen, in denen vor allem kausale, adversative, konditionale, finale Verknüpfungen zunahmen bzw. präziser ausgedrückt wurden. Dabei sind in vielen Fällen räumliche oder zeitliche Bedeutungen in logisch-verknüpfende umfunktioniert worden. Wie überlegen das lateinische System der Nebensatz-Verknüpfungen den damaligen deutschen Möglichkeiten aber noch war, wird in Luthers Tischreden beim Überwechseln ins Lateinische deutlich (vgl. 4.7D).

Semantisch unspezifische ältere Konnektoren wie *dô, dâ, das/daz, und, nu* gehen stark zurück und werden durch spezifischere ersetzt bzw. spezifischer verwendet (monosemiert). Temporales *als* wird für älteres *dô, sô, und* verwendet; *sô* erhält immer häufiger konsekutive Bedeutung (FOLGERUNG). Im kausalen Bereich (BEGRÜNDUNG) steht statt des alten *wande/wan* zunehmend *weil, da* und *denn/dann* (die beide in temporaler Bedeutung zurückgehen), auch *darumb das,* wobei *denn* und *dann* noch bis ins 18. Jh. nebeneinanderstehen. Die kausalen Bedeutungen der fortan bevorzugten Konnektoren waren damals aber nicht neu, und noch bei Luther stehen alte und neue nebeneinander. In finaler Verknüpfung (ZWECKANGABE) wird das alte blasse *das/daz* allmählich durch präziseres *da(r) mit, umbe das, auf das* ersetzt. Eine Präzisierung der finalen Verknüpfungsbedeutung bedeutet auch die satzwertige Infinitivkonstruktion mit *um zu,* die nach Vorbild von franz. *pour à* aus der mittelniederdt. Kanzleisprache ins Frühneuhochdt. übernommen wurde (Ebert 1978, 31). In der konditionalen Verknüpfung (BEDINGUNG) setzt sich *wenn* immer mehr gegen *ob, wo, so, und* durch. Die vom späten 15. bis ins 18. Jh. beliebte praktische Attributsatzpartikel *so* wurde standardsprachlich nicht verfestigt, nicht nur weil sie amtssprachlich markiert war (Ebert 1986, 163/1999, 164), auch weil exakt flektierte Relativpronomen den bildungssprachlichen Mehrwert erhielten, im Gegensatz zu Mundarten, zum Jiddischen oder Englischen. – Über die Zunahme von Modalwörtern für Sprechereinstellungen s. 4.8M!

Besonders bei Relativsätzen waren „asyndetische" Formen bis ins Frühneuhochdt. üblich (K. Gärtner 1981) und vor allem in nicht gelehrten, auf weitere Verbreitung hin orientierten Texten häufig, d.h. volkssprachliche Attributsätze, in denen – entgegen den Normen des Lateins – das Bezugswort im übergeordneten Satz oder das Relativum im Nebensatz fehlt. Während beispielsweise Luther noch ohne Bezugswort übersetzte: *Maria aber war, die den Herrn gesalbt hat* (Joh. 11,2), steht in der Züricher Bibel das bildungssprachlich obligatorische Bezugswort: *Maria aber war die, welche den Herrn ... gesalbt ...* Das Fehlen des Bezugswortes kommt heute standardsprachlich allenfalls noch in Phraseologismen vor: *Ehre dem Ehre gebührt.* Im Mittelhochdt. waren Bezugswort und Relativum oft miteinander identisch, also weder dem Haupt- noch dem Nebensatz eindeutig zuzuordnen: *der bewíst in des er suochte* (Hartmann v. Aue, *Iwein*). Fehlen des Relativums findet sich volkssprachlich stilisierend noch bei Goethe: *machte mir meine Mutter ein schönes Hofkleid, war rosenfarb* (Goethe, Weim. Ausg. XXXIX, 75). Häufig war noch im Frühneuhochdt. die im Mittelhochdt. beliebte *hieʒ*-Konstruktion (Karg 1930) zur Einführung von Eigennamen: *da bi lit ein lant heiʒet Biʒathe* (Lucidarius A, um 1300); so oft in spätmittelalterlichen Urkunden, bei Ulman Stromer, Michael Behaim, Hans Sachs. Dagegen findet sich diese asyndetische Konstruktion kaum bei Gelehrten und humanistisch gebildeten Autoren; sie können „dazu beigetragen haben, daß sie aus der geschriebenen Sprache allmählich verschwand [...], denn sie war [...] ein Barbarismus in ihren Augen, weil sie ohne lateinisches Äquivalent war und zudem mit ihrer auffallenden Verbstellung dem Latein ganz und gar nicht entsprach" (K. Gärtner 1981, 162).

D. Die den Satzrahmenbau fördernden Verbgefüge (periphrastischen/ analytischen Verbformen) waren zwar bereits im mittelalterlichen Deutsch vielfältig vorbereitet, nahmen aber im Frühneuhochdt. stark zu und wurden in der bis heute gültigen Art grammatisch-semantisch systematisiert, nur in wenigen Fällen erst im 17. Jh. Meist sind dabei alte ‚modale' Funktionen (Aspekte, Aktionsarten) zu mehr temporalen umstrukturiert worden. Trotzdem hat sich bis heute – entgegen der traditionellen, vom Latein her beeinflussten Schulgrammatik – kein ‚reines' Tempussystem durchgesetzt. Zu den damals grammatikalisierten Verbgefügen gehören die mit den Hilfsverben *sein*, *haben*, *werden* gebildeten Tempus- und Passivformen, ferner die (noch heute von konservativer Stilkritik diskriminierte) *würde*-Fügung als Konjunktiv-Ersatz, der modale Infinitiv (*ist zu tun*) und Verbgefüge mit *lassen*, *beginnen*, *aufhören*, *pflegen* usw. Vgl. 5.9K, 6.9G!

Die Entstehung und Konsolidierung dieser frühneuhochdt. Verbgefüge wird in der Forschung vorzugsweise kontextsemantisch erklärt, aus Motiven wie: bessere Übersichtlichkeit inhaltlich komplexer Prosa-Lesetexte der neuen Schriftlichkeit des 15. Jh.s (Betten 1987, 101 ff.). Damit scheinen unausgesprochen traditionelle Auffassungen in Frage gestellt, nach denen die Entstehung deutscher Verbgefüge teilweise vom Vorbild lateinischer Systeme für Tempora, Modi und Genera des Verbs abhängig sei. In allgemeinen Prinzipien komplexer Textstrukturen ist die frühbürgerliche Schriftlichkeit jedoch zumindest indirekt eine Frucht der lateinischen Schreibsprachkultur. Die oberflächenstrukturelle Lösung mit Hilfsverben entspricht jedenfalls der Entwicklungstendenz vom synthetischen (flektierenden) zum analytischen Sprachbau, wie in anderen germanischen Sprachen. – S. für Weiteres zur sprachtypologischen Entwicklung Schmidt, Roelcke, in: BBRS 997 ff., 1009 ff.

Die Grammatikalisierung des Perfekt-Verbgefüges (*habe getan*, *bin gewesen*) ist durch einen Funktionswandel des Präfixes *ge-* möglich geworden (Oubouzar 1974, 44 ff.; vgl. Buchwald-Wargenau 2010; 2012; H. Fischer 2018): Das alt- und mittelhochdt. Wortbildungspräfix *ge-*, mit Aspekt-Bedeutung ‚resultativ', konnte zu Verben in jeder Flexionsform hinzugesetzt werden (*gesitzen* ‚aussitzen'). Diese Funktion von *ge-* verschwindet im Frnhd.; gleichzeitig wird *ge-* zunehmend in der Aspekt-Bedeutung ‚vollzogen' als Präfix des Partizips II im Perfekt-Verbgefüge verwendet, das im 15. Jh. vor allem in Dialog- und

Kommentartexten, im 16. Jh. auch im Erzähltempus häufig wird (Betten 1987, 106). In Süddeutschland ist bereits seit dem 15. Jh. von der gesprochenen Sprache her („neue bürgerliche Erzählhaltung", Betten 1987, 118) das einfache Präteritum fast völlig geschwunden; dies gilt (außer im norddeutschen Raum) auch zunehmend für die gesprochene Sprache (Präteritumschwund; Perfektexpansion; vgl. ausführlich H. Fischer 2018). – Die Vollzugsstufe des Präteritums (dem lat. Plusquamperfekt entsprechend: ‚vorzeitig'; vgl. Buchwald-Wargenau 2012) ist in Prosaauflösungen aus kontextsemantischen Gründen beliebt geworden: „im Gegensatz zur epischen, durch Metrik und Reim gebundenen Vorlage [...] durch Abhebung des erzählten Vordergrundes von vorwiegend temporaler und kausaler Hintergrundinformation" (Betten 1987, 109).

Die futurische Verbfügung *werden* + Infinitiv stellt eine Neuerung des vorliegenden Zeitraums dar und setzte sich erst im 15. Jh. gegen die Fügung *werden* + Partizip I durch. Die Erklärungsszenarien für die Entstehung der Bildung sind unterschiedlich (s. etwa Betten 1987, 111 ff.; Ebert 1986, 140/1999, 142; Harm 2001; Habermann/Diewald 2005; Leiss 1985; Riehl 2001; H.U. Schmid 2000; Zeman 2013a): Die Fügung hatte teilweise noch bis ins 16. Jh. die ingressive Aktionsart-Bedeutung (‚Eintritt eines Zustands/Vorgangs'): *ward weinen(d)* ‚begann zu weinen'. Der Infinitiv wird u. a. aus lautlicher Abschleifung und aus Analogie zu den alten modal-futurischen Infinitiv-Fügungen mit *sollen/ wollen* (wie im Englischen, Niederländischen und Niederdeutschen) erklärt. Noch Luther gebrauchte modales Futur (*Es wil abend werden*). Die rein temporale Grammatikalisierung der Futurfügung ist erst Mitte des 16. Jh.s erreicht; die Grammatiker des 16. Jh.s geben oft beide Periphrasen an: *Futuro. Amabo, Jch will/ oder werde lieben/ du wilt/ oder wirst lieben/ er will/ oder wird lieben* [...] (Johann Claius, *Grammatica Germanicæ Linguæ*, Leipzig 1578, 116f.). Bis heute ist sie eher bildungssprachlich markiert bzw. wird verdeutlichend verwendet (*Ich werde morgen abreisen*); meist genügt jedoch Präsens in futurischer Kontextbedeutung. Zum Teil hat die Fügung heute noch modale Bedeutung im Sinne von ‚vermuten' (*Er fehlt; er wird krank sein*) oder ‚auffordern' (*Du wirst das nicht tun*).

Die Passivfügung (Vorgangspassiv mit *werden*) hatte im mittelalterlichen Deutsch eine inchoative Aktionsartbedeutung (‚Übergang in einen anderen Zustand'). Die Integration des Passivs in das temporale Verbsystem zeigt sich erst spät in der Perfektform (*ist getan worden*) und Futurform (*wird getan werden*), meist erst im 16. und 17. Jh., im Oberdt. bereits im 15. Jh. (Betten 1987, 110; Ebert 1978, 61 f.).

Manche frnhd. Verbgefüge haben sich auf die Dauer nicht durchgesetzt: mit der *würde*-Fügung konkurrierten bis ins 16. Jh. solche mit *sollte*, *wollte* (Betten 1987, 120f.). Die *tun*-Fügung (*Maria thet sich freuen*) für ‚wiederholte und andauernde Handlung' war im 15. und 16. Jh. in Süddeutschland sehr beliebt, vor allem in Versdichtungen, um die Infinitive für die Reime zu nutzen, scheint aber schon um 1700 „volkssprachlich bzw. umgangssprachlich markiert" (Ebert 1986, 140/1999, 142; s. auch Langer 2000; Langer/Davies 2006, 211–224).

Das Prinzip der Verbgefüge war im 16. Jh. bereits so geläufig, dass durch Kombination von Tempus- mit Modal- bzw. Modifikationsverbgefügen schon dreigliedrige Konstruktionen vorkamen: [...] *Hab ich mirs einreden vnd gefallen lassen;* [...] *ja dem lieben wort Gottes gangen sey/ was es hat müssen leiden* (*Catalogus oder Register aller Bücher vnd schrifften D. Mart. Luth.*, Wittenberg 1533, Vorrede, fol. A2r-v); mitunter sogar viergliedrige: *So wolt ich furwar mich der demut haben finden lassen* [...] (Luther, *Sendbrief vom Dolmetschen*, 1530, WA 30,2; 633). Für das Mittelniederdeutsche können bereits im 14. Jh. dreigliedrige Verbgefüge nachgewiesen werden (Mähl 2014, 153 ff.). Der zunehmende Passivgebrauch in periphrastischen Tempusformen verstärkte diese Tendenz. Solche extreme Ausnutzung des Verbgefüge-Prinzips war also nicht erst eine Folge späterer bildungssprachlicher Perfektion, etwa im Futur II (*er wird erzogen worden sein*); vgl. 5.9J, 6.9G!

E. Das für die deutsche Sprache charakteristische Prinzip des **Satzrahmens** (Klammerbildung, Distanzstellung) und der **Verbendstellung** wird – entgegen der älteren Forschung – nicht mehr aus lateinischem Vorbild hergeleitet (Betten 1987, 121 ff.): Es ist bereits im mittelalterlichen Deutsch als eine von mehreren miteinander variierenden Satzbautypen vorhanden und stellt auch in sprechsprachnahen frühneuhochdt. Texten durchaus einen Normalfall dar, vor allem in einfachen, nicht übermäßig erweiterten Sätzen. Aber die Ausklammerung von Satzgliedern (nach Verb oder Verbgefüge im Nebensatz, nach dem 2. Prädikatsteil im Hauptsatz) wurde häufiger genutzt und war ohne Einschränkungen möglich: Auch Subjekte und nichtpräpositionale Objekte waren ausklammerbar. Eine mögliche Ursache dafür könnte in einer begrenzten Belastbarkeit der Satzklammer liegen, sodass nur eine begrenzte Anzahl von Satzgliedern aufgenommen werden kann (Mähl 2014, 250). Die Verb-Endstellung im Nebensatz ist erst im Laufe der frühneuhochdt. Zeit zum grammatikalisierten Nebensatz-Kennzeichen geworden, zusammen mit der Ausbildung eines Systems von Subjunktionen für die Nebensatz-Einleitung und der allmählichen Festigung der Zweitstellung des Verbs als Hauptsatzkennzeichen.

Die zunehmende klare Unterscheidung in Hauptsatz und Nebensatz ist eine kontinuierliche Neuerung gegenüber dem Mittelhochdt. Die Verbendstellung war im 15. Jh. noch leicht rückläufig, nahm dann aber ständig zu, bis zu ihrer bildungssprachlichen Absolutheit seit dem 17. Jh. Ostmitteldeutsche Texte waren darin fortschrittlicher als oberdeutsche. Auch ließ sich ein Zusammenhang zwischen Bevorzugung des Rahmenbaus und akademischer Bildung bzw. amtlicher Schreibroutine nachweisen. Ähnlich wie noch heute mehr schreibsprachlich stilisierte Texte zum Rahmenbau tendieren, mitunter zum komplizierten ‚Schachtelsatz', mehr sprechsprachliche Texte dagegen zu Ausklammerungen, so scheint auch die frühbürgerliche Schriftlichkeits-Expansion mit ihrer Tendenz zur Lese-Syntax in der Weise den Rahmensatzbau gefördert zu haben, dass auch bei überbeanspruchender Anfüllung des Elementarsatzes mit weiteren freien Satzgliedern (Attributen, freien Angaben, Nebensätzen, Infinitivgruppen, Partizipgruppen, Koordinationen) im Kanzlei-, Geschäfts- und Wissenschaftsstil von der sprechsprachlichen Gewohnheit der Ausklammerung immer weniger Gebrauch gemacht wurde. Damit wurde die absolute oder hyperkorrekte Durchführung des Rahmenprinzips allmählich zum amtlichen bzw. gelehrten Prestigemuster (Betten 1987, 134f; Ebert 1986, 114/1999, 115f.; Mähl 2014; Nyholm 1981; Schwitalla 2002b); vgl. 6.5!

Das früher angenommene direkte lateinische Vorbild für Verbendstellung im deutschen Nebensatz wird widerlegt durch lateinische Grammatiken des Mittelalters und der Humanistenzeit, in denen im Nebensatz durchaus nicht Endstellung des Verbs gefordert wird, sondern Zweit- oder Mittelstellung, auch dadurch, dass in Luthers mischsprachigen Tischreden absolute Verbendstellung in seinen deutschen *dass*-Sätzen zu 72% vorherrscht, in seinen lateinischen Nebensätzen mit *quod*, *ut*, *ne* dagegen mit 27% in der Minderheit ist (Stolt 1964). Zur Möglichkeit lateinischen Vorbilds und zu wirklichen syntaktischen Latinismen s. 4.7H!

Textsortenspezifisch und soziolinguistisch differenzierte Untersuchungen von Texten aus Nürnberg vom 14. bis 16. Jh. haben ergeben: „In Chroniken, Tagebüchern und sonstigen Aufzeichnungen und Erzählungen von Ereignissen gebraucht man vollständige Rahmen weniger häufig als in Geschäftsbriefen und privaten Briefen. [...] Die Gruppe der Männer, welche die Universität besuchten und bedeutende städtische Ämter innehatten, gebraucht die Verbendstellung häufiger als alle anderen Gruppen" (Ebert 1986, 108/1999, 109f.; vgl. auch Ebert 1998abc). Endstellung ist auch bei Männern, die in einer Lateinschule oder bei einem Schreib- und Rechenmeister das Schreiben gelernt haben, und bei Klosterfrauen häufiger als bei Handwerkern und weltlichen Frauen. Das Rahmenprinzip wurde also durch akademische, kanzleimäßige und schulische Bildung gefördert, ähnlich wie z.B. bei Hans Sachs und Albrecht Dürer das Relativpronomen *welcher* und extrem erweiterte Attributgruppen ebensolcher Personencharakterisierung dienen (Ebert 1986, 23/1999, 24).

F. Das Frühneuhochdt. ist also in Bezug auf das Satzrahmenprinzip von zwei gegenläufigen Tendenzen gekennzeichnet: Einerseits noch große Variabilität durch Nutzung der sprechsprachlich wirksamen (das Kurzzeitgedächtnis nicht überbeanspruchenden) Möglichkeiten der Ausklammerung, andererseits die deutliche schreibsprachgemäße Entwicklung zur immer stärkeren Einhaltung des Rahmenprinzips trotz Anfüllung des Satzes mit immer mehr zusätzlichen Satzgliedern. Dies entsprach der höheren inhaltlichen Textkomplexität des gelehrten oder administrativen Schreibens. Gerade diese typisch neuhochdt. Stilrichtung hat das Jiddische, das seit dem Spätmittelalter von der deutschen Sprachentwicklung isoliert wurde (s. 4.9M), nicht mitgemacht, sodass diese einstige soziale Varietät des Deutschen geradezu als „Kontrastsprache" zum Neuhochdt. betrachtet werden kann (Timm 1986; 2005). Die spätere Absolutheit des deutschen Rahmenprinzips muss also als langfristige übertriebene Reduzierung der Sprachvariation in der Bildungssprache erklärt werden (s. 5.9O, 6.9K).

Das Jüdischdeutsche hat sich genau in die entgegengesetzte Richtung hin entwickelt: Im Ostjiddischen (Grundlage der heutigen Literatursprache) ist das Rahmenprinzip fast ganz beseitigt worden. Für ‚Aussuchen eines Buches' heißt es z. B.: *Er sucht ojß a buch; Er hot ojßgesucht a buch; ..., wen er hot ojßgesucht a buch.* Wenn im deutschen Antisemitismus des 19. und 20. Jh.s mit Spottsprüchen wie *Hab ich gemacht a Geschäft* die Ausklammerung als ‚undeutsch' diskriminiert wurde, so ist dies sprachhistorisch aus dieser gegenläufigen Entwicklungstendenz zu erklären, bleibt aber eine polemische Übertreibung, da Ausklammerungen bis heute zumindest in spontaner Umgangssprache mögliche Varianten geblieben sind, die auch von manchen modernen Schriftstellern alternativkulturell genutzt werden. Ebenso ist die Spitzenstellung des Verbs in jenem Spottspruch sprachhistorisch keineswegs ‚undeutsch'; sie war im Althochdt. und Frühmittelhochdt. nicht selten, wurde im späten 15. und im 16. Jh. wieder beliebt (Ebert 1986, 102 f./1999, 104 f.), hat sich archaisch-poetisch vereinzelt erhalten (*Sah ein Knab ein Röslein stehn*, Goethe) und kommt noch heute im emotionalen Sprechen vor (*Kommt da plötzlich ein Mann herein ...; Hat der mich doch einfach sitzen lassen!*). – Zur Satzgliedstellung bei Luther s. 4.8F!

Literatur

Admoni 1980; 1990ab. Askedal 1998a. BBRS (Hundsnurscher 755 ff., Erben 1584 ff., Härd 2569 ff.). Besch/Wegera 1987 (Ebert/Erben 149 ff.). Betten 1990a; 1993. Dal 2014. Ebert 1978; 1986/99. Erben 1954ab; 1984. Hartweg/Wegera 1989, 133 ff./2005, 171 ff. Hundsnurscher 1991. Karg 1929. Kettmann/Schildt 1976/81. Langholf 1973. Lockwood 1968. Paul 1916–20/68, Bd. 3, 4. Philipp 1980, 92 ff. Rössing-Hager 1972; 1990. Simmler 1983. Sonderegger 1979, 262 ff. – **Textsorten- und sozialspezifisch:** Abramowski 1980. BBRS (Betten 1646 ff.). Bentzinger 1990c; 1992a; 2015. Betten 1987; 1990bc; 1998. Cherubim 1990. Ebert 1981; 1990; 1998abc. Lerchner 1991. Lötscher 1997. Merten 2018. Petry 1999. Roloff 1970. Rösler 1988; 1997a. Sonderegger 1990b. Tophinke 2012. Wallmeier 2013.

Syntax/Satzkomplexität: Admoni 1980. Babenko 1988. Behr 2013. Betten 1980; 1987, 153 ff.; 1991. Brooks 2006. Denkler 2010b. Dogaru 2006; 2009ab. Ebert 1978, 19 ff.; 1986, 135 ff., 168 ff./1999, 137 ff., 168 ff. Eroms 2011. Götz 2013; 2016; 2017. Götz u. a. 2017. R. Große 1970. A. Jäger 2008. E. Koller 1984. Kretterová 2008. Lötscher 1988; 2010b. Lühr 1991; 2016. Neuß 1999. Pensel 1976. Robin 2013; Rössing-Hager 2013. Ronneberger-Sibold 1991. Schneider-Mizony 2008; 2013. Schöndorf 2001. Schwitalla 2002b. Ziegler 2009. – **Satzgefüge, Nebensätze, Konnektoren, Konjunktionen:** Arndt 1959; 1960. Åsdahl-Holmberg 1967. Avis 2005. Axel 2009. Baldauf 1983. Bentzinger 1998. Betten 1987, 78 ff. Demske 2008; 2009; 2011. Ebert 1986, 157 ff./1999, 158 ff. Eroms 1980. Flämig 1964. Fleischmann 1973, 172 ff. Gagel 2017. K. Gärtner 1981. Götz 2006. Habermann 2007b. Härd 1968. Ihden 2020. Karg 1930. Keinästö 1986. Kettmann 1976b. Kretterová 2003. Lühr 1985; 1998. G. Müller/Frings 1963. Nitta 1997; 1999. Prell 2017. Putzer 1979. Rieck 1977. Rössing-Hager 1998. Sapp 2011. Schieb 1970; 1972; 1978ab. Selting 1999. Schneider-Mizony 1998; 2003; 2010b. Schuster 2011. Schwerdt 2003. Simmler 1998; 2010b. Sonderegger 1979, 285 f. Tache 2001; 2006. Vaňková 2010. N.R. Wolf 1978.

Verbgefüge: Alberts 1976. Amft 2018. Andersson 2004. Askedal 1998b. Betten 1987, 101 ff. Boon 1982. Buchwald-Wargenau 2010; 2012. Ebert 1978, 57 ff.; 1986, 140 f./1999,

142f. A. Fischer 2001. H. Fischer 2018. Ide 1996. Gillmann 2016. Glaser/Clement 2014b. Guchman/Semenjuk 1981, 17ff. Kotin 2000. Langer 2000. Mähl 2014. Ogino 1991. Oubouzar 1974. Riehl 2001. Ruge 2015. Sapp 2011. Schieb 1976. Shigeto 2004ab. Topalovic 2010. – **Tempus, Futurperiphrase, Präteritumschwund:** Abraham/ Conradie 2001. BBRS (Schrodt/Donhauser 2504ff.). I. Bogner 1989; 1994/96. Boon 1983. Dal 1960. Dentler 1997; 1998. H. Fischer 2018. Harm 2001. Jörg 1976. Kuroda 1998. Leiss 1985. Lindgren 1957. Luther 2013. Pfefferkorn 2005; 2009. Trost 1980. Reko 2006. Saltveit 1962. H.U. Schmid 2000. – **Modus, Modalverben:** BBRS (Schrodt/Donhauser 2504ff.). Bech 1951. Fritz/Glonig 1997. Peilicke 1992. Schmid 2012b. Schöndorf 1989. Schrodt 1983. Wilke 2006. Zeman 2013. – **Passiv:** G. Bellmann 1998. Eroms 1990. Kotin 1998. Reko 2000; 2001. Schmid 2012b. Vanö-Cerda 1995. Vogel 2006. – **Funktionsverbgefüge** (vgl. 5.9L, 6.9H): Mesli 1996. Seifert 2016. Tao 1997. Van Pottelberge 1996.– **Verbvalenz, Kasusrektion:** Donhauser 1998. A. Fischer 1992. Greule 1982. Maxwell 1982. Schmidt 2004. Schrodt 1992. Willems 1998.

Satzgliedstellung, Verbstellung: Admoni 1980. Bassola 1985. Beric 1981. Beric-Djukic 1988. Betten 1987, 122ff.; 1991. G. Brandt 1977. Braunmüller 1998. Buschinger 2007. Chirita 1997. Ebert 1978, 34ff.; 1980; 1981; 1986, 101ff./1999, 103ff.; 1998abc. Fleischmann 1973. Folsom 1985. Freywald 2010. Härd 1981. W. Hartmann 1970. Kudo 1994. Lenerz 1977. Lötscher 1995, 2000ab; 2010a. Maurer 1926. Morlicchio 1991. Nitta 1996. Nyholm 1981. Sapp 2007; 2011. Scaglione 1981. Schildt, in: Kettmann/Schildt 1976/81, 235ff. Simmler 2010a. Sonderegger 1998. Stolt 1966. Tache 1997.

Nominalgruppe/Nominalphrase: Demske 2001. Desportes 1984. Dresel 1972. van der Elst 1984; 1988. Eroms 2016. Fritze 1981. Heyder 1982. Lanouette 1998. Lindqvist 1994. Lötscher 1990. Metzler 1989a. Nitta 1993. Oubouzar 1992. Prell 2000; 2003. Riecke 2000. Ronneberger-Sibold 2010. Rössing-Hager 1978. Sattler 1992. Schneider-Mizony 2000. Simmler 2000. Solling 2011; 2015. Solms 2016. Vaňková 2009. Waldenberger 2009. Heinrich Weber 1971; 1991. Wich-Reif 2008; vgl. 5.9P!.

Interpunktion: BBRS (Burgmüller 306ff., Simmler 2472ff.). Besch 1981. Garbe 1984. Hartweg/Wegera 1989, 100/2005, 131f. Höchli 1981. Hofmeister-Winter 2010. Kirchhoff 2017. v.d.Lee 1977. Neuendorff 1990. Rinas 2017. Simmler 1998. Solling 2010; 2012; 2016. Stolt 1990ab. Voeste 2018; vgl. 5.9E!. – **Worttrennung am Zeilenende:** Güthert 2005; Ruge/Voeste 2018; vgl. 5.9E!.

4.6. Ausbau des Wortschatzes

A. Durch die frühbürgerliche Schriftlichkeit sind entscheidende Entwicklungen der lexikalischen Struktur des Deutschen angebahnt oder verstärkt worden, die dazu geführt haben, dass man die deutsche Sprache im Vergleich mit anderen Sprachen (z.B. romanischen, slawischen) als eine ‚Wortbildungssprache' charakterisieren kann. Es ist für sie typisch geworden, dass sie „in ihren vielfältigen Baumustern der Nominalkomposition leistungsfähige Ausdrucksformen bekommen hat, die in den großen europäischen Nachbarsprachen ohne strukturelle Parallele sind", was dazu führe, „‚die Dinge übergenau zu sagen, durch Nominalkomposition explizit zu machen, was in anderen Sprachen implizit im Kontext mit enthalten ist', vgl. *Takt-gefühl* und engl./frz. *tact*, *Besuchs-reisen* und engl. *visits*, frz. *visites*. Die Neigung zu mehrgliedrigen motivierten Zeichen ist offenbar im Deutschen sehr groß. Jedenfalls ist es eine strukturelle Auffälligkeit, daß der deutschen Zusammensetzung in anderen Sprachen oft ein Einzelwort entspricht" (Erben 1975a, 124f./2006, 143, mit Bezug auf Wandruszka 1974, 322). Dies gilt in vielen Hinsichten auch für die starke deutsche Ausnutzung der Ableitungsmöglichkeiten (Derivation) nach dem Prinzip der Univerbierung, d.h. dem sprachökonomischen Ersatz einer syntaktischen Fügung durch ein einziges Wort mit komprimierter Bedeutung, z.B. schon im Frühneuhochdt. statt des Syntagmas *der folget der ler* [= ‚Lehre'] *des Luther* die deadjektivische *er*-Ableitung *ein Lutherischer*. Dieser Ausbau des deutschen Wortbildungssystems hängt eng zusammen mit der frühbürgerlichen Expansion des Schreibens und Lesens in speziellen praktischen Kommunikationstätigkeiten, die vorher dem Lateinischen vorbehalten waren oder erst durch die neuen Lebensformen der spätmittelalterlichen Stadt entwickelt wurden (s. 4.2E). Mit dem Ausbau des deutschen Wortbildungssystems wurden im 15. und 16. Jh. die Grundlagen für die Entwicklung deutscher Fach- und Wissenschaftssprache geschaffen.

Aus praktischen und historischen Gründen sind aus diesem Kapitel viele Abschnitte in die Kapitel 4.7 und 4.8 ausgegliedert, die großenteils ebenfalls den Ausbau des deutschen Wortschatzes betreffen.

B. Der Ausbau des deutschen Wortbildungssystems im Frühneuhochdt. ist gekennzeichnet von

– der zunehmenden strukturellen Unterscheidung zwischen Flexions- und Wortbildungs-Affixen

- der Weiterführung der bereits im Mittelhochdt. beginnenden Ersetzung lautlich unkenntlicher Suffixe durch deutlichere (z.B. ahd. *-ī/-ida* durch *-heit*; s. Bergmann u.a. 2010, 331 ff.).
- der Häufung mehrerer Suffixe (z.B. *-ig+keit*, *-bar+keit*) und Kombination von Präfix und Suffix (*be-....-igen*)
- der Konzentrierung der Wortbildungsproduktivität auf bestimmte Affixe und auf bestimmte semantische Wortbildungstypen (z.T. nach lateinischen Vorbildern), also einer Reduzierung der Polysemie von Affixen
- den Anfängen der neuhochdt. Tendenz zur allmählichen Entstehung neuer Suffixe aus Kompositionsgliedern und trennbarer Verbzusätze als Mittel bestimmter Ableitungstypen
- der (noch sehr zögernden) Tendenz zur Zusammenschreibung der Komposita (im Gegensatz zum Englischen oder Jiddischen): Anfänge im 15. Jh., Rückgang in der 1. Hälfte des 16. Jh.s, erneute Zunahme in der 2. Hälfte des 16. Jh.s (Pavlov 1972, 94 ff.); bis ins 18. Jh. wurde noch vielfach doppelter Bindestrich für Neubildungen verwendet (s. die Textprobe in 5.5J!).

Seit dem Frühneuhochdt. werden ältere kurze Lexeme mit keiner oder nur undeutlicher Wortbildungsstruktur durch immer mehr klar strukturierte Ableitungen und Zusammensetzungen ersetzt. Dies kann nach Tschirch (1969, 123 f./1989, 134 f.) an einer (beliebig fortsetzbaren) Reihe mhd.-nhd. Entsprechungen exemplifiziert werden: *bot* → *Gebot*, *wülpe* → *Wölfin*, *mein* → *Verbrechen*, *sælde* → *Seligkeit*, *daz lauter* → *die Klarheit*, *kone* → *Ehe-/Hausfrau*, *ferge* → *Fährmann*, *kännel* → *Dachrinne*, *quick* → *lebendig* usw. Im Ausbau des Systems deutscher Wortbildung bedeutet die Ausnutzung bestimmter Ableitungstypen in Texten der Mystik des 13. und 14. Jh.s eine wichtige Entwicklungsstufe, vor allem in den Bereichen der Substantivierung (Nominalisierung, Abstrakta) aus Verben, Adjektiven und anderen Wortarten sowie der Adjektivierung und der Verben mit Präfixen und Halbpräfixen (s. Heusinger/Heusinger 1999). Da begegnen schon kühne Ableitungen, die man auf den ersten Blick für modernen Philosophen- oder Psychologenstil halten könnte:

selbesheit („Selbstheit"), *ichheit* („Ichheit"), *dînesheit* („Deinheit"), *nihtheit*, *geschaffenheit*, *gewordenheit*, *genantheit*, *daz niht*, *das wâ* („das Wo"), *daz al* („das All"). An den drei letzten Beispielen zeigt sich, dass die Mystiker und Mystikerinnen sich eines neuen Wortbildungsmittels des analytischen Sprachbaus bedienten: Lexeme nicht nur durch Anfügen von Suffixen (*-heit*, *-ung*) zu substantivieren, sondern durch deren bloße Verwendung in einer Satzgliedrolle, die normalerweise für die syntaktische Klasse des betreffenden Lexems nicht vorgesehen ist (Konversion im Sinne der Wortbildungslehre, s. 2.3B). Auf ähnliche Weise wird vor allem der substantivierte Infinitiv, den manche Sprachkritiker und Sprachkritikerinnen für eine Erscheinung moderner ‚Substantivitis' halten, in Texten der Mystik schon häufig benutzt: *daz wesen*, *daz sîn*, *daz tuon*, *daz hôren*, *daz anehaften*, *daz minnen* – bezeichnenderweise meist mit dem unbestimmten Artikel *ein*. Sogar der philosophische Satzinfinitiv (*das An- und-für-sich-Sein*) wird schon versucht, wenn auch noch ohne Bindestrich und z.T. mit Nachstellung der Ergänzungsgruppe; *ein aller ding vergessen, ein sín selbs vermissen, ein wol wárnemen des menschen inwendigkeit.*

,Abstrakta' sind in vielen Fällen kontextbedingte syntaktische Hilfsmittel zur Wiederaufnahme (Anaphora) eines bereits Gesagten oder Vorausgesetzten in anderer Satzgliedrolle in einem neuen Satz oder neuen Text. Das ,Abstrahieren' ist hier ein formalgrammatischer Vorgang der Sprachökonomie (s. 2.2): Die von der Valenz (Wertigkeit) des Verbs bedingten ,Mitspieler' (Satzergänzungen wie Subjekt, Objekte, Adverbiale) können bei der Wiederaufnahme im Abstraktsubstantiv auf der Ausdrucksseite weggelassen werden, während sie auf der Inhaltsseite impliziert sind. Hier ein Beispiel für die anaphorische Funktion von Abstraktsubstantiven (nach Stötzel 1966):

> *Ez ist zweierleie wizzen in disem lebene des êwigen lebens: daz ein ist, daz ez got dem menschen selber sage oder ez im bí einem engel enbiete oder mit einem sunderlíchen liehte bewíse; daz geschihet selten und wênic liuten ... Aber daz sagen möhte getriegen und wære lîhte ein unreht lieht ...*
> (Meister Eckhart, Die rede der underscheidunge; vgl. J. Quint, Meister Eckharts Traktate, Stuttgart 1963, 240-242)

Hier wird das Prädikat *sage* des zweiten Satzes im dritten Satz unter Weglassung von *got* und *dem menschen* in der substantivischen Form *daz sagen* als Satzsubjekt wiederaufgenommen, ein typisches Beispiel für syntaktische Notwendigkeiten dieser Art von Substantivstil für den Ausdruck komplexer Satz- und Textstrukturen.

Da die Sprache der Mystik, ebenso wie die der spätmittelalterlichen Predigt, der Bettelorden und Frömmigkeitsbewegungen große Bedeutung für die sprachliche Vorbereitung der Reformation hat, besteht die Gefahr, den Beitrag der Übersetzungsliteratur der Spätscholastik zur Festigung deutscher Ableitungsmuster der Substantivierung und Adjektivierung zu ignorieren. In diesen Übersetzungen haben sich regelhafte Entsprechungen zwischen lat. und dt. Suffixen herausgebildet: -(a)tio/-unge, -(i)tas/-heit,-keit, -(a)lis/-lîch (N.R. Wolf 1981, 188f.):

Beispiele aus der anonymen Übersetzung der *Summa Theologica* des Thomas von Aquin (2. Hälfte d. 14. Jh.s): *absentatio/abewesunge, appropriatio/zuoeigenunge, objectio/gegenwerfung; essentitas/wesentheit, subsistentialitas/selbstendikeit, universalitas/allwesenheit; conformabilis/glichförmelich, essentialis/wesentlich, accidentalis/zuovellig, ...*

Wahrscheinlich haben deutsche Scholastik und Mystik eine gemeinsame Grundlage aus der Praxis der Lehnprägungen (s. 2.3E) seit althochdt. Zeit. Eine direkte Abhängigkeit der Mystiksprache von spätscholastischen Übersetzungstexten ist aber nicht nachzuweisen, da die meisten Mystiktexte früher entstanden sind und da die deutsche Scholastik selbst weithin keine einheitliche Terminologie hatte; beide „Funktiolekte" sind in ihrem Beitrag zur Konsolidierung des deutschen Wortbildungssystems parallel zueinander zu sehen

(N.R. Wolf 1981, 188 ff.). Mystisches Reden und Schreiben war nicht Theologie, sondern Laienfrömmigkeit, meist an der lateinischen Sprache kaum oder nicht mächtige Nonnen gerichtet, teils von Nonnen verfasst. Mystische Texte waren Originaltexte, nicht Übersetzungen. Viele Verfasser und Verfasserinnen mystischer Texte (z.B. die Beginen) waren kaum zweisprachig. Der Bilinguismus der Dominikaner war von besonderer Art: „Latein ist für sie die Sprache der Theologie, Deutsch die Sprache der Mystik. Meister Eckhart spricht also nicht als Magister, wenn er deutsch spricht, auch wenn man gerade hinter der deutschen Terminologie das Lateinische sehen muß" (N.R. Wolf 1981, 190 f.). Mystische Sprache ist stark von spontaner, individueller Wortbildung geprägt, weil sie mit dem Problem des ‚Unsagbaren', also mit Uneigentlichkeit, Paradoxie und Tautologie des Ausdrucks zu tun hatte.

Was im Lateinischen zuvor hundertfach gesagt und geschrieben und terminologisch festgelegt worden war, genügte jetzt nicht mehr für das sprachliche Umkreisen der *unbegrîfelichkeit* Gottes. Was *unûzsprechelich* oder *wortelôs* erschien, musste dennoch sagbar gemacht (*gewortet*) werden durch immer neues Anderssagen, und das konnte man nur in der Muttersprache. In immer neuen Versuchen rangen die Mystiker und Mystikerinnen darum, ihre Gedanken und inneren Erlebnisse der individuellen Nähe zu Gott (*unio mystica*) verständlich zu machen. Von daher haben zentrale Begriffe der späteren Erbauungsliteratur, der Seelsorge, ja der modernen Philosophie und Psychologie ihre semantische Prägung erhalten: *Anschauung, bildlich, sich einbilden, Eindruck, Einkehr, einleuchten, empfänglich, empfindlich, geistig, gelassen, wesentlich,* ... Die allgemeinen Entwicklungstendenzen der Wortbildung im Frühneuhochdt. haben also viel Kontinuität zum mittelalterlichen Deutsch, sind aber von weiterer Produktivität und Systematisierung von Wortbildungstypen gekennzeichnet (nach D. Wolf und Wegera/Prell, in: BBRS 1554 ff., 1594 ff.):

Die schon mittelhochdt. Konkurrenz der -(*c*)*heit*/-*keit*-Ableitungen mit älteren auf -*e* oder -(*e*)*de* verstärkt sich im Frühneuhochdt.: Die Präferenz von -*heit*/-*keit* erstreckte sich auch auf Fälle, wo später durch konservative Sprachnormung wieder Ableitungen auf -*e* sich durchgesetzt haben: *großheit, hochheit, kurtzheit, lanckheit, starckheit, stillheit, durrekeit, rachgirigkeit, wollustbarkeit.* Die -(*e*)*de*-Bildungen hielten sich am längsten im Westmitteldt. und Alemannischen; heute gibt es in der Standardsprache nur noch Reste: *Begierde, Zierde, Gelübde* usw. Die morphophonemische Verteilung von -*heit* und -*keit* nach der Umgebung ist erst im 16. oder 17. Jh. im Zusammenhang mit einer schärferen Trennung zwischen Basis und Suffix regelhaft geworden.

Hohe Produktivität ist im Frühneuhochdt. auch bei den -*ung*-Ableitungen festzustellen, auch in Fällen, die bis zum 18. Jh. wieder zugunsten der maskulinen endungslosen Varianten aufgegeben wurden: *wachsung* → *Wuchs, geniesung* → *Genuss, versteckung* → *Versteck, lerung* → *Lehre, verhörung* → *Verhör, einsprechung* → *Einspruch, pflegung* → *Pflege*.

Bei den Nomina agentis wurde -*er* weiter zunehmend produktiv; resthafte Varianten auf -*e* konkurrieren aber noch bis ins 17. Jh.: *fürsprech, beck(e), weisag(e)* usw., bis heute nur in wenigen Einzelfällen wie *Bürge, Scherge, Erbe*. Von den neu entstehenden Suffixen für Kollektivbezeichnungen (anstelle der älteren Ableitungen auf *ge- + -e: Gebirge* usw.) ist im Frnhd. nur *-werk* vertreten (*goldtwerck, bildtwerck* usw.); *-gut, -wesen, -zeug* entwickeln sich erst seit dem 17. Jh. allmählich zu Suffixen (Erben 1975a, 129/2006, 95–99).

Bei den Adjektiven wird mit dem Suffix *-bar* und seinen Konkurrenten ein semantischer Ableitungstypus konstituiert, der mit der Verbreitung von Wissenschaft und Technik seit dem 18. Jh. seine größte Produktivität entfalten sollte (s. 5.4PR, 5.9Y). Während bei *-bære* im Mittelhochdt. noch sehr verschiedene unklare Ableitungsweisen und Bedeutungen nebeneinanderstanden (heutige Reste: *kostbar, fruchtbar, wunderbar, dankbar*), nahm seit dem 15. Jh. die regelhafte Ableitung aus ‚Handlungs'-Verben zu (im 17. Jh. überwiegend, heute nur noch so). Dies förderte zugleich die Konstituierung des heutigen semantischen Ableitungstyps nach Vorbild der lat. Adjektive auf *-abilis/-ibilis*, franz. *-able, -ible*, also der in allen vom Latein beeinflussten Sprachen vorhandenen „Eignungsadjektive" (Erben 1975a, 100/2006, 114f.): *x-bares y* ‚y, das sich dazu eignet, dass man es x-en kann' (*trinkbar, lesbar, brauchbar* usw.).

Im Frnhd. stand *-bar* noch in stärkerer Konkurrenz mit Varianten auf *-lich, -sam* (noch heute *leserlich, biegsam* usw.) und mit *-abel/-ibel* (bei Lehnwort-Basen). Die Zahl der *-bar*-Neubildungen stieg nach R. Flury (1964) von 46 (16. Jh.) auf 224 (17. Jh.), 235 (18. Jh.), 512 (19. Jh.). Die allmähliche Entstehung der ähnlich produktiven Adjektivsuffixe *-mäßig* und *-reich* begann erst im 17. Jh. (s. 5.9Y).

Auch bei der Ableitung von Verben wird im Frühneuhochdt. die formale und semantische „Profilierung" (Wegera/Prell, in: BBRS 1601) von Ableitungstypen vorbereitet. Das Prinzip der strukturellen Trennung von Flexions- und Wortbildungssuffixen äußert sich in der Zunahme von Suffixverben auf *-igen* vom Spätmittelalter bis zum 17. Jh. (*sündigen* statt *sünden*), besonders in rechts- und kanzleisprachlichen Texten und Predigten. Ebenso vermehren sich Verben mit dem Lehnsuffix *-ieren* vom 15. bis 17. Jh., vor dem Wirken des Sprachpurismus (s. 5.5) auch mit indigenen Basislexemen: *hofieren, halbieren, buchstabieren, stolzieren, schattieren, …* Seit dem 15. Jh. nimmt die Ableitung von Verben aus Substantiven zu, die aus Adjektiven ab.

Ebenso vermehren sich die neugebildeten Verben mit Präfixen bzw. mit Präfixen und Suffixen zugleich (*be-kräft-ig-en*); *ver-* und *ent-* nehmen zu, *be-* und *zer-* verhalten sich gleichbleibend; *er-* nimmt ab, noch mehr *ge-* (wegen der Grammatikalisierung von *ge-* beim Partizip II). Die im Neuhochdt. semantisch klarer unterscheidbaren Ableitungstypen der Präfixverben (s. 5.9Z) werden im Frühneuhochdt. vorbereitet. Auch die im Neuhochdt. stark zunehmenden Verben mit trennbaren Verbzusätzen (*an-, auf-, ein-, vor-, zu-, unter-, um-* usw.) finden sich bereits bei den Mystikern und Mystikerinnen sowie im Frühneuhochdt., oft noch mit Getrenntschreibung: *auff gehen, zu nemen* (Prell/Sohns, in: Besch/Wegera 1987, 96ff.; vgl. Herbers 2002).

Untersuchungen fachsprachlicher Texte u. a. von Albrecht Dürer, Heinrich Deichsler, Veit Dietrich wurden im Hinblick auf systematische Ergebnisse mit textsortenmäßig allgemeineren Befunden für die Gegenwartssprache verglichen (vgl. P.O. Müller 1993d, Habermann 1994). Daraus ergaben sich mehr Übereinstimmungen als Abweichungen, besonders im Kernbereich der Wortbildungsmuster und Funktionsklassen. Es zeigte sich insgesamt, dass „das für die Gegenwartssprache kennzeichnende substantivische Derivationssystem bereits bei Albrecht Dürer in den wesentlichen Zügen ausgebildet ist", allerdings mit noch größerer Übereinstimmung des frühneuhochdt. Bestandes mit heutiger gesprochener Sprache als mit geschriebener (P.O. Müller 1993d, 481; ähnlich für verbale Ableitungen Habermann 1994, 530ff.). Nur in Bezug auf konkurrierende Varianten erwies sich die Nürnberger Fachtextwortbildung um 1500 etwas reicher, und es gab in der Entwicklung bis heute einige Verschiebungen in der Produktivität bestimmter Wortbildungsformen und -funktionen. Es hat vom 16. bis zum 20. Jh. eine Variantenreduzierung und eine Konzentrierung bestimmter Funktionsklassen auf weniger Formtypen stattgefunden, bei den Verbableitungen auch „eine stärkere syntaktische Profilierung des Basislexems und der Wortbildung" (Habermann 1994, 533).

Suffix	Albrecht Dürer		Gegenwartssprache			
	Lexeme	%	gesprochen		geschrieben	
			Lexeme	%	Lexeme	%
-ung	193	30,54	235	20,67	2515	31,66
-lein	104	16,46	261	22,96	85	1,07
-er	93	14,71	206	18,12	1270	15,99
-(e)	81	12,82	133	11,70	394	4,96
-heit (-keit, -i(g)keit)	76	12,03	55	4,84	1549	19,50
-nus (-nis)	21	3,32	13	1,14	72	0,91
-(s)t	17	2,69	38	3,34	21	0,26
-in	8	1,26	44	3,87	466	5,87
-schaft	8	1,26	23	2,02	166	2,09
-d(e)	5	0,79	1	0,09	3	0,03
-(e)l	5	0,79	8	0,70	17	0,21
-(er)ei	4	0,63	83	7,30	498	6,27
-tum	3	0,47	4	0,35	132	1,66

Substantivsuffixe bei Dürer und heute (P.O. Müller 1993, 383f.)

semantische Klasse	Nürnberger Texte um 1500				gesprochenes Nhd.				geschriebenes Nhd.	
	Lexeme		Belege		Lexeme		Belege		Lexeme	
	abs.	%	abs.	%	abs.	%	abs.	%	abs.	%
abstrakt	144	41,26	1304	33,25	149	32,60	2476	64,03	163	10,53
ornativ	124	35,53	1061	27,05	101	22,10	345	8,92	437	28,23
effektiv	27	7,74	1148	29,27	38	8,32	173	4,47	219	14,15
lokativ	12	3,44	17	0,43	30	6,56	154	3,98	116	7,50
imitativ	8	2,29	32	0,82	25	5,47	133	3,44	154	9,95
instrumentativ	8	2,29	11	0,28	68	14,88	336	8,69	194	12,53
privativ	5	1,43	50	1,27	12	2,63	40	1,03	179	11,56

Verbableitungsfunktionen um 1500 und heute (M. Habermann 1994, 512f.)

C. Eine sozial- und wirtschaftsgeschichtlich erklärbare Folge der neuen städtischen Arbeitsteilung war die Entwicklung des älteren deutschen **Fachwortschatzes** in der frühbürgerlichen Zeit. Im Unterschied zu Theologie, römischer Jurisprudenz und den Sieben Freien Künsten (philosophische Propädeutik) waren die *artes mechanicae,* auch *unfreie künste* oder *eigenkünste* genannt, meist nicht ans Lateinische gebunden. Dazu gehörten Handwerke, Handel, Land- und Hauswirtschaft, Heilkunde, Kriegswesen, Seefahrt, Geographie, Hofkünste. Ihnen benachbart waren die geheimen und die verbotenen Künste: Alchimie, Magie, Mantik (Wahr- und Weissagen); vgl. H.U. Schmid 2015a. Der spätmittelalterliche Fachwortschatz hatte weithin gruppen- oder arkansprachlichen Charakter, da die in Zünften und Gesellenverbänden organisierten Handwerker ihr Expertenwissen und ihren sozialen Status vor lästiger Konkurrenz, vor kirchlicher und obrigkeitlicher Verfolgung und Ausbeutung, aber auch vor missbräuchlicher Anwendung schützen mussten. So haben noch heute alte Fachsprachen wie die der Jäger oder der Seeleute den Anschein von Lügenhaftigkeit (*Jägerlatein, Seemannsgarn*) und sind von Schwer- oder Unverständlichkeit gekennzeichnet, da sie vor allem metaphorische, metonymische, umschreibende und tabuisierende Benennungen enthalten; z.B. verschiedene Bezeichnungen für bestimmte Körperteile von Wildtieren: *Ohr, Löffel, Lauscher, Schüssel* usw. (Seibicke, in: BBRS 2381). Der alte Fachwortschatz war äußerst heterogen, da die Benennungen jeweils ohne theoretischen Hintergrund, unsystematisch, rein additiv, jeweils aus konkreten Situationen heraus, lokal oder regional eigenständig entstanden und in Kleingruppen tradiert wurden, die das Prinzip der Schwerverständlichkeit und Verfremdung bewusst zur subkulturellen Gruppendistanzierung einsetzten (Jargon-Tendenz von Fachsprache).

Der Wortschatz der Handwerke war in den spätmittelalterlichen Städten bereits weitgehend spezialisiert. Allein für die verschiedenen Leder- und Holzhandwerke sind 294 Wörter im Mittelniederdt. festgestellt worden (Åsdahl-Holmberg 1950). Die hochdifferenzierte Benennung von Berufen in der spätmittelalterlichen Stadt zeigt sich noch heute in den deutschen Familiennamen, die seit dem 14. Jh. auch für städtische Mittel- und Unterschichten erforderlich, aber oft erst im 15./16. Jh. fest wurden, auf dem Land sowie in der friesischen und in der jüdischen Bevölkerung teilweise noch später (Seibicke, in: BBRS 3535 ff.; Nübling u. a. 2015). Darunter gibt es nicht nur die sehr häufigen Benennungen elementarer Berufe (*Müller, Schmidt, Schneider, Fischer, Weber, Becker, Fleischer,* ...), sondern auch solche für spezielle: *Köhler, Wagner, Rademacher, Brauer, Drechsler, Kopperschmidt, Messerschmidt, Ferher,* ... Die starke regionale Differenzierung (Heteronymie) ist z. T. noch heute erhalten (s. 4.4NO; vgl. auch Kunze/Nübling 2009 ff.). Eine noch ältere Schicht von Familiennamen aus Übernamen (*Kaiser, Habenichts, Sparbrot,* ...) ist zuerst in Beinamen des Adels belegt (Debus, in: E. Eichler u. a. 1995, 395 ff.). Mittelalterliche, städtische Kontenbücher können wertvolle Hinweise für die Genese der Familiennamen im urbanen Raum geben, wie auch zu Fragen des urbanen Wortschatzes insgesamt (s. Gniffke 2010; Lauer 2018).

Was in der traditionellen Literatur- und Sprachgeschichtsschreibung im Vergleich mit dem ‚klassischen' Mittelhochdeutsch als „Geschmackswandel", „Realismus", „Volkstümlichkeit" oder „Grobianismus" des 15. und 16. Jh.s beschrieben worden ist, stellt sich soziolinguistisch und sprachpragmatisch als sprachliche Folgen neuer Rezipierendengruppen und neuer alltäglicher Tätigkeitsbereiche der städtischen Schriftlichkeit dar. So tauchen im 15. und 16. Jh. die ersten Quellen für die Bergmannssprache, die Kaufmannssprache, die Waidmannssprache, das Rotwelsch auf und damit die ersten Belege für viele uns noch heute geläufige Wörter. Ausdrücke aus Fach- und Gruppensprachen gelangen in den Gemeinwortschatz, wobei sie ihre ursprüngliche Bedeutung verändern durch metaphorische Übertragung oder dadurch, dass Nichtexperten gewöhnlich nicht imstande sind, sie genau in ihrem technischen Sinn zu verstehen und anzuwenden. Kulturgeschichtlich sind solche Einflüsse von ähnlicher Bedeutung wie Entlehnungen aus fremden Sprachen (innere Mehrsprachigkeit). Sie sind ein Zeichen dafür, dass die betreffenden Subkulturen, denen die Wörter entstammen, zur Zeit ihrer Aufnahme in die Gemeinsprache im sozialökonomischen Zusammenhang eine wichtige Rolle gespielt haben. Die Übernahme in die Gemeinsprache geschah meist aus sprachpragmatischen Motiven, z. B. tarnender, polemischer, ironischer, witziger Sprachgebrauch. Für aufschlussreiche sprachgeschichtliche Streifzüge ist bei solchen Wörtern und Wendungen das Nachschlagen der ursprünglichen Bedeutungen in etymologischen oder wortgeschichtlichen Wörterbüchern zu empfehlen (s. „Etymologie" und „Historische Lexikographie" in den Literaturangaben zu 2.4!):

Aus dem Bergmannswortschatz, der u. a. durch gedruckte Predigten des erzgebirgischen Lutherfreundes Johannes Mathesius verbreitet wurde (H. Wolf 1969), stammen:

aufschlussreich, Ausbeute, Belegschaft, Fundgrube, Raubbau, reichhaltig, Schicht, tiefschürfend, ... (vgl. auch Paul 1987). Aus dem Waidmannsdeutsch, das vor allem wegen des feudalen Jagdmonopols mit Geheimhaltung verbunden war, sind übernommen: *bärbeißig, berücken, einkreisen, Fallstrick, nachhängen, nachspüren, nachstellen, naseweis, vorlaut, unbändig,* ..., Redewendungen wie *auf die Sprünge helfen, auf den Strich gehen, den Kopf aus der Schlinge ziehen, durch die Lappen gehen, die Flinte ins Korn werfen,* ... Der niederdeutschen Seemannssprache, die bis ins 18. Jh. stark niederländisch (und auch englisch) beeinflusst war, verdanken wir: *Abstecher, anheuern, Ballast, bugsieren, Flagge, Kurs, Lotse, Wrack,* ...; der älteren Soldatensprache *Ausflucht, Gelegenheit, Lärm, Nachdruck, Vorteil, Lunte riechen,* ...

Das seit 1510 überlieferte Wort Rotwelsch war ein Sammelbegriff für geheimsprachlichen Wortschatz von Bettlern, Landstreichern, Gaunern, Hausierern, Marktschreiern, Wandermusikanten usw. (vgl. Möhn 1984; Sinner 2014, 186 ff.). Wegen der Funktion als Tarnsprache, mit immer neuem Zwang zur Verfremdung gegen polizeiliche Verfolgung, ist es gekennzeichnet von zahlreichen Entlehnungen aus Fremdsprachen, Metaphern, Metonymien, Umschreibungen, Euphemismen, Personifikationen, Bedeutungsverschiebungen, Rätselwörtern, Wortspielen, vor allem reicher Synonymik (z.B. für ‚Geld': *Kies, Moos, Eisen, Blech, Pinkepinke, Zaster.* Auch *foppen, Ganove, Kaschemme, Ranzen, schwänzen, Stromer, Steine in den Weg legen,* ... stammen aus dem Rotwelschen bzw. sind durch es aus anderen Sprachen vermittelt worden (etwa Jiddisch, Hebräisch, romanische Sprachen). Vgl. 5.8W!

Aus dem 16. und 17. Jh. sind Sammlungen von Fachwortschätzen überliefert; sie dienten der externen Wissensvermittlung, noch nicht dem praktischen Gebrauch, da Handwerker noch kaum lesen konnten und auf die Exklusivität ihrer mündlichen Gruppentradition bedacht waren (s. auch 5.11A–G). So erreichte auch Albrecht Dürers Druckschrift *Vnderweysung der messung / mit dem zirckel vnd richtscheyt / in Linien ebnen vnnd gantzen corporen* (Nürnberg 1525) letztlich eher ein gebildetes Publikum als junge Maler und Handwerker mit dem Versuch, über die traditionellen Bauhüttenwörter und handwerklichen Fertigkeiten hinaus theoretisches Grundwissen und begründende Terminologisierung zu vermitteln, was Dürer sich aus deutschen Übersetzungen lateinischer Fachbücher und aus eigener Erfahrung angeeignet hatte: „Beim Bemühen um eine verständliche, klare Sprache stieß Dürer wegen des Fehlens einer deutschen Fachsprache wiederholt auf Schwierigkeiten auf allen sprachlichen Ebenen. Gerade auf der lexikalischen Ebene zeigt sich seine innovative Leistung […] bei dem Umgang mit lateinischen und griechischen Termini. Dürer griff sooft wie möglich auf Bezeichnungen aus dem Bauhütten- oder Werkstattwesen zurück (*fischblase, eberzahn* E 1v); der ihm dort zur Verfügung stehende Wortschatz war aber eher gering. Für den größten Teil der fremdsprachlichen Termini suchte Dürer neue Äquivalente in der deutschen Sprache, die er über die Anschauung zu motivieren suchte" (B. Gärtner 2000, 279).

Das Büchlein wurde von Handwerkern kaum gelesen; es hatte aber bei Experten Wirkung, auch in späterer lat. Übersetzung (Habermann/Müller, in: Besch/Wegera 1987, 125 f.; P.O. Müller 1993ad). Erfolgreicher im Hinblick auf einen breiteren Rezipierendenkreis waren die Rechenbücher etwa von Adam Ries, die im Jahr 1518/1525 bzw. 1522 erschienen (B. Gärtner 2000, 204 ff.). Deutschsprachige Rechenbücher waren oft auch mit Lesefibeln verbunden und im Hinblick auf ihre Funktionalität in genuin urbane Kontexte eingebunden (Moulin 2016b, 106 ff.).

D. Trotz der weitgehenden Beschränkung auf (zum Teil eher mündlich artikulierte) Gruppensprache muss die deutsche Fachlexik als vor- oder frühwissenschaftliche Praxis am Ende der hier betrachteten Epoche einen beachtlichen Entwicklungsstand erreicht haben, längst vor der Etablierung anerkannter akademischer Naturwissenschaften der Aufklärungszeit. Nur so ist es zu erklären, dass der (in Latein und Französisch publizierende) Philosoph Leibniz in seinen *Unvorgreiflichen Gedanken betreffend die Ausübung und Verbesserung der deutschen Sprache* (verfasst um 1679) die deutsche Sprache gerade in dieser Hinsicht lobte:

„*Ich finde, daß die Teutschen ihre Sprache bereits hoch gebracht, in allem dem, so mit den fünf Sinnen zu begreifen ist und auch dem gemeinen Mann vorkommt; absonderlich in leiblichen Dingen, auch Kunst- und Handwerkssachen […]*" (Leibniz 1679/1983, 8). Als rühmliche Beispiele hebt er Bergbau, Jagd und Schifffahrt hervor (s. auch 5.11M!). Deutsche Wörter des Bergbaus, der Mineralogie und Geologie sind ins Englische entlehnt worden, besonders seit dem 17. Jh. nachweisbar (Stanforth, in: Mitzka 1968, 539 ff.). In diesem Zusammenhang ist auch auf die große Zahl von Lehnwörtern und Lehnprägungen in skandinavischen und slawischen Sprachen aus dem Deutschen (auch Mittelniederdt.) hinzuweisen.

Neben den zahlreichen Lehnwörtern, Lehnwortbildungen und Lehnbedeutungen aus Fremdsprachen (s. 4.7) ist der indigene (deutschgebildete) Anteil am frühbürgerlichen Fachwortschatz beträchtlich und teilweise bis heute erhalten, vor allem im Übergangsbereich zwischen spätmittelalterlichem Handwerk und frühneuzeitlicher Wissenschaft (Pörksen 1986, 66 ff.):

In der Mathematik, zu deren Vorbereitung im Spätmittelalter deutsche Rechen- und Geometriebücher beitrugen, sind schon frnhd.: *beweisen, abziehen, teilen durch, bruch, einmalein, fläche, dreieck*. In Dürers *Vnderweysung* finden sich schon: *achse, achteck, ebene, kegel, kugel, würfel, unendlich* (z. T. aus der Tradition der Bauhütten), aber auch metaphorische Eigenbildungen, die sich nicht durchgesetzt haben: *ei lini* ‚Ellipse', *gabel lini* ‚Hyperbel', *brenn lini* ‚Parabel', *Schnecken lini* ‚Spirale', *zwerch lini* ‚Durchmesser', *fisch blase* ‚Kreisüberschneidung' (Habermann/Müller, in: Besch/Wegera 1987, 125 f.; P.O. Müller 1993ad). In der Medizin stammen von Paracelsus: *erkältung, eiweiß, unheilbarkeit, blutkrankheit, erbkrankheit, geistkrankheit* usw.

Die Emanzipation der frühbürgerlichen Ansätze zu Naturwissenschaft und Technik war eine Befreiung nicht nur von kirchlicher und theologischer

Bevormundung, sondern auch von den philologisch-rhetorischen Lateinzwängen des akademischen Humanismus (Pörksen 1986, 42ff.): Hier wirkten spätmittelalterliche Traditionen von Handwerken, Kirchenbauhütten, Nautik, Kriegstechnik, Festungsbau, Geldmacherei, Alchimie usw. nach, die praktiziert und verbreitet wurden von wandernden Bauhandwerkern, Wund- und Wunderärzten und allerlei technischen ‚Tausendkünstlern', die an den Fürstenhöfen etwas zu verdienen bekamen (*hofkünste*). Es ist in dieser Zeit mit „zwei Kulturen" zu rechnen: „theologisch gebundene Kosmoslehre und praktisch veranlaßte Ratgeberliteratur", oder „Gelehrten-Literatur" und „Handwerker-Literatur", auch mit zweierlei Arten von Buchhandel: neben den akademischen *Verlegern* auch *bücherkrämer* auf Jahrmärkten und wandernde Kleinhändler. So wie Naturwissenschaften und Mathematik Deutschlands in der frühen Neuzeit vorbildlich waren, so muss auch die Zahl deutscher Drucke auf diesen Gebieten damals bedeutend gewesen sein.

In diesem vor- und frühwissenschaftlichen Bereich hatte der halbstudierte berühmte Wanderarzt, Naturforscher und Philosoph Paracelsus (Theophrastus Bombastus von Hohenheim, 1493–1541) eine umstrittene Bedeutung, vor allem weil „er sich vergleichsweise früh und mit einer großen Anzahl eigener Schriften für den Gebrauch des Deutschen in den Wissenschaften, insbesondere in Medizin, Philosophie und (Al-)Chemie, stark machte" (W.P. Klein 2011b, 479). Er war der erste, der an einer Universität (Basel 1527) als lehrbeauftragter städtischer Wundarzt die deutsche Sprache als Unterrichtssprache in angewandter Medizin benutzte, bis zu seiner baldigen Flucht aus Universität und Stadt. In seinen Schriften erscheint frühbürgerlicher deutscher Wissenschaftsstil als Mischung aus Latein und Deutsch, aus akademischer Abstraktheit und umgangssprachlicher Metaphorik und Phraseologie (Burger, in: BBRS 184ff.; vgl. Kreuter 2010). Jedoch waren seine Schriften „aufgrund ihres esoterischen, teilweise äußerst schwer verständlichen Charakters in puncto Sprachgebrauch nicht wirklich traditionsbildend" (W.P. Klein 2011b, 479; s. auch Weimann, in: Hoffmann/Kalverkämper/Wiegand 1998/99, 2361ff.); vgl. 4.7D.

Zum Ausbau der deutschen Wortbildungsmöglichkeiten hat frühwissenschaftliche lexikographisch-didaktische Tätigkeit erheblich beigetragen, wie Jonathan West (1989) im *Dictionarium Latinogermanicum* des Petrus Dasypodius (anhand der erweiterten, zweiten Ausgabe Straßburg 1536) nachgewiesen hat: Zur Wiedergabe lateinischer Fachwörter hat Dasypodius vor allem Lehnübersetzungen und Lehnschöpfungen benutzt, die großenteils von ihm selbst nach lateinischen Wortbildungsmustern geprägt sind, vorwiegend als Zusammensetzungen; Generationen von Schülern haben dieses einflussreiche Werk benutzt. Die Ausgabe aus dem Jahr 1536 war rasch verkauft;

insgesamt war das *Dictionarium* bis Anfang des 18. Jahrhunderts mit rund fünfzig Ausgaben nicht nur das „am längsten gedruckte alphabetische Schulwörterbuch des 16. Jahrhunderts im deutschen Sprachraum" (P.O. Müller 2001, 69), sondern es hat auch nachfolgende deutschsprachige Wörterbücher sowie solche in anderen Sprachen wie dem Niederländischen, Tscheschichen und Ungarischen beeinflusst (s. P.O. Müller 2001, 70).

E. Die altdeutsche Rechtssprache war auf das Prinzip der vorwiegend mündlichen, lokalen und regionalen Tradition der einheimischen Rechtskundigen gegründet (Landrecht). Sie war deshalb, auch wegen sozialer Unterschiede (Ständerecht), von einer großen Vielfalt regionaler und sozialer Varianten im Wortgebrauch gekennzeichnet (vgl. Schmidt-Wiegand 1989c). Dabei bildeten sich bestimmte Einflussgebiete heraus, z.B. in Süddeutschland durch den Einfluss von Reichsinstitutionen (Frankfurt, Speyer, Regensburg, Wien), oder im Norden die mittelniederdt. Rechtssprache, die vom *Sachsenspiegel* und von sprachlich damit verwandten städtischen Gesetzbüchern her in der Hansezeit von Magdeburg und Lübeck aus durch Übernahme von Rechtstexten den Rechtswortschatz des Ostseeraumes und des östlichen Mitteleuropa geprägt hat.

Ein beträchtlicher Teil des altdeutschen Rechtswortschatzes ist noch heute in Gebrauch, teilweise gemeinsprachlich mit anderen, nicht mehr juristisch festgelegten Bedeutungen, als Bezeichnungen von Sprachhandlungen beim Argumentieren oder beim sozialen Umgang, z.B. *anfechten, aufschieben, ausführen, behaupten, sich berufen auf, bescheinigen, sich beziehen auf, einwerfen, sich entschuldigen, erwägen, erweisen, überzeugen, verantworten, zugestehen*, ... (v.Polenz 1988, 195 ff.; dazu Lehnverben wie in 4.7G). Dazu gehören auch zahlreiche Phraseologismen (Redewendungen): *seine Hand ins Feuer legen, den Stab brechen über ..., Zeter und Mordio schreien, jmn. um den Hals bringen, jmm. den Hals kosten*, wobei manche Gruppen (z.B. mit *Hals*) wegen Änderung der Strafpraxis heute stark reduziert sind (Burger/Linke, in: BBRS 743 ff.).

Typisch für die altdeutsche Rechtssprache, und für den Wortgebrauch der frühbürgerlichen Zeit überhaupt, waren die Zwillingsformeln (auch Paarformeln) genannten koordinativen Verbindungen synonymer oder sinnverwandter Wörter, mitunter auch Dreierformeln. Sie hatten verschiedenen Ursprung und verschiedene pragmatische Funktionen: Hervorhebung eines Begriffs, um im Wortkampf etwas zu rechtfertigen, zu verteidigen, zu bestätigen, durchzusetzen, gültig zu machen, oder um im Rechtsstreit den Begriff zu präzisieren, mit anderen zu kontrastieren, oder zur besseren Merkbarkeit traditioneller Formeln in mündlicher Rechtsüberlieferung; vor allem zur erhöhten Verständlichkeit veralteter, soziolektaler oder regionaler Varianten und fremdsprachiger Termini. In manchen Textsorten ist auch das Vorbild des antik-rhetorischen Prinzips der Wortvariation greifbar (Burger/Linke und D. Wolf, in: BBRS 749 f., 1567; Schröter, in: Dückert 1976/81, 222 ff.).

Werner Besch (1964) unternahm einen der ersten Versuche, Paarformeln ins Zentrum der sprachhistorischen Forschung zu rücken. Er distanzierte sich von früherer Betrachtung der Paarformeln als ein rein rhetorisch-stilistisches Element und hob ihre gestalterische Rolle im sprachlichen Ausgleichsprozess des Frühneuhochdt. hervor: „Die Häufung der Paarformeln […] im 15. Jahrhundert ist *kein stilistisches* Phänomen, sondern eine Verstehensnotwendigkeit; sie entspricht dem elementaren Bedürfnis der Autoren und Schreiber der einzelnen deutschen Sprachlandschaften, auch über die Grenzen hinaus verstanden zu werden. Da eine übergeordnete Gemeinsprache fehlt, suchen sie das Gemeinsame in der Summation des Einzellandschaftlichen […] und erreichen durch dieses umständliche Verfahren auch etwas von der Allgemeinverständlichkeit, die sich die nhd. Schriftsprache später durch übergeordnete Auswahl schafft" (Besch 1964, 203). Hüpper/Topalovic/Elspaß (2002) gelingt es, für Paarformeln im Rechtskontext nachzuweisen, dass sie dort lexikalisch bereits sehr früh verfestigt sind, weil ein vereinheitlichendes Recht wie der großräumig über Jahrhunderte wirkende *Sachsenspiegel* sprachliche Normen vorgibt; morphosyntaktische Variabilität (z.B. die Umkehrung der Reihenfolge der Konstituenten) bleibt hingegen lange in Abhängigkeit des syntaktischen Kontextes und der Stilistik erhalten. Daraus leiten die Autorinnen und Autoren (Hüpper/Topalovic/Elspaß 2002, 96) die folgenden Verfestigungsschritte im Sinne eines ‚Phraseologisierungspfades' ab: 1) Festlegung des Lexembestandes > 2) Entwicklung einer Reihenfolgepräferenz (die gerade nicht durch das Behaghelsche Gesetz der wachsenden Glieder oder Müllers Salienzkriterien bestimmt wird) > 3) Festigung der Morphosyntax. Als entscheidenden Faktor und die treibende Kraft heben sie den Usus, die Verwendung der Paarformeln in einem großräumig wirkenden Text – etwa dem *Sachsenspiegel* – hervor. Habermann (2001, 392–429) geht insbesondere auf die Rolle der Paarformeln bei der Wiedergabe der lateinischen Fachterminologie ein. Zur historischen Entwicklung von Paarformeln s. Besch 1967; 1993; Blanco 1998; Filatkina 2018, 172–175; Matzinger-Pfister 1972; Schmidt-Wiegand 1997!

Beispiele: *sitte und brauch, hab und gut, kind und kegel, mit fug und recht, zeter und mordio, kopf und kragen, ee und gesetz, pein, straff und busze,* …; zur Erklärung von Fremdwörtern: *edicta und verbot, intention und meinung, occasion und gelegenheit, conszientz und gewissen, prophezeien und weissagen, fundament und grundfeste,* … In der Barockzeit wurden in populärwissenschaftlichen Texten und in Buchtiteln dafür *oder*-Verbindungen beliebt (im Sinne von Alternativen der Wortwahl).

Seit Ende des 15. Jh.s ist der deutsche Rechtswortschatz im Zusammenhang mit der Einführung des römischen Rechts systematisiert, teilweise latinisiert, seine altdeutsche Vielfalt reduziert worden. Dieses neue Rechtssystem umfasste neben dem *Corpus iuris civilis* von Kaiser Justinian (im 14. Jh. in

Oberitalien überarbeitet) auch das lombardische und das kanonische (kirchliche) Recht. Die Rezeption erfolgte in Deutschland vor allem durch die Einrichtung des Reichskammergerichts (1495), an dessen Verfahrensweisen sich bald alle territorialen Gerichte hielten (außer in der Schweiz). Die Rechtsprechung wurde damit in die Hände professioneller, akademisch ausgebildeter Juristen gegeben und an lateinische Bildung gebunden. Diese jurisdiktionelle Benachteiligung der nichtakademischen und nichtfeudalen Stände hat zu den revolutionären Bewegungen um 1525 viel beigetragen. Das neue Recht förderte die zentralisierte staatliche Verwaltung in den Territorien und war – als antifeudale Modernisierung – eine wichtige Voraussetzung zur Sicherung des Privatbesitzes im Sinne des frühkapitalistischen Handels und Gewerbes. Auf den Sprachgebrauch hat sich vor allem der neue Zwang zu institutionell geregelter Rechtsvertretung durch professionelle Akademiker, zu geregeltem Instanzenweg und zur systematischen Verschriftlichung ausgewirkt (s. auch 5.12J!).

Ein typisches Beispiel für die Umstrukturierung des deutschen Rechtswortschatzes durch das römische Recht sind die Bezeichnungen für einen Rechtskundigen, der zur (berufsmäßigen) Vertretung von Rechtsangelegenheiten vor Gericht befugt ist (nach Dückert 1976/81, 284 ff.): Um 1500 gab es starke Konkurrenz zwischen mehreren hochdeutsch/niederdeutschen Wörtern: *fürsprech(er)*, *vorsprech(e)*, *(vor)redner*, *anwalt*, *dingman*, *teidingsman*, *wortholder*, *wortforer* u.a. Durch die neue Funktionsteilung in die akademisch-schriftliche *advocatura* und die gerichtlich-rhetorische *procuratura* seit Ende des 15. Jh.s und die spätere Aufhebung des Funktionsunterschiedes zugunsten der Advokatur (anders als in Frankreich, England) setzte sich *Advokat* (vom Westoberdt. her) überall gegen *procurator* und alle anderen Konkurrenten durch; das vom 16. bis 18. Jh. stark zurückgegangene Wort *Anwalt* ist dann erst seit Anfang des 19. Jh.s – anstelle des moralisch abgewerteten *Advokat* und als sprachpuristisch erwünschte Verdeutschung – in der präzisierenden Form *Rechtsanwalt* wiederbelebt worden. Nur in der Schweiz hat sich (neben *Advokat*) *Fürsprech(er)* bis heute erhalten; vgl. auch die Karten im Atlas zur deutschen Alltagssprache (online: http://www.atlas-alltagssprache.de/).

F. Die Geschichte der deutschsprachigen Lexikographie reicht bis in die Epoche des Althochdt. mit der Überlieferung zweisprachiger Glossare im Kontext lateinisch geprägter, klösterlicher Schriftlichkeit zurück (vgl. Bergmann u.a. 2019, 40). Die systematische Sammlung des deutschen Wortschatzes in der frühbürgerlichen Epoche zeigt ihrerseits mit ersten frühen lexikographischen Arbeiten auf Funktionalitäten, die meist den praktischen Bedürfnissen der Expansion des Schreibens und Lesens dienten und deutlich städtebürgerlich, nicht mehr klerikal orientiert waren (Grubmüller 1967, 51 ff., 67 ff.): Von den nur an gelehrten, besonders theologischen Zwecken orientierten Vokabularien (z.B. das um 1309 angelegte Fachglossar des Johannes von Erfurt) unterschied sich schon im späten 14. und im 15. Jh. eine neue Art lateinisch-deutscher Wörterbücher, die für minderbemittelte lateinlernende Laien (*pauperes scolares*) elementare Lesehilfen geben und allgemeines Sachwissen vermitteln sollten:

Neben dem dt.-lat. Vokabular von Fritsche Closener (Straßburg 1384) sowie einer noch weiter verbreiteten Überarbeitung von Jacob Twinger von Königshofen (vgl. Kirchert/D. Klein 1995) ist das (noch von Luther erwähnte) studentische Standardwerk des 15. Jh.s, genannt *Vocabularius ex quo*, zu nennen (Grubmüller 1967; B. Schnell u. a. 1988–2001): Es war um 1400 in Norddeutschland entstanden und ist zwischen 1410 und 1505 im ganzen deutschen Sprachgebiet überliefert (über 270 erhaltene Handschriften, nahezu 50 Inkunabel-Drucke). In diesen praktischen akademischen Nachschlagwerken wurden gelehrte Stichwörter, Erläuterungen und Belehrungen der mittelalterlichen Glossartradition weggelassen, lateinische Erklärungen durch deutsche ersetzt, neue Stichwörter des Grundwortschatzes und etymologische, grammatische, Bedeutungs- und Sacherklärungen hinzugefügt. Dabei wird eine bereits mündlich ausgebildete Unterrichtspraxis systematischer Wortbildungsentsprechungen deutlich, z. B. die fast regelmäßige Wiedergabe lat. Abstraktsubstantiva auf -(*i*)*tas* durch dt. Ableitungen auf -*heit*/-*keit*.

Seit Ende des 14. Jh.s gab es nach deutschen Stichwörtern gegliederte Wörterbücher, wobei niederdeutsche und niederrheinische Versuche eine besondere Rolle spielten. Mit diesen Arbeiten begann man etwas für die deutsche Sprache um ihrer selbst willen zu tun. Auch deutsche Synonymenwörterbücher gab es seit Anfang des 16. Jh.s; sie dienten teils der stilistischen Variation aus rhetorischer Tradition, teils der Bildung synonymischer Zwillingsformeln, teils der Belehrung über Wortschatz- und Textsortenveränderungen im Zusammenhang mit der Rezeption des römischen Rechts.

Dem Closenerschen lat.-dt. Glossar war schon ein dt.-lat. Index aus der Zeit vor 1384 beigegeben. Um 1400 werden im *Engelhus*-Glossar niederdt. Stichwörter deutsch erklärt, das Lateinische erscheint nur noch als Nebenzweck; z.B. *segel: en grot linen dok dar de wint dat scep mede en wech drift, velum* (nach Henne, in: LGL 783). Die ersten gedruckten deutschen Wörterbücher waren: *Teuthonista* von Gerard van der Schueren (Köln 1477; vgl. Eickmans 1986), *Vocabularius incipiens teutonicum ante latinum* (Speyer 1478), *Vocabularius Teutonico-Latinus* (Nürnberg 1482). Das sehr erfolgreiche, zum Teil naturwissenschaftlich orientierte *Dictionarium Latinogermanicum* von Petrus Dasypodius (Straßburg 1535, 2. erw. Aufl. 1536, mit zahlreichen weiteren Ausgaben; vgl. oben 4.6D) enthielt auch einen dt.-lat. Teil; es hat Bedeutendes zur Ausbildung deutscher Wortbildungsmuster nach lateinischen Vorbildern beigetragen (Wetekamp 1980; Hartweg 1995; P.O. Müller 2001).

Von großer Bedeutung für die frühneuhochdt. Lexikographie war auch Josua Maalers *Die Teütsch spraach. Alle wörter, namen, und arten zů reden in Hochteütscher spraach ... unnd mit gůtem Latein ... vertolmetscht* (Zürich 1561; vgl. Kettler 2008). Das erste gedruckte niederdt. Wörterbuch, *Nomenclator latinosaxonicus* (Rostock 1582 von Nathan Chytraeus), war nach Sachgruppen gegliedert (Bichel, in: BRS 1237; Prowatke 1993). Das bekannteste hochdeutsche Synonymenwörterbuch, u.a. nach Luther-Texten hergestellt, waren Leonhard Schwartzenbachs *Synonyma*, Frankfurt 1554, 2. Aufl. 1564; zu Jacob Schöppers *Synonyma* (1550) s. 4.9E. Eines der ersten Fachlexika war Lorenz Fries' *Synonima und gerecht vßlegung der wörter so man dan in der arzney/ allen Kräutern ... zuschreiben ist,* Straßburg 1519. Dieses Lexikon „ist insofern besonders bemerkenswert, als es für das recht frühe Bemühen steht, die medizinische Fachsprache auch in Deutsch zugänglich zu machen" (W.P. Klein, in: Hoffmann u.a.1999, 1918). Zu den Nomenklatoren des 16. Jh.s.s. Haß 1986; P.O. Müller 1996. – S. Weiteres in 5.7!

Literatur

Wortschatz/Wortwahl: Anderson u.a. 1986 ff. BBRS (Reichmann 2539 ff.). v.Bahder 1925. Bär u.a. 1999. Baumann-Zwirner 1991. Bebermeyer/Bebermeyer 1997 ff. Bentzinger 1990d. Besch 1997; 2008. Damme 1987. Döring 1990. Dückert 1976/81. Emmerig 2006. Frettlöh 1986. Goebel/Lemberg/Reichmann 1995. Greule u.a. 2012 (Riecke 217 ff.). Habermann u.a. 2000. Hartweg/Wegera 1989, 141 ff./2005, 181 ff. Matzel u.a. 1989. Maurer/Rupp 1974 (Kunisch 1,255 ff., Rosenfeld 1,399 ff.). Mogensen 1992. Olf 1988. Raabe 1990. F. Rapp 1980. Reichmann 2005ab. Schirokauer 1987. Solms 2016. Tauber 1983. Warnke 1993ab. N.R. Wolf 1999. – **Kreativer Sprachgebrauch:** Arndt-Lappe u.a. 2018.

Wortbildung (vgl. auch 2.3Lit!): BBRS (Solms 596 ff., Wegera/Prell 1594 ff., Erben 2525 ff.). R. Bergmann 1998ab. Besch/Wegera 1987, 89 ff. Eichinger 2000. Erben 1975a/2006, IIIB. W. Fleischer 1983; 1988. Habermann u.a. 2002. Hartweg/Wegera 1989, 156 ff./2005, 198 ff. Johansson 1964. Lobenstein-Reichmann 2004. Meibauer 1998. Hans Moser/N.R. Wolf 1989. P.O. Müller 1993c; 2016. P.O. Müller u.a. 2015–2016 (Abschn. X–XIII). Munske 2002. Pavlov 1983. Russ 2004. Chr. Schmitt 1995. Stephan 2009. N.R. Wolf 1999. – **Substantiv:** Brendel u.a. 1997. Demske 2000. Denkler 2010a. Doerfert 1994. B. Eichler 1995. Erben 1959. Frisch 1994. Kloocke 1974. Löffler 1992. Möhn/Schröder 2003. St. Moser 1992. P.O. Müller 1993d. Öhmann 1972. Steffens 2019. Tschentscher 1962. Wellmann 1969. Wiktorowicz 2009. – **Substantivische Zusammensetzung:** B. Eichler 1995. Lindner 1998. Michel 2010. St. Moser 1992. Müller-Bollhagen 1999. Nitta 1987. Pavlov 1972; 1995b. Reagan 1981. Solling 2010; 2011; 2012, 2015b; 2016. Solms 1999; 2016. – vgl. 5.9W. – **Adjektiv, Adverb:** Bentzinger 1990b; 1992b. Flury 1964. Götze 1899. Hildebrandt 1998. Kempf 2016. Mähl 2004. Möhn/Schröder 2009. H.U. Schmid 1998a. Siller 1996. Thomas 2002. Waldispühl 2019. G. Winkler 1995. – **Verb:** Christen 1992. Eroms 1993. Habermann 1994. Herbers 2002. Kaliuščfonko 1988. Kolde 1964. Leipold 2006. Leopold 1907. Öhmann 1970. Öhmann u.a. 1953. Prell 1991. Prell/Schebben-Schmidt 1996. Rosenberger 2017. Schildt 2000; 2002. – **Abbreviaturen, Kürzungsverfahren:** Grun 1966; J. Römer 1997/99. Schneider 2014, 86 ff.

Fachsprache (vgl. auch 5.11Lit!): Assion 1973. BBRS (Bolten 123 ff., Jacob 173 ff., Seibicke 2377 ff.). Blaschke 1990. Döring 1989. Döring/Eichler 1996. Dogaru 2011. Drozd/Seibicke 1973. Dückert 1976/81 (Huber 17 ff., P. Braun 55 ff., Adelberg 121 ff., Richter 173 ff.). Eis 1967; 1971ab. Fluck 1996; 2018. Giesecke 1980. Habermann 2001a; 2011b; 2014. v.Hahn 1979 (Bibliogr.); 1983, 22 ff. Heller 1998. Hoffmann/Kalverkämper/Wiegand 1998/99. Hopf 1993. Keil 1968; 1995. Keil/Assion 1974. Keil u.a. 1982. G. Koller 1989. Lerchner 2008. LGL (v.Hahn 390 ff.). Piirainen 1997. Roelcke 2020. Seelbach 2006. H.U. Schmid 2015a. Vaňková 2014. – **Bergbau:** Kißenbeck 1997. R. Paul 1987. H.U. Schmid 2016. H. Wolf 1958; 1968. – **Botanik, Kräuterbücher, Heilpflanzen:** Gloning 2007; 2009; 2015ab. Habermann 2002; 2003; 2004. Hertel 1995. Hoffmann/Kalverkämper/Wiegand 1998/99 (Seidensticker, 2402 ff.). Lehrnbecher 1995. Seidensticker 1990; 1997; 2001; 2010. Springmann u.a. 2018. – **Kochbücher:** Freund 1991. Ehlert 1997.

4.6. Ausbau des Wortschatzes

E. Glaser 1996b; 2002; 2018. Gloning 2002; 2009; 2015c. Hödl 1999. – **Handwerke, Technik:** Åsdahl-Holmberg 1950. Ploss 1960; 1963. – **Kaufleute:** Filatkina 2015. Krejci 1932. Schirmer 1911; 1925. Tophinke 1999. Wilhelm 2013. – **Jagd, Reiten:** Hoffmann/Kalverkämper/Wiegand 1998/99 (Schwenk, 2383 ff.). Roosen 1995. Schultz-Balluff 2018. Tulzer 1989. – **Militär:** Just 2012; M. Schulz 2014a. – **Schifffahrt:** Rösler 1995b.

Wissenschaftssprache: Bayer 1974; 1975. BBRS (Burger 181 ff.). Drozd/Seibicke 1973. Gloning 2018. Hartweg/Wegera 1989, 90 f./2005, 177 ff. Heimann 1989. Keil u.a. 1982. W.P. Klein 2011a; 2011b. Kretzenbacher 1992 (Bibliogr.). Maurer/Rupp 1974 (Rosenfeld 1,399 ff.). v.Polenz 1988. Pörksen 1994. Prinz/Schiewe 2018. Seelbach 2006. – **Vermittlung von Wissenschaft, Wissensliteratur:** Grenzmann/Stackmann 1984. Kästner/Schütz/Schwitalla 1990. I. Schröder 2019. N.R. Wolf 1987ab; 1995. – **Albrecht Dürer:** R. Große 1971. Habermann 1994. Habermann/Müller 1987. E. Hartmann 1922. Koller 1989. Kourukmas 2016. Leistikow 1937. P.O. Müller 1993ad. Munske/van der Elst 1986. Thomas 2002. Warnke 2010. – **Mathematik/Geometrie:** Busch 1933. B. Gärtner 2000. Götze 1919. Hoffmann/Kalverkämper/Wiegand 1998/99 (P.O. Müller, 2369 ff.). F. Müller 1899. Reiner 1961. Schirmer 1912. Schuppener 2008. Wußing 1996. – **Naturwissenschaften, Technik:** BBRS (Jacob 173 ff., Pörksen 193 ff.). Barke 1991. Crosland 1962. Deschler 1977. Friedrich 1995. Glaser 1935. Habermann 2007a; 2011. Hayer 1992. Hoffmann/Kalverkämper/Wiegand 1998/99 (Gottschall, 2354 ff.). Kothmann 1998. Metzler 1995c. Olschki 1918. Pörksen 1986. Priesner/Figala 1998. – **Medizin:** Benzenhöfer/Kühlmann 1992. Eis 1982. Keil 1995. Habermann 2001a. Lobenstein-Reichmann 2017a. Moulin 2018a. Riecke 2017b. Seyferth 2006; 2008; 2011. Telle 1979. Temmen 2006. Vaňková 2001; 2003; 2004; 2010. – **Paracelsus:** Boehm-Bezing 1966. Hoffmann/Kalverkämper/Wiegand 1998/99 (Weimann, 2361 ff.). Kreuter 2010. M. Kuhn 1996. Pörksen 1994b. Telle 1981. Weimann 1963. – **Mystik und Scholastik:** BBRS (Burger 183 ff., D. Wolf 1554 ff.). Betz 1971. Dussart-Debèfve 1969. Egerding 1997. Haas 1979. Hildebrandt 1998. Largier 1995. Lüers 1926. Quint 1964. Ringel 1987. Ruh 1964; 1986. Seppänen 1985. Stötzel 1966. Tobin 1986. N.R. Wolf 1981, 189 ff.

Rechtssprache: BBRS (Schmidt-Wiegand 72 ff., 87 ff.). Bily 2009. Deutsches Rechtswörterbuch 1914 ff. G. Brandt 1995b. Dückert 1976/81 (Schröter 215 ff., Dückert 263 ff.). Erler/Kaufmann/Werkmüller 1964–97. Chr. Fischer/Hüpper 2011. Görgen 2002. Greule 2002. Greule u.a. 2012 (Papsonovà 53 ff.). R. Große 1964. Hattenhauer 1987. Hertel 1997. Hoffmann/Kalverkämper/Wiegand 1999 (Schmidt-Wiegand 2341 ff.). Hyldgaard-Jensen 1964. Köppe 1977. Macha u.a. 2005. Merk 1933. Mitzka 1968 (Munske 349 ff.). Obst 1983. Papsonová 2003. Schowe 1994. Schmidt-Wiegand 1989c. Spáčilová 2004. Tophinke 2009. Tophinke/Wallmeier 2011. ten Venne 2001b. Wallmeier 2013. Wilke 2006. Uhlig 1983; 1989.

Sondersprachen: BBRS (Möhn 2391 ff.). Beutin 1990. Franke 1991. Girtler 1998/2010. Jütte 1988. Kleinschmidt 1975. Kluge 1901/87. Lemmer 1996. LGL (Möhn 348 ff.). Lühr/Matzel 1990. Möhn 1984. Siewert 1991; 1996. Spangenberg 1970. S.A. Wolf 1956/85.

Vor- und Familiennamen: Bach 1952, Bd. 1. Bauer 1985/98. BBRS (Seibicke 3535 ff.). Brechenmacher 1963. Debus 1978. E. Eichler u.a. 1995. Familiennamenbuch der Schweiz 1968–71/89. Finsterwalder 1951. W. Fleischer 1968. Gottschald 1982/2006. Greule u.a. 2012 (Windberger-Heidenkummer 287 ff.). Grünert 1958. Hellfritzsch 1992.

Hornung 1989. Jachnow 1970. Kohlheim 1990. Kunze 1998/2004. Kunze/Nübling 2009–2018. H. Naumann 1987; 1994. H. Naumann u.a. 1988. I. Neumann 1981. Schlimpfert 1978. E. Schwarz 1973. Seibicke 1990; 1996–2007. Socin 1903/66. Wenners 1988. Deutscher Familiennamenatlas (DFA): http://www.namenforschung.net/dfa/projekt.html. – Vgl. 2.4Lit u. 5.8Z!

Phraseologie, Paarformeln: BBRS (Mieder 2559 ff.). Besch 1964; 1993; 1998. Bichsel 1999. Blanco 1998. Filatkina 2011. Habermann 2001a. Hanauska 2009; 2014. Hopf 1993. Hüpper u.a. 2002. Knoche 1996. Koopmann 2002. Korhonen 1998. Matzinger-Pfister 1972. Mieder 1995. Parad 2003. Schmidt-Wiegand 1997. Schowe 1994. Schuster 2007. Thielert 2016. Vgl. 2.4Lit!

Wortfelder: Erben 1993abc. W.J. Jones 1990. Funk 1995. Plum 1994. Simmler 1996. Wiedemann 1979. H. Wolf 1988b. – **Modalwörter, Abtönungspartikeln:** Autenrieth 2002. A. Burkhardt 1994. Erben 1993c. Schildt 1988; 1990a; 1992c. H. Simon 1996.

Anfänge der Lexikographie: BBRS (Wiegand 647 ff., Schröder/Möhn 1435 ff., D. Wolf 1554 ff.). Besch/Wegera 1987 (Reichmann 178 ff.). Bremer 1990. Budziak 2009. Claes 1977. Damme 1988. De Smet 1968; 1986; 1989; 1990; 1993; 1995. Eickmans 1986. Grubmüller 1967. Hänger 1972. Hartweg/Wegera 1989, 166 ff./2005, 209 ff. Haß 1986. F.J. Hausmann u.a. 1989/90 (Grubmüller 2037 ff.). Hoffmann/Kalverkämper/Wiegand 1998/99 (P.O. Müller, 2392 ff.). W.J. Jones 2009. Kirchert/Klein 1995. Korhonen 1998. A. Kremer 2013. LGL (Henne 783 ff.). P.O. Müller 1993b; 1994; 1996; 2010. Schirokauer 1987. B. Schnell u.a. 1988–2001. Skála 1987; 1989. West 1989. Wetekamp 1980.

Zu **Lehnwortschatz, Lehnwortbildung** s. 4.7Lit! – Zum **religiösen** und **reformatorischen** Wortschatz s. 4.8Lit!

4.7. Sprachenkontakte, Entlehnungen aus anderen Sprachen

A. Die frühbürgerliche Epoche ist – trotz und wegen ihrer kräftigen Ansätze zur Emanzipation des Deutschen als Schriftsprache – von vielfältigen Sprachenkontakten gekennzeichnet, die sich in ‚Spracheinflüssen' auswirkten (vgl. H.U. Schmid 2017, 239–290). Auf der einen Seite war sie durch die Rezeption des römischen Rechts und die geistesgeschichtliche Bewegung des Humanismus eine Zeit verstärkter Entlehnung von Wörtern und Stilregeln aus der universalen Rechts-, Kirchen- und Wissenschaftssprache Latein – bei philologisch orientierten Gelehrten auch aus dem wiederentdeckten antiken Griechisch –; auf der anderen Seite förderten neuartige praktische Sprachenkontakte Entlehnungen vor allem aus dem Französischen und Italienischen. Diese beiden lebenden Nachbarsprachen gewannen damals ein hohes kulturelles Prestige im Verhältnis zu anderen europäischen Nachbar- und Minderheitensprachen, deren Lehneinfluss auf das Deutsche geringer blieb (z.B. Spanisch, Niederländisch) oder subkulturell beschränkt (z.B. slawische Sprachen). Eine grobe Übersicht über die Anteile verschiedener **Herkunftssprachen** bei den Wortentlehnungen unserer Epoche ist aufgrund des am Institut für deutsche Sprache, Mannheim, zuendebearbeiteten „Deutschen Fremdwörterbuchs" (DFWB) möglich (Schulz/Basler/IdS, Bd. 7), wo im „Chronologischen Register" die Erstbelege der gebuchten Wörter und Wortbedeutungen in zeitlicher Anordnung mit Herkunftsangaben verzeichnet sind (allerdings mit starken methodischen Unterschieden der Bearbeitungsphasen des DFWB; s. Abb. 12).

Vor der Mitte des 15. Jh.s sind die Mengen der Einträge und die Fälle nichtlateinischer Herkunft zu gering. So lassen wir die Auswertung bei 1460 beginnen, und zwar – anstelle einer zufallsstatistischen Zickzacklinie – nach 2-Jahrzehnte-Portionen gemittelt. Es werden weggelassen: alle nicht mit genauen Jahreszahlen der Erstbeleg-Quellen versehenen Fälle, also die mit bloßen Jahrhundertangaben (je knapp 100 für 15. und 16. Jh.), und die in Bezug auf die Herkunft als unsicher dargestellten. In einigen Fällen ohne Herkunftsangabe wurde die Herkunft durch Nachschlagen und eigene Kenntnisse ergänzt. Eine Statistik nach Fallzahlen wäre hier sehr irreführend, da die Mengen stark von der Zahl und Art der Quellen abhängig sind, die für das Wörterbuchkorpus ausgewertet wurden. Aufschlussreicher sind Prozentzahlen (von der Gesamtmenge aller Entlehnungen des betr. Zeitabschnitts als 100%); sie ergeben ein ungefähres Bild vom Verhältnis der Herkunftssprachen zueinander. Die Gesamtmengenzahlen für die Zeitabschnitte sind:

A: Chronologische Lehnwortstatistik nach dem DFWB   241

1460–1479: 75   1560–1579: 325
1480–1499: 71   1580–1599: 287
1500–1519: 127   1600–1619: 288
1520–1539: 320   1620–1639: 162
1540–1559: 210

Die starke Zunahme in der Reformationszeit ist aus der Publikationsgeschichte erklärlich (s. 4.2J). – Die im DFWB sehr vereinzelten Entlehnungen aus dem Span., Portugies., Niederl., Engl., Arab., Türk. usw. sind hier nicht berücksichtigt.

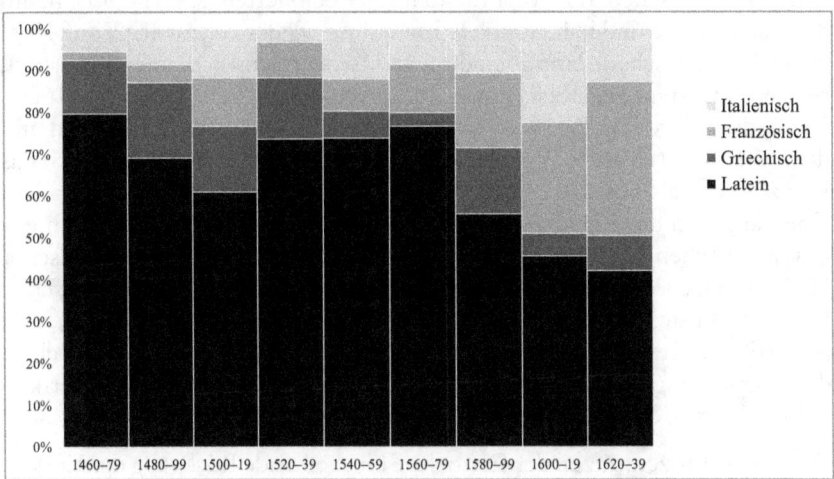

Abb. 12: Prozentsätze der Erstbelege des Deutschen Fremdwörterbuchs (nach dem Chronologischen Register, DFWB, Bd. 7, 433–528).

Nach unserer Übersicht der Erstbelege war das Lateinische bis 1480 noch ganz beherrschend (81 %) im Rahmen aller hier berücksichtigten Entlehnungen. Nach 1480 nahmen die Entlehnungen aus dem Griechischen leicht zu (von 12 auf 17 bzw. 15 %), auf Kosten der Erstbelege aus dem Lateinischen (von 82 auf 69 bzw. 61 %); der prozentuale Rückgang von Erstbelegen aus dem Lateinischen hängt jedoch noch stärker zusammen mit der Zunahme der Wörter aus dem Französischen (von 1,3 auf 6 bzw. 12 %) und dem Italienischen (von 5,3 auf 8,4 bzw. 12 %). Für den italienischen Lehneinfluss ist über die quellenbedingte Statistik nach dem DFWB hinaus ein noch größeres Ausmaß seit dem 14. Jh. (Wis 1955) und vor allem unterschichtlich-regional anzunehmen (Kühebacher 1968). Die Zunahme italienischer Entlehnungen um 1500 dürfte mit der wachsenden Bedeutung Italiens durch die Renaissance und der Belebung des Fernhandels und der Geldwirtschaft in Oberitalien seit den überseeischen Entdeckungen zusammenhängen, die Zunahme der französischen Entlehnungen mit den kriegerischen Auseinandersetzungen Frankreichs mit dem Reich und Kaiser Maximilians burgundischer Heiratserbschaft. Diese Verschiebung zugunsten lebender Fremdsprachen erscheint zwischen 1520 und 1540 rückläufig (ital.: 3%, franz.: 7,5%): Die Reformation brachte also – trotz des deutschsprachigen Flugschriften-Booms (s. 4.2LM) – das theologische und humanistische Übergewicht von Latein (73%) und Griechisch (17%) durch lexikalische Entlehnungen wieder stärker zur Geltung. In der folgenden Übergangsphase, in der die Reformation domestiziert wurde, die Aufstände niedergeschlagen waren und sich die frühabsolutistischen Territorialfürstentümer etablierten (s. 4.1H, 5.1), nahm der französische und italienische Lehneinfluss wieder zu, zunächst auf Kosten des Griechischen, dann auch des Lateins, das nach 1600 unter 50% sinkt, während die franz. Erstbelege von 7% (1540–1559) stetig auf 35% (1620–1639), die ital. von 11% (1540–1559) auf 21,1% (1600–1619) ansteigen und dann auf 14% (1620–1639) fallen. Die Ablösung des Italienischen durch das Französische als höfische Prestige- und Herrschaftssprache entspricht dem Übergang von der Renaissance zum Barock, von der frühbürgerlichen zur absolutistischen Epoche. Die statistische Berücksichtigung altgriechischer Herkunft erscheint fragwürdig, da die meisten griech. Wörter aus lateinischen Übersetzungstexten und in lat. Form ins Deutsche entlehnt worden sind (s. 4.7F), später auch über das Französische und das Englische, weshalb in den Fortsetzungsgraphiken in Bd. 2 und 3 die griech. Herkunft nicht berücksichtigt ist (vgl. 5.4B, 6.10B!).

Der in den Prozentsätzen der Erstbelege erscheinende Rückgang der Entlehnungen aus Latein und Griechisch seit dem späten 16. Jh. wird kompensiert durch die ansteigende Entwicklungslinie der deutschen Lehnwortbildung, die im chronologischen Register des DFWB mit der Herkunftsangabe „dt." (Deutsch als Quellsprache) angedeutet ist, allerdings bei S–Z stärker als in den früheren Bänden (briefl. Hinweis von Alan Kirkness an P.v.P.). Es handelt sich dabei um Wortbildungen, die als solche nicht Entlehnungen aus fremden Sprachen sind, sondern mit Lehnlexemen und/oder Lehnaffixen gebildet wurden, die inzwischen im Deutschen produktiv geworden sind (*Juristerei, Zirkulierung, tributbar, umvagieren,* ...). Durch Lehn-Wortbildung wurde seit der Humanistenzeit die strukturelle ‚Einverleibung' vieler entlehnter Sprachelemente in den aktiv weiterwirkenden deutschen Wortschatz verstärkt. Diese vom 18. bis 20. Jh. durch die Wissenschaftssprache (s. 5.4, 5.11, 6.10, 6.14) noch gesteigerte Bereicherung des deutschen Wortschatzes hat – dem Englischen vergleichbar – die deutsche Sprache zu einer „Mischsprache" mit einer „zweifachen Struktur", mit zwei „partiell eigenen Ausdruckssystemen" gemacht (Munske 1988, 50, 67ff.). – Weiteres in 4.7M.

B. In der Entstehungsgeschichte der humanistischen Gelehrsamkeit in Deutschland ist das ‚Vorspiel' am Prager Hof Karls IV. (Cola di Rienzo, Johann v.Neumarkt) überschätzt worden. Dabei handelte es sich um eine vorübergehende Förderung kunstvoller lateinischer Stilistik und Rhetorik (s. Henne 1978) mit gewissen Auswirkungen auf deutschen Urkundenstil (L.E. Schmitt 1936/72) und deutsche Dichtung (Johann v.Tepl, *Ackermann aus Böhmen*), aber ohne Wirkung im Sinne einer Bildungsbewegung, mit noch wenigen lateinischen Wortentlehnungen in deutschen Texten. Der Beginn des deutschen **Frühhumanismus** ist vielmehr in Wien Ende des 14. Jh.s zu sehen, wo sich der Italiener Enea Silvio Piccolomini (und späterer Papst Pius II.) längere Zeit als Anreger humanistischer Studien aufhielt und auch sonstige persönliche Beziehungen nach Italien und Paris bestanden. Weiterhin spielten in der zweiten Hälfte des 15. Jh.s vor allem Straßburg, Basel und Heidelberg eine führende Rolle bei der antikisierenden Wiederbelebung und Intensivierung der Lateinstudien.

Die landesfürstliche Förderung dieser elitären Akademikerbewegung, die den klerikalen Unterschied zwischen *homines litterati* und *homines illitterati* entsprechend vertiefte, hing damit zusammen, dass die Verwaltung und Rechtsprechung im Laufe des 15. Jh.s in die Hände von römisch-rechtskundigen Juristen geriet, die in Italien und in Paris studiert hatten und das kirchliche Kultur- und Herrschaftsmonopol des Lateins auch in weltlichen Bereichen verstärkten. Dem Humanismus und der Gegenreformation ist es zuzuschreiben, dass der lateinische Anteil an der deutschen Buchproduktion noch sehr lange dominierte: 90% (1518), 70% (1570), 28% (1740), 14% (1770), und dass an den Universitäten das Lateinische bis ins 18. Jh. Unterrichtssprache war, bis ins 19. Jh. teilweise für Dissertationen und Festreden obligatorisch blieb, vereinzelt auch in der Diplomatie (s. 5.3, 6.2K, 6.5X, 6.10A; vgl. Hartweg/Wegera 1989, 90f./2005, 117f.).

C. Das Verhältnis zwischen Latein und Deutsch erhielt in der frühbürgerlichen Zeit eine neue, auf die deutsche Sprache einflussreiche Qualität dadurch, dass die humanistische Tätigkeit des **Übersetzens** mit der unausweichlichen Entscheidung verbunden war, ob man lateinische Begriffe auf Deutsch nachbildet (Lehnprägungen, s. 2.3E) oder ihre lateinischen Bezeichnungen als Lehnwörter in den deutschen Text übernimmt. Seit dem Humanismus, mit seiner philologischen Tendenz zur Originaltreue und prestigeorientierten Verantwortlichkeit nicht mehr anonymer Autoren, werden Lehnwörter den Lehnprägungen vorgezogen bzw. in den beliebten synonymischen **Zwillingsformeln** (vgl. 4.6E) beide Methoden aus didaktischen Absichten miteinander kombiniert, z.B. *memory und angedächtnüsz, red und ovation, mit sollichen worten und disputation* (Rosenfeld, in: Maurer/Rupp 1974, 1,416). Wortentlehnung und theoretische Beschäftigung mit dem Synonymenproblem waren konsequente Reaktionen auf die Klagen humanistischer Gelehrter über die *schweche der Teutschen sprach* (s. Peter Selbet, *Valerius maximus von geschichten der Roemer* […], Straßburg 1533, fol. iir.) Dies gilt besonders für den strengeren, ‚wörtlichen' Übersetzungsstil (*verbum de verbo, wort uß wort*), den vor allem Niklas v. Wyle vertrat, im Gegensatz zu dem auf Horaz und Hieronymus zurückgehenden Prinzip der freieren, ‚sinngemäßen' Übersetzung (*sensus de sensu, sin uß sin*), z. B. Heinrich Steinhöwel oder Martin Luther (Schirokauer, in: DPhA 1,891; Gessing 2016; Greule 2016 vgl. 4.8E). Der wörtliche, lehnwortfreundliche Übersetzungsstil war mit der bildungspolitischen Absicht verbunden, gegen die Simplifizierungsneigung der *falschen meister* durch Verständniserschwerung Anreiz zur höheren Bildung zu schaffen und zur Konstituierung einer elitären akademischen Öffentlichkeit mit deutlichen Bildungsschranken beizutragen (Weinmayer 1982, 208 ff.). Die sprachpflegerische Absicht (kulturelle Bereicherung der deutschen Sprache) war so mit sozialdistinktiver Professionalisierung verbunden.

Zweisprachig produzierende Literaten gab es in Deutschland besonders seit dem späten 13. Jh. und im 14. Jh.: Hugo v. Trimberg, Konrad v. Megenberg, Meister Eckhart u. a. (Grubmüller 1986, 39 ff.). Übersetzungen (lat. → dt. und dt. → lat.) waren im Spätmittelalter bereits innerhalb des kirchlichen Bereichs üblich geworden zur Parallellektüre in der Klerikerausbildung (Palmer, in: Grenzmann/Stackmann 1984, 579 ff.). Seit dem 14. Jh. gab es aufgrund von Aufträgen zahlungskräftiger Laien ein Nebeneinander deutscher und lateinischer Fassungen des gleichen Autors (Kästner/Schirok, in: BBRS 1371), wobei die deutschen Ausgaben stets in Konkurrenz mit den lateinischen sprachlich beurteilt wurden (Knape, in: BBRS 1675). Es gab mehr als 100 deutsch schreibende Humanisten, die sowohl antike als auch zeitgenössische (lat., ital.) und mittelalterliche Werke übersetzten. Die frühhumanistische Übersetzertätigkeit wurde besonders im Umkreis des Hofes und der Universität in Wien Ende des 14. Jh.s gefördert, noch erfolgreicher im schwäbisch-fränkischen Frühhumanismus in Heidelberg, Basel, Straßburg (Albrecht v. Eyb, Heinrich Steinhöwel, Niklas v. Wyle, Rudolf Agricola, Johannes Reuchlin, Jakob Wimpfeling u. a.; Knape, in: BBRS 1674 ff.). Um 1500 war Leipzig ein bedeutendes Übersetzungszentrum (Henkel, in: Grenzmann/Stackmann 1984, 559 ff.). Einige Humanisten waren in Bezug auf Übersetzungen enthaltsam und ablehnend (Erasmus v. Rotterdam, Konrad Celtis). Es gab 1485 sogar ein konditioniertes Übersetzungsverbot des Erzbischofs Berthold v. Mainz (s. 4.9B). Die Steigerung der Übersetzungsproduktion durch die Reformation wird am Erfolg von Luthers Bibelübersetzung deutlich (s. 4.2L) und an der Tatsache, dass das erfolgreichste Sachbuch des 16. Jh.s, Sebastian Münsters *Cosmographia. Beschreibung aller Lender* (Basel 1544) in zahlreichen Übersetzungen (u. a. auch ins Lateinische) und Auflagen (bis in die Mitte des 17. Jh.s) verbreitet war (Engelsing 1973, 30; McLean 2007, 173–178).

Übersetzungen waren insgesamt grundlegend für die Fachprosa des 16. Jh.s (und darüber hinaus). So erschien etwa der medizinische Traktat *Der Swangern Frauwen und hebammen Rosegarten* des Arztes Eucharius Rösslin d. Ä. im Jahr 1513 in Straßburg zunächst auf Deutsch; er wurde in vielen Ausgaben über den deutschen Sprachraum aufgelegt und verbreitete sich rasch über ganz Europa: Nach einer Übersetzung ins Lateinische (1532) wurde der Text auf dieser Grundlage in viele anderen Sprachen übersetzt (etwa ins Französische, Italienische, Polnische und Englische); von der deutschen Druckfassung ausgehend erschienen ihrerseits Übersetzungen ins Tschechische (1519), Niederländische (1528) sowie handschriftliche Übertragungen ins Dänische und Niederdeutsche. Das Werk blieb bis ins 17. Jh. hinein ein Referenzwerk der Gynäkologie; dabei wurde es z.T. umgearbeitet und in andere Werke hineinkompiliert (s. Moulin 2018a).

Besonders im Zeitalter der Reformation und der damit verbundenen und darauf folgenden (religions-)politischen Auseinandersetzungen spielten solche Übersetzungsnetzwerke eine wichtige Rolle: „So wurden in der Frühen Neuzeit zahlreiche Kontroversenbeiträge in lateinischer Sprache geschrieben, die dann ins Deutsche übersetzt wurden" (Gloning, in: Lasch/ Liebert 2017, 51), selbstverständlich umgekehrt deutsche Texte ins Lateinische, sowie auch in und aus anderen europäischen Vernakularsprachen.

D. Die lateinisch-deutsche Zweisprachigkeit der gelehrten Geistlichen hatte schon längst Sprachmischung zur Folge, besonders seit der Bildungsexpansion des 15. Jh.s, wobei Literatur als „sprachübergreifende Gesamtheit einer gemischtsprachigen Schriftkultur" aufzufassen ist, also Latein und Deutsch „flexible Teile eines Gesamtsystems" in „enger Symbiose" darstellten (Grubmüller 1986, 42 ff.). Dieser praktische Sprachenkontakt hat die Interferenz von Bestandteilen der privilegierten Sprache im Gebrauch der unterprivilegierten gefördert und somit deren Transfer (Entlehnung) vorbereitet (s. 2.3F). Das Gebot, im Kloster, in der Schule oder unter Geistlichen nur Latein zu sprechen, ließ sich in der Alltagspraxis oft nicht strikt einhalten. So sind verschiedene Formen von lateinisch-deutscher Sprachmischung überliefert, vor allem nach dem partner- und themaorientierten „rationalen" Aktionsmodell des Bilinguismus, das vor allem lexikalische Interferenzen und integrierte morphosemantische Transfers begünstigt (Oksaar, in: BBRS 3167 f.; Knape, in: BBRS 1679). Für solche mit lateinischen Lexemen und Wortgruppen (lat. flektiert) angefüllte deutsche Sätze sind Luthers Tischreden ein bekanntes Beispiel, wobei diese stets auch – da Mit- und Abschriften Dritter – entsprechend abwägend zu bewerten sind. Ihre Adressaten waren Theologen als Gäste und Studenten, z.T. als Kostgänger in Luthers Hause (vgl. Stolt 1964; Ganslmayer 2016). In den betreffenden gemischtsprachlichen Sätzen waren oft Prädikatsausdrücke und syntaktische Funktionswörter deutsch, die theologischen Begriffe in den Satzergänzungen lateinisch (Kursive steht für Frakturschrift):

> Ergo *mus* fides in hac carne infirma *sein* [...]. (Luther, WA Tischreden, 1, 49)
> Spiritus Sanctus *sezt* mortem *ein* ad poenam, *das er vns sol schrecken*, non ad gaudium. (Luther, WA Tischreden, 1, 84)
> In articulo remissionis peccatorum *ligt die* cognitio Christi. quae sola potest consolari et erigere. (Luther, WA Tischreden, 1, 106)

Wie hier für das argumentative Verknüpfungselement das lat. *Ergo* offenbar besser geeignet war, ist öfters zu beobachten, dass Luther beim Übergang vom Hauptsatz zum adverbialen Nebensatz (Angabesatz) wegen des besser ausgebildeten Systems von Nebensatz-Subjunktionen gern ins Lateinische überwechselte, während er in *dass*-Sätzen und attributiven Relativsätzen häufiger beim Deutschen blieb:

> *Sonst kund niemand den Teuffl ertragen,* sicut videmus in desperatis. (Luther, WA Tischreden, 3, 507)
> *Zu letzt hebt Staupitz zu mir vber tisch an,* cum essem sic tristis *vnd erschlagen*. (Luther, WA Tischreden, 1, 240)

Einen nur terminologisch latinisierenden Typ von Sprachmischung (eher dt. Text mit häufigen lat. Interferenzen) pflegte Paracelsus (s. 4.6D):

> *und ob gleichwol die* semina *in* matrice *ligen und nit in* genitore, *so sehet an das ei von der hennen; das ist von der hennen und nicht vom han, sol es aber* genriren *sein* pullum, *so muß durch den hanen geschehen* (Theophrast von Hohenheim, gen. Paracelsus, Sämtl. Werke, 1. Abt., 12. Bd. München/Berlin 1929, S. 112; Hervorhebungen P.v.P., vgl. Burger, in: BBRS 185).

Die umgekehrte Art von Sprachmischung – deutsche Lexeme (lat. flektiert) in lateinischem Text – nannte man *barbarolexis*; sie wurde besonders in der Reformationszeit in satirisch-polemischer Literatur als gelehrtes Sprachspiel geübt, z.B. in einem späteren Werk des *makkaronischen* Stils:

> [...] Qui vere omnes *Mensch*os, *Mann*os, *VVib*ras, *Iungfravv*as, & *Kind*ras cum *spitz*ibus suis *Schnabuh*s *beiss*ere & *stech*ere solent. (vgl. Janus C. Frey, *Floia, de magna humani generis Bloga*, o.O. O.J. [um 1650], Titelbl.; Hervorhebungen P.v.P.; s. Hess 1971).

E. Die Latein-Renaissance der Humanisten bedeutete auf der einen Seite die Entstehung des Neulateins, das gerade in der Feder und im Munde deutscher Gelehrter indirekt (d.h. über Lehn-Wortbildung, s. 4.7M) auch für die deutsche Wissenschaftssprache den Grund legte. Auf der anderen Seite war sie mit einer soziopragmatischen Veränderung des Bilinguismus verbunden: Stand das mittelalterliche Latein (Mittellatein) als gesprochene Verkehrssprache der Kleriker noch in einer sehr praktischen Beziehung zu den Volkssprachen und war von daher noch wandelbar und flexibel, so geriet das Neulatein der humanistischen Gelehrten in eine sprachpuristische Erstarrung, wurde zur ‚toten' Sprache durch den konservativen Rückgriff auf das in gesammelten Handschriften wiederentdeckte klassische Latein nach dem Vorbild Ciceros (Rosenfeld, in: BRS 654). Dies wirkte sich teilweise als nichtintegrierende (dem deutschen Sprachsystem nicht anpassende, s. 2.3F) Verwendung lateinischer Entlehnungen in deutschen Texten aus. Dies ist eine bis heute für das Deutsche kennzeichnende Neigung zur sprachpuristischen Trennung indigener (ererbter) und entlehnter lexikalischer Einheiten in zwei unterschiedlich gehandhabte Teilsysteme des Deutschen (Munske 1988).

Im mündlichen Gebrauch hatte man sich zwar manche Integration der Lehnwörter und Fremdnamen ins deutsche Laut- und Formensystem angewöhnt: *Theologe* neben *Theologus*, *disputatz* neben *disputatio*, *Christ* neben *Christus*. Aber Fremdflexion wurde in öffentlichen Texten als Signal für wichtige akademische Termini verwendet, so in Luthers Flugschrift gegen den Ablass (1517, hier in einem Druck der Gesamtwerke Luthers aus dem Jahr 1557), wo allgemein geläufige Wörter lateinischer Herkunft deutsch flektiert werden (*magister, meister, sacrament, bapst, pein, pfarr, bischoff, predigt, S. Peters Munster, leyen, argument*), lateinisch flektiert dagegen Wörter der speziellen theologischen Argumentation an die Adresse seiner Kollegen (für die Laien z. T. mit dt. Erklärung), ebenso der Sakralname *Christus* und eine literarische Anspielung:

> PROPOSITIONES LUTHERI WIDER DAS ABLAS [...] *folgende Propositiones vom Ablas handeln* [...] *Jm namen vnsers HErrn Jhesu Christi / AMEN* [...] *oder laut der Canonum / das ist / Bepstlicher satzungen* [...] *vergonnet wider zu nemen die Beneficia oder Pfründen* [...] *Warumb die Canones poenitentiales / das ist / die satzunge von der Busse* [...] *keines reichen Crassi gûter* [...] *zu der gemeine Christi* [...] *jrem Heubt / Christo* [...] (in: *Der Neundte Teil der Buecher des Ehrnwirdigen Herrn D. Martini Lutheri*. Wittenberg 1557, fol. 9v-13r; – *Crassi*: Anspielung an Plutarch und dessen Werk über den für seinen Reichtum bekannten spätrömischen Politiker Marcus Licinius Crassus).

Seit der Mitte des 16. Jh.s, besonders im 17. Jh., diente Fremdwortflexion vor allem der akademischen Statussymbolik, auch bei längst bekannten und eingedeutschten Lehnwörtern. Aus dieser Elitesprache-Tradition erklärt sich die noch heute soziolinguistisch problematische (und das dt. Flexionssystem belastende) bildungsbürgerliche Normungspraxis, für viele entlehnte Substantive nur die nichtintegrierte Pluralflexion als ‚richtig' zuzulassen, also an der Fremdflexion festzuhalten: *Index – Indices, Atlas – Atlanten, Thema – Themata, Verbum – Verba, Topos – Topoi, Tempus – Tempora, Doctor – Doctores, Cello – Celli* usw. Vom Deutschen her systemwidrig ist dabei das substituierende Prinzip, d.h. die Pluralflexion mit Tilgung und/oder Veränderung des Singular-Wortausgangs, auch beim Typ *Basis – Basen* (s. Munske 1988, 60f.). Manche schon früher entlehnten Wörter sind nochmals in anderer Form und neuer Bedeutung entlehnt worden: z.B. *Pein* ‚Schmerz' – *Pön* ‚Strafe', *Marmel – Marmor, Meister – Magister, Pfalz – Palast – Palais*.

Auf das Deutsche übertragener lateinischer Sprachpurismus konnte so weit gehen wie bei Jakob Wimpfeling, der 1496 vorschlug, deutsche Substantive nach lateinischer Flexion und mit lateinischem Genus zu verwenden und die Artikelwörter nach lateinischem Vorbild zu vermeiden (Knape, in: BBRS 1678). Ein Vertreter extremer Latinisierung der deutschen Bildungssprache war Niklas v.Wyle, der es in seinen *Translationen* (1478) mit Berufung auf den Nürnberger Humanisten Gregor Heimburg für richtig hielt, *daz er* [= Heimburg] *in der latinischen rhetorick wenig ützit* [= kaum etwas] *fund zů zierung vnd hofflichkait loblichs gedichtes dienende / daz nit in dem tütsche ouch statt haben vnd zů zierung sölicher tütscher gedichten als wol gebrucht werden möcht als in dem latine* [...] (v.Wyle, *Translationen*, hrg. von A. v.Keller, Stuttgart 1861, 10).

Es finden sich aber auch unter den Humanisten warnende negative Urteile über puristische Latinisierung in deutschen Texten: [...] *in dieser verteutschung brauch ich mich des alten lautern gewönlichen iederman verstendigen teutsches; dan unser redner und schreiber, voraus so auch latein künnen, biegen, krümpen unser sprach in reden, inschreiben, vermengens, felschens mit zerbrochen lateinischen worten, machens mit grossen umbschwaifen unverstendig ziehens gar von irer auf die lateinisch art mit schreiben und reden, das doch nit sein sol,/ wan ein ietliche sprach hat ir aigne breuch und besunder aigenschaft*. (Aventinus gen. Turmair, Bayerische Chronik, 1526, Vorrede; vgl. Aventinus, Sämtl. Werke IV,1, 5). – *Merck hie. das man sich schemmen sol* Jnn *tütschen reden vnnd predigen. vil latyns darunder ze müschen*.(Reuchlin, Übers. von Cicero, *Tusculanae Disputationes*, dt. Hs. 1501, zit. n. W.J. Jones 1995, 18).

Elitäre Gelehrsamkeit signalisierten viele Humanisten auch durch Latinisierung oder Gräzisierung ihrer Personennamen, oft nur in Buchtiteln, Diplomen und Briefen. In manchen Fällen sind solche Humanistennamen bis heute bewahrt (Seibicke, in: BBRS 3541):

Vornamen: *Claudius, Augustus, Hektor, Achilles, Julius, Maximilian, Livia, Cornelia, Felicitas, …*, manchmal mit antik-römischer Dreinamigkeit (*Desiderius Erasmus Roterdamus*), mitunter als bloß oberflächliche Antikisierungen (*Jost → Justus, Martin → Martinus*). Familiennamen: entweder gelehrt übersetzt (*Weber → Textor, Schmidt → Faber/Fabricius, Bauer → Agricola, Hund → Canisius*), auch irrtümlich: *Schwarzert* als ‚Schwarz-Erd' *→ Melanchthon*; oder nur oberflächlich latinisiert: *Buschius, Vogelius, Heinrici, Käskorb → Cascorbi*.

F. Das humanistische Bildungsprestige erfuhr noch eine Steigerung, wenn man als *homo bilinguis* galt, d.h. außer der völligen Beherrschung des klassischen Lateins auch das antike Griechisch kannte. Die Humanisten beherrschten Letzteres meist nicht als gesprochene akademische Verkehrssprache, sondern nur zum Verständnis wiederentdeckter altgriechischer Originaltexte wie Aristoteles, Plato, Ptolemäus oder das Neue Testament, für die man sich als philologisch strenger Gelehrter nicht mehr mit den lateinischen Übersetzungen begnügte (Holzberg, in: BBRS 3183 ff.):

Die Kenntnis der griechischen Schrift war im Mittelalter im Abendland fast ganz abhandengekommen. Selbst die Aristotelesstudien der Scholastik betrieb man meist anhand lateinischer Übersetzungen. Die Beschäftigung mit altgriechischen Originaltexten begann im 14. Jh. in Italien im Zusammenhang mit dem Sammeln von Texten und durch Flüchtlinge aus dem 1453 von den Türken eroberten Konstantinopel. In Deutschland begann die Griechisch-Rezeption mit den neuen lateinischen Übersetzungen griechischer Werke in der 2. Hälfte des 15. Jh.s von Rudolf Agricola, Johannes Regiomontanus, im frühen 16. Jh. von Johannes Reuchlin, Erasmus v.Rotterdam, Willibald Pirkheimer u. a., und deren Verbreitung durch den Buchdruck. Seit 1515, dann durch die Reformation gefördert, gab es Lehrstühle für Griechisch an deutschen Universitäten, seit 1526 auf Betreiben Philipp Melanchthons humanistische Gymnasien mit Griechisch als Kernfach neben Latein.

Trotz dieser gelehrten Bemühungen um den direkten ‚Zugang' zum Altgriechischen war der griechische Spracheinfluss auf das Deutsche nach wie vor eng mit dem Lateinischen verbunden. Viele Lehnwörter griechischer Herkunft sind überhaupt über das seit dem Frühchristentum stark gräzisierte Latein ins Deutsche gekommen, später auch über das Französische. Auch nach der Wirksamkeit von Humanismus und Reformation sind an deutschen Schulen und Universitäten griechische Texte noch lange vorwiegend in lateinischen Übersetzungen gelesen und zitiert worden. So sind Lautform und Schreibung vieler griechischer Lehnwörter nur unter Berücksichtigung lateinischer bzw. französischer Konventionen zu erklären (Holzberg, in: BBRS 3183 ff.; Rosenfeld, in: LGL 659):

Die seit der Humanistenzeit durch Entlehnungen ins Deutsche eingeführten Fremdgrapheme <*ph*> für <*f*>, <*th*> für <*t*>, <*rh*> für <*r*>, <*y*> für <*i*> oder <*ü*> in Wörtern griech. Herkunft beruhen auf lat. Transkriptionstradition; <*ch*> gab es schon vorher im Dt. Auf lat. Aussprache griech. Wörter beruhen <*ä*> für griech. <αι> (*Pädagoge*), <*ö*> für griech. <οι> (*Ökonomie*), <*c*> mit [*ts*]-Aussprache für griech. <κ> (*Hydrocephalie*). Auf der itazistischen (mittelgriech.) Aussprache der Konstantinopelflüchtlinge beruhen Eindeutschungen wie [*ev*] für altgriechisch ευ [οι] (*Evangelium, Levkoje*), [*i*] für ει [*ae*] (*Chirurg*). Griechische Suffixe wurden bei der Entlehnung in lat. Form eingedeutscht: -*us* für griech. -ος (*Anonymus*), -*um* für griech. -ον (*Podium*), mit dem franz. Lehnsuffix -*ie* für griech. -ια (*Aristokratie*). Die Endbetonung griech. Eigennamen und Lehnwörter ist franz. Einfluss (*Homér, Herodót, Kritík, Musík, Politík*). Andererseits sind manche über das Lateinische oder Franz. vermittelten griech. Lehnwörter humanistisch regräzisiert worden: *salm* → *Psalm, fantôme* → *Phantom*. Manche Wörter haben durch Neuentlehnung aus dem Franz. ihre heutige Bedeutung erhalten: *Charakter* zunächst in lat. Bedeutung ‚Prägung, Schriftzeichen', ab 17. Jh. in franz. Bedeutung ‚Rang, Status, Gesamtheit aller moralischen Eigenschaften eines Menschen'.

G. So ist es nicht sinnvoll, die Fülle der lateinischen und griechischen Entlehnungen der humanistischen Epoche getrennt darzustellen. Noch rund 80 % des heutigen deutschen Lehnwortschatzes ist – auf welchen Wegen auch immer vermittelt – lateinischer oder griechischer Herkunft, ebenso ein noch größerer Prozentsatz der deutschen Lehn-Wortbildung (s. 4.7M). Bereits in der frühbürgerlichen Zeit ist so der Grundstock der modernen deutschen **Fachterminologie** gebildet worden, wovon hier nur einige Bereiche mit wenigen Beispielen angeführt werden können:

- Rechtswesen: *Advokat, Akte, Amnestie, appellieren, Argument, Arrest, Factum, Familie, Formel, Injurien, Justiz, Kaution, konfiszieren, legal, protestieren, Prozess, Termin, Testament, …*
- Politik, Verwaltung: *Audienz, Deputation, Insignien, Konspiration, Legation, Monarch, Polizei, Potentat, Rebell, Regent, Regiment, Repressalien, Residenz, Tumult, …*
- Höhere Bildung: *absolvieren, Auditorium, Aula, Bibliothek, Collegium, Dekan, Disziplin, Examen, Fakultät, Ferien, immatrikulieren, Katheder, Kommilitone, Pensum, Professor, promovieren, religieren, Thema, …*

4.7. Sprachenkontakte, Entlehnungen aus anderen Sprachen

- Dichtkunst: *Dialog, fabulieren, Fragment, Kapitel, komisch, Komödie, Literatur, Mäzen, poetisch, Tragödie,* ...
- Publizistik und Druckerei: *Autor, Edition, Exemplar, Faksimile, Format, Kolumne, Korrektur, Makulatur, Orthographie, publizieren, Spatium,* ...
- Mathematik: *addieren, Differenz, dividieren, multiplizieren, plus, Proportion, Quotient, Summe,* ...
- Medizin (vor allem durch Paracelsus): *Abstinenz, Anatomie, Apotheke, Arterie, Chirurg, Diät, Elixier, Epidemie, Essenz, Infektion, narkotisch, Nerv, Pore, Tinktur,* ...
- Handel, Verkehr: *Datum, Kopie, Nota, Register, quittieren,* ... (s. Bolten, in: BBRS 130).

So ließen sich auch entsprechende Listen aufstellen für die Anfänge der Naturwissenschaften, Geographie, Geschichte, Grammatik usw.

Auch ein großer Teil der **Sprachhandlungsverben**, vor allem im Bereich des wissenschaftlichen und juristischen Argumentierens, ist damals eingeführt oder semantisch geprägt worden. Zum Grundbestand aus der altdeutschen Rechtssprache ist viel aus der Rezeption des römischen Rechts und aus der humanistischen und reformatorischen Disputationspraxis hinzugekommen, was später durch die Aufklärungsphilosophen (s. 5.11Q, 5.12R) ergänzt und strenger terminologisiert wurde (v.Polenz 1988, 181 ff.):

Neben den überwiegend deutschgebildeten (*anfechten, auslegen, begründen, sich berufen auf, beweisen, einräumen,* ...) wurden in der Humanistenzeit zahlreiche Lehnwörter der Unterrichtspraxis eingeführt: *definieren, deklamieren, diktieren, disputieren, dozieren, exemplifizieren, extemporieren, memorieren, präparieren, traktieren,* ... Für das akademische und juristische Argumentieren waren damals viele entlehnte Sprachhandlungsverben üblich, die später (17.–19. Jh.) verschwunden und durch deutschgebildete ersetzt worden sind, die meist bereits als Varianten vorkamen:

raisonniren ‚erörtern' *continuiren* ‚fortfahren'
conferiren ‚vergleichen' *contestiren* ‚bezeugen'
contradiciren ‚widersprechen' *demonstriren* ‚beweisen'
defendiren ‚verteidigen' *justificiren* ‚rechtfertigen'
refutiren ‚widerlegen' *praetendiren* ‚beanspruchen'
recommendiren ‚empfehlen' *dissentiren* ‚abweichen'

H. Der lateinische Einfluss auf den deutschen **Satzbau** ist in der älteren Forschung überschätzt worden. Zwar haben bei Gelehrten und Dichtern, Kanzleischreibern und Juristen die stark komplexe, hypotaktische Syntax (Periodenbau) lateinischer Texte, ihre Systeme der Tempora, Modi und Nebensatzkonjunktionen seit dem Mittelalter – besonders in der Humanistenzeit – als Vorbilder für das Deutsche gewirkt; aber die dafür verwendeten syntaktischen Mittel selbst – Endstellung des Verbs im Nebensatz, Klammerbildung bei zweigliedrigem Prädikatsausdruck, Hilfs- und Modalverbgefüge, vorangestellte Attribute und Attributerweiterungen, Adjektivierung durch Partizip, Nebensätze ohne finites Hilfsverb – sind grundsätzlich altdeutscher Herkunft bzw. entsprechen allgemeinen, systemimmanenten Entwicklungstendenzen der Syntax germanischer Sprachen, die durch das Vorbild lateinischer Texte allerdings in der Frequenz und extremen Ausnutzung beeinflusst wurden (s. 4.5). S. auch Berić-Djukić 1988, 219 ff.; Habermann 2001a, 38–57; Prell/Andersen 2004.

Nur Randerscheinungen des ‚humanistischen Deutsch', die teilweise bis ins 17. oder 18. Jh. in kanzleimäßigem, akademischem oder hochpoetischem Stil nachwirkten, sind Nachahmungen lateinischer Konstruktionsweisen und Stilfiguren in Texten von Autoren, die ihre deutschen Sätze mitunter nach dem streng ‚wörtlichen' Übersetzungsprinzip (s. 4.7C) zu formulieren liebten. Niklas v.Wyle hat sich ausdrücklich dazu bekannt, dass es im zierlichen, eleganten lateinischen Stil nichts gäbe, was nicht auch in deutscher Sprache als *gut zierlich*, *lobes wirdig* und *wolgebrückt* gelten könne (Rosenfeld, in: Maurer/Rupp 1974, 1,413; Eggers 1963–77, Bd. 3, 128). Als Anleitung dazu dienten – außer vorbildlichen Autoren – die im Spätmittelalter von Italien her weit verbreiteten, im 15. Jh. auch in Deutschland gedruckten Lehrbücher des lateinischen Stils, vor allem für Urkunden und Briefe, die *Rhetorica*, *Ars dictandi* oder *Formularium* hießen. Zu den daraus entstandenen syntaktischen Latinismen seit der Humanistenzeit gehören:

- Akkusativ mit Infinitiv bei Verben des ‚Wahrnehmens' und ‚Einschätzens': *Sy glaubent vnd sprechent / sich selber weiß sein / aber sy sind thoren* (Ebert 1986, 149/1999, 151); *Jetzt empfiende ich mich gefodert sein / zu verantwortung dessen ...* (Maria Cunitz, *Urania Propitia*, 1650, 154);
- Nachgestellte erweiterte Partizipialattribute: *ain huswirt gest zu tisch ladende; vnd er halff vielen krancken mit mancherley seuchen beladen* (Ebert 1986, 98/1999, 99);
- Relativer Anschluss mit Verbendstellung: *starb im die erste Frau / deshalb er ein andere nam* (Ebert 1986, 104/1999, 106); *Es ist so künftlich ding/ das gleich ettliche tieffe gehaimnuß allain vnter den Buchstaben verborgen ligen/ welliches auch den Juden ain vrsach ist/ das sy schier mit allen buchstaben jrer sprach/ also schertzen vñ Philosophiern.* (Ickelsamer, *Deutsche Grammatica*, [Nürnberg 1534], fol. D2r);
- Partizipkonstruktionen nach lat. Vorbild (Beispiele aus Texten von Niklas v.Wyle bei Eggers 1963–77, Bd. 3, 127 ff.); besonders im 18. Jh. mit absolutem Akkusativ literarisch beliebt: *Kaum das Blatt gelesen, legt der Jüngling auf sein aller schnellstes Roß den Sattel* (vgl. Paul 1916–20/68, Bd. 3, 282);
- syntaktische Stilfiguren: Parallelismus, Periphrase, rhetorische Frage, Synonymenhäufung, Attributhäufung, rhythmischer Satzschluss usw. (Knape, in: BBRS 1673 ff.).

Zum lateinischen Vorbild bei der Zurückdrängung asyndetischer Relativsätze durch flektierend konjunktionale s. 4.5C!

J. Der im höfischen Mittelhochdt. schon beträchtliche **französische** Spracheinfluss hatte Mitte des 14. Jh.s nachgelassen infolge langwieriger Kriegszustände in Frankreich; auch wurde die italienische Renaissancekultur jetzt attraktiver als die französische Feudalkultur. Im „Wellental" des französischen Spracheinflusses (15. Jh., 1. Hälfte 16. Jh.) ist mehr mit unterschichtlichem Sprachenkontakt zu rechnen, vor allem seit ca. 1480, als sich in den neuen Söldnerheeren (mit einem großen Anteil von Schweizern!) eine französisch geprägte europäische Militärterminologie entwickelte (Lüdtke, in: BRS 875; Zollna, in: BBRS 3196 ff.; Just 2012). Das Wiederansteigen des französischen Lehneinflusses ist zunächst vorübergehend um 1500, dann stärker ab etwa 1560 zu beobachten, mit Höhepunkt im 17. Jh.; vgl. die Statistik in 4.7A (ähnlich bei W.J. Jones 1976, 7; Kratz, in: Mitzka 1968, 445; Zollna, in: BBRS 3196 ff.). Es unterscheidet sich auch qualitativ von der spätmittelalterlichen Phase: mehr Oberschichtliches und Hochsprachliches von Paris her, und mit meist gesamtdeutscher Verbreitung über die Fürstenhöfe. Auf dem Wege zu einer modernen internationalen Verkehrssprache in Wissenschaften, Recht, Politik und Hochkultur wirkt nun französisches Sprachvorbild auch auf die Entlehnungsprinzipien für lateinische Wörter stark ein, sodass in vielen Fällen die Herkunft aus Latein, Französisch oder Italienisch nicht mehr klar zu unterscheiden ist. Hier eine Auswahl von Entlehnungen dieser älteren Schicht (15./16. Jh.), z.T. heute nicht mehr oder in anderer Bedeutung gebräuchlich:

– Kriegswesen: *Admiral, Artillerie, Bagage, Bresche, Fort, fortifizieren, Garde, Garnison, Kapitän, Leutnant, Marschall, Munition* ('Kriegsmaterial allgemein'), *Palisade, par force* ('mit Gewalt'), *Patrone* ('Musterform für Geschosse oder Pulverladungen'), *Pike, Prise* ('Kriegsbeute'), *Regiment, ruinieren* ('zerstören'), *staffieren* ('ausrüsten'), *Truppe, Visier,* ...
– Verwaltung, Politik: *Gouverneur, Kanton, kontrollieren, Kurier, Pass, Patent* ('Urkunde'), *Patriot, Pension, Proklamation, Rebell, rehabilitieren, Renegat, Renovation* ('rechtliche Bestätigung'), *Resolution* ('Entscheidung', 'Verordnung'), *revoltieren,* ...
– Wirtschaft, Verkehr: *Adresse, Artikel, Etikette, Finanzen, Journal* ('Nachricht, Tagebuch'), *Koffer* (übers Niederländ.), *Paket, passieren* ('durchreisen'), ...
– Geselligkeit, Ethik, höfisches Leben: *Biscuit, Courage, delikat, Diskretion, exzellent, Fasson, Konversation, korrekt, Kurtisane, Lakai, modern, moralisieren, nett* (übers Niederländ.), *Pardon, passabel, Respekt, Rivale, Robe, Sauce, Serviette,* ...
– Architektur, Kunst, Musik, Literatur: *Farce, furnieren, Garderobe, Kabinett, Klavier, Konterfei, Medaille, Park, Pavillon, Poesie, Posament, Rondeau, violett,* ...

Zu den im mittelalterlichen Französisch entwickelten, für die meisten europäischen Sprachen vorbildlichen Entlehnungsprinzipien für lateinische Wörter gehören: Akkusativform bzw. Infinitivform als Basis, Wegfall von Flexionsendungen, lat. Form des Erstsuffixes bei zwei Suffixen (*nervös – Nervosität, formell – Formalität*), bestimmte Suffixformen: -itas → -ität, -atio → -ation, -aris → -är, -alis → -ell, -osus → -ös (Lüdtke, in: LGL 677, BRS 870 ff.; Zollna, in: BBRS, 3197 ff.). Eine Vorbildwirkung des Französischen für solche Bildungen könnte auch mit der neulateinischen Literatur in den einzelnen europäischen Ländern entsprechend in Interaktion stehen, was einer weiteren Untersuchung bedürfte.

K. Der deutsche Sprachenkontakt mit dem Italienischen (und Rätoromanischen) war bis ins 16. Jh. vorwiegend mündlich und unterschichtlich, d. h. bäuerlich und bürgerlich, zumal es bis dahin auf beiden Seiten noch keine standardisierte Literatur- und Oberschichtsprache gab. Er ging vor allem von den Gebieten romanisch-deutscher Zweisprachigkeit aus (Tessin, Graubünden, Südtirol, Trentino, Friaul, Pustertal) und wurde verstärkt durch den Verkehr von Kaufleuten und Wanderarbeitern über die Alpenpässe sowie von italienischen Seefahrern und Söldnern in ganz Europa. Ein großer Teil des spätmittelalterlichen und frühneuzeitlichen italienischen Lehneinflusses ist deshalb nur in oberdeutschen Dialekten (Schweizerdt., Bairisch-Österreichisch) vorhanden, lautlich und orthographisch stark dem Deutschen assimiliert und nicht mehr in die neuhochdt. Schriftsprache aufgenommen bzw. durch französische Formen verdrängt (z. B. *Kassa/Kasse, Pomeranze/Apfelsine, Biskotten/Biscuit, Marille/Aprikose*; vielfach in Österreich bis heute erhalten). Vgl. Wis 1955; Kühebacher 1968; Pfister, in: BBRS 3203 ff.!

Eine mehr gemein- und hochsprachliche italienische Entlehnungsschicht ist den politischen Beziehungen von Reich und Kirche zu verdanken, den häufigen Kriegs- und Pilgerzügen nach Italien und dem Orient, dem Studium Deutscher an italienischen Universitäten und vor allem den Fernhandels- und Bankbeziehungen von Oberitalien nach Deutschland. Im 16. und 17. Jh. kam der Einfluss der vorbildlichen italienischen Hofkultur, Literatur und Musik hinzu, vermittelt durch die Fürstenhöfe von Wien und München sowie durch entsprechende, seit der Renaissance beliebte und insbesondere auch nach Italien führende Bildungsreisen (*Grand Tour*). Die Sachbereiche der italienischen Entlehnungen aus dem 15. und 16. Jh. sind aus all diesen historischen Sprachenkontaktbereichen zu erklären:

- Handel und Geldwirtschaft: *Avis, Bank(e)rott, Bilanz, brutto, Cassa, credito, Diskont, dito, franco, Giro, Kargo, Kassa, Kommission, Konto, Lombard, Magazin, Million, netto, Null, Posten, Prokura, Provision, Prozent, Risiko, saldo, Skonto, sortieren, Ultimo, Valuta,* ...
- Verkehr, Schifffahrt: *Capitan, Golf, Kompass, Korsar, Mole, Passagier, Pilot, Pirat, Post, Strapaze,* ...
- Kriegswesen: *Alarm, Bastei, Galopp, Lazarett* (übers Französ.), *Marketender, Parade, parieren* (in der Fechtkunst), *Partisane* (übers Französ.), *Proviant, Rakete, Zitadelle,* ...
- Hauskultur: *Altan, Bankett, Kredenz, Marzipan, Matratze, Melone, Pantoffel, Pokal, Porzellan, Salat, Schachtel, Stiefel, Stuck, Torte,* ...
- Musik und Literatur: *Alt, Bass, Kadenz, Larifari, Madrigal, Motette, Novelle, Partitur, Pasquill, Sonett, Spinett, Tenor,* ... (weiteres im 17. Jh., besonders Musik).

Die Beibehaltung italienischer Endungen (*-o, -a*) beruht auf längerer technischer Verwendung in fachsprachlichen Situationen ohne Zwang zur Anpassung an deutschsprachlichen Kontext (Lüdtke, in: LGL 675); viel davon ist durch sekundären franz. Einfluss assimiliert worden. – Seltener waren Lehnübersetzungen: *Wechselbrief* (*lettera di cambio*), *Haben* (*avere*), *Soll* (*debito*), *Gläubiger* (*creditore*), *laufende Rechnung* (*conto corrente*), *Postmeister* (*maestro delle poste*).

L. Der (relativ geringe) Lehneinfluss des Spanischen resultierte aus den Auswirkungen der Entdeckungen seit Columbus und der spanischen Thronbesteigung Karls V. (1516/19).

In den Bereich ‚Krieg' gehören *Embargo, Flottille, Guerilla, Junta, Liga*, in den Bereich ‚Handel' *Kasko, Kork, Zigarre*, in den des höfischen Zeremoniells die im 16.–18. Jh. im Deutschen üblich gewordene Anrede in 3. Person (*er, sie, Sie*), ein Lehn-Pragmem, mit dem in den Oberschichten die dt. *du/ihr*-Anrede und die mlat. *Ihr*-Anrede (Plural für Singular) weitgehend verdrängt wurde; davon ist die *Sie*-Anrede als Vereinfachung mit Numerus-Neutralisierung bis heute geblieben (Lüdtke, in: LGL 677, BRS 870 ff.; s. auch H. Simon 2003; 2016). Vgl. 5.8G u. 6.9Y!

M. Als Folge der Wortentlehnungen aus den klassischen und romanischen Sprachen ist das deutsche Wortschatzsystem seit der Humanistenzeit stark erweitert worden durch die Ansätze zur Lehn-Wortbildung, d.h. zur produktiven Verwendung entlehnter Präfixe, Suffixe und Basislexeme im Rahmen der deutschen Wortbildung, die damit allmählich ein neues Teilsystem (Sekundärsystem) erhielt. Diese Wortbildungen sind in den Registern zum „Deutschen Fremdwörterbuch" (DFWB, Bd. 7) mit „dt." gekennzeichnet, sind aber weniger als ‚Eindeutschungen' zu verstehen als vielmehr im Sinne eines gesamteuropäischen, im Neulatein der einzelnen Länder vollzogenen Prozesses der freien Verwendung lateinisch/griechischer Elemente zur volkssprachlichen Wortschatzerweiterung. Dadurch sind hochkulturelle Wortschatzbereiche (Recht, Verwaltung, Politik, Wissenschaft, Technik, Kunst) in den europäischen Sprachen so ähnlich geworden, dass man in der Sprachenkontakt-Linguistik den Begriff *Lehnwörter* großenteils durch den Begriff *Internationalismen* ersetzt hat (vgl. P. Braun, in: Cruse u.a. 2005, 1380 ff.). In der Kombination von Lehnlexemen mit indigenen (nichtentlehnten) Affixen bestanden im Frühneuhochdt. weniger Einschränkungen als in der absolutistisch-bildungsbürgerlichen Zeit (s. 5.4O). Dementsprechend war man noch zurückhaltender in der Verwendung neuer Lehnsuffixe (*-ität, -ation, -ur, -age, -ant, -al, -abel* usw.) und Lehnpräfixe (*ex-, de-, con-, dis-, hyper-* usw.). In frühbürgerlicher Unbekümmertheit und Experimentierfreudigkeit liebte man Doppel- und Mehrfachsuffigierung. Die hohe Produktivität und Wortbildungsfreiheit wird exemplarisch deutlich an der Entfaltung einer in der Reformationszeit thematisch wichtigen Wortfamilie (DFWB, Bd. 4, 2, 8 ff.):

sakramental, Sakramentar, sakramentalisch, sakramentarisch, sakramentlich, sakramentlos; Sakramenter, Sakramentierer, Sakramentist, Sakramentiererei; Sakramenten, sakramentieren, versakramenten; Sakramentshäuschen, Sakramentstag, Sakramentsschwärmer, Sakramentslästerer, Sakramentsschänder, Sakramentsrotte; Taufsakrament, Bußsakrament, Altarsakrament, Sterbesakrament, …

Bei den aus Lehnlexemen abgeleiteten Verben war das bereits im Mittelhochdt. entlehnte Suffix *-ier* im Frühneuhochdt. sehr produktiv: *stationieren, rentieren, postulieren, sekretieren, …*, mit den Varianten *-isier* und *-fizier: sophistisieren, theologisieren, tyrannisieren, quali-*

fizieren, ..., auch in heute nicht üblichen bzw. gewagt erscheinenden Bildungen: *satanieren* ,sich wie der Teufel aufführen', *testamentieren* ,letztwillig verfügen, vermachen', *zifferieren* ,rechnen', *tumultieren* ,Aufruhr machen', *sirup(is)ieren* ,mit Sirup heilen', ... Desubstantivische Verbableitungen ohne *-ier* sind noch selten: *zementen, rumoren, Sakramenten, klavieren, auftrompeten, verrenten, herumtrossen*. Indigen-deutsche Präfigierung von Lehnverben kommt öfters vor: *erspekulieren, versophistisieren, verhypothekieren, betyrannisieren, ausspekulieren, überstudieren, umherterminieren, umvagieren, fortpassieren*, ...

Der Ableitung von Adjektiven aus Lehnlexemen dienten die Suffixe *-isch, -lich* und *-ig*: *studentisch, satanisch, quodlibetisch, papistisch, manierlich, reverenzlich, passierlich*, ... Die unbegrenzte Ableitbarkeit führte auch zu typisch frnhd. Doppelsuffigierungen: *tyrannischlich, tyrannischerweise, subtiliglich*. In vielen Fällen wurden damals unnötige indigen-deutsche Suffixe angefügt, wo sich später die nichtsuffigierten lateinisch/französischen Adjektive auch im Deutschen durchgesetzt haben: *parallelisch, antikisch, violettig, properlich, simplig, subtilig, rationalisch*, ...; oder wo fremdsprachige Suffixe wie *-al, -är, -ell* damals noch nicht als (bildungssprachliche) Lehnsuffixe zur Verfügung standen (heutige Formen in Klammern): *triumphierlich (-phal), proporzlich (-tional), pastorlich/pastorisch (-ral), proportionierlich (-tional), okzidentisch (-tal), sakramentisch (-tal), zeremonisch (-niell), universitätisch (-tär)*; oder wo Fremdsuffixe noch nicht als solche behandelt wurden: *sakramentalisch, pestilenzialisch, partikularisch*. Der Experimentiercharakter frnhd. Lehn-Wortbildung wird an Versuchen wie *tragödisch, tragödienweise, tragicisch* neben *tragisch* deutlich. Es ist auch noch mit dem (im heutigen Dt. nicht mehr vorhandenen) Bedürfnis zu rechnen, das Adverb vom Adjektiv durch ein zusätzliches Suffix zu unterscheiden (Wells 1994, 451).

Bei den Substantiven waren die aus Lehnlexemen abgeleiteten Personenbezeichnungen sehr beliebt, großenteils aus der polemisch-satirischen Textfunktion der Flugschriften der Reformationszeit zu erklären: Entweder gleich mit dem Lehnsuffix *-ist*: *Papist, Theologist, Summist, Sakramentist, Sermonist, Romanist, Komponist, Bassist, Sinfonist*, oder als indigen-deutsch suffigierte Ableitungen aus *-ier*-Verben: *Spekulierer, Sektierer, Sakramentierer, Zeremonierer, Quaestionierer, Tyrannisierer, Transferierer, Reformierer, Visierer, Quartierer, Studierer, Vagierer, Testierer*, ... (auch hier z.T. anstelle späterer bildungssprachlicher Ableitungen wie *-ator, -ant, -ent*); seltener ohne *-ier*: *Sakramenter, Tross(l)er, Päpstler, Poenitenzer*; auch doppelt suffigierte: *Musketierer, Offizierer*.

Bei den Abstraktsubstantiven (Nomina actionis, d.h. substantivischen Prädikatsbezeichnungen) war die Entlehnung bzw. Mitentlehnung neuer Suffixe damals noch selten: *Satanität, Olität, Skrupulosität, Disputat, Rasur*. Da die Substitution von lat. *-(i)tas* durch dt. *-heit/-keit* schon Tradition war, wurde vom Lehnsuffix *-ität* (aus altfranz. *-tet*) noch weitaus weniger Gebrauch gemacht als seit der Aufklärungszeit: *Simpelheit* (→ *Simplizität*), *Subtilheit* (→ *-ität*). Für die Experimentierfreudigkeit des Frnhd. typisch waren stark assimilierte Lehn-Wortbildungen auf *-a(t)z* (für lat. *-atio*), die damals (nach Ickelsamer) für Wörter aus vertrauten Lebensbereichen beliebt waren, aber später nach bildungsbürgerlichem Geschmack durch puristische Ableitungen auf *-ation* ersetzt wurden: *supplicatz, dispensatz, disputatz, oratz, reformatz, compositz, deklinatz, transiatz, citatz, absolutz* (Knape, in: BBRS 1678; Rosenfeld, in: Maurer/Rupp 1974, 1,347; Rössing-Hager, in: Munske 1988, 307 ff.).

Bei den lehnlexemischen Ableitungen mit indigenen Suffixen oder bereits stark integrierten Lehnsuffixen war Zweifach-Suffigierung häufig: *-er+-ei, -ier+-ung, -lich+-keit, -ig+-keit*: Polemische Bildungen der Reformationszeit wie *Papisterei, Sakramentiererei*,

Sodomiterei, Summisterei oder unpolemische Institutionenbezeichnungen *Vikarei, Renterei, Provisorei; Summierung, Punktierung, …; Parteylichkeit, Visierlichkeit, Subtiligkeit* (neben *Subtilkeit*), … Dabei viele Fälle, wo die Suffixableitungen später durch die – bereits daneben üblichen – suffixlosen Lexeme (in Klammern) ersetzt wurden: *Transportierung* (*Transport*), *Turnierung* (*Turnier*), *Triumphierung* (*Triumph*), *Proportionierung* (*Proporz*), oder wo später bildungssprachlich strengere (sprachpuristische) Entlehnungen (in Klammern) üblich wurden: *Zirkulierung* (*-ation*), *Spekulierung* (*-ation*), *Studierung* (*Studium*), *Passierung* (*Passage*), *Zitierung* (*Zitat*), …

Während bei den älteren Lehnsuffixen aus mittelhochdt. Zeit noch keine Beschränkung in Bezug auf indigene Basislexeme bestand (*bubelieren, buchstabieren, erlustieren, halbieren, hausieren, hofieren, sackisieren, schattieren, stumpfieren, verglasieren, verprachtieren; Deutelei, Eselei, Meierei, Schäferei,* …), bedeutete die Verwendung neuer Lehnsuffixe mit indigenen Basen in der humanistischen Zeit bereits eine Ausnahme, auch wenn noch keine so strikte normative Regel galt wie in der sprachpuristischen Epoche des bildungsbürgerlichen Deutsch (s. 5.4O). Man war noch unbekümmerter gegenüber ‚hybriden' Formen. Teilweise sind sie aus einer „makkaronischen" spätlateinischen Stiltradition des ausgehenden 15. Jh.s und aus satirischer gelehrter Wortspielerei zu erklären; frnhd.: *Anfechtion, Albertät, Grobität, Thorität, Eselist, Stolprian, Grobian*; frühbarock: *Blumist, Lagerist, Hornist*. Noch im Studentenjargon des 19. Jh.s, dessen Wurzeln auf die Humanistenzeit zurückreichen, waren sie beliebt: *burschikos, Bummelant, Schwulität, Paukant,* …

N. Von anderer Art waren die Folgen des Sprachenkontakts des Deutschen mit dem Hebräischen bzw. dem älteren Jüdischdeutsch und mit slawischen Sprachen. Entlehnungen aus diesen Sprachen sind – sozialgeschichtlich erklärbar – mehr subkulturell vermittelt; sie haben deshalb keinen Anteil an der deutschen Lehn-Wortbildung.

Hebräische Wörter sind – abgesehen von frühen Entlehnungen über das Kirchenlatein – aus dem älteren Jüdischdeutsch (dem späteren Jiddisch, vgl. 4.9LM) übernommen worden. Entlehnungsepochen und -wege sind manchmal schwer auseinanderzuhalten (Röll 1986): Wichtig sind einerseits direkte jüdisch-christliche Sprachenkontakte auf Dialektebene, vor allem über den Wortschatz der Vieh-, Getreide- und Weinhändler (Althaus 1963; Weinberg 1973). Noch wichtiger war andererseits der Weg über die *Rotwelsch/Jenisch/Gaunersprache* genannte Sprache der Landstreicher, Hausierer, Rechtlosen und Kriminellen (s. Möhn, in: BBRS 2391 ff.; Wexler 1988; Kleinschmidt 1975; Sinner 2014, 186 ff.). Hierbei besteht aber für die Forschung die Hauptschwierigkeit darin, dass relativ viele dieser Wörter nie dem ‚normalen' Jiddisch angehört zu haben scheinen, sondern auf einer Aktivierung des hebräischen Wortschatzes zu kryptischen Zwecken beruhen müssen; sie spiegeln also wohl Kontakte der deutschen Rotwelsch-Sprecher weniger mit koterritorialen Juden als vielmehr mit jüdischen Unter- bzw. Randgruppen wider (Glanz 1968) und enthalten überdies durch ihre unerwartet starke Westorientierung ein sprachgeographisches Problem (Wexler 1988). Bei der (semantisch meist veränderten) Weiterverwendung solcher Wörter im Deutschen war den nichtjüdischen Benutzern deren jüdische Herkunft oft nur dunkel oder gar nicht bewusst, im Unterschied zum gruppeninternen Gebrauch jiddischer Restwörter im vertraulichen Umgang jüdischer Deutscher untereinander (s. Althaus 2000); sozialstilistisch wirken sie im Deutschen vielmehr – wie andere Elemente aus dem Rotwelschen und allgemein aus sozialer ‚Unterwelt' – als ‚salopp', ‚witzig', ‚kritisch', ‚frech', ‚abschätzig' usw. Es handelt sich also in vielen Fällen nicht um direkten jiddisch-deutschen (westjiddischen) Sprachenkontakt. So ist die folgende Liste eher das Gegenteil von einer Widerspiegelung der geistig hochstehenden jiddischen/jüdisch-deutschen Sprachkultur. Sie gehört, strenggenommen, wegen relativ später schreibsprachlicher Erstbelege, größtenteils zu Band II (5.3, 5.8) und III (6.4.1Z), ist hier also nur als zusammenfassender Vorausblick zu verstehen. Zu den bekanntesten, noch heute gebräuchlichen Lehnwörtern hebräischer Herkunft, die auf verschiedene Weisen mit dem älteren Jiddisch zusammenhängen, gehören die folgenden mit Gebrauchsmarkierungen versehenen heutigen Bedeutungen, Angaben für Erstbelegung im Deutschen, Stil- und Herkunftsangaben nach Kluge/Seebold 1989/2011, DGW und DUDEN-Herkunftswörterbuch (ugs. = umgangssprachlich, pej. = pejorativ, abwertend, Rotw. = aus dem Rotwelsch; vgl. auch DWDS online):

betucht: ugs., ‚wohlhabend', 17. Jh., aus dem Westjidd.
Chuzpe: ugs., salopp, pej., ‚Unverschämtheit', ‚Dreistigkeit', 19. Jh.
dufte-: ugs., salopp, ‚unerwartet gut', ‚richtig', ‚großartig', Rotw., 19. Jh. Berlinisch
flötengehen: ugs., ‚verlorengehen', ‚kaputtgehen', 18. Jh., umgedeutet aus westjidd. *blede* (zu ostjidd. *pleite*) (Röll 1986, 62)
Gauner: pej., ‚Betrüger', ostmdt. *g* für *j*, Rotw., 15. Jh.
Kassiber: ‚aus dem Gefängnis geschmuggelter Brief', Rotw., 19. Jh.
meschugge: ugs., salopp, ‚verrückt', Rotw., 19. Jh.
mies: ugs., pej., ‚schlecht', ‚schäbig', ‚widerlich', Rotw., 19. Jh. Berlinisch
Mischpoche/-poke: ugs., salopp, pej., ‚Familie', ‚Verwandtschaft', ‚Bande', ‚Gesellschaft', Rotw.
Pleite/pleite: ugs., scherzhaft, ‚bankrott', Rotw., 19. Jh.
schachern: ugs., pej., ‚feilschen', ‚handeln', Rotw., Anf. 17. Jh.
schäkern: ugs., veraltend, scherzhaft, ‚necken', ‚flirten', 18. Jh.
Schlamassel: ugs., ‚schwierige, unangenehme Situation', Rotw., 18. Jh.; aus jidd. *schlimasel*, das eher dt. *schlimm* als hebr. *šälo* ‚was nicht' (danach hebr. *masal* ‚Glück') enthält; dazu *vermasseln* [Etymologie nach Erika Timm, briefl. an P.v.P.; vgl. DWDS online https://www.dwds.de/wb/Schlamassel].
Schmiere stehen: ugs., salopp, ‚bei einem Einbruch usw. Wache stehen, aufpassen', Rotw., 18. Jh.

Schmu(s): ugs., pej., ‚leeres Gerede', ‚Schöntun', Rotw., 18. Jh.
schofel: ugs., pej., ‚empörend schlecht', ‚geizig', ‚gemein', Rotw., 18. Jh.
Stuss: ugs., pej., ‚dummes Zeug', ‚Unsinn', 18. Jh., Rotw.
Tinnef: ugs., pej., ‚wertloses Zeug', 19. Jh., Rotw.

Zur Rolle des Jiddischen und jüdischer Personennamen im deutschen Antisemitismus und danach s. 6.4.1Z, 6.4.2U, 6.4.3X sowie Althaus 2000.

O. Trotz großräumiger Sprachenkontakte über ein Jahrtausend (s. 4.9N–Q) ist die Zahl der aus **slawischen** Sprachen in die deutsche Standardsprache aufgenommenen Lehnwörter relativ gering, gerade wenn man berücksichtigt, dass beispielsweise östlich von Elbe und Saale ein großer Teil der heutigen deutschen Bevölkerung aus Nachkommen slawischer Vorbevölkerung besteht. Dem (bis auf Römerzeit und Rom-orientierte Christianisierung zurückreichenden) westeuropäischen Bewusstsein eines ‚west-östlichen Kulturgefälles' entsprechend, war der Bilinguismus einseitig auf den sprachenpolitischen Zwang zum Sprachenwechsel hin orientiert und mit einer starken deutschen Geringschätzung slawischer Sprachen verbunden. Zwar wurden hunderte von Ortsnamen (*Güstrow*, *Berlin*, *Leipzig*, *Meißen*, *Feistritz*, …, E. Eichler/H. Walter 1986/88; R. Fischer u. a. 1963) und Familiennamen (*Noske*, *Nuschke*, *Nietzsche*, *Fritsche*, *Mucke*, *Nowak*, *Porsche*, *Kretschmar*, …, s. Naumann 1994; Seibicke 1982/2008) bleibende Bestandteile der deutschen Sprache, aber nicht sehr viele Lehnwörter und kaum Lehnprägungen. Groß ist dagegen die Zahl der auf Dialekte und regionale Umgangssprachen beschränkt gebliebenen „**Reliktwörter**" (G. Bellmann, K. Müller), die aus alltagskulturellem Sprachenkontakt der Unterschichtbevölkerung, stark ans Deutsche assimiliert, übernommen worden sind. Nach Hans Bielfeldt (1965, 20) sind es annähernd 3000, und zwar – sozialgeschichtlich erklärbar – vor allem Wörter für praktische Gegenstände in Wald-, Feld-, Gewässer- und Hauswirtschaft (G. Bellmann 1971 und in: LGL 682f; BBRS 3229 ff.; K. Müller u. a. 1976; Skála 1972):

Altsorbische Reliktwörter im Ostthüringisch-Obersächsischen sind z. B. *Maline* ‚Himbeere', *Schiwecke* ‚Holunder', *Schischke* ‚Nadelbaumzapfen', *Hermchen* ‚Kamille', *Zauke* ‚Maiglöckchen', *Dese* ‚Backtrog', *Bemme* ‚Brotscheibe', *Bäbe* ‚Napfkuchen', *Mauke* ‚Brei', *Plinse* ‚Eierkuchen' (v.Polenz 1963). Zu den „**Grenzentlehnungen**" – Übernahmen aus benachbarten slawischen Sprachgebieten (K. Müller u. a. 1976, 11) – gehören beispielsweise aus dem Tschechischen: *Kren* ‚Meerrettich', *Schmetten* ‚Sahne', *Groschen*, *Tornister*, *Düse*, *Haubitze*, *Pistole*; aus dem Slowenischen: *Jause* ‚Zwischenmahlzeit', *Petschaft* ‚Siegelstempel'; im Ostmitteldt. aus dem Tschech.: *Kretscham* ‚Wirtshaus mit Niedergerichtsbarkeit'. Zu slaw. Lehnwörtern im österreichischen Deutsch s. Wiesinger 1990a, 518 ff.

In den gemeindeutschen Sprachgebrauch sind dagegen „**Fernentlehnungen**" (K. Müller u. a. 1976, 12) aufgenommen worden, aus dem Polnischen und Russischen durch den Handelsverkehr in den neueren Jahrhunderten: *Droschke*, *Graupel*, *graupeln*, *Grenze*, *Ha-*

lunke, Hamster, Jauche, Knute, Nerz, Peitsche, Popanz, Preiselbeere, Schmetterling, Trabant, Zeisig, Zobel. In vielen dieser Fälle ist auch Herkunft aus dem Tschechischen möglich. – Hohes Alter der Entlehnung ist in einigen Fällen an der später eingetretenen Diphthongierung (vgl. 4.3C) zu erkennen: *Graupe, Jauche, Jause, Peitsche.* Vgl. 6.10QR!

Literatur

Sprachenkontakt, Transferenz, Interferenz: BBRS (Oksaar 3160 ff.). Bechert/ Wildgen 1991. Clyne 1975. Kolb/Lauffer 1977. LGL (Clyne 641 ff., Juhasz 646 ff.). Lüllwitz 1972. Russ 1983/84. Tesch 1978. – **in Europa:** BBRS (Schmitt 1061 ff., Panzer 1123 ff., Askedal 1136 ff.). K. Gärtner/Holtus 1995. Habermann 1999. Kirkness 1996. A. Kremer 2010. Lendle u. a. 1986. Munske 1982; 1995. Munske/Kirkness 1988. Skála 1998. Voeste 2013b. Wich-Reif 2016. Wiesinger 1990. – **Übersetzen:** BBRS (Koller 219 ff.). Geith 1991. Reiffenstein 1984.

Latein/Deutsch (s. auch 4.9Lit!): BBRS (Schmitz 323 f., Henkel 3171 ff.). Dittmer 1987. Dückert 1976/81, 263 ff. Frick/Henkel 2019. Grubmüller 1986. Habermann 2001a; 2003. Hartweg/Wegera 1989, 86 ff./2005, 108 ff. Henkel/Palmer 1992. W. Hoffmann 1980. Honemann 2006. Kettmann/Schildt 1978, 341 ff. Kreuter 2010. LGL (Rosenfeld 653 ff.). Löffler 1991. Mackowiak 2012. Maurer/Rupp 1974 (Rosenfeld 1,399 ff.). Munske 1982. Munske/Kirkness 1988. Ponert 1975. Prell/Andersen 2004. Puff 1995. Schiewe 1996. Seiler 1910 ff. Telling 1982. Wolff/Wittstock 1999. – **Humanismus, Neulatein:** BBRS (Knape 1673 ff.). Bentzinger 1999b. Forster 1961. Graecogermania 1989. Gumbel 1930. Hartweg/Wegera 1989, 86 ff./2005, 108 ff. Kirkness 1991. Maurer/Rupp 1974 (Rosenfeld 1,399 ff.). Roloff 1984. Rupprich 1970, l,425 ff., 652 ff.; 2,403. Worstbrock 1970. – **Latinismen in deutschen Texten, Mischsprache, Integration:** BBRS (Kirkness 407 ff.). Burke 1989. Eckel 1978. Ganslmayer 2016. Grubmüller 1986, 42 ff. Habermann 1996. Hartweg 1990. Hess 1971. W.J. Jones 1979; 1995. Kettmann 1978. Munske 1988. Rössing-Hager 1992. Stolt 1964. Wachinger 1977. H. Wolf 1983a. – **Grammatischer Lehneinfluss:** BBRS (Askedal 1136 ff.). Berić-Djukić 1988. Besch/ Wegera 1987 (Ebert/Erben 162 f.). Dittmer 1987. Ebert 1986, 149 ff./1999, 151 ff. u. ö. LGL (Rosenfeld 658 ff.). Maurer/Rupp 1974 (Rosenfeld 1,413 ff.). Prell/Andersen 2004.

Lehn-Wortbildung: R. Bergmann 1998a. Frick/Henkel 2019. Hatcher 1951. Heidermanns 2005 (Bibliographie). M. Höfler 1971; 1972. Hoppe 1999. Hoppe u. a. 1987. Kirkness 1984; 1991; 1996. E. Link 1988. Munske 1988, 62 ff. Munske/Kirkness 1996. Öhmann, in: NphM 67–72, 1966–1971. – S. auch 5.4Lit, 6.10Lit!

Griechisch/Deutsch BBRS (Holzberg 3183 ff.). Dornseiff 1950. Graecogermania 1989. Lendle u. a. 1986, 18 ff. LGL (Rosenfeld 653 ff.). Maurer/Rupp (Rosenfeld 1,399 ff.). Munske/Kirkness 1996. Richter/Hornbostel 1981. Telling 1982. Wolff/Wittstock 1999.

Französisch/Deutsch: BBRS (Baum 1107 ff., Zollna 3192 ff.). Helbing 1912/13. W. Jones 1976; 1978; 1979. Katara 1966. Kettler 2008. Kratz 1968. Lendle u. a. 1986 (Müller 65 ff.), Lévy/Kaltz 2013. LGL (Lüdtke 672 ff.). Maurer/Rupp 1974 (Öhmann 1,321 ff.). Öhmann, in: NphM 3776, 1936–1975. Rash 1989. Ruge 2020b. Telling 1988. – Vgl. 5.4Lit!

Italienisch/Deutsch: BBRS (Pfister 3203 ff.). W.J. Jones 1979. Kühebacher 1968. Lendle u. a. 1986 (Pfister 53 ff.). LGL (Lüdtke 675). Maurer/Rupp 1974 (Öhmann 1,

321 ff., Rosenfeld 1, 427 ff.). Öhmann, in: NphM 40–57, 1939–1956. Rash 1989. Schirmer 1911. Schmöe 1998. Wilhelm 2013. Wis 1955.

Niederländisch/Deutsch: BBRS (De Smet 3290 ff.). Glaser/Clement 2014a. LGL (Munske 668 f.).

Jüdischdeutsch (Altjiddisch)/Deutsch: Althaus 1963; 1965; 1965/68; 1972; 2000. BBRS (Kiefer 3260 ff.). Glanz 1968. Matras 1991. Röll 1986; 1996. Weinberg 1969/73. Timm 1986; 1987; 1991; 2005. Wexler 1988. S.A. Wolf 1962a; 1962b/1986. – S. auch 4.9Lit, 6.4Lit!

Slawische Sprachen/Deutsch: BBRS (G. Bellmann 3229 ff.). G. Bellmann 1971. Bielfeldt 1965. Brysz-Mladjenovic 1995. Eichler 1965. Jachnow 1970. LGL (G. Bellmann 680 ff.). B. Müller 1972; 1974. Kl. Müller 1972; 1993. K. Müller u.a. 1976. B. Peters 1968. Riecke 1997. Schlimpert 1978. Seibicke 1990. Skála 1964; 1972a. Squires 2009. Stellmacher 2004. Wick 1939. Wiesinger 1990a. R. Winter 1961. – S. auch 4.9Lit!

Skandinavische und baltische Sprachen/Deutsch: Birkmann u.a. 1997. Braunmüller 1988a; 1993/95. Hyldgaard-Jensen 1989–1993. Jahr 1995. Kreye 1993. Nybøle 2004. Schöndorf 2002. Schöndorf u.a. 1987. Ureland 1987. Winge 1992.

Arabisch/Deutsch: Tazi 1998.

4.8. Sprache der Reformation und der Volksaufstände

A. Die Kirchenreformation und der sog. ‚Bauernkrieg' (vgl. 4.1G, 4.2KM) bedeuteten für die deutsche Sprache einen gesamtgesellschaftlichen Entwicklungsschub, zu dem man – über die absolutistische Epoche (s. diese Sprachgeschichte Bd. 2) hinweg – erst in den industriegesellschaftlichen Sprachwandlungen des 19. und 20. Jh.s (s. Bd. 3) Parallelen und Wiederaufnahmen finden kann. Das breitenwirksame „Deutsch für jedermann" dieser Jahre (Eggers 1963–77, Bd. 3, 155) kann weder Luther allein noch nur der Kirchenreformation zugeschrieben werden. Als Korrektur der traditionellen deutschen Sprachgeschichtsschreibung muss hier aufgrund neuerer Forschungen die in gedruckten Flugschriften, handschriftlich oder mündlich verbreitete Propaganda- und Agitationsliteratur in dieses wichtige sprachgeschichtliche Kapitel einbezogen werden. Trotzdem gebührt darin dem Wittenberger Reformator Martin Luther (1483–1546) der hervorragende erste Platz. Mit Luther hatten wir es schon zu tun in Bezug auf:

- seine politisch-publizistische Rolle als Auslöser dieser weltgeschichtlichen Bewegung (4.1G, 4.2L)
- seine Bedeutung für den Prestigezuwachs des ostmitteldt. Schreibsprachtypus im Rahmen der allgemeinen Aussonderungsprozesse zwischen den Schreiblandschaften (4.4F), auch im Wortschatz (4.4N)
- seinen Einfluss auf die stärker norddeutsch orientierte Lautnormung durch Leseaussprache (4.4M)
- seine deutsch-lateinische Zweisprachigkeit (4.7D).

Dass und ob Luther 1517 seine (lateinischen) Thesen an die Wittenberger Schlosskirchentür angeschlagen habe, wird in der Forschung differenziert bewertet: „Ein revolutionärer Thesenanschlag, wie sich das die Nachwelt spätestens seit der ersten Jahrhundertfeier 1617, vor allem aber im revolutionsversessenen 19. Jahrhundert vorstellte, fand [...] nicht statt. Lange war zweifelhaft, ob die Thesen am 31. Oktober 1517, dem Tag vor Allerheiligen, überhaupt in Wittenberg veröffentlicht oder gar angeschlagen wurden. [...] Wenn, wie jüngere Quellenfunde wahrscheinlich machen, die 95 Thesen tatsächlich an die Tür der Schlosskirche angeschlagen wurden, dann war der Kontext ein ganz anderer als ihn die protestantische Revolutionsrhetorik mit dem Hammer schwingenden Mönch konstruierte. Es handelte sich um einen an den europäischen Universitäten üblichen Akt akademischer Information und Kommunikation, nämlich um die Ankündigung einer akademischen Disputation und um die Aufforderung, mit dem Verfasser über seine Thesen zu debattieren" (H. Schilling 2017, 167f.). Damit wäre der Thesenanschlag auch als perfomativ-sprachliche Handlung im Hinblick auf einen lateinisch-humanistisch gebildeten Empfängerkreis zu deuten.

B. Luthers kirchensprachliche Leistung war kein Neuanfang, sondern der Kulminationspunkt langfristiger Sprachtraditionen, in denen er aufgewachsen, die er sich angeeignet, aus denen er mit großer Sprachmeisterschaft geschöpft hat. Schon aus der Tatsache, dass er erst im Alter von 34 Jahren vom lateinischen zum (sogleich sehr gekonnten, erfolgreichen) deutschen Schreiben und Publizieren überging, ist zu schließen, dass er auf ihm längst geläufige deutschsprachige Vorbilder zurückgreifen konnte. In diesen Traditionen waren die bis heute gerühmten Eigenschaften des ‚Lutherdeutsch' bereits weitgehend vorhanden: einfach, den Laien verständlich, gut sprechbar und hörbar, bildhaft, drastisch.

In der Forschungsliteratur (Schildt 1984, 35; Wegener 2016, 69 ff.) werden als nachweisliche Vorbilder und Anreger genannt: Die von Luther selbst dankbar gelobte und 1516/1518 herausgegebene *Theologia Deutsch* (auch genannt *Der Franckforter/Der Frankfurter*) aus der Mystikertradition des 14. Jh.s, die Luther als Tauler-Kompendium wahrnimmt, die Predigten Johannes Taulers und anderer Dominikaner und der Franziskaner, thüringische Erbauungsliteratur. Dabei hält Lydia Wegener (2016, 79) fest: „Martin Luther rezipierte Johannes Tauler und den ‚Frankfurter' nicht als Exponent der ‚deutschen Mystik' – deren Existenz im Sinne einer spezifischen diskursiven Formation des späten Mittelalters war ihm unbekannt [...] –, sondern als volkssprachliche Zeugen für die Richtigkeit seiner Theologie, die wiederum durch die augustinisch-paulinische Anthropologie geprägt ist."

Luther hat stets viel gelesen, alte Werke ebenso wie zeitgenössische, aus verschiedenen deutschsprachigen Regionen. Er kam an der Wittenberger Universität mit Kollegen und Studenten aus dem ganzen deutschen Sprachgebiet und darüber hinaus zusammen, hatte viele enge Freunde von weither, führte eine ausgedehnte Korrespondenz, ist viel und weit gereist.

Auch in der Bibelübersetzung hatte Luther viele Vorläufer (Sonderegger, in: BBRS 229 ff.; Bentzinger 1999a): Vor ihm gab es schon 14 gedruckte hochdeutsche und 4 niederdeutsche Bibelausgaben, seit der Straßburger Bibel des Verlegers Johann Mentel (1466) aus einer rund 100 Jahre älteren Vorlage; dazu Ausgaben von Bibelteilen, Weltchroniken in Versen und seit 1400 deren Prosaauflösungen in den Historienbibeln, Armenbibeln mit Bildern. Auch gab es weitere Quellen für biblische Übersetzungsalternativen aus handschriftlicher, gedruckter und mündlicher Kirchenpraxis: vor allem Plenarien, Predigtsammlungen, Erbauungsliteratur. Zu vielen Stellen von Luthers Bibelübersetzung lassen sich Parallelen und Vorbilder nachweisen, ohne dass eine direkte Abhängigkeit von bestimmten Texten deutlich würde. Vieles war Gemeingut im Gedächtnis der Prediger. Wo Luther im Wortlaut von der ostoberdeutschen Mentel-Bibel abweicht und mit niederdeutsch-niederländischer Tradition übereinstimmt, ist die ihm zeitlich und räumlich am nächsten stehende Halberstädter Bibel von 1522 (ostfälisch) als Quelle wahrscheinlich (Erben, in: Maurer/Rupp 1974, 1,534 f.). Bei der Luther zukommenden Priorität im Rückgriff auf den griechischen Urtext ist zu berücksichtigen, dass er wohl neben Erasmus' kritisch annotierter Ausgabe des Neuen Testaments (Basel 1516) auch dessen lateinische Übersetzung herangezogen hat (Schilling 2017, 274 f.).

C. Ein hervorragender Aspekt von Luthers erfolgreicher Spracharbeit ist seine Hinwendung zum gesprochenen Deutsch. Als Theologe und humanistischer Gelehrter hatte er eigentlich vom akademischen Primat der geschriebenen Sprache auszugehen: Spontane gesprochene Sprache war für den formlosen Alltag da und galt nichts. Luther stand aber auch in der Tradition der Volkspredigt, die schon seit der Gründung der Bettelorden im 13. Jh., deren berühmteste deutsche Prediger die Franziskaner David v.Augsburg und Berthold v.Regensburg und die Dominikaner Meister Eckhart, Tauler und Seuse waren, eine soziolinguistische Unterschicht innerhalb des kirchlichen Lebens ansprach. Die Predigt war für Luther derjenige kirchliche Dienst, den er bis zu seinem Lebensende eifrig und regelmäßig geleistet hat. Seine lebendige sprechsprachliche Stilistik, mit Anreden, dialogischen Formen wie Frage und Antwort, mit großer Freiheit der Wortstellung, mit Ellipsen, Anakoluthen, Modalpartikeln, Sprichwörtern, ist daraus zu erklären, dass er sich als Geistlicher weniger mit den Buchgelehrten als mit den Priestern des praktischen Gemeindelebens verbunden fühlte, die mit den Leuten über Gott und die Welt in deren Sprache redeten.

Luther selbst über die Bedeutung der gesprochenen Sprache im kirchlichen Leben (H. Wolf 1980, 21 f., 51): *Und [das Evangelium] ist eygentlich nicht das, das ynn büchern stehet und ynn buchstaben verfasset wirtt, sondernn mehr eyn mundlich predig und lebendig wortt und eyn stym, die da ynn die gantz wellt erschallet und offentlich wirt auβgeschryen, das mans uberal höret.* (Luther, WA 12, 259) – *Darumb ist die kirch eyn mundhawβ, nit eyn federhawβ.* (WA 10/I/2, 48) – *Es lernet ein jderman gar viel besser Deudsch oder ander sprachen aus der mundlichen rede, im Hause, auff dem marckt und in der Predigt [...].* (WA 54, 74) – *Die buchstaben sind todte wörter, die mundliche rede sind lebendige wörter, die geben sich nicht so eigentlich und gut in die schrifft, als sie der Geist oder Seele des Menschen durch den mund gibt.* (WA 54, 74).

D. Ein verständliches öffentliches Deutsch für alle Bevölkerungsschichten war ein Ziel, das Luther zusammen mit vielen reformatorischen und sozialrevolutionären Zeitgenossen anstrebte, im bewussten Gegensatz zur gekünstelten schreibsprachlichen Formulierungsweise der Kanzleibeamten, Lohnschreiber und vieler Gelehrter (H. Wolf 1980, 19, 24, 46; 1996b):

Ich wil [...] mich gar nichts schemenn, deutsch den ungeleretenn layen zupredigen und schreiben. (Luther, WA 6, 203) – *Man sol auff der cantzel die zitzen herauβ ziehen vnd daβ volck mit milch trencken ; Wen ich alhie predige, so laβ ich mich auffs tieffste herunder, non aspicio ad doctores et magistros, quorum vix 40 adsunt, sed ad centum vel mille iuvenum puerorumque [...].* (Luther, WA Tischreden 3, 3421, 3573) – *[...] den man mus nicht die buchstaben inn der lateinischen sprachen fragen, wie man sol Deutsch reden, wie diese esel thun, sondern, man mus die mutter jhm hause, die kinder auff der gassen, den gemeinen man auff dem marckt drumb fragen. und den selbigen auff das maul sehen, wie sie reden, und darnach dolmetzschen, so verstehen sie es den vnd mercken, das man Deutsch mit jn redet.* (Luther, *Sendbrief vom Dolmetschen*, WA 30,2; 637; s. zu dieser Stelle Ashcroft 2008).

E. In der Bibelübersetzung (über deren publizistischen Erfolg s. 4.2L) hielt sich Luther bewusst an die Methode der freieren, sinngemäßen Übersetzung (Gelhaus 1989, 117 ff.; Albrecht/Plack 2018, 107 ff.), lehnte also die strenge, philologisch genaue Wort-für-Wort-Übersetzung ab. Darin ist er im humanistischen Streit um das rechte Übersetzen der Richtung Steinhöwels gefolgt (vgl. 4.7C), die sich im Deutschen bis zu Notker v.St. Gallen (um 1000) zurückverfolgen lässt (Sonderegger, in: BBRS 250 ff.; Gessing 2016). Mit diesem Grundsatz vor allem stand er im Gegensatz zu seinen schärfsten Kritikern Hieronymus Emser, Friedrich Staphylus und Georg Witzel, die auf der Linie des altkirchlichen Übersetzungsverbots (die biblischen Schriften seien nicht für Laien, vgl. 4.9B) die mittelalterliche Kirchenposition verteidigten, indem sie Luthers Abweichungen vom Wortlaut der altkirchlich kanonisierten lateinischen Vulgata und der kirchlichen Auslegungstraditionen als ‚ketzerische Fälschungen' denunzierten (Gelhaus 1989, 2 ff.).

Luthers konsequente Entscheidung war von seiner Prediger-Gesinnung her motiviert, auch von der (von Aventin übernommenen) sprachphilosophischen Erkenntnis: *ittliche sprag hatt ir eigen art* (Luther, WA Tischreden 5, 5521). Das Übersetzungsprinzip hat er selbst expliziert: *Wo die wort haben mügen leiden vnd geben einen bessern verstand, Da haben wir uns nicht lassen zwingen durch der Rabinen gemachte Grammatica zum geringern oder andern verstand, Wie denn alle Schulmeister leren, das nicht der sinn den worten, sondern die wort dem sinn dienen vnd folgen sollen.* (Luther, WA 38, 11).

Luthers freies Verdeutschungsprinzip wird vom Gegner polemisch bestätigt: *Darzu ists zusehr / das dieser Deudscher ettwas mehr der Biblien vater denn Dolmetscher seyn wil / weyl er des schryfftlichen buchstabs also gering achtet / darauff doch aller grundt steht / vnd mehr warnympt / wie seyn arbeyt den Deudschen oren wol klinge / denn wie er seyner gepüre gnugthue. Daruon es wirt / das ynn dem er der welt wolzugefallen begert / Gott dem heyligen Geist zu kurtz geschicht / der seyn wort reyn / vnuerruckt / styff / bestendig vnd gantz ym buchstaben allerley sprachen stehen haben wil / ob es gleych Cuntz vnd Drebes nicht so gar vnd klerlich vernemen. Es kutzelt feyn seyn Deudsch / vnd helt den leser / aber da ligt die frag an / ob es recht vnd gewiss sey.* (Georg Witzel, *Euangelion Martini Luters,* Leipzig 1533, fol. F4r).

Im Gegensatz zu bildlichen Darstellungen in Lutherbibeln (mit Nimbus und Taube) und zur späteren Lutherpropaganda protestantischer Theologen und Grammatiker (z.B. Johannes Claius) hat Luther selbst sich niemals als ein vom Heiligen Geist inspirierter Übersetzer verstanden, sondern als eigenständiger Interpret, der mit Gottes Gnade philologische Kenntnisse und Auslegungsfähigkeiten anwendete, wobei – im Sinne der Gadamerschen „Horizontverschmelzung" zwischen Autor und Übersetzer – „Luthers eigene Gedanken immer schon in die Wiedererweckung des Textsinns mit eingegangen" sind

(Gelhaus 1989, 190). Dabei zeigen neuere Untersuchungen, die sowohl die Übersetzungsmanuskripte Luthers als auch die Korrekturvorgänge und Drucke einbeziehen, die innere Dynamik des Übersetzungsvorganges: Ein solcher „übersetzungsprozessorientierte[r] Zugang ermöglicht neue, tiefergehende Erkenntnisse zur Arbeitsweise und den Übersetzungsroutinen Luthers. Für die inhaltliche Bewertung der Textmodifikationen, die sich mittels der Selbstkorrekturen rekonstruieren lassen, ist die Frage leitend, wie Luther als Übersetzer im sprachlichen Zugriff Denkstrukturen über zeiträumliche Grenzen hinweg adaptiert und vermittelt. In diesem Zusammenhang zeigt sich, dass die Spezifik der lutherischen Bibelübersetzung bereits in ihrem frühesten gerifbaren Produktionsstadium als Bruch mit bisherigen Praktiken des Übersetzens zu begreifen ist und in der Tradition religiösen Übersetzens an der Schwelle vom Mittelalter zur Neuzeit einen Paradigmenwechsel einleitet" (Ganslmayer 2018, 95).

Übersetzen war für Luther eine sehr menschliche Tätigkeit des *hertzen*, bei der Verstand und Gefühl noch nicht getrennt sind (Stolt 1984, 156 ff.): *Ah es ist dolmetzschen ja nicht eines iglichen kunst [...] Es gehöret dazu ein recht, frum, trew, vleissig, forchtsam, Christlich, geleret, erfarn, geübet hertz.* (Luther, *Sendbrief vom Dolmetschen*, WA 30,2; 640,25 f.).

Im *Sendbrief vom Dolmetschen* (1530) gibt Luther Beispiele für die Art seines freien, sinngemäßen Übersetzens und rechtfertigt seine Abweichungen und Hinzufügungen (im Verhältnis zum Originaltext und zu traditionellen Übersetzungen) gegenüber Gegnern und Freunden mit semantischen und soziopragmatischen Argumenten:

Als wenn Christus spricht: Ex abundantia cordis os loquitur. Wenn ich den Eseln sol folgen, die werden mir die buchstaben furlegen, und also dolmetzschen: Auß dem uberflus des hertzen redet der mund. Sage mir, Ist das deutsch geredt? Welcher deutscher verstehet solchs? Was ist uberflus des hertzen fur ein ding? Das kan kein deutscher sagen / [...] sondern also redet die mütter ym haus vnd der gemeine man: Wes das hertz vol ist / des gehet der mund uber, das heist gut deutsch geredt [...] (Luther, *Sendbrief vom Dolmetschen*, WA 30,2; 637,23–33). Luther vermeidet hier die abstrakte, dem Latein nachgebildete Substantivierung *uberflus* (*abundantia*) und bevorzugt mit dem volkstümlichen Sprichwort Prädikatsausdrücke mit Verben (*voll sein, übergehen*), wobei das semantisch blasse lat. *loquitur* (‚redet') emotional verstärkt wird durch *ubergehen* (im metaphorischen Sinne von *abundantia* ‚Überfließen').

Ein anderes Beispiel: *Jtem da der Engel Mariam grüsset vnd spricht: Gegrüsset seistu, Maria vol gnaden, der Herr mit dir? Wolan, so ists bißher, schlecht den lateinischen buchstaben nach verdeutschet, sage mir aber ob solchs auch gut deutsch sey? Wo redet der deutsch man also: du bist vol gnaden? Vnd welcher Deutscher verstehet, was gsagt sey, vol gnaden?* (Luther, *Sendbrief vom Dolmetschen*, WA 30,2; 638,13–6). Luther stößt sich hier an der undeutschen latinisierenden Wortstellung *Maria vol gnaden* (mit nachgestelltem Attribut als substantivisch erweiterter Adjektivgruppe) und will die alltagssprachliche Konnotation des Adjektivs *vol* vermeiden: *Er mus dencken an ein vas vol bier, oder beutel vol geldes, darumb hab ichs vordeutscht: Du holdselige, da mit doch ein Deutscher, dester meher hin zu kan dencken, was der engel meinet mit seinem grus. Aber hie wöllen die Papisten toll werden uber mich, das ich den Engelischen grus verderbet habe. [...] Das hörestu wol, ich wil sagen:*

du holdselige Maria, du liebe Maria, und las sie sagen: du volgnaden Maria. Wer Deutsch kann, der weis wol, welch ein hertzlich fein wort das ist, die liebe Maria, der lieb Gott, der liebe Keiser, der liebe fürst, der lieb man / das liebe kind. [...] *So finde ich, das der deutsche man also spricht* [...] (Luther, Sendbrief vom Dolmetschen, WA 30,2; 638,17–21/31–35 u. 639,19). Mit *Das hôrestu wol* hatte Luther das laute, von Gestik und Mimik begleitete Vorlesen des Bibeltextes im Sinne. – Hierhin gehört auch die berühmte Rechtfertigung seiner Übersetzung von *ex sola fide* mit *allein durch den glauben* (s. 4.8M).

Luthers populärer, alltagsnaher Übersetzungsstil bedeutet keineswegs eine Banalisierung oder Profanisierung des Bibeltextes überhaupt; Luthers Bibelsprache kann in diesem Sinne als „Sakralsprache" (Reichmann 2011, 192) bezeichnet werden. Die Forschung hat davor gewarnt, Luthers Bibelsprache einfach für frühneuhochdt. Alltagssprache zu halten und die heutige sakrale Feierlichkeit des originalen Luthertextes nur auf die archaistische Wirkung der im Laufe der Jahrhunderte nach Luther veralteten Wörter und Wendungen zurückzuführen (Stolt 1984, 169 f.). Diesem Irrtum erliegen nach Stolt (1984) die radikal ‚modernisierenden' Revisionen der Lutherbibel (‚Entmythologisierung'). Ein Umschreiben in heutiges Alltagsdeutsch sei keineswegs im Sinne Luthers, der mit verschiedenen Sprachmitteln an vielen Stellen den s a k r a l e n Charakter des Bibelstils nicht angetastet und z. T. sogar poetisch verstärkt habe:

Schon die Evangelisten und Kirchenväter haben zwecks Sakralisierung manche Hebraismen bei der Übersetzung ins Griechische/Lateinische als Archaismen beibehalten. Solche sakralen „Verstehenssignale" (Stolt) hat Luther beibehalten, z. B. das rituelle *Siehe* bei Engelserscheinungen (*Siehe, ich verkündige Euch ...*), die epische Einleitungsformel *Es begab sich aber ...* (mit dem profanen *Es war einmal* kontrastierend), paratakische Anreihung mit *aber* (nach griech. Gliederungspartikel δε oder hebr. Entsprechung): *Maria aber behielt alle diese Worte ...*, feierliche Redeeinleitungen mit zwei Verben (*antwortete und sprach ..., Hebe deine Augen auf und schaue ...*).

Während die ersten Drucke der Lutherschen Übersetzung ziemlich rasch zum Druck gebracht wurden und Luther damals (wie auch in Briefen) auf Korrektheit, Konsequenz und Seriosität noch keinen großen Wert gelegt hat, engagierte er sich ab etwa 1531/32 in mehreren Revisionen der Bibel für die Herstellung einer gültigen Sprachform. Er war „der erste deutsche Autor, der die sprachliche Eigenmächtigkeit der Drucker, Setzer und Korrektoren in die Schranken verweist und sie zu gewissenhafter Wiedergabe der mit dem Autor vereinbarten Sprachgestalt anhält" (H. Wolf 1980, 59; 1984; Admoni 1970). Dabei hat er in interdisziplinärer Kooperation mit Fachkollegen viel hin und her probiert, bis er die bleibende Variante fand, und hat sich von Experten, auch Handwerkern, über spezielle Wortgebräuche beraten lassen. Stefan Michel (2014, 96) stellt in Zusammenhang seiner Auswertung der Protokolle von Luthers Korrektor Georg Rörer fest: „Dolmetschen war demnach nicht nur eine Kunst, sondern vor allem kontinuierliche und konsequente Arbeit".

Insgesamt sollte die orthographisch-graphematische Gestalt nicht ohne Einbeziehung von Aspekten des Layouts und der Buchstabengestalt betrachtet werden, insbesondere im Hinblick auf Versuche einer „reformatorischen Typographie" (v.Merveldt 2008).

Zu den typischen sprachlichen Änderungen in den Drucken Luthers gehörten (H. Bach, in: BRS 1444): Mehr überregionale Varianten (vgl. 4.4N), Flexionsformen ohne Endungsschwund, Umlautbezeichnungen, <y> → <i>, <ey> → <ei>, <aw> → <au>, <ew> → <eu>, Vereinfachung von Doppelkonsonanten, <c> → <k>, Großschreibung der Substantive (nach 1532 ca. 70%), vor- → ver-. In anderen Fällen, vor allem in der Flexion der Verben, blieb er bis zuletzt konservativ: *gang! ‚geh!', biß! ‚sei!', du solt* ‚du sollst', *bleyb* ‚blieb', *geschicht* ‚geschieht', *geschach* ‚geschah', Partizip II ohne ge- bei bestimmten Verben (*geben* ‚gegeben', …). Zur Orthographie in Luthers Handschriften s. Moulin 1990.

F. Als bleibende Wirkung Luthers und der Reformation auf den deutschen Wortschatz werden in der Forschungsliteratur aus religiösen, geistigen, ethischen und sozialen Begriffsbereichen neue Wortbildungen, Wortbedeutungen und Neustrukturierungen bestimmter Wortfelder angeführt (Erben, in: Maurer/Rupp 1974, 1,530 ff.; D. Wolf, in: BBRS 1554 ff.; R. Große, in: Schildt 1984, 77 ff.; Schildt, in: Cruse 2005, 1516 ff.):

Lutherische Wortbildungen: *Lückenbüßer, Machtwort, Feuereifer, Langmut, Götzendienst, Ebenbild, gastfrei, friedfertig, kleingläubig, wetterwendisch*, … Wortbildungen der Mystik wurden durch die Reformation popularisiert: *Eindruck, Einbildung, Einfluss, Einkehr, Einfall, einleuchten, verzücken, anschaulich, unbegreiflich, wesentlich*, … Schlüsselwörter aus Luthers Theologie der unmittelbaren Mensch-Gott-Beziehung (H. Goertz 1977): *Glaube, Gnade, Rechtfertigung, Sünde, Buße, Vergebung, Versöhnung*, … Die altkirchlichen Zentralwörter *Priester* und *Pfaffe* werden entwertet zugunsten von *Pfarrer, Prediger, Diener. Gemein(d)e, fromm, gerecht* erhalten religiöse Bedeutung. *Arbeit* verliert viel von seiner negativen, physisch-konkreten Bedeutung (‚Mühsal, Plage') und rückt mehr in den frühbürgerlich-ethischen Bereich von ‚Tätigkeit, Aufgabe, Leistung' (mit positiven Attributen wie *fleißig, treu, redlich, ehrbar, schön*, …). Entsprechend wird der klerikale/religiöse Begriff von *Beruf* auf weltliche Verhältnisse im Sinne von ‚Amt, Auftrag, Stand' verallgemeinert. Der Gebrauch von *Verstand/Vernunft, Weisheit/Klugheit, Krieg/Streit, krank/schwach* und *gesund/stark* wird im Wortfeld neu geregelt (G. Ising 1968).

Luther hat sich eine Sammlung von Sprichwörtern angelegt, wie es damals auch von anderen an deutscher Sprache und frühbürgerlicher Alltagserfahrung und -weisheit interessierten Gelehrten bezeugt ist; er kannte ferner die Sammlungen von J. Agricola und S. Frangk (vgl. Schildt, in: Cruse u.a. 2005, 1516). So sind viele volkstümliche Phraseologismen (Sprichwörter und Redensarten) durch seine Bibelübersetzung verbreitet und bis heute bewahrt worden, z.B. *Wer andern eine Grube gräbt, fällt selbst hinein; Der Geist ist willig, aber das Fleisch ist schwach; sein Licht unter den Scheffel stellen; mit seinem Pfunde wuchern; sein Scherflein beitragen; Stein des Anstoßes; ein Dorn im Auge*; …

Mit dem Begriff ‚Lutherdeutsch' ist die Vorstellung eines einfachen, ungekünstelten Satzbaus mit noch sehr flexibler Handhabung der Wortstellung und lockeren Verknüpfungen verbunden. Dieser Satzbaustil war zeittypisch (vgl. 4.5B). Dazu als Beispiel ein in einfachen, kleinen Schritten fortschreitendes Satzgefüge aus Luthers Programmschrift *An den christlichen Adel deutscher Nation* (Wittenberg 1520, fol. B1r):

Wen ein heufflin fromer Christen leyē wurden gefangen vnnd in ein wusteney gesetzt/ die nit bey sich hetten einen geweyheten priester von einē Bischoff/ vnnd wurden alda der sachen eyniß/ erweleten eynen vnter yhn/ er were ehlich odder nit/ vnd befilhen ym das ampt zu teuffen/ meß halten/ absoluieren/ vnd predigenn/ der wer warhafftig ein priester/ als ob yhn alle Bischoffe vnnd Bepste hetten geweyhet.

In einer Übersetzung (*) in „korrektes" Bildungsdeutsch etwa um 1900 würde man die finiten Verben so weit wie möglich ans Ende setzen, die Attributerweiterung *von einem Bischoff* einklammern und die hypotaktischen Verknüpfungen präzisieren müssen: **Wenn ein Häuflein frommer Laienchristen, die keinen von einem Bischof geweihten Priester bei sich hätten, gefangen und in eine Wüste versetzt würde und sie sich dort darüber einig würden, daß sie einen unter sich, ob er nun verheiratet wäre oder nicht, erwählten und sie ihm das Amt, zu taufen, Messe zu halten, zu absolvieren und zu predigen, übertragen würden, so wäre dieser wahrhaftig ein Priester, als ob ihn alle Bischöfe und Päpste geweiht hätten.*

Das hohe Maß an Hypotaxe bei Luther ist u.a. auf die schon sehr nebensatzreiche altdeutsche Rechtssprache zurückzuführen, die auch mündlich tradiert und praktiziert wurde (R. Große 1970). Luther hat Satzgefüge sehr locker gehandhabt, auch mit Ausklammerungen stark erweiterter Satzglieder (Behaghels „Gesetz der wachsenden Glieder"):

Weil etliche viel guter freunde offt begerd haben / die zal oder namen meiner bücher/ so von anfang meines schreibens vnd lerens/ sind ausgegangen/ [...] damit genug geschehe der begirde/ so jmand dazu hat; [...] wie das wol zeugen die ersten bücher (darin ich dem Babstum viel vnd fast alles nachlies vnd ehrete) [...] (*Catalogus oder Register aller Bücher vnd schrifften D. Mart. Luth.*, Wittenberg 1533, Vorrede, fol. A2r-4r). – Ausklammerungen nichterweiterter Satzglieder (die von der griechischen Wortstellung des Bibeltextes abhängig sein können) sind in späteren Bibelrevisionen beseitigt worden: *vnnd sie wird geperen eynen son* (1522); *Und sie wird einen Son geberen* (1546).

G. In Bezug auf die Wirkung der Lutherbibel sind neben dem großen Erfolg ihrer primären Verleger (vgl. 4.2L) auch die halbmündliche Verbreitungsweise in der dafür revolutionär empfänglichen Bevölkerung zu berücksichtigen, auch die zahlreichen nichtautorisierten Nachdrucke und die indirekten Wirkungen in den ‚Gegen-Bibeln' der eifrig reagierenden altkirchlichen Kritiker (Gelhaus 1989). Was für eine sprachpolitische Revolte Luther mit seiner Übersetzung des Neuen Testaments (1522) angezettelt hat, wird aus einer Äußerung eines der bedeutendsten antilutherischen Theologen, Johannes Cochläus, im Rückblick aus dem Jahre 1549 deutlich (Übers. v. H. Wolf 1980, 24):

„Auf wunderbare Weise wurde Luthers Neues Testament durch die Buchdrucker vervielfältigt, so daß auch Schuster, ja selbst Weiber und andere einfältige Laien, welche nur halbwegs deutsch lesen gelernt hatten, dieses sehr eifrig lasen. [...] Dadurch eigneten sie sich binnen weniger Monate so viele dogmatische Kenntnisse an, daß sie sich erdreisteten, nicht nur mit katholischen Laien, sondern auch mit Priestern und Mönchen, ja sogar mit theologischen Magistern und Doktoren über Glaubensfragen und das Evangelium zu disputieren."

In den katholischen ‚Korrekturbibeln' von Hieronymus Emser (1527), Johann Dietenberger (1534) und Johann Eck (1537), von denen vor allem die von Emser revidiert bis ins 18. Jh. gewirkt hat, sind an vielen Stellen Wortlaute der Lutherbibel nachzuweisen, worüber sich Luther im *Sendbrief vom Dolmetschen* (1530) beklagt hat (vgl. Schildt, in: Cruse u.a. 2005, 1518f.): *„Das merckt man aber wol, das sie aus meinem dolmetschen und teutsch, lernen teutsch reden und schreiben, und stelen mir also meine sprache, davon sie zuvor wenig gewist, dancken mir aber nicht dafur, sondern brauchen sie viel lieber wider mich"* (WA 30;2, 633). Die deutlichen Abweichungen der ‚Korrekturbibeln' sind weniger theologisch-dogmatisch als sprachstilistisch bedingt, weniger von der Vulgata, mehr von vorlutherischen deutschen Übersetzungen, vom griechischen Urtext und Erasmus' lateinischer Übersetzung abhängig, manchmal sprachgeschichtlich progressiver (Musseieck 1981). Es handelt sich also um Konkurrenzunternehmen, die mehr auf institutionelle Weise antireformatorisch wirkten. Der Anlass für Emser ergab sich aus seiner Leipziger Streitschrift (1523) aufgrund des Verbots der Lutherbibel durch Herzog Georg v.Sachsen-Dresden (Sonderegger, in: BBRS 269f.; vgl. Gelhaus 1989).

Die Lutherbibel hatte auch in der Züricher Reformation sprachlichen Einfluss (Sonderegger, in: BBRS 265ff.; vgl. Kettler 2001; Besch 2002; Tache 2006): Die Züricher Bibel der Zwinglianer (seit 1524) ist als „schweizerisch-alemannische Angleichungsform an Luther" aufgrund der Züricher Ausgaben des Lutherschen Neuen Testaments entstanden, eine Kollektivarbeit an Zwinglis Züricher Theologenschule. Zwingli selbst hat mit philologischer Genauigkeit daran mitgearbeitet. Man war aber – trotz vorübergehender Rückgängigmachung der Diphthongierung *nach vnserem oberlendischen teütsch* – aufgeschlossen für Luthers und andere überregionale Sprachvarianten. Die späteren calvinistischen Revisionen, vor allem durch Piscator (1602–04), verfuhren in der Übersetzung selbständiger.

Den Erfolg der Lutherbibel in Deutschland hat Fritz Tschirch (1969, 99ff./1989, 110ff.) nach Verlagsdaten geschätzt: um 1533 muss in jedem zehnten Haushalt, um 1546 in jedem 2,5. Haushalt ein Exemplar vorhanden gewesen sein; bis ins 18. Jh. war sie in den meisten protestantischen Familien das einzige Buch. So ist es zu erklären, dass im 16. und 17. Jh. 76 literarische Zeugnisse für die Vorbildlichkeit der Luthersprache nachzuweisen sind (Josten 1976, 104ff.). Schon Zeitgenossen wie Albrecht Dürer und Fabian Frangk haben Luthers Sprachstil gelobt. Die Anfänge der deutschen Grammatik und Orthographie (vgl. 4.4L) hängen insgesamt auch mit der „evangelischen" Popularisierung des Bibellesens und der damit verbundenen

Lese- und Schreibkompetenz (*literacy*) zusammen (Moulin 2021). Auch die explizite, zum Teil toposhafte Nennung der Luthersprache als Norm für die deutsche Literatursprache ist in diesem Kontext einzuordnen, etwa mit der lateinisch geschriebenen Grammatik des Johannes Claius: *Grammatica germanicae linguae* [...] *ex bibliis Lutheri germanicis et alius eius libris collecta* (1578; vgl. Bergmann 1983).

Justus Jonas sagte 1546 am Grabe Luthers: *Er hat die Deutsche sprach wider recht herfur gebracht, das man nu wider kan recht deudsch reden und schreiben, wie das viel hoher leut mussen zeugen und bekennen.* (zit. n. Josten 1976, 106; s. 5.6). – Aus dem 17. und 18. Jh. gibt es unterschiedliche Zeugnisse zur Einschätzung der Sprache Luthers und deren Wirkung, z.B. von Opitz, Harsdörffer, Gueintz, Leibniz, Schottelius, Gottsched, Klopstock, Herder und Adelung. Der schweizerische Gottsched-Gegner Bodmer (s. 5.10JK) hat die Wirkung Luthers dafür verantwortlich gemacht, dass ein tiefer Bruch zwischen dem (stärker oberdt.) klassischen Mittelhochdt. und dem Neuhochdt. entstand (Bach, in: BRS, 1440 ff.; Sonderegger, in: BBRS 240 f.; Gelhaus 1989, 241 f., 253 ff.; Besch, in: BBRS 1713 ff.; Bergmann 1983).

Die sprechsprachliche Frische und Deutlichkeit des ‚Lutherdeutsch' ist – in Opposition zur mehr schreibsprachlich hochstilisierten bildungsbürgerlichen Sprachkultur des 17. bis 19. Jh.s – als ‚urwüchsige' stilistische Möglichkeit attraktiv geblieben, trotz der Archaisierung: im Sturm und Drang, bei den Brüdern Grimm, bei Heine, Marx und Engels, Brecht und Strittmatter (Lerchner, in: Schildt 1984, 3, 131 ff.; Grimm, in: DS 14, 1986, 235 ff.). Zur literarischen Nachwirkung von Luthers Bibel, Kirchenliedern und lutherischer Predigt sind auch die Sprachleistungen vieler Pfarrerssöhne in der deutschen Literatur zu rechnen: Gryphius, Gottsched, Gellert, Lessing, Wieland, Claudius, Nietzsche u.a. (Erben, in: Maurer/Rupp 1974, 1,580 f.).

H. Luthers Flugschriften, vor allem seine Programmschriften (s. 4.2L), haben als mediengeschichtlich stimulierendes Ereignis große Wirkung gehabt, da er sich – verglichen mit den humanistischen Vorläufern – konsequent auf thematische Kohärenz konzentrierte (ein aktuelles Thema und nur dieses) und sich auf für schnelle Lektüre geeignete Kurztexte (vier bis acht Blätter) beschränkte, so wie er überhaupt in der adressaten- und zweckspezifischen Stilvariation vorbildlich wirkte (Schwitalla 1983, 277, 289). Seine großen Programmschriften waren von vornherein propagandistische „Spracharbeit", die durchaus mit dem ‚Besetzen von Begriffen' heutiger politischer Sprachpraxis vergleichbar ist. Unter anderem bestand Luthers Ausnutzung der ‚Macht des Wortes' vor allem darin, dass er die Leitbegriffe der alten Kirche „nach ihrem Bedeutungsgehalt überprüfte" (Lenk 1984, 134), sie für seine Reformation semantisch veränderte, durch kontextuelle Umwertung ganzer „Begriffsreihen", um sozusagen die Papstkirche ihrer herrschaftsstabilisierenden Begriffssysteme zu „enteignen" und ihren Sprachgebrauch „als eine Sondersprache (*rotwelsch odder küdderwelsch*) zu denunzieren, deren Funk-

tion es sei, die realen Verhältnisse, die Wahrheit der Dinge zu verschleiern".
(Lenk1984, 141 f.):

Diese Begriffsarbeit wird schon an vielen der Titel seiner Flugschriften deutlich: „Sermon von Ablass und Gnade", „Sermon vom Bann", „Von der Freiheit eines Christenmenschen", „Von den guten Werken", … In der Flugschrift *Vom Papsttum zu Rom* (Wittenberg 1520) entlarvte er die Auffassung der Papstherrschaft als ‚Weiden der Schafe': *Zum ersten mussen wir wissen, was sie durch ‚weyden' vorstehen. ‚Weyden' auf Romisch heisset / die Christenheit mit vielen menschlichen, schedlichen gesetzen beschweren, die bischoff mentel auffs theurist vorkeuffen [...]* (Luther, WA 6, 316). Ebenso denunzierte er in der Schrift *Von den Schlüsseln* (Wittenberg 1530) den papistischen Gebrauch von *binden* und *lösen*. So entschärfte er die pejorativen Begriffe *Aufruhr, Ketzer, Bann*. Vorbildliche zentrale Argumentationstypen in Luthers Programmschriften waren ZWEIFELN – BEGRÜNDEN – BELEGEN durch ZITIEREN (Lenk 1984, 147), so wie er es in seiner Antwort auf das *Urteil der Theologen zu Paris* … (Wittenberg 1521) ausdrückte: *Ich hab nit begerd von yhn tzu wissen, was yhr meynung sey, wilch ich tzuvor wol gewist unnd angefochten hab. Ich frag nach dem grund yhrer meynung auß der heyligenn schrifft* (Luther, WA 8, 267).

Luthers Streitschriften – es waren etwa 100 (H. Wolf 1980, 132 ff.), gegen Papst, altkirchliche Theologen und Potentaten, gegen linksabtrünnige Kollegen und aufrührerische Bauernhaufen, – waren voll von Schimpfwörtern, Beleidigungen, deftigen Redensarten. Der Vorwurf des ‚Grobianismus', der sich schon mit zahlreichen sprachlichen Selbstbeurteilungen Luthers stützen lässt (H. Wolf 1996b, 366 ff.), trifft aber nicht ihn allein, sondern die meisten Polemiker und Satiriker der Reformationszeit. Der Stil des hemmungslosen persönlichen Angriffs war weniger plebejisch als akademisch: Er war Mode geworden in den Polemiken der Humanistenzeit aus elitär-gelehrtem Ehrgeiz der sich als autonome Individuen präsentierenden und rechtfertigenden Autoren. Auch in dieser Hinsicht ist die einseitige Luther-Zentrierung der traditionellen Sprachgeschichtsschreibung fragwürdig geworden. Luthers Streitschriften, ebenso wie die Programmschriften, sind nur prominente Beispiele aus einer Fülle und Vielfalt zeitgenössischer politischer Publizistik, die – nach Luthers theologischen Aufrufen zum Umdenken – in den praktischen Aktivitäten der revolutionären Jahre von 1520 bis 1525 – in einem Art Netzwerk – viel in Bewegung gebracht haben. Neben den Streitschriften bedeutender Autoren (Rupprich 1973, 2,103 ff.) sind auch die von Nichtprominenten zu berücksichtigen, die (wegen ihrer politischen Brisanz und revolutionären Wirkung) anonym oder nur handschriftlich verbreitet waren.

J. Unter den Flugschriften der Reformationszeit haben, nicht nur aus quantitativen Gründen, die Dialoge (*gesprächbüchlein*, vgl. 4.2M) eine besondere Bedeutung für die deutsche Sprachgeschichte (Winkler 1975; Schwitalla 1983, 112 ff.; D. Wolf 1983, 159 ff.; Bentzinger 1988; Jucker 1999; Kampe 1997; Kilian 2005): In dieser Gattung haben humanistische Anregungen und Traditionen der gelehrten Schulpraxis zu einer populären und auch literarisch hochwertigen Textsorte in deutscher Sprache geführt. Mit zum Vorlesen und mimischen Aufführen bestimmten Texten ist so die Kirchenreformation Luthers sehr wirksam in den unteren Bevölkerungsschichten propagiert worden. Zugleich hat man damit die allgemeine soziale Unruhe dadurch sprachlich zu kultivieren versucht, dass Laienchristen und sozial Bedrückte in die Praxis des (zugleich geistlichen und politischen) Argumentierens als gleichberechtigte Kommunikationspartner der widerstrebenden altkirchlichen Kleriker eingeübt wurden. Die Reformationsdialoge haben später in den populären Theaterstücken der Französischen Revolution eine Parallele (s. 5.12ST). Nahezu alle Dialog-Flugschriften waren reformatorisch; Argumentieren mit Laien war eben nicht im Sinne der Altkirchlichen. Luther selbst hat in seinem Versteck auf der Wartburg die Bedeutung der Dialogdrucke für die Ausbreitung reformatorischer und aufrührerischer Aktivitäten überrascht erkannt und schreibt im Mai 1521 in einen lateinischen Brief an Philipp Melanchthon: *Deus suscitat spiritus multorum atque adeo et vulgi corda, ut mihi verisimile non sit, posse rem istam vi compesci, aut si compesci coeperit, decuplo maior erit. Habet Germania valde multos Karsthansen* (,Gott erweckt den Geist vieler und sogar auch die Herzen des Volkes. Und wenn man anfängt, die Sache mit Gewalt zu unterdrücken, wird sie zehnmal größer werden. Deutschland hat viele Karsthansen'; Luther, WA Briefe, 2, Nr. 413; s. Schilling 2017, 253; dt. Übersetzung nach K. Aland, Luther Deutsch, Göttingen 1991, 92).

Auch in seinen eigenen Programmschriften von 1520 waren wesentliche Stellen im Frage- und Antwort-Stil, also fast dialogisch formuliert, beispielsweise in der Schrift *Von der Freiheit eines Christenmenschen*, in der die Argumentation wie folgt aufgebaut ist: *Fragistu aber/ wilchs ist denn das wort das solch grosse gnad gibt. Vnd wie sol ichs gebrauchen? Antwort. Es ist […] Wie gaht es aber zu/ das der glaub allein mag frum machen […] Hie sichstu aber/ auß wilchern grund […] Sihe wie ist das ein köstlich freyheyt […] Czum siebentzenden fragistu/ Was ist den fur ein vntderscheydt* […] (Wittenberg 1520, fol. A3v-B3r).

Die Gesamtzahl der Reformationsdialoge wird auf etwa 150 geschätzt, die in Auflagen von 1000 bis 1500 Exemplaren erschienen (Bentzinger 1988, 30). Ausgangspunkt für die rasche, kurze Blüte der Gattung (1520–1525) waren Ulrich v.Huttens von ihm selbst (ab 1519) ins Deutsche übersetzte lateinische Dialoge, die er ab 1516 nach Vorbild des griechischen Dichters Lukian in seinem publizistischen Kampf gegen Herzog Ulrich v.Württemberg geschrieben hatte. Auch zwei übersetzte lateinische Dialoge des Erasmus v.Rotterdam werden dazugerechnet.

Eine neue literatursoziologische Qualität und politische Wirksamkeit erhielt die Gattung dadurch, dass ab 1520 (*Karsthans*, 1521) auch Bauern, Handwerker und städtische Plebejer, also Vertreter der *gemein man* genannten Schichten, in etwa 50 Reformationsdialogen als die jeweils überlegenen, erfolgreichen Gesprächspartner dargestellt wurden, und zwar mit didaktisch-propagandistischer Überhöhung ihrer argumentativen Fähigkeiten und biblischen Bildung. Dies war damals nicht ganz unrealistisch; es sind aus der Reformationszeit altkirchliche Klagen über biblisch gebildete und diskutierende *gemein man* und Nachschriften von öffentlichen Laiendiskussionen überliefert. Als Gesprächsfiguren erschienen in manchen Dialogen auch Prominente wie Erasmus, v.Sickingen, Murner, Luther oder gar der Teufel (vgl. 4.2M und die dort genannte Literatur).

Die didaktische Kunstprosa-Qualität der Reformationsdialoge zeigt sich in der sprachlichen Personencharakteristik (Bentzinger 1988, 22 ff. und in: Schildt 1984, 3, 32 ff.): Der Überlegene – auch wenn Bauer oder Schuster – redet stets in ruhigem, argumentativ differenziertem, gut sprechbarem Satzbau (klare Hypotaxe, Syndese, Relativsätze, Parenthesen) und mit fundierter Sachkenntnis, dagegen der unterlegene antireformatorische Gegner oft kompliziert, gereizt, mit Schimpfwörtern und autoritärem Gehabe, sich ständig selbst entlarvend. Die sprechsprachlich-populäre Stilisierung wurde durch Ausrufe, Anreden (*ey, ey, lieber herr*) und sprichwörtliche Redensarten angereichert (*komt zeit komt rat; Der Ziegenbock Emser redt von der schrift wie ein blinder von der farb; nit ains halms breit; ...*). Wie auch bei gelegentlichen Dialektwörtern, handelt es sich jedoch nur um punktuelle literarische Situationsstilisierung, nicht um durchgehenden realistischen Reflex unterschichtlicher Sprechsprache. Anders als in spontaner Sprechsprache Ungebildeter, ist die Vorbildfunktion der Dialoge gekennzeichnet durch bewusste Textkohärenz (Schwitalla 1983, 122 f.): gute Verknüpfungen von Sprecherbeiträgen, thematische Progression, metakommunikative Evaluierungen, kein Durcheinandersprechen. Ebenso kultiviert sind die Argumentationsformen: Begründen durch Exemplifizieren und Vergleich, Schließen durch Ausschlussverfahren, hypothetisches Schließen mit kontrafaktischem Konjunktiv, kommentarlose Gegenüberstellung von Zitaten, Argumente des Gegners gegen ihn selbst Wenden durch ad-absurdum-Führen, Weiterführen oder Wörtlich-Nehmen usw. (Schwitalla 1983, 156 ff.; s. auch 4.2M!).

Die Musterhaftigkeit der Reformationsdialoge zur Einübung von Laienchristen und Illiteraten ins kritische Argumentieren wird an einem Ausschnitt aus dem *Gesprech büchlein von eynem Bawern/ Belial/ Erasmo Rotterodam/ vnd doctor Johañ Fabri* deutlich (Speyer 1524, fol. B1r-v; vgl. Schwitalla 1983, 153):

Bauer *Wir haben das wort gottes / das heylig Euangelion / daran glaubē wir vñ nit an das geplerr / dz deine Abgöt zu Rom gemacht/ dan wir haben nun eygentlich erfarē / dz es nichts ist/ dan ligē / trigen / schinden / rauben vñ vinantzen wie mann das gelt võ vns bringē mögen.*

Faber *Wenstu wan võ den heyligstē våttern den Båbsten vnd Concilien / etwas vnrechts gemacht were / das es souil heyliger våtter gelobet vnd gut geheyssen hetten? Darzu so habē dein eitern souil hundert jar her geglaubet / dz du vñ der Luterisch hauff nun gātz verachtet / vñ dē stül zu Rom gar vngehorsam seiet / du soltest ie billicher deinen eltern nachuolgen.*

Bauer   *Das widersprich ich (exempelß weiß zu redē) wan dein vater erhenckt vñ dein mutter erstochen werē wordē / woltestu ienen auch nachfolgē? ich halt nein / doch wā du lust darzu hetest / möcht ich es võ dir wol gern sehen. Aber mein glaub steet nit vf meinē eltern / sonder in dem wort gottes / Jn der tröstlichē warhafftē zůsag Christi im heyligen Euangelion beschriben/ so ich daruff bauwe / hab ich ein vnbeweglichē starcken grundt/ vñ biñ gewiß das ich nitt irren mag.*

Argumentationsgang (im Anschluss an Schwitalla, 1986, 156 ff.): Der Gelehrte Dr. Faber hatte dem Bauern vorgeworfen, er sei lutherisch geworden und mache seine Nachbarn aufrührerisch. Der Bauer WIDERSPRICHT indirekt mit der BEGRÜNDUNG, dass er sich zum Evangelium BEKENNT und dies den Lehren Roms ENTGEGENSETZT, die er mit emotionaler Wortwahl (*Abgot, ligen, trigen,* ...) ABQUALIFIZIERT. Der Doktor WIDERSPRICHT ihm mit einer rein quantitativen BEGRÜNDUNG in Form einer RHETORISCHEN FRAGE und wiederholt seinen VORWURF an ihn und die Lutherischen mit einer ERMAHNUNG zum Gehorsam. Der Bauer WIDERSPRICHT ihm, indem er ein BEISPIEL GIBT (beides explizit performativ ausgedrückt: *widersprich ich, exempel weiß zu reden*) mit einer RHETORISCHEN GEGENFRAGE, die er explizit VERNEINT (*ich halt nein*), und indem er sich nochmals zur *zusag Christi* BEKENNT, und zwar im pastoralen Predigtton mit einer Gipfelung in dem Wort *grundt*, das gerade in der Reformationszeit von der Mystik her (,Tiefe des Herzens, der Seele, göttlicher Urgrund des Seins') durch Luther zu einem der wichtigsten Argumentationswörtern gemacht worden ist (D. Wolf, in: BBRS 1559), hier noch im umfassenden Sinne einer konstanten Gesamtbasis des Glaubens. Starke pragmatische Markierung der Sprecherbeiträge des Bauern zeigt sich auch im Gebrauch von Modalwörtern (*eygentlich, wol*) und Konnektoren (*dan, wan, auch, doch, Aber, sonder, So*).

K. Der humanistisch und rhetorisch trainierten Sprachqualität der publizistisch erfolgreichen Reformations-Flugschriften wäre nun der Formulierungsstil der meist ungedruckten Agitationstexte der Aufständischen gegenüberzustellen. Ihre Verfasser und Rezipienten sind teilweise in noch engerem Sinne den unteren Bevölkerungsschichten zuzurechnen, die man zeitgenössisch *gemein man* (,gewöhnliche Menschen', ,Allgemeinheit'), sozialhistorisch „bäuerliche und städtisch-plebejische Schichten", revolutionshistorisch „Volksmassen" nennen kann. Hierbei konnte durch neu fokussierte Forschungsansätze ein Vorurteil aus der Zeit der konservativen Ausklammerung bzw. Abwertung der ‚Bauernkriegs'-Schriften (vgl. etwa Schirokauer in: DPhA, 866 ff.) korrigiert werden.

Insbesondere muss nach Textsorten, Kommunikationssituationen und -intentionen unterschieden werden. Gewiss gab es in den Gattungen ‚Streitschriften' und ‚Satire' in der Reformations- und Bauernkriegszeit (einschließlich der humanistischen Vorbereitungsphase um 1500) viel scharfe persönliche Polemik, mit Tabuwörtern, beleidigenden Tiervergleichen und emotionalem Schreibstil. Davon muss grundsätzlich die eigentliche revolutionäre Alltagsliteratur unterschieden werden, die meist nicht gedruckt wurde und in wohlüberlegter funktionsangemessener Formulierung den bitterernsten politischen Zielen zu dienen hatte: auf möglichst wirksame Weise zu kritischem Denken und zu solidarischem Widerstand aufzurufen. Wie gekonnt sich ein hochgebildeter Revolutionär und Sozialprophet wie Thomas Müntzer (1489–1525) in Anlehnung an die Praxis der Prediger auf den populären, kurzatmigen, mitreißend vorlesbaren Agitationsstil einstellen konnte, ist aus folgenden zwei Abschnitten seines handschriftlichen Manifests an die Allstedter Bergknappen zu ersehen, mit dem er im April 1525 von Mühlhausen aus zum Aufstand der ‚Auserwählten Gottes' gegen Obrigkeiten und andere ‚Gottlose' aufrief, und das im gleichen Jahr von Martin Luther abgedruckt wurde (s. Bräuer/Kobuch 2010, 403–417):

Wo ewer nur drey ist/ die ynn Gott gelassen/ alleyne seynen Namen vnd erbe suchen/ werdet yhr hundert tausent nicht furchten. Nhu dran/ dran/ dran/ es ist zeit/ die bösswichter sind frey verzagt wie die hunde/ Reget die brüdere an/ das sie zufrid komen/ vnd yhr bewogen gezeugnis holen/ Es ist vber die masse hoch/ hoch von nötten/ dran/ dran/ dran/ Last euch nicht erbarmen/ ob euch der Esau gute wort fur schlecht/ Genesis .33. sehet nicht an den iamer der gottlosen/ sie werden euch also freundlich bitten/ greynen/ flehen/ wie die kinder/ lasts euch nicht erbarmen/ wie Gott durch Mosen befohlen hat / Deutero .7/ Vnd uns hat er auch offenbart dasselbige/ Regt an ynn dörffern vnd stedten/ vnd sonderlich die berg gesellen mit anderer guter burssen/ wilche gut darzu wird seyn/ wyr müssen nicht lenger schlaffen. [...] Es ist des wesens viel/ euch zum eben bilde/ yhr müst dran/ dran/ es ist zeit/ [...] dran / drand / weyl das feur heis ist/ Lasst ewr schwerd nicht kalt werden von blut/ Schmidet pinckepanck auff den Ambos Nymrod/ werfft yhn den Torm zu boden/ Es ist nicht müglich/ weil sie lebē/ das yhr der menschlichen furcht solt los werden/ Man kan euch von Gott nicht sagen / dieweyl sie vber euch regieren/ dran/ dran/ dran / dieweyl yhr tag habt / Gott gehet euch fur/ folgt/ (Martin Luther. *Eyn Schrecklich geschicht vnd gericht Gotes vber Thomas Müntzer*. Wittenberg 1525, fol. B[=A]2v-A3v). – Worterklärungen: *zufrid komen* ‚ermuntert werden', *gezeugnis holen* ‚Beweise/Argumente erhalten', *fur schlecht* ‚vorschlägt, anratet', *sehet nicht an* ‚beachtet nicht!', *greynen* ‚weinen, klagen', *burssen* ‚Burschenschaft' (Gruppe solidarischer, kampfbereiter Männer), *schlaffen* ‚schlafen', *pinckepanck* lautmalendes Wort für den Klang der Schmiedearbeit, *Torm* ‚Turm', *weyl/weil, dieweyl* ‚während, solange'. – *Genesis .33.*, *Mosen*, *Deutero .7*, *Nymrod*: Verweise auf Bibelstellen.

Insgesamt wurde in der Forschung im Hinblick auf den Müntzerschen Wortschatz auf seine enge Verbindung und Adaption des Wortschatzes der deutschen Mystik hingewiesen (vgl. Steinmetz 1984; H.-J. Goertz 1989; Warnke, in: Cruse u. a. 2005, 1520 ff.). Der Textausschnitt zeigt ferner, dass Müntzers Agitationsstil (wie auch schon der der Predigten und Beichten, vgl. Gottwald/Hanauska 2013) in hohem Maße durch die Verwendung von formelhaften Wendungen zustande kommt, vgl. die mehrfache Wiederholung von [*Nhu*] *dran/ dran/ dran* oder der Wendung *es ist zeit*, der komparativen Phraseologismen *verzagt wie die hunde* oder *flehen wie die kinder* und der Idiome *weyl das feur heis ist* und *das schwerd nicht kalt werden lassen von blut*. Die mehrfachen Verweise auf die Bibelstellen erzeugen Intertextualität und werden hier im Sinne des topischen Rhetorikmusters der Wahrheitsbeteuerung als ein formelhaftes Überzeugungsmittel genutzt. Müntzers Wahl der formelhaften Ausdrucksmittel erklärt sich weniger durch seinen individuellen Stil, sondern durch die Diskurstraditionen um die Textsorte ‚Agitationsschrifttum' (zum Konzept der Diskurstradionen und seiner Anwendung für die soziopragmatisch und kulturhistorisch orientierte Sprachgeschichte vgl. Coseriu 1981; Kabatek 2015; Koch 1997; Oesterreicher 1997; Schieben-Lange 1983; Winter-Froemel u. a. 2015).

4.8. Sprache der Reformation und der Volksaufstände

Die Agitationsliteratur der „frühbürgerlichen Revolution" ist (auch aufgrund der gesellschaftlich-politischen Einbettungsfähigkeit des Themas) insbesondere ab den 60er Jahren des 20. Jh.s in der germanistischen Forschung sowohl aus der Sowjetunion (Guchman, Semenjuk, u. a.), aus der DDR (Bentzinger, G. Brandt, Kettmann, Schildt, H. Winkler, u. a.), aus der BRD (Köhler (Hrg.), Schwitalla, Rössing-Hager, Spillmann, u. a.) sowie im 21. Jh. linguistisch und sprachpragmatisch untersucht worden. Daraus hat sich ergeben, dass der Sprachstil dieser frühesten deutschen Revolutionstexte weniger von sozialer Herkunft und Bildungsstand der Textverfasser als vielmehr von Textsortennormen und jeweiligen Kommunikationsintentionen geprägt ist und ihr Beitrag zu den zeitgenössischen nationalen Aussonderungsprozessen beträchtlich war.

Die Anführer der Aufstandsgruppen und/oder ihre Schreibhelfer waren mit der deutschen Rechtssprache, einigen Kanzleinormen und militärischer Terminologie einigermaßen vertraut. Sie griffen, soweit wie nötig, aber sparsam, auf konventionelle „Textbausteine" und „primäre, die Textform konstituierende Genrenormen" zurück (G. Brandt 1988a, 215), vor allem auf solche der Textsorten ‚Sendbrief' (*missive*), ‚Artikelkatalog', ‚Beschwerden' (*gravamina*). Man modifizierte sie aber mit normalsprachlichen Ausdrücken für Partnerbeziehung und deutlichen, wenn auch noch sehr variablen Ausdrücken für juristisch und politisch wichtige Argumentationstypen, „vor allem Deklaration, Interpretation, Rechtfertigung, mit vor allem kausalen, adversativen und intensivierenden Ausdrucksmitteln". So hat sich erwiesen, dass „Übernahme der Kanzleiform nicht notwendig auch Übernahme des Kanzleistils einschließt" (G. Brandt 1988, 216). Da es vielfach (besonders anfangs) um die Wiederherstellung alter, durch das römische Recht verdrängter Rechte ging, ist zum Verständnis der kollektiven Formulierungsfähigkeiten der aufständischen Bauern auch zu berücksichtigen, dass sie von der mittelalterlichen Volksrechtstradition her an die Teilnahme bei Gerichtsversammlungen gewöhnt waren, also an eine ihnen verständliche, formal geregelte Rechtssprache in mündlicher oder halbschriftlicher (vorgelesener) Form. Der Gebrauch gelehrter lateinischer Wörter wurde gemieden oder – wenn unerlässlich – mit deutschen Flexionsformen in die deutschen Texte integriert (G. Brandt 1988a, 15). Im Satzbau mied man gelehrte Konstruktionen nach lateinischem Vorbild, bediente sich aber durchaus der damals fortschrittlichen Möglichkeiten expliziter Formulierung komplexer Inhaltsstrukturen: Hypotaxe mit 1–3 Nebensätzen, semantisch deutliche Nebensatzeinleitungen, Endstellung des finiten Verbs mit (maßvoller) Klammerbildung, Ersatz von Genitivfügungen durch (semantisch deutlichere) Präpositionalfügungen, Vermeidung der doppelten Negation, Ersatz der (in einigen Texten noch verwendeten) kanzleimäßigen lateinischen Gliederungspartikel *Item* durch deutsche Ausdrücke (*und, auch, und auch, erstlich, zum andern, zum dritten, ...*). Der Gebrauch devoter Titulaturen nach den Kanzleinormen wurde – je nach situativen Gegebenheiten – auf ein Minimum beschränkt.

L. In der Flugschriftenliteratur allgemein sind die Anfänge politischen Wortgebrauchs zu erkennen, einerseits mit einer Fülle pejorisierender Personenbezeichnungen, da sich die Reformationspublizistik aus persönlicher Humanistenpolemik entwickelt hat (s. 4.2K) und noch längere Zeit gern als Gelehrtenstreit ausgetragen wurde, andererseits mit Bezeichnungen ideologischer Richtungen und Aktivitäten sowie mit Schlüssel- und Fahnenwörtern nach dem Freund/Feind-Schema. Damit war das Grundarsenal des modernen politischen Wortschatzes etabliert, allerdings noch kaum mit Lehnwörtern und Lehn-Wortbildungen (wie nach der Französischen Revolution, s. 5.12V–Y). Die Beispiele stammen zu einem beträchtlichen Teil aus Luthers Streitschriften (nach D. Wolf, Wegera/Prell, in: BBRS 1554ff., 1594ff.; Rosenfeld, Erben, in: Maurer/Rupp 1974, 1,418ff., 550f; R. Große, in: Schildt 1984, 84):

Vom philosophischen Streit zwischen *realistae* und *nominalistae* und ‚Anhänger'-Bezeichnungen wie *Thomist, Occamist, Albertist* her wurden in der Reformationszeit polemische Personenbezeichnungen mit dem Lehnsuffix *-ist* (lat. *-ista*) beliebt: *papist, bullist, theologist, romanist, eselist, Lutherist, Martinist, haeretist, prophetist, ...*; daneben indigene Ableitungen: *bäpstling, römling, abtrünnling, klügling, peinling, fressling, sünderling, ...*; Zusammensetzungen: *bapstesel, bapstketzer, eselfurzbapst, erznarr, erzteufel, erzunglaubiger, erzheuchler, götzenpfaff, Schwarmgeist, ...*; mit ideologischen Begriffen: *deutist, concordist, interimist, beichthengst, gesetzprediger, kelchdieb, sakramentierer, buchstaber, seeltyrann, heiligenschänder, solengläubler* (vgl. *sola fide* ‚allein durch/aus Glauben'), ... Bei den dazugehörigen Ideologie-, Richtungs- und Parteibezeichnungen traten die (im Franz. und Engl. im 16. Jh. schon häufigen) Lehnsuffixbildungen auf *-ismus* erst Ende des 16. Jh.s als gelehrte Termini auf (*Atheismus, Polytheismus, Probabilismus*); in der Reformationszeit diente dazu das (ältere) Lehnsuffix *-erei/-erey*: *papisterei, Lutherei, Sodomiterei, Sakramenterei, Juristerei, ...*; dafür etwas später (ab 1532) vereinzelt weniger polemische *-tum*-Bildungen: *Luthertum, Kirchtum, ...* Dazu entsprechende *-isch*-Adjektive: *evangelisch, Martinisch, Eckisch, Zwinglisch, Müntzerisch, ...* und Verben: *theologisieren, sakramentieren, satanieren, ...*

Die Entwicklung lief vielfach zwischen beiden Parteien hin und her (Erben, in: Maurer/Rupp 1974, 1,507ff. mit Lit.): Das seit dem 11. Jh. bezeugte theologisch verstandene *evangelisch* wird seit Luther im Sinne von ‚bibelorientiert' zum zunächst religiösen Propagandawort, bereits ab 1521 durch andere Flugschriftenautoren zum konfessionellen und teils revolutionären Gruppenwort, auch substantivisch: *die Evangelischen*. Dagegen ist *lutherisch* von den Gegnern geprägt worden (zuerst Johann Eck 1520), *die Lutherischen* 1522, dann auch in der Schweiz und in Frankreich für ‚ketzerisch' allgemein; trotz Luthers Ablehnung dieser Gruppenbezeichnung wird sie bald auch bei seinen Anhängern üblich. Die vom Protest der *protestirenden stände* auf dem Reichstag zu Speyer 1529 ausgehende Gruppenbezeichnung *Protestanten* wurde erst nach 1540 üblich, die Bezeichnung *Reformierte* für Zwinglianer und Calvinisten erst im 17. Jh. Luthers polemische Gegnerbezeichnung *kirchisch* (im Gegensatz zu *evangelisch*) wurde von katholischer Seite übernommen, z.T. zu *altkirchisch* (1557) verstärkt, entsprechend *Kirchtum* (1551) im Gegensatz zu *Luthertum*; aber auch als ‚Retourkutsche' *unkirchisch* (1536), *widerkirchisch* (1551) gegen die Evangelischen. Ebenso hatte Luthers Schmähwort *werkheilige* das Gegenstück *wortheilige* zur Folge (1532), Luthers *bildstürmer* das katholische Gegenwort *stürmer*, Luthers *bauchdiener, sacramentschender, schrifftfelscher, seel morder* werden bald auch von der Gegenseite umgekehrt verwendet.

Schlagwörter der Reformationszeit zum Ausdruck eigener Überzeugungswerte (H. Winkler 1975; Erben 1997):

– *evangelium, gottswort, goteslere, gschrift,* ...
– *christ, christen* (Adj.), *christisch, christlich, christgleubig, christenleute, christenheit, christenmensch,* ...
– *from, fromen, fromkeit; gerecht, gerechtigkeit; gleubig,* ...
– *bundsgenoß, bündisch, bundesbaur, bundschuh, brüderlich; hauffen, heufflein,* ...
– *kennen, bekennen, bekentnüs; erkennen, erkenntnus, erkennung,* ...

Schlagwörter für das Feindbild:
– *antichrist, endtchrist, end(e)christlich, gotlose,* ...
– *irren, irrung, irtum, irsal, irrig,* ...

M. Die Zwischenstellung der Flugschriften zwischen Schreib- und Sprechsprache wird an der Verwendung von Modalwörtern deutlich, d.h. kleinen Wörtern (Adverbien, Partikeln), mit denen unter anderen Sprechereinstellungen zum Gesagten ausgedrückt werden: Wahrheitsbeteuerung, Verstärkung (Emphase), Bewertung, Emotionen usw. (zum Teil in epistemischer Funktion). Eine Analyse des Vorkommens von Modalwörtern anhand von 70 Leipziger Frühdrucken verschiedener Gattungen aus der Zeit von 1500 bis 1550 kam zu folgenden Ergebnissen (Schildt 1987b, 385ff.; vgl. Ágel 1999): Während im Mittelhochdt. Modalwörter in den genannten Funktionen noch keine große Rolle spielten, da Sprechereinstellungen im mündlichen Vortrag vorwiegend durch Intonation, Gestik und Mimik ausgedrückt werden konnten, wurden lexikalische Mittel dafür in der frühbürgerlichen Schriftlichkeit besonders in denjenigen Textsorten notwendig, mit denen durch Vorlesen (*lesen hören*) auf das Verhalten der Adressaten eingewirkt werden sollte: Flugschriften, Traktate, Betbücher, praktische Belehrungen. Modalwörter kamen dagegen kaum oder nicht vor in Sachprosa und gelehrten Texten. Es ist eine deutliche Zunahme dieser Wörter während der ersten Hälfte des 16. Jh.s festzustellen, besonders in der Unruhezeit 1520–25. Entscheidend für ihre Frequenz sind nicht so sehr Thema, Autor, Adressaten, gesellschaftliche Gruppenzugehörigkeit, vielmehr Textintentionen und inneres Engagement des Autors. Neue Untersuchungen zu Konnektoren und Modalität konnten im Rahmen der Grammatikalisierungstheorie Aspekte der Entstehung und Funktion von Konnektoren im Bereich der Modalität erhellen, und auch eine nuancierte Einschätzung des Zusammenhangs der „Dialogizität eines Textes mit der Häufigkeit modaler Verknüpfungen" (Gagel 2017, 424) ausloten.

Luther hat insgesamt etwas mehr Modalwörter, bleibt aber im Wesentlichen im zeitgenössischen Rahmen, zumal auch er Schriften fast ohne Modalwörter aufzuweisen hat. Im *Sendbrief vom Dolmetschen* (1530) verteidigte er gegen seine Kritiker den Gebrauch der Emphase-Partikel *allein*, die er an einer ihm theologisch wichtigen Stelle (*allein durch den glauben*) in seiner Bibelübersetzung (Röm 3,21–28) bewusst verwendete (cf. *sola fide*), obwohl im griechischen oder lateinischen Text kein entsprechendes Wort steht, und begründete dies: *Das ist aber die art unser deutschen sprache, wenn sie ein rede begibt, von zweyen dingen, der man eins bekennet, und das ander verneinet, so braucht man des worts ‚solum' (allein) neben dem wort ‚nicht' oder ‚kein', Als wenn man sagt: Der Baur bringt allein korn und kein geldt, Nein, ich hab warlich ytzt nicht geldt, sondern allein korn. Ich hab allein gessen und noch nicht getruncken. Hastu allein geschrieben und nicht vberlesen? Und der gleichen vnzeliche weise yn teglichen brauch. In disen reden allen, obs gleich die lateinische oder kriechische sprach nicht thut, so thuts doch die deutsche, und ist yhr art, das sie das wort ‚allein' hinzu setzt, auff das das wort ‚nicht' oder ‚kein' deste volliger und deutlicher sey, [...] das es ein vollige Deutsche klare rede wird* [...] (Luther, *Sendbrief vom Dolmetschen*, WA 30,2; 637).

Die zunehmende Verwendung von Modalwörtern gerade in der Zeit der ersten politischen Publizistik in Deutschland steht im Kontrast zur späteren standardsprachlichen Normentwicklung bis heute: Seit der politisch enthaltsameren Zeit des Absolutismus entwickelte sich eine bildungssprachliche Abneigung und Diskriminierung der Modalwörter, die noch im 20. Jh. in Schulaufsätzen als ‚unnötige Flickwörter' vermieden werden sollten und von Lehrern als Stilfehler angestrichen wurden. In emotionaler Alltagssprache waren sie jedoch immer unentbehrlich. Durch Soziolinguistik und Sprachpragmatik sind sie wissenschaftlich neu gewürdigt worden (s. v. Polenz 1985/2008, 252 ff. mit Lit. 364 f.).

Häufigkeit (nach Prozentsätzen) von Modalwörtern 1500–1550 (Schildt 1987a, 399): *villeicht* (50), *warlich* (40), *fürwar* (28,5), *leider* (28,5), *gewiß(lich)* (25,7), *freilich* (20), *wol* (18), *eigentlich* (15,7), *on zweifel* (8,5), *doch* (2,8), *allerding(s)* (1,4), *ja* (1,4), *natürlich* (1,4), *sicherlich* (1,4). Davon waren nur *fürwar, leider, villeicht, doch* bereits am Beginn des Zeitraums häufig.

N. Der Wortreichtum von Reformationsflugschriften entsprach rhetorischen Regeln und nutzte wirkungsvoll die Möglichkeiten der Wortbildung. Monika Rössing-Hager (1988) hat die „Textabhängige Wortverwendung" in der Flugschriftensammlung *Fünfzehn Bundesgenossen* (Basel 1521) des Luther-Anhängers Johann Eberlin v. Günzburg nach Kontext-Regularitäten untersucht. Durch immer neue Ableitungen und Zusammensetzungen vom gleichen Wortstamm wurde der lexikalische Ausdruck vielfältig variiert: z. B. *trügen/trug/betrug/betrogenheit/betrügnis/betrügerei/trügerei*; *reformierung/reforma-*

Abb. 13: Johann Eberlin von Günzburg. Der 10. Bundesgenosse, [Basel: Pamphilus Gengenbach 1521].
Exemplar der Öffentlichen Bibliothek der Universität Basel, Sign. UBH FL VII 14:7:10.

tion/ reformatz, prediger/ küchenprediger/ lumpenprediger/ winkelprediger/ märleinprediger. Nach Regeln der Wortvariation, wie sie in zeitgenössischen Rhetoriken, Briefstellern und Sprachlehren (Riederer, Erasmus, Meichßner, Ickelsamer) nachzuweisen sind, hat der erfolgreiche Franziskaner-Prediger und Publizist Wiederholungen vermieden, satzrhythmische und euphonische Wirkungen erzielt, Satzkonstruktionen parallelisiert, bestimmte Themen, Affektlagen und Adressatenansprachen stilistisch markiert, und zwar „mit einem fast spielerischen Vergnügen", das bei vielen deutschen Autoren dieser Zeit zu beobachten sei (Rössing-Hager, 1988, 317; auch in: Köhler 1981, 84ff.). Ein anschauliches Beispiel für diese virtuose stilistische Flexibilität ist das Titelblatt des *10. Bundesgenossen* in Eberlins Flugschriftenreihe (*New statuten die Psitacus gebracht hat uss dem land Wolfaria*, Basel 1521, s. Abb.13!; vgl. Rössing-Hager 1988, 311; Petry 1999; Rössing-Hager 2014).

Die Titelgestaltung besteht aus drei textfunktionalen Ebenen: Auf der buchhändlerischen sind mit größeren Lettern die beiden Teile des Titels auffällig gemacht, mit den werbewirksamen Reizwörtern *New* und *büdtgnosz*, dazu der grob handwerklich und z.T. wenig sinnvoll aus Ornament-Druckstöcken kombinierte Rahmen als äußerlicher Blickfang und Umrahmung. Auf der persönlich-akademischen Ebene des Verfassers wird sachliche Information über den Inhalt gegeben, mit fachmännischem Wortgebrauch: *statutē, welche beträffendt reformierung geystlichen stand*, wobei die korrekte wissenschaftssprachliche deutsche Ableitungsform auf *-ierung* und (aus Gründen des Wohlklangs) der adnominale Akkusativ statt eines Genitivs verwendet wird. Dem ‚Bildungskitzel' für Kenner dienen das humanistische lateinische Pseudonym *Psitacus* (‚Papagei', für einen Verwandten Huldrich Sittick, der Eberlin wohl zu diesen *statuten* angeregt hat) und der allegorische lateinische Name des Landes *Wolfaria* (‚Wohlfahrt'), der in sozialutopischer Vorwegnahme des aufklärerischen Begriffs ‚Gemeinwohl' im Textanfang erläutert wird mit *erlich regiment zů wolfaria* […] *verordnet* […] *auß wolbedachtem gemüt zů nutz vnserm land* […] *So vnd* [= *vns*] *das gesatz vnd vernunfft leret* (fol. A1v). Auf der politisch-propagandistischen Ebene wird der Aufruf zur Beseitigung der kritisierten Verhältnisse in witzigen Reimversen (nach einem Sprichwort über Katzen) auf dem Titelblatt emotionalisiert, wobei der politische Zentralbegriff jetzt in der stark assimilierten, damals beliebten Ableitungsform *reformatz* (vgl. 4.7M) als keckes Reimwort erscheint. Der Polemik-Gegner, der oben noch seriös *geystlicher stand* genannt wurde, wird jetzt satirisch als *klosterkatz* persifliert, – *gschweigt* bedeutet ‚bringt zum Schweigen'.

Literatur

Reformation allg. (vgl. 4.1Lit, 4.2Lit!): BBRS (Blank 63ff.). Lee 1980. J. Burkhardt 2002. Hünecke/Meier 2020. Macha u.a. 2012. Pasierbsky 1988 (Bibliogr.). Schilling 2017. I. Schröder 2010; 2020. J. Winter 1998. – **Konfession(alisierung) und Sprache**: Habermann 2018b. Herrgen/Schmidt 2019 (Elmentaler/Voeste 76f.). Lasch/Liebert 2017. Macha 2006; 2008; 2014ab. Rössler 2005. Wiesinger 2018. – **Bibelübersetzungen** (vgl. auch zu Lit. zu Luther!): Åsdahl-Holmberg 1967. BBRS (Sonderegger 229ff.). Bentzinger 1973; 1999a. Bieberstedt 1999. Cordes/Möhn 1983 (J.D. Bellmann 602ff.). G. Ising 1968.

Kirchert 1984. Musseieck 1981. Reagan 1981. Reiffenstein 1984. Risse 1980. Rupprich 1973, 2,34 ff. I. Schröder 1991. Stolt 1981. Tschirch 1955/69; 1966, 53 ff. Volz 1960; 1963. Wich-Reif 2007. D. Wolf 1970. Zelljadt 1979. – **Liturgie:** Feudel 1990. H. Goertz 1977. Ringel 1987. – **Kirchenlied:** Greule 1992. Ulrich 1969. – **Wort- und Begriffsgeschichte:** Ahlzweig 1975. Åsdahl-Holmberg 1967. BBRS (A. Burkhardt 101 ff., D. Wolf 1554 ff.). Bentzinger 1990d. Diekmannshenke 1994; 1995. B. Döring 1990. H. Goertz 1977. V. Günther 1955. G. Ising 1968. Jacoby 1988. A. Krause 1987. Lepp 1908. Maurer/Rupp 1974 (Rosenfeld 1,408 ff.). E. Müller 1973. Spillmann 1971; 1991. Warnke 1993ab; vgl. 5.12M!

Luther: Arndt 1970. Arndt/Brandt 1983. BRS (Bach, 1440 ff.). BBRS (Besch 1713 ff.). Bentzinger/Kettmann 1996. Besch 1999/2000. Beutel 1991; 1991/2006; 2005. Bondzio 1976. Debus 1986; 2014. Endermann 1999. Feudel 1970. Greule u.a. 2012 (Stolt, 83 ff.). R. Große 1983ab. Hartweg/Wegera 1989, 61 ff./2005, 79 ff. Kettmann 1993. Leppin/Schneider-Ludorff 2014. Lobenstein-Reichmann 2018. Moulin 1990; 2014; 2016a. Nybøle 2004. Schenker 1977b. Schildt 1970; 1984; 1986. Stackmann 1984. Stolt 1964. H. Wolf 1980; 1985 (Bibliogr.); 1987; 1996a (m. Bibliogr.); 1996b. – **Grammatik, Orthographie:** Admoni 1970. H. Bach 1974/85. Cornette 1997. Eroms 2006. Greule 2006; 2010. Habermann 1997. Hatz 1985. Kudo 1997; 2015. Meiß 1994. Moulin 1990. v.Polenz 1990b. Wells 1993. H. Wolf 1984. – **Syntax:** Baldauf 1983. Ebert 2001ab; 2003a; 2006. Erben 1954ab. J. Fleischer 2013. Folsom 1985. Götz 2006. Korhonen 1979; 1983; 1984. Lefèvre 2015. Lühr 1985. Rössing-Hager 1978; 2010. Simmler 2001; 2005; 2009, 2015. Steffens 2012. Stolt 1990ab. – **Stil, Rhetorik:** BBRS (Stolt 791). Erben 1983; 1988. Eroms 1988. Junghans 1998. Korhonen 1983. Puff 2002. Rössing-Hager 1972; 2015. H.U. Schmid 2017. Schwitalla 1986. Stolt 1969; 1974; 1983ac; 1989; 1990a; 1994; 2000b. – **Wortschatz, Wortbildung:** Ahlzweig 2003. Bering 1989. Besch 2002; 2008. Cruse u.a. 2005 (Schildt 1514 ff.). Dietz 1870–72. Dückert 1984. Erben 1974. Filatkina 2016. Filatkina/Moulin 2018. W. Fleischer 1983. Frettlöh 1986. Grün-Oesterreich/Oesterreich 1999. Lobenstein-Reichmann 1998; 2004. Reagan 1981. Reichmann 2011b; 2018b. Russ 2004. H. Schmidt 1993; 1995. Seyferth 2001. Wenner 2009. H. Wolf 1983a; 1988b; 2001. – **Sprichwörter:** Bässler 2003. Mieder 1995b; 2006. H.U. Schmid 1998b. Schröter 1984. – **Bibelübersetzungen:** Århammar 2009. Ashcroft 2008. BBRS (Koller 219). Debus 1983a. De Grauwe 2016. Flood 2009. Folsom 1985. Frettlöh 1986. Ganslmayer 2018. Gardt 1992; 1999. Gelhaus 1989. Götz 2014. Haas 2009. Habermann 2018a. S. Hahn 1973. Jacoby 1988. Kettler 2001. Korhonen 1979. Kotin 2018. Kudo 1997; 2015. Lange/Rösel 2014. Meiß 1994. v.Merveldt 2008. Piirainen 2006. Reagan 1981. Redzich 2018. Reichmann 2011b. Reinitzer 1983; 2014. Schildt 1984. Seyferth 2003; 2004. Simmler 2009; 2012. Sonderegger 1976. Stolt 1981; 1983ab; 1988; 1994. Wells 1993. H. Wolf 1980, 59 ff., 101 ff.; 1984; 1988. – **Sprachgeschichtliche Wirkung:** Arndt 1996. H. Bach 1984. BRS (Bach 1440 ff.). BBRS (Besch 1713 ff.). R. Bergmann 1983; 1984; 1999. R. Bergmann/Moulin 1987. Besch 2008; 2017. Debus 1983a. Eroms 2017. Folsom 1985. Francis 2000. Frettlöh 1986. Gelhaus 1989/90. H. Glaser/K.H. Stahl 1983, 123 ff. R. Grimm 1986. R. Große 1983b; 1984. Jacoby 1988. Kluge 1918. Lemmer 1983; 1987/88. Lobenstein-Reichmann 2009. Macha 2012. Meiß 1994. Musseieck 1981. Prell 1990. Schildt 1984. H.U. Schmid 1998. Stolt 1981. 2000a. H. Wolf 1980, 68 ff., 161 ff.; 1983b; 1996; N.R. Wolf 2000b.

Karlstadt: W.A. Krause 1987. – **Mathesius:** H. Wolf 1969. – **Müntzer:** Bentzinger 1990. Bondzio 1976. G. Brandt 1991. Cruse u.a. 2005 (Warnke 1520 ff.). Döring 1990.

Feudel 1990. H.-J.Goertz 1989. Peilike/Schildt 1989. Spillmann 1971; 1991. Steinmetz 1984. Warnke 1993b. – **Zwingli:** Schenker 1977b.

Flugschriften (vgl. 4.2Lit!): BBRS (A. Burkhardt 98 ff., Wegera 148 ff.). Bentzinger 1996. Beyer 1994. Ganseuer 1985. Goertz 1977. Gose 1993. R. Große 1983a. Guchman 1974ab. Hölscher 1979. Honemann 2016. Klug 2012. Köhler 1981 (Rössing-Hager 84 ff.). Lepp 1908. Petry 1999. Rössing-Hager 1988; 2014. Rupprich 1973, 2,103 ff. Schwitalla 1983; 1999ab. H. Winkler 1974; 1975. D. Wolf 1983. H. Wolf 1980, 130 ff. – **Dialoge:** Bentzinger 1988; 1990c; 1992a. Filatkina/Moulin 2018. Kampe 1997. Kilian 2005. Painter 2011. Schwitalla 1983. – **Volksaufstände, ‚Bauernkrieg':** Abramowski 1980. Bondzio 1976. G. Brandt 1988ab; 1989; 1991. Diekmannshenke 1994; 1995. Flood 1991. Hartweg 1982. Kettmann/Schildt 1978. Lobenstein-Reichmann 2015. Meves 1980. Pensel 1978. Schildt 1980a. Seebass 1988. Wettges 1978. H. Winkler 1974; 1975.

4.9. Anfänge sprachenpolitischen Verhaltens

A. Die Beziehungen zwischen der deutschen Sprache und anderen Sprachen bestehen nicht nur in den interlingualen Sprachenkontakten und deren innersprachlichen Folgen, den Lehnbeziehungen (s. 4.7). In eine soziopragmatische Sprachgeschichte gehören auch die Verhaltensweisen zwischen den Sprachenbenutzendengruppen und -institutionen in Bezug auf ihre Chancen und Rechte, die eine oder die andere Sprache in bestimmten Kulturbereichen (Domänen) zu gebrauchen. Aus der Zeit von der Französischen Revolution bis zur Gegenwart sind solche zwischensprachlichen Machtbeziehungen unter dem Stichwort Sprach(en)politik bekannt: Es gibt beispielsweise preußische Sprachenpolitik gegenüber der polnischen, österreichische gegenüber der slowenischen, französische gegenüber der elsässischen Sprachminderheit, oder sprachenrechtliche Regelungen über die vier Sprachen in der Schweiz (vgl. 6.4). Ursachen für sprachenpolitische Probleme und Zwänge sind jedoch nicht nur im postrevolutionären Nationalismus und Chauvinismus zu suchen. Voraussetzungen und Frühformen sprachenpolitischen Verhaltens gehören bereits zu den gesellschaftlichen Folgen kultureller ‚Modernisierungen' der frühbürgerlichen Zeit, und zwar im Zusammenhang mit der frühkapitalistischen Handelsexpansion ebenso wie mit dem Bündnis von Reformation und Territorialherrschaft; und als Leitbild für ungleiche Chancen von Sprachen wirkte das fortdauernde mittelalterliche Verhältnis zwischen dem universalen, kulturell hochstehenden Latein und den partikularen, mehr oder weniger unterentwickelten Volkssprachen.

Im Anschluss an Helmut Glücks theoretische Erörterungen für seine Untersuchung der preußisch-polnischen Sprachenpolitik (1979, 22f.) kann *Sprach(en)politik* definiert werden als „prozeßorientierte, planbare und zielgerichtete Folge von Eingriffen in Sprachenverhältnisse durch die Staatsmacht oder organisierte gesellschaftliche Machtgruppen", wobei unter den (zu bewahrenden bzw. zu verändernden) „Sprachenverhältnissen" zu verstehen sind: „die Verteilung der sozialen Funktionen zwischen Sprachen bzw. Varietäten, die in einem bestimmten gesellschaftlichen Zusammenhang vorhanden sind".

In soziolinguistischer Perspektive handelt es sich (nach Glück 1979, 22) hierbei um Sprachbevölkerungen, die „in ihrem konkreten Sprachverhalten, etwa bei ihren Sprachwahlen in Zweisprachigkeitssituationen oder bei ihren Entscheidungen für bestimmte funktionale Varietäten in bestimmten Handlungskontexten zu politisch gewollten Äußerungen gebracht werden sollen". Dazu gehören „kollektive Bilingualisierung einer sprachlichen Minderheit bei konstantem Monolingualismus der dazugehörigen Mehrheit" und als radikalste Folge davon das „Aussterben von Sprachen oder Sprachwechsel großer Kollektive" (Glück 1979, 39) (erzwungene Monolingualisierung). Sprach(en)politik ist nicht Selbstzweck, sondern eine „abhängige Variable in ökonomischen und politischen Prozessen" (Glück 1979, 43).

Obwohl die Unterscheidung zwischen ‚Sprache' und ‚Varietät einer Sprache' manchmal schwierig ist, z.B. beim Gegensatz Hochdeutsch/Niederdeutsch (s. 4.9C), muss (nach Glück 1979, 43ff.) grundsätzlich unterschieden werden zwischen Sprachenpolitik als „exoglossischem/interethnischem" Prozess (zwischen zwei Sprachen/Volksgruppen) und Sprachpolitik als „endoglossischem/intraethnischem" Prozess (innerhalb einer Sprache/Volksgruppe, vgl. 5.6A–D). Der historische Übergang von Sprachenpolitik zu Sprachpolitik (in diesem engeren Sinne) ist gerade in der frühbürgerlichen Epoche zu beobachten: Zunächst gab es noch keine sprachpolitischen (Varietäten einer Sprache betreffenden) Probleme, solange das Kulturmonopol des Lateins allen Beteiligten an überregionaler und interethnischer Kommunikation die gleichen Chancen gewährte. Aber nach der Durchsetzung des Gebrauchs von Volkssprachen wurden sprachpolitische Konflikte und Zwänge in Bezug auf Sprachvarietäten einer Volkssprache unausweichlich, auch neuartige sprachenpolitische Unterdrückung fremdsprachiger Minderheiten. Solange die Hansestädte beim Latein als weiträumiger Verkehrssprache blieben, waren sie sprachlich gleichberechtigt; aber seit Ende des 14. Jh.s wurde das Lübecker Mittelniederdt. tonangebend (vgl. 4.4H). Solange im kirchlichen Leben nur das Lateinische im Schreiben und Reden etwas galt, waren slawischsprachige Geistliche gegenüber den deutschsprachigen nicht so sehr benachteiligt wie in der lutherischen Kirche, die nur die Verdeutschung kirchlicher Texte förderte, Übersetzung ins Sorbische jedoch eher behinderte (s. 4.9Q).

Luther zwang beim Marburger Religionsgespräch (1529) seinen Diskussionspartner Zwingli, der wegen seiner schweizerdeutschen Aussprache das Lateinische bevorzugte, zum Deutschen als Diskussionssprache. Er hatte sich schon vorher über Zwinglis Schweizerdeutsch beklagt und belustigt, das er als ein *filtzicht zotticht deüdsch* [...] *welchs mir warlich schweer ist* (1528, WA 26, 374) bezeichnete. Während des Gesprächs wies er erneut abfällig auf Zwinglis Sprachvarietät hin: *Růmpt Euch vch nitt zu seer, ir sind in Hessen, nitt in Schweytz, die håltz bråchend nitt also,* sodass der hessische Landgraf vermittelnd Luther zurechtwies: *der doctor sőllt die art zů reden nitt so hoch vff sich nemmen* (Hottinger/Vögeli 1838, 2,228; vgl. Schenker 1977b, 8f.). An solchem Sprachspott- und Sprachzwangverhalten wird schon viel von den gruppendynamischen Ritualmechanismen späterer deutscher Sprachenpolitik und Sprachpolitik deutlich.

Einen beides umfassenden weiteren Begriff ‚Sprachpolitik' postuliert Utz Maas (1989, 352ff.) im Rahmen einer „politischen Sprachwissenschaft", die „die sprachlichen Verhältnisse im Zusammenhang mit der gesellschaftlichen Reproduktion zu analysieren" versucht. In Bezug auf die Möglichkeit von

4.9. Anfänge sprachenpolitischen Verhaltens

Sprachpolitik unterscheidet er drei Phasen der sozialökonomischen Entwicklung:

In der archaischen und feudalen ersten Phase – noch ohne Sprachpolitik – gab es zwar sprachliche Abgrenzung gegenüber Fremden: Für die alten Griechen waren alle anderen die *Barbaren*, d.h. die ‚Stammelnden', für die slawischen Völker waren die Deutschen die *nemici*, die ‚Stummen' (diese Etymologie ist jedoch umstritten; Reiffenstein, in: BBRS 2201). In diesen „naturhaften Sprachverhältnissen" herrschten traditionelle lokale Sozialbindungen (Familie, Sippe, Gemeinde, Grundherrschaft) und Wirtschaftsformen (Tauschbeziehungen mit lokalen und benachbarten Gemeinschaften); die Organisationsformen waren noch „der materiellen und sozialen/kulturellen Reproduktion kongruent"; Geschriebenes hatte für die (agrarische) Sprachbevölkerung meist nur „magische Bedeutung als Träger von Rechtsansprüchen"; nur die staatstragende Oberschicht hatte einen exklusiven eigenen Sprachgebrauch (Latein des Klerus, höfisches Mittelhochdt. als Ansatz zu elitärer Standessprache). Sprachenpolitisches Verhalten wird (nach Maas 1989) in Frühformen erst möglich in den „vormodernen Staaten" der frühbürgerlichen Zeit, in der Warenproduktion, Arbeitsteilung und Fernhandel überlokale und überregionale Kommunikation erfordern; eine an staatlicher Macht dienend partizipierende „Schicht der *commis* gesellschaftlicher Geschäftsführung" (Intellektuelle) mit bildungssprachlicher Zugangsbeschränkung zu entsprechenden Berufen (Minister, Beamte, Pfarrer, Gelehrte, Lehrer, Advokaten, Sekretäre, Journalisten) versucht großregionale und überregionale/ protonationale Sprachstandards in Institutionen wie Schule und Massenmedien auch zur „Sozialdisziplinierung" durchzusetzen (Maas 1989, 19ff., 49ff.). Jetzt wird durch Konfrontation mit der Sprache der Auswärtigen und Einflussreicheren ein abwertendes Bewusstsein für ‚Dialekt' entwickelt (‚abweichend, also minderwertig'), was nach der „meritokratischen" bürgerlichen Gesellschaftsideologie leicht zur „Selbstkulpabilisierung" führen konnte (Maas 1989, 34ff., 357), zur rasch modisch werdenden Geringschätzung und Verachtung des Niederdeutschen durch Norddeutsche selbst, später auch im Ostmitteldeutschen (vgl. 4.9J; 5.6C–G). In der dritten Phase wird bürgerliche Sprachpolitik auf frühnationaler Ebene für alle normativ obligatorisch (vgl. 6.6).

Für die frühbürgerliche und die absolutistische Zeit kann natürlich noch nicht mit zentralistischen, systematisch geplanten, ideologisch/wissenschaftlich wohlfundierten Maßnahmen gerechnet werden wie im 19. und 20. Jh., wohl aber mit „weniger perfekten, rudimentären Formen von Sprachenpolitik" (Glück 1979, 57). Es besteht ein fließender Übergang von ungeplanten sprachkulturellen Folgen von Eroberungen, Unterwerfungen und Missionierungen (die noch nicht ‚Sprachenpolitik' sind) über allgemeine sprachliche Gruppenvorurteile (Sprach-Stereotype) und opportunistisches Sprachverhalten der Betroffenen bis zu direkten Geboten, Verboten und Sanktionen, also ein Kontinuum zwischen ungeplantem, unbewusstem sprachenpolitischem Verhalten und intentionalem politischem Handeln als eigentlicher Sprachenpolitik. Politisches Verhalten darf im Spätmittelalter und in der frühen Neuzeit nicht nur den eigentlichen Potentaten (Fürsten, Päpsten, Bischöfen) zugeschrieben werden, sondern in ständischer Auffassung gesellschaftlicher Machtausübung auch den untergeordneten Institutionen und Gruppen, also auch Grundherren, Gerichten, Stadträten, Zünften, Kanzleien, Handelshäusern, Orden, Predigern, Gelehrten, Schulen, Schreib- und Druckwerkstätten. Eine Trennung von ‚weltlich' und ‚geistlich' gab es noch kaum im sakralen Herrschaftssystem des Mittelalters; Staat und Kirche teilten sich in die Herrschaft oder übten sie gemeinsam aus. Sprach(en)politik ist nach Maas (1989, 352 ff.), ähnlich wie Wirtschaftspolitik, nicht an „bewußte Interessen in den Köpfen der Handelnden" gebunden, sondern weithin aus „Kollusion" im sozialpsychologischen Sinne (Zusammenspiel mit geheimem, oft unbewusstem Einverständnis) zu erklären, als ein Prozess, der sich „hinter dem Rücken der Subjekte", auch der Herrschenden, vor allem der Betroffenen, abspielt. Hier muss auch das Anpassungsbedürfnis der sozial aufsteigenden Gruppen berücksichtigt werden. Von hier aus ist die Geschichte von Sprachnormung im Sinne der evolutionären Sprachwandeltheorie neu zu interpretieren (vgl. 2.5).

B. Die sprachenpolitischen Verhältnisse des Mittelalters waren von einer rigorosen kirchlichen Sprachenideologie geprägt: Gottes Wort und Gottesdienst waren grundsätzlich nur in den drei ‚heiligen Sprachen' Hebräisch, Griechisch und Latein legitim (seit der 2. Hälfte des 9. Jh.s). Damit sollte die Universalität (Gesamtheit, Allgemeinheit) der christlichen Lehre gesichert werden. Dazu ein Rückblick ins frühe Mittelalter: Auch die staatliche Ordnung des ‚christlichen Abendlandes' war von dieser sprachlichen Universalität abhängig. Ihr Begründer Karl d.Gr. hat im Rahmen seiner Bildungs- und Verwaltungspolitik „sprach(en)politische" Maßnahmen (Richter 1982, 413f.) angeordnet und gefördert: Einerseits wurde das Latein von volkssprachlich-romanischen Veränderungen und Differenzierungen gereinigt und auf der philologischen Grundlage antiker Texte festgeschrieben (karolingische ‚Renaissance'), was die spätere Entstehung der romanischen Sprachen aus dem ‚Vulgärlatein' zur Folge hatte. Andererseits sollte – nach einigen Kapitularien und Synodenbeschlüssen von 789 bis 813 – die Volkssprache für Laien schriftlich und offiziell-mündlich gebraucht werden, sollte „Gott nicht nur in drei Sprachen verehrt werden, da in jeder Sprache Gott angebetet und der Mensch erhört werde, wenn er nur ehrlich betet". Kirchliche und staatliche Texte sollten zum besseren Verständnis bei der Bevölkerung in die *patria lingua* übersetzt werden.

Diese Anweisungen Karls an Bischöfe, Äbte und Priester, Herzöge, Grafen und Adel waren nicht nur staatskirchliche Verhaltensregeln zur Förderung der Seelsorge, „[...] sie können als Sprachenpolitik bezeichnet werden, als eine bewußte Förderung sowohl der lateinischen Sprache als auch der germanischen Sprache, als Mittel zur Durchsetzung seiner politischen Pläne [...], sein Riesenreich zu verwalten wie es die Römer getan hatten", zur „Sicherung der Rechtgläubigkeit" (Richter 1982, 436f.; Haubrichs 1995, 55f.). Diese imperialen Maßnahmen haben zur beginnenden Verschriftlichung deutscher Sprache beigetragen und sind mit anderen zeitgenössischen Aktivitäten im Zusammenhang zu sehen, auch mit Karls d.Gr. angeblichem Plan, eine deutsche Grammatik schreiben zu lassen, und seiner Standardisierung deutscher Monatsnamen und Windrichtungsbezeichnungen (vgl. Geuenich, in: BBRS 1144ff.; Matzel 1970). Diese erste kleine Blütezeit des Schreibens und Lesens in Althochdeutsch/Altsächsisch, der wir auch bedeutende literarische Werke wie die *Isidor*-Übersetzung, das *Evangelienbuch* Otfrids v.Weißenburg, den *Heliand* und die Aufzeichnung des *Hildebrandsliedes* verdanken, war jedoch in der Ottonenzeit in Vergessenheit geraten. Schon Karls Sohn Ludwig d.Fromme, der mehr im romanischen Teil des Reiches lebte, hatte eine andere sprachenpolitische Haltung (Richter 1982, 433 ff.). Wie auch Otfrid v.Weißenburg vor ihm hat auch Notker III. Labeo v.St. Gallen sich für sein neues Wagnis mit der als ‚barbarisch' bezeichneten deutschen Sprache rechtfertigt: „Angesichts des Prestigegefälles zwischen Latein und Volkssprache muß man Mut, Impetus und Leistung jener Autoren bewundern, die als erste die gentilen Sprachen schriftliche werden ließen. Diese Spracharbeit scheint noch um 1019/20 Notker Labeo ‚ein bis dahin nahezu unerhörtes Unterfangen' (Brief an Bischof Hugo von Sitten)" (Haubrichs 1995, 29).

Noch viele Jahrhunderte blieb das Lateinische die eigentliche Schrift- und Bildungssprache der Deutschsprachigen, wie auch sonst im westlichen Europa. Die Zurückdrängung des Kulturmonopols des Lateins geschah sehr allmählich und subversiv, nicht mit sprachenpolitischen Aktivitäten. Es wurde bereits im Hoch- und Spätmittelalter durch **volkssprachliche Literaturexpansionen** unterlaufen:

– die von Westeuropa her inspirierte deutsche Sprachkultur des höfischen Rittertums im 12./13. Jh., die ‚Staufische Klassik' des Mittelhochdt. als ständische Oberschichtliteratur, mündlich (meist auswendig) vorgetragen, seit etwa 1300 schriftlich überliefert (vgl. Heinzle 1988 ff.)
– die religiöse deutsche Literatur für Laien, im Spätmittelalter besonders gefördert durch Frömmigkeitsbewegungen, Bettelorden, Prediger, Mystiker und Mystikerinnen, die aus den erstarrten Sprach- und Denkkonventionen des Lateins zur Volkssprache hin ausbrachen und damit den bis ins 19. Jh. anhaltenden populären Strom der Erbauungsliteratur in Gang setzten
– die allmähliche Entstehung deutscher Fachwortschätze durch städtische Arbeitsteilung, sowohl in mündlicher Praxis als auch in deutscher Fachprosa des Spätmittelalters (vgl. 4.6C)
– die Aufwertung altdeutscher Rechtssprache durch die Verschriftlichung deutscher Rechtstexte und den allmählichen, adressatenbezogenen Übergang von lateinischer zu deutscher Urkundensprache, beides seit dem 13. Jh.
– die z.T. über lateinische Textkonventionen hinausgehende städtische Schriftlichkeitsexpansion seit Ende des 14. Jh.s einschließlich der Einrichtung städtischer Schulen mit deutschem Schreib- und Leseunterricht (vgl. 4.2E–G)

– die ständig wachsende Zahl von Bibelübersetzungen, von der Mentelbibel bis zur Lutherbibel (vgl. 4.8B)

So ist es verständlich, dass eine der wenigen bekannten sprachenpolitischen Maßnahmen der frühbürgerlichen Zeit gegen deutsche Sprachkultur einen defensiven Charakter hatte: das am 4. Januar 1486 erlassene Zensuredikt des Mainzer Erzbischofs Berthold v.Henneberg. Es handelte sich um eine Zensurverschärfung, mit der ein kirchlicher Potentat u.a. „die Übersetzung kirchlicher und anderer wissenschaftlicher Schriften aus fremden Sprachen, namentlich aus dem Griechischen und Lateinischen" in bestimmten Fällen untersagte, vor allem den Handel mit solchen Schriften; auch hat er dieses Verbot durch Zensoren auf der Frankfurter Buchhändlermesse mit angedrohter Exkommunikation, Konfiszierung und Geldbußen durchzusetzen versucht (Gelhaus 1989, 2ff.; vgl. Bangert 2019, 194f.).

Der politische Charakter dieser Maßnahme wird deutlich, wenn man den reichspolitischen Status und andere Aktivitäten Bertholds berücksichtigt (Gelhaus 1989, 2ff.): Er war seit 1484 Mainzer Erzbischof, damit zugleich Kurfürst, von 1495 bis 1502 Leiter der Reichskanzlei, zugleich Domherr in Straßburg und Köln. Er hat sich für Reformen der Reichsverfassung, der Klöster und des Klerus eingesetzt und die Universität Mainz durch Berufung humanistisch gebildeter Gelehrter modernisiert.

Solche Verfolgung nichtlizensierter Übersetzungen wurde einerseits sprachkritisch begründet (Gelhaus 1989, 3ff.): Die deutsche Sprache sei nicht geeignet für die Darstellung theologischer und wissenschaftlicher Inhalte, da es ihr an der *copia verborum* (‚Fülle des Ausdrucks') fehle, die das Lateinische besitze, sodass die Übersetzer unzutreffende und uneigentliche Wörter benutzen, also die Wahrheit des Originals verfälschen müssten. Andererseits wurde theologisch und kirchenautoritär argumentiert: Viele Teile der Bibel seien dunkel und schwerverständlich, zu ihrer Auslegung seien nur die kirchlich autorisierten Prediger befähigt und befugt. Also sei es besser, wenn das Laienvolk die Bibel nicht selbst lesen könne, zumal aus Bibelübersetzungen nachweislich die Gefahr der Ketzerei entstünde.

Damit handelte der Erzbischof/Kurfürst ganz nach der Tradition der mittelalterlichen Kirche. Obwohl es ein von Rom erlassenes allgemeines Bibelübersetzungsverbot niemals gegeben hat, reiht sich sein Edikt ein in die Reihe ähnlicher Übersetzungsverbote und Nichtanerkennungen volkssprachlicher (französ., provenzal., engl.) Bibeln seit 1179 durch Päpste, Bischöfe und Synoden (Gelhaus 1989, 4). Diese auf die Lehre von den drei heiligen Sprachen gegründete altkirchliche Sprachenpolitik spielt, mit den gleichen Argumenten, eine zentrale Rolle bei zwei der schärfsten Kritiker der Lutherbibel, Hieronymus Emser und Johann Eck, beide paradoxerweise Verfasser katholischer ‚Gegenbibeln' (Gelhaus 1989, 23ff.; vgl. 4.8G). Luther hat in diesem Streit, trotz seines Engagements für das Studium der alten Sprachen, das Deutsche „zur vierten Hauptsprache" werden lassen (Gelhaus), wobei er die ‚Heiligkeit' der drei alten Sprachen auf alle anderen Sprachen übertrug: Aus dem Griechischen sei *alls aus eym brunnen ynn andere sprach durchs dolmetschen geflossen und sie auch geheyliget hat* (*An die Ratsherren* ..., WA 15, 37 f.). Die Anerkennung des Deutschen als ‚Ur- und Hauptsprache', verglichen mit den nur vom Latein abgeleiteten romanischen Sprachen, begegnet u.a. schon 1534 bei Aventinus (Johannes Turmair) und 1501 bei Heinrich Bebel (s. A. Bach 1970, § 165) und wird auch bei den älteren Grammatikern des Deutschen thematisiert (Moulin-Fankhänel 1997).

Das zweite Argument des Übersetzungsverbots (die Vorenthaltung der Bibel gegenüber den Laien) lehnte Luther nach Vorbild des Erasmus v.Rotterdam ab (*claritas scripturae*): *Also widderumb, weyl itzt die sprachen erfur komen sind, bringen sie eyn solich liecht mit sich und thun solch grosse ding, das sich alle wellt verwundert und mus bekennen, das wir das Euangelion so lauter und reyn haben, fast alls die Apostel gehabt haben, und gantz ynn seyne erste reynigkeyt komen ist, und gar viel reyner, denn es zur zeyt sanct Hieronymi odder Augustini gewesen ist.* (Luther, *An die Burgermeyster und Radherrn allerley stedte ynn Deutschen landen* (1524), WA 15, 39). Dieser Widerstand gegen das lateinzentrierte Auslegungsmonopol der Kirche war engagiertes, oppositionelles sprachenpolitisches Verhalten, das sich durch Luthers Bibelübersetzung und seinen sonstigen Publikationserfolg sehr auf die Veränderung des Verhältnisses zwischen Latein und Deutsch ausgewirkt hat (s. 4.2J).

Trotzdem hat Luther, in bewusster Ablehnung des radikalen volkssprachlichen Monolinguismus der Waldenser und Hussiten (Gelhaus 1989, 12) und einiger Eiferer aus dem eigenen Lager, die Beibehaltung der antiken Kultursprachen in der höheren Bildung gesichert. Was er ideologisch in seiner Programmschrift *An die Ratsherren* ... forderte, hat Philipp Melanchthon dann in der protestantischen Schulreform praktisch verwirklicht (vgl. 4.2P). Diese das deutsche Bildungssystem über das ‚humanistische Gymnasium' bis ins 20. Jh. stark prägende Entscheidung hatte ebenfalls etwas mit Sprachenpolitik zu tun. Sie hat – im Widerspruch zu Luthers sprachenpolitischem Erfolg für das Deutsche – viel dazu beigetragen, dass deutsche Sprachbildung und Sprachkultur noch lange als etwas Sekundäres, Minderwertiges eingeschätzt wurde, vom Verbot des Deutschredens der Schüler in der ersten Schulordnung des Straßburger Gymnasiums (1538, Hartweg/Wegera 1989, 90/2005, 117 f.) bis zur Schmähung der deutschen Sprache und Literatur durch den Preußenkönig Friedrich II. (s. 5.3AN).

Neben der sprachenpolitisch dominierenden Asymmetrie Latein-Deutsch vom Mittelalter bis in die frühe Neuzeit (verlängert durch Französisch-Deutsch) ist auch zu berücksichtigen, dass das Deutsche als Fremdsprache vor allem seit der Fernhandelsexpansion des Spätmittelalters in Europa, besonders im Norden, Osten und Süden, nicht unbedeutend war, was aus zahlreichen historischen Nachrichten, Vokabularien, Gesprächsbüchlein usw. deutlich wird (Glück 1997; 2002; Glück u. a. 2013; 2019; Meier 2001; s. auch 5.3T).

C. Im Übergangsbereich von Sprachenpolitik zu Sprachpolitik ist der vor allem in der 2. Hälfte des 16. Jh.s vollzogene Sprachenwechsel von niederdeutscher zu hochdeutscher Schriftsprache in Norddeutschland anzusiedeln. Die Komplexität, Vielschichtigkeit und Widersprüchlichkeit dieses Vorgangs wird an entsprechenden Bezeichnungen in der Forschungsliteratur deutlich:

Vom teleologischen hochdeutschen Standpunkt her heißt es „Siegeszug/Durchsetzung der neuhochdeutschen Schriftsprache", „Einbeziehung Norddeutschlands in das hochdeutsche Sprachgebiet", „Anschluß an den meißnischen Sprachgebrauch", „Modernisierung der Sprachkultur Norddeutschlands" usw.; vom Standpunkt der niederdeutschen Schriftsprache her: „Überlagerung des Niederdeutschen durch das Hochdeutsche", „Ablösung/Zurückdrängung/Verdrängung/Re-Dialektisierung/Folklorisierung/Stigmatisierung/Ausrottung des Niederdeutschen" usw.; vom Standpunkt der betroffenen Sprachbevölkerung her: „Sprachwechsel", „Sprachersetzung", „Rezeption des Hochdeutschen", „Sprachenkampf", „kulturelle Enteignung", „Kulturbruch", „Sprachverbot", „Reanalphabetisierung", „kulturelle Kolonialisierung im eigenen Land" usw. Etwas von alledem ist jedenfalls in diesem sprachgeschichtlich erstrangigen Vorgang enthalten; es ist von den jeweiligen Voreinstellungen, Erkenntnis- und Anwendungsinteressen abhängig, welchen Aspekt man bei der Erörterung des Themas jeweils hervorhebt.

Es ist davon auszugehen, dass das Mittelniederdt. seit dem 13. Jh. zu einer vollgültigen Schriftsprache entwickelt worden war (s. 4.4H), mit bedeutenden Gebrauchstexten in Rechtsleben, Religion, Geschichtstradition, Handel, Seefahrt, Hauswirtschaft, Gartenbau usw., mit dem einzigen Mangel gegenüber dem Mittelhochdt., dass die feudale Oberschicht Norddeutschlands in ihrer Standesdichtung das Hochdeutsche dem Niederdeutschen vorzog. So ist eine sprachenpolitische Erklärung als Zwangsbilinguismus und später folgender Sprachenwechsel naheliegend: Die Sprachbevölkerung eines runden Drittels des deutschen Sprachgebiets wurde von obrigkeitlichen Institutionen und einflussreichen Aufsteigerschichten gezwungen, in den kulturell wichtigsten Anwendungsbereichen (Domänen), Kommunikationsfunktionen und Textsorten neben ihrer bereits hochentwickelten eigenen Schriftsprache die nicht autochthone, wenn auch verwandte hochdeutsche Schriftsprache in mühsamem Schreib- und Leseunterricht und öffentlicher Kulturpraxis zu erlernen, wobei unter ‚hochdeutsche' Schriftsprache bis weit ins 17., teilweise bis ins 18. Jh. noch kein homogenes Normensystem zu verstehen ist, sondern verschiedene miteinander konkurrierende, noch variable großregionale Schreibnormen, vor allem ostmitteldeutsch/meißnische und westmitteldeutsch/ripuarische (vgl. 4.4, 5.6).

4.9. Anfänge sprachenpolitischen Verhaltens

Die soziolinguistische Folge dieses Sprachenwechsels war, dass die Niederdeutsch Sprechenden und Schreibenden ihre eigene mündliche Umgangssprache als sozial minderwertiges *Plattdütsch* einzuschätzen lernen mussten. So entstand in denjenigen Orten, Gegenden und Bevölkerungsteilen, in denen Niederdeutsch noch als Dialekt gesprochen wurde, ein sprachkulturelles Spannungsverhältnis zwischen negativ diskriminierter Muttersprache (Primärsprache, *vernacular language*) und hochbewerteter, sprachstrukturell distanzierter offizieller Schreib- und Sprechsprache. Diese Diglossie war wegen der starken sozialen Stigmatisierung weitaus schärfer ausgeprägt als heute die Diglossie der Deutschschweizer und -schweizerinnen mit ihrem sozial nicht belasteten, geregelten Code-Switching zwischen Dialekt und Hoch-/Schriftsprache (vgl. 6.11T–X), da das Verhältnis zwischen Hochdeutsch und Niederdeutsch nach Besch (1979a, 343) „nicht Koexistenz mit Rollen- und Domänenverteilung", sondern „Ausrottung mit allen Phänomenen der Mißachtung und Demütigung" war. Was von den sozialen Aufsteigerschichten (vor allem dem Besitz- und Bildungsbürgertum) als kulturelle ‚Modernisierung' begrüßt und gefördert wurde, bedeutete für den größten Teil der Sprachbevölkerung Norddeutschlands eine kulturelle Unterdrückung, die – ebenso wie die Germanisierung slawischer Bevölkerung (s. 4.9N–R, 6.4) – sozialgeschichtlich als „innere Kolonialisierung" (Gessinger 1980; 1982) erklärt werden kann.

Es mag auf den ersten Blick unverträglich und widersprüchlich erscheinen, das Niederdeutsche einerseits im Rahmen der deutschen „Schreiblandschaften" (4.4H) zu behandeln und es andererseits hier unter dem Stichwort „Sprachenpolitik" als eigene ‚Sprache' gegenüber dem Hochdeutschen einzustufen. Dieser Widerspruch besteht nur scheinbar: Das Mittelniederdt. war zwar eine der frühbürgerlichen deutschen Schreiblandschaften, gehörte aber nicht mehr zu denjenigen, die wesentlich am überregionalen Ausgleich auf dem Wege zur neuhochdt. Schriftsprache beteiligt waren (abgesehen von einigen niederdt. Einflüssen in Wortschatz und Lautungsnorm). Der Status einer eigenen Sprache („Ausbausprache" mit „Abstand" zum Hochdeutschen nach Kloss 1978) wird nahegelegt durch:

– Nachrichten über Kommunikationskonflikte durch Verstehensschwierigkeiten seit der luthersprachlichen Reformation (s. 4.9J).
– Benennungen für den Gegensatz Hochdeutsch/Niederdeutsch seit Ende des 13. Jh.s: *der niderlender sprache, nedderlendesch, lingua saxonica, sassesch, sassesches düdesch, neddersassisch, alte Sechsische sprach*, seit 15. Jh. auch *nedderdüdesch*, ab 17. Jh. auch abwertend *Plat-Teutsch; der oherlender sprache, oberlendische zung, den öberen Deutschen ihr Kirren*, seit dem 15. Jh. *hochdüdesche sprake, Hochteutsch, Misnica lingua, Meichsnische zung, meisnische sprache, Misnisch*, ... (Belege bei Gabrielsson, in: Cordes/Möhn 119ff.; Josten 1976).
– Übersetzungen aus dem Hochdeutschen ins Niederdeutsche (und umgekehrt) seit dem 13. Jh., auch aus dem Niederländischen ins Niederdeutsche.

- Herstellung niederdeutscher Buchpublikationen als Fernhandelsproduktion außerhalb des niederdeutschen Sprachgebiets (Basel, Straßburg, Mainz, Augsburg, Nürnberg, Leipzig, Köln, Groningen, Kopenhagen).

D. Für den Untergang der niederdeutschen Schriftsprache kann weder die Reformation noch der Buchdruck als primäre Ursache angesehen werden. Entscheidend waren sozialökonomische Entwicklungen (Gabrielsson, in: Cordes/Möhn 120 ff.; Sodmann, in: BBRS 1505 ff.):

- Schwächung und schließlich Untergang des die mittelniederdt. Sprachkultur größtenteils tragenden Städtebundes der Hanse im 15. und 16. Jh. infolge der Verlagerung des Welthandels auf Mittelmeer und Atlantik, aber auch wegen Uneinigkeit und Stagnation in den führenden Hansestädten
- Nationalstaatliche Tendenzen und Aktivitäten in West- und Nordeuropa: England, die Niederlande, Dänemark, Schweden wurden zu schärfsten Konkurrenten der Hanse mit wachsendem Widerstand gegen die durch die Hanse etablierte niederdeutsche Verkehrssprache Nordeuropas
- Durch die Einführung des römischen Rechts im ganzen Reich (s. 4.1D) wurden Schriftverkehr und Universitätsbeziehungen mit Süddeutschland attraktiv: Das hansische Patriziat schickte seine Söhne zunehmend auf mittel- und süddeutsche Universitäten; norddeutsche Kanzleien, Gerichte und Stadträte bevorzugten immer mehr hochdeutsch schreibende Kanzleibeamte
- Erstarken der Territorialfürsten durch die Reichsreformen (vgl. 4.1B) und damit forcierte Einführung des Hochdeutschen in fürstlichen Kanzleien

Der Vorgang kann für die Zeit zwischen 1530 und 1650 im Hinblick auf die Auslöser wie folgt zusammengefasst werden: „Die Ursachen der Ausbreitung der neuen hd. Schriftsprache liegen nicht so sehr in spezifisch nd., wmd. oder wobd. Verhältnissen, sondern vor allem in der Expansionskraft des Ostmittel-/Ostoberdeutschen. Mit der Expansionskraft korrespondiert auf nd. Seite die Aufnahmebereitschaft für die neue Schriftsprache insbesondere bei der sprachbestimmenden Gruppe der Fürsten, die kulturell und sprachlich nach Süden orientiert ist. Hinzu kommen kommunikative Notwendigkeiten bei den norddt. Fürsten und Städten. Die Mitarbeit der Norddeutschen an der Reichspolitik und in den Institutionen des Reichs führte zu der Notwendigkeit, im Schriftverkehr, aber auch in politischen Verhandlungen – das heißt schriftlich und mündlich – das Hd. anzuwenden" (R. Peters 2015, 25).

Der Sprachenwechsel hat sich nicht plötzlich und total vollzogen, sondern allmählich und unterschiedlich (Gabrielsson, in: Cordes/Möhn 137 ff.; Sodmann, in: BBRS 1505 ff.): In einer und derselben Stadt liegen die Zeitpunkte der ersten hochdeutschen und der letzten niederdeutschen Texte in der Regel 80 bis 100 Jahre auseinander; extrem lange dauerte es in Oldenburg: 141 Jahre (1529/1670), und in Berlin: ca. 200 Jahre (Mitte 14. bis Mitte 16. Jh.). Noch vor der Reformation begann der Sprachenwechsel in Kanzleien im östlichen Teil des niederdeutschen Sprachgebiets und in den Rand-, Nachbar- und Ausstrahlungsgebieten der wettinischen Territorien:

Merseburg 1350, Mansfeld 1370, Zerbst und Dessau etwa 1400, Halle 1417, Eisleben 1430. Hier haben die Handelsmetropole Leipzig und der (erzgebirgische) Bergbau im Oberharz eine Rolle gespielt. In diesem elbostfälischen Gebiet wurde der Sprachenwechsel nach etwa einem Jahrhundert auch in der gesprochenen Sprache der Bevölkerung mitgemacht (K. Bischoff 1967). Erstaunlich früh ging die brandenburgische Kanzlei (Berlin, Cölln) zum Hochdeutschen über, wegen der süddeutschen Herkunft der Markgrafen/ Kurfürsten, die hochdeutsche Kanzleibeamte anstellten (Mitte 14. Jh.), 100 Jahre später auch die Ratskanzlei, seit dem 17. Jh. auch die Bevölkerung mit einer hochdeutsch dominierten Umgangssprache mit niederdeutschen Relikten (Agathe Lasch 1910; Schildt/ Schmidt 1986, 143). Infolge der ostmitteldeutschen Herkunft des Deutschritterordens in Ost- und Westpreußen schrieb man im benachbarten Danzig zwischen etwa 1500 und 1560 zweisprachig, je nach Empfänger, oft der gleiche Schreiber. Bald nach 1500 begann der braunschweigische Herzogshof hochdeutsch zu schreiben und beeinflusste damit auch andere ostfälische Städte, die bereits im 15. Jh. nur noch geringe Beziehungen zur Hanse hatten. Gleiches gilt auch für die Fürstenhöfe in Stettin (an hochdt. Empfänger ab 1508) und Schwerin (ab 1517). Es dauerte dort aber Jahrzehnte, bis das Niederdeutsche auch aus dem internen städtischen Schriftverkehr verschwand (Braunschweig 1620, Stettin 1623, Schwerin 1640).

Die Reformation hat die weitere nördliche Ausbreitung des hochdeutschen Schreibens beschleunigt: Magdeburg 1520/1590, Goslar 1527/1590, Lübeck und Hamburg 1530/1650, Lüneburg 1531/1630, Stralsund 1540/1630, Bremen 1541/1660. Verhältnismäßig spät folgten Rostock 1559/1640, Wismar 1560/1648, Flensburg 1567/1660, Emden 1570/1640. In Hamburg und Bremen hat Niederländisch als bürgerliche Bildungs- und Verkehrssprache retardierend gewirkt, noch stärker in Ostfriesland und in den Grafschaften Lingen und Bentheim (bis um 1800); vgl. 6.4.1KL. Letzte Ausläufer der alten niederdeutschen Schriftsprachkultur finden sich in Ostfriesland und in Bergen (Norwegen) bis um 1700. Das Lübecker Oberstadtbuch (Grundbuch) ist noch bis 1809 niederdeutsch geschrieben, der Hamburger Bürgereid (von 1483) noch bis 1844 auf Niederdeutsch geleistet worden.

E. Weniger vom ostmitteldeutschen Lutherdeutsch abhängig verlief der Verhochdeutschungsprozess im Nordwesten, vor allem in Westfalen (Gabrielsson, in: Cordes/Möhn 142 ff.; Maas 1983, 124; 1986, 50): Bis Mitte des 16. Jh.s hat hier Köln mit einer stark ripuarischen Schriftsprache den gemeindeutschen Anpassungstendenzen entgegengewirkt. Der Sprachenwechsel zum Hochdeutschen war auch später mehr von südwestdeutschen Vorbildern beeinflusst, vor allem durch altkirchliche Gesinnung und calvinistischen

Protestantismus (Reformierte Kirche). An der Domschule zu Münster wirkte auch eine humanistische Bildungstradition mit Studienbeziehungen zu Köln, Löwen, Straßburg, Heidelberg. Der Sprachenwechsel zog sich in Münster, Bochum, Dortmund, Bielefeld, Soest, Osnabrück von der Mitte des 16. bis weit ins 17. Jh. hin. Er scheint sich im Nordwesten auch nicht so sehr als bewusster, konsequenter Übergang von einem gefestigten Sprachnormensystem zum anderen vollzogen zu haben wie im lutherischen Norden und Nordosten, sondern als allmähliche Anpassung.

Dafür ist der Versuch des Dortmunder Lehrers, Predigers und Notars Jacob Schöpper kennzeichnend, in seinem vielbeachteten Buch *Synonyma* (Dortmund 1550) etwa 6000 aus oberdt. Publikationen gesammelte Wörter, nach der Sinnverwandtschaft geordnet, für einen sprachmischenden Zweck bereitzustellen: damit zunächst der niederdeutsche Text mit Wörtern aus der *oberlendischen spraach* [...] *stattlich und mit geringem arbeit gebessert und orniert werden kann* (zit. n. Gabrielsson, in: Cordes/Möhn 143; vgl. auch 4.3D).

Im Allgemeinen sind drei **Phasen** des sprachlichen Ablösungsprozesses Niederdeutsch → Hochdeutsch festgestellt worden (Gabrielsson, in: Cordes/Möhn 127 ff.):
1. Bewahrung des niederdeutschen Grundcharakters der Schriftsprache mit einzelnen hochdeutschen „Eindringlingen": Präpositionen, Pronomina, einzelne Wörter mit Diphthongierung (noch nicht als Lautgesetz), Titel, Anreden, Kanzlei- und Rechtswörter, formelhafte Wendungen, alles oft mit Inkonsequenz beim gleichen Schreiber.
2. „Eigentliche Übergangszeit" (Mitte 16. bis Mitte 17. Jh.) mit Verhochdeutschungen „nach bereits bekannten Gleichungen" über Einzelwörter hinaus, aber meist mechanisch „ohne richtiges Erkennen von Sprachgesetzen", vielfach mit hyperkorrekten Formen (z.B. *Breiff* ‚Brief' statt niederdt. *bref*, analog niederdt. *ben* / hochdt. *bein* ‚Bein').
3. Schriftsprache mit hochdeutschem Grundcharakter, aber mit (abnehmenden) niederdeutschen ‚Sprachresten': Eigennamen (*Flensborch*), Berufsbezeichnungen (*Timmermann, Kröger, Reepsleger*), Kanzlei- und Rechtsausdrücke (*mittbörger, orkunde, karspell* ‚Kirchspel'), formelhafte Wendungen (*in ungedeldem gude geseten*), so vereinzelt bis ins 18. Jh.

F. Der allmähliche Übergang, mit vielen Interferenzen in der Unsicherheitsphase, entspricht den natürlichen Bedingungen und Möglichkeiten beim Sich-Angewöhnen eines anderen, aber nah verwandten Sprachsystems. Die Rezeption des Hochdeutschen ist aber, besonders in gedruckter Form und im überregional-öffentlich wirksamen Sprachverkehr, entscheidend durch Institutionen, nach Verwendungsdomänen und Textsorten gesteuert worden (Bichel, in: BRS 1866; Sodmann, in: BBRS 1505 ff.; Gabrielsson, in: Cordes/Möhn 130 ff.):

Die fürstlichen Kanzleien (einschließlich der königlichen in Dänemark und Schweden) gingen voran, so wie sie schon den Wechsel vom Latein zum Mittelniederdt. eingeleitet hatten. Dazu stimmt auch die frühe Neigung norddeutscher Fürsten zum Hochdeutsch in der Zeit der staufisch-höfischen Dichtung. Als Agenten des Sprachenwechsels berief man studierte Kanzleivorsteher aus dem Süden und Kanzleikräfte, die in Leipzig oder Wittenberg studiert hatten oder vorher an Kanzleien im hochdeutschen Gebiet tätig waren. Mit beträchtlichem Abstand folgten die Kanzleien der Stadträte, zunächst nur im auswärtigen Schriftverkehr an Empfänger im hochdeutschen Gebiet, an Landesherren oder an Reichsinstitutionen, danach an andere norddeutsche Städte, erst Jahrzehnte später im inneren Schriftverkehr. Am längsten hielt sich das Niederdeutsche in Stadtbüchern, Grundbüchern, Rechnungsbüchern, Ratsprotokollen, Verträgen, Verordnungen, Niedergerichtsakten, in Schriftstücken, die von nichtprofessionellen Bürgern verfasst waren, auch von Kaufleuten und Handwerkern.

G. Die Rolle der Kirchen und der Reformation beim Rück- und Untergang der niederdeutschen Schriftsprache ist nicht so eindeutig, wie es durch traditionelle Formulierungen wie „die Reformation hat dem Hochdeutschen in Norddeutschland zum Siege verholfen" suggeriert wird (J. D. Bellmann, in: Cordes/Möhn 612 ff.): Im Rahmen der alten Kirche gab es eine literarisch hochstehende geistliche Literatur in Mittelniederdt., vor allem Erbauungsliteratur, Bibelübersetzungen, Marienlieder. Diese Tradition wurde durch die lutherische Reformationsliteratur ziemlich rasch verdrängt, auch durch niederdeutsche Übersetzungen lutherischer Texte, die – entsprechend Luthers Theologie der volkssprachlichen Laienfrömmigkeit (s. 4.8E, 4.9B) – eifrig in Eile hergestellt wurden.

Bis 1634 wurden insgesamt 176 niederdeutsche Bibeldrucke veröffentlicht, davon 28 Vollbibeln. Als weitere auflagenstarke Lutherübersetzungen treten die Postillen mit insgesamt 47 Auflagen, der Kleine Katechismus mit 43 Auflagen (davon 22 lateinisch-niederdeutsche Ausgaben für den Schulunterricht) und der Große Katechismus mit 13 Auflagen hervor. Außerdem kamen 94 niederdeutsche Gesangbuchausgaben bis 1654 auf den Markt. Daraus wird ein Bedarf an niederdeutschen Drucken noch bis zur Mitte des 17. Jh.s ersichtlich (I. Schröder 2010; 2020).

Die Übersetzungen ins Niederdeutsche schließen sich strukturell sehr eng an das hochdeutsche Original an, sodass sie in gewisser Weise die Rezeption der hochdeutschen Ausgaben vorbereiten konnten. In der Vorrede zu den Annotationen im niederdeutschen Bibeldruck von 1541 begründet Johannes Bugenhagens die angewandte Übersetzungsmethode „*schyr van worde tho worde*" damit, dass „*desse Sassissche Biblia [...] ßo wol syne* (i.e. Luthers)*, alse de Hoghdüdesche*" sei. Um Luthers Wort getreu zu verbreiten, ist der Versuch gemacht worden, den Luthertext so vollständig wie möglich zu erhalten und so wenig wie möglich durch die sprachliche Umsetzung zu verändern. Der Anfang der Bibel von 1534 veranschaulicht dieses Übersetzungsprinzip. Beide Texte stimmen fast wörtlich überein (vgl. I. Schröder 2010, 309 f.):

Hochdeutsch: *AM anfang schuff Gott hymel vnd erden, ²vnd die erde war wust und leer, vnd es war finster auff der tieffe, vnd der wind Gottis (odder der geyst) schwebet auff dem wasser.*

Niederdeutsch: *AM anvange schoep godt hemmel vnde erde/ ²vnde de erde was woeste vnde leddich/ vnde ydt was duester vp der duepe/ vnde de wynt Gades (edder de geyst) sweuede vp dem water.*

Aus moderner Sicht wurde dies als „Rückfall hinter das am Ende des 15. Jh.s erreichte kulturelle Niveau der niederdeutschen Schriftsprache" (Maas 1986, 47) kritisiert, das der alsbaldigen Unantastbarkeit des Lutherschen Wortlauts Vorschub geleistet und damit auf die Dauer den Zwang zum hochdeutschen Text in Norddeutschland beschleunigt hat.

Luther selbst hat sich zwar darum bemüht, möglichst des Niederdeutschen kundige Geistliche nach Norddeutschland zu schicken; seine hohe Wertschätzung der niederdeutschen Sprache ist von ihm selbst bezeugt (vgl. 4.4M). Da es aber unter den in Wittenberg Studierenden zu wenige Norddeutsche gab, wurden vielfach Mittel- oder Süddeutsche entsandt, über deren unverständliche Sprache sich viele norddeutsche Gemeinden und Stadträte beschweren. So ging die Verhochdeutschung der Predigt langsamer und konfliktreicher voran als die der kirchlichen Lesetexte. Die territorialen evangelischen Kirchenordnungen Norddeutschlands wurden zu Luthers Lebenszeit auf Niederdeutsch verfasst, in der zweiten Hälfte des 16. Jh.s jedoch durch hochdeutsche ersetzt. Die lutherische Kirche erstarrte in autoritärer Orthodoxie, „der evangelische Christ wurde Untertan – seiner Landeskirche und seines Fürstenhauses von Gottes Gnaden. Dabei blieb es. Aus dem Pastor wurde der Pfarrherr, aus dem Seelsorger *de swatte Gendarm*" (J. D. Bellmann, in: Cordes/Möhn 617). Auch im Gottesdienst hielt sich das Niederdeutsche meist nur bis Ende des 16. Jh.s. Am längsten niederdeutsch blieb die volkstümliche Erbauungsliteratur; die letzten niederdeutschen Gebetbücher erschienen 1654 in Lüneburg, 1657 in Emden, 1686 in Münster, der letzte niederdeutsche Katechismus 1679 in Hamburg. – Zum konfessionellen Gebrauch des Niederländischen im Nordwesten s. 5.8O!

H. Ähnlich wie die Reformation nicht von den theologischen Intentionen her, sondern erst durch organisatorische Aktivitäten und landeskirchliche Institutionalisierung zum Rückgang der niederdeutschen Sprachkultur beigetragen hat, so hat auch die von ihr abhängige Schule verhältnismäßig spät auf den Sprachenwechsel eingewirkt, später als die Kanzleien und in ständischer Differenzierung (Gabrielsson 1932/33 und in: Cordes/Möhn 133 ff.; Sodmann, in: BBRS 1505 ff.): Lehrer an Lateinschulen, die an süddeutschen

Universitäten studiert hatten, konnten wesentlich früher zum Hochdeutsch übergehen als die mehr handwerklich ausgebildeten *schrif vnde rekenmeister*. So gab es auch weiterhin bei Lehrbüchern jahrzehntelange Phasenverschiebungen zwischen den großbürgerlichen Lateinschulen und den (kleinbürgerlichen) ‚deutschen' Schulen. Dies trug wesentlich zur sozialen Diskriminierung des Niederdeutschen bei. Noch lange war Hochdeutsch-Schreiben, Bibellesen und Liedersingen mit niederdeutscher Unterrichtssprache kombiniert, was ein scharfes Diglossieverhältnis zwischen spontaner Sprechsprache und Schreibsprache bzw. Leseaussprache zur Folge hatte. Niederdeutsch erklärte Lateinbücher wurden in Lübeck und Hamburg noch bis zur Mitte des 17. Jh.s benutzt, bis sie durch Verbote abgeschafft wurden. An sog. *Jungfrauen-Schulen* (Mädchenschulen) hielt sich das Niederdeutsche noch am längsten. Die neue, fremde Kirchen- und Schulsprache war zunehmend mit großbürgerlichem Bildungs- und Standesprestige verbunden, erhielt also im nichtakademischen Bildungsbereich sozusagen die sozialdiskriminierende Funktion des Lateins.

Relativ lange hat der Buchdruck am Niederdeutschen festgehalten (Gabrielsson, in: Cordes/Möhn 136 f.; Gesenhoff/Reck und Sodmann, in: BBRS 1507 ff.; R. Peters 2015, 24 f.): Die Zahl der niederdeutschen Drucke ist beträchtlich, besonders seit 1510 und in der Reformationszeit, vor allem aus Magdeburg (etwa 425 Drucke), auch aus Druckorten außerhalb des niederdeutschen Sprachgebiets. Aus Köln kamen besonders seit 1530 gegenreformatorische Schriften auf Niederdeutsch. Seit den 1540er Jahren gingen die Zahlen niederdeutscher Drucke zurück; nach einem leichten Zuwachs in den letzten beiden Jahrzehnten des 16. Jh.s kam der rapide Rückgang nach 1620. In Hamburg überwiegt erst im letzten Jahrzehnt des 16. Jh.s die Zahl der hochdeutschen Drucke, in Dortmund erst nach 1600. Nach 1680 erscheinen fast nur noch scherzhafte Gelegenheitsdichtungen auf Niederdeutsch, in denen einfältige Bauern niederdeutsch sprechen, meist derb und obszön (zur Stratifizierung der Varietäten in Dramen des 17. Jh.s vgl. I. Schröder 2015).

J. Die entscheidende Rolle der fürstlichen, dann städtischen und schließlich lutherisch-landeskirchlichen Obrigkeiten lässt den niederdeutsch/hochdeutschen Sprachenwechsel deutlich als eine Frühform von Sprachenpolitik erscheinen. Ihr Prinzip war das der „Heterozentrierung" der Sprachkultur als Herrschafts- und soziales Distanzierungsmittel (Maas 1983, 114 ff.), d. h. die Durchsetzung einer (nur von Oberschichten beherrschten) nicht autochthonen Prestigesprache und die Stigmatisierung der einheimischen Sprache, auf die die Unterschichten angewiesen waren. Dieses Prinzip hatte das klerikale Kulturmonopol des Lateins im mittelalterlichen Reich und die französelnde bzw. flämelnde Tendenz der höfischen Feudalgesellschaft der mittelhochdt.

Zeit zum Vorbild. In der Reformations- und ‚Bauernkriegs'-Zeit und ihrer Vorbereitungsphase wirkte dann noch ein letztes Mal eine „Autozentrierung" (Maas 1986, 43 f.) zugunsten des Niederdeutschen als frühbürgerliche Literatursprache, aber nur mit kurzer Dauer, mit einem letzten sozialrevolutionären Höhepunkt im Wiedertäuferreich von Münster (1534/35). Seit der Jahrhundertmitte kamen angestoßen durch das Augsburger Interim (1548) und den Augsburger Religionsfrieden (1555), also durch die Anfänge des landesfürstlichen Absolutismus, entsprechende religionsgeschichtliche wie bildungs- und sprachenpolitische Faktoren hinzu.

Ein gleichzeitiger Parallelfall zur heterozentrierenden Sprach(en)politik in Norddeutschland war die Verdrängung der norwegischen Schriftsprachkultur und Dialektisierung des Norwegischen unter dänischer Herrschaft seit dem 15. Jh., mit langfristigen Folgen bis zu den sprachenpolitischen Kämpfen des 19./20. Jh.s um *riksmål* und *landsmål* (heute *bokmål* und *nynorsk*). Vgl. auch das Isländische unter zeitweiliger dänischer Herrschaft (s. Bandle u. a. 2002).

Die Tendenzwende von der Auto- zur Heterozentrierung ist – außer vom landesfürstlichen Machtzuwachs – auch durch die Umsturzängste städtischer Oberschichten nach den blutig beendeten Revolten und Sektenbewegungen der ersten Jahrhunderthälfte verursacht. Stadträte, Patrizier und Intellektuelle wurden mit der konservativ gewordenen lutherischen Amtskirche einig in der Unterdrückung oder Vernachlässigung von Bildungschancen der Unterschichten. Sprachliche Intoleranz wurde auch durch die scharfe Konkurrenz zwischen Lutheranern und Calvinisten gefördert; Beharren auf dem hochdeutschen Wortlaut Luthers und seiner übereifrigen Freunde war ein Schutz gegen ‚Häresie'. So wurde das altkirchliche Übersetzungsverbot (s. 4.9B) aus ähnlichen Gründen ein halbes Jahrhundert später von protestantischen Institutionen als Verdrängung und Verbot des Niederdeutschen gewissermaßen fortgeführt.

Für den **sprach(en)politischen** Charakter dieses Sprachenwechsels gibt es seit den 1530er Jahren, besonders seit der Jahrhundertmitte, zahlreiche Zeugnisse: kollektive Stigmatisierung, Maßnahmen von Potentaten, Institutionen und einflussreichen Personen, mit denen Sprachzwang ausgeübt wurde, Proteste und Widerstand der Betroffenen (vgl. 5.8N). Dazu einige Beispiele (Wortlaute und Stellenangaben bei Kluge 1918, 128 ff.; Josten 1976; Cordes/Möhn 1983, 131 ff., 615 ff.; Sodmann, in: BBRS 1505 ff.; Maas 1983; 1986; Besch 1979; Engelsing 1974, 39 ff.):

Anfänge des Sprachspottes gegen das Niederdeutsche: 1539 wird der Stralsunder Bürgermeister verspottet, weil er den Herzog Philipp v.Pommern auf einem Empfang auf Niederdeutsch begrüßte. 1567/74 berichtet der Magdeburger Pfarrer und Lehrer Georg Torquatus in seinen lateinischen Annalen, das Niederdeutsche sei nur noch ein barbarisches Relikt aus der Vorzeit bei sozial Niedriggestellten, und die *Misnica lingua*, deren bester Autor Luther sei, gelte nach allgemeinem Konsens als *pure et eleganter*, dem Attischen Griechisch vergleichbar, und die Jugend solle sich *Misnicam dicendi venustatem* angewöhnen. Die aus dem Niederländischen übernommene Bezeichnung *Plattdeutsch* (zunächst im Sinne ‚verständlich, klar' im Gegensatz zu Latein) wird im 17. Jh. auf ‚derb, vulgär, anspruchslos' (im Gegensatz zur hochdt. Schriftsprache) umgedeutet.

Maßnahmen weltlicher Obrigkeiten: 1535/40 geht die deutsche Abteilung der Kopenhagener Kanzlei im Schriftverkehr mit norddeutschen Städten zum Hochdeutsch über; die dänische Regierung unter König Christian III. setzt sich für den Gebrauch des Hochdeutschen ein. Die Könige von Dänemark und Schweden, die im Vertrag von 1366 zum Gebrauch des Niederdeutschen gezwungen worden waren, schließen die Verträge von Bromsebro (1541) und von Stettin (1570) auf Hochdeutsch. Der Lübecker Stadtrat überarbeitet das alte Stadtrecht 1586 bewusst und ausdrücklich auf Hochdeutsch; seit der 2. Hälfte des 16. Jh.s erlassen norddeutsche Territorialherren Kirchen-, Schul- und Polizeiverordnungen auf Hochdeutsch.

Kirchliche Maßnahmen: Ab 1546 wird in lutherischen Kirchenordnungen jeder Gemeinde die Anschaffung einer hochdeutschen Bibelübersetzung, und zwar ausdrücklich Luthers Ausgabe letzter Hand, auferlegt. 1636/50 lässt der Flensburger Generalsuperintendent Stephan Klotz im Land Schleswig *die Plat-Teutsche Sprache beym Kirchen-Dienst abschaffen und an deren statt die Hochteutsche denen armen Bauren aufdrängen*. 1678 wird in Husum ein Küster von seinem Superintendenten abgesetzt, weil er im Gottesdienst nur auf Plattdeutsch singen konnte.

Schulmaßnahmen: Zwischen 1570 und 1642 wird in Paderborn, Braunschweig, Soest, Brandenburg, Stettin, Flensburg in den Lateinschulen durch Schulordnungen das Niederdeutsche im Unterricht und als Erklärungssprache in Lehrbüchern verboten, das Hochdeutsche (Meißnische) zur Pflicht gemacht; die Einschränkung des Verbots auf Lateinschulen wirkte sozialdiskriminierend.

Proteste und Widerstand: Von 1535 bis ins 19. Jh. (Mecklenburg) sind Beschwerden von Gemeinden bezeugt, dass Kirchenbesucher das Hochdeutsch des Pfarrers nicht verstehen können und die Bibeltexte nur sinnlos nachgeplappert würden. 1534 wird der protestantische Geistliche Fabricius in Münster von der Bevölkerung abgelehnt, weil er nicht Westfälisch spreche. 1544 muss die braunschweigisch-lüneburgische Kirchenordnung wegen des Widerstandes in den Gemeinden auf Niederdeutsch umgeschrieben, 1584 ein hochdeutsches Gesangbuch in Bremen durch ein niederdeutsches ersetzt werden.

K. Noch weitaus ungünstiger als beim Niederdeutschen war die sprachenpolitische Situation für das Friesische (vgl. Munske 2001). Es stand in einem unterlegenen sprachkulturellen Konkurrenzverhältnis zu mehreren Schriftsprachen (neben Latein): Niederländisch, Niederdeutsch, Hochdeutsch (und Dänisch in Nordfriesland). Aus dem vor- und frühgeschichtlichen engen Verwandtschaftsverhältnis mit anderen ‚nordseegermanischen' (ingwäonischen) Dialekten – Vorstufen von Angelsächsisch, Altfriesisch und Altsächsisch – war durch isolierte Weiterentwicklung des Friesischen als „exklusive Minderheitensprache" (Århammar, in: BBRS 216) und durch „Entingwäonisierung"/„Eindeutschung" des Altsächsischen seit der karolingischen Unterwerfung (Sanders 1982, 112ff.) ein weiter Sprachabstand zwischen Altfriesisch und Mittelniederdeutsch entstanden. So beschränkte sich die Verschriftlichung des Friesischen fast ganz auf Rechtstexte (1250–1450); bei Urkunden ging der spätmittelalterliche Sprachenwechsel vom Latein meist gleich zum Mittelniederdeutschen bzw. Niederländischen als der weiträumig etablierten Verkehrssprache: „Der letzte erhaltene Schiedsspruch auf fr. stammt aus dem Jahre 1543, das letzte Testament aus dem Jahre 1544, der letzte Kaufbrief, zugleich die letzte überlieferte afr. Urkunde überhaupt, von 1547" (Vries 2001, 611).

Im Buchdruck sind nur ganz wenige altfriesische Texte erschienen. Da die Dominanz des Niederländischen bzw. Niederdeutschen schon weit vorangeschritten war, gab es in der Reformations- und ‚Bauernkriegs'-Zeit keine dem Niederdeutschen vergleichbare Autozentrierungstendenz. Die dialektale Zersplitterung wurde so groß, dass die konkurrierenden überregionalen Verkehrssprachen auch im mündlichen Verkehr zwischen den weit auseinanderliegenden Teilen des friesischen Sprachgebiets unentbehrlich wurden (vgl. Vries 2001).

Die seefahrenden, handeltreibenden Friesen hatten vom 4. bis 6. Jh. ihre größte Expansion: von Brügge bis zur Wesermündung, seit dem 7./8. Jh. auch mit Außensiedlung von der Westküste Schleswig-Holsteins (Eiderstedt) bis Sylt. Der fränkischen Eroberung (7./8. Jh.) konnten sie sich länger widersetzen als die Sachsen (bäuerliche friesische Sonderfreiheiten noch bis ins Spätmittelalter). Seit dem 15. Jh. ging der Gebrauch des Friesischen allgemein stark zurück, besonders südlich der Ijssel, in der Prov. Groningen und in Ostfriesland, wo sich Reste über das 18. Jh. hinaus nur noch auf Wangerooge (bis um 1900) und im Saterland bei Friesoyte (bis heute) erhalten haben. Das Nordfriesische ist heute auf die Inseln von Helgoland bis Sylt und einen kleinen Festlandsstreifen um Niebüll zurückgegangen, mit einer Triglossie Fries./Niederdt./Hochdt. Die nachromantische Wiederbelebung friesischer Sprachkultur im 19./20. Jh. war nur in der niederländischen Provinz Friesland möglich (Westfriesisch). Vgl. 6.4.1L, 6.4.2K, 6.4.3K!

L. In einer ganz anderen, indirekten Weise hat die Entstehung des älteren **Jüdischdeutsch** (Vorform des Jiddischen) mit Sprachenpolitik zu tun. Hier hat sich seit dem Mittelalter eine diskriminierte Minderheitensprache zum großen Teil aus dem damaligen koterritorialen Deutsch entwickelt. Die ethnische Sondergruppe der in Deutschland lebenden Juden hat einerseits an manchen Elementen ihrer vordeutschen Sprachen (Hebräisch-Aramäisch, [Jüdisch-]Romanisch) festgehalten, andererseits an der lateinschriftlichen Sprachkultivierung des Deutschen in strenger, religiös bedingter Ablehnung nicht teilgenommen, sondern ihr neues muttersprachliches Idiom in hebräischer Schrift gepflegt. Sprachsoziologischer Anlass zu dessen Verschriftlichung war das Bildungsbedürfnis von Juden, die das Hebräische nicht beherrschten, vor allem von Frauen. Man hat in der Forschung das

Jüdischdeutsche/Jiddische im Verhältnis zum Deutschen genannt: „Tochtersprache", „Zweigsprache", „Nebensprache", „Sondersprache", „Abstandsprache", in theoretischer Perspektive „Fusionssprache (oder Schmelzsprache) mit dominierendem deutschem Anteil" (Kiefer, in: BBRS 1399 ff.).

Das Bewusstsein davon, dass es sich um eine vom Deutschen distinkte Sprache handle, entwickelte sich erst im ostjiddischen Bereich (also außerhalb des deutschen Sprachgebiets) spätestens im Laufe des 19. Jh.s, von daher seit etwa 1870 eine literarische Klassik des Jiddischen; seit kurz nach 1900 gab es allgemeine sprachpflegerische, seit etwa 1930 streng standardisierende Bemühungen (s. 6.4.2U, 6.4.3X).

Die Anfänge der sprachlichen Eigenentwicklung der quasi-deutschsprechenden Juden reichen aber tief ins Mittelalter zurück. Es ist in der Forschung umstritten, ob man das Jiddische besser vor dem Hintergrund des Althochdt. oder (was üblicher ist) vor dem des Mittelhochdt. betrachtet (Kiefer, in: BBRS 1399 ff.) und ob man den Namen *Jiddisch* auf die mittelalterlichen Verhältnisse vor der Auswanderung bzw. Vertreibung vieler Juden nach Osteuropa übertragen darf (*älteres Westjiddisch*, s. S. Birnbaum, M. Weinreich, Timm) oder für diese Frühperiode und für die Sprache der in Deutschland verbliebenen Juden die Bezeichnung *Jüdischdeutsch* verwenden soll (Weinberg 1981; B. Simon 1988/93). Da das Westjiddische/Jüdischdeutsche im Zuge der späteren aufklärerischen Judenemanzipation diskriminiert und im frühen 19. Jh. fast ganz aufgegeben worden war (s. 6.4.1Z), ging die bewusste jiddische Sprachkultur vom Ostjiddischen aus – was auch die sprachpolitischen Voreinstellungen der Forscher beeinflusst hat. Die Aufarbeitung der reichen, aber weit weniger bekannten älteren westjiddischen Sprach- und Literaturtradition (etwa zwischen 1400 und 1800) wurde inzwischen intensiv vorangetrieben (s. Timm 1986; 1987; 1991; 2005; Jacobs 2005).

Die in Deutschland lebenden Juden (Aschkenasen) waren etwa seit dem 10. Jh. aus Frankreich, Italien und vielleicht auch Südosteuropa vor allem ins Rheinland und nach Süddeutschland eingewandert. Wie sie – neben ihrer stets bewahrten Sakralsprache Hebräisch und Aramäisch – schon in den romanischen Ländern die dort einheimischen Sprachen angenommen hatten, so bildeten sie auch in Deutschland ein mehr oder minder modifiziertes Deutsch zu ihrer Erstsprache aus, das sie dann auch bei den Weiterwanderungen bewahrten (seit dem 11. Jh. in slawische Länder, seit etwa 1300 nach Norditalien, seit etwa 1600 in die Niederlande). Die historischen Bezeichnungen für diese Sprache waren (nach Kiefer, in: BBRS 1400; Jacobs 2005, 53 ff.; Weinreich 2008, Bd. 1, 315 ff.) in lateinischer Transkription: in mittelalterlichen Quellen *lešonénu* (,unsere Sprache'), *lošn áškenaz* (,Sprache von Aschkenas'), *tajtš* (,Deutsch') im Gegensatz zur Sakralsprache, *jidiš tajtš/dajtš* (,Jüdisches Deutsch') im Gegensatz zum Deutsch der Christen; seit dem 15./16. Jh. auch *jidiš* (,Jüdisch'), später im Ostjiddischen das vertrauliche *mamelošn* (,Muttersprache'); in christlichen Quellen seit dem 16. Jh. zum Teil abwertend *Hebräisch-Deutsch, Jüdisch-Deutsch, Judendeutsch*, im 18. Jh. *Jargon* (was im Ostjiddisch des späteren 19. Jh. zeitweilig zum allgemeinen Namen dieser Sprache wurde). Im Zusammenhang mit der antiassimilatorischen Bewegung wurde Ende des 19. Jh.s mit positivem Sprachbewusstsein die amerikanisch-englische Form *Yiddish* eingeführt (mit *dd* als Vokalkürzezeichen). Sie wurde wissenschaftssprachlich und literarisch als *Jiddisch* eingedeutscht (seit 1913); in der Zeit nach dem Holocaust wurde sie mit einem neuartigen positiven Interesse für jüdische Kultur in westlichen Ländern populär (s. 6.4.3X).

Die Tendenz zur Absonderung gegenüber der deutschen Schriftsprachentwicklung wurde im Spätmittelalter von außen gefördert durch christliche Pogrome, Berufsverbote, Isolierung in Gettos und durch massenhafte Vertreibung und Auswanderung nach Osteuropa, wo bis zur Aufklärungszeit kaum mehr Kontakt mit deutscher Schriftsprache möglich war. Es sind aber auch traditionelle sprachkulturelle und damit – im Sinne kollektiven Gruppenverhaltens – sprachenpolitische Motive der jüdischen Bevölkerung selbst zu berücksichtigen (Timm 1986, 3 ff.):

- Die jüdische Religion ist „ein alle Lebensbereiche regelndes Weltbild" mit starker Geschichtsorientierung und begrenzter Aufgeschlossenheit für die Kultur der nichtjüdischen Umgebung, auch im Alltagsleben.
- Das hebräische Alphabet wurde von den Juden als von Gott offenbart empfunden, sodass lateinisch Geschriebenes (auch Deutsch) ignoriert und abgelehnt wurde.
- Übersetzungen vom Hebräischen ins Deutsche (in hebr. Schrift) wurden grundsätzlich mit einer extrem wörtlichen Übersetzungsmethode hergestellt, also mit starken hebräischen Interferenzen in Wortschatz, Wortsemantik, Wortbildung, Phraseologie, Satzbau.

Für das spätmittelalterliche Jüdischdeutsch, das – außer in früheren Glossen – in einzelnen Texten seit 1272 (Wormser *Mahsor*; vgl. Röll 1966, 127 ff.) überliefert ist, kann noch keine vom Deutschen verschiedene Phonemik (und Morphemik) nachgewiesen werden. Vielmehr entsprach sein Lautstand innerhalb Deutschlands anfangs dem jeweils koterritorialen Deutsch, wobei erst langsam durch geographischen Ausgleich Elemente rheinfränkischen Typs zu dominieren begannen. Östlich des deutschen Sprachgebiets war er, soweit wir zurückblicken können, eine Synthese aus ostoberdeutschen und ostmitteldeutschen Elementen. Die unvollständige Vokalbezeichnung in der hebräischen Schrift erschwert allerdings bisweilen sprachgeographische Schlüsse. Syntaktisch (Nebensatzkonjunktionen, Modalwörter u.a.) und vor allem lexikalisch war diese Sprache aber hebräisch-aramäisch beeinflusst (speziell durch Übersetzungen), wobei das Movens im Wesentlichen die religiöse Tradition, gelegentlich auch ein Geheimhaltungsbedürfnis war.

Das Jiddische enthält romanische Wort- und Namenrelikte; z.B. geht *Yentl* auf den häufigen französisch-jüdischen Namen *Gente* zurück (plus dt. Diminutivsuffix) [nicht direkt auf franz. *gentille*]. Später kamen bei den nach Osteuropa Ausgewanderten zahlreiche Wortentlehnungen und starke Einflüsse im Bereich der Aspekte bzw. Aktionsarten aus den slavischen Sprachen hinzu. Trotzdem beträgt der deutsche Anteil auch im modernen Jiddisch durchschnittlich mindestens 75% (mit starken textsortenspezifischen Schwankungen), darunter auch viele Lexeme, die im Deutschen untergegangen sind oder in einer von beiden Sprachen einen Bedeutungswandel durchgemacht haben.

M. Will man die Existenz einer eigenen Sprache Jiddisch davon abhängig machen, dass sie vom Deutschen distinkte Laut- und Formensysteme auch für die etymologisch deutschen Elemente aufweist, so muss man nach Birnbaum (1979/2016, 54f.) in die Zeit um 1300, nach Timm (1986, 15ff.; vgl. auch Timm 2005, 7ff.) in die Zeit um 1500 zurückgehen. Die starke Auseinanderentwicklung beider Sprachen seit etwa 1500 ist, was oft übersehen wird, nur zum Teil im Jiddischen selbst begründet, zu einem verblüffend großen Teil hingegen in der damals beginnenden Sprachnorm-Entwicklung der deutschen Sprache, die das Jiddische wegen der Schriftbarriere und der deutschen Schreibkulturentwicklung in der frühen Neuzeit nicht mitgemacht hat. Dem Jiddischen sind „diejenigen Erscheinungen essentiell fremd geblieben", die sich „in der deutschen Bildungssprache im Verlauf des 16. und frühen 17. Jahrhunderts festsetzten" (Timm 1986, 6). In „unprätentiöser, praktizistischer Haltung" hat das Jiddische damals ähnliches Altes bewahrt bzw. ähnliche Vereinfachungen durchgemacht wie die Mehrzahl der germanischen Sprachen und der deutschen Mundarten, sodass „die erklärungsbedürftige Seite die deutsche Schriftsprache ist und die Erklärung essentiell eine sozialgeschichtliche sein muß" (Timm 1986, 19). Das Jiddische stellt also das komplementäre Gegenstück zur stark schreibsprachlichen, akademischen, konservativen, normativ-pedantischen Entwicklung vom frühbürgerlichen zum bildungsbürgerlichen Deutsch dar (vgl. v.Polenz 1983a; vgl. 4.3D–F, 4.4L, 4.5F, 5.6, 5.7).

Jiddisch als „Kontrastsprache" (Timm) zum Neuhochdt. zeigt sich in einigen für die neuere deutsche Sprachgeschichte wesentlichen Merkmalen (nach Timm 1986, 6ff.; vgl. Timm 2005); als Beispieltext dafür eignet sich (hier in Transliteration) eine ostjiddische Zeugenaussage aus dem Jahre 1614 (Timm 1986, 9):

di moskwitern hobn goiwer gewesn;	‚Die Moskowiter drangen vor';
is der jid zurik gešprungen;	‚[deshalb] sprang der Jude zurück'
asoi hot men im noch geschoßn ois den wald;	‚so schoss man ihm aus dem Wald nach';
hob ich gesén di lodunk štekn im am rikn;	‚[da] sah ich die Ladung ihm im Rücken stecken';
is er nider gefaln oif den sotl.	‚[dann] fiel er auf den Sattel nieder'.

Die Abweichungen von der konservativen/restitutiven deutschen Schriftsprachentwicklung sind (meist nach Timm 1986) folgende:

- Nichtteilnahme am lateinischen und französischen Spracheinfluss auf das Deutsche
- Sparsamkeit im hypotaktischen Satzbau, nur einfache Sätze und übersichtliche Satzgefüge (vgl. 4.5B)
- im Westjiddischen langsame, aber ungebrochene Zunahme der Ausklammerungstendenz; im Ostjiddischen schon früh fast völliger Verzicht auf Satzklammern (vgl. 4.5F): ... *hob ich gesén di lodunk* ...
- keine erweiterten Adjektiv- und Partizipattribute (vgl. 5.9Q); nur gelegentlich im modernen Ostjiddisch als (später negativ bewertete) Germanismen seit dem 19. Jh.
- Spitzenstellung des finiten Verbs (wie im älteren Frnhd. und noch heute in emotionaler Umgangssprache), z.B. *is er nider gefaln* ...
- Vereinfachung bzw. Wegfall des Unterschieds zwischen starker und schwacher Nominalflexion und Adjektivflexion, z.B. *der junger hunt*
- präpositionaler Genitiv-Ersatz, z.B. *der schtot fun Dovid* ‚der Stadt Davids', *di teg fun ir kimpet* ‚die Tage ihres Kindbettes'
- weitgehend Zusammenfall der obliquen Kasus: *ois den wald, ich se dem altn hunt*
- Flexionslosigkeit beim unbestimmten Artikel (wie im Schlesischen): *mit a tochter*
- Einebnung des Vokalwechsels bei Verben (wie im südl. Westmdt. und Oberdt.): *er helft, er falt*
- Schwund des Präteritums (wie im Oberdt.), dafür nur Perfektformen (*hobn ... gewesen, is ... gesprungen*) oder Präsens (vgl. 4.5D)
- Untergang des Konjunktivs I, Ersatz des Konjunktivs II durch Modalverbfügungen (vgl. 4.5D)
- Beibehaltung der oberdt. Apokope des *-e* bei Substantiven: *der jid* ‚Jude', *fun dem hojs* ‚von dem Hause', *di teg* ‚die Tage' (vgl. 4.3H)
- Beibehaltung der Entrundung gerundeter Vokale: *jid* ‚Jude', *zurik* ‚zurück', *rikn* ‚Rücken', *derfilt* ‚erfüllt'; ebenso *ö* → *e* (vgl. 4.3D)
- Bewahrung der Opposition zwischen mhd. *ei* und *î*, fast überall auch zwischen *ou* und *û* (vgl. 4.3C)

Viele dieser Merkmale konservativer Nähe zu deutschen Mundarten tragen dazu bei, dass das Jiddische auf Deutschsprachige im ersten Eindruck so wirken kann, als sei es mit dem Schlesischen verwandt, das ebenfalls von der Herkunft aus dem nördlichen Oberdeutschen (Ostfranken) mit mitteldeutschen Einflüssen und Weiterentwicklung im östlichen Kolonialgebiet in slawischer Umgebung gekennzeichnet ist. Auch im Wortschatz bewahrt das ältere Jüdischdeutsch bis zum Jiddischen hin häufig Altdeutsches, was Erika Timm (1991) an einem Vergleich zwischen einer jüdischen Bibelübersetzung um 1534 mit vorlutherischen Bibeldrucken und der Lutherbibel zeigt, wobei Luther meist als Neuerer erscheint, z.B.: *beschaffen/schaffen, verstainen/steinigen, vingerl/ring, únd/welle, lefz/lippe, lugen/schawen, treher/threne, kestigen/casteien* (vgl. auch Timm 2005). – Über den Untergang des Westjiddischen im 19./20. Jh. vgl. 6.4.1Z! – Über Lehnwörter aus dem Jiddischen vgl. 4.7N! – Über gruppenintern gebrauchte jiddische Restwörter bis ins 20. Jh. s. Althaus 2000!

4.9. Anfänge sprachenpolitischen Verhaltens

N. Sprachenverdrängung über Jahrhunderte war die Folge der deutschen Eroberung, Germanisierung und Besiedlung der von slawischen Völkern bewohnten Gebiete in der östlichen Hälfte des alten Reiches. In traditionellen Darstellungen der deutschen Sprachgeschichte ist dieser Vorgang meist nur aus der Perspektive der deutschen „Ostkolonisation/Ostsiedlung" behandelt worden, d.h. im Zusammenhang mit der davon abhängigen Entstehung ostdeutscher Siedlungsmundarten und Schreibsprachen und deren Bedeutung für die Entstehung der deutschen Schriftsprache (vgl. 4.4DE; BBRS 2699 ff., 2744 ff., 2889 ff., 3218 ff., 3229 ff.). Die praktischen Auswirkungen auf die gesellschaftlichen Kommunikations-Chancen der einheimischen fremdsprachigen Bevölkerung wurden dabei mehr oder weniger ignoriert. Dass die Unterwerfung slawischer Bevölkerung unter die Hoheit des Reiches mit sprachenrechtlichen Konsequenzen verbunden war, wird an zwei Buchillustrationen vom Anfang des 14. Jh.s zum mittelniederdt. Rechtsbuch *Sachsenspiegel* (um 1230) von Eike von Repgow symbolisch deutlich (vgl. Koschorreck 1970; Munzel-Everling 2009; 2013; Kocher/Munzel-Everling 2010):

Abb. 14: Eike von Repgow. Sachsenspiegel, Hs. Anfang 14. Jh.
Universitätsbibliothek Heidelberg, Cod. Pal. germ. 164, Auszug aus fol. 24r und 24v.

Vgl. Abb. 14 (zu Landrecht III, 70 § 1): In einer Gerichtsverhandlung, die nicht *under kuninges banne* geführt wird, stehen vor dem Richter fünf mit Attributen gekennzeichnete Personen: Ein Jude (Spitzhut, Vollbart), ein Franke (Pelzkragen), eine adelige Person, ein Sachse (Messer in der Hand) und, in deutlichem Abstand abgewandt, ein Wende (Kurzfrisur, Beinriemen). Der Richter erklärt mit Handgestik, dass jeder über den anderen urteilen darf. Der Wende gibt durch Unfähigkeitsgebärde zu erkennen, dass ihm die Urteilsfindung über einen Sachsen verwehrt ist und dass umgekehrt der Sachse nicht dazu berechtigt ist, über ihn zu urteilen. Dies dient als Illustration der gesetzlichen Bestimmung, dass jeder Unbescholtene über einen anderen Urteil finden und Zeuge sein darf, *âne die Wend upphe den Sassen unde die Sasse upphe den Wend.* Dass Wenden und Sachsen gegeneinander dieses, den anderen ethnischen Gruppen zustehende Recht vorenthalten wurde, muss mit Feindseligkeit zwischen Herrschenden und Beherrschten, auf jeden Fall auch mit sprachlichen Verstehensschwierigkeiten zwischen Deutschen und Slawen zusammenhängen, die in den folgenden Paragraphen thematisiert werden: Die Einschränkung gilt nicht bei Ergreifung *in der hanthaften tât* (wo Sprache ja durch sinnliche Wahrnehmung ersetzt wird); und weiter: Jeder Beschuldigte kann die Antwort verweigern, außer *men ne schuldege ene an der sprâche, die ene angeboren is ob her dudisch nicht ne can.* Wenn man ihn aber in seiner Sprache beschuldigt, so muss er antworten oder sein *vorspreche* ('Fürsprecher, Anwalt') *von sînent halben,* sodass es die Kläger und Richter verstehen.

Diese für slawisch sprechende Rechtssubjekte damals unumgängliche Dolmetscher-Vermittlung scheint in dem zweiten Bild dargestellt (zu Landrecht III, 71 § 1): Vor dem Richter, der mit symmetrischer Handgestik andeutet, dass beide Parteien die Sprache so wählen müssen, dass sie sich gegenseitig verstehen können, stehen zwei als wendisch gekennzeichnete Parteien, wobei der jeweils außen Stehende mit dem Unfähigkeitsgestus sein Schweigen, der andere mit Redegestik die sprachliche Vermittlung gegenüber dem Richter symbolisiert. Die Illustration scheint jedoch im Hinblick auf die Darstellung der sich gegenüberstehenden Parteien ungenau bzw. fehlerhaft zu sein. Dem Text nach müssten sich ein Deutscher und ein Wende gegenüberstehen, was die Sprachbarriere begründet, auf dem Bild sind jedoch sowohl auf der Seite des Klägers als auch auf der Seite des Beklagten Wenden abgebildet, zwischen denen eigentlich keine Verständigungshürden auftreten dürften (vgl. ausführlich Munzel-Everling 2009).

Die Sprachschwierigkeiten auf der Landrechtsebene wurden aber nach benachbarten Paragraphen und Bildern reichsrechtlich anders gelöst: Nach III, 71 § 2 bestand vor dem Königsgericht auch für diejenigen, denen nachgewiesen werden konnte, dass sie vor Gericht einmal deutsch geredet hätten, kein Zwang zum Deutschsprechen, *wen da hat manlich recht nâch sîner bord* ('denn da hat jeder sein Recht entsprechend seiner Geburt'). Diese tolerante Schutzfunktion der Reichsgewalt gegenüber ethnischen/sprachlichen Minderheiten – ähnlich auch gegenüber den Juden – ist seit dem 15. Jh. infolge des Verfalls der Reichsgewalt und durch die Rezeption des römischen Rechts zunehmend geschwächt und vernachlässigt worden.

Was für die Deutschsprachigen erst seit der Einführung des römischen Rechts (s. 4.1D, 4.7B) notwendig wurde, die Abhängigkeit der Rechtsuchenden von einem lateinkundigen Advokaten, wurde als spätfeudale Unterprivilegierung gegenüber der unterworfenen fremdsprachigen Bevölkerung also bereits Jahrhunderte früher praktiziert, wobei der deutschen Rechtssprache die sprachenpolitische Rolle des Lateins zuwuchs. Im Spätmittelalter muss mit einem solchen einseitigen Unterwerfungs-Bilinguismus, mit Ignorierung und Rechtlosigkeit slawischer Sprachen, beim größeren Teil der Bevölkerung des östlichen Mitteleuropa gerechnet werden.

O. Slawische Stämme hatten sich am Ende der Völkerwanderungszeit (5./6. Jh.), nach dem Abzug ostgermanischer Stämme nach Süden, von Osteuropa her westwärts verbreitet bis zu einer ungefähren Linie Kiel – Lauenburg – Uelzen – Magdeburg – Jena – Bamberg – Bayerischer Wald – Ennstal – Hohe Tauern – oberes Drautal. Die Deutschen nannten sie stets *Wenden/Winden* (Übertragung des illyrischen Volksnamens lat. *Veneti?*), was im Grenzbereich und in Streusiedlungen westlich davon noch an deutschen Ortsnamen mit dem Zusatz *Wendisch-/Windisch-* zu erkennen ist. Die west- und südwestslawischen Sprachen dieses Gebietes im Mittelalter sind zum Teil nur noch aus Befunden der Ortsnamen-, Personennamen- und Lehnwortforschung erschließbar. Von Ostholstein und Mecklenburg bis zur Altmark und Mark Brandenburg: Polabisch; in Pommern: Pomoranisch, Kaschubisch; östlich von Oder und Neiße: Polnisch; im südlichen Schlesien: Tschechisch; zwischen Saale, Neiße und Obermain: Sorbisch, wobei das Niedersorbische mehr mit dem Polnischen, das Obersorbische mehr mit dem Tschechischen verwandt ist; in Böhmen, Mähren und südwärts: Tschechisch und Mährisch; in den Ostalpen: Slovenisch, Kroatisch u.a. (K. Müller u.a. 1976, 8ff.); vgl. 6.4!

Der sprachlichen Germanisierung dieser Gebiete war seit der Ottonenzeit (10. Jh.) die militärische Eroberung vorausgegangen, zunächst mit von Deutschen verwalteten Burgen, Städten und Bistumssitzen. Die slawische Bevölkerung wurde, teilweise nach heftigen Kämpfen, deutschen feudalen Herrschaftsverhältnissen unterworfen und christianisiert, wobei – außer bei Polen und Tschechen – die nicht sehr entwickelten altslawischen gesellschaftlichen Institutionen (Adel, Gerichtswesen, Märkte) untergingen. Deutsch wurde lange Zeit nur in Städten, Burgen und Klöstern gesprochen; die Landbevölkerung blieb slawisch. Die deutsche Ostexpansion erhielt eine neue bevölkerungspolitische Qualität seit dem 12./13. Jh. als massenhafte Kolonisationsbewegung: Von weltlichen und geistlichen Territorialfürsten und Institutionen angeworben und besonders privilegiert, von Organisatoren und Kreditgebern (Lokatoren) gelenkt, wanderten bäuerliche Siedler, Bergleute, städtische Handwerker, Kaufleute, Juden und andere Experten wirtschaftlicher Modernisierung aus dem Altreichsgebiet (einschließlich Brabant, Flandern, Niederlande) in die slawischen Länder ein. Durch agrarischen Landesausbau, meist durch Rodung von Wäldern und Urbarmachung von Sumpfgebieten, und durch städtische Gewerbe waren sie den Landesherren steuer- und militärpolitisch nützlich.

So wurden die Markgrafschaften östlich von Elbe und Saale und die Ränder Böhmens im 12. und 13. Jh. von Deutschsprachigen besiedelt, im 13. und 14. Jh. auch Pommern, Ost-/Westpreußen, Schlesien, teils durch Weitersiedlung von den Elbe-Saale-Gebieten her. Zusammen mit der bereits im 9. Jh. begonnenen bäuerlichen Bajuvarisierung des Ostalpenraumes und

Südmährens hatte auf diese Weise das deutsche Sprachgebiet einen östlichen Zuwachs von etwa einem Drittel erhalten. So entstanden durch Siedlermischung und durch den erzwungenen Sprachenwechsel der einheimischen Bevölkerung die ostdeutschen Dialektgebiete Mecklenburgisch, Pommersch, Niederpreußisch, Hochpreußisch (Ostmdt. im südwestl. Ostpreußen), Brandenburgisch, Ostthüringisch, Obersächsisch, Schlesisch, Deutschböhmisch (mehrere Dialekte), östliches und südliches Bairisch-Österreichisch, sowie zahlreiche Sprachinseln in Ost- und Südosteuropa.

P. Durch die mittelalterliche deutsche Ostexpansion entstand in den Slawengebieten ein Nebeneinander und Gegeneinander zweier verschiedensprachiger Bevölkerungen, das sich als asymmetrische, partielle Zweisprachigkeit auswirkte. In den ersten Jahrhunderten ist mit Nebeneinandersiedlung oder Mischsiedlung zu rechnen, auf lokaler Ebene teilweise auch mit friedlicher Koexistenz zwischen den Sprachen, jedoch mit eher fragmentarischer Kenntnis der jeweils anderen Sprache. Die Deutschsprachigen waren durch Überzahl, rechtliche Privilegien, Zwang zu deutscher Rechts- und Verwaltungssprache, modernere Wirtschaftsweisen, also durch ein weitaus höheres eigenes Sprachprestige so im Vorteil, dass sie slawische Sprachkenntnisse nur für spezielle Tätigkeiten benötigten (Ernährung, Fischfang, Wasser- und Waldwirtschaft; s. 4.7O). Deutschen Sprachunterricht gab es (in Ansätzen) erst in spätmittelalterlichen Städten und seit der Reformation. So waren die Slawischsprachigen in weiten Gebieten früher oder später zur Aufgabe dieses schwachen Bilinguismus gezwungen, also zum Sprachenwechsel auf Kosten ihrer slawischen Muttersprache, noch bevor sie die Gelegenheit zu ihrer Verschriftlichung hatten. Diese „Unilinguisierung" ist von der Funktions- und Prestigeminderung her auch aus einer strukturellen „Destabilisierung" der schriftlosen slawischen Sprachen zu erklären (G. Bellmann, in: BBRS 3240).

Am frühesten (um 900) muss die Unilinguisierung in den Ostalpenländern (außer im südlichen Kärnten) eingetreten sein, im östlichen Oberfranken und in der Oberpfalz im 11./12. Jh., im Saale-Elbe-Gebiet im 13./14. Jh., auf der Insel Rügen spätestens im 15. Jh., in der Altmark z. T. erst im 17. Jh., im Lüneburger *Wendland* (Drawehnopolabisch um Salzwedel) erst im frühen 18. Jh. (K. Müller u. a. 1976, 8 ff.). Das Sorbische (im Deutschen traditionell *Wendisch* genannt) ist zur Reformationszeit und noch Ende des 16. Jh.s auch um und östlich von Wittenberg bezeugt (Schuster-Šewc 1984, 243). Das Gebiet des bis heute erhaltenen Ober- und Niedersorbischen in der Ober- und Niederlausitz (bei Bautzen und Cottbus) ist also nur ein letztes Rückzugsgebiet dieser westslawischen Sprache. Ebenso ist am Südrand von Kärnten und Steiermark (südlich Hermagor-Villach-Klagenfurt) das Slowenische in hartem Sprachenkampf bis heute resthaft erhalten geblieben (G. Fischer 1980). Darüber und über Kaschubisch in Ostpommern, Masurisch im südlichen Ostpreußen und Polnisch in Oberschlesien vgl. 6.4.1Q–T, 6.4.2NO!

Q. Wie leicht sprachenpolitische Vorgänge durch pauschale Formulierungen verschleiert werden können, wird am Beispiel des Sorbischen deutlich: In der Fachliteratur wird auf eine im Kontext der Reformation erfolgte „Ausbildung sorbischer Schriftsprachlichkeit" hingewiesen (G. Bellmann, in: BBRS 3240 nach Bielfeldt 1977, 7ff.). In konkreterer, personenbezogener Differenzierung sieht die sprachenpolitische Bedeutung der deutschen Reformation für die Kultivierung slawischer Sprache wesentlich negativer aus. Die Institutionen der lutherischen Kirche haben nur die deutsche Sprache gefördert. Durch ihre Einbindung in die protonational-großräumige frühbürgerliche Wirtschaftsevolution und Bildungspolitik hatten die etablierten Verwalter der lutherischen Reformation kein Interesse an der Verschriftlichung unterprivilegierter slawischer Sprachen. Im Kontrast zur hussitischen Revolution in Böhmen (s. unten 4.9S) wird deutlich, dass hier das deutsche Nationalsprachprinzip doch die Priorität vor dem der sozialen Seelsorge und Laienfrömmigkeit hatte.

Nach der Reformation haben zwar einige „patriotische" sorbische Geistliche (Albinus Mollerus, Andreas Tharaeus u. a.) mit Berufung auf Luthers Laienbildungs-Theologie biblische und andere kirchliche Texte ins Sorbische übersetzt (Schuster-Šewc 1984). Aber sie taten dies auf eigene Faust, ohne Förderung durch die kirchliche Obrigkeit, und waren durch offene ethnische Diskriminierung der Sorben an deren weiterer Verbreitung gehindert. Luther hat seine Antipathie gegen die Sorben in einem Tischgespräch geäußert: *Pessima omnium natio est die Wenden, die uns Gott eingeworfen hat.* Sprachverbote, Übersetzungsverbote und Konfiszierungen sorbischer Texte seitens des Bautzener Stadtrates, adeliger Grundherren und eines Preußenkönigs sind aus dem 17. und 18. Jh. überliefert (vgl. auch Gessinger 1980, 25, 161, Anm. 33). Vereinzelte Zeugnisse für obrigkeitliche Förderung religiöser Texte in Sorbisch sind eher im Rahmen der „staatskirchlichen Domestizierung" (Schuster-Šewc 1984, 252) zu sehen, nicht im Sinne einer Sprachkultivierung um des Sorbischen willen. Die sorbische Schriftsprache konnte erst seit dem 19. Jh. gegen den Widerstand deutscher Minderheiten-Intoleranz entwickelt und durchgesetzt werden (vgl. 6.4.1P, 6.4.2M, 6.4.3NO!).

R. Günstiger verlief – nach slowenischen Bauernaufständen – die reformatorische Verschriftlichung des Slowenischen in Kärnten, Steiermark und Krain durch slowenische Geistliche, deren volkssprachliche Literatur, Orthographielehre und Schulförderung von den protestantischen Landständen im Zusammenhang mit den Türkenkriegen gegen die katholischen österreichischen Landesherren erfolgreich unterstützt wurde. Zur Zeit der Gegenreformation wurden zwar die slowenischen Schulen geschlossen; aber der etablierten slowenischen Bibeltradition hatte die katholische Hierarchie bis Ende des 18. Jh.s nichts entgegenzusetzen (G. Fischer 1980, 34ff.).

S. Erstaunlich ‚modern' war die sprachenpolitische Entwicklung zunächst in Böhmen (Skála 1964; 1972; 1984): Die einheimischen Herzöge (ab 1198

Könige) von Böhmen aus dem Haus der Přemysliden (bis 1306) hatten trotz der Lehnshoheit des Reiches (ab 929) eine relativ selbständige und machtvolle Stellung. Die Koexistenz von lateinischer, deutscher und tschechischer Sprachkultur war unter ihrer Herrschaft zunächst kein Problem. An ihrem Hof in Prag gab es im 13. Jh. höfische Dichtung in Mittelhochdt., aber auch Übersetzungen in ein stark deutsch beeinflusstes Alttschechisch. Auch holten diese Fürsten Deutsche in großer Zahl zu städtischer und ländlicher Siedlung ins Land. So entstand im 13. Jh., mit fast einem Drittel deutschsprachiger Bevölkerung, in Böhmen eine asymmetrische Zweisprachigkeit mit neutralisierender Rolle des Lateins als Schriftsprache, aber auch bedeutende Ansätze zu tschechischer ebenso wie deutscher Schriftlichkeit, die beide auch von Kaiser Karl IV. gefördert wurden.

Die Asymmetrie des Bilinguismus bestand darin, dass die dominierende deutsche Patrizier-Minderheit in der Prager Altstadt und in anderen böhmischen Städten meist einsprachig deutsch lebte, die sozialen Unterschichten einsprachig tschechisch, ebenso wie der alteingesessene Adel. Echte Zweisprachigkeit darf eher für die Handwerker angenommen werden. Die Entwicklung des nationalen tschechischen Sprachkulturbewusstseins begann bereits unter den luxemburgischen Königen und Kaisern ab 1318, indem der sprachenpolitisch aktive tschechische Adel beim König Maßnahmen zugunsten tschechischer Amtsträger und tschechischer Amtssprache durchsetzte. Am Ende der Regierungszeit Karls IV. war der Prager Stadtrat zur Hälfte tschechisch. In der *Goldenen Bulle* (1356) verfügte der Kaiser, dass Tschechisch zu den vier Reichssprachen gehöre (neben Latein, Italienisch, Deutsch); auch seine Söhne und die der Kurfürsten sollten Tschechisch lernen. König Wenzel IV. ordnete 1409 im Kuttenberger Dekret an, dass an der Prager Universität den Tschechen drei Stimmen zukamen, allen Ausländern nur eine; die Deutschen machten dort unter den zahlreichen studentischen *naciones* nur etwa ein Drittel aus. Unterrichtssprache war ohnehin nur Latein. Ab 1380 nahm in den Prager Kanzleien das Tschechische zu; vielerorts galt es als die einzige rechtmäßige Sprache. Frühnationale Wertschätzung des Tschechischen findet sich programmatisch bereits in den Schriften von Tomáš Štítný (1331–1401).

In der Hussitenzeit, in der religiös-sozialpolitische Ziele mit tschechischem Nationalbewusstsein revolutionär verknüpft waren, wurde in heftigen Sprachenkämpfen das Deutsche in Stadt und Land stark zurückgedrängt, ein den Verhältnissen in anderen westslawischen Gebieten genau entgegengesetzter Vorgang. Die hussitische Sprachenpolitik und tschechische Sprachkultivierung war (nach Skála) von der Kenntnis des Untergangs bzw. der Verkümmerung anderer westslawischer Sprachen (Polabisch, Sorbisch) her motiviert und führte zu (in der europäischen Sprachengeschichte erstaunlich frühen) wissenschaftlichen und publizistischen Aktivitäten:

Das anonym erschienene lateinische Traktat *Orthographia Bohemica* (1406/12), dessen Zuschreibung an den tschechischen Reformator Jan Hus als unsicher gilt, war „die früheste mitteleuropäische Beschreibung der Muttersprache" (Skála 1964, 79; vgl. Voleková 2019); darin wurden Schreibvarianten des Tschechischen vereinheitlicht, diakritische Zeichen eingeführt und Probleme der Lautung und Wortbildung erörtert. Auch die tschechisch-deutsche Sprachmischung wurde kritisiert, wie überhaupt eine sprachpuristische Tendenz seit damals die Zahl der deutschen Lehnwörter im Tschechischen stark reduziert hat (heute fast nur noch Handwerkswortschatz und Pejorativa). Im 16. Jh. gab es eine nationalhumanistische Blüte tschechischer Literatur, fortgesetzt durch Bibelübersetzung und Schulförderung der Böhmischen Brüderkirche mit einem Höhepunkt in den Schriften des mehrsprachig publizierenden Jan Arnos Komenský/Comenius (1592–1670), der nach seiner Vertreibung (1627) bis zu seinem Lebensende im Exil für die Anerkennung der tschechischen Sprache kämpfte.

In der gegenreformatorischen Habsburgerzeit wurde die tschechische Sprachkultur von der intoleranten österreichischen Sprachenpolitik zurückgedrängt. Seit 1526 setzten die Habsburger durch österreichische Ämterbesetzungen und neue deutsche Siedlungen die Zweisprachigkeit wieder durch. Nach der Schlacht am Weißen Berg (1620) wurde der aufständische tschechische Adel hingerichtet, wurden tschechische Bücher zu Tausenden verbrannt, wurde die tschechische Sprache als hussitische ‚Ketzerei' verpönt. Die tschechische Intelligenz konnte nur in anderen (vor allem protestantischen) Ländern ihre Publikationstätigkeit eine Weile fortsetzen und Bücher in ihre Heimat schmuggeln. Die tschechische Sprachkultur konnte sich von dieser gegenreformatorischen und zugleich absolutistisch-antinationalen Unterdrückung erst seit dem Toleranzpatent von 1781, der romantischen Nationalbewegung und der Industrialisierung wieder erholen (s. 6.4.1V, 6.4.2P).

Über Lehnwörter aus slawischen Sprachen s. 4.7O!

Literatur

Sprachenpolitik, Sprachminderheiten, Mehrsprachigkeit (s. auch 6.4Lit!): Ammon u.a. 1990. Bange/Mayr 2010. Bickel/Schläpfer 1994. Coulmas 1985. G. Fischer 1980. Földes 1996. Glück 1979. Glück u.a. 2013; 2019. Goebl u.a. 1996. Grulich/Pulte 1975. Haarmann 1993; 1999. Harion 2010; 2013. Hinderling/Eichinger 1996. Jongen u.a. 1983. Maas 1985; 1989. Maaß/Vollmer 2005. Marti 1996. Mihm 2001a; 2010; 2019. Neide 1990. M. Richter 1982. Ruge 2019. Spillner 1994. Ureland 1979; 1981; 1987. Wodak/de Cillia 1995. – **Altdeutsch als Fremdsprache:** Auroux u.a. 2000/01 (K. Schröder 681 ff.; Ludwig/Ahlzweig 705 ff.). Filatkina 2013b; 2015. Glück 1997; 2002; 2010; 2011. Glück/Morcinek 2006. Glück u.a. 2013; 2019. Häberlein/Kuhn 2010. Klatte 2010. Klatte 2008; 2010. Ch. Kuhn 2010. McLelland 2009; 2015. Meier 2016. Lang 2010. K. Schröder/Walter 2011. M. Schulz 2014c (s. auch 5.3T!).

Latein/Deutsch (s. auch 4.7Lit!): BBRS (Koller 210 ff., Sonderegger 229 ff., Grubmüller 214 ff., Schmitt 1061 ff., Henkel 3171 ff.). Ganslmayer 2016. Gelhaus 1989/90. Greule u.a. 2012 (U. Schulze 309 ff.). Grundmann 1965. LGL (Rosenfeld 653 ff.). Mackowiak 2012. Puff 1995. Reiffenstein 1984. M. Richter 1982. Rupprich 1970, 1,570 ff.; 2,1ff., 154 ff. Schiewe 1996. N.R. Wolf 1996a. Wolff/Wittstock 1999.

Niederdeutsch/Hochdeutsch (s. auch 4.4Lit, 5.8Lit, 6.12Lit!): BBRS (Sodmann 1505 ff., Abschn. XVII). Besch 1979. Bichel 1979. K. Bischoff 1962. Borchling/Claußen 1931/57 (Bibliogr.). Cordes/Möhn 1983 (Gabrielsson 119 ff., J.D. Bellmann 612 ff.). Chr. Fischer 1999. Francis 2009. Gernentz 1981. Greule u.a. 2012 (Peters 101 ff.). Hartweg/Wegera 1989, 28 ff./2005, 34 ff. Herrgen/Schmidt 2019 (Elmentaler/Voeste 70 ff.). Josten 1976. Th. Klein 2003. Lehmberg 1999. Maas 1983; 1986. Mihm 1999b; 2001a; 2003; 2004b. R. Peters 2003; 2010; 2011a. Rösler 1996; 1997b. Sanders 1982. I. Schröder 2015. Stellmacher 1998. ten Venne 2001a. Wagener 1999. – **in Kirche und Bibelübersetzungen:** Beckers 1989. Bulicke 1979. Chr. Fischer 2018. Francis 2000; 2005. H. Kröger 1996. Lindow 1926. I. Schröder 1991; 1992. Winge 1984. – **Niederrhein:** Beckers 1989. Mihm 1986; 1992; 1995b. Mihm u.a. 2000. Stichlmair 2008. – **Westfalen, Emsland:** Besch 1995. Brox 1994. Denkler 2006. Chr. Fischer 1998; 2000; 2006. Chr. Fischer/R. Peters 2010. McAlister-Hermann 1988. R. Peters 1995abc; 2011b; 2016, 2018. Taubken 1981. – **Ostfalen:** K. Bischoff 1967. Cordes 1934. – **Nordniedersachsen:** Bulicke 1970. Teske 1927. – **Hamburg, Schleswig-Holstein:** Ahlmann 1991. Beese 1902. Diercks 1994. R. Peters 1996. I. Schröder 2018. – **Ostelbisches Niederdeutsch:** Blume 1994. Dahl 1960. Gernentz 1964/80; 1995. Agathe Lasch 1910; 1979. Rösler 1987; 1995. Schildt/Schmidt 1986, 124 ff. I. Schröder 2001. Stellmacher 1990b; 1998. ten Venne 1997. ten Venne/Roeleveld 1998. – **Nord-/Ostsee-Raum:** Boden 1993. Braunmüller/Diercks 1993/95. Diercks 1994. Lele 1996. Schöndorf u.a. 1987. Ureland 1987. Wagener 1999. Winge 1982; 1984; 1987; 1992; 2006.

(Alt-)Friesisch/Deutsch (s. auch 6.4Lit!): Ahlsson 1964. Århammar 1968; 1976. BBRS (Århammar 3300 ff.). Chr. Fischer 2018. Heeroma/Narding 1961. D. Hofmann 1979. Hofmann/Popkema 2008. DPhA (Krogmann 1899 ff.). Kloss 1978, 165 ff. Munske 2001. Niebaum 1999; 2001ab. Ramat 1976. Sanders 1982, 112 ff. Scheuermann 1970. Vries 2001.

Jüdischdeutsch (Altjiddisch)/Deutsch, antijudaistischer Sprachgebrauch (s. auch 4.7Lit, 6.4Lit!): Althaus 1963; 1965; 1965/68; 1972; 2000. BBRS (Kiefer 1399 ff., 3260 ff.). Birnbaum 1979/2016; 1997. Dinse 1974. DPhA (Beranek 1955 ff.). E. Eggers 1998. Geipel 1982. Hortzitz 1994; 2005. Kloss 1978, 90 ff. Lobenstein-Reichmann 2013; 2017b. Lötzsch 2018. Magin/Eisermann 2005. Röll 1986; 1996. Röll/Simon 1999. B. Simon 1988/93. Timm 1986; 1987; 1991; 2005. Timm/Beckmann 1999. Weinberg 1969/73; 1981. Weinreich 2008. Weissberg 1988. S.A. Wolf 1962/86.

Slawische Sprachen/Deutsch (s. auch 4.7Lit, 6.4Lit, 6.10Lit!): BBRS (Rösler 2699 ff., Lerchner 2744 ff., Reiffenstein 2889 ff.; 2942 ff., Wiesinger 2971 ff., G. Bellmann 3229 ff.). G. Bellmann 1971. Debus 1993. Filatkina 2013b. Hengst 1987. Herrmann 1974/85. W. Kuhn 1955/57. LGL (G. Bellmann 680 ff.). B. Müller 1972; 1974. – **Dravänopolabisch:** Debus 1993. – **Sorbisch:** Jenč 1993. Schuster-Šewc 1984. – **Tschechisch:** Havránek 1965. E. Schwarz 1965/66. Šimečková 1996. Skála 1964; 1972ab; 1984; 1990; 1994. – **Alpenslawisch:** G. Fischer 1980. Reiffenstein 1991b. Wiesinger 1990a.

Literatur

Artikel in Handbüchern werden nicht hier verzeichnet, sondern in den Literaturhinweisen am Ende der Kapitel jeweils unter der Benennung des Handbuchs.

Abraham, Werner. Terminologie zur neueren Linguistik. 2. Aufl. Tübingen 1987.
Abraham, Werner. (Hrg.). Deutsche Syntax im Sprachenvergleich. Tübingen 1995. 2. verb. und erw. Aufl. 2005.
Abraham, Werner/C. Jac Conradie. Präteritumschwund und Diskursgrammatik. Amsterdam/Philadelphia 2001.
Abramowski, Anneliese. Zur Literatursprache von Beschwerdeschriften aus der Zeit des großen deutschen Bauernkrieges. Syntaktische Untersuchungen. In: Akademie der Wiss. der DDR, ZS. Linguistische Studien, Reihe A, 70. Berlin 1980, 38–75.
Abplanalp Luscher, Laure. Die Vergangenheitstempora im ältesten deutschen und französischen Eulenspiegeldruck. In: Schwarz/Abplanalp Luscher 2001, 415–425.
Achermann, Eric. Die Frühe Neuzeit als Epoche. Theorien und Konzepte. In: Jaumann/Stiening 2016, 3–96.
Adamzik, Kirsten. Textsorten – Texttypologie, eine kommentierte Bibliographie. Münster 1995.
Adelung, Johann Christoph. Über die Geschichte der Deutschen Sprache, über Deutsche Mundarten und Deutsche Sprachlehre. Leipzig 1781. Nachdr. Frankfurt a.M. 1975.
Admoni, Wladimir G. Luthers Arbeit an seinen Handschriften und Drucken in grammatischer Sicht. In: Beitr (H) 92, 1970, 45–60.
Admoni, Wladimir G. Die Entwicklungstendenzen des deutschen Satzbaus von heute. München 1973.
Admoni, Wladimir G. Zur Ausbildung der Norm der deutschen Literatursprache im Bereich des neuhochdeutschen Satzgefüges (1470–1730). Berlin 1980.
Admoni, Wladimir G. Die Kontroverse der Kontroversen: Die Vielfalt der grammatischen Theorien und die Sprachgeschichte. In: v.Polenz u.a. 1986, 218–222.
Admoni, Wladimir G. Die Entwicklung des Satzbaus der deutschen Schriftsprache im 19. und 20. Jh. Berlin 1987.
Admoni, Wladimir G. Historische Syntax des Deutschen. Tübingen 1990. (=1990a.)
Admoni, Wladimir G. Die Entwicklung des Gestaltungssystems als Grundlage der historischen Syntax. In: Betten 1990a, 1–13. (=1990b.)
Ágel, Vilmos. Grammatik und Kulturgeschichte. Die *raison graphique* am Beispiel der Epistemik. In: Gardt u.a. 1999. Sprachgeschichte als Kulturgeschichte, 171–223.
Ágel, Vilmos/Andreas Gardt/Ulrike Haß-Zumkehr/Thorsten Roelcke (Hrg.). Das Wort. Seine strukturelle und kulturelle Dimension. Festschrift für Oskar Reichmann zum 65. Geburtstag. Tübingen 2002.
Ágel, Vilmos/Andreas Gardt (Hrg.). Paradigmen der aktuellen Sprachgeschichtsforschung. Berlin/Boston 2014 (JGS 5).

Ágel, Vilmos/Mathilde Hennig (Hrg.) Nähe und Distanz im Kontext variationslinguistischer Forschung. Berlin u. a. 2010.

Agricola, Erhard/Wolfgang Fleischer/Helmut Protze (Hrg.). Die Deutsche Sprache. Kleine Enzyklopädie. Leipzig 1969.

Ahlmann, Gertrud. Zur Geschichte des Frühniederdeutschen in Schleswig-Holstein im Spiegel von Gelegenheitsdichtungen des 17. und 18. Jahrhunderts. Uppsala/Stockholm 1991.

Ahlsson, Lars-Erik. Studien zum ostfriesischen Mittelniederdeutschen. Uppsala 1964.

Ahlsson, Lars-Erik. Zur Substantivflexion im Thüringischen des 14. und 15. Jahrhunderts. Uppsala/Stockholm 1965.

Ahlzweig, Claus. Untersuchungen zum Wortfeld des Erlösens im Frühneuhochdeutschen. Hamburg 1975.

Ahlzweig, Claus. Luthers *Wider Hans Worst* – eine infame Wortwahl? In: Hubertus Fischer (Hrg.). Die Kunst der Infamie. Vom Sängerkrieg zum Medienkrieg. Frankfurt a.M. 2003, 143–168.

Alberts, Werner. Einfache Verbformen und verbale Gefüge in zwei Augsburger Chroniken des 15. Jahrhunderts. Göttingen 1977.

Albrecht, Jörn/Iris Plack. Europäische Übersetzungsgeschichte. Tübingen 2018.

Alm, Erik. Der Ausgleich des Ablauts im starken Präteritum der ostmitteldeutschen Schriftdialekte. Uppsala 1936.

Althaus, Hans-Peter. Jüdisch-hessische Sprachbeziehungen. In: ZMaf 30, 1963, 104–156.

Althaus, Hans-Peter. Wortgeographische und sprachsoziologische Studien zum jiddischen Lehnwortschatz im Deutschen. In: ZdS 21, 1965, 20–41.

Althaus, Hans-Peter. Die Jiddische Sprache. Eine Einführung. In: Germania Judaica NF 14 (Jg. 4) 1965, 1–24; NF 23 (Jg. 7) 1968, 1–24.

Althaus, Hans-Peter. The study of Yiddish. In: Thomas A. Sebeok (Hrg.). Current Trends in Linguistics 9, 1972. The Hague/Paris 1972.

Althaus, Hans-Peter. Relikte des Jüdischen in der Sprache deutscher Juden. In: Habermann u. a. 2000.

Amft, Camilla. Das präteritale Konzept im Frühneuhochdeutschen. Zur Distribution von Präteritum und präteritalem Perfekt in Flugschriften des 16. Jahrhunderts. Heidelberg 2018.

Ammon, Ulrich. Die internationale Stellung der deutschen Sprache. Berlin/New York 1991.

Ammon, Ulrich. Die deutsche Sprache in Deutschland, Österreich und der Schweiz. Das Problem der nationalen Varietäten. Berlin/New York 1995.

Ammon, Ulrich. Nationale Varietäten des Deutschen. Heidelberg 1997.

Ammon, Ulrich. Plurinationalität oder Pluriarealität? Begriffliche und terminologische Präzisierungsvorschläge zur Plurizentrizität des Deutschen mit einem Ausblick auf ein Wörterbuchprojekt. In: Ernst/Patocka 1998, 313–322.

Ammon, Ulrich/Norbert Dittmar/Klaus J. Mattheier/Peter Trudgill (Hrg.). Soziolinguistik. Ein internationales Handbuch zur Wissenschaft von Sprache und Gesellschaft. 3 Teilbde. Berlin/New York 1988. 2. vollst. neu bearb. Aufl. 2004–2006 (HSK 3).

Ammon, Ulrich/Marlis Hellinger (Hrg.). Status Change of Languages. Berlin 1992.

Ammon, Ulrich/Klaus J. Mattheier/Peter H. Neide (Hrg.). Minderheiten und Sprachkontakt. Tübingen 1990.

Ammon, Ulrich/Hans Bickel/Alexandra N. Lenz (Hrg.). Variantenwörterbuch des Deutschen. Die Standardsprache in Österreich, der Schweiz, Deutschland, Liechtenstein, Luxemburg, Ostbelgien und Südtirol sowie Rumänien, Namibia und Mennonitensiedlungen. 2. völlig neu bearb. und erw. Aufl. Berlin 2016.

Anderson, Robert R./Ulrich Goebel/Oskar Reichmann. Ein idealisiertes Graphemsystem des Frühneuhochdeutschen als Grundlage für die Lemmatisierung frühneuhochdeutscher Wörter. In: GL 3/4, 1979, 53–122.

Anderson, Robert R./Ulrich Goebel/Anja Lobenstein-Reichmann/Oskar Reichmann (Hrg.). Frühneuhochdeutsches Wörterbuch. Berlin 1986 ff. Online: https://fwb-online.de/. (= FWB)

Andersson, Sven-Gunnar. Zu den Kontextfaktoren bei der Weglassung der temporalen Hilfsverben *haben* und *sein* im älteren deutschen Nebensatz. In: Lindemann/Letnes 2004, 211–223.

Andrášová, Hana/Peter Ernst/Libuše Spáčilová (Hrg.). Germanistik genießen. Gedenkschrift für Doc. Dr. phil. Hildegard Boková. Wien 2006.

Arens, Hans. Sprachwissenschaft. Der Gang ihrer Entwicklung von der Antike bis zur Gegenwart. 2 Bde. 2. durchges. und stark erw. Aufl. Freiburg/München 1969.

Århammar, Nils. Friesische Dialektologie. In: Ludwig Erich Schmitt (Hrg.). Germanische Dialektologie. Bd. 1. Wiesbaden 1968, 264–317.

Århammar, Nils. Historisch-soziolinguistische Aspekte der nordfriesischen Mehrsprachigkeit. In: Friesisches Jahrbuch 1976, 55–76.

Århammar, Nils. Das Luthersche Translationsparadox: Warum der große deutsche Bibelübersetzer „(ver)dolmetschte" und „(ver)deutschte" u.a.m., aber nicht „übersetzte": eine wortgeschichtliche Studie. In: Gärtner/Solms 2009, 39–52.

Arndt, Erwin. Das Aufkommen des begründenden *weil*. In: Beitr. (H.) 81, 1959, 388–415.

Arndt, Erwin. Begründendes *da* neben *weil* im Neuhochdeutschen. In: Beitr. (H.) 82, 1960, 242–260.

Arndt, Erwin. Luther im Lichte der Sprachgeschichte. In: Beitr. (H.) 92, 1970, 120. Neudr. in: H. Wolf 1996a, 78–90.

Arndt, Erwin. Die Bedeutung von Sammlungs- und Auswahlprozessen im 16. und 17. Jahrhundert für die Herausbildung einer einheitlichen Norm der deutschen Literatursprache. In: R. Große 1990a, 198–204.

Arndt, Erwin/Gisela Brandt. Luther und die deutsche Sprache. *Wie redet der Deudsche man jnn solchem fall?* Leipzig 1983. 2. unveränd. Aufl. 1987.

Arndt-Lappe, Sabine/Angelika Braun/Claudine Moulin/Esme Winter-Froemel (Hrg.). Expanding the Lexicon. Linguistic Innovation, Morphological Productivity, and the Role of Discourse-Related Factors. Berlin/Boston 2018.

Åsdahl-Holmberg, Märta. Wortgeographische Untersuchungen zu den niederdeutschen Handwerkerbezeichnungen des Mittelalters. Leder- und Holzhandwerker. Lund 1950.

Åsdahl-Holmberg, Märta. Exzipierend einschränkende Ausdrucksweisen, untersucht besonders auf Grund hochdeutscher Bibelübersetzungen bis zum Anfang des 16. Jahrhunderts. Uppsala 1967.

Ashcroft, Jeffrey. Humanismus und volkssprachige Bibel in der frühen Reformation. In: McLelland u. a. 2008, 1–24.

Askedal, John Ole (Hrg.). Historische germanische und deutsche Syntax. Frankfurt a.M. u. a. 1998. (=1998a.)

Askedal, John Ole. Zur Syntax infiniter Verbalformen in den Berthold von Regensburg zugeschriebenen deutschen Predigten. Vorstufe der topologischen Kohärenz-Inkohärenz-Opposition. In: Askedal 1998a, 231–259. (=1998b.)
Assion, Peter. Altdeutsche Fachliteratur. Berlin 1973.
Aubin, Hermann/Theodor Frings/Josef Müller. Kulturströmungen und Kulturprovinzen in den Rheinlanden. Bonn 1926. Nachdr. Darmstadt 1966.
Auer, Peter (Hrg.). Sprachwissenschaft. Grammatik – Interaktion – Kognition. Stuttgart 2013.
Auer, Peter/Jürgen Erich Schmidt (Hrg,). Language and Space. An International Handbook of Linguistic Variation. Vol. 1. Theories and Methods. Berlin/New York 2010 (HSK 30,1).
Augst, Gerhard. Sprachnorm und Sprachwandel. 4 Projekte zu diachroner Sprachbetrachtung. Wiesbaden 1977.
Augst, Gerhard (Hrg.). Sprachgeschichte als Sozialgeschichte. Stuttgart 1986.
Auroux, Sylvain/E.F.K Koerner/Hans-Josef Niederehe/Kees Versteegh (Hrg.). History of the Language Sciences. 2 Bde. Berlin/New York 2000–2001 (HSK 18,1–2).
Austin, John Langshaw. How to do things with words. Oxford 1962.
Autenrieth, Tanja. Heterosemie und Grammatikalisierung bei Modalpartikeln. Eine synchrone und diachrone Studie anhand von »eben«, »halt«, »e(cher)t«, »einfach«, »schlicht« und »glatt«. Tübingen 2002.
Avis, Franz-Josef d'. Über Konzessivsätze im Frühneuhochdeutschen. Zum ‚Ackermann aus Böhmen'. In: Alexander Bareis/Izabela Karhiaho (Hrg.). Text im Kontext, 6. Acta Universitatis Gothoburgensis. Göteborg 2005, 1–12.
Axel, Katrin. Die Entstehung des *dass*-Satzes – ein neues Szenario. In: Ehrich u.a. 2009, 21–41.

Babenko, Natalja. Einige Entwicklungstendenzen im Bereich des Satzgefüges in der deutschen Sprache des 16. und 17. Jahrhundert (am Material finaler Unterordnung). In: BEDS 8, 1988, 95–129.
Babenko, Natalja. Textsortenproblematik in der Sprachgeschichtsschreibung am Beispiel der Vorrede. In: Meier/Ziegler 2001b, 195–200.
Bach, Adolf. Geschichte der deutschen Sprache. Heidelberg 1938. 9. Aufl. 1970.
Bach, Adolf. Deutsche Namenkunde. 2 Bde. Heidelberg 1943–1956. 3. Aufl. 1978–1981.
Bach, Heinrich. Laut- und Formenlehre der Sprache Luthers. Kopenhagen 1934.
Bach, Heinrich. Die thüringisch-sächsische Kanzleisprache bis 1325. Kopenhagen 1943.
Bach, Heinrich. Handbuch der Luthersprache. Laut- und formenlehre in Luthers Wittenberger drucken bis 1545. 2 Bde. Kopenhagen 1974, 1985.
Bach, Heinrich. Wo liegt die entscheidende Wirkung der „Luthersprache" in der Entwicklung der deutschen Standardsprache? In: Schildt 1984, 96–107. Neudr. in: H. Wolf 1996a, 126–135.
Bachofer, Wolfgang (Hrg.). Mittelhochdeutsches Wörterbuch in der Diskussion. Tübingen 1988.
Bachofer, Wolfgang/Walther v.Hahn/Dieter Möhn (Hrg.). Rückläufiges Wörterbuch der mittelhochdeutschen Sprache. Stuttgart 1984.
Back, Michael. Die synchrone Prozeßbasis des natürlichen Lautwandels. Stuttgart 1991.
Barðdal, Jóhanna/Elena Smirnova/Lotte Sommerer/Spike Gildea. Diachronic Construction Grammar. Amsterdam 2015.

Baldinger, Kurt. Ist die unsichtbare Hand wirklich unsichtbar? Kritische Bemerkungen zum Bedeutungswandel. In: Jürgen Schmidt-Radefeldt (Hrg.). Sprachwandel und Sprachgeschichte. Tübingen 1993, 1–8.

Baldzuhn, Michael. Von der praxisgeleiteten zur sprachenpolitischen Verwendung des Deutschen. Der Statuswandel der Volkssprache in den lateinisch-deutschen Cato-Handschriften und -Drucken des 15. und 16. Jahrhunderts. In: Nicola McLelland (Hrg.). Humanismus in der deutschen Literatur des Mittelalters und der frühen Neuzeit: XVIII. Anglo-German colloquium, Hofgeismar 2003. Tübingen 2008, 53–88.

Baldzuhn, Michael. Schulbücher im Trivium des Mittelalters und der Frühen Neuzeit. Die Verschriftlichung von Unterricht in der Text- und Überlieferungsgeschichte der *Fabulae* Avians und der deutschen *Disticha Catonis*. 2 Bde. Berlin u.a. 2009.

Bässler, Andreas. Sprichwortbild und Sprichwortschwank. Zum illustrativen und narrativen Potential von Metaphern in der deutschsprachigen Literatur um 1500. Berlin u.a. 2003.

Baethgen, Friedrich. Schisma und Konzilszeit, Reichsreform und Habsburgs Aufstieg. München 1986. 8. Aufl. 1999.

Bahder, Karl von. Grundlagen des neuhochdeutschen Lautsystems. Beiträge zur Geschichte der neuhochdeutschen Schriftsprache im 15. und 16. Jahrhundert. Straßburg 1890. Teilw. Neudr. in: H. Wolf 1996a, 215–220.

Bahder, Karl von. Zur Wortwahl in der frühneuhochdeutschen Schriftsprache. Heidelberg 1925.

Bahner, Werner/Werner Neumann (Hrg.). Sprachwissenschaftliche Germanistik. Ihre Herausbildung und Begründung. Berlin 1985.

Bailey, Charles J.N. Variation and linguistic theory. Arlington 1973.

Baldauf, Kunibert. Untersuchungen zum Relativsatz in der Luthersprache. Innsbruck 1983.

Bandle, Oskar u.a. (Hrg.). The Nordic Languages. An International Handbook of the History of the North Germanic Languages. 2 Bde. Berlin/New York 2002–2005 (HSK 22).

Bange, Evamarie/Christine Mayr. Mehrsprachigkeit im Verwaltungsschriftgut der Stadt Luxemburg – ein Werkstattbericht. In: Moulin/Ravida/Ruge 2010, 353–370.

Bangert, Julia. Buchhandelssystem und Wissensraum in der Frühen Neuzeit. Berlin/Boston 2019.

Bär, Jochen A. Kürze als grammatisches Problem: determinative Verschränkungen. Phänomene der Ersparung im Übergangsbereich zwischen Wortbildung und Syntax. In: Jochen Bär/Thorsten Roelcke/Anja Steinhauer (Hrg.). Sprachliche Kürze. Konzeptuelle, strukturelle und pragmatische Aspekte. Berlin/Boston 2007, 310–338.

Bär, Jochen A. Eine kurze Geschichte der deutschen Sprache. Vechta 2013. Online: http://www.baer-linguistik.de/sprachgeschichte.

Bär, Jochen A. Wortgeschichte – Kulturgeschichte. In: MS 128, 2018, 5–16.

Bär, Jochen A./Barbara Gärtner/Marek Konopka/Christiane Schlaps. Das Frühneuhochdeutsche Wörterbuch als Instrument der Kulturgeschichtsschreibung. In: Gardt u.a. 1999, 267–294.

Bär, Jochen A./Anja Lobenstein-Reichmann/Jörg Riecke. Sprache in der Geschichte. In: Ekkehard Felder/Andreas Gardt. Handbuch Sprache und Wissen. Berlin/Boston 2015, 267–290.

Bär, Jochen A./Marcus Müller (Hrg.). Geschichte der Sprache – Sprache der Geschichte. Probleme und Perspektiven der historischen Sprachwissenschaft des Deutschen. Oskar Reichmann zum 75. Geburtstag. Berlin 2012.

Bär, Jochen A./Anja Lobenstein-Reichmann/Jörg Riecke (Hrg.). Handbuch Sprache in der Geschichte. Berlin/Boston 2019.

Barbour, Stephen/Patrick Stevenson. Variation im Deutschen. Soziolinguistische Perspektiven. Übers, a. d. Engl. v. Konstanze Gebel. Berlin/New York 1998.

Barke, Jörg. Die Sprache der Chemie. Am Beispiel von vier Drucken aus der Zeit zwischen 1547 und 1761. Tübingen 1991.

Barteld, Fabian/Stefan Hartmann/Renata Szczepaniak. The usage and spread of sentence-internal capitalization in Early New High German: A multifactorial approach. In: Folia Linguistica 50, 2016, 385–412.

Barteld, Fabian/Sarah Ihden/Katharina Dreessen/Ingrid Schröder. Analyse syntaktischer Phänomene mit dem Referenzkorpus Mittelniederdeutsch/Niederrheinisch (1200–1650). In: JGS 10 (2019), 261–281.

Bartsch, Nina/Simone Schultz-Balluff (Hrg.). PerspektivWechsel oder: Die Wiederentdeckung der Philologie. Bd. 2: Grenzgänge und Grenzüberschreitungen. Zusammenspiele von Sprache und Literatur in Mittelalter und Früher Neuzeit. Berlin 2016.

Bartsch, Renate. Sprachnormen, Theorie und Praxis. Eine normentheoretische Untersuchung von Sprache und Sprachverhalten. Tübingen 1987.

Bartsch, Renate/Theo Vennemann. Grundzüge der Sprachtheorie. Eine linguistische Einführung. Tübingen 1982.

Barz, Irmhild/Ulla Fix/Marianne Schröder/Georg Schuppener (Hrg.). Sprachgeschichte als Textsortengeschichte. Festschrift zum 65. Geburtstag von Gotthard Lerchner. Frankfurt a.M. u.a. 2000.

Barz, Irmhild/Ulla Fix (Hrg.). Fachtextsorten – gestern und heute: Ingrid Wiese zum 65. Geburtstag. Frankfurt a.M. u.a. 2008.

Bassola, Peter. Wortstellung im Ofner Stadtrecht. Ein Beitrag zur frühneuhochdeutschen Rechtssprache in Ungarn. Berlin 1985.

Bassola, Peter. Strukturen und Formeln der Eintragungen des „Ersten Grundbuchs 1480–1553". Zur Kanzleisprache der Stadt Ödenburg im späten Mittelalter. In: Meier/Ziegler 2008a, 85–101.

Bauer, Gerhard. Namenkunde des Deutschen. Bern u.a.1985. 2. überarb. Aufl.: Deutsche Namenkunde. Berlin 1998.

Bauer, Gerhard. Einführung in die diachrone Sprachwissenschaft. Ein Lehr-, Studien- und Übungsbuch für Germanisten. Göppingen 1986. 5. verb., erw. und vollst. überarb. Aufl. Hrg. von Herbert Schmid. 2001.

Bauer, Gerhard. (Hrg.). Stadtsprachenforschung unter besonderer Berücksichtigung der Verhältnisse der Stadt Straßburg in Spätmittelalter und früher Neuzeit. Göppingen 1988. (=1988a).

Bauer, Gerhard. Die frühneuhochdeutsche Diphthongierung in der Schreib- und Druckersprache Straßburgs. In: Wiesinger 1988. (=1988b).

Baufeld, Christa. Kleines frühneuhochdeutsches Wörterbuch. Lexik aus Dichtung und Fachliteratur. Tübingen 1996.

Baumann-Zwirner, Ingrid. Der Wortschatz Augsburger Volksbuchdrucke der Inkunabelzeit im Vergleich mit dem südwestdeutschen Paralleldruck. Frankfurt a.M. u.a. 1991.

Baumgärtner, Klaus. Diachronie und Synchronie der Sprachstruktur – Faktum oder Idealisierung. In: Sprache, Gegenwart und Geschichte. Düsseldorf 1969, 52–64.
Baurmann, Jürgen/Hartmut Günther/Ulrich Knoop (Hrg.). Homo Scribens – Perspektiven der Schriftlichkeitsforschung. Tübingen 1993.
Bausch, Karl-Heinz (Hrg.). Mehrsprachigkeit in der Stadtregion. Düsseldorf 1982.
Bax, Marcel. Die lebendige Dimension toter Sprachen. Zur pragmatischen Analyse von Sprachgebrauch in historischen Kontexten. In: ZGL 11, 1983, 1–21.
Bax, Marcel. Historische Pragmatik: Eine Herausforderung für die Zukunft. Diachrone Untersuchungen zu pragmatischen Aspekten ritueller Herausforderungen in Texten mittelalterlicher Literatur. In: Busse 1991, 197–215.
Bayer, Hans. Sprache als praktisches Bewußtsein. Philosophisch-wissenschaftliche Terminologie und Sprachhandlung bzw. konkrete fachliche Praxis. In: ZdPh 93, 1974, 321–342.
Bayer, Hans. Praxis Sprache Denkform. Zur frühen deutschen Literatur- und Wissenschaftssprache. In: Beitr (T) 97, 1975, 396–439.
BBRS = Werner Besch/Anne Betten/Oskar Reichmann/Stefan Sonderegger (Hrg.). Sprachgeschichte. Ein Handbuch zur Geschichte der deutschen Sprache und ihrer Erforschung. 2. vollst. neubearb. und erw. Aufl. 4 Teilbde. Berlin/New York 1998–2004 (HSK 2,1–4). [vgl. BRS!]
Bebermeyer, Renate/Gustav Bebermeyer. Wörterbuch zu Martin Luthers Deutschen Schriften. Hildesheim 1993 ff.
Bech, Gunnar. Grundzüge der semantischen Entwicklungsgeschichte der hochdeutschen Modalverba. Kopenhagen 1951.
Bechert, Johannes/Wolfgang Wildgen. Einführung in die Sprachkontaktforschung. Darmstadt 1991.
Bechmann, Sascha. Bedeutungswandel deutscher Verben. Tübingen 2013.
Bechmann, Sascha. Sprachwandel – Bedeutungswandel. Tübingen 2016.
Beck, Manfred. Untersuchungen zur geistlichen Literatur im Kölner Druck des frühen 16. Jahrhunderts. Göppingen 1977.
Becker, Arnold. Ulrichs von Hutten polemische Dialoge im Spannungsfeld von Humanismus und Politik. Bonn 2013.
Becker, Jörg. Handschriften und Frühdrucke mittelhochdeutscher Epen. Wiesbaden 1977.
Becker, Reinhard Paul. A War of Fools. The Letters of Obscure Men. A Study of the Satire and the Satirized. Bern u. a. 1981.
Becker, Thomas. Das Vokalsystem der deutschen Standardsprache. Frankfurt a.M. 1998.
Becker-Mrotzek, Michael. Diskursforschung und Kommunikation in Institutionen. Heidelberg 1992. 2. verb. und erw. Aufl. 1999.
Beckers, Hartmut. Zum Wandel der Erscheinungsformen der deutschen Schreib- und Literatursprache Norddeutschlands im ausgehenden Hoch- und beginnenden Spätmittelalter. In: NdW 22, 1982, 1–39.
Beckers, Hartmut (Hrg.). Bauernpraktik und Bauernklage. Faksimileausgabe des Volksbuchs von 1515/18, gedruckt zu Köln bei Sankt Lupus durch Arndt von Aich. Mit Einleitung, Übersetzung und Anmerkungen sowie einem neuen Gesamtverzeichnis der Lupuspressendrucke. Köln 1985.
Beckers, Hartmut. Die Zurückdrängung des Ripuarischen, Niederdeutschen und Niederländischen im Kölner Bibeldruck nach 1500. In: NdJ 112, 1989, 43–72.

Beckers, Hartmut. Ripuarisch oder Hochdeutsch. Zur Sprachwahl des Kölner Buchdruckers Arnd von Aich in den ersten Jahrzehnten des 16. Jahrhunderts. In: R. Große 1990a, 228–239.

Beckers, Hartmut. Ein Kölner ABC-Buch von ca. 1520 als kulturhistorische und sprachgeschichtliche Quelle. In: Mattheier u. a. 1993, 261–277.

Beese, Wilhelm. Die neuhochdeutsche Schriftsprache in Hamburg während des 16. und 17. Jahrhunderts. Kiel 1902.

Beetz, Manfred. Frühmoderne Höflichkeit. Komplimentierkunst und Gesellschaftsrituale im altdeutschen Sprachraum. Stuttgart 1990.

Beetz, Manfred. Soziale Kontaktaufnahme. Ein Kapitel aus der Rhetorik des Alltags in der frühen Neuzeit. In: Rhetorik 10, 1991, 30–44.

Behaghel, Otto. Geschichte der deutschen Sprache. Straßburg 1898. 5. Aufl. 1928.

Behaghel, Otto. Deutsche Syntax. Eine geschichtliche Darstellung. 4 Bde. Heidelberg 1923–32. Neudr. 1989.

Behr, Martin. Ausgleichsvorgänge in den Druckersprachen Augsburgs und Straßburgs anhand der Inkunabelüberlieferung der *Melusine*. In: Elspaß/Negele 2011, 49–77.

Behr, Martin. Ein Text wird in Ketten gelegt. Der Wandel transsyntaktisch kohäsionsstiftender Verknüpfungsmittel in der Überlieferung der „Melusine" vom 15. bis zum 17. Jahrhundert. In: Rautenberg u. a. 2013, 121–139.

Behr, Martin. Buchdruck und Sprachwandel. Schreibsprachliche und textstrukturelle Varianz in der „Melusine" des Thüring von Ringoltingen (1473/74–1692/93). Berlin u. a. 2014.

Behr, Martin/Mechthild Habermann. Die textgeschichtliche Tradierung der „Melusine" aus sprachwissenschaftlicher Sicht. Die oberdeutschen Offizinen von 1473/74 bis 1516. In: Catherine Drittenbass/André Schnyder André (Hrg.). Eulenspiegel trifft Melusine. Der frühneuhochdeutsche Prosaroman im Licht neuer Forschungen und Methoden. Akten der Lausanner Tagung vom 2. bis 4. Oktober 2008. Amsterdam 2010, 297–324.

Bein, Thomas. Textkritik: Eine Einführung in Grundlagen germanistisch-mediävistischer Editionswissenschaft. 2. Aufl. Frankfurt a.M. u. a. 2011.

Bellmann, Günter. Slavoteutonica. Lexikalische Untersuchungen zum slawisch-deutschen Sprachkontakt im Ostmitteldeutschen. Berlin 1971.

Bellmann, Günter. Das bilinguale Sprachlehrbuch als Textsorte und als Zeugnis drucksprachlicher Entwicklungen in frühneuhochdeutscher Zeit. In: Große/Wellmann 1996, 205–224.

Bellmann, Günter.Zur Passivperiphrase im Deutschen. Grammatikalisierung und Kontinuität. In: Ernst/Patocka 1998, 241–270.

Benecke, Georg Friedrich/Wilhelm Müller/Friedrich Zarncke. Mittelhochdeutsches Wörterbuch. 3 Bde. Leipzig 1854–61. Nachdr. Hildesheim 1963. Online: http://www.woerterbuchnetz.de.

Bentzinger, Rudolf. Studien zur Erfurter Literatursprache des 15. Jahrhunderts an Hand der Erfurter Historienbibel vom Jahre 1428. Berlin 1973.

Bentzinger, Rudolf. Sprachliche Entwicklungstendenzen des 13. bis 15. Jahrhunderts. In: Deutsche Literatur des Spätmittelalters. Greifswald 1986, 49–63.

Bentzinger, Rudolf (Hrg.). *Die Wahrheit muss ans Licht!* Dialoge aus der Zeit der Reformation. Leipzig 1988.

Bentzinger, Rudolf. Zur ‚Mittler'-Rolle der Sprache ‚des Bildungsmittelpunktes Erfurt'. In: R. Große 1990a, 219–227. (=1990a.)

Bentzinger, Rudolf. Zur Verwendung von Adjektivsuffixen im Frühneuhochdeutschen. Ein Beitrag zur Diskussion der historischen Wortbildung. In: Besch 1990, 209–215. (=1990b.)
Bentzinger, Rudolf. Besonderheiten in der Syntax der Reformationsdialoge 1520–1525. In: Betten 1990a, 196–204. (=1990c.)
Bentzinger, Rudolf. Tradition und Innovation im Wortschatz Thomas Müntzers. In: Peilicke/Schildt 1990, 44–59. (=1990d.)
Bentzinger, Rudolf. Untersuchungen zur Syntax der Reformationsdialoge 1520–1525. Ein Beitrag zur Erklärung ihrer Wirksamkeit. Berlin 1992. (=1992a.)
Bentzinger, Rudolf. Zur Verwendung von Adjektivsuffixen in der deutschen Literatursprache (1570–1730). In: Schildt 1992a, 119–226. (=1992b.)
Bentzinger, Rudolf. Methodologische Fragen und Ergebnisse sprachhistorischer Forschungen in den „Bausteinen zur Geschichte des Neuhochdeutschen". In: Bentzinger/Wolf 1993, 18–30.
Bentzinger, Rudolf. Textsortenspezifika in Erfurter Flugschriften der Reformationszeit. In: Große/Wellmann 1996, 147–160.
Bentzinger, Rudolf. Deutsch bei Ulrich von Hutten. Eine Betrachtung anhand syntaktischer Erscheinungen in seinen Dialogen. In: Eva Schmitsdorf/Nina Hartl/Barbara Meurer (Hrg.). Lingua Germanica: Studien zur deutschen Philologie. Jochen Splett zum 60. Geburtstag. Münster 1998, 1–9.
Bentzinger, Rudolf. Zur spätmittelalterlichen deutschen Bibelübersetzung. Versuch eines Überblicks. In: Rösler 1999, 29–42. (=1999a.)
Bentzinger, Rudolf. Der Humanismus und die Erweckung des Sprachbewußtseins in Böhmen. In: Scharnhorst 1999, 111–124. (=1999b.)
Bentzinger, Rudolf. Sprachschichtungen im spätmittelalterlichen Thüringen. In: A. Braun 2001, 111–124. (=2001a.)
Bentzinger, Rudolf. Aufgaben einer mittelalterlichen Sprach- und Literaturgeschichte der Stadt am Beispiel Erfurts. In: Meier/Ziegler 2001, 25–39. (=2001b.)
Bentzinger, Rudolf. Zum Einfluss von Situation und Kontext auf Syntax und Textkomposition der frühen Reformationspublizistik, dargestellt an Johann Eberlins von Günzburg *Sermon zu den Christen yn Erffurd* von 1524. In: Schuster/Dogaru 2015, 11–28.
Bentzinger, Rudolf/Brigitte Döring. Forschungen zur Erfurter Stadtsprache des 14. bis 16. Jahrhunderts. In: Ulman Weiß (Hrg.). Erfurt 742–1992. Stadtgeschichte, Universitätsgeschichte. Weimar 1992, 171–184.
Bentzinger, Rudolf/Gerhard Kettmann. Frühneuhochdeutsch. Aspekte der Erforschung einer sprachgeschichtlichen Epoche. In: Wiesinger 1988, 9–26.
Bentzinger, Rudolf/Gerhard Kettmann. Zu Luthers Stellung im Sprachschaffen seiner Zeit (Anmerkungen zur Sprachverwendung in der Reformationszeit). In: ZPSK 36, 1983, 265–275. Neudr. in: H. Wolf 1996a, 201–214.
Bentzinger, Rudolf/Norbert Richard Wolf (Hrg.). Arbeiten zum Frühneuhochdeutschen. Gerhard Kettmann zum 65. Geburtstag. Würzburg 1993.
Benzenhöfer, Udo/Wilhelm Kühlmann (Hrg.). Heilkunde und Krankheitserfahrung in der frühen Neuzeit. Studien am Grenzrain von Literaturgeschichte und Medizingeschichte. Tübingen 1992.
Benzing, Josef. Die Buchdrucker des 16. und 17. Jahrhunderts im deutschen Sprachgebiet. 2. Aufl. Wiesbaden 1982.

Berend, Nina. Konrad von Megenbergs „Buch der Natur" (1350): Schriftsprachliche Varianten im Deutsch des 14. Jahrhunderts als Ausdruck für regionales Sprachbewußtsein und dessen Reflexion. In: W. Hoffmann u. a. 1999, 43–58.

Bergmann, Christian. Überlegungen zur historischen Schichtung des Wortschatzes der deutschen Sprache. In: Lerchner u. a. 1995, 17–22.

Bergmann, Rolf. Zum Anteil der Grammatiker an der Normierung der nhd. Schriftsprache. In: Spw 7, 1982, 261–281.

Bergmann, Rolf. Der rechte Teutsche Cicero oder Varro. Luther als Vorbild in den Grammatiken des 16. bis 18. Jahrhunderts. In: Spw. 8, 1983, 261–276. Neudr. in: H. Wolf 1996, 291–302.

Bergmann, Rolf. Zur Erforschung der deutschen Orthographietheoretiker und Grammatiker des 16. bis 19. Jahrhundert. In: Studia Linguistica et Philologica. Festschrift für Klaus Matzel. Heidelberg 1984, 225–234.

Bergmann, Rolf. Rückläufiges morphologisches Wörterbuch des Althochdeutschen. Auf der Grundlage des „Althochdeutschen Wörterbuchs" von Rudolf Schützeichel. Tübingen 1991.

Bergmann, Rolf. Autonomie und Isonomie der beiden Wortbildungssysteme im Deutschen. In: Spw 23, 1998, 167–183. (=1998a.)

Bergmann, Rolf. Historische Wortbildungslehre und historische Lexikographie. Beobachtungen zu den er-Verben anhand der Neubearbeitung des ‚Deutschen Wörterbuchs'. In: Donhauser/Eichinger 1998. (=1998b.)

Bergmann, Rolf. Das morphologische Prinzip in der Rechtschreibreform und ihrer Diskussion. Synchronisches Prinzip und historischer Schreibgebrauch bei den Umlautgraphien <ä> und <äu>. In: Spw 23, 1998, 217–161. (=1998c.)

Bergmann, Rolf. Zur Herausbildung der deutschen Substantivgroßschreibung. Ergebnisse des Bamberg-Rostocker Projekts. In: W. Hoffmann u. a. 1999, 59–79.

Bergmann, Rolf. Orthographiegeschichtliche Forschung zu Spätmittelalter und früher Neuzeit: Rückblick und Ausblick. In: Gärtner/Solms 2009, 64–78.

Bergmann, Rolf/Friedhelm Debus/Dieter Nerius (Hrg.). Documenta Orthographica. Quellen zur Geschichte der deutschen Orthographie vom 16. Jahrhundert bis zur Gegenwart. Hildesheim 1998 ff.

Bergmann, Rolf/Petra Ewald. Einführung zum Forschungsprojekt „Aufkommen und Durchsetzung des morphematischen Prinzips in der deutschen Orthographie 1500–1700. In: Spw 29, 2004, 3–15.

Bergmann, Rolf/Claudine Moulin. Luther als Gewährsmann der Rechtschreibnorm? Zu Johann Girberts „Teutscher Orthographi". In: Manfred Lemmer (Hrg.). Beiträge zur Sprachwirkung Martin Luthers im 17./18. Jahrhundert. Halle/Saale 1987, 62–82.

Bergmann, Rolf/Claudine Moulin/Nikolaus Ruge: Alt- und Mittelhochdeutsch. Arbeitsbuch zur Grammatik der älteren deutschen Sprachstufen und zur deutschen Sprachgeschichte. 10. überarb. und korr. Aufl. 2019.

Bergmann, Rolf/Peter Pauly/Stefanie Stricker. Einführung in die deutsche Sprachwissenschaft. 5. überarb. und erw. Aufl. Heidelberg 2010.

Bergmann, Rolf/Dieter Nerius (Hrg.). Die Entwicklung der Großschreibung im Deutschen von 1500 bis 1700. 2 Bde. Heidelberg 1998.

Bergmann, Rolf/Heinrich Tiefenbach/Lothar Voetz (Hrg.). Althochdeutsch. Bd. I: Grammatik, Glossen und Texte. Bd. II: Wörter und Namen. Forschungsgeschichte. Heidelberg 1987.

Bergs, Alexander/Gabriele Diewald. Constructions and Language Change. Berlin/New York 2008.
Berić, Vesna N. Die Fernstellung bei Jörg Wickram. In: BEDS 1, 1981, 266–274.
Berić-Djukić, Vesna. Ist die deutsche Verbstellung dem lateinischen Einfluß zuzuschreiben? In: Wiesinger 1988, 219–226.
Bering, Dietz. Der Name als Stigma. Antisemitismus im deutschen Alltag 1812–1933. Stuttgart 1987.
Bering, Dietz. Gibt es bei Luther einen antisemitischen Wortschatz? In: ZGL 17, 1989, 137161.
Bering, Dietz. Kampf um Namen. Bernhard Weiß gegen Joseph Goebbels. Stuttgart 1991.
Berns, Jochen. Wunderzeichen am Himmel und auf Erden. Der frühneuzeitliche Prodigiendiskurs und dessen medientechnische Bedingungen. In: Jaumann/Stiening 2016, 99–161.
Berns, Jochen/Thomas Rahn (Hrg.). Zeremoniell als höfische Ästhetik in Spätmittelalter und Früher Neuzeit. Tübingen 1995.
Berthele, Raphael/Helen Christen/Sibylle Germann/Ingrid Hove (Hrg.). Die deutsche Schriftsprache und die Regionen. Entstehungsgeschichtliche Fragen in neuer Sicht. Berlin u.a. 2003.
Besch, Werner. Zweigliedriger Ausdruck in der deutschen Prosa des 15. Jahrhunderts. In: NphM 65, 1964, 200–221.
Besch, Werner. Sprachlandschaften und Sprachausgleich im 15. Jahrhundert. Studien zur Erforschung der spätmittelhochdeutschen Schreibdialekte und zur Entstehung der neuhochdeutschen. Schriftsprache. München 1967.
Besch, Werner. Zur Entstehung der neuhochdeutschen Schriftsprache. In: ZdPh 87, 1968, 405–426. Neudr. in: Besch 2003b, 55–75.
Besch, Werner. Bemerkungen zur schreibsoziologischen Schichtung im Spätmittelalter. In: Werner Besch u.a. (Hrg.). Die Stadt in der europäischen Geschichte. Festschrift für Edith Ennen. Bonn 1972, 459–470. Neudr. in: Besch 2003b, 77–90.
Besch, Werner. Schriftsprache und Landschaftssprachen im Deutschen. Zur Geschichte ihres Verhältnisses vom 16. bis 19. Jahrhundert. In: RhVjb 43, 1979, 323–343. (=1979a.)
Besch, Werner. Zur Bestimmung von Regularitäten bei den sprachlichen Ausgleichsvorgängen im Frühneuhochdeutschen In: ZdPh 98, 1979, 130–150. Neudr. in: Besch 2003b, 133–154. (=1979b.)
Besch, Werner. Zur Entwicklung der deutschen Interpunktion seit dem späten Mittelalter. In: Kathryn Smits u.a. (Hrg.). Interpretation und Edition deutscher Texte des Mittelalters. Berlin 1981, 187–207.
Besch, Werner. Dialekt, Schreibdialekt, Schriftsprache, Standardsprache. Exemplarische Skizze ihrer historischen Ausprägung im Deutschen. In: Besch u.a. 1983, 961–990.
Besch, Werner. Sprachliche Änderungen in Lutherbibel-Drucken des 16.–18. Jahrhunderts. In: Schildt 1984, Bd. 1, 108–133. Neudr. in: H. Wolf 1996a, 250–269. Neudr. in: Besch 2003b, 179–200.
Besch, Werner. Zur Beurteilung der sprachlichen Ausgleichsvorgänge im Frühneuhochdeutschen. In: v.Polenz u.a. 1986, 170–177.
Besch, Werner. Standardisierungsprozesse im deutschen Sprachraum. In: Sociolinguistica 2, 1988, 186–208. Neudr. in: Besch 2003b, 257–284.

Besch, Werner (Hrg.). Deutsche Sprachgeschichte. Grundlagen, Methoden, Perspektiven. Festschrift für Johannes Erben zum 65. Geburtstag. Frankfurt a.M. u.a. 1990.
Besch, Werner. Die sprachliche Doppelformel im Widerstreit. Zur deutschen Prosa des 15. und 16. Jahrhunderts. In: Bentzinger u.a. 1993, 31–43. Neudr. in: Besch 2003b, 349–360.
Besch, Werner. Sprachprobleme in Münster im Jahre 1533. In: Cajot u.a. 1995, Bd. 1, 241–253.
Besch, Werner. Wortschatzwandel in deutschen Bibeldrucken der frühen Neuzeit. In: Mattheier u.a. 1997, 23–39. Neudr. in: Besch 2003b, 397–412.
Besch, Werner. ...*sein Licht (nicht) unter den Scheffel stellen*. In: Ernst/Patocka 1998, 463–477. Neudr. in: Besch 2003b, 413–429.
Besch, Werner. Die Rolle Luthers in der deutschen Sprachgeschichte. Heidelberg 1999. 2. Aufl. 2000.
Besch, Werner. Der *gemeine Mann* in Luthers Schriften. In: Gunther Hirschfelder u.a. (Hrg.). Kulturen – Sprache – Übergänge. Köln u.a. 2000, 113–133. Neudr. in: Besch 2003b, 459–479.
Besch, Werner. Lexikalischer Wandel in der Zürcher Bibel. Eine Längsschnittstudie. In: Ágel u.a. 2002, 279–296.
Besch, Werner. Die Regionen und die deutsche Schriftsprache. Konvergenzfördernde und konvergenzhindernde Faktoren. Versuch einer forschungsgeschichtlichen Zwischenbilanz. In: Berthele u.a. 2003, 5–27. (=2003a.)
Besch, Werner. Deutsche Sprache im Wandel. Kleine Schriften zur Sprachgeschichte. Frankfurt a.M. 2003. (=2003b.)
Besch, Werner. Deutscher Bibelwortschatz in der frühen Neuzeit. Auswahl – Abwahl – Verhalten. Frankfurt a.M. u.a. 2008.
Besch, Werner. 500 Jahre Reformation – zugleich der lange Weg zur gesamtdeutschen Schriftsprache. In: ZdPh 136, 2017, 449–466.
Besch, Werner/Norbert Richard Wolf. Geschichte der deutschen Sprache. Längsschnitte – Zeitstufen – Linguistische Studien. Berlin 2009.
Besch, Werner/Johannes Erben/Joachim Schildt/Peter Wiesinger. Über die Herausbildung der neuhochdeutschen Schriftsprache (Podiumsdiskussion). In: Große/Wellmann 1996, 309–322.
Besch, Werner/Anne Betten/Oskar Reichmann/Stefan Sonderegger (Hrg.). Sprachgeschichte. Ein Handbuch zur Geschichte der deutschen Sprache und ihrer Erforschung. 2. vollst. neu bearb. und erw. Aufl. 4 Teilbde. Berlin/New York 1998–2003 (HSK 2). [abgek.: BBRS]
Besch, Werner/Thomas Klein (Hrg.). Der Schreiber als Dolmetsch: Sprachliche Umsetzungstechniken beim binnensprachlichen Texttransfer in Mittelalter und Früher Neuzeit. Berlin 2009.
Besch, Werner/Ulrich Knoop/Wolfgang Putschke/Herbert E. Wiegand (Hrg.). Dialektologie. Ein Handbuch zur deutschen und allgemeinen Dialektforschung. Berlin/New York 1983 (HSK 1).
Besch, Werner/Oskar Reichmann/Stefan Sonderegger (Hrg.). Sprachgeschichte. Ein Handbuch zur Geschichte der deutschen Sprache und ihrer Erforschung. Berlin/New York 1984/85. [abgek. BRS; Neubearb. s. BBRS!]
Besch, Werner/Klaus-Peter Wegera (Hrg.). Frühneuhochdeutsch. Zum Stand der sprachwissenschaftlichen Forschung. ZdPh 106, 1987, Sonderheft.

Betten, Anne. Zu Satzbau und Satzkomplexität im mittelhochdeutschen Prosa-Lancelot. In: Spw 5, 1980, 15–42.
Betten, Anne. Grundzüge der Prosasyntax. Stilprägende Entwicklungen vom Althochdeutschen zum Neuhochdeutschen. Tübingen 1987.
Betten, Anne. Lancelot-Roman, Luther-Bibel, Lessing-Dramen. Beispiele neuer sprachhistorischer Arbeitsweisen. München 1988.
Betten, Anne (Hrg.). Neuere Forschungen zur historischen Syntax des Deutschen. Tübingen 1990. (=1990a.)
Betten, Anne. Zur Problematik der Abgrenzung von Mündlichkeit und Schriftlichkeit bei mittelalterlichen Texten. In: Betten 1990a, 324–335. (=1990b.)
Betten, Anne. Die Bedeutung von Textsyntax und Textlinguistik für die Sprachgeschichtsforschung. In: Besch 1990, 159–166. (=1990c.)
Betten, Anne. „Reliefbildung". Informationsabstufung in deutschen Texten des Mittelalters und der Gegenwart. In: Iwasaki 1991, Bd. 4, 168–176.
Betten, Anne. Norm und Spielraum im deutschen Satzbau. Eine diachrone Untersuchung. In: Mattheier/Nitta/Ono 1993, 125–146.
Betten, Anne. Zur Textsortenspezifik der Syntax im Frühneuhochdeutschen. Anmerkungen zu ihrer Berücksichtigung in neueren Standardwerken und Skizze einiger Forschungsdesiderata. In: Askedal 1998a, 287–295.
Betz, Werner. Scholastik und Mystik und deutschen Sprachgeschichte. In: Sprache und Geschichte, Festschrift Harri Meier. München 1971, 31–50.
Beutel, Albrecht. In dem Anfang war das Wort. Studien zu Luthers Sprachverständnis. Tübingen 1991.
Beutel, Albrecht. Martin Luther. Eine Einführung in Leben, Werk und Wirkung. Leipzig 1991. 2. Aufl. 2006.
Beutel, Albrecht (Hrg.). Luther-Handbuch. Tübingen 2005.
Beutin, Wolfgang. *Über die Kapelle, die an den Bauch gebaut ist.* Sakral- und Sexualsprache im Mittelalter und in der frühen Neuzeit. In: Mediävistik 3, 1990, 7–26.
Beyer, Franz Heinrich. Eigenart und Wirkung des reformatorisch-polemischen Flugblatts im Zusammenhang der Publizistik der Reformationszeit. Frankfurt a.M. u. a. 1994.
Beyer, Horst/Annelies Beyer (Hrg.). Sprichwörterlexikon. Sprichwörter und sprichwörtliche Ausdrücke aus deutschen Sammlungen vom 16. Jahrhundert bis zur Gegenwart. München 1985.
Bichel, Ulf. Beobachtungen und Überlegungen zum Thema „Missingsch". Sprachform und literarische Verwendung. In: Wolfgang Kramer u. a. (Hrg.). Gedenkschrift für Heinrich Wesche. Neumünster 1979, 7–29.
Bichsel, Peter. Hug Schapler. Überlieferung und Stilwandel. Ein Beitrag zum frühneuhochdeutschen Prosaroman und zur lexikalischen Paarform. Bern 1999.
Bickel, Hans. Dialekt – lokale Schreibsprache – überregionale Drucksprache. Sprachnormen in Basel am Ende des 16. Jahrhunderts. In: Funk/König/Renn 2000, 29–42.
Bickel, Hans/Robert Schläpfer (Hrg.). Mehrsprachigkeit. Eine Herausforderung. Aarau u. a. 1994.
Bieberstedt, Andreas. Charakteristika der Übersetzungstechnik mittelalterlicher Bibelverdeutschungen. Zum Verbalgebrauch mittelalterlicher Translationen. In: Rösler 1999, 43–62.
Bieberstedt, Andreas. Textstruktur – Textstrukturvariation – Textstrukturmuster. Lübecker mittelniederdeutsche Testamente des 14. und 15. Jahrhunderts. Wien 2007.

Bieberstedt, Andreas. Strukturmuster in der Textsorte Testament. Dargestellt am Beispiel Lübecker Bürgertestamente des 14. und 15. Jahrhunderts. In: Ernst 2009, 9–56.

Bielfeldt, Hans H. Die Entlehnung aus den verschiedenen slawischen Sprachen im Wortschatz der neuhochdeutschen Schriftsprache. Berlin 1965.

Bielfeldt, Hans H. Spuren der Aufnahme der Lutherischen Reformation in der sorbischen Lexik. In: Ernst Eichler (Hrg.). Beiträge zum deutsch-sorbischen Sprachkontakt. Berlin 1977, 7–20.

Biere, Bernd Ulrich/Helmut Henne (Hrg.). Sprache in den Medien nach 1945. Tübingen 1993.

Bily, Inge. Die Rezeption des sächsisch-magdeburgischen Rechts in Osteuropa. Zum Analyseraster der Rechtstermini am Beispiel der Lexeme *Burggraf* und *Lehen*. In: Moshövel/Spáčilová 2009, 35–56.

Bindewald H. Die Sprache der Reichskanzlei zur Zeit König Wenzels. Ein Beitrag zur Geschichte des Frühneuhochdeutschen 1928. Nachdr. Hildesheim/Zürich 1985.

Birkhan, Helmut. Etymologie des Deutschen. Bern u.a. 1985.

Birkmann, Peter. Verbvalenz und Sprachökonomie. Frankfurt a.M. 1998.

Birnbaum, Salomon A. Yiddish. A Survey and a Grammar. Toronto 1979. 2. Aufl. 2016.

Birnbaum, Salomon A. Die jiddische Sprache. Ein kurzer Überblick und Texte aus acht Jahrhunderten. 3. Aufl. 1997.

Bischoff, Bernhard. Paläographie des römischen Altertums und des abendländischen Mittelalters. Berlin 1979. 4. Aufl. 2009.

Bischoff, Karl. Über die Grundlagen der mittelniederdeutschen Schriftsprache. In: NdJ 85, 1962, 9–31.

Bischoff, Karl. Sprache und Geschichte an der mittleren Elbe und unteren Saale. Köln/Graz 1967.

Biszczanik, Marek. Der Sprachwandel im Bereich der frühneuhochdeutschen Diphthonge. In: Michail L. Kotin u.a. (Hrg.). Das Deutsche als Forschungsobjekt und als Studienfach: Synchronie – Diachronie – Sprachkontrast – Glottodidaktik. Akten der Internationale Fachtagung anlässlich des 30jähringen Bestehens der Germanistik in Zielona Góra/Grünberg. Frankfurt a.M. 2006, 65–70.

Bittner, Dagmar. Die sog. schwachen Maskulina des Deutschen. Ihre besondere Stellung im neuhochdeutschen Deklinationssystem. In: Wolfgang Ullrich Wurzel (Hrg.). Studien zur Morphologie und Phonologie, Bd. 2. Berlin 1987, 33–53.

Blanco, Carmen Mellado. Historische Entwicklung der deutschen Paarformeln mit somatischen Komponenten. In: NPhM 99, 1998, 285–295.

Blaschke, Karlheinz. Sprachliche Hilfsmittel der Stadtkernforschung: Deutsche Fachbegriffe aus der Entstehungszeit der hochmittelalterlichen Städte. In: R. Große 1990a, 328–336.

Blickle, Peter. Die Revolution von 1525. 4. durchges. und bibliograph. erw. Aufl. 2004.

Blickle, Peter. Studien zur geschichtlichen Bedeutung des deutschen Bauernstandes. Stuttgart 1989.

Blickle, Peter. Der Bauernkrieg. Die Revolution des Gemeinen Mannes. 4. aktual. und überarb. Aufl. München 2012.

Blume, Herbert. Thomas Kantzows Hochdeutsch. Zum Sprachstand der ersten hochdeutschen Fassung seiner Pommerschen Chronik. In: Wilhelm Kühlmann/Horst Langer (Hrg.). Pommern in der Frühen Neuzeit. Tübingen 1994, 171–185.

Blume, Herbert (Hrg.). Bibliographie des Internationalen Arbeitskreises für historische Stadtsprachenforschung. Wien 1997.

Bobrowsky, Manfred/Wolfgang Duchkowitsch/Hannes Haas (Hrg.). Medien- und Kommunikationsgeschichte. Ein Textbuch zur Einführung. Wien 1987.
Bochmann, Klaus (Hrg.). Theorie(n) und Methoden der Sprachgeschichte. Stuttgart 2007.
Bödeker, Hans Erich/Ernst Hinrichs (Hrg.). Alphabetisierung und Literalisierung in Deutschland in der Frühen Neuzeit. Tübingen 1999.
Boden, Keith. A re-examination of Middle Low German-Scandinavian language contact. In: ZDL 60, 1993, 292–306.
Boehm-Bezing, Gisela von. Stil und Syntax bei Paracelsus. Wiesbaden 1966.
Boer, Dick E. H. de/Iris Kwiatkowski (Hrg.). Die Devotio Moderna. Sozialer und kultureller Transfer (1350–1580). Bd. 1. Frömmigkeit, Unterricht und Moral. Einheit und Vielfalt der Devotio Moderna an den Schnittstellen von Kirche und Gesellschaft, vor allem in der deutsch-niederländischen Grenzregion. Münster 2013.
Bogacki, Jarosław. Graphematische Untersuchungen zum Vokalismus im deutschsprachigen Kanzleischrifttum des 15. und 16. Jahrhunderts aus Namslau, Brieg, Neisse und Leobschütz. Berlin 2008.
Bogner, Istvan [Stephan]. Zur Entwicklung der periphrastischen Futurformen im Frühneuhochdeutschen. In: ZdPh 108, 1989, 56–85.
Bogner, Istvan [Stephan]. Periphrastische Futurformen im Frühneuhochdeutschen. Wien 1994. 2. verb. Aufl. 1996.
Bogner, Ralf G. Die Bezähmung der Zunge. Literatur und Disziplinierung der Alltagskommunikation in der frühen Neuzeit. Tübingen 1997.
Böhme, Günther. Bildungsgeschichte des europäischen Humanismus. Darmstadt 1986.
Bohn, Cornelia. Schriftlichkeit und gesellschaftliche Evolution. Kommunikation und Sozialität der Neuzeit. Opladen/Wiesbaden 1998.
Boiunga, Klaudius. Die Entwicklung der neuhochdeutschen Substantivflexion ihrem inneren Zusammenhange nach in Umrissen dargestellt. Leipzig 1890.
Boková, Hildegard. Zur Sprache der deutschen Urkunden der südböhmischen Adelsfamilie von Rosenberg (1300–1411). In: BEDS 1, 1981, 177–189.
Boková, Hildegard. Der Schreibstand der deutschsprachigen Urkunden und Stadtbucheintragungen Südböhmens aus vorhussitischer Zeit (1300–1419). Frankfurt a.M. 1998.
Boková, Hildegard. Beobachtungen zur Prager Druckersprache des 16. Jahrhunderts. In: Rudolf Bentzinger/Ulrich Dietrich Oppitz (Hrg.). *Fata libellorum*: Festschrift für Franzjosef Pensel. Göppingen 1999, 11–20.
Bondzio, Wilhelm. Reformation und Revolution in der Sprache Martin Luthers und Thomas Müntzers. In: Német filológiai tanulmányok, Arbeiten zur deutschen Philologie 10, 1976, 19–34.
Böning, Holger. „Gewiss ist es/ dass alle gedruckten Zeitungen erst geschrieben seyn müssen." Handgeschriebene und gedruckte Zeitungen im Spannungsfeld von Abhängigkeit, Koexistenz und Konkurrenz. In: Daphnis 37, 2008, 203–242.
Böning, Holger/Hans-Werner Hahn/Alexander Krünes/Uwe Schirmer (Hrg.). Medien – Kommunikation – Öffentlichkeit. Vom Spätmittelalter bis zur Gegenwart. Köln 2019.
Boon, Pieter. Der Gebrauch des sog. „modalen Infinitivs" in den Verbgefügen *sein* + Infinitiv mit *zu* bzw. *haben* + Infinitiv mit *zu* durch Thomas Murner. In: BEDS 2, 1982, 151–198.
Boon, Pieter. Beobachtungen zum Tempussystem in Hans Sachs' Fastnachtsspielen. Zugleich ein Beitrag zur Diskussion über die Tempusnomenklatur und zur Er-

forschung der Ausdehnung des oberdeutschen Präteritumsschwunds. In: BEDS 3, 1983, 230–240.
Borchling, Conrad/Bruno Claußen. Niederdeutsche Bibliographie. Gesamtverzeichnis der niederdeutschen Drucke bis zum Jahre 1800. Neumünster 1931–57.
Boretzky, Norbert. Einführung in die historische Linguistik. Reinbek 1977.
Boretzky, Norbert (Hrg.). Sprachwandel und seine Prinzipien. Bochum/Freiburg 1991.
Boretzky, Norbert (Hrg.). Natürlichkeitstheorie und Sprachwandel. Bochum 1995.
Börner, Ingo/Wolfgang Straub/Christian Zolles (Hrg.). Germanistik digital. Digital Humanities in der Sprach- und Literaturwissenschaft. Wien 2018.
Borst, Arno. Der Turmbau von Babel. Geschichte der Meinungen über Ursprung und Vielfalt der Sprachen und Völker. 4 Bde. Stuttgart 1957–1963.
Borst, Arno. Die Geschichte der Sprachen im abendländischen Denken. In: WW 10, 1960, 129–143.
Bosl, Karl. Staat, Gesellschaft, Wirtschaft im deutschen Mittelalter. 10. Aufl. 1999.
Brackert, Helmut. Bauernkrieg und Literatur. Frankfurt a.M.1975. 2. Aufl. 1985.
Brandt, Gisela. Zur Rahmenbildung der eingeleiteten Nebensätze in ostmitteldeutschen Predigten des 14.–16. Jahrhunderts. In: Beitr (H) 98, 1977, 312–323.
Brandt, Gisela. Volksmassen sprachliche Kommunikation Sprachentwicklung unter den Bedingungen der frühbürgerlichen Revolution (1517–1526). Berlin 1988. (=1988a.)
Brandt, Gisela. Kriegsordnung der Bauern am Rhein (1525). Eine syntaktische Studie zur Sprache der handschriftlichen Massenkommunikation im Bauernkrieg. In: BEDS 8, 1988, 130–150. (=1988b.)
Brandt, Gisela. Thomas Müntzers persönliche Sprachform im Spannungsfeld von Massenkommunikation und nationaler Normentfaltung. In: BEDS 9, 1989, 181–216.
Brandt, Gisela. Thomas Müntzers persönliche Sprachform im Spannungsfeld von Massenkommunikation und nationaler Normentfaltung. In: BEDS 10, 1991, 176–206.
Brandt, Gisela. Zum Zusammenspiel von Rechtssprache, Gewerbesprache und Gemeinsprache in Zunftordnungen der Stadt Frankfurt/Oder. In: G. Brandt 1995a, 99–122. (=1995b.)
Brandt, Gisela. Ursula Weyda – prolutherische Flugschriftautorin (1524). Soziolinguistische Studien zur Geschichte des Neuhochdeutschen. Stuttgart 1997.
Brandt, Gisela (Hrg.). Bausteine zu einer Geschichte des weiblichen Sprachgebrauchs: Forschungsberichte, Methodenreflexion. 10 Bde. Stuttgart 1994–2012.
Brandt, Gisela (Hrg.). Historische Soziolinguistik des Deutschen. Stuttgart 1994.
Brandt, Gisela (Hrg.). Sprachgebrauch in soziofunktionalen Gruppen und in Textsorten. Stuttgart 1995. (=1995a.)
Brandt, Gisela/Irmtraud Rösler (Hrg.). Zu Stellenwert und Bewältigung soziolinguistischer Fragestellungen in aktuellen germanistischen sprachhistorischen Forschungen. Berlin 1988.
Bräuer, Siegfried/Manfred Kobuch (Hrg.). Thomas Müntzer Briefwechsel. Leipzig 2010.
Braun, Angelika (Hrg.). Beiträge zur Linguistik und Phonetik. Festschrift für Joachim Göschel zum 70. Geburtstag. Stuttgart 2001.
Braun, Christian (Hrg.). Kanzleisprachen auf dem Weg zum Neuhochdeutschen. Wien 2011.
Braun, Peter. Tendenzen in der deutschen Gegenwartssprache. Stuttgart 1979. 4. Aufl. 1998. (=1979a.)
Braun, Peter (Hrg.). Fremdwort-Diskussion. München 1979. (=1979b.)

Braun, Peter/Burkhard Schaeder/Johannes Volmert (Hrg.). Internationalismen. Studien zur interlingualen Lexikologie und Lexikographie. Tübingen 1990.
Braune, Wilhelm. Über die Einigung der deutschen Aussprache. Akademische Rede. Heidelberg 1904.
Braune, Wilhelm/Ernst A. Ebbinghaus. Althochdeutsches Lesebuch. 17. Aufl. Bearb. von Ernst A. Ebbinghaus. Tübingen 1994.
Braune, Wilhelm/Ernst A. Ebbinghaus. Gotische Grammatik. Mit Lesestücken und Wörterverzeichnis. 20. Aufl. Neu bearb. von Frank Heidermanns. Tübingen 2004.
Braune, Wilhelm/Frank Heidermanns. Althochdeutsche Grammatik. 16. Aufl. Neu bearb. von Frank Heidermanns. Berlin/Boston 2018.
Braunmüller, Kurt. Wortstellungstypologische Untersuchungen zu den Kontaktsprachen der Hansezeit (Mittelniederdeutsch, Dänisch, Schwedisch). In: Askedal 1998a, 315–334.
Braunmüller, Kurt/Willy Diercks (Hrg.). Niederdeutsch und die skandinavischen Sprachen. 2 Bde. Heidelberg 1993, 1995.
Brechenmacher, Josef K. Etymologisches Wörterbuch der deutschen Familiennamen. Limburg 1957–1963.
Brekle, Herbert E. Einführung in die Geschichte der Sprachwissenschaft. Darmstadt 1985.
Brekle, Herbert E. Randbedingungen und Gesetzmäßigkeiten im historischen Entwicklungsprozeß unserer Buchstabenformen. In: OBST 56, 1998, 1–10.
Bremer, Ernst. Vocabularius optimus. Bd. I: Werkentstehung und Textüberlieferung, Register. Bd. II: Edition. Tübingen 1990.
Brendel, Bettina/Regina Frisch/Stephan Moser/Norbert Richard Wolf. Wort- und Begriffsbildung in frühneuhochdeutscher Wissensliteratur. Substantivische Affixbildung. Wiesbaden 1997.
Breuer, Dieter. Oberdeutsche Literatur 1565–1650. Deutsche Literaturgeschichte und Territorialgeschichte in frühabsolutistischer Zeit. München 1979.
Breuer, Ulrich/Irma Hyvärinen (Hrg.). Wörter-Verbindungen. Festschrift für Jarmo Korhonen zum 60. Geburtstag. Frankfurt a.M. u. a. 2006.
Brinker, Klaus/Hermann Cölfen/Steffen Pappert. Linguistische Textanalyse. Eine Einführung in Grundbegriffen und Methoden. 9. Aufl. 2018.
Brogyanyi, Bela. Nicht abgeschwächte Endsilbenvokale in spätmittelhochdeutscher Zeit. In: Bela Brogyanyi/Thomas Krömmelbein (Hrg.). Germanic dialects. Amsterdam/Philadelphia 1986, 81–107.
Brom, Vlastimil. Zu einigen spezifischen Merkmalen der Kanzleisprachen im Vergleich zur Literatursprache. Stichprobe Ehe-Thematik. In: Moshövel/Spáčilová 2009, 79–95.
Brooks, Thomas. Untersuchungen zur Syntax in oberdeutschen Drucken des 16. bis 18. Jahrhunderts. Frankfurt a.M. 2006.
Brox, Franz. Die Einführung der neuhochdeutschen Schriftsprache in Münster. Hrg. und um eine Bibliographie zum mittelniederdeutschen-neuhochdeutschen Schreibsprachenwechsel erw. v. Robert Peters. Bielefeld 1994.
BRS: s. Besch u. a. 1984/85.
Bruch, Robert. Grundlegung zu einer Geschichte des Luxemburgischen. Luxemburg 1953.
Brunner, Horst (Hrg.). Literatur in der Stadt. Bedingungen und Beispiele städtischer Literatur des 15. bis 17. Jahrhunderts. Göppingen 1982.

Brunner, Otto/Werner Conze/Reinhart Koselleck (Hrg.). Geschichtliche Grundbegriffe. Historisches Lexikon zur politisch-sozialen Sprache in Deutschland. 8 Bde. Stuttgart 1972–1997.

Brysz-Mladjenovic, Sylvia. Slawische Entlehnungen im Wortschatz der nhd. Sprache. In: Convivium 1995, 107–132.

Buchwald-Wargenau, Isabel. Zur Herausbildung der doppelten Perfektbildung. In: Ziegler 2010, Bd. 1, 221–235.

Buchwald-Wargenau, Isabel. Die doppelten Perfektbildungen im Deutschen. Eine diachrone Untersuchung. Berlin/Boston 2012.

Budziak, Renata. Verwaltungsanordnungen und offizielle Schreiben als Beispiel für Textsortenvielfalt in der frühen Neuzeit. In: Zofia Bilut-Homplewicz/Zygmunt Tęcza, (Hrg.). Sprache leben und lieben. Festschrift für Zdzisław Wawrzyniak zum 60. Geburtstag. Frankfurt a.M., 79–84.

Budziak, Renata. Die Lehrbuchtradition des Sebald Heyden. Ein Schülergesprächsbuch aus dem frühen 16. Jahrhundert und seine Krakauer Ausgabe. In: ZdPh 128, 2009, 81–93.

Bühler, Karl. Sprachtheorie. Stuttgart 1934. 3. Aufl. 1999.

Bulicke, Inge. Zur Geschichte der Kirchensprache in Ostfriesland seit der Reformation. Leer 1979.

Bumke, Joachim (Hrg.). Literarisches Mäzenatentum. Ausgewählte Forschungen zur Rolle des Gönners und Auftraggebers in der mittelalterlichen Literatur. Darmstadt 1982.

Burdach, Konrad (Hrg.). Vom Mittelalter zur Reformation. Berlin 1893 ff.

Burger, Harald. Idiomatik des Deutschen. Tübingen 1973.

Burger, Harald. Probleme einer historischen Phraseologie des Deutschen. In: Beitr (T) 99, 1977, 1–24.

Burger, Harald (Hrg.). Verborum Amor. Studien zur Geschichte und Kunst der deutschen Sprache. Festschrift für Stefan Sonderegger. Berlin/New York 1992.

Burger, Harald. Phraseologie. Eine Einführung am Beispiel des Deutschen. Berlin 1998. 5. neu bearb. Aufl. 2015.

Burger, Harald/Anneliese Buhofer/Ambros Sialm. Handbuch der Phraseologie. Berlin/New York 1982.

Bürgisser, Max. Die Anfänge des frühneuhochdeutschen Schreibdialekts in Altbayern. Dargestellt am Beispiel der ältesten deutschen Urkunden aus den bayerischen Herzogskanzleien. Stuttgart 1988.

Burke, Peter. Küchenlatein. Sprache und Umgangssprache in der frühen Neuzeit. Berlin 1989.

Burkhardt, Armin. Einführung in die Wortsemantik. Berlin/New York 1990.

Burkhardt, Armin. Vom Nutzen und Nachteil der Pragmatik für die diachrone Semantik. In: Busse 1991a, 7–36.

Burkhardt, Armin. Der Einfluß der Medien auf das parlamentarische Sprechen. In: Biere/Henne 1993, 158–203.

Burkhardt, Armin. Abtönungspartikeln im Deutschen. Bedeutung und Genese. In: ZGL 22, 1994, 129–151.

Burkhardt, Armin. Zwischen Poesie und Ökonomie. Die Metonymie als semantisches Prinzip. In: ZGL 24, 1996, 175–194.

Burkhardt, Johannes. Das Reformationsjahrhundert. Deutsche Geschichte zwischen Medienrevolution und Institutionenbildung 1517–1617. Stuttgart 2002.

Burnard, Lou. What Is the Text Encoding Initiative? How to Add Intelligent Markup to Digital Resources. Encyclopédie Numérique. Marseille: 2014. Online: http://books.openedition.org/oep/426

Busch, Wilhelm. Die deutsche Fachsprache der Mathematik. Ihre Entwicklung und ihre wichtigsten Erscheinungen mit bes. Rücksicht auf Johann Heinrich Lambert. Gießen 1933.

Buschinger, Danielle. Zur Verbstellung im frühneuhochdeutschen Prosaroman exemplifiziert am „Prosa-Tristrant" (1484). In: Simmler/Wich-Reif 2007, 237–243.

Busse, Dietrich. Historische Semantik. Analyse eines Programms. Stuttgart 1987.

Busse, Dietrich. Konventionalisierungsstufen des Zeichengebrauchs als Ausgangspunkt semantischen Wandels. In: Busse 1991a, 37–66. (=1991b.)

Busse, Dietrich. *Hailig Reich, Teutsch Nacion, Tutsche Lande*. Zur Geschichte kollektiver Selbstbezeichnungen in frühneuhochdeutschen Urkundentexten. In: Busse u. a. 1994, 268–299.

Busse, Dietrich. Architekturen des Wissens. Zum Zusammenhang von Semantik und Epistemologie. In: Ernst Müller (Hrg.). Begriffsgeschichte im Umbruch? Hamburg 2005, 43–57.

Busse, Dietrich/Wolfgang Teubert. Ist Diskurs ein sprachwissenschaftliches Objekt? Zur Methodenfrage der historischen Semantik. In: Busse u. a. 1994, 10–28.

Busse, Dietrich (Hrg.). Diachrone Semantik und Pragmatik. Untersuchungen zur Erklärung und Beschreibung des Sprachwandels. Tübingen 1991. (=1991a.)

Busse, Dietrich/Fritz Hermanns/Wolfgang Teubert (Hrg.). Begriffsgeschichte und Diskursgeschichte. Opladen 1994.

Busse, Dietrich/Wolfgang Teubert (Hrg.). Linguistische Diskursanalyse: neue Perspektiven. Wiesbaden 2013.

Busse, Winfried. Funktionen und Funktion der Sprache. In: Brigitte Schlieben-Lange (Hrg.). Sprachtheorie. Hamburg 1975, 207–240.

Bußmann, Hadumod. Lexikon der Sprachwissenschaft. Stuttgart 1983. 4. durchges. und bibliograph. erg. Aufl. 2008.

Bybee, Joan. Language Change. Cambridge 2015.

Cajot, José/Ludger Kremer/Hermann Niebaum (Hrg.). Lingua Theodisca. Beiträge zur Sprach- und Literaturwissenschaft Jan Goossens zum 65. Geburtstag. 2 Bde. Münster/Hamburg 1995.

Carr, Charles T. (Hrg.). Oxford history of the German Language. 3 Bde. Oxford 1968.

Cercignani, Fausto. The consonants of German: synchrony and diachrony. Milano 1979.

Cercignani, Fausto. Zum hochdeutschen Konsonantismus: phonologische Analyse und phonologischer Wandel. In: Beitr (T) 105, 1983, 1–13.

Chambers, Walker W./John R. Wilkie. A Short History of the German Language. New York 1970. Neudr. 2014.

Cherubim, Dieter (Hrg.) Sprachwandel. Reader zur diachronischen Sprachwissenschaft. Berlin 1975.

Cherubim, Dieter. Zum Problem der Ursachen des Sprachwandels. In: ZDL 46, 1979, 320–337.

Cherubim, Dieter (Hrg.). Fehlerlinguistik. Beiträge zum Problem der sprachlichen Abweichung. Tübingen 1980. (=1980a.)

Cherubim, Dieter. Zum Programm einer historischen Sprachpragmatik. In: Sitta 1980, 3–21. (=1980b.)

Cherubim, Dieter. Trampelpfad zum Sprachwandel? (Zu Rudi Kellers Beitrag in ZGL 10, 1982, 1–27). In: ZGL 11, 1983, 65–71.
Cherubim, Dieter. Rituell formalisierte Syntax in Texten des 16. und 19. Jahrhunderts. In: Betten 1990a, 269–285.
Cherubim, Dieter. Sprachliche Aneignung der Wirklichkeit. Studien zur Sprachgeschichte des neueren Deutsch. Berlin 2017.
Cherubim, Dieter/Siegfried Grosse/Klaus J. Mattheier (Hrg.). Sprache und bürgerliche Nation. Beiträge zur deutschen und europäischen Sprachgeschichte des 19. Jahrhunderts. Berlin/New York 1998.
Cherubim, Dieter/Klaus J. Mattheier (Hrg.). Voraussetzungen und Grundlagen der Gegenwartssprache. Sprach- und sozialgeschichtliche Untersuchungen zum 19. Jahrhundert. Berlin/New York 1989.
Cherubim, Dieter/Karlheinz Jakob/Angelika Linke (Hrg.). Neue deutsche Sprachgeschichte. Mentalitäts-, kultur- und sozialgeschichtliche Zusammenhänge. Berlin/New York 2002.
Chirita, Diana. Der Ausgleich des Ablauts im Präteritum der starken Verben im Frühneuhochdeutschen. Bern/Frankfurt a.M. 1988.
Chirita, Diana. Latin influence on German word order. A discussion of Behaghel's theory. In: Irmengard Rauch/Gerald F. Carr (Hrg.). Insights in Germanic linguistics. Bd. 2. Berlin u.a. 1997, 9–27.
Christen, Helen. Über das Erscheinungsbild komplexer Verben im 16. Jahrhundert. In: ZfdPh 111, 1992, 363–386.
Christiansen, Mads. Von der Phonologie in die Morphologie. Diachrone Studien zur Präposition-Artikel-Enklise im Deutschen. Hildesheim 2016.
Claes, Franz. Bibliographisches Verzeichnis der deutschen Vokabulare und Wörterbücher, gedruckt bis 1600. Hildesheim/New York 1977.
Classen, Albrecht. Fifteenth- and sixteenth-century German women scribes, women editors and women poets. In: ABäG 56, 2002, 199–222.
Clyne, Michael. Forschungsbericht Sprachkontakt. Kronberg 1975.
Coletsos Bosco, M. Sandra. Storia della lingua tedesca. Alto tedesco medio e moderno. Torino 1979. 2. überarb. und erw. Aufl. 2003.
Cordes, Gerhard. Schriftwesen und Schriftsprache in Goslar bis zur Aufnahme der neuhochdeutschen Schriftsprache. Hamburg 1934.
Cordes, Gerhard. Altniederdeutsches Elementarbuch. Heidelberg 1973.
Cordes, Gerhard/Dieter Möhn (Hrg.). Handbuch der niederdeutschen Sprach- und Literaturwissenschaft. Berlin 1983.
Cornelissen, Georg. Die Kölner Sprachgeschichte nach 1500 – Ergebnisse und Desiderate der Forschung. In: Karin u.a. 2015, 67–83.
Cornette, James C. Proverbs and Proverbial Expressions in the German Works of Martin Luther. Frankfurt a.M. 1997.
Coseriu, Eugenio. Sprache. Strukturen und Funktionen. Tübingen 1970. 3. durchges. und verb. Aufl. 1979.
Coseriu, Eugenio. Synchronie, Diachronie und Geschichte. Das Problem des Sprachwandels. München 1974.
Coseriu, Eugenio. Die Geschichte der Sprachphilosophie von der Antike bis zur Gegenwart. Eine Übersicht. 2 Bde. 2. Aufl. Tübingen 1972–1975.
Coseriu, Eugenio. Vom Primat der Geschichte. In: Spw 5, 1980, 125–145.

Coseriu, Eugenio. Textlinguistik. Eine Einführung. Hrg. von Jörn Albrecht. Tübingen 1981.
Coseriu, Eugenio. Einführung in die Allgemeine Sprachwissenschaft. Tübingen 1988.
Coulmas, Florian. Routine im Gespräch. Wiesbaden 1981.
Coulmas, Florian. Sprache und Staat. Berlin/New York 1985.
Cramer, Thomas (Hrg.). Literatur und Sprache im historischen Prozeß. Vorträge des Deutschen Germanistentages Aachen 1982. Bd. 2: Sprache. Tübingen 1983.
Croft, William. Explaning language change. An evolutionary approach. London/New York 2000.
Crosland, Maurice P. Historical Studies in the Language of Chemistry. London u. a. 1962.
Cruse, D. Alan/Franz Hundsnurscher/Michael Job/Peter Rolf Lutzeier (Hrg.). Lexikologie. Ein internationales Handbuch zur Natur und Struktur von Wörtern und Wortschätzen. 2 Bde. Berlin/New York 2002–2005 (HSK 21,1–2).
Czachur, Waldemar/Marta Czyżewska (Hrg.). Vom Wort zum Text. Studien zur deutschen Sprache und Kultur. Festschrift für József Wiktorowicz zum 65. Geburtstag. Warszawa 2008.
Czajkowski, Luise/Corinna Hoffmann/Hans Ulrich Schmid (Hrg.). Ostmitteldeutsche Schreibsprachen im Spätmittelalter. Berlin/New York 2007.
Czajkowski, Luise/Sabrina Ulbrich-Bösch/Christina Waldvogel (Hrg.). Sprachwandel im Deutschen. Berlin/Boston 2018.

Dahl, Eva-Sophie. Das Eindringen des Neuhochdeutschen in die Rostocker Ratskanzlei. Berlin 1960.
Dal, Ingerid. Zur Frage des süddeutschen Präteritumschwunds. In: Indogermanica. Festschrift für Wolfgang Krause. Heidelberg 1960, 1–7.
Dal, Ingerid. Kurze deutsche Syntax auf historischer Grundlage. 3. Aufl. Tübingen 1966. 4. Aufl. Neu bearb. von Hans-Werner Eroms. Berlin/Boston 2014.
Damme, Robert. Überlegungen zu einer Wortgeographie des Mittelniederdeutschen auf der Grundlage von Vokabularhandschriften. In: NdW 27, 1987, 1–59.
Damme, Robert. Das Stralsunder Vokabular. Edition und Untersuchung einer mittelniederdeutschen-lateinischen Vokabularhandschrift des 15. Jahrhunderts. Köln/Wien 1988.
Dammel, Antje. Konjugationsklassenwandel. Prinzipien des Ab-, Um- und Ausbaus verbalflexivischer Allomorphie in germanischen Sprachen. Berlin/New York 2010.
Dammel, Antje/Melitta Gillmann. Relevanzgesteuerter Umbau der Substantivflexion im Deutschen. Spiegelt Diachronie Typologie? In: Beitr. 136, 2014, 173–229.
Dammers, Ulf/Walter Hoffmann/Hans-Joachim Solms. Flexion der starken und schwachen Verben. Heidelberg 1986 (= Moser/Stopp/Besch Bd. 4).
Dascal, Marcela u. a. (Hrg.). Sprachphilosophie. Philosophy of Language. La philosophie du langage. 2 Bde. Berlin/New York 1992, 1996 (HSK 7).
Das Niederdeutsche in Geschichte und Gegenwart. Berlin 1981.
Dauser, Regina. Informationskultur und Beziehungswissen. Das Korrespondenznetz Hans Fuggers (1531–1598). Tübingen 2008.
Davis, Garry W./Gregory K. Iverson (Hrg.). Explanation in Historical Linguistics. Amsterdam 1992.
De Grauwe, Luc. Das historische Verhältnis Deutsch-Niederländisch ‚revisited'. Zur Nicht-Existenz von Einheitsarealen im Sprachbewußtsein des Mittelalters und der beginnenden Neuzeit. In: ABäG 35, 1992, 191–205.

De Grauwe, Luc. Rezension von: Peter von Polenz. Deutsche Sprachgeschichte vom Spätmittelalter bis zur Gegenwart. Bd. 1. Berlin/New York 1991. In: Leuvense Bijdragen 82, 1993, 537–543.

De Grauwe, Luc. Luthers Bibelübersetzung: Bleibend Verwurzelt in Latinität und (spätmittelalterlicher) Traditionsgeschichte. Drei Einzelbeobachtungen. In: Leuvense Bijdragen 99/100, 2016, 463–485.

De Smet, Gilbert A.R. Alte Lexikographie und moderne Wortgeographie. In: Mitzka 1968, 49–79.

De Smet, Gilbert A.R. Zur deutschen Lexikographie im 16. Jahrhundert. In: BEDS 6, 1986, 144–155.

De Smet, Gilbert A.R. Zur Vorgeschichte des kleinen Fries. Das Dictionarium tribus linguis. In: Heimann u. a. 1989, 289–304.

De Smet, Gilbert A.R. Humanistische deutsche Lexikographie und Sprachgeschichte. In: Besch 1990, 239–248.

De Smet, Gilbert A.R. Niederländische Einflüsse auf die frühneuhochdeutsche Lexikographie 1467–1600. In: Sonderegger/Stegeman 1993, 19–35.

De Smet, Gilbert A.R. Das „Promptuarium vocabularum" des Joannes Pinicianus, Augsburg 1516. In: Lerchner u. a. 1995, 185–200.

Debus, Friedhelm. Namensoziologie als linguistisches Hilfsmittel. In: Handelingen van het XXVIe Vlaams Filologencongres Gent 1967, 285–299. Neudr. in: Debus 1997, Bd. 2, 427–442.

Debus, Friedhelm. Deutsche Namengebung im Wandel. In: BNF 4/1976, 388–410. Neudr. in: Debus 1997, Bd. 2, 525–543.

Debus, Friedhelm. Soziale Veränderungen und Sprachwandel. Moden im Gebrauch von Personennamen. In: Sprachwandel und Sprachgeschichtsschreibung 1977, 167–203. Neudr. in: Debus 1997, Bd. 2, 544–578.

Debus, Friedhelm. Zur Entstehung der deutschen Familiennamen. Die hessische Kleinstadt Biedenkopf als Beispiel. In: Friedhelm Debus/Karl Puchner (Hrg.). Name und Geschichte. München 1978, 31–54. Neudr. in: Debus 1997, Bd. 2, 579–603.

Debus, Friedhelm. Luther als Sprachschöpfer. Die Bibelübersetzung in ihrer Bedeutung für die Formung der deutschen Schriftsprache. In: Jürgen Becker (Hrg.). Luthers bleibende Bedeutung. Husum 1983, 22–52. Neudr. in: Debus 1997, Bd. 1, 33–63. (=1983a.)

Debus, Friedhelm. Deutsche Dialektgebiete in älterer Zeit: Probleme und Ergebnisse ihrer Rekonstruktion. In: Besch u. a. 1983, 930–960. Neudr. in: Debus 1997, Bd. 1, 138–186. (=1983b.)

Debus, Friedhelm. „ein ittliche sprag hatt ir eigen art". Zur Sprachauffassung Martin Luthers. In: Debus/Dittmer 1986, 213–226. Neudr. in: Debus 1997, Bd. 1, 64–78.

Debus, Friedhelm. Soziologische Namengeographie. In: Munske u. a. 1988, 28–48. Neudr. in: Debus/Seibicke 1989, 315–338.

Debus, Friedhelm (Hrg.). Deutsch-slawischer Sprachkontakt im Lichte der Ortsnamen. Mit bes. Berücksichtigung des Wendlandes. Neumünster 1993.

Debus, Friedhelm. Kleinere Schriften. Hrg. v. Hans-Diether Grohmann u. Joachim Hartig. 2 Bde. Hildesheim u. a. 1997.

Debus, Friedhelm. Über Martin Luthers Bedeutung in sprachlicher und literarischer Perspektive. In: Spw 39, 2014, 425–443.

Debus, Friedhelm/Ernst Dittmer (Hrg.). Sandbjerg 85. Dem Andenken von Heinrich Bach gewidmet. Neumünster 1986.

Debus, Friedhelm/Wilfried Seibicke (Hrg.). Reader zur Namenkunde I: Namentheorie. Hildesheim/Zürich 1989.
Demske, Ulrike. Zur Geschichte der *ung*-Nominalisierung im Deutschen: Ein Wandel morphologischer Produktivität. In: Beitr 122, 2000, 365–411.
Demske, Ulrike. Grammatische Merkmale und Relationen. Diachrone Studien zur Nominalphrase des Deutschen. Berlin/New York 2001.
Demske, Ulrike. Sprachwandel. In: Jörg Meibauer u.a. Einführung in die germanistische Linguistik. 3. Aufl. Stuttgart 2005, 296–340.
Demske, Ulrike. Symmetrische und asymmetrische Koordination im Frühneuhochdeutschen. In: Czachur/Czyżewska 2008, 299–309.
Demske, Ulrike. Zur Markierung von Konsekutivität im Deutschen: Diachrone Aspekte. In: Ehrich u.a. 2009, 43–66.
Demske, Ulrike. Zur Geschichte hypothetischer Vergleichssätze. In: Simmler/Wich-Reif 2011, 9–31.
Demske, Ulrike. Zur Komplexität des Frühneuhochdeutschen. In: Kwekkeboom/Waldenberger 2016, 437–454.
Denkler, Markus. Sterbfallinventare. Text- und variablenlinguistische Untersuchungen zum Schreibsprachenwechsel in Westfalen (1500–1800). Köln u.a. 2006.
Denkler, Markus. Schreibsprachenwechsel und morphologischer Wandel. Zur Substantivdeklination in westfälischen Nachlassinventaren der Frühen Neuzeit. In: Moulin/Ravida/Ruge 2010, 201–221. (= 2010a.)
Denkler, Markus. Adjektive in Inventarlisten – Beobachtungen zur Syntax und zum Textsortenwandel. In: Ziegler 2010, Bd. 1, 261–276. (=2010b.)
Dentler, Sigrid. Zur Perfekterneuerung im Mittelhochdeutschen. Die Erweiterung des zeitreferentiellen Funktionsbereichs von Perfektfügungen. Göteborg 1997.
Dentler, Sigrid. Gab es den Präteritumschwund? In: Askedal 1998a, 133–147.
Der öffentliche Sprachgebrauch. Hrg. v. d. Deutschen Akademie für Sprache und Dichtung. Bd. I: Die Sprachnorm-Diskussion in Presse, Hörfunk und Fernsehen. Bd. II: Die Sprache des Rechts und der Verwaltung. Bd. III: Schulen für einen guten Sprachgebrauch. Stuttgart 1981.
Deschler, Jean-Paul. Die astronomische Terminologie Konrads von Megenberg. Ein Beitrag zur mittelalterlichen Fachprosa. Berlin/Frankfurt a.M. 1977.
Desportes, Yvon. Das System der räumlichen Präpositionen im Deutschen. Strukturgeschichte vom 13. bis zum 20. Jahrhundert. Heidelberg 1984.
Desportes, Yvon (Hrg.). Althochdeutsch. Syntax und Semantik. Lyon 1992.
Desportes, Yvon (Hrg.). Zur Geschichte der Nominalgruppe im älteren Deutsch. Festschrift für Paul Valentin. Akten des Pariser Kolloquiums, März 1999. Heidelberg 2000.
Desportes, Yvon (Hrg.). Konnektoren im älteren Deutsch. Akten des Pariser Kolloquiums März 2002. Heidelberg 2003.
Desportes, Yvon (Hrg.) Mikrostrukturen und Makrostrukturen im älteren Deutsch vom 9. bis zum 17. Jahrhundert: Text und Syntax. Akten zum internationalen Kongress an der Université Paris Sorbonne (Paris IV) 6. bis 7. Juni 2008. Berlin 2010.
Deutsche Wortbildung s. Kühnhold u.a. 1973ff.!
Deutsches Rechtswörterbuch, hrg. v. d. Deutschen Akademie der Wissenschaften Berlin. Berlin 1914ff. Online: http://drw-www.adw.uni-heidelberg.de/drw/.
DFWB = Schulz/Basler/IDS

DGW = Duden. Das große Wörterbuch der deutschen Sprache. Mannheim 1976–1981. 3. Aufl. 10 Bde. 1999. 4. Aufl. 2011 [elektronische Ressource].
Dieckmann, Walther. Sprache in der Politik. Einführung in die Pragmatik und Semantik der politischen Sprache. Heidelberg 2. Aufl. 1975.
Diekmannshenke, Hans-Joachim. Die Schlagwörter der Radikalen der Reformationszeit (1520–1536). Spuren utopischen Bewußtseins. Frankfurt a.M. u.a. 1994.
Diekmannshenke, Hans-Joachim. Überzeugungsarbeit oder Selbstbestätigung? Der Schlagwortgebrauch der Radikalen der Reformationszeit am Beispiel von persuasiven und Ingroup-Texten. In: G. Brandt 1995a, 167–187.
Diercks, Willy. Niederdeutsch in der Stadt Schleswig. Zu Attitüden und zur Sprachverwendung. Stuttgart 1994.
Dietz, Philipp. Wörterbuch zu Dr. Martin Luthers deutschen Schriften. Bd. I, 1 (*A – Hals*). Leipzig 1870–72.
Diewald, Gabriele. Grammatikalisierung: Eine Einführung in Sein und Werden grammatischer Formen. Tübingen 1997.
Diewald, Gabriele. Grammatikalisierung. Wie entsteht Grammatik? In: DU, 3, 2000, 28–40.
Diewald, Gabriele. Konstruktionen in der diachronen Sprachwissenschaft. In: K. Fischer/Stefanowitsch 2008, 79–103.
Diewald, Gabriele. Zum Verhältnis von Grammatikalisierungsforschung und Sprachgeschichtsforschung. In: Ágel/Gardt 2014, 79–93.
Diewald, Gabriele/Anja Steinhauer. Duden. Richtig gendern. Wie Sie angemessen und verständlich schreiben. Berlin 2017.
Diewald, Gabriele/Anja Steinhauer. Gendern – Ganz einfach! Berlin 2019.
Dingel, Irene. Reformation: Zentren – Akteure – Ereignisse. Göttingen 2016.
Dingel, Irene/Henning P. Jürgens (Hrg.). Meilensteine der Reformation. Schlüsseldokumente der frühen Wirksamkeit Martin Luthers. Gütersloh 2014.
Dinse, Helmut. Die Entwicklung des jiddischen Schrifttums im deutschen Sprachgebiet. Stuttgart 1974.
Dinser, Gudula (Hrg.). Zur Theorie der Sprachveränderung. Kronberg 1974.
Dipper, Stefanie. Annotierte Korpora für die Historische Syntaxforschung: Anwendungsbeispiele anhand des Referenzkorpus Mittelhochdeutsch. In: ZGL 43, 2015, 516–563.
Dittmann, Jürgen/Hannes Kästner/Johannes Schwitalla (Hrg.). Erscheinungsformen der deutschen Sprache. Literatursprache, Alltagssprache, Gruppensprache, Fachsprache. Festschrift für Hugo Steger. Berlin 1991.
Dittmar, Norbert. Soziolinguistik. Heidelberg 1998.
Dittmer, Ernst. Heinrich Bachs Arbeiten über die Entstehung der deutschen Schriftsprache. In: Debus/Dittmer 1986, 253–266.
Dittmer, Ernst. Zur Frage des lateinischen Einflusses auf die frühe hochdeutsche Urkundensprache. In: Mogens Dyhr/Jørgen Olsen (Hrg.). Festschrift für Karl Hyldgaard-Jensen. Kopenhagen 1987, 50–59.
Dobrovol'skij, Dmitrij/Elisabeth Piirainen. Zur Theorie der Phraseologie. Kognitive und kulturelle Aspekte. Tübingen 2009.
Doerfert, Regina. Die Substantivableitung mit *-heit/-keit/-ida* im Frühneuhochdeutschen. Berlin/New York 1994.
Dogaru, Dana Janetta. Rezipientenbezug und -wirksamkeit in der Syntax der Predigten des siebenbürgisch-sächsischen Pfarrers Damasus Dürr (ca. 1535–1585). Hildesheim u.a. 2006.

Dogaru, Dana Janetta. Deutsche Amtssprache in Siebenbürgen in der zweiten Hälfte des 16. Jahrhunderts: Die Gliedsätze. In: Ernst 2009, 71–88. (=2009a.)
Dogaru, Dana Janetta. Zur Syntax frühneuhochdeutscher Texte in Siebenbürgen. Der Verbalkomplex und der Gliedsatz. In: Wynfrid Kriegleder/Andrea Seidler/Jozef Tancer (Hrg.). Deutsche Sprache und Kultur in Siebenbürgen. Studien zur Geschichte, Presse, Literatur und Theater, sprachlichen Verhältnissen, Wissenschafts-, Kultur- und Buchgeschichte; Kulturkontakten und Identitäten. Bremen 2009, 41–50. (=2009b.)
Dogaru, Dana Janetta. Frühneuzeitlicher Fachwortschatz aus Siebenbürgen und seine Entwicklung. In: Riecke 2011, 224–238.
Domröse, Sonja. Frauen der Reformationszeit. Gelehrt, mutig und glaubensfest. Göttingen 2010.
Donhauser, Karin. Das Deskriptionsproblem und seine präskriptive Lösung. Zur grammatikologischen Bedeutung der Vorreden in den Grammatiken des 16. bis 18. Jahrhunderts. In: Spw 14, 1989, 29–57.
Donhauser, Karin. Die neue Rolle der Diachronie in der Grammatiktheorie. Perspektiven einer modernen historischen Syntaxforschung. In: Lerchner u. a. 1995, 23–30.
Donhauser, Karin. Das Genitivproblem und (k)ein Ende? Anmerkungen zur aktuellen Diskussion um die Ursachen des Genitivschwundes im Deutschen. In: Askedal 1998a, 69–86.
Donhauser, Karin/Ludwig M. Eichinger (Hrg.). Deutsche Grammatik – Thema in Variationen. Festschrift für Hans Werner Eroms. Heidelberg 1998.
Döring, Brigitte. Fachtexte als Gegenstand der Sprachgeschichte. In: Deutsche Sprache und Literatur in Mittelalter und früher Neuzeit. Jena 1989, 35–42.
Döring, Brigitte. Wortgebrauch und Wortbedeutung bei Thomas Müntzer. In: Peilicke/Schildt 1990, 31–43.
Döring, Brigitte/Birgit Eichler. Sprache und Begriffsbildung in Fachtexten des 16. Jahrhunderts. Wiesbaden 1996.
Dormann, Astrid. Frühneuhochdeutsche Texte aus Schemnitz/Kremnica. Edition und sprachliche Untersuchungen auf graphemischer, syntaktischer und lexikalischer Ebene. Essen 1996.
Dornseiff, Franz. Die griechischen Wörter im Deutschen. Berlin 1950.
Dornseiff, Franz. Bezeichnungswandel unseres Wortschatzes. Lahr 1955. 7. Aufl. 1966.
Dotter, Franz. Sprachwandel und Natürlichkeitstheorie. In: Sprachtypologie und Universalienforschung 47, 1994, 139–159.
DPhA = Deutsche Philologie im Aufriß, hrg. v. Wolfgang Stammler. 3 Bde. 2. Aufl. Berlin 1957–1962.
Dresel, Jutta. Das Funktionsfeld der temporalen Präpositionen im frühen Ostmitteldeutschen. 1200 bis 1550. Berlin 1972.
Dressler, Wolfgang/Willy Mayerthaler/Oswald Panagl/Wolfgang U. Wurzel (Hrg.). Leitmotifs in Natural Morphology. Asterdam/Philadelphia 1987.
Driscoll, Matthew/Elena Pierazzo (Hrg.). Digital Scholarly Editing. Theory, Practice and Future Perspectives. Cambridge 2016. Online: https://books.openedition.org/obp/3391.
Drößiger, Hans-Harry. Metaphorik und Metonymie im Deutschen. Untersuchungen zum Diskurspotenzial semantisch-kognitiver Räume. Hamburg 2007.
Drozd, Lubomir/Wilfried Seibicke. Deutsche Fach- und Wissenschaftssprache. Bestandsaufnahme – Theorie – Geschichte. Wiesbaden 1973.

Dückert, Joachim. Das Grimmsche Wörterbuch und Luther. In: Schildt 1984, 244–258. Neudr. in: H. Wolf 1996a, 149–159.
Dückert, Joachim (Hrg.). Zur Ausbildung der Norm der deutschen Literatursprache auf der lexikalischen Ebene (1470–1730). Berlin 1976, 2. unveränd. Aufl. 1981.
Duda, Barbara/Sławomira Kaleta-Wojtasik. Die deutschsprachige Periode der Krakauer Kanzlei, 14.–16. Jahrhundert. In: Franciszek Grucza (Hrg.). Tausend Jahre polnisch-deutsche Beziehungen: Sprache, Literatur, Kultur, Politik. Warszawa 2001, 348–364.
DUDEN. Das Herkunftswörterbuch. Etymologie der deutschen Sprache. Hrg. v. d. Dudenredaktion. 5. neu bearb. Aufl. Berlin 2014.
DUDEN. Das Wörterbuch der sprachlichen Zweifelsfälle. Richtiges und gutes Deutsch. Hrg. v. d. Dudenredaktion. Auf der Grundlage der neuen amtlichen Rechtschreibregeln. 8. vollst. überarb. Aufl. Berlin 2016.
Durrell, Martin. Zum Problem des sprachlichen Kontinuums im Deutschen. In: ZGL 26, 1998, 17–30.
Dussart-Debèfve, Suzanne. Die Sprache der Predigten Johannes Taulers. Marburg 1969.
Dutt, Carsten (Hrg.). Herausforderungen der Begriffsgeschichte. Heidelberg 2003.
DWDS = Digitales Wörterbuch der Deutschen Sprache. Der deutsche Wortschatz von 1600 bis heute. Online: https://www.dwds.de/

Ebert, Helmut. Alltagssprache und Religiöse Sprache in Luthers Briefen und in seiner Bibelübersetzung. Eine satzsemantische Untersuchung am Beispiel von Aufforderungssätzen und Fragesätzen. Frankfurt a.M. u. a. 1986.
Ebert, Robert P. Historische Syntax des Deutschen. Stuttgart 1978.
Ebert, Robert P. Social and Stylistic Variation in Early New High German Word Order: The Sentence Frame. In: Beitr (T) 102, 1980, 357–398.
Ebert, Robert P. Social and Stylistic Variation in the Order of Auxiliary and Nonfinite Verb in Dependent Clauses in Early New High German. In: Beitr (T) 103, 1981, 204–237.
Ebert, Robert P. Historische Syntax des Deutschen II: 1300–1750. Bern u. a. 1986. 2. überarb. Aufl. Berlin 1999.
Ebert, Robert P. Zur Einbettung des Syntaxwandels in der städtischen Gesellschaft des 15. und 16. Jahrhunderts. In: Besch 1990, 181–186.
Ebert, Robert P. Verbstellungswandel bei Jugendlichen, Frauen und Männern im 16. Jahrhundert. Tübingen 1998. (=1998a.)
Ebert, Robert P. Verbstellungsänderungen bei Jugendlichen im 16. Jahrhundert. In: Askedal 1998a, 271–285. (=1998b.)
Ebert, Robert P. Verbstellungskontraste bei Frauen und Männern in Nürnberg im 16. Jahrhundert. In: Schuster/Schwarz 1998, 51–65. (=1998c.)
Ebert, Robert P. Zur Verbstellung in Luthers Briefen. In: Meier/Ziegler 2001b, 161–171. (=2001a.)
Ebert, Robert P. Zur Verbstellung in Luthers Schriften. In: Spw 26, 2001, 309–326. (=2001b.)
Ebert, Robert P. Die Stellung des attributiven Genitivs in Luthers Schriften. In: Spw 28, 2003, 195–229. (=2003a.)
Ebert, Robert P. Zur historischen Soziolinguistik des Deutschen. Möglichkeiten und Beispiele aus dem 16. Jahrhundert. In: Energeia 28, 2003, 1–23. (=2003b.)
Ebert, Robert P. Zur Verbstellung in der Lutherbibel. In: Spw 31, 2006, 53–72.

Ebert, Robert P./Oskar Reichmann/Hans-Joachim Solms/Klaus Peter Wegera (Hrg.). Frühneuhochdeutsche Grammatik. Tübingen 1993.
Eckel, Friedrich. Der Fremdwortschatz Thomas Murners. Göppingen 1978.
Egerding, Michael. Die Metaphorik der spätmittelalterlichen Mystik. 2 Bde. Paderborn 1997.
Eggers, Eckhard. Sprachwandel und Sprachmischung im Jiddischen. Frankfurt a.M. u.a. 1998.
Eggers, Hans. Deutsche Sprachgeschichte. 4 Bde. Reinbek 1963–77. Überarb. und erg. Neuaufl. 2 Bde. 1986.
Eggers, Hans. Wandlungen im deutschen Satzbau. Vorzüge und Gefahren. In: MS 93, 1983, 131–141.
Eggert, Elmar/Jörg Kilian (Hrg.). Historische Mündlichkeit. Beiträge zur Geschichte der gesprochenen Sprache. Frankfurt a.M. 2016.
Ehlert, Trude. Indikatoren für Mündlichkeit und Schriftlichkeit in der deutschsprachigen Fachliteratur am Beispiel der Kochbuchüberlieferung. In: Wenfried Hofmeister/Bernd Steinbauer (Hrg.). „Durch aubenteuer muess man wagen vil". Festschrift für Anton Schwob zum 60. Geburtstag. Innsbruck 1997, 73–85.
Ehlich, Konrad. Rom – Reformation – Restauration. Transformationen von Mündlichkeit und Schriftlichkeit im Übergang vom Mittelalter zur Neuzeit. In: Baurmann u.a. 1993, 175–215.
Ehlich, Konrad. Der Katechismus – eine Textart an der Schnittstelle von Mündlichkeit und Schriftlichkeit. In: LiLi 29, 1999, 9–33.
Ehrich, Veronika/Christian Fortmann/Ingo Reich/Marga Reis (Hrg.). Koordination und Subordination im Deutschen. Hamburg 2009.
Ehrismann, Otfried/Hans Ramge. Mittelhochdeutsch. Einführung in das Studium der deutschen Sprachgeschichte. Tübingen 1976.
Eichinger, Ludwig M. Deutsche Wortbildung. Eine Einführung. Tübingen 2000.
Eichinger, Ludwig M./Albrecht Plewnia (Hrg.). Neues vom heutigen Deutsch. Empirisch – methodisch – theoretisch. Berlin/Boston 2019.
Eichler, Birgit. Medialer Wandel – Sprachwandel? Gedanken zum Begriff ‚Epochenschwelle' am Beispiel substantivischer Wortbildungstendenzen im Frühneuhochdeutschen In: Inge Pohl/Horst Ehrhardt (Hrg.). Wort und Wortschatz. Tübingen 1995.
Eichler, Ernst. Etymologisches Wörterbuch der slawischen Elemente im Ostmitteldeutschen. Bautzen 1965.
Eichler, Ernst/Gerold Hilty/Heinrich Löffler/Hugo Steger/Ladislav Zgusta (Hrg.). Namenforschung/Name Studies/Les noms propres. Ein internationales Handbuch zur Onomastik. Berlin/New York 1995 (HSK 11).
Eichler, Ernst/Hans Walther. Städtenamenbuch der DDR. Leipzig 1986. 2. durchges. Aufl. 1988.
Eichler, Ingrid/Gunter Bergmann. Zum Meißnischen Deutsch. Die Beurteilung des Obersächsischen vom 16. bis zum 19. Jahrhundert. In: Beitr (H) 89, 1968, 3–57.
Eickmans, Heinz. Gerard van der Schueren: Teuthonista. Lexikographische und historisch-wortgeographische Untersuchungen. Köln/Wien 1986.
Eis, Gerhard. Vom Werden altdeutscher Dichtung. Literarhistorische Proportionen. Berlin 1962.
Eis, Gerhard. Mittelalterliche Fachliteratur. 2. Aufl. Stuttgart 1967.
Eis, Gerhard. Vom Zauber der Namen. Vier Essays. Berlin 1970.
Eis, Gerhard. Forschungen zur Fachprosa. Bern/München 1971. (=1971a.)

Eis, Gerhard. Mittelhochdeutsche Literatur: Fachprosa. In: L.E. Schmitt 1970/71, Bd. 2, 528–572.
Eis, Gerhard. Medizinische Fachprosa des späten Mittelalters und der frühen Neuzeit. Amsterdam 1982.
Eisenberg, Peter. Das Fremdwort. Berlin 2011. 3. überarb. u. erw. Aufl. 2018.
Eisenberg, Peter/Hartmut Günther (Hrg.). Schriftsystem und Orthographie. Tübingen 1989.
Eisermann, Falk. Der Ablaß als Medienereignis. Kommunikationswandel durch Einblattdrucke im 15. Jahrhundert. Mit einer Auswahlbibliographie. In: Rudolf Suntrop/Jan R. Veenstra (Hrg). Tradition and Innovation in an Era of Change: Tradition und Innovation im Übergang zur Frühen Neuzeit. Frankfurt a.M. 2001, 99–128.
Eisermann, Falk. Bevor die Blätter fliegen lernten. Buchdruck, politische Kommunikation und die Medienrevolution des 15. Jahrhunderts. In: Karl-Heins Spiess (Hrg.). Medien der Kommunikation im Mittelalter. Wiesbaden 2003, 289–320. (=2003a.)
Eisermann, Falk. *Vil grozer Brefe sint angeslagen*. Typographie und öffentliche Kommunikation im 15. Jahrhundert. In: Nine Robijntje Miedema/Rudolf Suntrup (Hrg.). Literatur – Geschichte – Literaturgeschichte. Beiträge zur mediävistischen Literaturwissenschaft. Festschrift für Volker Honemann zum 60. Geburtstag. Frankfurt a.M. u. a. 2003, 481–502. (=2003b.)
Eisermann, Falk/Hans Ulrich Schmid. *Pfaffenhur* und *Pfeiffensack*. Ein anonymes Buchstabierbüchlein des späten Mittelalters. In: Barz/Fix 2008, 47–70.
Elmentaler, Michael. Probleme der Rekonstruktion stadtsprachlicher Schreibsysteme am Beispiel Duisburgs. In: ZDL 60, 1993, 1–20.
Elmentaler, Michael. Zur Koexistenz graphematischer Systeme in der spätmittelalterlichen Stadt. In: Elmentaler 2000, 53–72. (=2000a.)
Elmentaler, Michael. Rheinmaasländische Sprachgeschichte von 1250 bis 1500. In: Macha u.a. 2000, 77–100. (=2000b.)
Elmentaler, Michael. Struktur und Wandel vormoderner Schreibsprachen. Berlin u.a. 2003.
Elmentaler, Michael. Historische Graphematik des Deutschen. Eine Einführung. Tübingen 2018.
Elmentaler, Michael (Hrg.). Regionalsprachen, Stadtsprachen und Institutionssprachen im historischen Prozess. Wien 2000.
Elspaß, Stephan. Sprachgeschichte von unten. Untersuchungen zum geschriebenen Alltagsdeutsch im 19. Jahrhundert. Tübingen 2005.
Elspaß, Stephan. Zum Verhältnis von ‚Nähegrammatik' und Regionalsprachlichkeit in historischen Texten. In: Ágel/Hennig 2010, 65–83.
Elspaß, Stephan/Michaela Negele (Hrg.). Sprachvariation und Sprachwandel in der Stadt der Frühen Neuzeit. Heidelberg 2011.
Elst, Gaston van der. Zur Entwicklung des deutschen Kasussystems. Ein Beispiel für Sprachökonomie. In: ZGL 12, 1984, 313–331.
Elst, Gaston van der. Aspekte zur Entstehung der neuhochdeutschen Schriftsprache. Erlangen 1987.
Elst, Gaston van der. Zur syntaktischen Struktur der Substantivgruppe im Frühneuhochdeutschen am Beispiel Nürnberger Texte. In: Wiesinger 1988, 193–218.
Emmerig, Hubert. Glossar zur Münztechnik und Münzverwaltung in Spätmittelalter und früher Neuzeit. Zum frühneuhochdeutschen Wortschatz in ausgewählten Quellen (14. bis 17. Jahrhundert). Hrg. v. Reiner Cunz. Braunschweig 2006.

Endermann, Heinz. Zu einigen Texten Martin Luthers über Schule und Bildung. In: Rösler 1999, 151–164.
Engelsing, Rolf. Analphabetentum und Lektüre. Zur Sozialgeschichte des Lesens in Deutschland zwischen feudaler und industrieller Gesellschaft. Stuttgart 1973.
Engelsing, Rolf. Der Bürger als Leser. Lesergeschichte in Deutschland 1500–1800. Stuttgart 1974.
Engelsing, Rolf. Sozial- und Wirtschaftsgeschichte Deutschlands. 3. Aufl. Göttingen 1983.
Erben, Johannes. Grundzüge einer Syntax der Sprache Luthers. Berlin 1954. (=1954a.)
Erben, Johannes. Die sprachgeschichtliche Stellung Luthers. Eine Skizze vom Standpunkt der Syntax. In: Beitr (H.) 76, 1954, 166–179. Neudr. in: H. Wolf 1996a, 177–189. (=1954b.)
Erben, Johannes. Zur Geschichte der deutschen Kollektiva. In: Sprache – Schlüssel zur Welt. Düsseldorf 1959, 221–228.
Erben, Johannes. Ostmitteldeutsche Chrestomathie. Proben der frühen Schreib- und Druckersprache des mitteldeutschen Ostens. Berlin 1961.
Erben, Johannes. Synchronische und diachronische Betrachtungen im Bereich des Frühneuhochdeutschen. In: Sprache, Gegenwart und Geschichte. Düsseldorf 1969, 220–237.
Erben, Johannes. Luther und die neuhochdeutsche Schriftsprache. In: Maurer/Rupp 1974, Bd. 1, 509–581. Teilw. Neudr. in: H. Wolf 1996a, 136–145.
Erben, Johannes. Einführung in die deutsche Wortbildungslehre. Berlin 1975. 5. durchges. und erg. Aufl. 2006. (=1975a/2006.)
Erben, Johannes. Zur Normierung der neuhochdeutschen Schriftsprache. In: Günter Bellmann u. a. (Hrg.). Festschrift für Karl Bischoff. Köln/Wien 1975, 117–129. (=1975b.)
Erben, Johannes. „Ich merck am tittel wol, was der Schreiber fur ein mann ist". Bemerkungen zu den Titeln Lutherischer Schriften. In: MS 94, 1983/84, 30–39.
Erben, Johannes. Deutsche Syntax. Eine Einführung. Bern 1984.
Erben, Johannes. Die Entstehung unserer Schriftsprache und der Anteil deutscher Grammatiker am Normierungsprozeß. In: Spw 14, 1989, 6–28.
Erben, Johannes. Freundschaft – Bekanntschaft – Verwandtschaft. Zur Bezeichnungsgeschichte der Ausdrucksformen menschlicher Verbundenheit im frühen Neuhochdeutschen. In: Mattheier u. a. 1993, 111–121. (=1993a.)
Erben, Johannes. Geschlechtsindifferente Bezeichnungen für junge unerwachsene Menschen im frühen Ostmitteldeutschen und bei Luther. Eine Studie zur Veränderung der Bezeichnungsnorm im Frühneuhochdeutschen. In: Bentzinger u. a. 1993, 44–52. (=1993b.)
Erben, Johannes. Sprachliche Signale zur Markierung der Unsicherheit oder Ungenauigkeit von Luthers Aussagen. In: Peter Bassola u. a. (Hrg.). Im Zeichen der geteilten Philologie. Festschrift für Karl Mollay. Budapest 1993, 85–92. (=1993c.)
Erben, Johannes. Einige Bemerkungen zu *Christ(en)*, *christ(en)-lich* und *Christenmensch* in der Luthersprache. In: Glaser/Schlaefer 1997, 407–413.
Erben, Johannes. Sprachwissenschaft als Kulturwissenschaft. In: Kwekkeboom/Waldenberger 2016, 167–188.
Erfurt, Jürgen (Hrg.). Prinzipien des Sprachwandels. Bochum 1992.
Erler, Adalbert/Ekkehard Kaufmann/Dieter Werkmüller (Hrg.). Handwörterbuch zur deutschen Rechtsgeschichte. 5 Bde. Berlin 1964–1997.

Ernst, Peter. Die Anfänge der frühneuhochdeutschen Schreibsprache in Wien. Wien 1994.
Ernst, Peter. Probleme der Rekonstruktion oberschichtiger Sprachformen am Beispiel Wiens im Spätmittelalter. In: ZDL 63, 1996, 1–29.
Ernst, Peter. Altes und Neues zur Entstehung der neuhochdeutschen Schriftsprache. Entwicklungstendenzen vom 14. bis zum 17. Jahrhundert. In: Sprachtheorie und Germanistische Linguistik 10, 2000, 3–38. (=2000a.)
Ernst, Peter. Sprachexterne Grundlagen einer historischen Stadtsprachenvarietät am Beispiel Wiens im Spätmittelalter. In: Elementaler 2000, 157–176. (=2000b.)
Ernst, Peter. Die Wiener Stadtsprache im Spätmittelalter und in der frühen Neuzeit. In: Meier/Ziegler 2001b, 87–97.
Ernst, Peter. Das Ende des Mittelalters aus sprachhistorischer Sicht: Das Zusammenspiel von Sprachgeschichte, Historischer Dialektologie und Philologie. In: Hans-Joachim Behr (Hrg.). Deutsch-böhmische Literaturbeziehungen – Germano-Bohemica: Festschrift für Václav Bok zum 65. Geburtstag. Hamburg 2004, 32–41.
Ernst, Peter. Deutsche Sprachgeschichte: Eine Einführung in die diachrone Sprachwissenschaft des Deutschen. Wien 2005. 2. Aufl. Wien 2012.
Ernst, Peter. Zum Problem „Mündlichkeit" – „Schriftlichkeit" in der deutschen Sprachgeschichte. In: H.U. Schmid 2010, 225–236.
Ernst, Peter (Hrg.). Einführung in die synchrone Sprachwissenschaft. Wien 1997. 2. verb. und verm. Aufl. 1999.
Ernst, Peter (Hrg.). Kanzleistil: Entwicklung, Form, Funktion. Beiträge der 4. Tagung des Arbeitskreises Historische Kanzleisprachenforschung, Wien 24. und 25. November 2006. Wien 2009.
Ernst, Peter (Hrg.). Historische Pragmatik. Berlin/Boston 2012 (JGS 3).
Ernst, Peter/Jörg Meier (Hrg.). Kontinuitäten und Neuerungen in Textsorten- und Textallianztraditionen vom 13. bis zum 18. Jahrhundert, Berlin 2014.
Ernst, Peter/Franz Patocka (Hrg.). Deutsche Sprache in Raum und Zeit. Festschrift für Peter Wiesinger. Wien 1998.
Ernst, Peter/Martina Werner (Hrg.). Linguistische Pragmatik in historischen Bezügen. Berlin/New York 2016.
Eroms, Hans-Werner. Funktionskonstanz und Systemstabilisierung bei den begründenden Konjunktionen im Deutschen. In: Spw 5, 1980, 73–115.
Eroms, Hans-Werner. Zur Entwicklung der Passivperiphrasen im Deutschen. In: Betten 1990a, 82–97.
Eroms, Hans-Werner. Das Verbalpräfix *ge-* im Spätmittelhochdeutschen. In: Poetica 38, 1993, 152–170.
Eroms, Hans-Werner. Die Gewichtung des ‚historischen Prinzips' in der deutschen Orthographie. In: Glaser/Schlaefer 1997, 221–235.
Eroms, Hans-Werner. Die Neuregelung der *s*-Schreibung und die Prinzipien der deutschen Orthographie. In: Habermann/Naumann 2000, 357–373. (=2000a.)
Eroms, Hans-Werner. Syntax der deutschen Sprache. Berlin/New York 2000. (=2000b.)
Eroms, Hans-Werner. Periphrastische Verbformen bei Martin Luther. In: Breuer/Hyvärinen 2006, 387–401.
Eroms, Hans-Werner. Kommentare und Korrekturen: Der Status der weiterführenden *w*-Relativsätze. In: Spw 34, 2009, 115–150.
Eroms, Hans-Werner. Die Entwicklung der Negationsklassen im Deutschen. In: Thierry Gallèpe/Martine Dalmas (Hrg.). Déconstruction – Reconstruction. Autour de la

pensée de Jean-Marie Zemb. Rencontre internationale de linguistique – Tours, 20 et 21 novembre 2009. Limoges 2011, 99–115.
Eroms, Hans-Werner. Zur Geschichte und Typologie komplexer Nominalphrasen im Deutschen. In: Mathilde Hennig (Hrg.). Komplexe Attribution. Ein Nominalstilphänomen aus sprachhistorischer, grammatischer, typologischer und funktionalstilistischer Perspektive. Berlin/Boston 2016, 21–55.
Eroms, Hans-Werner. Martin Luthers grammatische Erben. In: N.R. Wolf 2017, 69–94.
Ewald, Petra. Zur Ausprägung des morphemidentifizierenden Prinzips in frühneuhochdeutschen Drucken. In: Glaser/Schlaefer 1997, 237–250.
Ewald, Petra/Dieter Nerius. Großschreibung der Substantive und *das/daß*-Differenzierung. Zur Annahme eines „grammatischen Prinzips" in der deutschen Orthographie. In: Rösler 1999, 165–186.
Ewald, Petra/Karl Ernst Sommerfeldt (Hrg.). Beiträge zur Schriftlinguistik. Festschrift für Dieter Nerius. Frankfurt a.M. 1995.
Eyer, Peter. ... und trampelt durch die Saaten. (Zu Rudi Kellers Beitrag in ZGL 10, 1982, 1–27). In: ZGL 11, 1983, 72–77.

Faarlund, Jan Terje. Syntactic change. Towards a theory of historical syntax. Berlin/New York 1990.
Faber, Karl-Georg. Theorie der Geschichtswissenschaft. 5. erw. Aufl. München 1982.
Familiennamenbuch der Schweiz. Zürich 1968–1971. 3. korr. Aufl. 1989.
Fasbender, Christoph (Hrg.). Aus der Werkstatt Diebold Laubers. Berlin/Boston 2012.
Fassler, Manfred/Wulf Halbach (Hrg.). Geschichte der Medien. München 1998.
Faulstich, Werner. Medien und Öffentlichkeiten im Mittelalter, 800–1400. Göttingen 1996.
Faulstich, Werner. Medien zwischen Herrschaft und Revolte. Die Medienkultur der frühen Neuzeit (1400–1700). Göttingen 1998.
Faulstich, Werner/Corinna Rückert. Mediengeschichte in tabellarischem Überblick von den Anfängen bis heute. 2 Teile. Bardowick 1993.
Fechter, Werner. Das Publikum der mittelhochdeutschen Dichtung. Frankfurt a.M. 1935. Nachdr. 1966.
Fechtner, Heinrich (Hrg.). Vier seltene Schriften des 16. Jahrhunderts. Nachdr. der Ausg. Berlin 1882. Hildesheim/New York 1972.
Fedders, Wolfgang. Variablenlinguistische Studien zur mittelniederdeutschen Urkundensprache Coesfelds. In: NdW 27, 1987, 95–130.
Fedders, Wolfgang. Die Schreibsprache Lemgos. Variablenlinguistische Untersuchungen zum spätmittelalterlichen Ostwestfälischen. Köln u.a. 1993.
Feldbusch, Elisabeth. Geschriebene Sprache. Untersuchungen zu ihrer Herausbildung und Grundlegung ihrer Theorie. Berlin/New York 1985.
Felder, Ekkehard/Andreas Gardt (Hrg.). Wirklichkeit oder Konstruktion? Sprachtheoretische und interdisziplinäre Aspekte einer brisanten Alternative. Berlin/Boston 2018.
Ferraresi, Gisella. Grammatikalisierung. Heidelberg 2014.
Fertig, David. Morphological Change Up Close. Two and a Half Centuries of Verbal Inflection in Nuremberg. Tübingen 2000.
Feudel, Günter. Luthers Ausspruch über seine Sprache (WA Tischreden 1,524) Ideal oder Wirklichkeit? In: Beitr (H) 92, 1970, 61–75.

Feudel, Günter. Thomas Müntzers ‚Deutsche evangelische Messe' – ein frühes Beispiel literatursprachlicher Gestaltung auf dem Weg zur nationalen Literatursprache. In: Peilicke/Schildt 1990, 182–189.

Feudel, Günter (Hrg.). Studien zur Geschichte der deutschen Sprache. Berlin 1972.

Feuillet, Jack. Linguistique diachronique de l'allemand. Bern u. a. 1989.

Feuillet, Jack. Grammaire historique de l'allemand. Paris 2012.

Filatkina, Natalia. Variation im Bereich der formelhaften Wendungen am Beispiel der Luxemburger Rechnungsbücher (1388–1500). In: Elspaß/Negele 2011, 79–95.

Filatkina, Natalia. *Wan wer beschreibt der welte stat/der muoß wol sagen wie es gat.* Manifestation, functions and dynamics of formulaic patterns in Thomas Murner's „Schelmenzunft" revisited. In: Natalia Filatkina u. a. (Hrg.). Aspekte der historischen Phraseologie und Phraseographie. Heidelberg 2012, 21–44.

Filatkina, Natalia. *Wehre auch der Teutschen Jugend zu vielen guten ersprießlich/wan die Teutschen Sprichwoerter recht bey zeiten beygebracht und erklaeret wuerden.* Formelhafte Wendungen im mittelalterlichen und frühneuzeitlichen Sprachunterricht. In: Martina Kášová (Hrg.). Wege zu Sprache und Literatur. Prešov 2013, 65–94. (=2013a.)

Filatkina, Natalia. *Graw roch rydt nicht.* Russisch-niederdeutsche Sprachlehrbücher zwischen zwei Sprachen und zwei Kulturen. In: NdW 53, 2013, 39–63. (=2013b.)

Filatkina, Natalia. Wandel im Bereich der historischen formelhaften Sprache und seine Reflexe im Neuhochdeutschen: Eine neue Perspektive für moderne Sprachwandeltheorien. In: Vogel 2013, 34–51. (=2013c.)

Filatkina, Natalia. *Implicit Understandings.* Was uns historische Sprachlehrbücher über Sprachbewusstsein und Sprachgebrauch verraten. In: Regula Schmidlin/Heike Behrens/Hans Bickel (Hrg.). Sprachgebrauch und Sprachbewusstsein. Implikationen für die Sprachtheorie. Berlin/Boston 2015, 71–101.

Filatkina, Natalia. *Darumb kam eine seer grosse furcht vnd schrecken in das Volck. angest* vs. *vorhte* – Martin Luther als Wendepunkt? In: Bartsch/Schultz-Balluff 2016, 67–89.

Filatkina, Natalia. Historische formelhafte Sprache. Theoretische Grundlagen und methodische Herausforderungen. Berlin/Boston 2018.

Filatkina, Natalia/Monika Hanauska. Wissensstrukturierung und Wissensvermittlung durch Routineformeln: Am Beispiel ausgewählter althochdeutscher Texte. In: Yearbook of Phraseology 1, 2011, 45–71.

Filatkina, Natalia/Claudine Moulin. Kreativer Sprachgebrauch im Spannungsfeld zwischen Proprialisierung und Deonymisierung: Fallstudien aus der Reformationszeit. In: Rolf Bergmann/Stefanie Stricker (Hrg.). Namen und Wörter. Theoretische Grenzen – Übergänge im Sprachwandel. Heidelberg 2018, 61–77. (=2018a.)

Filatkina, Natalia/Claudine Moulin. Wordplay and Baroque Linguistic Ideas. In: Esme Winter-Froemel/Verena Thaler (Hrg.). Cultures and Traditions of Wordplay and Wordplay Research. Berlin/Boston 2018, 235–257. (=2018b.)

Filatkina, Natalia/Johannes Gottwald/Monika Hanauska. Formelhafte Sprache im schulischen Unterricht im Frühen Mittelalter: Am Beispiel der so genannten „Sprichwörter" in den Schriften Notkers des Deutschen von St. Gallen. In: Spw 34, 2009, 341–397.

Finsterwalder, Karl. Die Familiennamen in Tirol und Nachbargebieten und die Entwicklung der Personennamen im Mittelalter. Innsbruck 1951.

Fischer, Annette. Varianten im Objektbereich genitivfähiger Verben in der deutschen Literatursprache (1570–1730). In: Schildt 1992a, 273–342.

Fischer, Annette. Diachronie und Synchronie von auxiliarem *tun* im Deutschen. In: Watts u.a. 2001, 137–154.
Fischer, Christian. Die Stadtsprache von Soest im 16. und 17. Jahrhundert. Variationslinguistische Untersuchungen zum Schreibsprachwechsel vom Niederdeutschen zum Hochdeutschen. Köln u.a. 1998.
Fischer, Christian. ‚... alzo wunderlych gheschreuen ...'. Ein hochdeutsch-niederdeutscher Briefwechsel aus dem 15. Jahrhundert. In: NdW 39, 1999, 229–238.
Fischer, Christian. Mundartreflexe in der frühneuzeitlichen Schreibsprache der Stadt Soest. In: Elmentaler 2000, 101–115.
Fischer, Christian. Die Soester Fehdechronik des Bartholomäus von der Lake. Überlieferung und linguistische Befunde. In: NdW 46, 2006, 45–58.
Fischer, Christian. Westfälische Schreibsprachen im Mittelalter und in der frühen Neuzeit. Zum Verhältnis von Schriftlichkeit und Mündlichkeit. In: Helmut Spiekermann/Line-Marie Hohenstein/Stephanie Sauermilch/Kathrin Weber (Hrg.). Niederdeutsch: Grenzen, Strukturen, Variation. Wien u.a. 2016, 191–204.
Fischer, Christian. Regionale und überregionale Aspekte der Sprache der Reformation in Ostfriesland. In: NdJ 141, 2018, 7–19.
Fischer, Christian/Kirstin Casemir. Deutsch. Die Geschichte unserer Sprache. Mannheim 2013.
Fischer, Christian/Dagmar Hüpper. Grüßen, ansprechen und bereden im Sachsenspiegel. Ansätze zur Rekonstruktion des Sprachgebrauchs vor Gericht. In: Jan Claas Freienstein/Jörg Hagemann/Sven Staffeldt (Hrg.). Äußern und Bedeuten: Festschrift für Eckard Rolf. Tübingen 2011, 24–38.
Fischer, Christian/Robert Peters. Sprachliche Verhältnisse in Soest von der ersten Hälfte des 14. bis zur ersten Hälfte des 16. Jahrhunderts. In: Wilfried Ehbrecht (Hrg.). Soest. Geschichte einer Stadt. Band I: Topographie, Herrschaft, Gesellschaft. Soest 2010, 663–749.
Fischer, Christian Robert Peters/Norbert Nagel. Atlas spätmittelalterlicher Schreibsprachen des niederdeutschen Altlandes und angrenzender Gebiete (ASnA). 3 Bde. Berlin/Boston 2017.
Fischer, Gero. Das Slowenische in Kärnten. Bedingungen der sprachlichen Sozialisation eine Studie zur Sprachenpolitik. Klagenfurt/Wien 1980.
Fischer, Hanna. Präteritumschwund im Deutschen. Dokumentation und Erklärung eines Verdrängungsprozesses. Berlin/Boston 2018.
Fischer, Helmut. Die ältesten Zeitungen und ihre Verleger. Augsburg 1936.
Fischer, Kerstin/Anatol Stefanowitsch (Hrg.). Konstruktionsgrammatik. Von der Anwendung zur Theorie. 2. Aufl. Tübingen 2008,
Fischer, Rudolf/Ernst Eichler/Horst Naumann/Hans Walther. Namen deutscher Städte. Berlin 1963.
Fix, Ulla. Das Generationengedächtnis und der Sprachwandel. Sprachbiographisches Erinnern als Methode zum Erfassen von Sprachgebrauchswandel. In: Lerchner u.a. 1995, 31–38.
Flämig, Walter. Untersuchungen zum Finalsatz im Deutschen. Synchronie und Diachronie. Berlin 1964.
Fleckenstein, Josef (Hrg.). Curialitas. Studien zu Grundfragen der höfisch-ritterlichen Kultur. Göttingen 1990.
Fleckenstein, Josef/Karl Stackmann (Hrg.). Über Bürger, Stadt und städtische Literatur im Spätmittelalter. Göttingen 1980.

Fleischer, Jürg. Frühneuhochdeutsche und mittelniederdeutsche Syntax im Kontrast: die Abfolge des akkusativischen und dativischen Personalpronomens in der ältesten Luther- und Bugenhagen-Bibel. In: ZdPh 132, 2013, 49–72.
Fleischer, Wolfgang. Zur Entstehung der deutschen Nationalsprache. In: Beitr. (H.) 84, 1962, 385–405.
Fleischer, Wolfgang. Zum Verhältnis von Phonem und Graphem bei der Herausbildung der nhd. Schriftsprache. In: Wiss. Zs. d. Univ. Jena, Ges.- u. sprachwiss. Reihe, Jg. 14, 1965, 461–465.
Fleischer, Wolfgang. Strukturelle Untersuchungen zur Geschichte des Neuhochdeutschen. Berlin 1966.
Fleischer, Wolfgang. Die deutschen Personennamen. Geschichte, Bildung und Bedeutung. 2. Aufl. Berlin 1968.
Fleischer, Wolfgang. Untersuchungen zur Geschäftssprache des 16. Jahrhunderts in Dresden. Berlin 1970.
Fleischer, Wolfgang. Phraseologie der deutschen Gegenwartssprache. Leipzig 1982. 2. Aufl. Tübingen 1997.
Fleischer, Wolfgang. Zur Entwicklung des Systems der Wortbildung in der deutschen Literatursprache unter dem Blickpunkt von Luthers Sprachgebrauch. In: Martin Luther-Kolloquium. Berlin 1983, 42–53. Neudr. in: H. Wolf 1996, 160–176.
Fleischer, Wolfgang. Sprachgeschichte und Wortbildung. In: BEDS 6, 1986, 27–36.
Fleischer, Wolfgang. Charakteristika frühneuhochdeutscher Wortbildung. In: Wiesinger 1988, 185–191.
Fleischer, Wolfgang. Zur Problematik einer Geschichte der deutschen Literatursprache. In: Lerchner u. a. 1995, 39–48.
Fleischer, Wolfgang. Kommunikationsgeschichtliche Aspekte der Phraseologie. In: Hertel u. a. 1996, 283–297.
Fleischer, Wolfgang/Irmhild Barz. Wortbildung der deutschen Gegenwartssprache. Tübingen 1992. 4. neu bearb. Aufl. 2012.
Fleischer, Wolfgang/Wolfdietrich Hartung/Joachim Schildt/Peter Suchsland (Hrg.). Kleine Enzyklopädie Deutsche Sprache. Leipzig 1983.
Fleischer, Wolfgang/Georg Michel. Stilistik der deutschen Gegenwartssprache. 2. Aufl. Leipzig 1977.
Fleischmann, Klaus. Verbstellung und Relieftheorie. Ein Versuch zur Geschichte des deutschen Nebensatzes. München 1973.
Fliedl, Günther. Natürlichkeitstheoretische Morphosyntax. Aspekte der Theorie und Implementierung. Tübingen 1999.
Flood, John L. Umstürzler in den Alpen. Bücher und Leser in Österreich im Zeitalter der Gegenreformation. In: Daphnis 20, 1991, 231–263.
Flood, John L. Humanism, „Nationalism", and the Semiology of Typography. In: Mirko Tavani u. a. (Hrg.). Italia ed Europa nella linguistica del Rinascimento: confronti e relazioni. Bd. 2. Ferrara 1996, 179–196.
Flood, John L. Luther and Tyndale as Bible Translators. Achievement and Legacy. In: Horan u. a. 2009, 35–56.
Fluck, Hans Rüdiger. Fachsprachen. Einführung und Bibliographie. 5. überarb. und erw. Aufl. Tübingen 1996.
Fluck, Hans Rüdiger. Fachsprachen – Fachkommunikation – Fachsprachenvermittlung. Beiträge aus 50 Jahren Forschung. Tübingen 2018.

Flügge, Lars. Die Auswirkungen des Buchdrucks auf die Praxis des Schreibens. Marburg 2005.
Flury, Robert. Struktur- und Bedeutungsgeschichte des Adjektiv-Suffixes *-bar*. Winterthur 1964.
Fohrmann, Jürgen/Wilhelm Vosskamp (Hrg.). Wissenschaftsgeschichte der Germanistik im 19. Jahrhundert. Stuttgart/Weimar 1994.
Földes, Csaba. Mehrsprachigkeit, Sprachenkontakt und Sprachenmischung. Flensburg 1996.
Folsom, Marvin H. Die Stellung des Verbs in der deutschen Bibelsprache von Luther bis heute. In: ZfG 6, 1985, 144–154.
Förstemann, Ernst. Altdeutsches Namenbuch. 3. Aufl. Bonn 1900. Nachdr. München/Hildesheim 1968.
Forester, Lee. Umlaut Phenomana in Early New High German Discourse. A Pragmatic Approach. New York u.a. 1999.
Forster, Leonhard. Fremdsprache und Muttersprache. Zur Frage der polyglotten Dichtung in Renaissance und Barock. In: Neophilologus 45, 1961, 177–195.
Fourquet, Jean. Das Werden des neuhochdeutschen Verbalsystems. In: Ulrich Engel u.a. (Hrg.). Festschrift für Hugo Moser. Düsseldorf 1969, 53–55.
Francis, Timothy A. The Linguistic Influence of Luther and the German Language on the Earliest Complete Lutheran Bibles in Low German, Dutch, Danish and Swedish. In: Studia neophilologica 72, 2000, 75–94.
Francis, Timothy A. „… in Örden vnde Steden". Zu Bugenhagens Beitrag zur niederdeutschen Übersetzung des Lutherschen Neuen Testaments. In: NdJ 128, 2005, 63–76.
Francis, Timothy A. Niederdeutsch und Okzitanisch: paralleler Untergang und Stigmatisierung in der frühen Neuzeit. In: NdJ 132, 2009, 129–140.
François, Jacques. Le siècle d'or de la linguistique en Allemagne. De Humboldt à Meyer-Lübke. Limoges 2017.
Frank, Barbara/Thomas Haye/Doris Tophinke (Hrg.). Gattungen mittelalterlicher Schriftlichkeit. Tübingen 1997.
Frank, Horst Joachim. Dichtung, Sprache, Menschenbildung. Geschichte des Deutschunterrichts von den Anfängen bis 1945. München 1976.
Franke, Hartwig. Zur inneren und äußeren Differenzierung deutscher. Sondersprachen. In: ZDL 58, 1991, 57–62.
Franz, Günther. Geschichte des deutschen Bauernstandes vom frühen Mittelalter bis zum 19. Jahrhundert. 2. Aufl. Stuttgart 1976.
Frettlöh, Regina. Die Revisionen der Lutherbibel in wortgeschichtlicher Sicht. Göppingen 1986.
Freund, Sabine. Das vokalische Schreibsystem im Augsburger Kochbuch der Sabina Welserin aus dem Jahre 1553. Ein Beitrag zur Graphematik handschriftlicher Überlieferung des 16. Jahrhunderts. Heidelberg 1991.
Frey, Evelyn. Einführung in die Historische Sprachwissenschaft des Deutschen. Lehr- und Übungsbuch der diachronen Linguistik mit ausführlichen Darstellungen zur Bifurkationstheorie. Heidelberg 1994.
Freywald, Ulrike. *Obwohl vielleicht war es ganz anders.* Vorüberlegungen zum Alter der Verbzweitstellung nach subordinierenden Konjunktionen. In: Ziegler 2010, Bd. 1, 55–84.

Frick, Julia/Nikolaus Henkel. Sonderfälle des Sprachtransfers: Lateinische Wortbildungsmuster und Vokabelübersetzungen im Deutschen im frühen Mittelalter und in der Frühen Neuzeit. In: Nievergelt/Rübekeil 2019, 245–259.
Friedrich, Udo. Naturgeschichte zwischen artes liberales und frühneuzeitlicher Wissenschaft. Conrad Gessners „Historia animalium" und ihre volkssprachliche Rezeption. Tübingen 1995.
Frings, Theodor. Rheinische Sprachgeschichte. Bonn 1924. Neudr. in: Frings 1956, Bd. 1–2.
Frings, Theodor. Die Grundlagen des Meißnischen Deutsch. Halle 1936.
Frings, Theodor. Grundlegung einer Geschichte der deutschen Sprache. Halle 1950. 3. Aufl. 1957.
Frings, Theodor. Sprache und Geschichte. 3 Bde. Halle 1956.
Frings, Theodor/Ludwig Erich Schmitt. Der Weg zur Hochsprache. In: Jahrbuch der deutschen Sprache. Bd. 2. Leipzig 1944, 67–121.
Frisch, Regina. Substantivische Affixbildung im Frühneuhochdeutschen Motivation und onomasiologische Leistungen der Ø/e-Ableitungen. In: NphM 95, 1994, 175–192.
Fritz, Gerd. Bedeutungswandel im Deutschen. Neuere Methoden der diachronen Semantik. Tübingen 1974.
Fritz, Gerd. Historische Semantik. Stuttgart 1998. 2. aktual. Aufl. Stuttgart/Weimar 2006.
Fritz, Gerd/Thomas Gloning (Hrg.). Untersuchungen zur semantischen Entwicklungsgeschichte der Modalverben im Deutschen. Tübingen 1997.
Fritz, Rolf. Beobachtungen am Dortmunder Marienaltar Conrads von Soest. In: Westfalen 28, 1950, 107–122.
Fritz, Thomas. Textstrukturen eines Briefes von Sebastian Brant an den Straßburger Rat. Zur funktionalen Satzperspektive im Frühneuhochdeutschen. In: Donhauser/Eichinger 1998.
Fritze, Marie-Elisabeth. Bezeichnungen für den Zugehörigkeits- und Herkunftsbereich beim substantivischen Attribut. In: Kettmann/Schildt 1981, 417–476.
Frühneuhochdeutsches Wörterbuch s. Anderson/Goebel/Reichmann!
Fuchs, Walther Peter. Das Zeitalter der Reformation. 10. Aufl. München 1999.
Fujii, Akihiko. Zur Augsburger Druckersprache im 15. Jahrhundert. In: Mattheier u.a. 1997, 101–148.
Fujii, Akihiko. Günther Zainers druckersprachliche Leistung: Untersuchungen zur Augsburger Druckersprache im 15. Jahrhundert. Tübingen 2007.
Funk, Christine. Fortbewegungsverben in Luthers Übersetzung des Neuen Testaments. Frankfurt a.M. u.a. 1995.
Funk, Edith/Werner König/Manfred Renn (Hrg.). Bausteine zur Sprachgeschichte. Referate der 13. Arbeitstagung zur Alemannischen Dialektologie, Heidelberg 2000.

Gabrielsson, Artur. Das Eindringen der hochdeutschen Sprache in die Schulen Niederdeutschlands im 16. und 17. Jahrhundert. In: NdJ 58/59, 1932/33, 1–79.
Gadamer, Hans Georg. Geschichtlichkeit. In: Die Religion in Geschichte und Gegenwart. Tübingen 1958, 1496–1498.
Gagel, Sebastian. Frühneuhochdeutsche Konnektoren. Entwicklungslinien kausaler Verknüpfungen auf dem Gebiet der Modalität. Berlin/Boston 2017.
Gallée, Johan Hendrik. Altsächsische Grammatik. Register von Johannes Lochner. 3. Aufl. mit Berichtigungen und Literaturnachträgen von Heinrich Tiefenbach. Tübingen 1993.

Ganseuer, Frank. Der Staat des „gemeinen Mannes". Gattungstypologie und Programmatik des politischen Schrifttums von Reformation und Bauernkrieg. Frankfurt a.M. u. a. 1985.
Gansel, Christina. Textsortenlinguistik. Göttingen 2011.
Ganslmayer, Christine. Wortbildungswandel in frühneuhochdeutscher Zeit. Zur Etablierung des Deutschen als Wortbildungssprache. In: Lobenstein-Reichmann/Reichmann 2011, 317–382.
Ganslmayer, Christine. Sprachkombination und Sprachmischung in deutsch-lateinischen Mischtexten. Überlegungen zu Analyse, Formen und Funktionen. In: Wich-Reif 2016, 76–115.
Ganslmayer, Christine. Luther als Bibelübersetzer. Neue sprachwissenschaftliche Perspektiven für die Luther-Forschung. In: Habermann 2018b, 55–105.
Garbe, Burkhard (Hrg.). Die deutsche Rechtschreibung und ihre Reform 1722–1974. Tübingen 1978.
Garbe, Burkhard (Hrg.). Texte zur Geschichte der deutschen Interpunktion und ihrer Reform 1462–1983. Hildesheim 1984.
Garber, Klaus (Hrg.). Nation und Literatur im Europa der Frühen Neuzeit. Tübingen 1989.
Gárdonyi, Sándor. Die Kanzleisprache von Schemnitz und Kremnitz im 14. bis 16. Jahrhundert. Budapest 1965.
Gardt, Andreas. Die Übersetzungstheorie Martin Luthers. In: ZdPh 111, 1992, 87–111.
Gardt, Andreas. Geschichte der Sprachwissenschaft in Deutschland vom Mittelalter bis ins 20. Jahrhundert. Berlin/New York 1999.
Gardt, Andreas. Sprachgeschichte als Kulturgeschichte. Chancen und Risiken der Forschung. In: Péter Maitz (Hrg.). Historische Sprachwissenschaft. Erkenntnisinteressen, Grundlagenprobleme, Desiderate. Berlin/Boston 2011, 289–300. (=2011a.)
Gardt, Andreas. Die Frühe Neuzeit in der historischen Sprachwissenschaft. In: Lepper/Werle 2011, 195–199. (=2011b.)
Gardt, Andreas/Ulrike Haß-Zumkehr/Thorsten Roelcke (Hrg.). Sprachgeschichte als Kulturgeschichte. Berlin/New York 1999.
Gardt, Andreas/Klaus J. Mattheier/Oskar Reichmann (Hrg.). Sprachgeschichte des Neuhochdeutschen. Gegenstände, Methoden, Theorien. Tübingen 1995.
Garovi, Angelo. Rechtssprachlandschaften der Schweiz und ihr europäischer Bezug. Rechtssprachgeographie in der Schweiz und zur Ausbildung der frühen hochdeutschen Schriftsprache. Tübingen 1998.
Gärtner, Barbara. Johannes Widmanns „Behende vnd hubsche Rechenung". Die Textsorte ‚Rechenbuch' in der Frühen Neuzeit. Tübingen 2000.
Gärtner, Kurt. Asyndetische Relativsätze in der Geschichte des Deutschen. In: ZGL 9, 1981, 152–163.
Gärtner, Kurt. Zur Erforschung der westmitteldeutschen Urkundensprachen im 13. Jahrhundert. In: Lerchner u. a. 1995, 263–272.
Gärtner, Kurt. Der Computer als Werkzeug und Medium in der Editionswissenschaft. Ein Rückblick. In: editio. Internationales Jahrbuch für Editionswissenschaft 25, 2011, 32–41.
Gärtner, Kurt/Christoph Gerhardt/Jürgen Jaehrling/Ralf Plate/Walter Röll/Erika Timm. Findebuch zum mittelhochdeutschen Wortschatz. Stuttgart 1992.

Gärtner, Kurt/Günter Holtus (Hrg.). Beiträge zum Sprachkontakt und zu den Urkundensprachen zwischen Maas und Rhein. Trier 1995.
Gärtner, Kurt/Günter Holtus/Andrea Rapp/Harald Völker (Hrg.). Skripta, Schreiblandschaften und Standardisierungstendenzen: Urkundensprachen im Grenzbereich von Germania und Romania im 13. und 14. Jahrhundert. Trier 2001.
Gärtner, Kurt/Günter Holtus (Hrg.). Überlieferungs- und Aneignungsprozesse im 13. und 14. Jahrhundert auf dem Gebiet der westmitteldeutschen und ostfranzösischen Urkunden- und Literatursprachen. Beiträge zum Kolloquium vom 20. bis 22. Juni 2001 in Trier. Trier 2005.
Gärtner, Kurt/Hans Joachim Solms (Hrg.). *Von lon der wisheit*: Gedenkschrift für Manfred Lemmer. Sandersdorf 2009.
Gärtner, Kurt/Klaus Grubmüller/Jens Haustein/Karl Stackmann (Hrg.). Mittelhochdeutsches Wörterbuch. Im Auftrag der Akademie der Wissenschaften und der Literatur Mainz und der Akademie der Wissenschaften zu Göttingen. Stuttgart 2006 ff. Online: http://www.mhdwb-online.de/.
Gebhardt. Handbuch der deutschen Geschichte. Hrg. v. Herbert Grundmann. 10. Aufl. Stuttgart 2001 ff.
Geipel, John. Marne loshn. The making of Yiddish. London/West Nyack 1982.
Geith, Karl-Ernst. Übersetzungen im Bereich religiöser Texte im 15. Jahrhundert. In: Dittmann u.a. 1991, 47–60.
Gelhaus, Hermann. Der Streit um Luthers Bibelverdeutschung im 16. und 17. Jahrhundert. Mit der Identifizierung Friedrich Traubs. 2 Teile. Tübingen 1989/90.
Gerlach, Annette. Das Übersetzungswerk Dietrichs von Pleningen. Zur Rezeption der Antike im deutschen Humanismus. Bern 1993.
Gernentz, Hans-Joachim. Niederdeutsch gestern und heute. Beiträge zur Sprachsituation in den Nordbezirken der Deutschen Demokratischen Republik in Geschichte und Gegenwart. Berlin 1964. Neufassung Rostock 1980.
Gernentz, Hans-Joachim. Die Sprachentwicklung in Mecklenburg und Vorpommern im Mittelalter und in der Frühen Neuzeit. In: Wolf Karge, Peter-Joachim Rakow, Ralf Wendt (Hrg.). Ein Jahrtausend Mecklenburg und Vorpommern. Biographie einer norddeutschen Region in Einzeldarstellungen. Rostock 1995, 115–120.
Gernentz, Hans-Joachim. u.a. Untersuchungen zum Russisch-niederdeutschen Gesprächsbuch des Tönnies Fenne, Pskov 1607. Ein Beitrag zur deutschen Sprachgeschichte. Berlin 1988.
Gernentz, Hans-Joachim (Hrg.). Das Niederdeutsche in Geschichte und Gegenwart. Berlin 1981.
Gerritsen, Marinel/Dieter Stein (Hrg.). Internal and External Factors in Syntactic Change. Berlin 1992.
Gerteis, Klaus. Die deutschen Städte in der Frühen Neuzeit. Zur Vorgeschichte der ‚bürgerlichen Welt'. Darmstadt 1986.
Gerteis, Klaus. Reisen, Boten, Posten, Korrespondenz im Mittelalter. In: Pohl 1989, 151–193.
Gerth, Heike. Zur Verwendung der Formen des Ausgleichs im Paradigma der starken Verben in Leipziger Frühdrucken. In: Schildt 1987a, 101–149.
Gessing, Anne. *vß latin schlecht vñ verstentlich getùtschet*. Heinrich Steinhöwels Übersetzungsweise im *Ulmer Esopus*. In: Götz/Ernst 2016, 75–115.
Gessinger, Joachim. Sprache und Bürgertum. Sozialgeschichte sprachlicher Verkehrsformen im Deutschland des 18. Jahrhunderts Stuttgart 1980.

Gessinger, Joachim. Vorschläge zu einer sozialgeschichtlichen Fundierung von Sprachgeschichtsforschung. In: LiLi 12, 1982, H. 47, 119–145.
Giesecke, Michael. Schriftsprache als Entwicklungsfaktor in Sprach- und Begriffsgeschichte. In: Koselleck 1978, 262–301.
Giesecke, Michael. Schriftspracherwerb und Erstlesedidaktik in der Zeit des ‚gemein teutsch' eine sprachhistorische Interpretation der Lehrbücher Valentin Ickelsamers. In: OBST 11, 1979, 48–72.
Giesecke, Michael. ‚Volkssprache' und ‚Verschriftlichung des Lebens' im Spätmittelalter- am Beispiel der gedruckten Fachprosa in Deutschland. In: Hans Ulrich Gumbrecht (Hrg.). Literatur in der Gesellschaft des Spätmittelalters. Heidelberg 1980, 39–70.
Giesecke, Michael. ‚Natürliche' und ‚künstliche' Sprachen? Grundzüge einer informations- und medientheoretischen Betrachtung des Sprachwandels. In: DS 4, 1989, 317–340.
Giesecke, Michael. Orthotypographia. Der Anteil des Buchdrucks an der Normierung der Standardsprache. In: Christian Stetter (Hrg.). Zu einer Theorie der Orthographie. Tübingen 1990, 65–89. (=1990a.)
Giesecke, Michael. Syntax für die Augen – Strukturen der beschreibenden Fachprosa aus medientheoretischer Sicht. In: Betten 1990a, 336–351. (=1990b.)
Giesecke, Michael. Der Buchdruck in der frühen Neuzeit. Eine historische Fallstudie über die Durchsetzung neuer Informations- und Kommunikationstechnologien. Frankfurt a.M. 1991. 4. durchges. und um ein Vorw. erg. Aufl. 2006.
Giesecke, Michael. Sinnenwandel, Sprachwandel, Kulturwandel. Studien zur Vorgeschichte der Informationsgesellschaft. Frankfurt a.M. 1992. 2. durchges. Aufl. 1998.
Gillmann, Melitta. Perfektkonstruktionen mit *haben* und *sein*. Eine Korpusuntersuchung im Althochdeutschen, Altsächsischen und Neuhochdeutschen. Berlin/Boston 2016.
Girtler, Roland. Rotwelsch. Die alte Sprache der Diebe, Dirnen und Gauner. Wien 1998. 2. erw. Aufl. 2010.
Glanz, Rudolf. Geschichte des niederen jüdischen Volkes in Deutschland. Eine Studie über historisches Gaunertum, Bettelwesen und Vagantentum. New York 1968.
Glaser, Elvira. Graphische Studien zum Schreibsprachwandel vom 13. bis 16. Jahrhundert. Vergleich verschiedener Handschriften des Augsburger Stadtbuches. Heidelberg 1985.
Glaser, Elvira. Schreibsysteme zweier Augsburger Handschriften des 15. Jahrhunderts. In: Wiesinger 1988, 113–130. (=1988a.)
Glaser, Elvira. Autonomie und phonologischer Bezug bei der Untersuchung älterer Schriftlichkeit. In: Beitr 110, 1988, 313–331. (1988b.)
Glaser, Elvira. Zum Graphiesystem der Clara Hätzlerin: Portrait einer Lohnschreiberin in frühneuhochdeutschen Zeit. In: Bentzinger u.a. 1993, 53–73.
Glaser, Elvira. Das Beizbüchlein in der Abschrift der Clara Hätzlerin. Ein Zeugnis Augsburger Schreibsprache im 15. Jahrhundert (Tonvokalismus). In: König/Ortner 1996, 29–46. (=1996a.)
Glaser, Elvira. Die textuelle Struktur handschriftlicher und gedruckter Kochrezepte im Wandel. Zur Sprachgeschichte einer Textsorte. In: Große/Wellmann 1996, 225–250. (=1996b.)
Glaser, Elvira. Das Graphemsystem der Clara Hätzlerin im Kontext der Handschrift Heidelberg, cpg. 677. In: Ernst/Patocka 1998, 479–494.
Glaser, Elvira. Die Kochbücher der Philippine und Sabina Welser. Philologisch-linguistische Betrachtungen zu zwei frühen Frauenkochbüchern. In: Mark Häber-

lein/Johannes Burkhardt (Hrg.). Die Welser: Neue Forschungen zur Geschichte und Kultur des oberdeutschen Handelshauses. Berlin 2002, 510–547.

Glaser, Elvira. Zu Entstehung und Charakter der neuhochdeutschen Schriftsprache: Theorie und Empirie. In: Berthele u. a. 2003, 57–78.

Glaser, Elvira. Sprachliche Charakterisierung der 1. Hand. In: Walter Letsch (Hrg.). Das Bündner Kochbuch von 1559. Das älteste deutschsprachige Kochbuch der Schweiz. Chur, 2018, 461–464.

Glaser, Elvira/Marja Clement: Deutsche Syntax im Lichte des Niederländischen: *bekommen*-Periphrasen. In: Glaser/Clement 2014, 193–223. (=2014b.)

Glaser, Elvira/Marja Clement (Hrg.). Niederlandistik und Germanistik im Kontakt. Jelle Stegeman zum Abschied. Amsterdam/New York 2014. (=2104a.)

Glaser, Elvira/Michael Schlaefer (Hrg.). *Grammatica ianua artium*. Festschrift für Rolf Bergmann. Heidelberg 1997.

Glaser, Elvira/Annina Seiler/Michelle Waldispühl (Hrg.). LautSchriftSprache. Beiträge zur vergleichenden historischen Graphematik. Zürich 2011.

Glaser, Hermann/Karl Heinz Stahl (Hrg.). Luther, gestern und heute. Texte zu einer deutschen Gestalt. Frankfurt a.M. 1983.

Glaser, Karl. Die deutsche astronomische Fachsprache Keplers. Gießen 1935.

Glauch, Sonja/Jonathan Green. Lesen im Mittelalter. Forschungsergebnisse und Forschungsdesiderate. In: Rautenberg 2013, 361–410.

Glinz, Hans. Synchronie – Diachronie – Sprachgeschichte. In: Sprache, Gegenwart und Geschichte. Düsseldorf 1969, 78–91.

Glinz, Hans/Burkhard Schaeder/Hermann Zabel. Sprache, Schrift, Rechtschreibung. Düsseldorf 1987.

Gloning, Thomas. Textgebrauch und sprachliche Gestalt älterer deutscher Kochrezepte (1350–1800). Ergebnisse und Aufgaben. In: Simmler 2002, 517–550.

Gloning, Thomas. Organisation und Entwicklung historischer Wortschätze. Lexikologische Konzeption und exemplarische Untersuchungen zum deutschen Wortschatz um 1600. Tübingen 2003.

Gloning, Thomas. Deutsche Kräuterbücher des 12. bis 18. Jahrhunderts. Textorganisation, Wortgebrauch, funktionale Syntax. In: Andreas Meyer/Jürgen Schulz-Grobert (Hrg.). Gesund und krank im Mittelalter. Leipzig 2007, 9–88.

Gloning, Thomas. Digitale Textcorpora und Sprachforschung. Ältere Koch- und Kräuterbücher. In: Wernfried Hofmeister/Andrea Hofmeister-Winter. Wege zum Text. Überlegungen zur Verfügbarkeit mediävistischer Editionen im 21. Jahrhundert. Tübingen 2009, 53–71.

Gloning, Thomas. Funktionale Textbausteine in der historischen Textlinguistik. Eine Schnittstelle zwischen der Handlungsstruktur und der syntaktischen Organisation von Texten. In: Ziegler 2010, Bd. 1, 173–193.

Gloning, Thomas. Textorganisation und Wortgebrauch im mittelniederdeutschen *Gaerde der suntheit* (1492). In: Hundt/Lasch 2015, 60–87. (=2015a.)

Gloning, Thomas. Textkomposition und Multimodalität in Thurneyssers Buch über die Erdgewächse (1578). Eine Erkundung. In: Schuster/Dogaru 2015, 177–211. (=2015b.)

Gloning, Thomas. Die ‚Küchenmeisterei' (1485 ff.). Überlegungen zu Möglichkeiten und Grenzen der Beschreibung lokaler Gebrauchstextwelten. In: Sahm/Schausten 2015, 89–110. (=2015c.)

Gloning, Thomas. Ein digitales Wörterbuchsystem zur älteren Medizin. Textkorpus, Darstellungsformen, Kollaborationsformate. In: Riecke 2017b, 275–298.
Gloning, Thomas. Spielarten von Kontroversen in der Wissenschaftskommunikation des 16. bis 18. Jahrhunderts. In: Prinz/Schiewe 2018, 101–138.
Gloning, Thomas/Gerd Fritz (Hrg.). Digitale Wissenschaftskommunikation. Formate und ihre Nutzung. Gießen 2011. Online: http://geb.uni-giessen.de/geb/volltexte/2011/8227
Glück, Helmut. Die preußisch-polnische Sprachenpolitik vor 1914. Hamburg 1979.
Glück, Helmut. Schrift und Schriftlichkeit. Eine sprach- und kulturwissenschaftliche Studie. Stuttgart 1987.
Glück, Helmut. Altdeutsch als Fremdsprache. In: Glaser/Schlaefer 1997, 251–269.
Glück, Helmut. Deutsch als Fremdsprache in Europa vom Mittelalter bis zur Barockzeit. Berlin/New York 2002.
Glück, Helmut. Nürnberger Sprachmeister in der Frühen Neuzeit. In: Häberlein/Kuhn 2010, 135–148.
Glück, Helmut. Die Fremdsprache Frühneuhochdeutsch. In: Lobenstein-Reichmann/Reichmann 2011, 97–156.
Glück, Helmut/Mark Häberlein/Konrad Schröder. Mehrsprachigkeit in der Frühen Neuzeit. Die Reichsstädte Augsburg und Nürnberg vom 15. bis ins frühe 19. Jahrhundert. Unter Mitarbeit von Magdalena Bayreuther u. a. Wiesbaden 2013.
Glück, Helmut (Hrg.). Die Volkssprachen als Lerngegenstand im Mittelalter und in der frühen Neuzeit: Akten des Bamberger Symposions am 18. und 19. Mai 2001. Berlin 2002.
Glück, Helmut/Mark Häberlein/Andreas Flurschütz da Cruz (Hrg.). Adel und Mehrsprachigkeit in der Frühen Neuzeit. Ziele, Formen und Praktiken des Erwerbs und Gebrauchs von Fremdsprachen. Wiesbaden 2019.
Glück, Helmut/Bettina Morcinek (Hrg.). Ein Franke in Venedig: das Sprachlehrbuch des Georg von Nürnberg (1424) und seine Folgen. Wiesbaden 2006.
Glück, Helmut/Michael Rödel (Hrg.). Metzler Lexikon Sprache. 5. Aufl. 2016.
Gniffke, Andreas. Die Personennamen der Stadt Luxemburg von 1388 bis 1500. Namenbuch und namenkundliche Analyse auf Basis der Rechnungsbücher der Stadt Luxemburg. Luxemburg/Trier 2010. Online: https://ubt.opus.hbz-nrw.de/opus45-ubtr/frontdoor/deliver/index/docId/747/file/gniffke.pdf.
Goebel, Ulrich/Ingrid Lemberg/Oskar Reichmann (Hrg.). Versteckte lexikographische Information. Möglichkeiten der Erschließung dargestellt am Beispiel des Frühneuhochdeutschen Wörterbuchs. Tübingen 1995.
Goebel/Reichmann: s. Anderson/Goebel/Reichmann!
Goebel, Werner/Wolfgang Fedders. Zur mittelniederdeutschen Urkundensprache Attendorns. In: NdW 28, 1988, 107–141.
Goebl, Hans/Peter H. Neide/Zdeněk Starý/Wolfgang Wölck (Hrg.). Kontaktlinguistik. Ein internationales Handbuch zeitgenössischer Forschungen. Berlin/New York 1996 (HSK 12).
Goertz, Hansjosef. Deutsche Begriffe der Liturgie im Zeitalter der Reformation. Untersuchungen zum religiösen Wortschatz zwischen 1450 und 1530. Berlin 1977.
Goertz, Hans-Jürgen. Thomas Müntzer. Mystiker – Apokalyptiker – Revolutionär. München 1989.
Goltz, Reinhard. Mittelalterliche Geschäftskorrespondenz: Herausforderung für die niederdeutsche Philologie. In: Debus/Dittmer 1986, 23–50.

Goossens, Jan. Was ist Deutsch – und wie verhält es sich zum Niederländischen? In: Joachim Göschel u.a. (Hrg.). Zur Theorie des Dialekts. Aufsätze aus 100 Jahren Forschung. Wiesbaden 1976, 256–282.

Goossens, Jan. Normierung in spätmittelalterlichen Schreibsprachen. In: NdW 34, 1994, 77–99.

Goossens, Jan (Hrg.). Niederdeutsch, Sprache und Literatur. Eine Einführung. Bd. I: Sprache. Neumünster 1973. 2. verb. und um einen bibliograph. Nachtrag erw. Aufl. 1983.

Görgen, Andreas. Rechtssprache in der Frühen Neuzeit. Eine vergleichende Untersuchung der Fremdwortverwendung in Gesetzen des 16. bis 17. Jahrhunderts. Frankfurt a.M. u.a. 2002.

Görlach, Manfred (Hrg.). A dictionary of European Aglicisms. A usage dictionary of Anglicisms in sixteen European languages. Oxford 2001. Neudr. Oxford 2005.

Gose, Walther. Zur Vorgeschichte der Reformationsflugschrift. In: I. Kühn/G. Lerchner 1993, 147–160.

Göttert, Karl-Heinz. Rhetorik und Konversationstheorie. Eine Skizze ihrer Beziehung von der Antike bis zum 18. Jahrhundert. In: Rhetorik 10, 1991, 45–56.

Gottschald, Max. Deutsche Namenkunde. Unsere Familiennamen. 5. Aufl. Berlin/New York 1982. 6. Aufl. 2006.

Gottwald, Johannes/Monika Hanauska. Formelhafte Sprache in den althochdeutschen und altsächsischen Beichten. In: Spw 38, 2013, 445–447.

Götz, Ursula. Die Anfänge der Grammatikschreibung des Deutschen in Formularbüchern des frühen 16. Jahrhundert. Fabian Frangk, Schryfftspiegel, Johann Elias Meichßner. Heidelberg 1992.

Götz, Ursula. Die Entwicklung der Großschreibung im Deutschen (1500–1700). In: GM 47, 1998, 25–36.

Götz, Ursula. *Vnd wer dise meine reden höret/vnd thůt sie nicht* ... Zur Herausbildung einer Verbstellungsbesonderheit der neuhochdeutschen Standardsprache. In: Götz/Stricker 2006, 211–230.

Götz, Ursula. Zur Syntax von Titelblättern des 16. Jahrhunderts. In: Simmler/Wich-Reif 2011, 67–95.

Götz, Ursula. „Welche König Helmas in Albanien Tochter/und ein Meer=Wunder gewesen". Zur Syntax von Titelblättern des 16. und 17. Jahrhunderts. In: Rautenberg u.a. 2013, 237–260.

Götz, Ursula. „In jahrzehntelangem Ringen mit dem Urtext der Bibel". Luthers Arbeit an seiner Bibelübersetzung aus sprachhistorischer Perspektive. In: Lange/Rösel 2014, 147–164.

Götz, Ursula. Sprachlehrbücher von außen betrachtet. Zum Verhältnis von Titelblattgestaltung und Textsortenwandel anhand von Grammatiken und Orthographielehren des 16. und 17. Jahrhunderts. In: Schuster/Holtfreter 2016, 219–238.

Götz, Ursula. *Wermut gesottenn mit stabwurtzell*. Überlegungen zum Beitrag des Buchdrucks zur Vereinheitlichung der neuhochdeutschen Standardsprache. In: Michael Busch/Stefan Kroll/Małgorzata Anna Maksymiak (Hrg.). Hippokratische Grenzgänge – Ausflüge in kultur- und medizingeschichtliche Wissensfelder. Hamburg 2017, 123–139.

Götz, Ursula/Rolf Bergmann. Zum Aufkommen der Großschreibung der Familiennamen. In: Karlheinz Hengst/Dietlind Krüger (Hrg.). Familiennamen im Deutschen. Erforschung und Nachschlagewerke. 1. Halbbd. Deutsche Familiennamen im deutschen Sprachraum. Leipzig 2009, 297–329.

Götz, Ursula/Anne Gessing/Marko Neumann/Annika Woggan. Zur Syntax von Titelblättern des 16. und 17. Jahrhunderts. Berlin/Boston 2017.
Götz, Ursula/Peter Ernst (Hrg.). *Künstlich vnd lustig zů zerichten.* Frühneuhochdeutsch in Drucken des 15., 16. und 17. Jahrhunderts. Wien 2016.
Götz, Ursula/Stefanie Stricker (Hrg.). Neue Perspektiven der Sprachgeschichte. Internationales Kolloquium des Zentrums für Mittelalterstudien der Universität Bamberg. 11. und 12. Februar 2005. Heidelberg 2006.
Götze, Alfred. Zur Geschichte der Adjectiva auf *-isch*. In: Beitr 24, 1899, 464–522.
Götze, Alfred. Anfänge einer mathematischen Fachsprache in Keplers Deutsch. Berlin 1919. Nachdr. Nendeln 1967.
Götze, Alfred. Die hochdeutschen Drucker der Reformationszeit. 2. unveränd. Aufl. Berlin 1963.
Götze, Alfred. Frühneuhochdeutsches Glossar. 7. Aufl. Berlin 1967.
Götze, Alfred/Hans Volz. Frühneuhochdeutsches Lesebuch. 6. Aufl. Göttingen 1976.
Gouws, Rufus H./Ulrich Heid/Wolfgan Schweickard/Herbert Ernst Wiegand (Hrg.). Dictionaries. An International Encyclopedia of Lexicography. Supplementary Volume: Recent Developments with Focus on Electronic and Computational Lexicography. Berlin/Boston 2013 (HSK 5,4).
Grabarek, Jözef (Hrg.). Deutschsprachige Kanzleien des Spätmittelalters und der Frühen Neuzeit. Bydgoszcz u.a. 1997.
Graecogermania. Griechischstudien deutscher Humanisten, unter Leitung v. Dieter Harlfinger bearb. v. Reinhard Barm. Weinheim/New York 1989.
Graff, Eugen Gottlieb. Althochdeutscher Sprachschatz oder Wörterbuch der althochdeutschen Sprache. 6 Bde. Berlin 1834–1842. Nachdr. Hildesheim 1963.
Gramsch-Stehfest, Robert. Bildung, Schule und Universität im Mittelalter. Berlin/Boston 2019.
Graser, Helmut. Die Flexion des Verbs im schlesischen Prosaväterbuch. Heidelberg 1977.
Graser, Helmut. Zur Flexion der ‚Besonderen Verben'. In: Besch/Wegera 1987, 60–65.
Graser, Helmut. Augsburg und die deutsche Sprachgeschichte. In: Funk/König/Renn 2000, 99–120.
Graser, Helmut. Quellen vom unteren Rand der Schriftlichkeit – die Stimme der einfachen Leute in der Stadt der Frühen Neuzeit? In: Elspaß/Negele 2011, 15–48.
Graser, Helmut/B. Ann Tlusty. Ein Pasquillant in den Mühlen der Justiz. Der Umgang eines gelehrten Juristen mit Schmähschriften eines Augsburger Webers im ausgehenden 16. Jahrhundert. In: Pickl/Elspaß 2019, 121–147.
Graser, Helmut/Klaus-Peter Wegera. Zur Erforschung der frühneuhochdeutschen Flexionsmorphologie. In: ZdPh 97, 1978, 74–91.
Graser, Helmut/Werner König. Wie hat man in Augsburg im 16. Jahrhundert gesprochen? In: Nievergelt/Rübekeil 2019, 221–244.
Grenzmann, Ludger/Karl Stackmann (Hrg.). Literatur und Laienbildung im Spätmittelalter und in der Reformationszeit. Stuttgart 1984.
Greule, Albrecht. Die Peinliche Gerichtsordnung Karls V. Regensburg 1532. Perspektiven der sprachwissenschaftlichen Erforschung. In: Näßl 2002, 249–258.
Greule, Albrecht. Textgrammatische Analysen zu Luthers geistlichem Lied „Mitten wir im Leben sind". In: Breuer/Hyvärinen 2006, 403–410.
Greule, Albrecht. Textgrammatik und historische Textsorten am Beispiel sakralsprachlicher Texte. In: Ziegler 2010, Bd. 2, 741–758.

Greule, Albrecht. Der frühhumanistische Kanzlist Niklas von Wyle und die frühneuhochdeutsche Sprachkultur. In: Hünecke/Aehnelt 2016, 11–21.
Greule, Albrecht (Hrg.). Valenztheorie und historische Sprachwissenschaft. Beiträge zur sprachgeschichtlichen Beschreibung des Deutschen. Tübingen 1982.
Greule, Albrecht (Hrg.). Deutsche Kanzleisprachen im europäischen Kontext. Wien 2001.
Greule, Albrecht/Franz Lebsanft (Hrg.). Europäische Sprachkultur und Sprachpflege. Akten des Regensburger Kolloquiums 1996. Tübingen 1997.
Greule, Albrecht/Jörg Meier/Arne Ziegler (Hrg.). Kanzleisprachenforschung. Ein internationales Handbuch. Berlin 2012.
Grice, H. Paul. Logic and Conversation. In: Peter Cole/J.L. Morgan (Hrg.). Syntax and Semantics 3. New York 1975, 41–58.
Griese, Sabine. Gebrauchsformen und Gebrauchsräume von Einblattdrucken des 15. und frühen 16. Jahrhunderts. In: V. Honemann u. a. 2000, 179–208.
Griese, Sabine. Ein Markolf aus Leipzig? Die deutsche Prosafassung von Salomon und Markolf in Leipzig, UB, Rep. II 159. In: Czajkowski u. a. 2018, 372–388.
Grimm, Jacob. Geschichte der deutschen Sprache. Leipzig 1848. 4. Aufl. 1880.
Grimm, Jacob/Wilhelm Grimm. Deutsches Wörterbuch. 32 Bde. Leipzig 1854–1963. Online: www.dwb.uni-trier.de. Neubearbeitung (A–F), Berlin/Göttingen 1965–2018. Online: www.woerterbuchnetz.de/DWB2
Grimm, Reinhold. Die Luthersprache im Munde Brechts. In: DS 14, 1986, 235–242.
Grochowina, Nicole. Reformation. Berlin/Boston 2020.
Grolimund, Christoph. Die Briefe der Stadt Basel im 15. Jahrhundert. Ein textlinguistischer Beitrag zur historischen Stadtsprache Basels. Tübingen/Basel 1995.
Gröschel, Bernhard. Sprachnorm, Sprachplanung und Sprachpflege. Bibliographie theoretischer Arbeiten aus Linguistik und Nachbarwissenschaften. Münster 1982.
Gross, Harro. Einführung in die germanistische Linguistik. München 1988. 3. überarb. und erw. Aufl. von Klaus Fischer. München 1998.
Grosse, Siegfried. Zum Deutschunterricht in den sächsischen Fürsten- und Landesschulen. In: W. Hoffmann u. a. 1999, 79–109.
Grosse, Siegfried (Hrg.). Schriftsprachlichkeit. Düsseldorf 1983.
Große, Rudolf. Die Meißnische Sprachlandschaft. Dialektgeographische Untersuchungen zur obersächsischen Sprach- und Siedlungsgeschichte. Halle 1955.
Große, Rudolf. Die obersächsischen Mundarten und die deutsche Schriftsprache. In: Hochsprache u. Mundarten in Gebieten mit fremdsprachigen Bevölkerungsteilen. Berlin 1961. Neudr. in: R. Große 1989, 25–48.
Große, Rudolf. Zur sprachgeschichtlichen Untersuchung der spätmittelalterlichen deutschen Rechtsdenkmäler. In: Forschungen und Fortschritte 38, 1964, H. 2, 56–60. Neudr. in: R. Große 1986, 216–220.
Große, Rudolf. Zur Hypotaxe bei Luther und in den spätmittelalterlichen Rechtsbüchern. In: Beitr (H) 92, 1970, 76–92.
Große, Rudolf. Albrecht Dürer – Seine Stellung in der Geschichte der deutschen Sprache. In: Ernst Ullmann u. a. (Hrg.). Albrecht Dürer – Zeit und Werk. Leipzig 1971, 179–189. Neudr. in: R. Große 1989, 235–246.
Große, Rudolf. Soziolinguistische Grundlagen des Meißnischen Deutsch. In: Jahrbuch für Internationale Germanistik, R.A. Kongreßberichte. Bd. 8. Bern 1981, 358–365. (=1981a.)

Große, Rudolf. Zu den Prinzipien der Sprachgeschichtsschreibung heute. In: BEDS 1, 1981, 125–133. Neudr. in: R. Große 1989, 298–306. (=1981b.)
Große, Rudolf. Zur Rolle der Stadt in der deutschen Sprachgeschichte des Spätmittelalters. In: Große/Neubert 1982, 29–43. Neudr. in: R. Große 1989, 307–321.
Große, Rudolf. Das wirksame Wort bei Luther und seinen Zeitgenossen. In: ZfG 4, 1983, 419–429. (=1983a.)
Große, Rudolf. Luthers Bedeutung für die Herausbildung der nationalen deutschen Literatursprache. In: Martin Luther. Kolloquium. Berlin 1983, 42–53. Neudr. in: R. Große 1989, 322–335. (=1983b.)
Große, Rudolf. Luthers Bedeutung für die Entwicklung der deutschen Sprache. In: Sitzungsberichte der Akademie der Wissenschaften der DDR, Gesellschaftswiss., Jg. 1984, 12/G, Berlin 1984, 24–31. Neudr. in: H. Wolf 1996a, 109–117.
Große, Rudolf. Die spätmittelalterliche Geschäftssprache des Meißnischen unter soziolinguistischem Aspekt. In: BEDS 6, 1986, 19–26.
Große, Rudolf. Zur Wechselflexion im Singular Präsens der starken Verben – Lautwandel oder Analogie? In: Wiesinger 1988, 161–166.
Große, Rudolf. Beiträge zur Sprachgeschichte und Soziolinguistik (1953–1983). Hrg. v. Ulla Fix und Horst Weber. Leipzig 1989.
Große, Rudolf. Dialektologie und Soziolinguistik in der Theorie des Sprachwandels. In: R. Große 1990a, 27–38. (=1990b.)
Große, Rudolf. Regionale phonetisch-phonologische Entwicklungen in der jüngeren deutschen Sprachgeschichte und in der Gegenwartssprache als Objekte der Sprachkritik. In: Heringer/Stötzel 1993, 325–332.
Große, Rudolf. Phonetische, phonologische und graphematische Strukturen bei der sprachräumlichen Umlagerung. Beobachtungen zur Entwicklung des Nordobersächsischen und zu Luthers Schriftlautung. In: Maria Klanska/Peter Wiesinger (Hrg.). Vielfalt der Sprachen. Wien 1999, 159–169.
Große, Rudolf/Albrecht Neubert. Soziolinguistische Aspekte der Theorie des Sprachwandels. Berlin 1982. Neudr. in: R. Große 1989, 178–187.
Große, Rudolf (Hrg.). Sprache in der sozialen und kulturellen Entwicklung. Beiträge eines Kolloquiums zu Ehren von Theodor Frings. Berlin 1990. (=1990a.)
Große, Rudolf/Hans Wellmann (Hrg.). Textarten im Sprachwandel – nach der Erfindung des Buchdrucks. Heidelberg 1996.
Groten, Manfred. Erfindung und Tradierung einer städtischen Schriftsprache im spätmittelalterlichen Köln. Rahmenbedingungen und Akteure. In: Karin u.a. 2015, 13–24.
Grubmüller, Klaus. Vocabularius ex quo. Untersuchungen zu lateinisch-deutschen Vokabularien des Spätmittelalters. München 1967.
Grubmüller, Klaus. Latein und Deutsch im 15. Jahrhundert. Zur literaturhistorischen Physiognomie der ‚Epoche'. In: Deutsche Literatur des Spätmittelalters. Greifswald 1986, 35–49.
Grulich, Rudolf/Peter Pulte. Nationale Minderheiten in Europa. Opladen 1975.
Grun, Paul Arnold. Schlüssel zu alten und neuen Abkürzungen. Limburg/Lahn 1966.
Grundmann, Herbert. Vom Ursprung der Universität im Mittelalter. Darmstadt 2. Aufl. 1964.
Grundmann, Herbert. Die Frauen und die Literatur im Mittelalter. Ein Beitrag zur Entstehung des Schrifttums in der Volkssprache. In: Archiv für Kulturgeschichte 26, H. 2. Nachdr. 1965, 129–161.

Grün-Oesterreich, Andrea/Peter. L. Oesterreich. *Dialectica docet, rhetorica movet*. Luthers Reformation der Rhetorik. In: Peter L. Oesterreich/Thomas O. Sloane. Rhetorica Movet. Studies in Historical and Modern Rhetoric. Leiden/Boston/Köln 1999, 25–41.

Grünert, Horst. Die altenburgischen Personennamen. Ein Beitrag zur mitteldeutschen Namenforschung. Tübingen 1958.

Guchman, Mirra M. [auch: Guchmann]. Der Weg zur deutschen Nationalsprache. Teil 1. Ins Deutsche übertr. und wiss. bearb. von Günter Feudel. Berlin 1964. 2. Aufl. 1970.

Guchman, Mirra M. Die Sprache der deutschen politischen Literatur in der Zeit der Reformation und des Bauernkrieges. Berlin 1974. (=1974a.)

Guchman, Mirra M. Über die Sprache der Flugschriften aus der Zeit der Reformation und des Bauernkriegs. In: Beitr (H) 94, 1974, 1–36. (=1974b.)

Guchman, Mirra M./Natalija N. Semenjuk. Zur Ausbildung der Norm der deutschen Literatursprache im Bereich des Verbs (1470–1730). Tempus und Modus. Berlin 1981.

Guchman, Mirra M./Natalija N. Semenjuk/Natalija S. Babenko. Istoriâ nemeckogo literaturnogo âzyka IX–XVIII. Moskva 1984.

Gülich, Elisabeth/Wolfgang Raible (Hrg.). Textsorten. Differenzierungskriterien aus linguistischer Sicht. Frankfurt a.M.1972. 2. Aufl. Wiesbaden 1975.

Gumbel, Hermann. Deutsche Sonderrenaissance in deutscher Prosa. Strukturanalyse deutscher Prosa im 16. Jahrhundert. Frankfurt a.M. 1930.

Gumbrecht, Hans Ulrich (Hrg.). Literatur in der Gesellschaft des Spätmittelalters. Heidelberg 1980.

Günther, Hartmut/Otto Ludwig (Hrg.). Schrift und Schriftlichkeit. Ein interdisziplinäres Handbuch internationaler Forschung. Berlin/New York 1994 (HSK 10).

Günther, Klaus B./Hartmut Günther (Hrg.). Schrift, Schreiben, Schriftlichkeit. Arbeiten zur Struktur, Funktion und Entwicklung schriftlicher Sprache. Tübingen 1983.

Günther, Veronika. *Fromm* in der Zürcher Reformation. In: Beitr (H) 77, 1955, 464–489.

Güthert, Kerstin. Herausbildung von Norm und Usus Scribendi im Bereich der Worttrennung am Zeilenende (1500–1800). Heidelberg 2005.

Gyger, Mathilde. Namen-Funktion im historischen Wandel. Beobachtungen zum Gebrauch von Personennamen in Pressetexten aus den Jahren 1865–1981. Heidelberg 1991 (= BNF, N.F. Beih. 33).

Haarmann, Harald. Die Sprachenwelt Europas. Geschichte und Zukunft der Sprachnationen zwischen Atlantik und Ural. Frankfurt a.M. 1993.

Haarmann, Harald. Die Entwicklung des Sprachbewußtseins am Beginn der europäischen Neuzeit. In: Scharnhorst 1999, 89–109.

Haas, Alois M. Sermo mysticus. Studien zu Theologie und Sprache der deutschen Mystik. Freiburg (Schweiz) 1979.

Haas, Walter. Zweitspracherwerb und Herausbildung der Gemeinsprache – Petrus Canisius und das Deutsche seiner Zeit. In: W. Hoffmann u.a. 1999, 111–133.

Haas, Walter. *on schaden verwandlet*. Über den Umgang der frühen Nachdrucker mit Luthers Verdeutschung des Neuen Testaments. In: Besch/Klein 2009, 119–150.

Häberlein, Mark. Fremdsprachen in den Netzwerken Augsburger Handelsgesellschaften des 16. und 17. Jahrhunderts. In: Häberlein/Kuhn 2010, 23–44.

Häberlein, Mark /Christian Kuhn (Hrg.). Fremde Sprachen in frühneuzeitlichen Städten. Lernende, Lehrende und Lehrkräfte. Wiesbaden 2010.

Habermann, Mechthild. Verbale Wortbildung um 1500. Eine historisch-synchrone Untersuchung anhand von Texten Albrecht Dürers, Heinrich Deichslers und Veit Dietrichs. Berlin/New York 1994.
Habermann, Mechthild. Latinismen in deutschen Fachtexten der frühen Neuzeit. In: Munske/Kirkness 1996, 12–46.
Habermann, Mechthild. Das sogenannte „Lutherische e". Zum Streit um einen |armen Buchstaben|. In: Spw 22, 1997, 435–477.
Habermann, Mechthild. Latein – „Muttersprache Europas". Zum Einfluß des Lateinischen auf den Wortschatz europäischer Sprachen. In: DU 51, 1999, H. 3, 25–37.
Habermann, Mechthild. Deutsche Fachtexte der frühen Neuzeit. Naturkundlich-medizinische Wissensvermittlung im Spannungsfeld von Latein und Volkssprache, Berlin/New York 2001. (=2001a.)
Habermann, Mechthild. Ein Nürnberger Flugblatt von 1583. Ein Gebrauchstext aus sprachwissenschaftlicher Sicht. In: Oda Wischmeyer/Eve-Marie Becker (Hrg.). Was ist ein Text? Tübingen/Basel 2001, 145–157. (=2001b.)
Habermann, Mechthild. Kräuterbücher im Wandel. Untersuchungen zur Textorganisation an ausgewählten Werken des 15. bis 18. Jahrhunderts. In: Simmler 2002, 551–571.
Habermann, Mechthild. Der Sprachenwechsel und seine Folgen. Zur Wissensvermittlung in lateinischen und deutschen Kräuterbüchern des 16. Jahrhunderts. In: Spw 28, 2003, 325–354.
Habermann, Mechthild. Textallianzen in lateinischen und deutschen Frühdrucken naturkundlich-medizinischen Inhalts. In: Simmler 2004c, 579–600.
Habermann, Mechthild. Rezepte und rezeptartige Strukturen in Frühdrucken der artes mechanicae. In: Jörg Meier Jörg/Ilpo T. Piirainen (Hrg.). Studien zu Textsorten und Textallianzen um 1500. Berlin 2007, 209–225. (= 2007a.)
Habermann, Mechthild. Koordination und Subordination in der Syntax von Gebrauchstexten aus der Inkunabelzeit. In: Simmler/Wich-Reif 2007, 245–265. (2007b.)
Habermann, Mechthild. Textmusterkonventionen in Konrad von Megenbergs „Buch der Natur". In: Habermann 2011c, 267–284. (=2011a.)
Habermann, Mechthild. Die Ausbildung von Fachsprachlichkeit im Frühneuhochdeutschen. In: Lobenstein-Reichmann/Reichmann 2011, 611–630. (2011b.)
Habermann, Mechthild. Mittelalterlich-frühneuzeitliche Fachprosa als Gegenstand historischer Pragmatik. In: Vaňková 2014, 11–30.
Habermann, Mechthild. Sprache im Wandel: Das Matthäusevangelium in Martin Luthers Septembertestament (1522) und in der Ausgabe letzter Hand (1545). In: Nouveaux Cahiers d'Allemand, 36, 2018, 369–380. (=2018a.)
Habermann, Mechthild/Gabriele Diewald. Die Entwicklung von „werden" & Infinitiv als Futurgrammem. Ein Beispiel für das Zusammenwirken von Grammatikalisierung, Sprachkontakt und soziokulturellen Faktoren. In: Torsten Leuschner/Tanja Mortelmans/Sarah De Groodt (Hrg.). Grammatikalisierung im Deutschen. Berlin/New York 2005, 229–250.
Habermann, Mechthild/Peter O. Müller. Zur Wortbildung bei Albrecht Dürer. Ein Beitrag zum Frühneuhochdeutschen um 1500. In: ZdPh 106, 1987, Sonderheft, 117–137.
Habermann, Mechthild (Hrg.) Textsortentypologien und Textallianzen des 13. und 14. Jahrhunderts. Beiträge der Tagung vom 13. bis 17. Juni 2007 in Erlangen. Berlin 2011. (=2011c.)

Habermann, Mechthild (Hrg.) Sprache, Reformation, Konfessionalisierung. Berlin/Boston 2018 (JGS 9, 2018). (=2018b.)
Habermann, Mechthild/Bernd Naumann (Hrg.). Wortschatz und Orthographie in Geschichte und Gegenwart. Festschrift für Horst H. Munske. Tübingen 2000.
Habermann, Mechthild/Peter O. Müller/Horst H. Munske (Hrg.). Historische Wortbildung des Deutschen. Tübingen 2002.
Habermas, Jürgen. Erkenntnis und Interesse. Frankfurt a.M. 1968. 16. Aufl. 2016.
Hadorn, Werner/Mario Cortesi. Mensch und Medien. Die Geschichte der Massenkommunikation. 2 Bde. Stuttgart 1986.
Hahn, Sönke. Luthers Übersetzungsweise im Septembertestament von 1522. Hamburg 1973.
Hahn, Walther von. Fachsprachen im Niederdeutschen. Eine bibliographische Sammlung. Berlin 1979.
Hahn, Walther von. Fachkommunikation. Entwicklung, Linguistische Konzepte, Betriebliche Beispiele. Berlin/New York 1983.
Halbach, Silke. Argula von Grumbach als Verfasserin reformatorischer Flugschriften. Frankfurt a.M. 1992.
Hampel, Anja. Zur Charakterisierung des Rostocker Kanzleischreibusus im 14. und 15. Jahrhundert. In: Greule 2001, 267–277. (=2001a.)
Hampel, Anja. Zur Schriftlichkeit der Handwerker im mittelalterlichen und frühneuzeitlichen Rostock. In: Gisela Brandt (Hrg.). Historische Soziolinguistik des Deutschen V. Soziofunktionale Gruppe und sozialer Status als Determinanten des Sprachgebrauchs. Stuttgart 2001, 93–102. (=2001b.)
Hampel, Günther. Die deutsche Sprache als Gegenstand und Aufgabe des Schulwesens vom Spätmittelalter bis ins 17. Jahrhundert. Gießen 1980.
Hanamann, Rudolf. Die Anfänge der Krakauer Stadtkanzlei und der Florianer Psalter. In: Meier/Ziegler 2008a, 41–46.
Hanauska, Monika. Formelhaftigkeit in städtischem Schrifttum: die Kölner Stadtchroniken. In: Moshövel 2009, 46–65.
Hanauska, Monika. *Historia dye is eyn gezuyge der zijt* ... Untersuchungen zur pragmatischen Formelhaftigkeit in der volkssprachigen Kölner Stadthistoriographie des Spätmittelalters. Heidelberg 2014.
Hänger, Heinrich. Mittelhochdeutsche Glossare und Vokabulare in schweizerischen Bibliotheken bis 1500. Berlin/New York 1972.
Hankamer, Paul. Die Sprache. Ihr Begriff und ihre Deutung im 16. und 17. Jahrhundert. 2. Aufl. Hildesheim 1965.
Härd, John E. Konzessive Ausdrucksweisen in der mittelniederdeutschen Schriftsprache. In: Niederdeutsch. Mitteilungen 24, 1968, 51–74.
Härd, John E. Studien zur Struktur mehrgliedriger deutscher Nebensatzprädikate. Diachronie und Synchronie. Göteborg 1981.
Härd, John E. Mehrsprachigkeit und Sprachverwendung im Verwaltungsschriftgut der Stadt Luxemburg des 16.–17. Jahrhunderts: „Pièces des comptes" als sprach- und stadtgeschichtliche Quelle. In: Moulin/Ravida/Ruge 2010, 371–384.
Härd, John E. „... *diwelche Jhme bei seiner ambts Rechnungh passirt und guttgemacht werden sollen*". Verwaltungspraxis und mehrsprachige Textmusterbildung in der Stadt Luxemburg der Frühen Neuzeit. In: Heinz Sieburg (Hrg.). Vielfalt der Sprachen. Varianz der Perspektiven: Zur Geschichte und Gegenwart der Luxemburger Mehrsprachigkeit. Bielefeld 2013, 233–250.

Härd, John E. Varianz und Homogenisierung. Soziopragmatische Aspekte serieller Quellen der Frühen Neuzeit. In: Gudrun Gleeba/Niels Petersen (Hrg.). Wirtschafts- und Rechnungsbücher des Mittelalters und der Frühen Neuzeit. Göttingen 2015, 255–272.
Hardtwig, Wolfgang (Hrg.). Über das Studium der Geschichte. München 1990.
Harm, Volker. Zur Herausbildung der deutschen Futurumschreibung mit *werden* + Infinitiv. In: ZDL 68, 2001, 288–307.
Harm, Volker/Holger Runow/Leevke Schiwek (Hrg.). Sprachgeschichte des Deutschen. Positionierungen in Forschung, Studium, Unterricht. Stuttgart 2016.
Harms, Wolfgang u.a. (Hrg.). Deutsche illustrierte Flugblätter des 16. und 17. Jahrhunderts. 9 Bde. Tübingen 1979–2018.
Harms, Wolfgang/Michael Schilling (Hrg.). Das illustrierte Flugblatt in der Kultur der Frühen Neuzeit. Wolfenbütteler Arbeitsgespräch 1997. Frankfurt a.M. u.a. 1998.
Harms, Wolfgang/Michael Schilling. Das illustrierte Flugblatt der frühen Neuzeit. Traditionen, Wirkungen, Kontexte. Stuttgart 2008.
Harnisch, Rüdiger. Der Stadtschreiber Ulrich Saller und die Anfänge des frühneuhochdeutschen Schreibdialekts. In: Näßl 2002, 171–197.
Hartig, Matthias. Sprachwandel und sozialer Wandel. In: Cramer 1983, 189–201.
Hartmann, Erich. Beiträge zur Sprache Albrecht Dürers. Halle 1922.
Hartmann, Stefan. Wortbildungswandel im Spiegel der Sprachtheorie. Paradigmen, Konzepte, Methoden. In: Ágel/Gardt 2014, 176–193.
Hartmann, Stefan. Wortbildungswandel. Eine diachrone Studie zu deutschen Nominalisierungsmustern. Berlin/Boston 2016.
Hartmann, Stefan. Deutsche Sprachgeschichte: Grundzüge und Methoden. Tübingen 2018.
Hartmann, Walther. Zur Verbstellung im Nebensatz nach frühneuhochdeutschen Bibelübersetzungen. Heidelberg 1970.
Hartung, Wolfdietrich/Helmut Schönfeld (Hrg.). Kommunikation und Sprachvariation. Berlin 1981.
Hartweg, Frédéric. Buchdruck und Druckersprachen der frühneuhochdeutschen Periode. In: Köhler 1981, 43–64.
Hartweg, Frédéric. Die Sprache der Erfurter Nachdrucke der Zwölf Artikel der Bauern (1525). In: BEDS 2, 1982, 231–253.
Hartweg, Frédéric. Periodisierungsprinzipien und -versuche im Bereich des Frühneuhochdeutschen –oder: ein Versuch, die große „Lücke" auszufüllen. In: ZdPh 108, 1989, 1–47.
Hartweg, Frédéric. Zu ‚außlendigen woerter(n) auff vnser teutsch'. In: Besch 1990, 249–257.
Hartweg, Frédéric. Petrus Dasypodius. Un lexicographe suisse fait école à Strasbourg. In: Etudes germaniques 50 (1995), 397–412.
Hartweg, Frédéric/Klaus-Peter Wegera. Frühneuhochdeutsch. Eine Einführung in die deutsche Sprache des Spätmittelalters und der frühen Neuzeit. Tübingen 1989. 2. neu bearb. Aufl. 2005.
Haß, Ulrike. Leonhard Schwartzenbachs „Synonyma". Beschreibung und Nachdruck der Ausgabe Frankfurt 1564. Lexikographie und Textsortenzusammenhänge im Frühneuhochdeutsche Tübingen 1986.
Haß-Zumkehr, Ulrike. Daniel Sanders. Aufgeklärte Germanistik im 19. Jahrhundert. Berlin/New York 1995.

Hatcher, Anna Granville. Modern English Word-Formation and Neo-Latin. A Study of the Origins of English (French, Italian, German) Copulative Compounds. Baltimore 1951.
Hattenhauer, Hans. Zur Geschichte der deutschen Rechts- und Gesetzessprache. Hamburg/Göttingen 1987.
Hatz, Erich. Die Durchführung des „etymologischen Prinzips" bei der Graphie der Umlaute von ‚a' und ‚au', untersucht an Drucken der Lutherbibel des 16. bis 18. Jahrhunderts. Bonn 1985.
Haubrichs, Wolfgang. Die Anfänge: Versuche volkssprachiger Schriftlichkeit im frühen Mittelalter (ca. 700–1050/60). 2. durchges. Aufl. Tübingen 1995.
Haubrichs, Wolfgang. Die ‚Pilgerfahrt des träumenden Mönchs'. Eine poetische Übersetzung Elisabeths aus dem Französischen? In: Wolfgang Haubrichs/Hans-Walter Herrmann (Hrg.). Zwischen Deutschland und Frankreich. Elisabeth von Lothringen, Gräfin von Nassau-Saarbrücken. St. Ingebert 2002, 533–568.
Haug, Walter/Timothy R. Jackson/Johannes Janota (Hrg.). Zur deutschen Literatur und Sprache des 14. Jahrhunderts. Heidelberg 1983.
Haug, Wolfgang Fritz. Vom hilflosen Antifaschismus zur Gnade der späten Geburt. Hamburg/Berlin 1987.
Hausmann, Albrecht. *tütsch brieff machen, och hoflich reden*. Zur Terminologie deutscher Artes dictandi des 15. Jahrhunderts. In: Gerd Dicke/Manfred Eikelmann/Burkhard Hasebrink (Hrg.). Im Wortfeld des Textes: worthistorische Beiträge zu den Bezeichnungen von Rede und Schrift im Mittelalter. Berlin 2006, 137–164.
Hausmann, Franz Josef/Oskar Reichmann/Herbert E. Wiegand/Ladislav Zgusta (Hrg.). Wörterbücher/Dictionaries/Dictionnaires. Ein internationales Handbuch zur Lexikographie). 3 Teilbde. Berlin/New York 1989–1991 (HSK 5,1–3).
Haverkamp, Alfred. Die ‚frühbürgerliche Welt' im hohen und späteren Mittelalter. Landesgeschichte und Geschichte der städtischen Gesellschaft. In: Historische Zeitschrift 221, 1975, 571–602.
Havránek, Bohuslav/Rudolf Fischer (Hrg.). Deutsch-tschechische Beziehungen im Bereich der Sprache und Kultur. Aufsätze und Studien. Berlin 1965.
Hayer, Gerold. Zu Kontextüberlieferung und Gebrauchsfunktion von Konrads von Megenberg ‚Buch der Natur'. In: Henkel/Palmer 1992, 62–73.
Heeroma, Klaas/Jan Narding. De ontfriesing van Groningen. Zuidlaren 1961.
Heidermanns, Frank. Bibliographie zur indogermanischen Wortforschung. Wortbildung, Etymologie, Onomasiologie und Lehnwortschichten der alten und modernen indogermanischen Sprachen in systematischen Publikationen ab 1800. 3 Bde. Tübingen 2005.
Heimann, Heinz D. (Hrg.). Kommunikationspraxis und Korrespondenzwesen im Mittelalter und in der Renaissance. Paderborn 1998.
Heimann, Sabine. „Von erfarung aller land" – Zum Wissenschaftsverständnis Sebastian Brants. In: Heimann u. a. 1989, 433–444.
Heimann, Sabine u. a. (Hrg.). Soziokulturelle Kontexte der Sprach- und Literaturentwicklung. Festschrift für Rudolf Große. Stuttgart 1989.
Heine, Bernd/Tania Kuteva. World Lexicon of Grammaticalization. Cambridge u. a. 2002.
Heinrichs, Karl. Studien über die Namengebung im Deutschen seit dem Anfang des XVI. Jahrhunderts. Straßburg 1908.
Heinzle, Joachim. Wann beginnt das Spätmittelalter? In: ZdA 112, 1983, 207–223.

Heinzle, Joachim (Hrg.). Geschichte der deutschen Literatur von den Anfängen bis zum Beginn der Neuzeit, unter Mitwirkung von Wolfgang Haubrichs, Johannes Janota, L. Peter Johnson, Joël Lefebvre, Gisela Vollmann-Profe. 3 Bde. Frankfurt a.M./ Tübingen 1988 ff., 2. Aufl. Bd. 1 und Bd. 2, 2 1994/95.
Helbig, Gerhard. Geschichte der neueren Sprachwissenschaft unter dem besonderen Aspekt der Grammatik-Theorie. München 1971. 2. Aufl. 1973.
Helbig, Gerhard. Entwicklung der Sprachwissenschaft seit 1970. Leipzig 1986.
Helbing, Franz. Das militärische Fremdwort des 16. Jahrhunderts. In: ZdWf 14, 1912/13, 20–70.
Heller, Dorothee. Wörter und Sachen. Grundlagen einer Historiographie der Fachsprachenforschung. Tübingen 1998.
Hellfritzsch, V. Familiennamen des sächsischen Vogtlandes auf der Grundlage des Materials der Kreise Plauen und Oelsnitz. Berlin 1992.
Hellinga, Lotte/Helmar Härtel (Hrg.). Buch und Text im 15. Jahrhundert. Hamburg 1981.
Hempen, Ute. Die starken Verben im Deutschen und Niederländischen. Diachrone Morphologie. Tübingen 1988.
Hengst, Karlheinz. Slawische geographische Namen im Deutschen vom 9. Jh. bis zur Gegenwart. In: Studia onomastica 5, 1987, 30–38.
Henkel, Nikolaus. Deutsche Übersetzungen lateinischer Schultexte. Ihre Verbreitung und Funktion im Mittelalter und in der frühen Neuzeit. München 1988.
Henkel, Nikolaus. Schauen und Erinnern: Überlegungen zu Intentionalität und Appellstruktur illustrierter Einblattdrucke. In: Honemann u. a. 2000, 209–243.
Henkel, Nikolaus/Nigel F. Palmer (Hrg.). Latein und Volkssprache im deutschen Mittelalter 1100–1500. Regensburger Kolloquium 1988. Tübingen 1992.
Henne, Helmut. Sprachpragmatik. Nachschrift einer Vorlesung. Tübingen 1975.
Henne, Helmut. Literarische Prosa im 14. Jahrhundert. Stilübung und Kunst-Stück. In: ZdPh 97, 1978, 321–336.
Henne, Helmut. Innere Mehrsprachigkeit im späten 18. Jahrhundert. Argumente für eine pragmatische Sprachgeschichte. In: Dieter Kimpel (Hrg.). Mehrsprachigkeit in der deutschen Aufklärung. Hamburg 1985, 14–27.
Henne, Helmut/Jörg Kilian (Hrg.). Hermann Paul: Sprachtheorie, Sprachgeschichte, Philologie. Reden, Abhandlungen und Biographie. Tübingen 1998.
Hennig, Beate. Kleines mittelhochdeutsches Wörterbuch. In Zusammenarbeit mit Christa Hepfer und unter red. Mitw. v. Wolfgang Bachofer. Tübingen 1993. 6. durchges. Aufl. In Zusammenarbeit mit Christa Hepfer und unter redaktioneller Mitwirkung von Wolfgang Bachofer. Berlin/Boston 2014.
Hennig, Mathilde/Helmuth Feilke (Hrg.). Zur Karriere von ‚Nähe und Distanz'. Rezeption und Diskussion des Koch-Oesterreicher-Modells. Berlin/New York 2016.
Hennigfeld, Jochen. Geschichte der Sprachphilosophie. Berlin/New York 1994.
Hennings, Thordis. Einführung in das Mittelhochdeutsche. 4. neu bearb. Aufl. 2020.
Hentschel, Gerd (Hrg.). Über Muttersprachen und Vaterländer. Zur Entwicklung von Standardsprachen und Nationen in Europa. Frankfurt a.M. 1997.
Henzen, Walter. Schriftsprache und Mundarten. Ein Überblick über ihr Verhältnis und ihre Zwischenstufen im Deutschen. 2. Aufl. Bern 1954.
Henzen, Walter. Deutsche Wortbildung. 3. Aufl. Tübingen 1965.
Herberg, Dieter/Michael Kinne. Neologismen. Heidelberg 1998.

Herberg, Dieter/Elke Tellenbach (Hrg.). Sprachhistorie(n). Beiträge eines Kolloquiums zu Ehren des 65. Geburtstages von Hartmut Schmidt. Mannheim 2000.

Herbers, Birgit. Verbale Präfigierung im Mittelhochdeutschen. Eine semantisch-funktionale Korpusanalyse. Tübingen 2002.

Herbers, Birgit. Zur Apokope im mittelhochdeutschen Verbsystem. In: Ralf Plate/ Martin Schubert (Hrg.) Mittelhochdeutsch. Beiträge zur Überlieferung, Sprache und Literatur. Festschrift für Kurt Gärtner zum 75. Geburtstag. Berlin/Boston 2011, 331–341.

Herbers, Birgit. „Referenzkorpus Deutsche Inschriften" – Chancen und Grenzen der Auswertung. In: Kwekkeboom/Waldenberger 2016, 27–41.

Herborn, Wolfgang/Klaus J. Mattheier. Sozialhistorische und sprachgeschichtliche Aspekte eines frühneuzeitlichen Rechnungsbuches der Kölner Kronenburse. In: Rheinisch-westfälische Zeitschrift für Volkskunde 24, 1978, 140–182.

Heringer, Hans Jürgen. „Through permanent interplay to a common end". Hermann Paul als Vorreiter der sprachlichen Evolution. In: Donhauser/Eichinger 1998.

Heringer, Hans Jürgen/Gerhard Kurz/Georg Stötzel (Hrg.). Sprachgeschichte. München 1983.

Heringer, Hans Jürgen/Georg Stötzel (Hrg.). Sprachgeschichte und Sprachkritik. Festschrift für für Peter v.Polenz. Berlin/New York 1993.

Hermand, Jost. Geschichte der Germanistik. Reinbek 1994.

Hermanns, Fritz. Sprachgeschichte als Mentalitätsgeschichte. Überlegungen zu Sinn und Form und Gegenstand historischer Semantik. In: Gardt u.a. 1995, 69–102.

Hernandéz, Julio A. J. Studien zum religiös-ethischen Wortschatz der deutschen Mystik. Die Bezeichnung und der Begriff des Eigentums bei Meister Eckhart und Johannes Tauler. Berlin 1984.

Herrgen, Jürgen/Jürgen Erich Schmidt (Hrg.). Sprache und Raum. Ein internationales Handbuch der Sprachvariation. Bd. 4. Deutsch. Berlin/Boston 2019 (HSK 30,4).

Herrlich, Maria. Organismuskonzept und Sprachgeschichtsschreibung. Die „Geschichte der deutschen Sprache" von Jacob Grimm. Hildesheim 1998.

Herrlitz, Wolfgang. Historische Phonologie des Deutschen. Tübingen 1970.

Herrmann, Joachim (Hrg.). Die Slawen in Deutschland. Geschichte und Kultur der slawischen Stämme westlich von Oder und Neisse vom 6. bis 12. Jh. Berlin 1974. Neubearb. 1985.

Herrnleben, Thomas. Untersuchungen zum Vokalismus in den gedruckten Regensburger Ratsdekreten des 16. Jahrhunderts. In: Näßl 2002, 259–281.

Hertel, Volker. Leipziger Dorfordnungen. In: Heimann u.a. 1989, 1–10.

Hertel, Volker. Orientierungshilfen in frühen deutschen Kräuterbüchern. In: Lerchner u.a. 1995, 55–68.

Hertel, Volker. Rituale in mittelalterlichen und frühneuzeitlichen ländlichen Rechtsquellen. In: Hertel u.a. 1996, 337–350. (=1996a.)

Hertel, Volker. Orientierungshilfen im frühen deutschen Sachbuch- Sachsenspiegelausgaben des 15. und 16. Jahrhunderts. In: Große/Wellmann 1996, 171–204. (1996b.)

Hertel, Volker. Nomination dörflicher Rechte im Mittelalter und in der Frühen Neuzeit. In: Irmhild Barz/Marianne Schröder (Hrg.). Nominationsforschung im Deutschen. Frankfurt a.M. u.a. 1997, 23–36.

Hertel, Volker. Textsortenbenennungen im Deutschen des 16. Jahrhunderts. In: Barz u.a. 2000, 321–336.

Hertel, Volker/Irmhild Barz/Regine Metzler/Brigitte Uhlig (Hrg.). Sprache und Kommunikation im Kulturkontext. Ehren-Kolloquium f. Gotthard Lerchner. Frankfurt a.M. 1996.
Hess, Günter. Deutsch-lateinische Narrenzunft. Studien zum Verhältnis von Volkssprache und Latinität in der satirischen Literatur des 16. Jahrhunderts. München 1971.
Hessmann, Pierre. Valentin Schrecknis' Rostocker Schulbüchlein (1588). In: NdJ 92, 1969, 69–80.
Heusinger, Klaus von/Sabine von Heusinger. Aus der lateinischen Fachsprache zur deutschen Mystik. Der lange Weg der Suffixe *-ung* und *-heit*. In: Adamzik, Kirsten/Jürg Niederhauser (Hrg.). Wissenschaftssprache und Umgangssprache im Kontakt. Frankfurt a.M. u.a. 1999, 59–79.
Heyder, Annemarie. Der Attributgebrauch in den vier Prosadialogen von Hans Sachs aus dem Jahre 1524. In: BEDS 2, 1982, 254–265.
Hiersche, Rolf. Deutsches etymologisches Wörterbuch. Heidelberg (A–D), 1986–1990.
Hildebrandt, Reiner. Die Adjektive auf *-echt* im deutschen Wortschatz der Hildegard von Bingen. In: Ernst/Patocka 1998, 495–502.
Hilpert, Martin. Was ist Konstruktionswandel? In: Alexander Ziem/Alexander Lasch (Hrg.). Konstruktionsgrammatik III. Aktuelle Fragen und Lösungsansätze. Tübingen 2011, 59–76.
Hinck, Walter (Hrg.). Textsortenlehre – Gattungsgeschichte. Heidelberg 1977.
Hindelang, Götz. Einführung in die Sprechakttheorie. Sprechakte, Äußerungen, Sprechaktsequenzen, 5. neu bearb. und erw. Aufl. Berlin/New York 2010.
Hinderling, Robert. Das Phonem /ä:/ im Lichte der Sprachgeschichte. In: Robert Hinderling/Viktor Weibel (Hrg.). Fimfchustim. Bayreuth 1978, 29–61.
Hinderling, Robert/Ludwig M. Eichinger (Hrg.). Handbuch der mitteleuropäischen Sprachminderheiten. Tübingen 1996.
Hinskens, Frans/Johan Taeldeman (Hrg.). Language in Space. An International Handbook of Linguistic Variation. Vol. 3. Dutch. Berlin/Boston 2013.
Hirsch, Rudolf. Printing, selling and reading 1450–1550. 2. Aufl. Wiesbaden 1974.
Hirt, Hermann. Geschichte der deutschen Sprache. München 1919. 2. Aufl. 1925.
Höchli, Stefan. Zur Geschichte der Interpunktion im Deutschen. Eine kritische Darstellung der Lehrschriften von der 2. Hälfte des 15. Jahrhunderts bis Ende des 18. Jahrhunderts. Berlin/New York 1981.
Hock, Hans Henrich. Principles of Historical Linguistics. Berlin/New York/Amsterdam 1986. 2. Aufl. 1991.
Hock, Hans Henrich/Brian D. Joseph. Language History, Language Change, and Language Relationship. An Introduction to Historical and Comparative Linguistics. Berlin/New York 1996. 2. überarb. Aufl. 2009.
Hödl, Nicola. Vertextungskonventionen des Kochrezepts vom Mittelalter bis in die Moderne (D–E–F–S)". In: Eva M. Eckkrammer/Nicola Hödl/Wolfgang Pöckl (Hrg.). Kontrastive Textologie. Wien 1999, 47–76.
Hoffmann, Lothar/Hartwig Kalverkämper/Herbert E. Wiegand (Hrg.). Fachsprachen. Ein internationales Handbuch zur Fachsprachenforschung und Terminologiewissenschaft. 2 Halbbde. Berlin/New York 1998–1999 (HSK 14,1–2).
Hoffmann, Walter. Untersuchungen zur frühneuhochdeutschen Verbalflexion am Beispiel ripuarischer Texte. Heidelberg 1979.

Hoffmann, Walter. Deutsch und Latein im spätmittelalterlichen Köln. Zur äußeren Sprachgeschichte des Kölner Geschäftsschrifttums im 14. Jahrhundert. In: RVjb 44, 1980, 117–147.
Hoffmann, Walter. Zum Verhältnis von Schreibschichtung und Sprachwandel im spätmittelalterlichen Köln. In: Cramer 1983, 101–113.
Hoffmann, Walter. Vom variablen Usus zur Kodifizierung der Norm: Die Geschichte der „unorganischen participia mit *ge-*". In: Wiesinger 1988, 167–184.
Hoffmann, Walter. Entregionalisierung im Kölner Buchdruck in den ersten Jahrzehnten des 16. Jahrhunderts? In: Berthele u.a. 2003, 231–251.
Hoffmann, Walter/Friedrich Wetter. Bibliographie frühneuhochdeutscher Quellen. Ein kommentiertes Verzeichnis von Texten des 14. bis 17. Jahrhundert. Frankfurt a.M. 1985. 2. überarb. Aufl. 1987.
Hoffmann, Walter/Jürgen Macha/Klaus J. Mattheier/Hans-Joachim Solms/Klaus-Peter Wegera (Hrg.). Das Frühneuhochdeutsche als sprachgeschichtliche Epoche. Werner Besch zum 70. Geburtstag. Frankfurt a.M. u.a. 1999.
Höfler, Manfred. Vergleichende Betrachtungen zur Integration der neulat. Kompositionsweise im Französischen und Deutschen. In: Karl R. Bausch/Hans M. Gauger (Hrg.). Interlinguistica, Tübingen 1971, 138–148.
Höfler, Manfred. Zur Integration der neulat. Kompositionsweise im Französischen, dargestellt an den Bildungen auf *-(o)manie*, *-(o)mane*. Tübingen 1972. (Beihefte zur Zs. f. roman. Philologie 131).
Höfler, Otto. Stammbaumtheorie, Wellentheorie, Entfaltungstheorie. In: Beitr (T) 77, 1955, 30–66, 424–476, 78, 1956, 1–44.
Hofmann, Dietrich. Die Entwicklung des Nordfriesischen. In: Alastair Walker/Ommo Wilts (Hrg.). Friesisch heute. Sankelmark 1979, 11–28.
Hofmann, Dietrich/Anne Tjerk Popkema. Altfriesisches Handwörterbuch. Heidelberg 2008.
Hofmeister-Winter, Andrea. Auf der Suche nach dem ‚Satz' – Graphetische Syntax-Marker am Beispiel frühneuzeitlicher Autographe. In: Ziegler 2010, Bd. 2, 875–896.
Hohendahl, Peter Uwe (Hrg.). Öffentlichkeit – Geschichte eines kritischen Begriffs. Stuttgart 2000.
Holly, Werner. Zur Geschichte parlamentarischen Sprachhandelns in Deutschland. Eine historisch-pragmatische Skizze an Beispielen aus ersten Sitzungen von verfassungsgebenden Versammlungen. In: LiLi 47/1982, 10–48.
Holly, Werner. Weiterführende Nebensätze in sprachgeschichtlicher Perspektive. In: ZGL 16, 1988, 310–322.
Holly, Werner. Politikersprache. Inszenierungen und Rollenkonflikte im informellen Sprachhandeln eines Bundestagsabgeordneten. Berlin/New York 1990.
Holly, Werner/Peter Kühn/Ulrich Püschel. Politische Fernsehdiskussionen. Zur medienspezifischen Inszenierung von Propaganda als Diskussion. Tübingen 1986.
Hölscher, Lucian. Öffentlichkeit und Geheimnis. Eine begriffsgeschichtliche Untersuchung zur Entstehung der Öffentlichkeit in der frühen Neuzeit. Stuttgart 1979.
Holthausen, Ferdinand. Altsächsisches Wörterbuch. 2. Aufl. Göttingen 1967.
Honemann, Volker. Der Stadtschreiber und die deutsche Literatur im Spätmittelalter und der frühen Neuzeit. In: Haug u.a. 1983, 320–334.
Honemann, Volker. Latein und Deutsch bei Ulrich von Hutten. In: Wolfram-Studien 14, 1996, 359–376.

Honemann, Volker. Lateinisch-deutsches Konversationstraining im Jahre 1513: Die „Pappa puerorum" des Johannes Murmellius. Mit einem Faksimile des Erstdrucks. In: Rudolf Suntrup/Jan R. Veenstra/Anne Bollmann (Hrg.). Erziehung, Bildung, Bildungsinstitutionen. Frankfurt a.M. u.a. 2006, 55–129.
Honemann, Volker. Neue Medien für die Stadt. Einblattdrucke, Flugblätter und Flugschriften 1450–1520. In: Gerhard Fouquet/Jan Hirschbiegel/Sven Rabeler, Sven (Hrg.). Residenzstädte der Vormoderne. Umrisse eines europäischen Phänomens. Ostfildern 2016, 349–370.
Honemann, Volker/Sabine Griese/Falk Eisermann/Marcus Ostermann (Hrg.). Einblattdrucke des 15. und frühen 16. Jahrhunderts. Probleme, Perspektiven, Fallstudien. Tübingen 2000.
Hoops, Johannes/Heinrich Beck. Reallexikon der germanischen Altertumskunde. 37 Bde. 2. Aufl. Berlin 1971–2008.
Hopf, Sabine. Phraseologismen in frühneuhochdeutschen Fachprosatexten. In: I. Kühn/G. Lerchner 1993, 161–168.
Hoppe, Gabriele. Das Präfix *ex-*, Beiträge zur Lehnwortbildung. Mit einer Einführung in den Gegenstandsbereich von Gabriele Hoppe und Elisabeth Link. Tübingen 1999.
Hoppe, Gabriele/Alan Kirkness/Elisabeth Link/Isolde Nortmeyer/Wolfgang Rettig/ Günter Dietrich Schmidt. Deutsche Lehnwortbildung. Beiträge zur Erforschung der Wortbildung mit entlehnten WB-Einheiten im Deutschen. Tübingen 1987.
Hornung, Maria. Lexikon österreichischer Familiennamen. St. Pölten/Wien 1989.
Hortzitz, Nicoline. Der „Judenarzt". Historische und sprachliche Untersuchungen zur Diskriminierung eines Berufsstands in der frühen Neuzeit. Heidelberg 1994.
Hortzitz, Nicoline. Die Sprache der Judenfeindschaft in der frühen Neuzeit (1450–1700). Untersuchungen zu Wortschatz, Text und Argumentation. Heidelberg 2005.
Horan, Geraldine/Nils Langer/Sheila Watts (Hrg.). Landmarks in the History of the German Language. Bern u.a. 2009. Neudr. Oxford u.a. 2012.
Hottinger, Johann Jakob/Hans Heinrich Vögeli (Hrg.). Heinrich Bullingers Reformationsgeschichte nach dem Autographon. 3 Bde. Frauenfeld 1838–1840.
Howe, Stephen. The Personal Pronouns in the Germanic Languages from the first records to the present day. Berlin/New York 1996.
Huizinga, Johan. Herfsttij der middeleeuwen. 10e druk. Haarlem 1963. Deutsche Übers. Stuttgart 1987.
Hundsnurscher, Franz. Semantische Ursachen syntaktischen Wandels. Einige Beobachtungen an mittelhochdeutschen und frühneuhochdeutschen Texten. In: Iwasaki 1991, Bd. 4, 195–205.
Hundt, Markus. Modellbildung in der Wirtschaftssprache. Zur Geschichte der Institutionen- und Theoriefachsprache in der Wirtschaft. Tübingen 1995.
Hundt, Markus/Alexander Lasch. Das Niederdeutsche im Rahmen einer Sprachgeschichte des Deutschen. In: Hundt/Lasch 2015b, 3–17. (=2015a.)
Hundt, Markus/Alexander Lasch (Hrg.) Deutsch im Norden. Varietäten des norddeutschen Raums. Berlin/Boston 2015 (JGS 6). (=2015b.)
Hünecke, Rainer. Kanzleisprachliche Syntax im ersten Stadtbuch von Dresden. In: Moshövel/Spáčilová 2009, 149–169.
Hünecke, Rainer. Die Syntax fiktiver Lehrgespräche aus dem 16. Jahrhundert – Rede zwischen Distanz- und Nähekommunikation. In: Schuster/Dogaru 2015, 153–175.
Hünecke, Rainer. Die Gerichtsbücher von Dresden. In: Spw 41, 2016, 335–355.

Hünecke, Rainer. Syntaktische Variation im Sprachhandeln von Stadtschreibern in den Stadtbüchern von Dresden (1407–1534). In: Spw 45, 2020, 69–94.
Hünecke, Rainer/Sandra Aehnelt (Hrg.). Kanzlei und Sprachkultur. Wien 2016.
Hünecke, Rainer/Meier, Jörg (Hrg.). Perspektiven und Desiderate der europäischen Kanzleisprachenforschung. Die deutsche Sprache in der Zeit der Reformation. Wien 2020.
Hunziker, Peter. Medien, Kommunikation und Gesellschaft. Einführung in die Soziologie der Massenkommunikation. Darmstadt 1988. 2. überarb. Aufl. 1996.
Hüpper, Dagmar/Elvira Topalovic/Stephan Elspaß. Zur Entstehung und Entwicklung von Paarformeln im Deutschen. In: Elisabeth Piirainen/Ilpo Tapani Piirainen (Hrg.). Phraseologie in Raum und Zeit. Baltmannsweiler 2002, 77–99.
Hutterer, Claus Jürgen. Die germanischen Sprachen. Ihre Geschichte in Grundzügen. Budapest 1975. 3. überarb. Aufl. 1990.
Hyldgaard-Jensen, Karl. Rechtswortgeographische Studien I. Zur Verbreitung einiger Termini der westlichen und nördlichen mnd. Stadtrechte vor 1350. Uppsala 1964.
Hyldgaard-Jensen, Karl u. a. (Hrg.) Niederdeutsch in Skandinavien. Akten des 1. nordischen Symposions in Oslo 1985. Bde. Berlin 1987, 1989, 1992, 1993.
Hymes, Dell. Why linguistics needs the Sociologist. In: Social Research 34, 1967, 623–647.

Ide, Manshu. *Lassen* und *lâzen*. Eine diachrone Typologie des kausativen Satzbaus. Würzburg 1996.
Ihden, Sarah. Relativsätze im Mittelniederdeutschen. Korpuslinguistische Untersuchungen zu Struktur und Gebrauch. Berlin/Boston 2020.
Imhasly, Bernard/Bernhard Marfurt/Paul Portmann. Konzepte der Linguistik. Eine Einführung. 3. Aufl. Wiesbaden 1986.
Ising, Gerhard. Zur Wortgeographie spätmittelalterlicher Schriftdialekte. 2 Bde. Berlin 1968.
Iwasaki, Eijirō (Hrg.). Begegnung mit dem ‚Fremden'. Grenzen – Traditionen – Vergleiche. Akten d. VIII. Int. Germanisten-Kongresses Tokyo 1990. 4 Bde. München 1991.

Jachnow, Helmut. Die slawischen Personennamen in Berlin bis zur tschechischen Einwanderung im 18. Jahrhundert. Berlin 1970.
Jacobs, Neil G. Yiddish. A linguistic Introduction. Cambridge 2005.
Jacoby, Michael. Lexemdistribution und Lexemverhalten in Textsorten und Dialekten innerhalb historischer Sprachstufen. Bd. 2: Bibeltradition und Bibelsprache zwischen Mittelalter und 20. Jahrhundert im nordgermanischen Raum. Der Einfluß der Scholastik aus Paris und der Lutherbibel. Frankfurt a.M./Bern 1988.
Jäger, Agnes. History of German Negation. Amsterdam/Philadelphia 2008.
Jäger, Georg. Die theoretische Grundlegung in Gieseckes „Der Buchdruck in der frühen Neuzeit". Kritische Überlegungen zum Verhältnis von Systemtheorie, Medientheorie und Technologie. In: Internationales Archiv für Sozialgeschichte der deutschen Literatur 18, 1993,1, 179–196.
Jahr, Ernst Håkon (Hrg.). Nordisk og nedertysk. Språkkontakt og språkutvikling i seinmellomalderen. Oslo 1995.
Jakobs, Hermann. Theodisk im Frankenreich. Heidelberg 1998.

Janich, Nina/Albrecht Greule. Sprachkulturen in Europa. Ein internationales Handbuch. Tübingen 2002.
Jannidis, Fotis/Hubertus Kohle/Malte Rehbein (Hrg.). Digital Humanities. Eine Einführung. Stuttgart 2017.
Janota, Johannes. Das 14. Jahrhundert – ein eigener literarhistorischer Zeitabschnitt? In: Haug u. a. 1983, 9–23.
Janota, Johannes/Werner Williams-Krapp (Hrg.). Literarisches Leben in Augsburg während des 15. Jahrhunderts. Tübingen 1995.
Januschek, Franz (Hrg.). Politische Sprachwissenschaft. Opladen 1985.
Jarling, Anke. Die Kanzlei und ihre Sprache in Braunschweig. In: Moshövel/Spáčilová 2009, 171–184.
Jarling, Anke. Untersuchungen zur mittelalterlichen Schreibsprache der Stadt Braunschweig. In: Moulin/Ravida/Ruge 2010, 147–164.
Jaumann, Herbert (Hrg.). Diskurse der Gelehrtenkultur in der Frühen Neuzeit. Ein Handbuch. Berlin/New York 2011.
Jaumann, Herbert/Gideon Stiening (Hrg). Neue Diskurse der Gelehrenkultur in der Frühen Neuzeit. Ein Handbuch. Berlin/Boston 2016.
Jellinek, Max Hermann. Geschichte der neuhochdeutschen Grammatik von den Anfängen bis auf Adelung. 2 Bde. Heidelberg 1913, 1914. Nachdr. Bd. 1 1968.
Jenč, Helmut. Die sorbische Sprache in Vergangenheit und Gegenwart. In: Dietrich Scholze (Hrg.). Serbja w Němskej/Die Sorben in Deutschland. Bautzen 1993, 95–114.
Jensen, Hans. Die Schrift in Vergangenheit und Gegenwart. Berlin 3. Aufl. 1969. Nachdr. 1984.
Jesko, Friedrich. Phraseologisches Wörterbuch des Mittelhochdeutschen. Redensarten, Sprichwörter und andere feste Wortverbindungen in Texten von 1050 bis 1350. Tübingen 2006.
Jeßing, Benedikt (Hrg.). Sprachdynamik. Auf dem Weg zu einer Typologie sprachlichen Wandels. Bochum 1994.
Jörg, Ruth. Untersuchungen zum Schwund des Präteritums im Schweizerdeutschen. Bern 1976.
Jordan, Stefan. Theorien und Methoden der Geschichtswissenschaft. 4. Aufl. Paderborn 2018.
Johannisson, Ture. Deutsch-nordischer Lehnwortaustausch. In: Mitzka 1968, 607–623.
Johansson, Evald. Die Deutschordenschronik des Nikolaus von Jeroschin. Eine sprachliche Untersuchung mit komparativer Analyse der Wortbildung. Lund/Kopenhagen 1964.
Jones, Charles (Hrg.). Historical Linguistics. Problems and Perspectives. Harlow 1992.
Jones, Chris/Conor Costick/Klaus Oschema (Hrg.). Making the Medieval Relevant. How Medieval Studies Contribute to Improving our Understanding of the Present. Berlin/Boston 2020.
Jones, William J. A Lexicon of French Borrowings in the German Vocabulary (1575–1648). Berlin/New York 1976.
Jones, William J. A quantitative view of Franco-German loan-currency (1575–1648). In: ZDL 45, 1978, 149–160.
Jones, William J. Zum Lehngut lateinisch-romanischer Herkunft in deutschen Texten (1575–1648). In: Studia Neophilologica 51, 1979, 245–274.

Jones, William J. German kinship terms (750–1500). Documentation and analysis. Berlin/New York 1990.
Jones, William J. Sprachhelden und Sprachverderber. Dokumente zur Erforschung des Fremdwortpurismus im Deutschen (1478–1750). Berlin/New York 1995.
Jones, William J. Dictionaries and their Role in the Formation of German (1500–1900). In: Horan u.a. 2009, 85–112.
Jongen, René u.a. (Hrg.). Mehrsprachigkeit und Gesellschaft. Tübingen 1983.
Josten, Dirk. Sprachvorbild und Sprachnorm im Urteil des 16. und 17. Jahrhunderts. Frankfurt a.M. 1976.
Jucker, Andreas H. Politeness in the History of English. From the Middle Ages to the Present Day. Cambridge 2020.
Jucker, Andreas H./Gerd Fritz/Franz Lebsanft (Hrg.). Historical Dialogue Analysis. Amsterdam 1999.
Jungandreas, Wolfgang. Zur Geschichte der schlesischen Mundart im Mittelalter. Breslau 1937.
Junghans, Helmar. Martin Luther und die Rhetorik. Leipzig 1998.
Jussem, Bernhard. Historische Semantik aus der Sicht der Geschichtswissenschaft. In: Riecke 2011, 51–61.
Jütte, Robert. Abbild und soziale Wirklichkeit des Bettler- und Gaunertums zum Beginn der Neuzeit. Sozial-, mentalitäts- und sprachgeschichtliche Studien zum Liber vagatorum (1510). Köln 1988.
Just, Anna. Die Entwicklung des deutschen Militärwortschatzes in der späten frühneuhochdeutschen Zeit (1500–1648). Frankfurt a.M. u.a. 2012.

Kabatek, Johannes. Warum die ‚zweite Historizität' eben doch die zweite ist – von der Bedeutung von Diskurstraditionen für die Sprachbetrachtung. In: Franz Lebsanft/Angela Schrott (Hrg.). Diskurse, Texten, Traditionen: Modelle und Fachkulturen in der Diskussion. Bonn 2015, 49–62.
Kaemmel, Heinrich Julius. Geschichte des deutschen Schulwesens im Übergange vom Mittelalter zur Neuzeit. Nachdr. Hildesheim u.a.1986.
Kaempfert, Manfred. Motive der Substantiv-Großschreibung. Beobachtungen an Drucken des 16. Jahrhunderts. In: ZdPh 99, 1980, 72–98.
Kala, Tiina. Deutsch und Undeutsch in Livland im 16. und 17. Jahrhundert. Sprachengebrauch und -bezeichnungen im frühneuzeitlichen Livland nach kirchlichen Quellen aus Reval (Tallinn). In: NdJ 139, 2016, 37–56.
Kaliuscenko, Vladimir D. Deutsche denominale Verben. Tübingen 1988.
Kaltz, Barbara. Wie lernte man in der Frühen Neuzeit Französisch in Augsburg und Nürnberg? In: Häberlein/Kuhn 2010, 121–134.
Kampe, Jürgen. Problem „Reformationsdialog". Untersuchungen zu einer Gattung im reformatorischen Medienwettstreit. Tübingen 1997.
Kämper, Heidrun/Hartmut Schmidt (Hrg.). Das 20. Jahrhundert. Sprachgeschichte – Zeitgeschichte. Berlin/New York 1998.
Kämpfert, Manfred. Motive der Substantivgroßschreibung. Beobachtung an Drucken des 16. Jahrhunderts. In: ZfdPh 99, 1980, 72–98.
Kanngießer, Siegfried/Petra M. Vogel (Hrg.). Sprachwandel. Opladen/Wiesbaden 1998.
Karg, Fritz. Syntaktische Studien. Halle 1929.
Karg, Fritz. *hiez*-Formel und *hiez*-Satz im Lucidarius A. In: Beitr 54, 1930, 268–230.

Karg-Gasterstädt, Elisabeth/Theodor Frings/Elias von Steinmeyer (Hrg.). Althochdeutsches Wörterbuch. Berlin 1952 ff.
Online: http://awb.saw-leipzig.de/cgi/WBNetz/wbgui_py?sigle=AWB.
Karin, Anna/Silvia Ulivi/Claudia Wich-Reif (Hrg.). Regiolekt, Funktiolekt, Idiolekt: Die Stadt und ihre Sprache. Göttingen 2015.
Kästner, Hannes/Eva Schütz. *daz alte sagen – das niuwe niht verdagen*. Einflüsse der neuen Predigt auf Textsortenentwicklung und Sprachgeschichte um 1300. In: Dittmann u.a. 1991, 19–46.
Kästner, Hannes/Eva Schütz/Johannes Schwitalla. *„Dem gmainen Mann zu guttem Teutsch gemacht'*. Textliche Verfahren der Wissensvermittlung in frühneuhochdeutschen Fachkompendien. In: Betten 1990a, 205–223.
Katara, Pekka. Das französische Lehngut in mittelhochdeutschen Denkmälern von 1300–1600. Helsinki 1966.
Kaufmann, Henning. Untersuchungen zu altdeutschen Rufnamen. München 1965.
Kaufmann, Thomas. An den christlichen Adel deutscher Nation von des christlichen Standes Besserung (Kommentare zu Schriften Luthers, Band 3). Tübingen 2014.
Kaufmann, Thomas. Geschichte der Reformation in Deutschland. Berlin 2016.
Kaufmann, Thomas. Die Mitte der Reformation. Studien zu Buchdruck und Publizistik im deutschen Sprachgebiet, zu den Akteuren und deren Strategien, Inszenierungs- und Ausdrucksformen. Tübingen 2019.
Keil, Gundolf (Hrg.). Fachliteratur des Mittelalters. Festschrift für Gerhard Eis. Stuttgart 1968.
Keil, Gundolf (Hrg.). Würzburger Fachprosa-Studien. Beiträge zur mittelalterlichen Medizin-, Pharmazie- und Standesgeschichte. Würzburg 1995.
Keil, Gundolf/Peter Assion (Hrg.). Acht Vorträge zur mittelalterlichen Artesliteratur. Berlin 1974.
Keil, Gundolf/Josef Joachim Menzel (Hrg.). Anfänge der Entwicklung der deutschen Sprache im mittelalterlichen Schlesien. Sigmaringen 1995.
Keil, Gundolf u. a. (Hrg.). Fachprosa-Studien. Beiträge zur mittelalterlichen Wissenschafts- und Geistesgeschichte. Berlin 1982.
Keinästö, Kari. Studien zu Infinitivkonstruktionen im mhd. Prosa-Lancelot. Frankfurt a.M. u.a. 1986.
Kellenbenz, Hermann (Hrg.). Europäische Wirtschafts- und Sozialgeschichte vom ausgehenden Mittelalter bis zur Mitte des 17. Jahrhunderts. Stuttgart 1976.
Kellenbenz, Hermann/Rolf Walter. Das Deutsche Reich. In: H. Kellenbenz (Hrg.). Europäische Wirtschafts- und Sozialgeschichte vom ausgehenden Mittelalter bis zur Mitte des 17. Jahrhunderts. Stuttgart 1976.
Keller, Hagen/Klaus Grubmüller/Nikolaus Staubnach (Hrg.). Pragmatische Schriftlichkeit im Mittelalter. Erscheinungsformen und Entwicklungsstufen. München 1992.
Keller, Rudi. Zur Theorie des sprachlichen Wandels. In: ZGL 10, 1982, 1–27.
Keller, Rudi. Zur Wissenschaftsgeschichte einer evolutionären Theorie des sprachlichen Wandels. In: Cramer 1983, 25–44.
Keller, Rudi. Bemerkungen zur Theorie des sprachlichen Wandels. (Eine Replik auf Dieter Cherubims und Peter Eyers Diskussionsbeiträge zu meinem Aufsatz „Zur Theorie des sprachlichen Wandels" in ZGL 10, 1982, 1–28). In: ZGL 12, 1984, 63–81.
Keller, Rudi. Sprachwandel. Von der unsichtbaren Hand in der Sprache. Tübingen 1990. 4. Aufl. 2014.

Keller, Rudi. Zeichenbedeutung und Bedeutungswandel. In: Zeitschrift für Semiotik 14, 1992, 327–366.
Keller, Rudolf E. The German Language. London/Boston 1978. Deutsche Übersetzung: Die deutsche Sprache und ihre historische Entwicklung. Hamburg 1995.
Kellermann, Volkmar. Germanische Altertumskunde. Berlin 1966.
Kempf, Luise. Adjektivsuffixe in Konkurrenz. Wortbildungswandel vom Frühneuhochdeutschen zum Neuhochdeutschen. Berlin/Boston 2016.
Kern, Peter Chr./Herta Zutt. Geschichte des deutschen Flexionssystems. Tübingen 1977.
Kessler, Martina. *Viele Köche versaltzen den Brey* und *Bey viel Hirten wird übel gehütet*. Diachrone Betrachtung der Variantenvielfalt phraseologischer Formen in Werken ab dem 16. Jahrhundert. Frankfurt a.M. u.a. 2012.
Kettler, Wilfried. Die Zürcher Bibel von 1531. Philologische Studien zur ihrer Übersetzungstechnik und den Beziehungen zu ihren Vorlagen. Bern u.a. 2001.
Kettler, Wilfried. Untersuchungen zur frühneuhochdeutschen Lexikographie in der Schweiz und im Elsass. Strukturen, Typen, Quellen und Wirkungen von Wörterbüchern am Beginn der Neuzeit. Bern u.a. 2008.
Kettmann, Gerhard. Die kursächsische Kanzleisprache zwischen 1486 und 1546. Studien zum Aufbau und zur Entwicklung. Berlin 1967. 2. Aufl. 1969.
Kettmann, Gerhard. Zur Soziologie der Wittenberger Schreibsprache in der Lutherzeit. In: MS 78, 1968, 353–366.
Kettmann, Gerhard (Hrg.). Frühneuhochdeutsche Texte. Leipzig 1971.
Kettmann, Gerhard. Formen und grammatische Struktur nebengeordneter Wortreihen. In: Kettmann/Schildt 1976, 327–417.
Kettmann, Gerhard. Zum Fremdwortgebrauch. In: Kettmann/Schildt 1978, 341–439.
Kettmann, Gerhard. Zum Problemkreis Druckersprachen in der frühneuhochdeutschen Forschung. In: Schildt 1984, 70–79.
Kettmann, Gerhard. Zum Graphemgebrauch in der Wittenberger Druckersprache. Variantenbestand und Variantenanwendung. In: Schildt 1987a, 21–100. (=1987a.)
Kettmann, Gerhard. Studien zum graphematischen Status der Wittenberger Druckersprache in der ersten Hälfte des 16. Jahrhunderts. In: ZfG 8, 1987, 160–170. Neudr. in: H. Wolf 1996a, 236–249. (=1987b.)
Kettmann, Gerhard. Stadt und Sprachentwicklung im Frühneuhochdeutschen. In: R. Große 1990a, 213218.
Kettmann, Gerhard. Zum Graphemgebrauch in der deutschen Literatursprache. Variantenbestand und Variantenanwendung (1570–1730). In: Schildt 1992a, 15–118.
Kettmann, Gerhard. Luthersprache – Annotationen zur Begriffsbestimmung. In: I. Kühn/G. Lerchner 1993, 169–176.
Kettmann, Gerhard. Zur Konstanz der frühneuhochdeutschen Orthographie in Stadt- und landesherrlichen Kanzleien. In: König/Ortner 1996, 131–138. (=1996a.)
Kettmann, Gerhard. Städtische Schreibzentren und früher Buchdruck (Beispiel Wittenberg): Medienwandel und Graphematik. In: Große/Wellmann 1996, 69–76. (=1996b.)
Kettmann, Gerhard. Ostmitteldeutsch im 16. und 17. Jahrhundert: Eine Standortbestimmung am Beispiel Wittenberg. In: Berthele u.a. 2003, 255–271.
Kettmann, Gerhard. Wittenberg – Sprache und Kultur in der Reformationszeit. Kleine Schriften. Hrg. von Rudolf Große. Frankfurt a.M. u.a. 2008.
Kettmann, Gerhard. Annotationen zum Wittenberger Alltagswortschatz des frühen 16. Jahrhunderts. In: Meier/Ziegler 2001, 173–178.

Kettmann, Gerhard/Joachim Schildt (Hrg.). Zur Ausbildung der Norm der deutschen Literatursprache auf der syntaktischen Ebene (1470–1730). Berlin 1976. 2. Aufl. 1981.
Kettmann, Gerhard/Joachim Schildt u. a. (Hrg.). Zur Literatursprache im Zeitalter der frühbürgerlichen Revolution. Untersuchungen zu ihrer Verwendung in der Agitationsliteratur. Berlin 1978.
Kiening, Christian. Schwierige Modernität. Der „Ackermann" des Johannes von Tepl und die Ambiguität historischen Wandels. Tübingen 1998.
Kienle, Richard von. Historische Laut- und Formenlehre des Deutschen. 2. Aufl. Tübingen 1969.
Kiepe, Hansjürgen. Etwas von Buchstaben. Leseunterricht und deutsche Grammatik um 1486. In: Beitr (T) 103, 1981, 1–5.
Kiepe, Hansjürgen. Die älteste deutsche Fibel. Leseunterricht und deutsche Grammatik von 1486. In: Moeller/Patze/Stackmann 1983, 453–461.
Kilian, Jörg. Historische Dialogforschung. Eine Einführung. Tübingen 2005.
Kirchert, Klaus. Grundsätzliches zur Bibelverdeutschung im Mittelalter. In: ZdA 113, 1984, 61–78.
Kirchert, Klaus/Dorothea Klein (Hrg.). Die Vokabulare von Fritzsche Closener und Jakob Twinger von Königshofen. 3 Bde. Tübingen 1995.
Kirchhoff, Frank. Von der Virgel zum Komma. Die Entwicklung der Interpuktion im Deutschen. Heidelberg 2017.
Kirchner, Joachim. Das deutsche Zeitschriftenwesen. Seine Geschichte und seine Probleme. 2 Bde. Wiesbaden 1958, 1962.
Kirkness, Alan. Zur Sprachreinigung im Deutschen 1789–1871. Eine historische Dokumentation. 2 Bde. Tübingen 1975.
Kirkness, Alan. Geschichte des deutschen Wörterbuchs 1838–1863. Dokumente zu den Lexikographen Grimm. Stuttgart 1980.
Kirkness, Alan. Aliens, denizens, hybrids and natives: Foreign influence on the etymological structure of German vocabulary. In: Russ 1984, 1–26.
Kirkness, Alan. Neuhochdeutsch und Neulatein – eine Begegnung mit dem ‚Fremden'? In: Iwasaki 1991, Bd. 4, 332–340.
Kirkness, Alan. Eurolatein. Überlegungen zu einem lexikalischen Phänomen und dessen Erforschung aus der Sicht eines Sprachgermanisten. In: Sprachreport 1, 1996, 11–14.
Kishitani, Shoko. Zur grammatischen Paarbildung im mittelhochdeutschen und neuhochdeutschen Verbalsystem. In: Iwasaki 1991, Bd. 4, 177–185.
Kißenbeck, Anne. Fachsprache und Regionalisierung. Empirische Untersuchungen zum Wortschatz des Bergbaus. Frankfurt a.M. 1997.
Klatte, Holger. Gesprochenes Frühneuhochdeutsch in tschechisch-deutschen Sprachbüchern. Göppingen 2008.
Klatte, Holger. Handelsbeziehungen zwischen Nürnberg und Prag im Spiegel deutschtschechicher Sprachlehrwerke des 16. Jahrhunderts. In: Häberlein/Kuhn 2010, 197–209.
Kleiber, Wolfgang. Das Aufkommen der deutschen Sprache in domanialen Rechtsquellen (Urbaren) Südwestdeutschlands zwischen 1250 und 1450. In: Alemann. Jahrbuch 1973/75, Festschrift für Bruno Boesch. Bühl 1976, 202–220.
Kleiber, Wolfgang. Der alemannisch-bairische Sprachgegensatz im Spiegel spätmittelalterlicher Rechtsquellen. In: Werner König/Hugo Stopp (Hrg.). Historische, geo-

graphische und soziale Übergänge im alemannischen Sprachraum. München 1980, 31–66.
Kleiber, Wolfgang/Konrad Kunze/Heinrich Löffler. Historischer südwestdeutschen Sprachatlas aufgrund von Urbaren des 13. bis 15. Jahrhunderts. München 1979.
Klein, Jared/Brian Joseph/Matthias Fritz (Hrg.). Handbook of Comparative and Historical Indo-European Linguistics. 2 Bde. Berlin/Boston 2017. (HSK 41,1–2).
Klein, Karl Kurt. Transsylvanica. Gesammelte Abhandlungen zur Sprach- u. Siedlungsforschung der Deutschen in Siebenbürgen. München 1963.
Klein, Thomas. Die ‚neuhochdeutsche' Diphthongierung im Westmitteldeutschen Zum Konflikt zwischen areallinguistischer Rekonstruktion und historischem Schreibsprachwandel. In: Mattheier u.a. 1993, 37–58.
Klein, Thomas. Rheinische und westfälische Sprachgeschichte bis 1300. In: Macha u.a. 2000, 3–48.
Klein, Thomas. Niederdeutsch und Hochdeutsch in mittelhochdeutscher Zeit. In: Berthele u.a. 2003, 203–229.
Klein, Thomas/Robert Peters. Niederdeutsche Schreiber, Gottfried Hagen und die Anfänge der deutschsprachigen Urkunde in Köln. In: Karin u.a. 2015, 25–66.
Klein, Thomas/Hans-Joachim Solms/Klaus-Peter Wegera. Mittelhochdeutsche Grammatik. Teil. II. Flexionsmorphologie. 2 Bde. Berlin/Boston 2018, Teil III. Wortbildung. Tübingen 2009.
Klein, Wolf Peter. Am Anfang war das Wort. Theorie- und wissenschaftsgeschichtliche Elemente frühneuzeitlichen Sprachbewußtseins. Berlin 1992.
Klein, Wolf Peter. Deutsch statt Latein! Zur Entwicklung der Wissenschaftssprachen in der frühen Neuzeit. In: Wieland Eins/Helmut Glück/Sabine Pretscher. Wissen schaffen – Wissen kommunizieren. Wissenschaftssprache in Geschichte und Gegenwart. Wiesbaden 2011, 35–47. (=2011a.)
Klein, Wolf Peter. Die deutsche Sprache in der Gelehrsamkeit der frühen Neuzeit. Von der *lingua barbarica* zur *HaubtSprache*. In: Jaumann 2011, 465–516. (=2011b.)
Klein, Wolf Peter. Sprachliche Zweifelsfälle im Deutschen. Theorie, Praxis, Geschichte. Berlin/Boston 2018. (=2018a.)
Klein, Wolf Peter. Die Würzburger Fachtextdatenbank (FTDB). Aktuelle Entwicklungen und Perspektiven. In: Prinz/Schiewe 2018, 451–455. (=2018b.)
Klein, Wolf Peter. Der Variationsfaktor „Stadt" in den Formular- und Rhetorikbüchern der frühen Neuzeit. Einige Beobachtungen und Interpretationen. In: Spw 45, 2020, 7–23.
Kleinpaul, Johannes. Das Nachrichtenwesen der deutschen Fürsten im 16. und 17. Jahrhundert. Ein Beitrag zur Geschichte der geschriebenen Zeitungen. Leipzig 1930.
Kleinschmidt, Erich. Rotwelsch um 1500. In: Beitr (T) 97, 1975, 217–229.
Kleinschmidt, Erich. Stadt und Literatur in der frühen Neuzeit. Voraussetzungen und Entfaltung im südwestdeutschen, elsässischen und schweizerischen Städteraum. Köln/Wien 1982. (=1982a.)
Kleinschmidt, Erich. Volkssprache und historisches Umfeld. In: ZdPh 101, 1982, 411–436. (=1982b.)
Kleinschmidt, Erich. Humanistische Frauenbildung in der frühen Neuzeit. Gaspar Stiblins ‚Coropaedia' (1555). In: ZdA 127, 1998, 427–442.
Kloocke, Hella. Der Gebrauch des substantivierten Infinitivs im Mittelhochdeutschen. Göppingen 1974.

Kloss, Heinz. Die Entwicklung neuer germanischer Kultursprachen seit 1800. 2. Aufl. Düsseldorf 1978.
Klug, Nina-Maria. Das konfessionelle Flugblatt 1563–1580. Eine Studie zur historischen Semiotik und Textanalyse. Berlin u.a. 2012.
Kluge, Friedrich. Rotwelsch. Quellen und Wortschatz der Gaunersprache und der verwandten Geheimsprachen. 1: Rotwelsches Quellenbuch. Straßburg 1901. Nachdr. Berlin/New York 1987.
Kluge, Friedrich. Von Luther bis Lessing. Aufsätze und Vorträge zur Geschichte unserer Schriftsprache. 5. Aufl. Leipzig 1918.
Kluge, Friedrich. Deutsche Sprachgeschichte. Werden und Wachsen unserer Muttersprache von ihren Anfängen bis zur Gegenwart. Leipzig 1920. 2. Aufl. 1925.
Kluge, Friedrich/Elmar Seebold. Etymologisches Wörterbuch der deutschen Sprache. 25. durchges. und erw. Aufl. Berlin/New York 2011.
Klute, Wilfried (Hrg.). Orthographie und Gesellschaft. Materialien zur Reflexion über Rechtschreibreformen. Frankfurt a.M. 1974.
Klute, Wilfried. Die Geschichtlichkeit der Sprache. Wandel im Wortschatz. Dortmund 1978.
Knauer, Peter Klaus. Der Buchstabe lebt. Schreibstrategien bei Sebastian Franck. Bern u.a. 1993.
Knoche, Andrea. Probleme der Identifikation und Beschreibung des phraseologischen Bestandes historischer Texte. Dargestellt am Beispiel der Analyse frühneuhochdeutschen Schriften. Aachen 1996.
Knoop, Ulrich. Zum Status der Schriftlichkeit in der Sprache der Neuzeit. In: Günther/Günther 1983, 159–167. (=1983a.)
Knoop, Ulrich. Mündlichkeit – Schriftlichkeit. In: S. Grosse 1983, 24–36. (=1983b.)
Knoop, Ulrich. Beschreibungsprinzipien der neueren Sprachgeschichte. Eine kritische Sichtung der sprachwissenschaftlichen, soziologischen, sozialhistorischen und geschichtswissenschaftlichen Begrifflichkeit. In: GL 91/92, 1987, 11–41.
Knoop, Ulrich. Von einer verstehbaren zur richtigen Sprache. Zum sprachhistorischen Vorurteil über die deutsche Sprache vor 1700. In: Norbert Oellers (Hrg.). Germanistik und Deutschunterricht im Zeitalter der Technologie. Bd. 2. Tübingen 1988, 401–408. (=1988a.)
Knoop, Ulrich. Zur Begrifflichkeit der Sprachgeschichtsschreibung: Der ‚Dialekt' als Sprache des ‚gemeinen mannes' und die Kodifikation der Sprache im 18. Jahrhundert. In: Munske u.a. 1988, 336–350. (=1988b.)
Knoop, Ulrich. Zum Verhältnis von geschriebener und gesprochener Sprache. Anmerkungen aus historischer Sicht. In: Baurmann u.a. 1993, 217–229.
Knoop, Ulrich. Entwicklung von Literalität und Alphabetisierung in Deutschland. In: Günther/Ludwig 1994, 859–872.
Knoop, Ulrich. Ist der Sprachwandel ein historisches Phänomen? Überlegungen zu den Gegenständen der Sprachgeschichtsschreibung. In: Gardt u.a. 1995, 19–38.
Knoop, Ulrich. Ländliche Schriftlichkeit um 1500. In: Alfred Messerli/Roger Chartier (Hrg.). Lesen und Schreiben in Europa 1500–1900. Vergleichende Perspektiven. Basel 2000, 35–47.
Koch, Peter. Diskurstraditionen: zu ihrem sprachtheoretischen Status und ihrer Dynamik. In: B. Frank u.a. 1997, 43–79.
Koch, Peter. Bedeutungswandel und Bezeichnungswandel. Von der kognitiven Semasiologie zur kognitiven Onomasiologie. In: LiLi 121, 2001, 7–36.

Koch, Peter/Wulf Oesterreicher 1985. Sprache der Nähe – Sprache der Distanz. Mündlichkeit und Schriftlichkeit im Spannungsfeld von Sprachtheorie und Sprachgeschichte. In: Romanistisches Jahrbuch 36, 1985, 15–43.

Kocher, Gernot/Dietlinde Munzel-Everling (Hrg.). Eike von Repgow. Sachsenspiegel. Die Heidelberger Bilderhandschrift Cod. Pal. germ. 164. Vollständige Faksimile-Ausgabe im Originalformat der Handschrift aus der Universitätsbibliothek Heidelberg. Kommentarband. Graz 2010.

Kock, Thomas. Die Buchkultur der Devotio moderna. Handschriftenproduktion, Literaturversorgung und Bibliotheksaufbau im Zeitalter des Medienwechsels. Frankfurt a.M. 2002.

Kock, Thomas/Rita Schlusemann (Hrg.). Laienlektüre und Buchmarkt im späten Mittelalter. Frankfurt a.M. 1997.

Kocka, Jürgen (Hrg.). Sozialgeschichte im internationalen Überblick. Ergebnisse und Tendenzen der Forschung. Darmstadt 1989.

Koenraads, Willy H.A. Studien über sprachökonomische Entwicklungen im Deutschen. Amsterdam 1953.

Köhler, Hans-Joachim (Hrg.). Flugschriften als Massenmedien der Reformationszeit. Stuttgart 1981.

Kohlheim, R. Regensburger Beinamen des 12. bis 14. Jahrhunderts. Beinamen aus Berufs-, Amts- und Standesbezeichnungen. Hamburg 1990.

Köhn, R. Latein und Volkssprache, Schriftlichkeit und Mündlichkeit in der Korrespondenz des lateinischen Mittelalters. In: J.O. Fichte u.a. (Hrg.). Zusammenhänge, Einflüsse, Wirkungen. Kongreßakten zum ersten Symposium des Mediävistenverbandes in Tübingen 1984. Berlin 1986, 340–355.

Kohrt, Manfred. Theoretische Aspekte der deutschen Orthographie. Tübingen 1987.

Kolb, Herbert/Hartmut Lauffer (Hrg.). Sprachliche Interferenz, Festschrift für Werner Betz. Tübingen 1977.

Kolbeck, Christopher/Reinhard Krapp/Paul Rössler (Hrg.). Stadtsprache(n) – Variation und Wandel. Heidelberg 2013.

Kolde, Gottfried. Die verbale *be*-Komposition in Prosatexten des 14. bis 17. Jahrhunderts. Göttingen 1964.

Koller, Erwin. Zur Anapher im Mittel- und Neuhochdeutschen. In: DS 12, 1984, 31–40.

Koller, Erwin/Werner Wegstein/Norbert Richard Wolf. Neuhochdeutscher Index zum mittelhochdeutschen Wortschatz. Stuttgart 1990.

Koller, Gerhard. Der Schreibusus Albrecht Dürers. Stuttgart 1989.

Koller, Werner. Nationale Sprach(en)kultur der Schweiz und die Frage der „nationalen Varietäten" des Deutschen. In: Gardt u.a. 1999, 133–170.

Kommer, Dorothee. Reformatorische Flugschriften von Frauen. Flugschriftenautorinnen der Reformationszeit und ihre Sicht von Geistlichkeit. Leipzig 2013.

König, Werner. dtv-Atlas deutsche Sprache. München 1978. 19. überarb. und korr. Aufl. v. Werner König/Stephan Elspaß/Robert Müller. München 2019.

König, Werner/Lorelies Ortner (Hrg.). Sprachgeschichtliche Untersuchungen zum älteren und neueren Deutsch. Festschrift für Hans Wellmann. Heidelberg 1996.

Koopmann, Christiane. Aspekte der Mehrgliedrigkeit des Ausdrucks in frühneuhochdeutschen poetischen, geistlichen und fachliterarischen Texten. Göppingen 2002.

Köppe, Ingeborg. Zweigliedrige Ausdrücke in Zunftordnungen des 16. Jahrhunderts. In: Beitr (H) 98, 1977, 170–194.

Koppitz, Hans-Joachim. Studien zur Tradierung der weltlichen mittelhochdeutschen Epik im 15. Jh. und beginnenden 16. Jahrhundert. München 1980.
Körber, Esther-Beate. Öffentlichkeiten der Frühen Neuzeit. Teilnehmer, Formen, Institutionen und Entscheidungen öffentlicher Kommunikation im Herzogtum Preußen von 1525–1618. Berlin/New York 1998.
Korhonen, Jarmo. Zu syntaktischen Ähnlichkeiten in Luthers Evangelienübersetzung von 1522 und in einigen früheren Übersetzungen. Oulu 1979.
Korhonen, Jarmo. Syntaktische und textlinguistische Beobachtungen zu Luthers Arbeit an seiner Handschrift des „Sermons von den guten Werken". In: MS 94, 1983/84, 40–51.
Korhonen, Jarmo. Luthers Sprachgebrauch im Lichte neuerer syntaktischer Untersuchungen. In: Schildt 1984, 49–64. Neudr. in: H. Wolf 1996a, 190–200.
Korhonen, Jarmo. Zur lexikographischen Erfassung von Phrasemen und Sprichwörtern in Josua Maalers Wörterbuch (1561). In: Ernst/Patocka 1998, 569–584.
Korlén, Gustav. Norddeutsche Stadtrechte. II. Das mittelniederdeutsche Stadtrecht von Lübeck nach seinen ältesten Formen. Lund 1951.
Koschorreck, Walter. Die Heidelberger Bilderhandschrift des Sachsenspiegels. Faksimile und Kommentar. 2 Bde. Frankfurt a.M. 1970.
Koselleck, Reinhart. Vergangene Zukunft. Zur Semantik geschichtlicher Zeiten. Frankfurt a.M. 1979. 9. Aufl. 2015.
Koselleck, Reinhart. Begriffsgeschichten. Studien zur Semantik und Pragmatik der politischen und sozialen Sprache. Frankfurt a.M. 2006.
Koselleck, Reinhart (Hrg.). Historische Semantik und Begriffsgeschichte. Stuttgart 1978.
Koß, Gerhard. Namenforschung. Eine Einführung in die Onomastik. Tübingen 1990.
Koszyk, Kurt. Vorläufer der Massenpresse. Ökonomie und Publizistik zwischen Reformation und Französischer Revolution. München 1972.
Kothmann, Hella. Johannes Keplers Beitrag zur deutschen Fachsprache. Gutachten über die Arbeit der Kepler-Kommission. Rauminstallation. München 1998.
Kotin, Michail. Die Herausbildung der grammatischen Kategorie des Genus verbi im Deutschen. Eine historische Studie zu den Vorstufen und zur Entstehung des deutschen Passiv-Paradigmas. Hamburg 1998.
Kotin, Michail. Das Partizip II in hochdeutschen periphrastischen Verbalfügungen im 9.–15. Jahrhundert. Zur Ausbildung des analytischen Sprachbaus. In: ZGL 28, 2000, 319–345.
Kotin, Michail. Zur Erklärungsadäquatheit im Sprachwandel. In: Vogel 2013, 109–127.
Kotin, Michail. *Ex sola fide*? Ein Beitrag zu linguistischen Aspekten der Diskussion in Luthers *Sendbrief vom Dolmetschen* aus der Sicht der modernen kontrastiven Linguistik. In: Habermann 2018b, 106–118.
Kourukmas, Petra. Amtssprache und Privatsprache in Nürnberg im 16. Jahrhundert. Die Partikel *doch*. In: Karin u.a. 2015, 193–211.
Kourukmas, Petra. Privatbriefe Nürnberger Bürger im 16. Jahrhundert. Willibald Pirckheimer, Albrecht Dürer und Lazarus Spengler. In: Spw 41, 2016, 357–376.
Kratz, Bernd. Deutsch-französischer Lehnwortaustausch. In: Mitzka 1968, 445–487.
Krause, Armin. Psycholinguistische und textlinguistische Aspekte einer historischen Wortsemantik. Untersuchungen an den Schriften Karlstadts. In: Linguistische Studien, ZISW/A 168. Berlin 1987, 75–104.
Krejci, Tomas. Einfluß des Handels auf die Entwicklung und Gestaltung der deutschen Sprache. Versuch einer wirtschaftslinguistischen Studie. Prag 1932.

Kremer, Anette. Spanisches und Katalanisches in Ravensburger Kaufmannsbriefen aus dem 15. Jahrhundert. In: Häberlein/Kuhn 2010, 177–196.
Kremer, Anette. Die Anfänge der deutschen Fremdwortlexikographie. Metalexikographische Untersuchungen zu Simon Roths *Ein Teutscher Dictionarius* (1571). Heidelberg 2013.
Kremer, Ludger/Hermann Niebaum (Hrg.). Grenzdialekte. Studien zur Entwicklung kontinentalwestgermanischer Dialektkontinua. Hildesheim 1990.
Kretterová, Ľudmila. Der Ausdruck der konditionalen Relationen in deutschsprachigen Texten aus der Slowakei. In: Meier/Ziegler 2003, 199–206.
Kretterová, Ľudmila. Das älteste Stadtbuch von Bratislava/Preßburg aus den Jahren 1402–1506. Eine syntaktische Analyse. In: Meyer/Ziegler 2008a, 59–67.
Kretzenbacher, Heinz L. Wissenschaftssprache. Heidelberg 1992.
Kreuter, Peter Mario. Paracelsus und die deutsche Sprache. Nebst Anmerkungen zur deutsch-lateinischen Mischsprache temporibus Theophrasti et Lutheri. In: Albrecht Classen (Hrg.). Paracelsus im Kontext der Wissenschaften seiner Zeit: Kultur- und mentalitätsgeschichtliche Annäherungen. Berlin u. a. 2010, 201–215.
Kreye, Horst (Hrg.). Sprachkontakte zwischen dem Mittelniederdeutschen und dem Lettischen. Bremen 1993.
Kriegesmann, Ulrich. Die Entstehung der neuhochdeutschen Schriftsprache im Widerstreit der Theorien. Frankfurt a.M. 1990.
Kröger, Heinrich. Plattdütsch in de Kark in drei Jahrhunderten. 1700–1900. Hannover 1996.
Kröger, Rüdiger. Die orthographische Tradition der calenbergischen Kanzlei in der Mitte des 17. Jahrhunderts. Hildesheim 2001.
Krogh, Steffen. Die Stellung des Altsächsischen im Rahmen der germanischen Sprachen. Göttingen 1996.
Krogh, Steffen. Zur Entstehung des Niederländischen. In: Glaser/Schlaefer 1997, 21–31.
Krüger, Bruno u. a. Die Germanen. Geschichte und Kultur der germanischen Stämme in Mitteleuropa. Ein Handbuch. 2 Bde. Berlin 1979, 1983.
Kudo, Yasuhiro. Zur Satzklammer des Hauptsatzes im Frühneuhochdeutschen. Eine Analyse der Materialien aus dem 16. Jahrhundert. In: Doitsu Bungaku 92, 1994, 25–34.
Kudo, Yasuhiro. *„Du wolltest komen, vnd deine Hand auff sie legen.*" Zum konjunktivischen Gebrauch von „wollen", „sollen" und „werden" in der Lutherbibel. In: Mattheier u. a. 1997, 55–65.
Kudo, Yasuhiro. *können, mögen, möchte* in der Lutherbibel. Eine Vergleichsanalyse mit dem Griechischen und Lateinischen. In: Doitsu Bungaku. Neue Folge 14, 2015, 143–156.
Kühebacher, Egon. Deutsch-italienischer Lehnwortaustausch. In: Mitzka 1968, 488–525.
Kuhn, Christian. Fremdsprachenlernen zwischen Berufsbildung und sozialer Distinktion. Das Beispiel der Nürnberger Kaufmannsfamilie Tucher im 16. Jahrhundert. In: Häberlein/Kuhn 2010, 47–74.
Kuhn, Hugo. Versuch über das 15. Jahrhundert in der deutschen Literatur. In: Gumbrecht 1980, 19–38.
Kuhn, Michael. De Nomine et vocabulo. Der Begriff der medizinischen Fachsprache und die Krankheitsnamen bei Paracelsus (1493–1541). Heidelberg 1996.
Kuhn, Walter. Geschichte der deutschen Ostsiedlung in der Neuzeit. 2 Bde. Köln/Graz 1955/57.

Kühn, Ingrid/Gotthard Lerchner (Hrg.). *Von wyßheit würt der mensch geert* ... Festschrift für Manfred Lemmer. Frankfurt a.M. u.a. 1993.
Kühn, Peter. Deutsche Wörterbücher. Eine systematische Bibliographie. Tübingen 1978.
Kühn, Peter. Phraseologismen. Sprachhandlungstheoretische Einordnung und Beschreibung. In: Harald Burger/Robert Zett (Hrg.). Aktuelle Probleme der Phraseologie. Bern u.a. 1985, 121–137.
Kühn, Peter. Mehrfachadressierung. Untersuchungen zur adressatenspezifischen Polyvalenz sprachlichen Handelns. Tübingen 1995.
Kühnhold, Ingeburg/Hans Wellmann/Oskar Putzer. Deutsche Wortbildung, Typen und Tendenzen in der Gegenwartssprache. Eine Bestandsaufnahme des Instituts für deutsche Sprache, Forschungsstelle Innsbruck. 4 Bde. Düsseldorf 1973 ff. [abgek.: DW].
Künast, Hans-Jörg. „Getruckt zu Augspurg". Buchdruck und Buchhandel zwischen 1468 und 1555. Tübingen 1996.
Kunze, Konrad. dtv-Atlas Namenkunde. Vor- und Familiennamen im deutschen Sprachgebiet. München 1998. 5. durchges. und korr. Aufl. 2004.
Kunze, Konrad/Damaris Nübling (Hrg.). Deutscher Familiennamenatlas. 7 Bde. Berlin/Boston 2009–2018. Online (DFA): http://www.namenforschung.net/dfa/projekt/.
Kuroda, Susumo. Die historische Entwicklung der Perfektkonstruktion im Deutschen. Hamburg 1998.
Kütt, Lukas. *Besegelt vnd vnderschreuen*. Wortbildungswandel und diasystematische Interferenzen im Schreibsprachenwechsel in Greifswalder Texten. In: Spw 45, 2020, 95–119.
Kwekkeboom, Sarah/Sandra Waldenberger (Hrg.). PerspektivWechsel oder: Die Wiederentdeckung der Philologie. Bd. 1: Sprachdaten und Grundlagenforschung in der Historischen Linguistik. Berlin 2016.
Kwiatkowski, Iris/Jörg Engelbrecht (Hrg.). Die Devotio Moderna. Sozialer und kultureller Transfer (1350–1580). Bd. 2. Die räumliche und geistige Ausstrahlung der Devotio Moderna. Zur Dynamik ihres Gedankengutes. Münster 2013.
Kyes, Robert L. Neutralization of final Obstruents in German. In: Francis G. Gentry (Hrg.). Semper idem et novus. Festschrift Frank Banta. Göppingen 1988, 59–73.

Labov, William. Sprache im sozialen Kontext. Beschreibung und Erklärung struktureller und sozialer Bedeutung von Sprachvariation. 2. Bde. Kronberg/Ts. 1976/78.
Ladstätter, Francina. Die „unsichtbare Hand" in der Sprache. Eine kritische Betrachtung von Kellers Sprachwandeltheorie. In: Linguistik Online, 18, 2004, 71–92. Online: https://www.linguistik-online.net/18_04/ladstaetter.html
Lameli, Alfred/Roland Kehrein/Stefan Rabanus (Hrg.). Language and Space. An International Handbook of Linguistic Variation. Vol. 2. Language Mapping. Berlin/New York 2010 (HSK 30,1–2).
Lang, Heinrich. Fremdsprachenkompetenz zwischen Handelsverbindungen und Familiennetzwerken. Augsburger Kaufmannssöhne aus dem Welser-Umfeld in der Ausbildung bei Florentiner Bankiers um 1500. In: Häberlein/Kuhn 2010, 75–92.
Lange, Maria B. Texts and Text Types in the History of German. In: Horan u.a. 2009, 113–136.
Lange, Melanie/Martin Rösel (Hrg.). „Was Dolmetschen für Kunst und Arbeit sei". Die Lutherbibel und andere deutsche Bibelübersetzungen. Leipzig 2014.

Langer, Nils. Zur Verbreitung der *tun*-Periphrase im Frühneuhochdeutschen. In: ZDL 67, 2000, 287–316.
Langer, Nils. Sociolinguistic Changes in the History of Low German. In: Horan u.a. 2009, 211–231.
Langer, Nils/Winifred V. Davies. The Making of Bad German. Lay linguistic stigmatisations in German, past and present. Frankfurt a.M. 2006.
Langer, Nils/Winifred V. Davies (Hrg.). Linguistic Purism in the Germanic Languages. Berlin/New York 2005.
Langholf, Barbara. Die Syntax des deutschen Amadisromans. Untersuchungen zur Sprachgeschichte des 16. Jahrhunderts. 2. Aufl. Hamburg 1973.
Lanouette, Ruth Lunt. The Attributive Genitive in Early New High German: A Semantic Analysis. In: JGL 10, 1998, 73–90.
Largier, Nikiaus. Meister Eckhart. Perspektiven der Forschung 1980–1993. In: ZdPh 114,29–98.
Lasch, Agathe. Geschichte der Schriftsprache in Berlin bis zur Mitte des 16. Jahrhunderts. Dortmund 1910.
Lasch, Agathe. Mittelniederdeutsche Grammatik. Halle 1914. 2. unveränd. Aufl. Tübingen 1974. Neudr. 2011.
Lasch, Agathe. „Berlinisch". Eine berlinische Sprachgeschichte. Berlin 1927.
Lasch, Agathe. Ausgewählte Schriften zur niederdeutschen Philologie, hrg. v. Robert Peters u. Timothy Sodmann. Neumünster 1979.
Lasch, Agathe/Conrad Borchling/Gerhard Cordes. Mittelniederdeutsches Handwörterbuch. Neumünster 1928 ff.
Lasch, Alexander. *Es sey das Fewer in der Stadt*. Textpragmatische und -grammatische Überlegungen zu vormodernen Feuerordnungen. In: Ziegler 2010, Bd. 2, 759–780.
Lasch, Alexander. Wissenschaftsvermittlung auf Blogs. In: Mitteilungen des Deutschen Germanistenverbandes 66, 2019, 255–262. DOI: mdge.2019.66.3.255
Lasch, Alexander/Wolf-Andreas Liebert (Hrg.). Handbuch Sprache und Religion. Berlin/Boston 2017.
Lass, Roger. Historical linguistics and language change. Cambridge 1997.
Laubinger, Andres/Brunhilde Gedderth/Claudia Dobrinski (Hrg.). Text – Bild – Schrift. Vermittlung von Information im Mittelalter. München 2007.
Lauer, Stephan. Stadtsprache im spätmittelalterlichen Luxemburg – eine Analyse der Luxemburger Rechnungsbücher (1388–1500). Trier 2018.
    Online: https://ubt.opus.hbz-nrw.de/opus45-ubtr/frontdoor/deliver/index/docId/864/file/DissertationStadtspracheLuxemburg.pdf
Lee, Anthony van der. Zur Satzinterpunktion dreier frühneuhochdeutscher Prosatexte. In: Neophilologus 61, 1977, 90–99.
Lee, Anthony van der. Die Graphemstruktur dreier frühneuhochdeutscher Traktate des Leipziger Volkspredigers Marcus van Weida (1450–1516). In: B. Hartmann u.a. (Hrg.). Sprache in Gegenwart und Geschichte. Köln/Wien 1978, 110–132.
Lee, Anthony van der. Beobachtungen zum Sprachgebrauch des Leipziger Volkspredigers Marcus von Weida (1450–1516). Amsterdam 1980.
Lee, Anthony van der/Oskar Reichmann. Die Erbauungsliteratur des späten Mittelalters und der frühen Neuzeit als Quellengrundlage für die Erforschung der Herausbildung der deutschen Nationalsprache. Ein Bericht. In: Jahrbuch für Internationale Germanistik IV, 2, 1972, 109–124.

Lee, Ki-Sook. Entstehung und Wandel der evolutionären Sprachauffassung in England und Deutschland. Frankfurt a.M. 1992.
Lefèvre, Michel. Die adverbialen Proformen *so, da, wo* im späten Frühneuhochdeutschen. In: Marie-Hélène Pérennec (Hrg.). Pro-Formen des Deutschen. Tübingen 1996, 63–74.
Lefèvre, Michel. Syntaktisch-kommunikative Merkmale bei Martin Luther und Thomas Murner im Vergleich. In: Schuster/Dogaru 2015, 59–82.
Lefèvre, Michel/Franz Simmler. Historische Syntax und Semantik vom Althochdeutschen bis zum Neuhochdeutschen. Berlin 2008.
Lehmann, Christian. Thoughts on grammaticalization. 3. Aufl. München 2005.
Lehmann, Winfried P. Einführung in die historische Linguistik. Heidelberg 1969.
Lehmann, Winfried P. A Gothic etymological dictionary. Based on the 3rd ed. of Vergleichendes Wörterbuch der gotischen Sprache by Sigmund Feist. Leiden 1986.
Lehmann, Winfried P./Yakov Malkiel (Hrg.). Directions for Historical Linguistics. Austin 1968.
Lehmberg, Maik. Der Amtssprachenwechsel im 16. Jahrhundert. Zur Sprachgeschichte der Stadt Göttingen. Neumünster 1999.
Lehmberg, Maik (Hrg.). Der Goslarer Ratskodex. Das Stadtrecht um 1350. Edition, Übersetzung und begleitende Beiträge. Bielefeld 2013.
Lehrnbecher, Petra. Engelwurz und Teufelsdreck. Zur Lexikographie der Heilpflanzen in Wörterbüchern des 16. bis 18. Jahrhunderts. Bern u.a. 1995.
Leibniz, Gottfried Wilhelm. Unvorgreifliche Gedanken, betreffend die Ausübung und Verbesserung der deutschen Sprache. Zwei Aufsätze. Hrg. von Uwe Pörksen. Kommentiert von Uwe Pörksen und Jürgen Schiewe. Stuttgart 1983.
Leipold, Aletta. Verbableitung im Mittelhochdeutschen. Eine synchron-funktionale Analyse der Motivationsbeziehungen suffixaler Verbwortbildungen. Tübingen 2006.
Leipold, Aletta/Hans-Joachim Solms. Farbbezeichnungen im Mittelhochdeutschen und Frühneuhochdeutschen. In: Spw 34, 2009, 317–340.
Leiss, Elisabeth. Zur Entstehung des nhd. analytischen Futurs. In: Spw 10, 1985, 250–273.
Leistikow, K. Albrecht Dürers Sprachstil. Berlin 1937.
Lele, Dzintra. Zum Problem der regionalen Varietät. Anhand der mittelniederdeutschen Handschriften aus Riga (16. Jahrhundert). In: NdJ 118, 1995, 121–139.
Lele, Dzintra. Soziolinguistische Aspekte der Ablösung des Niederdeutschen durch das Hochdeutsche in Riga (nach den Schriften der Großen Gilde). In: Gisela Brandt (Hrg.). Beiträge zur Geschichte der deutschen Sprache im Baltikum. Stuttgart 1996, 173–182.
Lele-Rozentāle, Dzintra. Anfänge der mittelniederdeutschen Kanzleitradition in Riga. Eine Untersuchung anhand des ältesten Erbebuches (1384–1482). In: Meier/Ziegler 2008a, 103–117.
Leloux, Herman. Nordostmittelniederländisch und Mittelniederdeutsch. Linguistische Beobachtungen an zwei Übersetzungen der Gradualpsalmen. In: NdJ 103, 1980, 32–71.
Lemberg, Hans u.a. (Hrg.). Bildungsgeschichte, Bevölkerungsgeschichte, Gesellschaftsgeschichte in den böhmischen Ländern und in Europa. München 1988.
Lemmer, Manfred. Lutherdeutsch und Gegenwartssprache. In: Zeitschrift für gutes Deutsch in Schrift und Wort 23, 1983, 161–166. Neudr. in: Lemmer 2015, 441–452.

Lemmer, Manfred. Vom Rotwelschen und seiner frühen Verschriftung von den Anfängen bis zu Martin Luther. In: Hertel u.a. 1996, 351–356. Neudr. in: Lemmer 2015, 496–504.
Lemmer, Manfred. Ausgewählte Schriften. Hrg. von Hans-Gert Roloff/Andrea Seidel/Hans-Joachim Solms/Thomas Wilhelmi. Sandersdorf 2015.
Lemmer, Manfred (Hrg.) 1987/88. Beiträge zur Sprachwirkung Martin Luthers im 17./18. Jahrhundert. 2 Bde. Halle/Wittenberg 1987/88.
Lemnitzer, Lothar/Heike Zinsmeister. Korpuslinguistik. Eine Einführung. 3. Aufl. Tübingen 2015.
Lendle, Otto/Paul Gerhard Schmidt/Max Pfister/Bodo Müller/Walter W. Müller. Mediterrane Kulturen und ihre Ausstrahlung auf das Deutsche. Marburg 1986.
Lenerz, Jürgen. Zur Abfolge nominaler Satzglieder im Deutschen. Tübingen 1977.
Lenerz, Jürgen. Syntaktischer Wandel und Grammatik-Theorie. Eine Untersuchung an Beispielen aus der Sprachgeschichte des Deutschen. Tübingen 1984.
Lenk, Werner. Martin Luther und die Macht des Wortes. In: Schildt 1984, Bd. 1, 134–148.
Lenk, Werner. Die nationale Komponente in der deutschen Literaturentwicklung der frühen Neuzeit. In: Garber 1989, 669–687.
Leonhardt, Joachim-Felix u.a. (Hrg.). Medienwissenschaft. Ein Handbuch zur Entwicklung der Medien und Kommunikationsformen. 3 Teilbde. Berlin/New York 1999–2002 (HSK 15).
Leopold, Max. Die Vorsilbe *ver- und* ihre Geschichte. Breslau 1907.
Lepp, Friedrich. Schlagwörter der Reformationszeit. Leipzig 1908.
Lepper, Marcel/Dirk Werle (Hrg.). Entdeckung der frühen Neuzeit. Konstruktionen einer Epoche der Literatur- und Sprachgeschichte seit 1750. Stuttgart 2011.
Leppin, Volker. Die Reformation. 2. aktual. Aufl. Darmstadt 2017.
Leppin, Volker/Gury Schneider-Ludorff (Hrg.). Das Luther-Lexikon. Regensburg 2014.
Lerchner, Gotthard. Studien zum nordwestgermanischen Wortschatz. Ein Beitrag zu den Fragen um Aufbau und Gliederung des Germanischen. Halle 1965.
Lerchner, Gotthard. Zu gesellschaftstheoretischen Implikationen der Sprachgeschichtsforschung. In: Beitr (H) 94, 1974, 141–155.
Lerchner, Gotthard. Kultur und Kommunikation. Kulturmorphologie Möglichkeit eines Beschreibungsmodells historischer Sprachvariation. In: BEDS 6, 1986, 7–18.
Lerchner, Gotthard. Der Diskurs im sprachgeschichtlichen Prozeß. Zur Rolle des Subjekts in einer pragmatischen Theorie des Sprachwandels. In: ZPSK 41, 1988, 279–292.
Lerchner, Gotthard. Präsentation und Klassifikation eines historischen Textsortenspektrums. Das Lesebuch als textgeschichtlicher Abriß. In: ZGL 19, 1991, 209–217.
Lerchner, Gotthard. Niederländisch als Herausforderung an die Sprachhistoriographie des Deutschen. In: Helga Hipp (Hrg.). Niederlandistik und Germanistik. Frankfurt a.M. 1992, 25–30.
Lerchner, Gotthard. Regionale Identität und standardsprachliche Entwicklung. Aspekte einer sächsischen Sprachgeschichte. Leipzig 1997.
Lerchner, Gotthard. Historische Kommunikationsnetze als Grundlage für Entstehung und Entwicklung fachsprachlicher Varietäten. In: Barz/Fix 2008, 85–88.
Lerchner, Gotthard/Marianne Schröder/Ulla Fix (Hrg.). Chronologische, areale und situative Varietäten des Deutschen in der Sprachhistoriographie. Festschrift für Rudolf Große. Frankfurt a.M. 1995.

Leuschner, Torsten/Tanja Mortelmans/Sarah De Groodt (Hrg.). Grammatikalisierung im Deutschen. Berlin/New York 2005.
Lévy, Paul S. Die deutsche Sprache in Frankreich. Bd. 1. Von den Anfängen bis 1830. Übersetzt und bearbeitet von Barbara Kaltz. Wiesbaden 2013.
Lewandowski, Theodor. Linguistisches Wörterbuch. 3 Bde. 5. überarb. Aufl. 1990.
Lexer, Matthias. Mittelhochdeutsches Handwörterbuch. 3 Bde. Leipzig 1872–78. Nachdr. Stuttgart 1979. Online: http://www.woerterbuchnetz.de.
LGL = Hans Peter Althaus/Helmut Henne/Herbert Ernst Wiegand (Hrg.). Lexikon der germanistischen Linguistik. 2. Aufl. Tübingen 1980.
Lichtenberger, Henri. Histoire de la langue allemande. Paris 1895.
Lide, Sven/Alfred Larsson. Das Lautsystem der niederdeutschen Kanzleisprache Hamburgs im 14. Jahrhundert. Mit einer Einleitung über das hamburgische Kanzleiwesen. Uppsala 1922.
Lieb, Hans H. Sprachstadium und Sprachsystem. Umrisse einer Sprachtheorie. Stuttgart 1970.
Lindemann, Beate/Ole Letnes (Hrg.). Diathese, Modalität, Deutsch als Fremdsprache. Festschrift für Oddleif Leirbukt. Tübingen 2004.
Lindemann, Margot. Deutsche Presse bis 1815. Berlin 1969.
Linden, Sandra. Das sprechende Buch. Fingierte Mündlichkeit in der Schrift. In: Laubinger u.a. 2008, 83–100.
Lindgren, Kaj B. Die Apokope des mhd. -*e* in seinen verschiedenen Funktionen. Helsinki 1953.
Lindgren, Kaj B. Über den oberdeutschen Präteritumschwund. Helsinki 1957.
Lindgren, Kaj B. Die Ausbreitung der neuhochdeutschen Diphthongierung bis 1500. Helsinki 1961.
Lindner, Thomas. Zur Geschichte und Funktion von Fugenelementen in deutschen Nominalkomposita. In: MS 42, 1998, 1–10.
Lindow, Max. Niederdeutsch als evangelische Kirchensprache im 16. und 17. Jahrhundert. Greifswald 1926.
Lindqvist, Christer. Zur Entstehung von Präpositionen im Deutschen und Schwedischen. Tübingen 1994.
Lingelbach, Gabriele/Harriet Rudolph. Geschichte studieren. Eine praxisorientierte Einführung für Historiker von der Immatrikulation bis zum Berufseinstieg. Berlin 2005.
Link, Elisabeth. Lehnwortbildung im Wörterbuch. In: Gisela Harras (Hrg.). Das Wörterbuch. Artikel und Verweisstrukturen. Düsseldorf 1988, 223–284.
Link, Hannelore. Rezeptionsforschung. Eine Einführung in Methoden und Probleme. Stuttgart u.a. 1976. 2. Aufl. 1980.
Linke, Angelika. Sprachkultur und Bürgertum. Zur Mentalitätsgeschichte des 19. Jahrhunderts. Stuttgart 1996.
Linke, Angelika. Sprache, Gesellschaft und Geschichte. Überlegungen zur symbolischen Funktion kommunikativer Praktiken der Distanz. In: ZGL 26, 1998, 135–154.
Linke, Angelika. Kommunikationsgeschichte. In: Ágel/Gardt 2014, 22–45.
Linke, Angelika/Markus Nussbaumer/Paul R. Portmann. Studienbuch Linguistik. Tübingen 1991. 5. erw. Aufl. 2004.
Lippi-Green, Rosina. Language ideology and language change in early modern German. A sociolinguistic study of the consonantal System of Nuremberg. Amsterdam 1994.
Listen, Paul. The emergence of German polite *Sie*. Cognitive and sociolinguistic parameters. New York u.a. 1999.

Lloyd, Albert L. u.a. Etymologisches Wörterbuch des Althochdeutschen. Band 1 ff. Göttingen u.a. 1988 ff.
Lobenstein-Reichmann, Anja. „Freiheit" bei Martin Luther. Lexikographische Textanalyse als Methode historischer Semantik. Berlin/New York 1998.
Lobenstein-Reichmann, Anja. Wortbildung bei Martin Luther. Systematische, semantische und kommunikative Aspekte. In: Mattheier/Nitta 2004, 69–97.
Lobenstein-Reichmann, Anja. Luther als Sprachreformator. In: Emmanuel Behague/Denis Goeldel (Hrg.). Une Germanistique sans rivage. Mélanges en l'Honneur de Frédéric Hartweg. Strasbourg 2005, 85–94.
Lobenstein-Reichmann, Anja. Historische Semantik und Geschichtswissenschaft – eine verpasste Chance? In: Riecke 2011, 62–79.
Lobenstein-Reichmann, Anja. Sprachliche Ausgrenzung im späten Mittelalter und in der Frühen Neuzeit. Berlin/Boston 2013.
Lobenstein-Reichmann, Anja. Sprachgeschichte als Beziehungs- und Gesellschaftsgeschichte. In: Ágel/Gardt 2014, 46–62.
Lobenstein-Reichmann, Anja. Martin Luther und der Bauernkrieg. Haben die Bauern Luther missverstanden? In: Triangulum. Germanistisches Jahrbuch 2014 für Estland, Lettland und Litauen, 20, 2015, 29–47.
Lobenstein-Reichmann, Anja. Medizinisches im Frühneuhochdeutschen Wörterbuch. In: Riecke 2017b, 131–154. (=2017a.)
Lobenstein-Reichmann, Anja. „Wer Christum nicht erkennen will, den las man fahren". Luthers Antijudaismus. In: N.R.Wolf 2017, 147–165. (2017b.)
Lobenstein-Reichmann, Anja. Mystische Wurzeln in Luthers Sprache. In: Habermann 2018b, 27–54.
Lobenstein-Reichmann, Anja/Oskar Reichmann (Hrg.) Neue historische Grammatiken. Zum Stand der Grammatikschreibung historischer Sprachstufen des Deutschen und anderer Sprachen. Tübingen 2003.
Lobenstein-Reichmann, Anja/Oskar Reichmann (Hrg.) Frühneuhochdeutsch. Aufgaben und Probleme seiner linguistischen Beschreibung. Hildesheim 2011.
Lobin, Henning. Engelbarts Traum. Wie der Computer uns Lesen und Schreiben abnimmt. Frankfurt a.M./New York 2014.
Lobin, Henning/Roman Schneider/Andreas Witt (Hrg.). Digitale Infrastrukturen für die germanistische Forschung. Berlin/Boston 2018.
Lockwood, William B. Historical German Syntax. Oxford 1968.
Lockwood, William B. An informal history of the German language. With chapters on Dutch and Afrikaans, Frisian and Yiddish. 2. Aufl. London 1976.
Löffler, Heinrich. Germanistische Soziolinguistik. Berlin 1985. 5. neu bearb. Aufl. 2016.
Löffler, Heinrich. Deutsch und Latein. Eine tausendjährige Geschichte der Annäherung und der Entfremdung. In: Iwasaki 1991, 3, 82–88.
Löffler, Heinrich. ‚Persönliche Kollektiva' und andere Personenbezeichnungen im Alt- und Neuhochdeutschen. Ein sprachhistorischer Beitrag zu einem aktuellen Problem. In: Burger 1992, 34–46.
Lötscher, Andreas. Variation und Grammatisierung in der Geschichte des erweiterten Adjektiv- und Partizipialattributs des Deutschen. In: Betten 1990a, 14–28.
Lötscher, Andreas. Herausstellung nach links in diachronischer Sicht. In: Spw 20, 1995, 32–63.
Lötscher, Andreas. Satzbau und narrative MikroStrukturen in Prosaromanen des 15. und 16. Jahrhunderts. In: Schwarz/Abplanalp 1997, 155–170.

Lötscher, Andreas. Syntaktische Irregularitäten beim komplexen Satz im älteren Deutsch. In: Beitr 120, 1998, 1–28.
Lötscher, Andreas. Verbendstellung im Hauptsatz in der deutschen Prosa des 15. und 16. Jahrhunderts. In: Spw 25, 2000, 153–191. (=2000a.)
Lötscher, Andreas. Verbstellungsprobleme in der schweizerischen Schreibsprache des 16. Jahrhunderts: Die Abfolge der Elemente in zweiteiligen Verbalkomplexen. In: Funk/König/Renn 2000, 199–215. (2000b.)
Lötscher, Andreas. „Noble chevalier" – „Edler Ritter". Zur sprachlichen Höflichkeit in der „Magelone" und im Amadis. In: Meier/Ziegler 2001b, 179–194.
Lötscher, Andreas. Verbstellung im zweiteiligen Verbalkomplex im Frühneuhochdeutschen – Textlinguistik und Grammatik. In: Ziegler 2010, Bd. 2, 605–630. (=2010a.)
Lötscher, Andreas. Auf der Suche nach syntaktischen „Nähe-Distanz"-Signalen in frühneuhochdeutschen Texten. In: Ágel/Hennig 2010, 111–134. (=2010b.)
Lötzsch, Ronald. Duden. Jiddisches Wörterbuch. 3. überarb. und erw. Aufl. Berlin 2018.
Lübben, August. Mittelniederdeutsches Handwörterbuch, voll. v. Christoph Walther. Norden/Leipzig 1888. Nachdr. 1995.
Lüdtke, Helmut. Ausbreitung der neuhochdeutschen Diphthongierung? In: ZMaf 35, 1968, 97–109.
Lüdtke, Helmut (Hrg.). Kommunikationstheoretische Grundlagen des Sprachwandels. Berlin/New York 1980.
Ludwig, Andreas W. Die deutsche Urkundensprache Churs im 13. und 14. Jahrhundert. Graphemik, Phonologie und Morphologie. Berlin/New York 1989.
Ludwig, Otto. Funktionen geschriebener Sprache und ihr Zusammenhang mit Funktionen der gesprochenen und inneren Sprache. In: ZGL 8, 1980, 74–92.
Ludwig, Otto. Sprache oder Sprachform. Zu einer Theorie der Schriftlichkeit. In: ZGL 19, 1991, 274–292.
Lüers, Grete. Die Sprache der deutschen Mystik des Mittelalters im Werk der Mechthild v. Magdeburg. München 1926.
Luhmann, Niklas. Gesellschaftsstruktur und Semantik. Studien zur Wissenssoziologie der modernen Gesellschaft. 4 Bde. Frankfurt a.M. 1980–1995.
Lühr, Rosemarie. Zur Syntax des Nebensatzes bei Luther. In: Spw 10, 1985, 2650, 358.
Lühr, Rosemarie. Zur Parenthese im Mittelhochdeutschen. Eine pragmalinguistische Untersuchung. In: Spw 16, 1991, 162–226.
Lühr, Rosemarie. Konzessive Relationen. In: Askedal 1998a, 165–192.
Lühr, Rosemarie. Satzkomplexität in fürstlichen Korrespondenzen der frühen Neuzeit. In: Kwekkeboom/Waldenberger 2016, 455–478.
Lühr, Rosemarie/Klaus Matzel. Zum Weiterleben des Rotwelschen. In: ZDL 57, 1990, 42–53.
Lühr, Rosemarie/Vera Faßhauer/Daniela Prutscher/Henry Seidel (Hrg.). Genderspezifik in thüringischen Fürstinnenkorrespondenzen der Frühen Neuzeit. Korpusphilologische Studien. Hamburg 2018.
Lüllwitz, Brigitte. Interferenz und Transferenz. Hildesheim 1972.
Lütge, Friedrich. Deutsche Sozial- und Wirtschaftsgeschichte. 3. Aufl. Berlin 1966.
Luther, Yvonne. Zukunftsbezogene Äußerungen im Mittelhochdeutschen. Frankfurt a.M. u. a. 2013.
Lutz, Robert Hermann. Wer war der gemeine Mann? Der dritte Stand in der Krise des Spätmittelalters. München/Wien 1979.

Lutzeier, Peter Rolf. Lexikologie. Heidelberg 1997.
Lyons, John. Einführung in die moderne Linguistik. Aus dem Engl. übersetzt von W. u. G. Abraham. München 1971. 8. unveränd. Aufl. 1995.

Maas, Utz. Der Wechsel vom Niederdeutschen zum Hochdeutschen in den norddeutschen Städten der frühen Neuzeit. In: Cramer 1983, 114–129.
Maas, Utz. Lesen Schreiben Schrift. Die Demotisierung eines professionellen Arkanums im Spätmittelalter und in der frühen Neuzeit. In: LiLi 59, 1985, 55–81.
Maas, Utz. Die „Modernisierung" der sprachlichen Verhältnisse in Norddeutschland seit dem späten Mittelalter. In: DU 38, 1986, 4, 37–51.
Maas, Utz. Der kulturanalytische Zugang zur Sprachgeschichte. In: WW 33, 1987, 87–104.
Maas, Utz. Die Entwicklung der deutschsprachigen Sprachwissenschaft von 1900 bis 1950 zwischen Professionalisierung und Politisierung. In: ZGL 16, 1988, 253–290.
Maas, Utz. Sprachpolitik und politische Sprachwissenschaft. Frankfurt a.M. 1989.
Maas, Utz. Schriftlichkeit und das ganz Andere: Mündlichkeit als verkehrte Welt der Intellektuellen. Schriftlichkeit als Zuflucht der Nichtintellektuellen. In: Aleida Assmann/Dietrich Harth (Hrg.). Kultur als Lebenswelt und Monument. Frankfurt a.M. 1991, 211–232.
Maas, Utz. Grundzüge der deutschen Orthographie. Tübingen 1992.
Maas, Utz. Ländliche Schriftkultur in der Frühen Neuzeit. In: Gardt u.a. 1995, 249–278. (=1995a.)
Maas, Utz. Einige Grundannahmen zur Analyse der Groß- und Kleinschreibung im Deutschen, insbes. zu ihrer Grammatikalisierung in der frühen Neuzeit. In: Lerchner u.a. 1995, 85–100. (=1995b.)
Maas, Utz/Klaus Mattheier. Die Erforschung historischer Stadtsprachen. In: ZdPh, Sonderheft 1987.
Maaß, Christiane/Annett Vollmer (Hrg.). Mehrsprachigkeit in der Renaissance. Heidelberg 2005.
Macha, Jürgen. Kölner Turmbücher – Schreibsprachwandel in einer seriellen Quelle der Frühen Neuzeit. In: ZdPh 110, 1991, 36–61.
Macha, Jürgen. Sprachgeschichte und Kulturgeschichte. Frühneuzeitliche Graphien als Indikatoren konfessioneller Positionierung. In: ZGL 34, 2006, 105–130.
Macha, Jürgen. Die Sprache von Glockeninschriften: Variation, Konvergenz und Divergenz unter dem Einfluss von Reformation und Gegenreformation. In: Christine Magin/Ulrich Schindel/Christine Wulf (Hrg.). Traditionen, Zäsuren, Umbrüche: Inschriften des späten Mittelalters und der frühen Neuzeit im historischen Kontext. Wiesbaden 2008, 103–121.
Macha, Jürgen. Alles Luther oder was? Zum Mythos deutscher Spracheinheit in der Frühen Neuzeit. In: Lieselotte Anderwald (Hrg.). Sprachmythen: Fiktion oder Wirklichkeit? Frankfurt a.M. 2012, 219–229.
Macha, Jürgen. Textsorte Glockeninschrift. Beobachtungen zu ihrer Konfessionalisierung in der Frühen Neuzeit. In: Ernst/Meier 2014, 359–374. (=2014a.)
Macha, Jürgen. Der konfessionelle Faktor in der deutschen Sprachgeschichte der Frühen Neuzeit. Würzburg 2014. (=2014b.)
Macha, Jürgen/Elmar Neuss/Robert Peters (Hrg.). Rheinisch-Westfälische Sprachgeschichte. Köln u.a. 2000.

Macha, Jürgen/u.a. (Hrg.). Deutsche Kanzleisprache in Hexenverhörprotokollen der Frühen Neuzeit. 2 Bde. Berlin/New York 2005.
Macha, Jürgen/Anna-Maria Balbach/Sarah Horstkamp (Hrg.). Konfession und Sprache in der Frühen Neuzeit. Interdisziplinäre Perspektiven. Münster u.a. 2012.
Mackensen, Lutz. Deutsche Etymologie. Ein Leitfaden durch die Geschichte des deutschen Wortes. Bremen 1962.
Mackowiak, Klaus. Caesars Vermächtnis: Lateinische Wörter und Wendungen im Deutschen. Mannheim 2012.
Mähl, Stefan. Studien zum mittelniederdeutschen Adverb. Köln u.a. 2004.
Mähl, Stefan. Stockholmer mittelniederdeutsche Briefe und Urkunden des 14. und 15. Jahrhunderts. In: Moulin/Ravida/Ruge 2010, 133–146.
Mähl, Stefan. Mehrgliedrige Verbalkomplexe im Mittelniederdeutschen. Ein Beitrag zu einer historischen Syntax des Deutschen. Köln u.a. 2014.
Magin, Christine/Falk Eisermann. „Ettwas zu sagen von den Iuden". Themen und Formen antijüdischer Einblattdrucke im späten 15. Jahrhundert. In: Gudrun Litz/ Heidrun Munzert/Roland Liebenberg (Hrg.). Frömmigkeit – Theologie – Frömmigkeitstheologie. Contributions to European Church History. Festschrift Berndt Hamm. Leiden u.a. 2005, 173–193.
Makowski, Matthias. Praga Caput Regni. Untersuchungen zur Sprach- und Kulturgeschichte des Spätmittelalters. Bern u.a. 1994.
Malige-Klappenbach, Helene. Die Entwicklung der Großschreibung im Deutschen. In: Wissenschaftliche Annalen, 4, 1955, 102–118.
Manguel, Alberto. Eine Geschichte des Lesens. Berlin 1998.
Marcq, Philippe/Thérèse Robin. Linguistique historique de l'allemand. Paris 1997.
Marti, Roland (Hrg.). Sprachenpolitik in Grenzregionen. Saarbrücken 1996.
Martinet, André. Grundzüge der Allgemeinen Sprachwissenschaft. Deutsche Übersetzung. Stuttgart 1963. 5. unveränd. Aufl. 1971.
Martinet, André. Sprachökonomie und Lautwandel. Stuttgart 1981.
Masarik, Zdenek. Die frühneuhochdeutsche Geschäftssprache in Mähren. Brno 1985.
Masarik, Zdenek. Zur dialektalen Gliederung der frühneuhochdeutschen Kanzleisprache in Mähren. In: Moshövel/Spáčilová 2009, 23–34.
Maschke, Erich/Jürgen Sydow (Hrg.). Stadt und Universität im Mittelalter und in der frühen Neuzeit. Sigmaringen 1977.
Matras, Yaron. Zur Rekonstruktion des jüdischdeutschen Wortschatzes in den Mundarten ehemaliger „Judendörfer" in Südwestdeutschland. In: ZDL 58, 1991, 267–293.
Mattheier, Klaus J. Pragmatik und Soziologie der Dialekte. Heidelberg 1980.
Mattheier, Klaus J. Wege und Umwege zur neuhochdeutschen Schriftsprache. In: ZGL 9, 1981, 274–307. (=1981a.)
Mattheier, Klaus J. Das Rechnungsbuch der Elisabeth Horns. Sprach- und Kulturgeschichtliche Bemerkungen zu einem Kölner Gebrauchstext des späten 16. Jahrhunderts. In: Rheinisch-westfälische Zeitschrift für Volkskunde 26/27, 1981/82, 31–55. (=1981b.)
Mattheier, Klaus J. Sozialgeschichte und Sprachgeschichte in Köln. Überlegungen zur historischen Sprachsoziologie. In: RhVjb 46, 1982, 226–253.
Mattheier, Klaus J. ‚Gemeines Deutsch – Süddeutsche Reichssprache – Jesuitendeutsch'. Bemerkungen über die Rolle Süddeutschlands in der Geschichte der neuhochdeutschen Schriftsprache. In: Erwin Koller u.a. (Hrg.). Bayerisch-österreichische Dialektforschung. Würzburg 1989, 160–166.

Mattheier, Klaus J. Sprachgeschichte als Sozialgeschichte. Über eine (mögliche) Einbettung der Sprachgeschichte in die Sozialgeschichte, diskutiert an der deutschen Sprachgeschichte. In: D. Petzina/J. Reulecke (Hrg.). Bevölkerung, Wirtschaft, Gesellschaft seit der Industrialisierung. Festschrift für W. Köllmann. 1990, 293–309.
Mattheier, Klaus J. „Gemeines Deutsch" – ein Sinnbild der sprachlichen Einigung. In: Iwasaki 1991, Bd. 4, 39–48.
Mattheier, Klaus J. Sprachgeschichte des Deutschen: Desiderate und Perspektiven. In: Gardt u. a. 1995, 1–18.
Mattheier, Klaus J. Gibt es eine regionale Sprachgeschichte der Rheinlande? In: ZdPh 117, 1998, Sonderh. 144–151.
Mattheier, Klaus J. Siedlung oder Bildung? Überlegungen zu zwei Prinzipien im Prozeß der Entstehung des Neuhochdeutschen. In: W. Hoffmann u. a. 1999, 135–146. (=1999a.)
Mattheier, Klaus J. Sprachistoriker als Soziologen. Über sprachwissenschaftliche Versuche zur Strukturierung sozialer Gemeinschaften. In: Gardt u. a. 1999, 11–18. (=1999b.)
Mattheier, Klaus J. Dialect and Written Language: Change in Dialect Norms in the History of the German Language. In: Langer/Davies 2005, 263–281.
Mattheier, Klaus J. (Hrg.). Norm und Variation. Frankfurt a.M. 1997.
Mattheier, Klaus J./Haruo Nitta (Hrg.). Sprachwandel und Gesellschaftswandel. Wurzeln des heutigen Deutsch. München 2004.
Mattheier, Klaus J./Haruo Nitta/Mitsujo Ono (Hrg.). Methoden zur Erforschung des Frühneuhochdeutschen. Studien des deutsch-japanischen Arbeitskreises für Frühneuhochdeutschforschung. München 1993.
Mattheier, Klaus J./Haruo Nitta/Mitsujo Ono (Hrg.). Gesellschaft, Kommunikation und Sprache Deutschlands in der frühen Neuzeit. Studien des deutsch-japanischen Arbeitskreises für Frühneuhochdeutschforschung. München 1997.
Mattheier, Klaus J. u. a. (Hrg.). Vielfalt des Deutschen. Festschrift für Werner Besch. Frankfurt a.M. 1993.
Matzel, Klaus. Karl d. Gr. und die lingua theodisca. In: RhVjb 34, 1971, 172–189. (=1971a.)
Matzel, Klaus. Das Problem der ‚Karlingischen Hofsprache'. In: Ursula Hennig/Herbert Kolb (Hrg.). Mediaevalia litteraria. Festschrift für H. de Boor. München 1971, 15–31. (=1971b.)
Matzel, Klaus/Jörg Riecke/Gerhard Zipp. Spätmittelalterlicher deutscher Wortschatz aus Regensburger und mittelbairischen Quellen. Heidelberg 1989.
Matzinger-Pfister, Regula. Paarformel, Synonymik und zweisprachiges Wortpaar. Zur mehrgliedrigen Ausdrucksweise der mittelalterlichen Urkundensprache. Zürich 1972.
Maurer, Friedrich. Untersuchungen über die deutsche Verbstellung in ihrer geschichtlichen Entwicklung. Heidelberg 1926.
Maurer, Friedrich/Heinz Rupp (Hrg.). Deutsche Wortgeschichte. 3 Bde. 3. neu bearb. Aufl. Berlin/New York 1974–1978.
Maxwell, Hugh. Valenzgrammatik mittelhochdeutscher Verben. Frankfurt a.M. u. a. 1982.
Mayerthaler, Willi. Morphologische Natürlichkeit. Wiesbaden 1981.
Mayerthaler, Willi/Günther Fliedl/Christian Winkler. Infinitivprominenz in europäischen Sprachen. Teil II: Der Alpen-Adria-Raum als Schnittstelle von Germanisch, Romanisch und Slawisch. Tübingen 1995.

Mayerthaler, Willi/Günther Fliedl/Christian Winkler. Lexikon der natürlichkeitstheoretischen Syntax und Morphosyntax. Tübingen 1998.
McAlister-Hermann, Judith. Hochdeutsch und Niederdeutsch in der Schreibpraxis eines Osnabrücker Stadtschreibers des späten 16. Jahrhunderts: Eine historische Sprachbiographie in der Erforschung sprachlicher Verhältnisse in einer norddeutschen Stadt. In: Bauer 1988a, 169–237.
McLean, Matthew. The Cosmographia of Sebastian Münster. Describing the World in the Reformation. Aldershot 2007.
McLelland, Nicola. Understanding German Grammar Takes Centuries … In: Horan u.a. 2009, 57–84.
McLelland, Nicola. German Through English Eyes. A History of Language Teaching and Learning in Britain, 1500–2000. Wiesbaden 2015.
McLelland, Nicola/Hans-Jochen Schiewer/Stefanie Schmitt (Hrg.). Humanismus in der deutschen Literatur des Mittelalters und der frühen Neuzeit. XVIII. Anglo-German Colloquium Hofgeismar 2003. Tübingen 2008.
McMahon, April M.S. Understanding language change. Cambridge 1994.
Meibauer, Jörg. *kunst vertrücker und kolengreber*: zum Wortbildungswandel der N+V+*er*-Bildungen im Frühneuhochdeutschen. In: Irmhild Barz/Günther Öhlschläger (Hrg.). Zwischen Grammatik und Lexikon. Tübingen 1998, 81 – 101.
Meibauer, Jörg. Pragmatik. Eine Einführung, 2. verb. Aufl. Tübingen 2008.
Meier, Jörg. Briefwechsel in der frühen Neuzeit. Städtische Korrespondenzen des 16. Jahrhunderts. In: Schwarz/Abplanalp 1997, 171–183.
Meier, Jörg. Kommunikationsbereiche und Textsorten des Frühneuhochdeutschen in der Slowakei. In: Carola L. Gottzmann/Petra Hörner (Hrg.). Studien zu Forschungsproblemen der deutschen Literatur in Mittel- und Osteuropa, Frankfurt a.M.u.a. 1998, 149–168.
Meier, Jörg. Frühneuhochdeutsch als Fremdsprache in Europa: Sprachkontakte im Spätmittelalter und in der Frühen Neuzeit. In: Meier/Ziegler 2001b, 99–113.
Meier, Jörg. Briefwechseltypologien der Frühen Neuzeit. Die Kommunikationsform „Brief" im 16. Jahrhundert. In: Simmler 2002, 369–384.
Meier, Jörg. Städtische Kommunikation in der frühen Neuzeit: historische Soziopragmatik und historische Textlinguistik. Frankfurt a.M. u.a. 2004. (=2004a.)
Meier, Jörg. Stadtbücher als Untersuchungsgegenstand einer Historischen Textlinguistik. In: Nybøle u.a. 2004, 77–92. (=2004b.)
Meier, Jörg. Die Anfänge deutschsprachiger Kanzleien in Mittel- und Osteuropa. In: Czachur/Czyżewska 2008, 551–562. (=2008a.)
Meier, Jörg. Städtische Kommunikation im Spätmittelalter und in der Frühen Neuzeit. In: Laubinger u.a. 2008, 127–145. (=2008b.)
Meier, Jörg. Zur räumlichen und zeitlichen Abgrenzung einer Erforschung der deutschen Kanzleisprachen. In: Moshövel/Spáčilová 2009, 199–211.
Meier, Jörg. Sprachenkontakte und Deutsch als Fremdsprache im Europa des Mittelalters und der Frühen Neuzeit. In: Wich-Reif 2016, 308–328.
Meier, Jörg/Arne Ziegler. Stadtbücher als Textallianzen. Eine textlinguistische Untersuchung zu einem wenig beachteten Forschungsgegenstand. In: Schwarz/Abplanalp Luscher 2001, 217–245. (=2001a.)
Meier, Jörg/Arne Ziegler (Hrg.). Deutsche Sprache in Europa. Geschichte und Gegenwart. Wien 2001. (=2001b.)

Meier, Jörg/Arne Ziegler (Hrg.). Aufgaben einer zukünftigen Kanzleisprachenforschung. Wien 2003.
Meier, Jörg/Arne Ziegler (Hrg.). Die Anfänge deutschsprachiger Kanzleien in Europa. Wien 2008. (=2008a.)
Meier, Jörg/Arne Ziegler. Die Anfänge deutschsprachiger Kanzleien in Europa. In: Meier/Ziegler 2008a, 9–32. (=(2008b.)
Meineke, Eckhard. ‚Natürlichkeit‘ und ‚Ökonomie‘. Neuere Auffassungen des Sprachwandels. In: Spw 14, 1989, 318–356.
Meineke, Eckhard. Überlegungen zur Erforschung des Mittelhochdeutschen. In: ZDL 66, 1999, 147–184.
Meineke, Eckhard. Substantivkomposita des Mittelhochdeutschen. Eine korpuslinguistische Untersuchung, Frankfurt a.M. u. a. 2006.
Meineke, Eckhard/Judith Schwerdt. Einführung in das Althochdeutsche. Paderborn u.a. 2001.
Meillet, Antoine. L'évolution des formes grammaticales. In: Scientia (Rivista di Scienza) 12, No. 26, 6 (1912) 384–400. Neudr. in: Antoine Meillet. Linguistique historique et linguistique générale. Bd. 1. Paris 1948, 30–148.
Meisenburg, Trudel. Die großen Buchstaben und was sie bewirken können: Zur Geschichte der Majuskel im Französischen und im Deutschen. In: Wolfgang Raible (Hrg.). Erscheinungsformen kultureller Prozesse. Tübingen 1990, 281–315.
Meisenburg, Trudel. Zur Typologie von Alphabetschriftsystemen anhand des Parameters der Tiefe. In: Linguistische Berichte 173, 1998, 43–64.
Meiß, Klaus. Streit um die Lutherbibel. Sprachwissenschaftliche Untersuchung zur neuhochdeutschen Standardisierung (Schwerpunkt Graphematik) anhand Wittenberger und Frankfurter Drucke. Frankfurt a.M. u.a. 1994.
Menke, Hubertus (Hrg.). Die Niederlande und der europäische Nordosten. Ein Jahrtausend weiträumiger Beziehungen (700–1700). Neumünster 1992.
Mentrup, Wolfgang. Die Groß- und Kleinschreibung im Deutschen und ihre Regeln. Historische Entwicklung und Vorschläge zur Neuregelung. Tübingen 1979.
Mentrup, Wolfgang (Hrg.). Materialien zur historischen Entwicklung der Gross- und Kleinschreibungsregeln. Tübingen 1980.
Mentzel-Reuters. Das Nebeneinander von Handschrift und Buchdruck im 15. und 16. Jahrhundert. In: Rautenberg 2013, 411–442.
Merk, Walther. Werdegang und Wandlungen der deutschen Rechtssprache. Marburg 1933.
Merten, Marie-Luis. Literater Sprachausbau kognitiv-funktional. Funktionswort-Konstruktionen in der historischen Rechtsschriftlichkeit. Berlin/Boston 2018.
Merveldt, Nikola von. Vom Geist im Buchstaben. Georg Rörers reformatorische Typographie der Heiligen Schrift. In: Frieder von Ammon/Herfried Vögel (Hrg.). Die Pluralisierung des Paratextes in der Frühen Neuzeit. Theorie, Formen, Funktionen. Münster 2008, 187–223.
Mesli, Nadia. Zur Pronominalisierung im Bereich der Funktionsverbgefüge bei Martin Luther. In: Marie-Hélène Pérennec (Hrg.). Pro-Formen des Deutschen. Tübingen 1996, 99–110.
Messerli, Alfred. Leser, Leserschichten und -gruppen. Lesestoffe in der Neuzeit (1450–1850). Konsum, Rezeptionsgeschichte, Materialität. In: Rautenberg 2013, 443–502.
Messerli, Alfred/Michael Schilling (Hrg.). Die Intermedialität des Flugblatts in der Frühen Neuzeit. Stuttgart 2015.
Mettke, Heinz. Mittelhochdeutsche Grammatik. 5. Aufl. Leipzig 1983.

Metzler, Regine. Morphosyntaktische Analyse der attributiv erweiterten Substantivgruppen in Privatbriefen des 16. Jahrhunderts. In: BEDS 9, 1989, 227–254. (=1989a.)
Metzler, Regine. Zwickauer Handwerksordnungen des 14. Jahrhunderts als Beispiel für die Verschriftlichung einer mündlich tradierten Textsorte. In: Heimann u.a. 1989, 53–67. (=1989b.)
Metzler, Regine. Schriftlichkeit und Mündlichkeit in Leipziger Pestbüchlein des 16. Jahrhunderts. In: ZfG N.F. V, 1995, 60–73. (=1995a.)
Metzler, Regine. Zur Subklassifizierung chronikalischer Textsorten des 16. Jahrhunderts. In: Lerchner u.a. 1995, 101–112. (=1995b.)
Metzler, Regine. Soziolinguale Aspekte des Sprachgebrauchs in naturwissenschaftlichen Fachtexten des 15. und 16. Jahrhunderts. In: G. Brandt 1995a, 145–166. (=1995c.)
Metzler, Regine. Privatbriefe aus dem 16. und dem 18. Jahrhundert. Ein empirischer Vergleich zur Textsortengeschichte. In: Hertel u.a. 1996, 357–382. (=1996a.
Metzler, Regine. Gedruckte und ungedruckte ostmitteldeutsche Rechtstexte aus der 1. Hälfte des 16. Jahrhunderts. Kanzleisprachliches in den Zwickauer Druckereien. In: Große/Wellmann 1996, 101–118. (=1996b.)
Meucelin-Roeser, M. Studien zum Prosastil Jörg Wickrams. Freiburg 1955.
Meves, Uwe. Bauernkriegsliteratur im bundesdeutschen Lesebuch der Gegenwart. In: WW 5/1980, 323–338.
Michel, Sascha. *Or+en+wurm, Tag+s+brief, Kelb+er+arzet*: Fugenelemente in N+N-Komposita des Frühneuhochdeutschen. In: Beitr 132, 2010, 177–199.
Michel, Stefan. Die Revision der Lutherbibel zwischen 1531 und 1545. Beobachtungen in den Protokollen von Georg Rörer. In: Lange/Rösel 2014, 83–106.
Micus, Rosa. Augsburger Handschriftenproduktion im 15. Jahrhundert. In: ZdPh 104, 1985, 411–424.
Mieder, Wolfgang. Sprichwort – Wahrwort!? Studien zur Geschichte, Bedeutung und Funktion deutscher Sprichwörter. Frankfurt a.M. 1992.
Mieder, Wolfgang. Sprichwörtliches und Geflügeltes. Sprachstudien von Martin Luther bis Karl Marx. Bochum 1995. (=1995a.)
Mieder, Wolfgang. Deutsche Redensarten, Sprichwörter und Zitate. Studien zu ihrer Herkunft, Überlieferung und Verwendung. Wien 1995. (=1995b.)
Mieder, Wolfgang. „Es ist gut pflugen, wenn der acker gereinigt ist". Sprichwörtliche Argumentation in Luthers ‚Sendbrief vom Dolmetschen' (1530). In: Breuer/Hyvärinen 2006, 431–446.
Mihm, Arend. Die kulturelle Ausrichtung des Niederrheins im 16. Jahrhundert und der Sprachwechsel zum Hochdeutschen. In: Heinrich Leonhard Cox u.a. (Hrg.). Wortes anst – verbi gratia. Festschrift für Gilbert A.R. De Smet. Leuven 1986, 331–340. Neudr. in: Mihm 2007a, 441–448.
Mihm, Arend. Sprache und Geschichte am unteren Niederrhein. In: NdJ, 115, 1992, 88–122. Neudr. in: Mihm 2007a, 413–440.
Mihm, Arend. Die Textsorte Gerichtsprotokoll im Spätmittelalter und ihr Zeugniswert für die Geschichte der gesprochenen Sprache. In: G. Brandt 1995a, 21–57. Neudr. in: Mihm 2007a, 340–370. (=1995a.)
Mihm, Arend. Niederrheinische Höflichkeiten. Zur Pragmatik gesprochener Sprache im Mittelalter und in der frühen Neuzeit. In: Cajot u.a. 1995, Bd. 1, 233–240. Neudr. in: Mihm 2007a, 371–376. (=1995b.)
Mihm, Arend. Funktionen der Schriftlichkeit in der städtischen Gesetzgebung des Spätmittelalters. In: ZGL 27, 1999, 13–37. Neudr. in: Mihm 2007a, 301–320. (=1999a.)

Mihm, Arend. Gesprochenes Hochdeutsch in der norddeutschen Stadt. Zur Modalität des Sprachwechsels im 16. und 17. Jahrhundert. In: Peter Wagener (Hrg.) 1999, 67–80. Neudr. in: Mihm 2007a, 85–100. (=1999b.)

Mihm, Arend. Rheinmaasländische Sprachgeschichte 1500–1650. In: Macha u.a. 2000, 139–164. Neudr. in: Mihm 2007a, 385–412. (=2000a.)

Mihm, Arend. Zur Deutung der graphematischen Variation in historischen Texten. In: Annelies Häcki Buhofer (Hrg.). Vom Umgang mit sprachlicher Variation: Soziolinguistik, Dialektologie, Methoden und Wissenschaftsgeschichte. Festschrift für Heinrich Löffler zum 60. Geburtstag. Tübingen/Basel 2000, 367–390. Neudr. in: Mihm 2007a, 217–230. (=2000b.)

Mihm, Arend. Oberschichtliche Mehrsprachigkeit und ‚Language Shift' in den mitteleuropäischen Städten des 16. Jahrhunderts. In: ZDL 68, 2001, 257–287. Neudr. in Mihm 2007a, 25–48. (=2001a.)

Mihm, Arend. Ausgleichssprachen und frühneuzeitliche Standardisierung. In: RhVjb 65, 2001, 315–359. Neudr. in: Mihm 2007a, 49–84. (=2001b.)

Mihm, Arend. Das Aufkommen der hochmittelalterlichen Schreibsprachen im nordwestlichen Sprachraum. In: K. Gärtner u.a. 2001, 563–618. (2001c.)

Mihm, Arend. Graphematische Systemanalyse als Grundlage der historischen Prosodieforschung. In: Peter Auer/Peter Gilles/Helmut Spiekermann (Hrg.). Silbenschnitt und Tonakzente. Tübingen 2002, 235–264. Neudr. in: Mihm 2007a, 147–172.

Mihm, Arend. Schreibsprachliche und akrolektale Ausgleichsprozesse bei der frühneuzeitlichen Standardisierung. In: Berthele u.a. 2003, 79–110. Neudr. in: Mihm 2007a, 3–24.

Mihm, Arend. Zur Geschichte der Auslautverhärtung und ihrer Erforschung. In: Spw 29, 2004, 133–206. Neudr. in: Mihm 2007a, 101–146. (=2004a.)

Mihm, Arend. Zur Neubestimmung des Verhältnisses zwischen Schreibsprachen und historischer Mündlichkeit. In: Franz Patocka/Peter Wiesinger (Hrg.). Morphologie und Syntax deutscher Dialekte und historische Dialektologie des Deutschen. Wien 2004, 340–382. Neudr. in: Mihm 2007a, 193–216. (=2004b.)

Mihm, Arend. Sprachwandel im Spiegel der Schriftlichkeit. Studien zum Zeugniswert der historischen Schreibsprachen des 11. bis 17. Jahrhunderts, hrg. v. Michael Elmentaler u.a. Frankfurt a.M. u.a. 2007. (=2007a.)

Mihm, Arend. Theorien der Auslautverhärtung im Spannungsverhältnis zwischen Normsetzung und Sprachwirklichkeit. In: DS 35, 2007, 95–118. (=2007b.)

Mihm, Arend. Mehrsprachigkeit und Sprachdynamik im Mittelalter und in der Frühen Neuzeit. In: Moulin/Ravida/Ruge 2010, 11–54.

Mihm, Arend. Druckersprachen und gesprochene Varietäten. Das Zeugniswert von Bämlers „Melusine"-Druck (1474) für eine bedeutende Frage der Sprachgeschichte. In: Rautenberg u.a. 2013, 163–203.

Mihm, Arend. Druckersprachen, Stadtvarietäten und die Entstehung der Einheitssprache – Köln und Erfurt als Beispiel. In: Karin u.a. 2015, 85–116.

Mihm, Arend. Kulturtransfer und kontaktinduzierter Sprachwandel. Zur Bedeutung der Mehrsprachigkeit in der Nürnberger Stadtgeschichte. In: Pickl/Elspaß 2019, 31–63.

Mihm, Arend/Michael Elmentaler/Stephanie Heth/Tim Stichlmair. Die frühneuzeitliche Überschichtung der rheinmaasländischen Stadtsprachen. In: Elmentaler 2000, 117–158.

Mihm, Margret/Arend Mihm. Mittelalterliche Stadtrechnungen im historischen Prozess. Die älteste Duisburger Überlieferung (1348–1449). 2 Bde. Köln u.a. 2007–2008.

Mitzka, Walther. Zum Begriff der Sprachströmung. In: ZMaf 16, 1940, 1–4.
Mitzka, Walther. Grundzüge nordostdeutscher Sprachgeschichte. 2. Aufl. Marburg 1959.
Mitzka, Walther (Hrg.). Wortgeographie und Gesellschaft. Berlin 1968.
Moeller, Bernd/Hans Patze/Karl Stackmann (Hrg.). Studien zum städtischen Bildungswesen im späten Mittelalter und der frühen Neuzeit. Göttingen 1983.
Moeller, Bernd/Karl Stackmann. Städtische Predigt in der Frühzeit der Reformation. Eine Untersuchung deutscher Flugschriften der Jahre 1522 bis 1529. Göttingen 1996.
Möller, Robert. Regionale Schreibsprachen im überregionalen Schriftverkehr. Empfängerorientierung in den Briefen des Kölner Rates im 15. Jahrhundert. Köln u.a. 1998
Möller, Robert. Rheinische Sprachgeschichte von 1300–1500, Macha u.a. 2000, 51–76.
Möller, Robert. Köln und das ‚Oberländische' im Spätmittelalter. In: RhVjb 65, 2001, 222–240.
Möhn, Dieter. Niederdeutsch und Sondersprachen. Regionale Spuren gruppensprachlichen Handelns. In: NJb 107, 1984, 60–82.
Möhn, Dieter/Ingrid Schröder. Vorstudien zu einer mittelniederdeutschen Grammatik I. In: NJb 126, 2003, 7–51.
Möhn, Dieter/Ingrid Schröder. Lexembildung im Aufriss einer Grammatik des Mittelniederdeutschen. Das Adjektiv als Exempel. In: Alexandra N. Lenz/ Charlotte Gooskens/Siemon Reker (Hrg.). Low Saxon Dialects across Borders – Niedersächsische Dialekte über Grenzen hinweg. Stuttgart 2009, 38–59.
Mörke, Olaf. Die Reformation. Voraussetzungen und Durchsetzung. 3. aktual. und um einen Nachtrag erw. Aufl. Berlin/Boston 2017.
Mogensen, Jens Erik. Heterographie und Homophonie im Frühneuhochdeutschen. Ein Beitrag zur gesamtsystembezogenen Lemmatisierung in der Lexikographie. In: ZGL 20, 1992, 64–81.
Mollay, Karl. Das Ofner Stadtrecht. Eine deutschsprachige Rechtssammlung des 15. Jahrhundert aus Ungarn. Budapest 1959.
Mollay, Karl. Einführung in die deutsche Sprachgeschichte. Budapest 1974.
Mollay, Karl. Geschichte der neuhochdeutschen Schriftsprache in Ungarn. In: v.Polenz u.a. 1986, 178–182.
Morisawa, Mariko: Syntaktische Erscheinungen als Spiegel der Gesellschaft im 16. Jahrhundert. Historisch-Soziolinguistische Analyse von Relativsatzeinleitungen in der Nürnberger Stadtsprache. In: Doitsu Bungaku – Neue Beiträge 3, 2004, 183–195.
Morlicchio, Elda. Der Satzrahmen. Die Länge des Satzes und die Mitteilungsperspektive. Eine Analyse anhand deutscher Urkunden des 13. Jahrhunderts. In: ZdPh 110, 1991, 1–11.
Moser, Hans. Die Kanzlei Kaiser Maximilians I. Graphematik eines Schreibusus. Innsbruck 1977.
Moser, Hans. Geredete Graphie. Zur Entstehung orthoepischer Normvorstellungen im Frühneuhochdeutschen. In: ZdPh 106, 1987, 379–399.
Moser, Hans. Das erste Mirakelbuch von Maria Waldrast. Portrait eines Sammeltexts aus dem 15. Jahrhundert. In: König/Ortner 1996, 191–206.
Moser, Hans/Norbert Richard Wolf (Hrg.). Zur Wortbildung des Frühneuhochdeutschen. Ein Werkstattbericht. Innsbruck 1989.
Moser, Hugo. Deutsche Sprachgeschichte. Mit einer Einführung in die Fragen der Sprachbetrachtung. Stuttgart 1950. 6. Aufl. Tübingen 1969.

Moser, Hugo. Sprache – Freiheit oder Lenkung? Zum Verhältnis von Sprachnorm, Sprachwandel, Sprachpflege. Mannheim 1967.
Moser, Hugo. Typen sprachlicher Ökonomie im heutigen Deutsch. In: H. Moser (Hrg.). Sprache und Gesellschaft. Düsseldorf 1971, 89–117.
Moser, Hugo/Hugo Stopp/Werner Besch (Hrg.). Grammatik des Frühneuhochdeutschen. Beiträge zur Laut- und Formenlehre. 6 Bde. Heidelberg 1970 ff. (s. Dammers/Hoffmann/Solms 1986; Walch/Häckel 1988; Sauerbeck 1970; Solms/Wegera 1991; Stopp 1972/1978a; Wegera 1987)
Moser, Stephan. Präfixbildung oder Kompositum? Am Beispiel von *mit*+Substantiv in wissensliterarischen Texten des Frühneuhochdeutschen. In: Spw 17, 1992, 234–243.
Moser, Virgil. Historisch-grammatische Einführung in die frühneuhochdeutschen Schriftdialekte. Halle 1909. Nachdr. 1971.
Moser, Virgil. Frühneuhochdeutsche Grammatik. Bd. I, 1 u. 3: Lautlehre. Heidelberg 1929–1951.
Moser, Virgil. Schriften zum Frühneuhochdeutschen. Hrg. v. Hugo Stopp. 2 Bde. Heidelberg 1982.
Moshövel, Andrea (Hrg.). Historische Stadtsprachenforschung: Vielfalt und Flexibilität. Wien 2009.
Moshövel, Andrea/Libuše Spáčilová. Kanzleisprache – ein mehrdimensionales Phänomen. Wien 2009.
Moskalskaja, Olga J. Deutsche Sprachgeschichte. Moskau/Leningrad 1965. 2. Aufl. 1985.
Mötsch, Johannes. Die Grafen von Henneberg und die „Neuen Zeitungen". In: Böning u.a. 2019, 31–49.
Moulin, Claudine. Der Majuskelgebrauch in Luthers deutschen Briefen (1517–1546). Heidelberg 1990.
Moulin, Claudine. Das morphematische Prinzip bei den Grammatikern des 16. und 17. Jahrhunderts. In: Spw 29, 2004, 33–73.
Moulin, Claudine. Die Kontenbücher der Stadt Luxemburg als sprachhistorische Quelle. In: Claudine Moulin/Michel Pauly. Die Rechnungsbücher der Stadt Luxemburg. Unter Mitarbeit von Andreas Gniffke, Danièle Kass, Fausto Ravida und Nikolaus Rugee. Bd. 1. Luxembourg 2007, 17–22. (=2007a.)
Moulin, Claudine. Einleitung. In: Claudine Moulin (Hrg.). Johann Werner. Manuductio Orthographica (1629). Hildesheim u.a. 2007, I–LI. (=2007b.)
Moulin, Claudine. Sprachwandel im Deutschen. In: Bergmann u.a. 2010, 325–336.
Moulin, Claudine. Martin Luther, *Ein Sermon von Ablass und Gnade* (1518). Materialität: Dynamik und Transformation. In: Dingel/Jürgens 2014, 113–119.
Moulin, Claudine. *Martinus Luther* – Singularisierung, Fetisch und Marke. In: Hole Rößler (Hrg). Luthermania. Ansichten einer Kultfigur. Wolfenbüttel 2016, 130–133. (=2016a.)
Moulin, Claudine. Sprache(n) in der Stadt – Städtisches Schreiben: Facetten eines pragmatischen und metasprachlichen Zugriffs auf urbane Schriftlichkeit. In: Maria Selig/Susanne Ehrich (Hrg.). Mittelalterliche Stadtsprachen. Regensburg 2016, 105–119. (2016b.)
Moulin, Claudine. Textwandlungen – Eucharius Rösslin, *Der Swangern Frauwen und hebammen Rosegarten* als sprachhistorische Quelle. In: Czajkowski u.a. 2018, 319–336. (=2018a.)
Moulin, Claudine. Ludicity in lexical innovation (II) – German. In: Arndt-Lappe u.a. 2018, 261–285. (=2018b.)

Moulin, Claudine. Belebte Zeichen: Anthropomorphe Buchstaben und Bildalphabete im Spannungsfeld von Zeichen und Bild in Mittelalter und Früher Neuzeit. In: Sabine Frommel u.a. (Hrg.). Construire avec le corps humain. Les ordres anthropomorphes et leurs avatars dans l'art européen de l'antiquité à la fin du XVIe siècle. Paris/Rom, Bd. 1, 109–119. (= 2018c.)

Moulin, Claudine. *lebendig mit farben mahlen*: Verfahren der lexikalischen Innovation in Philipp von Zesens Übersetzung von Willem Goeree, ‚Anweisung zur allgemeinen Reis- und Zeichenkunst' (1669). In: Nievergelt/Rübekeil 2019, 261–278.

Moulin, Claudine. Zeit-Muster: Kategorielle Musterhaftigkeit im Bereich der Kodifizierung von Tempus in den älteren Grammatiken des Deutschen. In. Spw 45, 2020, 343–360.

Moulin, Claudine. Aufstieg der Volkssprachen, der Buchdruck und die Macht der Sprache. Eine Fallstudie zur frühen Grammatikschreibung des Deutschen. In: Jan Martin Lies (Hrg.). Wahrheit – Geschwindigkeit – Pluralität. Chancen und Herausforderungen durch den Buchdruck im Zeitalter der Reformation, Göttingen 2021, 145–162.

Moulin, Claudine/Vera Hildenbrandt. Das Trierer Wörterbuchnetz. Vom Einzelwörterbuch zum lexikographischen Informationssystem. In: Korrespondenzblatt des Vereins für niederdeutsche Sprachforschung 119, 2012, 73–81.

Moulin, Claudine/Fausto Ravida/Nikolaus Ruge (Hrg.). Sprache in der Stadt. Akten der 25. Tagung des Internationalen Arbeitskreises Historische Stadtsprachenforschung, Luxemburg, 11.–13. Oktober 2007. Heidelberg 2010.

Moulin-Fankhänel, Claudine. Bibliographie der deutschen Grammatiken und Orthographielehren. Bd. 1. Von den Anfängen der Überlieferung bis zum Ende des 16. Jahrhunderts. Bd. 2. Das 17. Jahrhundert. Heidelberg 1994–1997.

Moulin-Fankhänel, Claudine. Althochdeutsch in der älteren Grammatiktheorie des Deutschen. In: E. Glaser u.a. 1997, 301–327.

Moulton, William G. Zur Geschichte des deutschen Vokalsystems. In: Beitr (T) 63, 1961, 1–35.

Müller, Bärbel. Zum Einfluß slawischer Sprachen auf sozial determinierte Schichtungen des deutschen Wortschatzes. In: Zeitschrift für Slawistik 17, 1972, 742–750.

Müller, Bärbel. Zur Typisierung slawischer Wörter in deutschen Mundarten. In: Beitr (H) 94, 1974, 101–140.

Müller, Erhard. Das mittelalterliche und das reformatorische ‚fromm'. In: Beitr (T) 95, 1973, 333–357.

Müller, Felix. Zur Terminologie der älteren mathematischen Schriften in deutscher Sprache. In: Zeitschrift für Mathematik und Physik. Supplement zu Jg. 44, 1899.

Müller, Gertraud/Theodor Frings. Die Entstehung der deutschen *daß*-Sätze. Berlin 1963.

Müller, Horst (Hrg.). Arbeitsbuch Linguistik. Eine Einführung in die Sprachwissenschaft. 2. überarb. und aktual. Aufl. Paderborn 2009.

Müller, Jan-Dirk. Überlegungen zu Michael Giesecke: Der Buchdruck in der frühen Neuzeit. Eine historische Fallstudie über die Durchsetzung neuer Informations- und Kommunikationstechnologien, Frankfurt a.M. 1991. In: Internationales Archiv für Sozialgeschichte der deutschen Literatur 18, 1993, 168–178.

Müller, Jan-Dirk (Hrg.). Wissen für den Hof. Der spätmittelalterliche Verschriftungsprozeß am Beispiel Heidelberg im 15. Jahrhundert. München 1994.

Müller, Johannes. Quellenschriften und Geschichte des deutschsprachigen Unterrichts bis zur Mitte des 16. Jahrhunderts. Gotha 1882. Nachdr. 1969.

Müller, Jörg Jochen (Hrg.). Germanistik und deutsche Nation 1806–1848. Zur Konstitution bürgerlichen Bewußtseins. Stuttgart 1974.

Müller, Karin. „Schreibe, wie du sprichst". Eine Maxime im Spannungsfeld von Mündlichkeit und Schriftlichkeit. Eine historische und systematische Untersuchung. Frankfurt a.M. u.a. 1990.
Müller, Klaus. Zum Problem der Integrationstypen im Substratgebiet. In: Zeitschrift für Slawistik 17, 1972, 730–741.
Müller, Klaus. Slawisches im deutschen Wortschatz. Lehn- und Fremdwörter aus einem Jahrtausend. Berlin 1995.
Müller, Klaus u.a. Zur Ausbildung der Norm der deutschen Literatursprache auf der lexikalischen Ebene (1470–1730). Untersucht an ausgewählten Konkurrentengruppen mit Anteilen slawischer Herkunft. Berlin 1976.
Müller, Ortwin. Mündlichkeit und Schriftlichkeit in der deutschen Predigt des Mittelalters. In: Ewald/Sommerfeldt 1995, 191–200.
Müller, Peter O. *Allen künstbegirigen zu güt.* Zur Vermittlung geometrischen Wissens an Handwerker in der frühen Neuzeit. In: ZGL 21, 1993, 261–276. (=1993a.)
Müller, Peter O. Sebald Heydens *Nomenclatura rerum domesticarum.* Zur Geschichte eines lateinisch-deutschen Schulvokabulars im 16. Jahrhundert. In: Spw 18, 1993, 59–88. (=1993b.)
Müller, Peter O. Historische Wortbildung. Forschungsstand und Perspektiven. In: ZdPh 112, 1993, 394–419. (=1993c.)
Müller, Peter O. Substantiv-Derivation in den Schriften Albrecht Dürers. Ein Beitrag zur Methodik historisch-synchroner Wortbildungsanalysen. Berlin 1993. (=1993d.)
Müller, Peter O. Frühneuzeitliche Reimlexikographie. In: Spw 19, 1994, 320–373.
Müller, Peter O. Nomenklatoren des 16. Jahrhunderts. In: Ernst Bremer/Reiner Hildebrandt (Hrg.). Stand und Aufgaben der deutschen Dialektlexikographie. Berlin/New York 1996, 149–174.
Müller, Peter O. Usus und Varianz in der spätmittelalterlichen und frühneuzeitlichen Schreibsprache Nürnbergs. In: ZGL 30, 2002, 56–72.
Müller, Peter O. Augsburg und Nürnberg als Druckorte polyglotter Wörterbücher. Eine Dokumentation von den Anfängen bis 1700. In: Häberlein/Kuhn 2010, 211–226.
Müller, Peter O. Wortbildungswandel oder Bedeutungsbildung? – Zur Entstehung und Interpretation sekundärer Wortbildungsbedeutungen. In: Kwekkeboom/Waldenberger 2016, 309–332.
Müller, Peter O. Wortbildungsbedeutungswandel. In: Oehme u.a. 2017, 184–208.
Müller, Peter O./Ingeborg Ohnheiser/Susan Olsen/Franz Rainer (Hrg.). Word-Formation. An International Handbook of Languages in Euruope. 5 Bde. Berlin/Boston 2015–2016 (HSK 40).
Müller, Robert. Regionale Schreibsprachen im überregionalen Schriftverkehr. Empfängerorientierung in den Briefen des Kölner Rates im 15. Jahrhundert. Köln 1998.
Müller, Rolf. Ergänzende Gedanken zur Entstehungsgeschichte der Sprache, die wir Neuhochdeutsch nennen. In: Dittmann u.a. 1991, 61–76.
Müller, Rolf. Die Entstehungsphase des Neuhochdeutschen – die Existenz des Schwyzertütsch als gegenwärtige Analogie? In: H. Löffler (Hrg.). Alemannische Dialektforschung. Tübingen 1995, 155–164.
Müller-Bollhagen, Elgin. Substantivkomposita und kompositionsähnliche Strukturen in Schreiben der Kanzlei Kaiser Maximilians I. In: Maria Pümpel-Mader/Beatrix Schönherr (Hrg.). Sprache, Kultur, Geschichte. Sprachhistorische Studien zum Deutschen; Hans Moser zum 60. Geburtstag. Innsbruck 1999, 83–100.

Munske, Horst H. Die Rolle des Lateins als Superstratum im Deutschen und in anderen germanischen Sprachen. In: P. Sture Ureland (Hrg.). Die Leistung der Strataforschung und der Kreolistik. Tübingen 1982, 237–263.
Munske, Horst H. Lexikologie und Wortgeschichte. In: Georg Stötzel (Hrg.). Germanistik Forschungsstand und Perspektiven. 1. Teil. Berlin/New York 1985, 27–43.
Munske, Horst H. Ist das Deutsche eine Mischsprache? Zur Stellung der Fremdwörter im deutschen Sprachsystem. In: Munske u. a. 1988, 46–74.
Munske, Horst H. Über den Wandel des deutschen Wortschatzes. In: Besch 1990, 387–401.
Munske, Horst H. Wie entstehen Phraseologismen? In: Mattheier u. a. 1993, 481–516.
Munske, Horst H. Ist eine europäische Sprachgeschichtsschreibung möglich? In: Gardt u. a. 1995, 399–412.
Munske, Horst H. Orthographie als Sprachkultur. Frankfurt a.M. u. a. 1997.
Munske, Horst H. Wortbildungswandel. In: Habermann u. a. 2002, 23–40.
Munske, Horst H./Gaston van der Elst. Sprachwissenschaftliche Regionalforschung: Beobachtungen zur Sprache Albrecht Dürers. In: August 1986, 25–36.
Munske, Horst H. (Hrg.). Handbuch des Friesischen. Tübingen 2001.
Munske, Horst H./Alan Kirkness (Hrg.). Eurolatein. Das griechische und lateinische Erbe in den europäischen Sprachen. Tübingen 1996.
Munske, Horst H./Peter v.Polenz/Oskar Reichmann/Reiner Hildebrandt (Hrg.). Deutscher Wortschatz. Lexikologische Studien, L. E. Schmitt zum 80. Geburtstag von seinen Marburger Schülern. Berlin/New York 1988.
Munzel-Everling, Dietlinde. Der Sachsenspiegel: Die Heidelberger Bilderhandschrift – Faksimile, Transkription, Übersetzung, Bildbeschreibung. Heidelberg 2009.
Munzel-Everling, Dietlinde. Die Besonderheiten der Heidelberger Bilderhandschrift des Sachsenspiegels. In: Signa iuris 11, 2013, 267–309.
Musseieck, Karl-Heinz. Untersuchungen zur Sprache katholischer Bibelübersetzungen der Reformationszeit. Heidelberg 1981.

Nagel, Norbert. Zur Überlieferung volkssprachiger Bürgertestamente des 14. Jahrhunderts aus dem Norden des deutschen Sprachraums unter besonderer Berücksichtigung der Stadt Lübeck. In: NdW 39, 1999, 179–227.
Nagel, Norbert/Robert Peters. Fortlaufende Bibliographie zum Schreibsprachenwechsel vom Mittelniederdeutschen, Niederrheinischen und Ripuarischen zum Hochdeutschen und Niederländischen. Münster 2004. Online: https://www.uni-muenster.de/imperia/md/content/germanistik/lehrende/peters_r/schreibsprachenwechsel_bibliographie.pdf.
Nagel, Norbert/Robert Peters. Die mittelniederdeutsche Fassung des Leipziger Schützenbriefs von 1497. Ein Einzelfall der niederdeutschen Inkunabeldrucke. Kommentar – Sprachuntersuchung – Edition. In: Czajkowski u. a. 2018, 389–406.
Nabrings, Kirsten. Sprachliche Varietäten. Tübingen 1981.
Näßl, Susanne. Regensburger Schreibsprache des 15. Jahrhunderts am Beispiel städtischer Ausgabenbücher. In: Albrecht Greule (Hrg.). Deutsche Kanzleisprachen im europäischen Kontext. Wien 2001, 33–50.
Näßl, Susanne. Regensburger Schreibsprache in Rechnungsbüchern des 15. Jahrhunderts. In: Näßl 2002, 225–247.
Näßl, Susanne (Hrg.). Regensburger Deutsch. Zwölfhundert Jahre Deutschsprachigkeit in Regensburg. Frankfurt a.M. u. a. 2002.

Naumann, Horst (Hrg.). Familiennamenbuch. Leipzig 1987.
Naumann, Horst. Ethnische Kennzeichnungen als Familiennamen: deutsch. In: Irmhild Barz/Marianne Schröder (Hrg.). Nominationsforschung im Deutschen. Frankfurt a.M. 1997, 85–92.
Naumann, Horst/Gerhard Schlimpert/Johannes Schultheis. Vornamenbuch. Leipzig 1988.
Naumann, Horst (Hrg.). Das große Buch der Familiennamen. Alter, Herkunft, Bedeutung. Niedernhausen 1994.
Neide, Peter H. Language Conflict and Minorities/Sprachkonflikte und Minderheiten. Bonn 1990.
Nerius, Dieter u.a. Deutsche Orthographie. Leipzig 1987. 4. neu bearb. Aufl. Hildesheim 2007.
Nerius, Dieter/Gerhard Augst (Hrg.). Probleme der geschriebenen Sprache. Berlin 1988.
Nerius, Dieter/Ilse Rahnenführer. Orthographie. Heidelberg 1993.
Nerius, Dieter/Jürgen Scharnhorst (Hrg.). Theoretische Probleme der deutschen Orthographie. Berlin 1980.
Nerius, Dieter/Jürgen Scharnhorst (Hrg.). Studien zur Geschichte der deutschen Orthographie. Hildesheim 1992.
Neuendorff, Dagmar. Überlegungen zu *comma, colon* und *periodus* in den Predigten Bertholds von Regensburg. In: Betten 1990a, 393–405.
Neukirchen, Thomas (Hrg.). Karsthans. Thomas Murners „Hans Karst" und seine Wirkung in sechs Texten der Reformationszeit: „Karsthans" (1521), „Gesprech biechlin neüw Karsthans" (1521), „Göttliche Mühle" (1521), „Karsthans, Kegelhans" (1521), Thomas Murners „Von dem großen Lutherischen Narren" (1522, Auszug), „Nouella" (ca. 1523). Hrg., übersetzt und kommentiert. Heidelberg 2011.
Neumann, Helmut. Staatliche Bücherzensur und -aufsicht von der Reformation bis zum Ausgang des 17. Jahrhunderts. Heidelberg/Karlsruhe 1977.
Neumann, Isolde. Obersächsische Familiennamen II: Die Familiennamen der Stadtbewohner in den Kreisen Oschatz, Riesa und Großenhain. Berlin 1981.
Neumann, Marko. Formelhafte Strukturen im Druckabschnitt von Titelblättern des 16. und 17. Jahrhunderts. In: Götz/Ernst 2016, 45–73.
Neumann, Werner. Über das Verhältnis von Sprachtheorie und Sprachsituation in Deutschland gegen Ende des 19. Jahrhunderts. In: BEDS 8, 1988, 5–33.
Neuß, Elmar. Satz oder „Nebensatz"? Beobachtungen zur Syntax komplexer Konstruktionen in einem Traktat von Martin Bucer. In: Spw 24, 1999, 297–336.
Newen, Alber/Markus Schrenk. Einführung in die Sprachphilosophie. Darmstadt 2008.
Niebaum, Hermann. Zur Sprache einer groningerländischen Chronik aus dem Ende des 16. Jahrhunderts. In: Ernst/Patocka 1998, 593–610.
Niebaum, Hermann. ... *uyt der hoech Duitscher in die nederlandische spraeke gebrocht* ... Zur Schreibsprache des Hohen Rates der sächsisches Herzöge in Friesland. In: Volker Honemann/Helmut Tervooren/Carsten Albers/Susanne Höfer (Hrg.). Sprache und Literatur des Mittelalters in den niederen landen. Gedenkschrift für Hartmut Beckers. Köln u.a. 1999, 195–215.
Niebaum, Hermann. ... *wat sik daer inne begewen hefth bis up dessen dach to, ende met namen van Friesland* ... Zur Sprache des friesischen Freiheitskämpfers Jancko Douwama. In: Peters 2001, 545–563. (=2001a.)
Niebaum, Hermann. Der Niedergang des Friesischen zwischen Lauwers und Weser. In: Munske 2001, 430–442. (=2001b.)

Nievergelt, Andreas/Ludwig Rübekeil (Hrg.). *athe in palice, athe in anderu sumeuuelicheru stedi*. Raum und Sprache. Festschrift für Elvira Glaser zum 65. Geburtstag. Heidelberg 2019.
Nitta, Haruo. Zur Erforschung der ‚uneigentlichen' Zusammensetzungen im Frühneuhochdeutschen. In: ZdPh 106, 1987, 400–416.
Nitta, Haruo. Kasuskennzeichnung und Wortstellung in der Nominalphrase des Frühneuhochdeutschen – sprachtypologisch gesehen. In: Mattheier u.a. 1993, 87–101.
Nitta, Haruo. Zur Wortstellung im Frühneuhochdeutschen unter bes. Berücksichtigung der Satzklammer. In: ZdPh 115, 1996, 371–381.
Nitta, Haruo. Zur Entwicklung der kausalen Konjunktionen im Frühneuhochdeutschen. In: Tozo Hayakawa u.a. (Hrg.). Sprache, Literatur und Kommunikation im kulturellen Wandel. Tokyo 1997, 317–336.
Nitta, Haruo. Variantenreichtum und Polysemie – Konditionale Konjunktionen im Frühneuhochdeutschen. In: W. Hoffmann u.a. 1999, 147–159.
Noelle-Neumann, Elisabeth/Winfried Schulze/Jürgen Wilke (Hrg.). Das Fischer-Lexikon Publizistik Massenkommunikation. Frankfurt a.M. 1989. 2. aktual., vollst. neu bearb. und erg. Aufl. 2014.
Norde, Muriel. Degrammaticalization. Oxford 2009.
North, Michael (Hrg.). Kommunikationsrevolutionen im 16. und 19. Jahrhundert. Weimar 1995. 2. Aufl. 2001.
Nübling, Damaris. *Wie die Alten sungen ...* Zur Rolle von Frequenz und Allomorphie beim präteritalen Numerusausgleich im Frühneuhochdeutschen. In: Zeitschrift für Sprachwissenschaft 17, 1998, 185–203.
Nübling, Damaris. Von der ‚Jungfrau' zur ‚Magd', vom ‚Mädchen' zur ‚Prostituierten': Die Pejorisierung der Frauenbezeichnungen als Zerrspiegel der Kultur und als Effekt männlicher Galanterie? In: Riecke 2011, 344–359.
Nübling, Damaris. Zwischen Konservierung, Eliminierung und Funktionalisierung: der Umlaut in den germanischen Sprachen. In: Fleischer, Jürg (Hrg.). Sprachwandelvergleich – Comparing Diachronies. Berlin 2013, 15–42.
Nübling, Damaris/Antje Dammel. Relevanzgesteuerter morphologischer Umbau im Frühneuhochdeutschen. In: PBB 126, 2004, 177–207.
Nübling, Damaris/Helga Kotthoff. Genderlinguistik: Eine Einführung in Sprache, Gespräch und Geschlecht. Tübingen 2018.
Nübling, Damaris/Antje Dammel/Janet Duke/Renata Szczepaniak. Historische Sprachwissenschaft des Deutschen. Eine Einführung in die Prinzipien des Sprachwandels. 5. Aufl. Tübingen 2017.
Nübling, Damaris/Fabian Fahlbusch/Rita Heuser. Namen. Eine Einführung in die Onomastik. 2. überarb. und erw. Aufl. Tübingen 2015.
Nybøle, R. Steinar. Zum Genusgebrauch in drei spätmittelalterlichen Bibeltexten und in der Lutherübersetzung von 1545. In: Nybøle u.a. 2004, 151–163.
Nybøle, R. Steinar/Frode Lundemo/Heinz-Peter Prell (Hrg.). *Papir vnde black – bläk och papper*. Kontakte im deutsch-skandinavischen Sprachraum. Kurt Erich Schöndorf zum 70. Geburtstag. Frankfurt a.M. u.a. 2004.
Nyholm, Kurt. Zur Endstellung des Verbs in spätmittelalterlichen und frühhumanistischen Texten. In: Wissenschaftliche Konferenz „Kommunikation und Sprache in ihrer Entwicklung bis zum Neuhochdeutschen". Berlin 1981, 52–64.

Obst, Karin. Der Wandel in den Bezeichnungen für gewerbliche Zusammenschlüsse des Mittelalters. Eine rechtssprachgeographische Analyse. Frankfurt a.M. u.a. 1983.
Oehme, Florentine/Hans Ulrich Schmid/Franziska Spranger. Wörter. Wortbildung, Lexikologie und Lexikographie, Etymologie. Berlin/Boston 2017 (JGS 8).
Oesterreicher, Wulf. Zur Fundierung von Diskurstraditionen. In: B. Frank u.a. 1997, 19–41
Oestreich, Gerhard. Verfassungsgeschichte vom Ende des Mittelalters bis zum Ende des alten Reiches. München 1986. 8. Aufl. 1999.
Ogino, Kurahei. Die mehrgliedrigen Prädikatsausdrücke im Mittelhochdeutschen und Neuhochdeutschen. In: Iwasaki 1991, Bd. 4, 186–194.
Öhmann, Emil. Über Homonymie und Homonyme im Deutschen. Helsinki 1934.
Öhmann, Emil. Suffixstudien VI: Das deutsche Verbalsuffix *-ieren*. In: NphM 71, 1970, 337–357.
Öhmann, Emil. Suffixstudien VIII. Die deutschen Diminutivsuffixe *-lein* und *-chen*. In: NphM 73, 1972, 555–567.
Öhmann, Emil/Lauri V. Seppänen/K. Valtasari. Zur Geschichte des deutschen Suffixes *-ieren*. In: NphM 54, 1953, 159–176.
Oksaar, Els. Semantische Studien im Sinnbereich der Schnelligkeit. *Plötzlich*, *schnell* und ihre Synonymik im Deutschen der Gegenwart und des Früh-, Hoch- und Spätmittelalters. Stockholm 1958.
Olberg-Haverkate, Gabriele von. Sprach- und Kulturgeschichte im Spiegel der Prosaweltchroniken des 13.–15. Jahrhunderts. Die Bezeichnungen für die Wochentage. In: Lefèvre/Simmler 2008, 303–342.
Olf, Norbert. Der Wortschatz Jacob Ayrers. Göppingen 1988.
Olschansky, Heike. Volksetymologie. Tübingen 1996.
Olschki, Leonard. Geschichte der neusprachlichen wissenschaftlichen Literatur. Bd. 1. Die Literatur der Technik und der angewandten Wissenschaften vom Mittelalter bis zur Renaissance. Heidelberg 1918.
Ong, Walter J. Oralität und Literalität. Die Technologisierung des Wortes. Aus dem Amerik. übers. v. W. Schömel. Opladen 1987. 2. Aufl. Mit einem Vorwort von Leif Kramp und Andreas Hepp, übersetzt von Wolfgang Schömel. Wiesbaden 2016.
Ono, Mitsuyo. Morphologische Untersuchungen zur deutschen Sprache in einem Stadtbuch der Prager Neustadt vom 16. bis 18. Jahrhundert. Marburg 1986.
Osman, Nabil (Hrg.). Kleines Lexikon untergegangener Wörter. Wortuntergang seit dem Ende des 18. Jahrhunderts. München 1971. 16. unveränd. Aufl. 2007.
Otto, Ernst. Die Sprache der Zeitzer Kanzleien im 16. Jahrhundert. Berlin 1970.
Oubouzar, Erika. Über die Ausbildung der zusammengesetzten Verbformen im deutschen Verbalsystem. In: Beitr (H) 95, 1974, 5–96.
Oubouzar, Erika. Zur Ausbildung des bestimmten Artikels im Althochdeutschen. In: Desportes 1992, 71–87.

Padley, G. Arthur. Grammatical Theory in Western Europe 1500–1700. Trends in Vernacular Grammar. 2 Bde. Cambridge 1985/1988.
Painter, Sigrid D. Die Aussprache des Frühneuhochdeutschen nach Lesemeistern des 16. Jahrhunderts. Frankfurt a.M./Bern 1989.
Painter, Ursula. ‚Des Papsts neue Creatur': Antijesuitische Publizistik im Deutschsprachigen Raum (1555–1618). Amsterdam/New York 2011.

Panzer, Baldur (Hrg.). Aufbau, Entwicklung und Struktur des Wortschatzes in den europäischen Sprachen. Frankfurt a.M. u. a. 1991.
Papsonová, Mária. Zum Wortschatz deutschsprachiger Rechtsquellen aus dem Gebiet der Slowakei. In: Mattheier u. a. 1997, 225–241.
Papsonová, Mária. Das Magdeburger Recht und das Silleiner Rechtsbuch: Wörterbuch zur deutschsprachigen Vorlage des Landrechts (1378) und zu ihrer Übersetzung (1473). Frankfurt a.M. u. a. 2003.
Parad, Jouko. Biblische Verbphraseme und ihr Verhältnis zum Urtext und zur Lutherbibel: ein Beitrag zur historisch-kontrastiven Phraseologie am Beispiel deutscher und schwedischer Bibelübersetzungen. Frankfurt a.M. u. a. 2003.
Pasierbsky, Fritz. Deutsche Sprache im Reformationszeitalter. Eine geistes- und sozialgeschichtlich orientierte Bibliographie. 2 Bde. Tübingen 1988/89.
Paul, Hermann. Principien der Sprachgeschichte. Halle 1880. 5. Aufl. 1920. 10. unveränd. Aufl. Tübingen 2010.
Paul, Hermann. Deutsche Grammatik. 5 Bde. Halle 1916–1920. Neudr. 1968.
Paul, Hermann. Deutsches Wörterbuch. 10. überarb. und erw. Aufl. von Helmut Henne, Heidrun Kämper und Georg Objartel. Tübingen 2002.
Paul, Hermann. Sprachtheorie, Sprachgeschichte, Philologie. Reden, Abhandlungen und Biographie. Hrg. v. Helmut Henne/Jörg Kilian. Tübingen 1998.
Paul, Hermann/Siegfried Grosse/Peter Wiehl. Mittelhochdeutsche Grammatik. 25. Aufl., neu bearb. von Thomas Klein, Hans Jürgen Solms, Klaus-Peter Wegera 2007.
Paul, Hermann/Heinz Stolte. Kurze deutsche Grammatik aufgrund der fünfbändigen Deutschen Grammatik. Halle 3. verb. Aufl. Tübingen 1962.
Paul, Rainer. Vorstudien für ein Wörterbuch zur Bergmannssprache in den sieben niederungarischen Bergstädten während der frühneuhochdeutschen Sprachperiode. Tübingen 1987.
Pavlov, Vladimir M. Die substantivische Zusammensetzung im Deutschen als syntaktisches Problem. München 1972.
Pavlov, Vladimir M. Zur Ausbildung der Norm der deutschen Literatursprache im Bereich der Wortbildung (1470–1730). Berlin 1983.
Pavlov, Vladimir M. Die Deklination der Substantive im Deutschen. Synchronie und Diachronie. Frankfurt a.M. u. a. 1995. (=1995a.)
Pavlov, Vladimir M. Die Form-Funktion-Beziehungen in der deutschen substantivischen Zusammensetzung als Gegenstand der systemorientierten Sprachgeschichtsforschung. In: Gardt u. a. 1995, 103–126. (=1995b.)
Pavlov, Vladimir M. Zur Entwicklung der Substantivdeklination im Deutschen. In: Lobenstein-Reichmann/Reichmann 2003, 87–110.
Pavlov, Vladimir M. Zur Entwicklung der substantivischen Zusammensetzung im Frühneuhochdeutschen. In: Mattheier/Nitta 2004, 99–119.
Peilicke, Roswitha. Zur Verwendung der Modalverben /können/ und /mögen/ in der deutschen Literatursprache (1570–1730). In: Schildt 1992a, 343–416.
Peilicke, Roswitha/Joachim Schildt (Hrg.). Thomas Müntzers deutsches Sprachschaffen. Referate der internationalen sprachwissenschaftlichen Konferenz Berlin 1989. Berlin 1990.
Pelz, Heidrun. Linguistik für Anfänger. 13. Aufl. Hamburg 1994.
Pensel, Franzjosef. Die Satznegation. In: Kettmann/Schildt 1976, 285–326.
Pensel, Franzjosef. Zur Personenabwertung. In: Kettmann/Schildt 1978, 219–340.

Penzl, Herbert. Methoden der germanischen Linguistik. Tübingen 1972.
Penzl, Herbert. Vom Urgermanischen zum Neuhochdeutschen. Eine historische Phonologie. Berlin 1975.
Penzl, Herbert. Valentin Ickelsamer und die Aussprache des Deutschen im 16. Jahrhundert. In: Virtus et Fortuna, Festschrift für H.G. Roloff. Hrg. v. J.P. Strelka/ J. Jungmair. Bern 1983, 220–236.
Penzl, Herbert. Frühneuhochdeutsch. Bern 1984. (=1984a.)
Penzl, Herbert. Das Frühneuhochdeutsche und die Periodisierung der Geschichte der deutschen Sprache. In: Martin Bircher u.a. (Hrg.). Barocker Lustspiegel. Amsterdam 1984, 15–25. (=1984b.)
Penzl, Herbert. Althochdeutsch. Eine Einführung in Dialekte und Vorgeschichte. Bern u.a.1986. (=1986a.)
Penzl, Herbert. Wie entstand die deutsche Schriftsprache? In: v.Polenz u.a. 1986, 165–169. (=1986b.)
Penzl, Herbert. Zum Stand der Forschung im Frühneuhochdeutschen. In: Wiesinger 1988, 1–8.
Penzl, Herbert. Mittelhochdeutsch. Eine Einführung in die Dialekte. Bern/Frankfurt a.M. 1989.
Penzl, Herbert. Zu mittelhochdeutschen Dialekten als Gegenstand der Forschung. In: ZdPh 110, 1991, Sonderheft 170–182.
Penzl, Herbert/Elaine C. Tennant. Schreibung und Lautung im „Enchiridion" (1530) von Johann Kolroß. In: Heimann u.a. 1989, 361–370.
Peter, Klaus. Steuerungsfaktoren für Parallel- und Wechselflexion in Adjektivreihungen. In: Vogel 2013, 186–204.
Peters, Bernhard. Deutsch-slawischer Lehnwortaustausch. In: Mitzka 1968, 624–643.
Peters, Robert. Überlegungen zu einer Karte des mittelniederdeutschen Sprachraums. In: NdW 24, 1984,51–59.
Peters, Robert. Zur Entstehung der lübischen Schreibsprache. In: Bauer 1988, 149–167.
Peters, Robert. Die angebliche Geltung der sog. mittelniederdeutschen Schriftsprache in Westfalen. Zur Geschichte eines Mythos. In: Cajot u.a. 1995, Bd. 1, 199–213. (=1995a.)
Peters, Robert. „De Spraoke kümp ganz in Verfall". Bemerkungen zur Sprachgeschichte Münsters. In: NdJ 118, 1995, 141–164. (=1995b.)
Peters, Robert. Von der Verhochdeutschung des Niederdeutschen. Zu den „Kleinwörtern" in mittelniederdeutschen u. plattdeutschen Texten aus dem Münsterland. In: NdW 35, 1995, 133–169. (=1995c.)
Peters, Robert. Zur Geschichte der Stadtsprache Oldenburgs. In: Egbert Koolman/ Ewald Gäßler/Friedrich Scheele (Hrg.). Beiträge und Katalog zu den Ausstellungen ‚Bilderhandschriften des Sachsenspiegels – Niederdeutsche Sachsenspiegel' und ‚Nu vernehmet in Land und Stadt – Oldenburg – Sachsenspiegel – Stadtrecht'. Oldenburg 1995, 327–360. (=1995d.)
Peters, Robert. Zur Stellung Hamburgs in der mittelniederdeutschen Schreibsprachenlandschaft. In: Jörg Hennig, Jürgen Meier (Hrg.). Varietäten der deutschen Sprache. Festschrift für Dieter Möhn. Frankfurt a.M. 1996, 63–80.
Peters, Robert. Zur Sprachgeschichte des niederdeutschen Raumes. In: ZdPh 117, 1998, Sonderh., 108–127.
Peters, Robert. Zur Rolle des Niederdeutschen bei der Entstehung des Neuhochdeutschen. In: W. Hoffmann u.a. 1999, 161–173. (=1999a.)

Peters, Robert. „... damit die stede niet in vergetung quame." Zur kleverländisch-hochdeutschen Sprachmischung im Manuale actorum des Priors Johannes Spick aus Marienfrede (1598–1608). In: NdW 39, 1999, 239–263. (=1999b.)
Peters, Robert. Westfälische Sprachgeschichte von 1300 bis 1500. In: Macha u.a. 2000, 101–119. (=2000a.)
Peters, Robert. Westfälische Sprachgeschichte von 1500 bis 1625. In: Macha u.a. 2000, 165–179. (=2000b.)
Peters, Robert. Ostmitteldeutsch, Gemeines Deutsch oder Hochdeutsch? Zur Gestalt des Hochdeutschen in Norddeutschland im 16. und 17. Jahrhundert. In: Berthele u.a. 2003, 157–180.
Peters, Robert. Die Bedeutung des Niederdeutschen für die deutsche Sprachgeschichte. In: H.U. Schmid 2010, 237–253.
Peters, Robert. Der Sprachwandel zum Neuhochdeutschen im nördlichen Hessen. In: Braun 2011, 167–179. (=2011a.)
Peters, Robert. *Nu sal horen dey ghemeynheyt der borghere dat alde ghekorne unde ghepruvede recht.* Sprachliche Verhältnisse in Soest von den Anfängen bis in die Mitte des 16. Jahrhunderts. In: NdJ 134, 2011, 7–34. 2011b.
Peters, Robert. Schreibsprachschichten in der Oldenburger Bilderhandschrift des Sachsenspiegels. In: NdJ 136, 2013, 21–35.
Peters, Robert. Zur Sprachgeschichte des norddeutschen Raumes. In: Hundt/Lasch 2015b, 18–35.
Peters, Robert. Zur Sprachgeschichte des westfälischen Raumes. In: Helmut H. Spiekermann u.a. (Hrg.). Niederdeutsch: Grenzen, Strukturen, Variation. Wien/Köln/Weimar 2016, 153–189.
Peters, Robert. Theologen auf Wanderschaft. Zur Sprache westfälischer Reformatoren und ihrer Gegner. In: Habermann 2018b, 150–160.
Peters, Robert/Norbert Nagel: Das digitale „Referenzkorpus Mittelniederdeutsch/Niederrheinisch (ReN)". In: Ágel/Gardt 2014, 165–175.
Peters, Robert/Horst P. Pütz/Ulrich Weber (Hrg.). Vulpis Adolatio. Festschrift für Hubertus Menke. Heidelberg 2001.
Peters, Ursula. Literatur in der Stadt. Studien zu den sozialen Voraussetzungen und kulturellen Organisationsformen städtischer Literatur im 13. und 14. Jahrhundert. Tübingen 1983.
Petkov, Marin. Die „Kanzleiordnung" Kaiser Maximilians I. Untersuchungen zum Graphemsystem. In: Studia Germanica Universitatis Vesprimiensis 5, 2001, 21–45.
Petry, Ulrike. Kommunikationsbezogene Syntax bei Johann Eberlin von Günzburg. Zur Funktion varianter Kompositionstypen in den „Bundesgenossen". Hildesheim 1999.
Pfefferkorn, Oliver. Martin Luthers Stellung in einer Textsortengeschichte der deutschen Sprache. In: I. Kühn/G. Lerchner 1993, 177–194.
Pfefferkorn, Oliver. Möglichkeiten und Grenzen einer Analyse historischer Textsorten. In: ZdPh 117, 1998, 399–415.
Pfefferkorn, Oliver. Die periphrastischen Futurformen im Mittelhochdeutschen. In: Spw 30, 2005, 309–330.
Pfefferkorn, Oliver. Die Konstruktion *beginnen* + Infinitiv als Futurperiphrase im Mittelhochdeutschen. In: Gärtner/Solms 2009, 176–192.
Pfefferkorn, Oliver/Jörg Riecke/Britt-Marie Schuster (Hrg.). Die Zeitung als Medium in der neueren Sprachgeschichte: Korpora – Analyse – Wirkung. Berlin/Boston 2017.

Pfeifer, Wolfgang (Hrg.). Etymologisches Wörterbuch des Deutschen. Berlin 1989. 6. Aufl. München 2003.
Pflug, Günther. Schriftlichkeit und Mündlichkeit. In: MS 104, 1994, 289–298.
Philipp, Gerhard. Einführung ins Frühneuhochdeutsche. Sprachgeschichte – Grammatik Texte. Heidelberg 1980.
Pickl, Simon/Stephan Elspaß (Hrg.). Historische Soziolinguistik der Stadtsprachen. Kontakt – Variation – Wandel. Heidelberg 2019.
Piirainen, Ilpo Tapani. Graphematische Untersuchungen zum Frühneuhochdeutschen. Berlin 1968.
Piirainen, Ilpo Tapani (Hrg.). Zur Entstehung des Neuhochdeutschen. Sprachgeographische und -soziologische Ansätze. Bern/Frankfurt a.M. 1972. (=1972a)
Piirainen, Ilpo Tapani. Das Stadtrechtsbuch von Sillein. Berlin/New York 1972. (=1972b.)
Piirainen, Ilpo Tapani. Frühneuhochdeutsche Bibliographie. Literatur zur Sprache des 14. bis 17. Jahrhunderts. Tübingen 1980. (=1980a.)
Piirainen, Ilpo Tapani. Das Iglauer Bergrecht nach einer Handschrift aus Schemnitz. Untersuchungen zum Frühneuhochdeutschen in der Slowakei. Heidelberg 1980. (=1980b.)
Piirainen, Ilpo Tapani. Das Stadt- und Bergrecht von Banská Stiavnica/Schemnitz. Untersuchungen zum Frühneuhochdeutschen in der Slowakei. Oulu 1986.
Piirainen, Ilpo Tapani. Frühneuhochdeutsch. Sprach- und Rechtsdenkmäler in Wroclaw/Breslau. In: NphM 89, 1988, 333–357. (=1988a.)
Piirainen, Ilpo Tapani. Collectanea Allerley Nutzlicher Vnnd Nothwendiger Regeln des Rechtens. Untersuchungen zu einem frühneuhochdeutschen Rechtsdenkmal aus der Slowakei. In: Wiesinger 1988, 303–312. (=1988b.)
Piirainen, Ilpo Tapani. Statuten der Stadt Sorau/Zarg. In: NphM 94, 1993, 13–19. (1993a.)
Piirainen, Ilpo Tapani. Die Kammerbücher von Preßburg/Bratislava aus den Jahren 1434–1500. Ein Beitrag zum Frühneuhochdeutschen in der Slowakei. In: I. Kühn/G. Lerchner 1993, 195–204. (=1993b.)
Piirainen, Ilpo Tapani. Bairische und ostmitteldeutsche Elemente in der Zips/Spiš. Ein Beitrag zum Frühneuhochdeutschen in der Slovakei. In: Lerchner u.a. 1995, 297–304.
Piirainen, Ilpo Tapani. Zentrum und Peripherie in der sprachhistorischen Forschung. Dargestellt am Frühneuhochdeutschen in Schlesien und in der Slowakei. In: Orbis linguarum 6, 1997, 207–216. (=1997a.)
Piirainen, Ilpo Tapani. Deutsche Fachprosa des 14. bis 17. Jahrhundert in Schlesien und in der Slowakei. In: Schwarz/Abplanalp 1997, 201–217. (=1997b.)
Piirainen, Ilpo Tapani. Bibelübersetzungen von Martin Luther und Johann Eck. Ein Beitrag zur Lexik des Frühneuhochdeutschen. In: Breuer/Hyvärinen 2006, 447–454.
Piirainen, Ilpo Tapani/Jörg Meier. Das Stadtbuch von Schwedler/Švedlár. Texte und Untersuchungen zum entstehenden Neuhochdeutsch in der Slowakei. Leutschau 1993.
Piirainen, Ilpo Tapani/Maria Papsonová. Das Recht der Spiš/Zips. Texte und Untersuchungen zum Frühneuhochdeutschen in der Slowakei. 2 Bde. Oulu 1992.
Pilz, Klaus Dieter. Phraseologie. Stuttgart 1981.
Plachta, Bodo. Editionswissenschaft: Eine Einführung in Methode und Praxis der Edition neuerer Texte. Stuttgart 1997.
Plachta, Bodo. Editionswissenschaft. Handbuch zu Geschichte, Methode und Praxis der neugermanistischen Edition. Stuttgart 2020.

Plewnia, Albrecht/Andreas Witt. Sprachverfall? Dynamik – Wandel – Variation. Berlin/ New York 2013.
Ploss, Emil. Die Fachsprache der deutschen Maler im Spätmittelalter. In: ZdPh 79, 1960, 70–83, 315–324.
Ploss, Emil. Zur Fachsprache der Färber im Spätmittelalter. In: Marburger Universitätsbund. Jahrbuch 1963. Marburg 1963, 373–365.
Plum, Sabine. *Eifersucht* im 16. Jahrhundert. Anmerkungen zur Zeichen- und Begriffsgeschichte. In: D. Busse u.a. 1994, 259–267.
Pohl, Hans (Hrg.). Die Bedeutung der Kommunikation für Wirtschaft und Gesellschaft. Wiesbaden 1989.
Polenz, Peter von. Slawische Lehnwörter im Thüringisch-Obersächsischen, nach dem Material des Deutschen Wortatlas. In: L.E. Schmitt (Hrg.). Deutsche Wortforschung in europ. Bezügen. Bd. 2. Gießen 1963, 265–296.
Polenz, Peter von. Fremdwort und Lehnwort sprachwissenschaftlich betrachtet. In: MS 77, 1967, 65–80. Neudr. in: P. Braun 1979b, 9–31.
Polenz, Peter von. Geschichte der deutschen Sprache. Berlin/New York 1978. 11. überarb. Aufl. von Norbert Richard Wolf 2020.
Polenz, Peter von. Sprachnorm, Sprachnormung, Sprachnormenkritik. In: Linguistische Berichte 17/1972, 76–84. Neudr. in: Hugo Steger (Hrg.). Soziolinguistik. Darmstadt 1982, 373–384.
Polenz, Peter von. Idiolektale und soziolektale Funktionen von Sprache. In: Leuvense Bijdragen 63, 1973, 97–112.
Polenz, Peter von. Sprachkritik und Sprachnormenkritik. In: Gerhard Nickel (Hrg.). Angewandte Sprachwissenschaft und Deutschunterricht. München 1973, 118–167. Neudr. in: Hans Jürgen Heringer (Hrg.). Holzfeuer im hölzernen Ofen. Tübingen 1982, 70–93.
Polenz, Peter von. Zur Pragmatisierung der Beschreibungssprache in der Sprachgeschichtsschreibung. In: Sitta 1980, 35–51.
Polenz, Peter von. Sozialgeschichtliche Aspekte der neueren deutschen Sprachgeschichte. In: Cramer 1983, 3–21.
Polenz, Peter von. Entwicklungstendenzen des deutschen Satzbaus. In: Die deutsche Sprache der Gegenwart. Hamburg 1984, 29–42.
Polenz, Peter von. Sprachnormung und Ansätze zur Sprachreform im Deutschen. In: István Fodor/Claude Hagège (Hrg.). Language Reform, Bd. 3, Hamburg 1985, 23–52.
Polenz, Peter von. Deutsche Satzsemantik. Grundbegriffe des Zwischen-den-Zeilen-Lesens. Berlin/New York 1985. 3. unveränd. Aufl. 2008.
Polenz, Peter von. Altes und Neues zum Streit über das Meißnische Deutsch. In: v.Polenz u.a. 1986, 183–202. (=1986a.)
Polenz, Peter von. Grundsätzliches zum Sprachwandel. In: DU 38, 1986, H. IV, 6–24. (=1986b.)
Polenz, Peter von. Argumentationswörter. Sprachgeschichtliche Stichproben bei Müntzer und Forster, Thomasius und Wolff. In: Munske u.a. 1988, 181–199.
Polenz, Peter von. Das 19. Jahrhundert als sprachgeschichtliches Periodisierungsproblem. In: Cherubim/Mattheier 1989, 11–30. (=1989a.)
Polenz, Peter von. Glanz und Elend der sächsischen Sprachkultur. In: Hans Assa v.Polenz/Gabriele v.Seydewitz (Hrg.). 900-Jahr-Feier des Hauses Wettin. Festschrift. Bamberg 1989, 225–232. (=1989b.)

Polenz, Peter von. Die Schreib- und Lese-Expansion um 1400 als Einleitung der frühneuhochdeutschen Epoche. In: Heimann u. a. 1995, 67–80. (=1989c.)

Polenz, Peter von. Nationale Varietäten der deutschen Sprache. In: International Journal of the sociology of language 83, 1990, 5–38. (1990a.)

Polenz, Peter von. Martin Luther und die Anfänge der deutschen Schriftlautung. In: R. Große 1990a, 185–194. Neudr. in: H. Wolf 1996a, 221–135. (=1990b.)

Polenz, Peter von. Mediengeschichte und deutsche Sprachgeschichte. In: Dittmann u. a. 1991, 1–18.

Polenz, Peter von. Sprachsystemwandel und soziopragmatische Sprachgeschichte in der Sprachkultivierungsepoche. In: Gardt u. a. 1995, 39–69.

Polenz, Peter von. Vom Sprachimperialismus zum gebremsten Sprachstolz. Das 20. Jahrhundert in der sprachenpolitischen Geschichte der deutschsprachigen Länder. In: Kämper/Schmidt 1998, 9–26.

Polenz, Peter von. Deutsch als plurinationale Sprache im postnationalistischen Zeitalter. In: Gardt u. a. 1999, 115–132.

Polenz, Peter von. Sprachgeschichte und Gesellschaftsgeschichte von Adelung bis heute. In: Cherubim u. a. 2002, 1–23. (=2002a.)

Polenz, Peter von. Historische Wortbildung und Sprachbewußtseinsgeschichte. In: Habermann u. a. 2002, 459–463. (=2002b.)

Polenz, Peter von. Streit über Sprachkritik in den 1960er Jahren. In: Aptum. Zeitschrift für Sprachkritik und Sprachkultur 1, 2005, 97–111. 2005.

Polenz, Peter von. Sprachgeschichte als Kulturgeschichte. In: Bochmann 2007, 7–13.

Polenz, Peter von/Johannes Erben/Jan Goossens (Hrg.). Sprachnormen: lösbare und unlösbare Probleme. Kontroversen um die neuere deutsche Sprachgeschichte. Dialektologie und Soziolinguistik: Die Kontroverse um die Mundartforschung. Tübingen 1986.

Ponert, Dietmar Jürgen. Deutsch und Latein in deutscher Literatur und Geschichtsschreibung des Mittelalters. Stuttgart 1975.

Ponten, Jan Peter. Deutsch-niederländischer Lehnwortaustausch. In: Mitzka 1968, 561–606.

Pörksen, Uwe. Deutsche Naturwissenschaftssprachen. Historische und kritische Studien. Tübingen 1986.

Pörksen, Uwe. Wissenschaftssprache und Sprachkritik. Untersuchungen zu Geschichte und Gegenwart. Tübingen 1994. (=1994a.)

Pörksen, Uwe. Paracelsus als wissenschaftlicher Schriftsteller. Ist die deutsche Sachprosa eine Lehnbildung der lateinischen Schriftkultur. In: Pörksen 1994a, 37–83. (=1994b.)

Prell, Heinz-Peter. Luthers Übersetzung des NT in protestantischer Tradition im 17. Jahrhundert. Zu Wortbildung und Syntax der frühneuhochdeutschen Bibelsprache. In: Besch 1990, 217–226.

Prell, Heinz-Peter. Die Ableitung von Verben aus Substantiven in biblischen und nichtbiblischen Texten des Frühneuhochdeutschen. Eine vergleichende Untersuchung von Texten des 14. bis 17. Jahrhundert. Frankfurt a.M. u. a. 1991.

Prell, Heinz-Peter. Textarten im Sprachwandel – nach der Erfindung des Buchdrucks. In: ZfdPh 113, 1994, 411–415.

Prell, Heinz-Peter. 2000. Die Stellung des attributiven Genitivs im Mittelhochdeutschen. Zur Notwendigkeit einer Syntax mittelhochdeutscher Prosa. Beiträge 122, 2000, 23–39.

Prell, Heinz-Peter. Typologische Aspekte der mittelhochdeutschen Prosasyntax. Der Elementarsatz und die Nominalphrase. In: Lobenstein-Reichmann/Reichmann 2003, 241–256.
Prell, Heinz-Peter. Mehrfacheinschaltungen im mittelhochdeutschen Satzgefüge. Eine diachron-textsortenübergreifende Untersuchung. In: Wich-Reif 2017, 37–49.
Prell, Heinz-Peter/Ingrid Kristine Andersen. Der lateinische Einfluß auf die Syntax der mittelhochdeutschen Bibelsprache. In: Nybøle u.a. 2004, 165–180.
Prell, Heinz-Peter/Marietheres Schebben-Schmidt. Die Verbableitung im Frühneuhochdeutschen. Berlin/New York 1996.
Presch, Gunter. Zur Begründung einer historischen Pragmalinguistik. In: J. Klein/G. Presch (Hrg.). Institutionen – Konflikte – Sprache. Tübingen 1981, 206–38.
Presch, Gunter. Widersprüche zwischen Textfunktionen als ein Ausgangspunkt sozialgeschichtlicher Pragmalinguistik. In: Busse 1991a, 83–100.
Pretzel, Ulrich. Mittelhochdeutsch. Bedeutungskunde. Heidelberg 1982.
Priesner, Claus/Karin Figala. Alchemie. Lexikon einer hermetischen Wissenschaft. München 1998.
Prinz, Michael/Jürgen Schiewe (Hrg.). Vernakuläre Wissenschaftskommunikation. Beiträge zur Entstehung und Frühgeschichte der modernen deutschen Wissenschaftssprachen. Berlin/Boston 2018.
Protze, Helmut. Zum mitteldeutschen und bairischen Anteil an der Kanzleisprache von Gelnica/Göllnitz (Unterzips) in frühneuhochdeutscher Zeit anhand des ältesten Stadtbuches. In: Wiesinger 1988, 283–301.
Protze, Helmut. Bedeutung und Ausbreitung von Humanismus und Reformation und der Anteil ostdeutscher und osteuropäischer Universitäten und Gelehrter. In: Heimann u.a. 1989, 81–92.
Prowatke, Christa. Teutscher sprach art und eygenschaft. Zum Anteil der Grammatiker des 16. Jahrhunderts an der Herausbildung nationaler Normen in der deutschen Literatursprache. In: BEDS 8, 1988, 172–196 (=1988a.)
Prowatke, Christa. Zur Ausbildung der Graphie in einer regionalen mittelniederdeutschen Literatursprache unter Berücksichtigung der schreibsprachlichen Situation im gesamten deutschen Sprachraum am Beispiel ausgewählter Quellen der Rostocker Druckerei des Ludwig Dietz (1512–1559). Rostock 1988. (=1988b.)
Prowatke, Christa. Seid den Sprachen günstig! Nathan Chytraeus' Verdienste um die niederdeutsche Sprache. In: Mecklenburgische Jahrbücher 109, 1993, 85–95.
Puff, Helmut. „Von dem Schlüssel aller Künste, nemblich der Grammatica". Deutsch im lateinischen Grammatikunterricht 1480–1560. Tübingen/Basel 1995.
Puff, Helmut. Die Rhetorik der Sodomie in den Schriften Martin Luthers und in der Reformationspolemik. In: Gisela Engel u.a. (Hrg.). Das Geheimnis am Beginn der europäischen Moderne. Frankfurt a.M. 2002, 328–342.
Püschel, Ulrich. Die Bedeutung von Textsortenstilen. In: ZGL 10, 1982, 28–37.
Püschel, Ulrich. Journalistische Textsorten im 19. Jahrhundert. In: Wimmer 1991, 428–447.
Putzer, Oskar. Konjunktionale Nebensätze und äquivalente Strukturen in der Heinrich v. Langenstein zugeschriebenen „Erkenntnis der Sünde". Eine syntaktische Studie zur Wiener Übersetzungsliteratur um 1390. Wien 1979.

Quak, Arend. Meevoudsvorming in Oudsaksisch an Middelnederduits. In: ABäG 28, 1989, 43–54.

Quint, Joseph. Mystik und Sprache, ihr Verhältnis zueinander, insbesondere in der spekulativen Mystik Meister Eckharts. In: Ruh 1964, 113–151.

Raabe, Susanne M. Der Wortschatz in den deutschen Schriften Thomas Murners. Bd. 1: Untersuchungen. Bd. 2: Wörterbuch. Berlin 1990.
Ramat, Paolo. Das Friesische. Innsbruck 1976.
Ramseyer, Rudolf J. Mundartlautung im frühen 16. Jahrhundert Rückschlüsse aus Graphemvarianten in amtlichen Grundstücksverzeichnissen des frühen 16. Jahrhunderts. In: Marthe Philipp (Hrg.). Alemannische Dialektologie im Computer-Zeitalter. Göppingen 1990, 261–277.
Rapp, Andrea. *bücher gar hübsch gemolt*. Studien zur Werkstatt Diebold Laubers am Beispiel der Prosabearbeitung von Bruder Philipps ‚Marienleben' in den Historienbibeln IIa und Ib. Bern u.a. 1998.
Rapp, Francis. Sozialpolitische Entwicklung und volkssprachlicher Wortschatz im spätmittelalterlichen Straßburg. In: Fleckenstein/Stackmann 1980, 146–160.
Rash, Felicity. French and Italian Lexical Influences in German-Speaking Switzerland (1550–1650). Berlin/New York 1989.
Rauch, Irmengard. Early new high German *e*-plural. In: Beitr 113, 1991, 367–383.
Rautenberg, Ursula. Die Entstehung und Entwicklung des Buchtitelblatts in der Inkunabelzeit in Deutschland, den Niederlanden und Venedig – Quantitative und qualitative Studien. In: Archiv für Geschichte des Buchwesens 62, 2008, 1–105.
Rautenberg, Ursula (Hrg.). Buchwissenschaft in Deutschland. Ein Handbuch. Berlin/Boston 2013.
Rautenberg, Ursula (Hrg.). Reclams Sachlexikon des Buches. Von der Handschrift zum E-Book. 3. vollst. überarb. und aktual. Aufl. Stuttgart 2015.
Rautenberg, Ursula/Hans-Jörg Künast/Mechthild Habermann/Heidrun Stein-Kecks (Hrg.). Zeichensprachen des literarischen Buchs in der frühen Neuzeit: Die „Melusine" des Thüring von Ringoltingen. Berlin/Boston 2013.
Ravetto, Miriam. Le trasformazioni sintattiche del *Frühneuhochdeutsch* valutate da tre grammatici del tempo. In: Linguistica e Filologia 21, 2005, 85–111.
Ravida, Fausto. Zur morphembezogenen Variation in den Rechnungsbüchern der Stadt Luxemburg (1388–1500). In: Moulin/Ravida/Ruge 2010, 331–352.
Ravida, Fausto. Graphematisch-phonologische Analyse der Luxemburger Rechnungsbücher (1388–1500). Ein Beitrag zur historischen Stadtsprachenforschung. Heidelberg 2012.
Raynaud, Franziska. Histoire de la langue allemande. Paris 1982.
Reagan, Sherman Charles. Compound Nouns in the Luther Bible and some of its Printed German Predecessors. Madison 1981.
Redzich, Carola. *so zuo vnser zeiten vil die Bibel mer zerrissen dan verdeütscht haben*: Konfessionelle Programmatik und ihre sprachliche Inszenierung in Johannes Ecks Bibelausgabe von 1537. In: Habermann 2018b, 119–134.
Reichmann, Oskar. Germanistische Lexikologie. Stuttgart 1976.
Reichmann, Oskar. Zur Edition frühneuhochdeutscher Texte. Sprachgeschichtliche Perspektiven. In: ZdPh 97, 1978, 337–361. (1978a.)
Reichmann, Oskar. Deutsche Nationalsprache. Eine kritische Darstellung. In: GL 2–5, 1978, 389–423. (1978b.)
Reichmann, Oskar. Sprache ohne Leitvarietät vs. Sprache mit Leitvarietät. Ein Schlüssel für die nachmittelalterliche Geschichte des Deutschen. In: Besch 1990, 141–158.

Reichmann, Oskar. Gemeinsamkeiten im Bedeutungsspektrum von Wörtern europäischer Sprachen. In: Magdolna Bartha/Rita Brdar Szabó (Hrg.). Von der Schulgrammatik zur allgemeinen Sprachwissenschaft. Budapest 1991, 75–94.
Reichmann, Oskar. Autorenintention und Textsorte. In: Große/Wellmann 1996, 119–135.
Reichmann, Oskar. Das nationale und das europäische Modell in der Sprachgeschichtsschreibung des Deutschen. Freiburg/Schweiz 2001.
Reichmann, Oskar. Nationale und europäische Sprachgeschichtsschreibung. In: Cherubim u. a. 2002, 25–42. (=2002a.)
Reichmann, Oskar. Wortbildungsfelder des Frühneuhochdeutschen. In: Habermann u. a. 2002, 245–267. (=2002b.)
Reichmann, Oskar. Die Entstehung der neuhochdeutschen Schriftsprache: Wo bleiben die Regionen? In: Berthele u. a. 2003, 29–56.
Reichmann, Oskar. Der Diskurs von Mündlichkeit und Schriftlichkeit: seine Anwendbarkeit auf das Frühneuhochdeutsche. In: Mattheier/Nitta 2004, 205–221.
Reichmann, Oskar. Der frühneuhochdeutsche Wortschatz aus kulturgeschichtlicher Sicht. In: Isolde Hausner/Peter Wiesinger (Hrg). Deutsche Wortforschung als Kulturgeschichte. Wien 2005, 77–96. (=2005a.)
Reichmann, Oskar. Usefulness and Uselessness of the Term *Fremdwort*. In: Langer/Davies 2005, 343–360. (=2005b.)
Reichmann, Oskar. Das Frühneuhochdeutsche in der Sprachgeschichtsschreibung: Themen, Unterlassungen, Wertungen. In: Lepper/Werle 2011, 179–194. (=2011a.)
Reichmann, Oskar. Lexikalische Varianten im frühneuhochdeutschen Bibelwortschatz und die neuhochdeutsche Schriftsprache: Fakten und Reflexionen. In: Lobenstein-Reichmann/Reichmann 2011, 383–478. (=2011b.)
Reichmann, Oskar. Die Funktionalisierung sprachhistorischer Erkenntnis. In: Ágel/Gardt 2014, 3–21.
Reichmann, Oskar. Historische Lexikographie als Grundwissenschaft: Perspektiven. In: Anja Lobenstein-Reichmann/Peter O. Müller (Hrg.). Historische Lexikographie zwischen Tradition und Innovation. Berlin/Boston 2016, 13–36.
Reichmann, Oskar. Grundfragen sprachhistorischer Semantik. Mit Veranschaulichungen am Beispiel Martin Luthers. In: Habermann 2018b, 27–54. (=2018a.)
Reichmann, Oskar. Das frühneuhochdeutsche Wörterbuch (FWB): Von der Entstehung bis zur Digitalisierung. In: Lexicographica 34 (2018), 279–357. (=2018b.)
Reichmann, Oskar. Sprachgeschichte als Ideologiegeschichte. In: Bär u. a. 2019, 45–104.
Reichmann, Oskar u. a. Zur Vertikalisierung des Varietätenspektrums in der jüngeren Sprachgeschichte des Deutschen. In: Munske u. a. 1988, 151–180.
Reichmann, Oskar/Klaus-Peter Wegera (Hrg.). Frühneuhochdeutsches Lesebuch. Tübingen 1988.
Reiffenstein, Ingo. Deutsch und Latein im Spätmittelalter: Zur Übersetzungstheorie des 14. u. 15. Jahrhunderts. In: Werner Besch u. a. (Hrg.). Festschrift für Siegfried Grosse. Göppingen 1984, 195–208.
Reiffenstein, Ingo. Interne und externe Sprachgeschichte. In: Besch 1990, 21–30.
Reiffenstein, Ingo. Ortsnamen, Schreibsprachen und Mundarten im Land Salzburg. In: Heinz Dopsch/Hans Spatzenegger (Hrg.). Geschichte Salzburgs II/3. Salzburg 1991, 1803–1824. (1991a.)
Reiffenstein, Ingo. Vom Sprachgrenzland zum Binnenland. Romanen, Baiern und Slawen im frühmittelalterlichen Salzburg. In: LiLi 21, 1991, 40–64. (=1991b.)

Reiffenstein, Ingo. Salzburg: Zum Konzept einer regionalen Sprachgeschichte am Beispiel des Ostoberdeutschen. In: Lerchner u. a. 1995, 325–332.

Reiffenstein, Ingo. Die Anfänge der nhd. Diphthongierung im Bairischen. In: Heinz Dieter Pohl (Hrg.). Sprache und Name in Mitteleuropa. Festschrift für Maria Hornung. Wien 2000, 325–333.

Reiffenstein, Ingo. Zur Schreibsprache des Runtingerbuches, 1383–1407. In: Näßl 2002, 201–224.

Reiner, Karl. Die Terminologie der ältesten mathematischen Werke in deutscher Sprache nach den Beständen der Bayerischen Staatsbibliothek. München 1961.

Reinitzer, Heimo. Biblia deutsch. Luthers Bibelübersetzung und ihre Tradition. Wolfenbüttel 1983.

Reinitzer, Heimo. Das Septembertestament (1522) – Theologie, Sprache, Kunst. In: Dingel/Jürgens 2014, 160–170.

Reis, Marga. Lauttheorie und Lautgeschichte. Untersuchungen am Beispiel der Dehnungs- und Kürzungsvorgänge im Deutschen. München 1974.

Reko, Timo. Über das Passiv in einigen spätmittelalterlichen Stadtchroniken. Ein Beitrag zur Theorie und Praxis der historischen Syntaxforschung. Frankfurt a.M. u. a. 2000.

Reko, Timo. Über das Passiv im Deutschen im Spätmittelalter. In: NPhM 102, 2001, 94–99.

Reko, Timo. Das Präteritum bei Johannes Renner. Bemerkungen über den Einfluß von Vorlagen. In: Breuer/Hyvärinen 2006, 471–483.

Reske, Christoph. Die Buchdrucker des 16. und 17. Jahrhunderts im deutschen Sprachgebiet. Auf der Grundlage des gleichnamigen Werkes von Josef Benzing. 2. überarb. und erw. Aufl. Wiesbaden 2015.

Richter, Friedrich/Wilhelm Hornbostel. Unser tägliches Griechisch. Deutsche Wörter griechischer Herkunft. Mainz 1981.

Richter, Michael. Die Sprachenpolitik Karls des Großen. In: Spw 7, 1982, 412–437.

Rieck, Susanne. Untersuchungen zu Bestand und Varianz der Konjunktionen im Frühneuhochdeutschen. Heidelberg 1977.

Riecke, Jörg. Entlehnungen aus slawischen Sprachen im spätmittelalterlichen deutschen Wortschatz aus Regensburger und mittelbairischen Quellen. In: Brünner Beiträge zur Germanistik und Nordistik 11, 1997, 61–64.

Riecke, Jörg. Beobachtungen zur Syntax und Semantik der Nominalgruppe in mittelalterlichen medizinischen Texten. In: Desportes 2000, 27–39.

Riecke, Jörg. Geschichte der deutschen Sprache: Eine Einführung. Stuttgart 2016.

Riecke, Jörg. Ein digitales Wörterbuch-System zur älteren Medizin. Textkorpus, Darstellungsformen, Kollaborationsformate. In: Riecke 2017b, 275–298. (=Riecke 2017a.)

Riecke, Jörg/Rainer Hünecke/Oliver Pfefferkorn/Britt-Marie Schuster/Anja Voeste (Hrg.). Einführung in die historische Textanalyse. Göttingen 2004.

Riecke, Jörg (Hrg.). Historische Semantik. Berlin/New York 2011 (JGS 2).

Riecke, Jörg (Hrg.). Sprachgeschichte und Medizingeschichte. Texte – Termini – Interpretationen. Berlin/Boston 2017. (=Riecke 2017b.)

Rieke, Ursula. Studien zur Herausbildung der neuhochdeutschen Orthographie. Die Markierung der Vokalquantitäten in deutschsprachigen Bibeldrucken des 16.–18. Jahrhunderts. Heidelberg 1998.

Riehl, Claudia Maria. Zur Grammatikalisierung der deutschen *werden*-Periphrasen (vom Germanischen zum Frühneuhochdeutschen). In: Birgit Igla/Thomas Stolz (Hrg.). „Was ich noch sagen wollte ...". A multilingual Festschrift for Norbert Boretzky on occasion of his 65th birthday. Berlin 2001, 469–489.

Riha, Ortrun. Handlungswissen oder Bildungswissen? Mittelalterliche Fachliteratur und ihr Sitz im Leben. In: ZdA 123, 1994, 1–18.

Rinas, Karsten. Theorie der Punkte und Striche. Die Geschichte der deutschen Interpunktionslehre. Heidelberg 2017.

Ringgaard, Kristian. Flektionssystemets forenkling og midelnedertysk. In: Arkiv för nordisk filologi 101, 1986, 173–183.

Ringel, Klaus-Heinrich. Der Wortschatz der Liturgie von 1530 bis zum Ende des 16. Jahrhunderts. Berlin 1987.

Risse, Ursula. Untersuchungen zum Gebrauch der Majuskel in deutschsprachigen Bibeln des 16. Jahrhunderts. Heidelberg 1980.

Ritter, Joachim/Karlfried Gründer (Hrg.). Historisches Wörterbuch der Philosophie. Völlig neubearb. Ausg. des Wörterbuchs der philosophischen Begriffe von Rudolf Eisler. 13 Bde. Darmstadt 1971–2007.

Robin, Thérèse. Die syntaktischen Strukturen in den Predigten von Berthold von Regensburg. In: Józef Wiktorowitz u.a. 2013, 193–211.

Röcke, Werner/Ursula Schaefer (Hrg.). Mündlichkeit – Schriftlichkeit – Weltbildwandel. Literarische Kommunikation und Deutungsschemata von Wirklichkeit in der Literatur des Mittelalters und der frühen Neuzeit. Tübingen 1996.

Roelcke, Thorsten. Periodisierung der deutschen Sprachgeschichte. Analysen und Tabellen. Berlin/New York 1995. (=1995a.)

Roelcke, Thorsten. Lexikalische Bedeutungsrelationen und Sprachwandel. In: Gardt u.a. 1995, 227–248. (=1995b.)

Roelcke, Thorsten. Sprachtypologie des Deutschen. Historische, regionale und funktionale Variation. Berlin/New York 1997.

Roelcke, Thorsten. Die frühneuhochdeutsche Brücke. Überlegungen zur sprachtypologischen Periodisierung der deutschen Sprachgeschichte. In: ZdPh 119, 2000, 369–396.

Roelcke, Thorsten. Geschichte der deutschen Sprache. 2. aktual. Aufl. München 2018.

Roelcke, Thorsten. Fachsprachen. 4., neu bearb. Aufl. Berlin 2020.

Roelcke, Thorsten (Hrg.). Periodisierung. Die zeitliche Gliederung der deutschen Sprachgeschichte. Frankfurt a.M. 2001.

Roessler, Paul s. Rössler, Paul

Röhrich, Lutz. Das große Lexikon der sprichwörtlichen Redensarten. Freiburg 1991/92. 3. Aufl. 2006.

Röll, Walter. Das älteste datierte jüdisch-deutsche Sprachdenkmal: ein Verspaar im Wormser Machsor von 1272/73. In: ZMaf 33, 1966, 127–138.

Röll, Walter. Bestandteile des deutschen Gegenwartswortschatzes jiddischer oder hebräischer Herkunft. In: Schöne 1986, Bd. 5, 54–62.

Röll, Walter. Figuren-Bände (Bilderbücher) des 16. Jahrhunderts als Buchtyp. In: Gutenberg-Jahrbuch 1992, 198–235.

Röll, Walter. Die Bibelübersetzung ins Jiddische im 14. und 15. Jahrhundert. In: Timothy R. Jackson (Hrg.). Die Vermittlung geistiger Inhalte im deutschen Mittelalter. Tübingen 1996, 183–195.

Röll, Walter/Simon Neuberg (Hrg.). Jiddische Philologie. Festschrift für Erika Timm. Tübingen 1999.
Roloff, Hans-Gert. Stilstudien zur Prosa des 15. Jahrhunderts. Die Melusine des Thüring von Ringoltingen. Köln/Wien 1970.
Roloff, Hans-Gert. Neulateinische Literatur. In: Propyläen Geschichte der europäischen Literatur. Berlin 1984, Bd. 3, 196–230.
Römer, Jürgen. Geschichte der Kürzungen. Abbreviaturen in deutschsprachigen Texten des Mittelalters und der Frühen Neuzeit. Göppingen 1997. 2. unveränd. Aufl. 1999.
Römer, Ruth. Sprachwissenschaft und Rassenideologie in Deutschland. München 1985.
Ronneberger-Sibold, Elke. Sprachverwendung – Sprachsystem: Ökonomie und Wandel. Tübingen 1980.
Ronneberger-Sibold, Elke. Historische Phonologie und Morphologie des Deutschen. Eine kommentierte Bibliographie zur strukturellen Forschung. Tübingen 1989.
Ronneberger-Sibold, Elke. Funktionale Betrachtungen zu Diskontinuität und Klammerbildung im Deutschen. In: Boretzky 1991, 206–236.
Ronneberger-Sibold, Elke. Konservative Nominalflexion und „klammerndes Verfahren" im Deutschen. In: Klaus-Michael Köpcke (Hrg.). Funktionale Untersuchungen zur deutschen Nominal- und Verbalmorphologie. Tübingen 1994, 115–130.
Ronneberger-Sibold, Elke. Sprachökonomie und Wortschöpfung. In: Thomas Birkmann u.a. (Hrg.). Vergleichende germanische Philologie und Skandinavistik. Tübingen 1997, 249–261. (=1997a).
Ronneberger-Sibold, Elke. Typology and the diachronic evolution of German morphosyntax. In: Jacek Fisiak (Hrg.). Linguistic Reconstruction and Typology. Berlin/New York 1997, 313–335. (=1997b).
Ronneberger-Sibold, Elke. Die deutsche Nominalklammer. Geschichte, Funktion, typologische Bewertung. In: Ziegler 2010, Bd. 1, 85–120.
Ronneberger-Sibold, Elke. -(en) als das ideale deutsche Pluralsuffix? Widerstreitende typologische Tendenzen in der frühneuhochdeutschen Entwicklung der gemischten Flexion. In: Kwekkeboom/Waldenberger 2016, 251–272.
Roolfs, Friedel. Untersuchungen zur Sprache des Braunschweiger St.-Annen-Büchleins. In: NdW 37, 1997, 65–86. (=1997a).
Roolfs, Friedel. Das Braunschweiger St.-Annen-Büchlein. Ein mittelniederdeutscher Druck aus dem Jahr 1507. Bielefeld 1997. (=1997b).
Roosen, Rolf. Jagdsprachlicher Sachwortschatz in gedruckten Landes-, Polizei-, Jagd- und Forstverordnungen des 15. und 16. Jahrhunderts. Frankfurt a.M. u.a. 1995.
Rooth, Erik. Saxonica. Beiträge zur niedersächsischen Sprachgeschichte. Lund 1949.
Rosenberger, Sebastian. Das Wortbildungsmorphem *ent-* im Frühneuhochdeutschen Wörterbuch. Lexikographie im Spannungsfeld zwischen Grammatik, Semantik und Pragmatik. In: Oehme u.a. 2017, 209–227.
Rosenfeld, Hans-Friedrich/Hellmut Rosenfeld. Deutsche Kultur im Spätmittelalter 1250–1500. Wiesbaden 1978.
Rösler, Irmtraud. Soziale und funktionale Aspekte der Durchsetzung des Hochdeutschen im offiziellen Schriftverkehr Mecklenburgs (1550–1700). In: BEDS 7, 1987, 233–248.
Rösler, Irmtraud. Zur Syntax eines mittelniederdeutschen Fachtextes. In: Beitr 8, 1988, 197–209.
Rösler, Irmtraud. „Angeklagte bekandt …". Zum Problem von Mündlichkeit und Schriftlichkeit. Beobachtungen an Verhörsprotokollen der mecklenburgischen

Kanzleien im 16./17. Jahrhundert. In: Ewald/Sommerfeldt 1995, 269–275. (=1995a.)
Rösler, Irmtraud. Was liegt dort hinterm Horizont? Zur nautischen Fachliteratur hansischer Seefahrer. In: G. Brandt 1995, 123–144. 1995b.
Rösler, Irmtraud. *Navigare necesse est* – Texte der späten Hansezeit: Navigation. In: Große/Wellmann 1996, 251–268.
Rösler, Irmtraud. Satz – Text – Sprachhandeln. Syntaktische Normen der mittelniederdeutschen Sprache und ihre soziofunktionalen Determinaten. Heidelberg 1997. (=1997a.)
Rösler, Irmtraud. Niederdeutsche Interferenzen und Alternanzen in hochdeutschen Verhörsprotokollen. Zum Problem des Erschließens gesprochener Sprache aus schriftlich überlieferten Texten. In: Mattheier u. a. 1997, 187–202. (=1997b.)
Rösler, Irmtraud. *Lubece – aller Steden schone*: Mittelniederdeutsch als lingua franca in Nordeuropa. In: Christian Bunners (Hrg.). Literatur aus dem Ostseeraum und der Lüneburger Heide. Rostock 2010, 45–58.
Rösler, Irmtraud (Hrg.). „Ik lerde kunst dor lust." Ältere Sprache und Literatur in Forschung und Lehre. Festschrift Christa Baufeld. Rostock 1999.
Rössing-Hager, Monika. Syntax und Textkomposition in Luthers Briefprosa. 2 Bde. Köln/Wien 1972.
Rössing-Hager, Monika. Untersuchungen zur Struktur der nominalen Wortgruppen bei Martin Luther. In: Winfried Lenders/Hugo Moser (Hrg.). Maschinelle Verarbeitung altdeutscher Texte I. Berlin 1978, 61–83.
Rössing-Hager, Monika. Konzeption und Ausführung der ersten deutschen Grammatik. Valentin Ikelsamer: „Ein Teütsche Grammatica". In: Grenzmann/Stackmann 1984, 534–556, 557–558.
Rössing-Hager, Monika. Textabhängige Wortverwendung in der Flugschriftensammlung „Bundesgenossen" von Johann Eberlin von Günzburg. In: Munske u. a. 1988, 279–320.
Rössing-Hager, Monika. Leitprinzipien für die Syntax deutscher Autoren um 1500. Verfahrensvorschläge zur Ermittlung zeitspezifischer Qualitätsvorstellungen, ihrer Herkunft und Verbreitung. In: Betten 1990a, 406–421.
Rössing-Hager, Monika. „Küchenlatein" und Sprachpurismus im frühen 16. Jahrhundert. Zum Stellenwert der Latinismen in frühneuhochdeutscher Prosa. In: Henkel/Palmer 1992, 360–386.
Rössing-Hager, Monika. Satzformen des Übergangs und des Neueinsatzes in frühneuhochdeutscher Prosa. Eine Fallstudie. In: Askedal 1998a, 297–314.
Rössing-Hager, Monika. Konkurrierende Strukturen für die Relation *Voraussetzung – Folge* in frühreformatorischen Schriften Martin Luthers. In: Ziegler 2010, Bd. 2, 711–740.
Rössing-Hager, Monika. Syntax – Thematik – Textstruktur. Realisationen ihrer Interdependenz in Johannes Aventinus' „Bayerischer Chronik" (1526–1533). In: Józef Wiktorowitz u. a. 2013, 213–227.
Rössing-Hager, Monika. Anpassung von Textsortentypen unter aktuellem Kommunikationsbedarf in der Flugschriftensammlung *Bundesgenossen* von Johann Eberlin von Günzburg. In: Ernst/Meier 2014, 163–184.
Rössing-Hager, Monika. Fiktive Rede als singulärer Redeakt in frühreformatorischen Flugschriften. Verwendungsformen bei Martin Luther und Johann Eberlin von Günzburg. In: Schuster/Dogaru 2015, 31–57.
Rössler, Paul. Graphematische Variation in österreichischen Adelsbriefen des 16. Jahrhunderts. In: Simmler 2004c, 311–331.

Rössler, Paul. Schreibvariation. Sprachregion. Konfession. Graphematik und Morphologie in österreichischen und bayerischen Drucken vom 16. bis ins 18. Jahrhundert. Frankfurt a.M. u. a. 2005.
Rössler, Paul. Ist Höflichkeit weiblich? Soziales Geschlecht in Familienbriefen im historischen Vergleich. In: Informationen zur Deutschdidaktik (ide). Zeitschrift für den Deutschunterricht in Wissenschaft und Schule, 3, 2007. 70–81.
Rössler, Paul. Kanon diachron. Zur Periodisierung der deutschen Sprachgeschichte. In: Jürgen Struger (Hrg.). Der Kanon – Perspektiven, Erweiterungen und Revisionen. Tagung österreichischer und tschechischer Germanistinnen und Germanisten, Olmütz/Olomouc, 20.–23.9.2007.Wien 2008, 421–433.
Rössler, Paul. Arkane Confessio oder Regiolekt mit Konfessionshintergrund? Fragen zum soziofunktionalen Status grafischer Varianten in ostoberdeutschen frühneuzeitlichen Drucken. In: Jürgen Macha/Anna-Maria Balbach/Sarah Horstkamp (Hrg.). Konfession und Sprache in der Frühen Neuzeit. Interdisziplinäre Perspektiven. Münster u. a. 2012, 113–122.
Roth, Christoph. Kurze Einführung in die Grammatik des Frühneuhochdeutschen. Heidelberg 2007.
Roth, Paul. Die Neuen Zeitungen in Deutschland im 15. und 16. Jahrhundert. Leipzig 1914. Nachdr. 1963.
Rothkegel, Annely. Feste Syntagmen. Grundlagen, Strukturbeschreibung, automatische Analyse. Tübingen 1973.
Ruge, Nikolaus. Aufkommen und Durchsetzung morphembezogener Schreibungen im Deutschen 1500–1700. Heidelberg 2004.
Ruge, Nikolaus. Zur morphembezogenen Überformung in der deutschen Orthographie. In: Linguistik online 25/4, 2005, https://doi.org/10.13092/lo.25.1078.
Ruge, Nikolaus. Die Graphematik-Morphologie-Schnittstelle in der Geschichte des Deutschen. In: Martin Neef/Carmen Scherer (Hrg.). Die Schnittstelle von Morphologie und geschriebener Sprache. Berlin/Boston 2013, 39–68.
Ruge, Nikolaus. *einen slac slân*. Kognate Objekte und figura etymologica in der deutschen Sprachgeschichte. In: Spw 40, 2015, 413–452
Ruge, Nikolaus. Eine spätmittelalterliche Kleinstadt auf der germanisch-romanischen Sprachgrenze. Neues zu Boulay/Bolchen. In: Pickl/Elspaß 2019, 65–80.
Ruge, Nikolaus. Zur Sprache der vorreformatorischen Nürnberger Fastnachtspiele (Folz und Anonymi). In: Stefan Hannes Greil/Martin Przybilski (Hrg.). Nürnberger Fastnachtspiele des 15. Jahrhunderts von Hans Folz und aus seinem Umkreis. Edition und Kommentar. Berlin/Boston 2020, LI–LXXXVI. (=2020a)
Ruge, Nikolaus. *Vnd begeret das dieſelben geſchickten von Metz die woil duytſche konne(n) das ercleren:* Deutsch und Französisch in den Auseinandersetzungen zwischen Metz und Lothringen 1489–1492. In: Spw 45, 2020, 25–48. (=2020b)
Ruge, Nikolaus/Anja Voeste. Worttrennung in Handschrift und Frühdruck. In: Spw 43, 2018, 281–307.
Ruh, Kurt (Hrg.). Altdeutsche und altniederländische Mystik. Darmstadt 1964.
Ruh, Kurt Überlegungen und Beobachtungen zur Sprache der Mystik. In: Reiner Hildebrandt/Ulrich Knoop (Hrg.). Brüder-Grimm-Symposion zur historischen Wortforschung. Berlin/New York 1986, 24–39.
Ruipérez, Germán. Die strukturelle Umschichtung der Verwandtschaftsbezeichnungen im Deutschen. Ein Beitrag zur historischen Lexikologie, diachronen Semantik und Ethnolinguistik. Marburg 1984.

Rupprich, Hans. Die deutsche Literatur vom späten Mittelalter bis zum Barock. München 1970/73 (de Boor/Newald. Geschichte der deutschen Literatur. Bd. 4.1, 4.2).
Russ, Charles V. J. Die Entwicklung des Umlauts im Deutschen im Spiegel verschiedener linguistischer Theorien. In: Beitr (T) 99, 1977, 213–240.
Russ, Charles V. J. Historical German Phonology and Morphology. Oxford 1978.
Russ, Charles V. J. Studies in historical German phonology. A phonological comparison of MHG and NHG with reference to modern dialects. Bern/Frankfurt a.M.1982.
Russ, Charles V. J. Nominalization in Martin Luther's word formation. In: JGL 16, 2004, 245–268.
Russ, Charles V. J. (Hrg.) 1983/84. Foreign influences on German. Proceedings of the conference ‚Foreign influences on German: past and present', York 1983. Dundee 1984.

Sachse, Wieland. Wirtschaftsliteratur und Kommunikation bis 1800. Beispiele und Tendenzen aus Mittelalter und früher Neuzeit: Kaufmannsbücher, Enzyklopädien, kameralistische Schriften und Statistiken. In: Pohl 1989, 199–215.
Sahle, Patrick. Digitale Editionsformen. Teil I: Das typografische Erbe. Teil II: Befunde, Theorie und Methodik. Teil III: Textbegriffe und Recodierung. Norderstedt 2013. Online: https://www.i-d-e.de/publikationen/schriften/s7-9-digitale-editionsformen/
Sahm, Heike/Monika Schausten (Hrg.). Nürnberg. Zur Diversifikation städtischen Lebens in Texten und Bildern des 15. und 16. Jahrhunderts. Berlin 2015.
Salmons, Joseph. A History of German. What the Past Reveals about Today's Language. Oxford 2012. 2. Aufl. Oxford 2018.
Salomon, Ludwig. Geschichte des deutschen Zeitungswesens. Oldenburg 1900–1906, Nachdr. Aalen 1973.
Saltveit, Lauritz. Studien zum deutschen Futur. Bergen/Oslo 1962.
Sandberg, Bengt. Untersuchungen zur Graphemik und Phonemik eines Tiroler Autographs aus dem Ende des 15. Jahrhunderts. Göteborg 1983.
Sanders, Willy. Hochdeutsch /ä/ – „Ghostphonem" oder Sprachphänomen? In: ZDL 39, 1972, 37–58.
Sanders, Willy. Sachsensprache, Hansesprache, Plattdeutsch. Sprachgeschichtliche Grundzüge des Niederdeutschen. Göttingen/Zürich 1982.
Sandig, Barbara. Syntaktische Typologie der Schlagzeile. Möglichkeiten und Grenzen der Sprachökonomie im Zeitungsdeutsch. München 1971.
Sandig, Barbara. Zur historischen Kontinuität normativ diskriminierter syntaktischer Muster in spontaner Sprechsprache. In: DS 3/1973, 36–54.
Sandig, Barbara. Stilistik der deutschen Sprache. Berlin/New York 1986.
Sandig, Barbara. Textstilistik des Deutschen. 2. völlig neu bearb. Aufl. Berlin/New York 2006.
Sankoff, David (Hrg.). Linguistic Variation. New York 1978.
Santifaller, Leo. Beiträge zur Geschichte der Beschreibstoffe im Mittelalter. Bd. 1. Graz/Köln 1953. Nachdr. 1984.
Sapp, Christopher D. Focus and Verb Order in Early New High German: Historical and Contemporary Evidence. In: Sam Featherstone/Wolfgang Sternefeld (Hrg.). Roots: Linguistics in Search of its Evidential Base. Berlin 2007, 299–318.
Sapp, Christopher D. The Verbal Complex in Subordinate Clauses from Medieval to Modern German. Amsterdam/Philadelphia 2011.

Sattler, Lutz. Zur Verwendung von Wortgruppen mit adjektivischem Attribut und Komposita in der deutschen Literatursprache (1570–1730). In: Schildt 1992a, 227–272.

Sauerbeck, Karl Otto. Vokalismus der Nebensilben I. Heidelberg 1970 (= Moser/Stopp/Besch Bd. 1,1).

Saurma-Jeltsch, Lieselotte E. Spätformen mittelalterlicher Buchherstellung. Bilderhandschriften aus der Werkstatt Diebold Laubers in Hagenau. 2 Bde.Wiesbaden 2011.

Saussure, Ferdinand de. Grundfragen der Allgemeinen Sprachwissenschaft. Übers. v. Hermann Lommel. Berlin 1931. 3. Aufl. 2001.

Saussure, Ferdinand de. Cours de linguistique générale. Studienausgabe in deutscher Sprache von Peter Wunderli. Tübingen 2014.

Scaglione, Aldo. Komponierte Prosa von der Antike bis zur Gegenwart. Bd. II: Die Theorie der Wortstellung im Deutschen. Stuttgart 1981.

Schanze, Frieder. Der Buchdruck: eine Medienrevolution? In: Walter Haug (Hrg.). Mittelalter und frühe Neuzeit. Übergänge, Umbrüche und Neuansätze. Tübingen 1999, 286–311.

Schanze, Helmut (Hrg.). Rhetorik. Beiträge zu ihrer Geschichte in Deutschland vom 16. bis 20. Jahrhundert. Frankfur a.M. 1974.

Scharnhorst, Jürgen (Hrg.). Sprachkultur und Sprachgeschichte: Herausbildung und Förderung von Sprachbewußtsein und wissenschaftlicher Sprachpflege in Europa. Frankfurt a.M. 1999.

Scheel, Willy. Jaspar van Gennep und die Entwicklung der neuhochdeutschen Schriftsprache in Köln. Trier 1893 (= Westdeutsche Zeitschrift für Geschichte und Kunst. Ergänzungsheft 8, 1893). Online: http://digital.ub.uni-duesseldorf.de/ihd/content/pageview/5953153.

Schenker, Walter. Plädoyer für eine Sprachgeschichte als Textsortengeschichte. Dargestellt am Paradigma von Telefon, Radio, Fernsehen. In: DS 2/1977, 141–148. (=1977a.)

Schenker, Walter. Die Sprache Huldrych Zwinglis im Kontrast zur Sprache Luthers. Berlin 1977. (=1977b.)

Scherer, Wilhelm. Zur Geschichte der deutschen Sprache. Berlin 1868. 2. Aufl. 1878.

Scheuermann, Ulrich. Niederländische und friesische Relikte im ostfriesischen Niederdeutsch. In: NdJ 93, 1970, 100–109.

Schieb, Gabriele. Zum Nebensatzrepertoire des ersten deutschen Prosaromans. Die Temporalsätze. In: Dietrich Hofmann (Hrg.). Gedenkschrift für William Foerste. Köln/Wien 1970, 61–77.

Schieb, Gabriele. Zum System der Nebensätze im ersten deutschen Prosaroman. Die Objekt- und Subjektsätze. In: Feudel 1972, 167–230.

Schieb, Gabriele. Der Verbkomplex aus verbalen Bestandteilen. In: Kettmann/Schildt 1976, 39–234.

Schieb, Gabriele. Zum Nebensatzrepertoire des ersten deutschen Prosaromans. Die Attributivsätze. In: Beitr (H) 99, 1978, 15–31. (=1978a.)

Schieb, Gabriele. Relative Attributsätze. In: Kettmann/Schildt 1978, 441–526. (=1978b.)

Schieb, Gabriele. Versuch einer Charakteristik der grundlegenden Kommunikationsbeziehungen um 1200. In: ZPSK 33, 1980, 379–385.

Schiewe, Jürgen. Sprachenwechsel – Funktionswandel – Austausch der Denkstile. Die Universität Freiburg zwischen Latein und Deutsch. Tübingen 1996.

Schiewe, Jürgen. Die Macht der Sprache. Eine Geschichte der Sprachkritik von der Antike bis zur Gegenwart. München 1998.
Schildt, Joachim. Zur Sprachform der Predigten und Tischreden Luthers. In: Beitr (H) 92, 1970, 137–150.
Schildt, Joachim. Abriß der Geschichte der deutschen Sprache. Zum Verhältnis von Gesellschafts- und Sprachgeschichte. Berlin 1976. 2. Aufl. 1981.
Schildt, Joachim. Syntaktisch-stilistische und lexikalische Untersuchungen an Texten aus der Zeit des Großen Deutschen Bauernkrieges. Berlin 1980. (=1980a.)
Schildt, Joachim. Zu einigen Problemen der Periodisierung der deutschen Sprachgeschichte. In: ZPSK 33, 1980, 386–394. (=1980b.)
Schildt, Joachim. Zum deutschen Sprachschaffen Martin Luthers. Schwerpunkte und Entwicklungstendenzen der Forschung. In: Horst Bartel u. a. (Hrg.). Martin Luther. Berlin 1986, 101–107. Neudr. in: H. Wolf 1996a, 118–125.
Schildt, Joachim u. a. Zum Sprachwandel in der deutschen Literatursprache des 16. Jahrhunderts. Studien, Analysen, Probleme. Berlin 1987. (= 1987a.)
Schildt, Joachim. Studien zu soziolinguistischen Problemen des Sprachwandels. Dargestellt an ausgewählten sprachlichen Erscheinungen in Leipziger Frühdrucken. Berlin 1987. (=1987b.)
Schildt, Joachim. Modalwörter – Aufkommen und Verbreitung in Texten des 16. Jahrhunderts. In: Wiesinger 1988, 247–262.
Schildt, Joachim. Thomas Müntzer und die deutsche Sprache. In: ZPSK 42, 1989, 491–498.
Schildt, Joachim. Modalwörter im Frühneuhochdeutschen. Die Entwicklung ihres Bestandes. In: Betten 1990a, 153–162. (=1990a.)
Schildt, Joachim. Zur Rolle von Texten/Textsorten bei der Periodisierung der deutschen Sprachgeschichte. In: Besch 1990, 415–420. (=1990b.)
Schildt, Joachim. Kurze Geschichte der deutschen Sprache. Berlin 1991.
Schildt, Joachim. Entwicklungstendenzen 1570–1730. In: Schildt 1992a, 487–497. (=1992b.)
Schildt, Joachim. Zur Entwicklung des Modalwortbestandes in der deutschen Literatursprache (15701730). In: Schildt 1992a, 417–484. (=1992c.)
Schildt, Joachim. Entwicklungstendenzen im verbalen Bereich bei der Herausbildung der neuhochdeutschen Standardsprache. In: Herberg/Tellenbach 2000, 85–90.
Schildt, Joachim. Präfigierung von Simplexverben. Beobachtungen zur semantischen Entwicklung frühneuhochdeutscher Verben. In: Ágel u. a. 2002, 297–302.
Schildt, Joachim (Hrg.). Zur Periodisierung der deutschen Sprachgeschichte. Prinzipien Probleme Aufgaben. Berlin 1982.
Schildt, Joachim (Hrg.). Luthers Sprachschaffen. Gesellschaftliche Grundlagen. Geschichtliche Wirkungen. Referate der internationalen sprachwissenschaftlichen Konferenz Eisenach 1983. 3 Bde. Berlin 1984.
Schildt, Joachim (Hrg.). Soziolinguistische Aspekte des Sprachwandels in der deutschen Literatursprache 1570–1730. Berlin 1992. (=1992a.)
Schildt, Joachim/Gerhard Kettmann/Joachim Dückert/Klaus Müller. Zu Ausgleichsvorgängen in der deutschen Literatursprache (1470–1730). Berlin 1974. 2. bearb. Aufl. 1992. (=1992b.)
Schildt, Joachim/Hartmut Schmidt (Hrg.). Berlinisch. Geschichtliche Einführung in die Sprache einer Stadt. Berlin 1986.

Schilling, Heinz. Martin Luther. Rebell in einer Zeit des Umbruchs. 3. Aufl. München 2017.
Schilling, Michael. Bildpublizistik der frühen Neuzeit. Aufgaben und Leistungen des illustrierten Flugblatts in Deutschland bis um 1700. Tübingen 1990.
Schilling, Michael. Zum Flugblatt der Frühen Neuzeit. Eine fachwissenschaftliche Einführung. In: Mitteilungen des deutschen Germanistenverbandes 65, 2018, 4–20.
Schippan, Thea. Lexikologie der deutschen Gegenwartssprache. Tübingen 1992.
Schirmer, Alfred. Wörterbuch der deutschen Kaufmannssprache. Straßburg 1911. Neudr. Berlin/New York 1991.
Schirmer, Alfred. Der Wortschatz der Mathematik nach Alter und Herkunft untersucht. Straßburg 1912.
Schirmer, Alfred. Vom Werden der deutschen Kaufmannssprache. Leipzig 1925.
Schirmer, Alfred/Walther Mitzka. Deutsche Wortkunde, Kulturgeschichte des deutschen Wortschatzes. 6. Aufl. Berlin 1969.
Schirokauer, Arno. Der Anteil des Buchdrucks an der Bildung des Gemeindeutschen. In: DVJS 25, 1951, 317–350.
Schirokauer, Arno. Studien zur frühneuhochdeutschen Lexikologie und zur Lexikographie des 16. Jahrhunderts. Zum Teil aus dem Nachlaß hrg. v. Klaus-Peter Wegera. Heidelberg 1987.
Schlaefer, Michael. Kommentierte Bibliographie zur deutschen Orthographietheorie und Orthographiegeschichte im 19. Jahrhundert. Heidelberg 1980.
Schlaefer, Michael. Periodisierung und Wortgeschichtsschreibung. In: Lerchner u.a. 1995, 145152.
Schleicher, August. Die deutsche Sprache. Stuttgart 1860. 2. Aufl. 1869.
Schleicher, August. Compendium der vergleichenden Grammatik der indogermanischen Sprachen. Weimar 1861/62.
Schlieben-Lange, Brigitte. Traditionen des Sprechens. Elemente einer pragmatischen Sprachgeschichtsschreibung. Stuttgart 1983.
Schlieben-Lange, Brigitte/Joachim Gessinger (Hrg.). Sprachgeschichte und Sozialgeschichte. In: LiLi 12, 1982, 119–145.
Schlimpert, Gerhard. Slawische Personennamen in mittelalterlichen Quellen zur deutschen Geschichte. Berlin 1978.
Schmid, Barbara. Schreiben für Status und Herrschaft. Deutsche Autobiographik in Spätmittelalter und früher Neuzeit. Zürich 2006.
Schmid, Hans Ulrich. Die mittelalterlichen deutschen Inschriften in Regensburg. Frankfurt a.M. u.a. 1989.
Schmid, Hans Ulrich. -*lîh*-Bildungen. Vergleichende Untersuchungen zu Herkunft, Entwicklung und Funktion eines althochdeutschen Suffixes. Göttingen 1998. (=1998a.)
Schmid, Hans Ulrich. Sprachlandschaften und Sprachausgleich in nachreformatorischer Zeit. Luthers Bibelübersetzung in epigraphischen Zitaten. In: ZDL 65, 1998, 1–41. (=1998b.)
Schmid, Hans Ulrich. Die Ausbildung des *werden*-Futurs. Überlegungen auf der Grundlage mittelalterlichen Endzeitprophezeiungen. In: ZDL 67, 2000, 6–27.
Schmid, Hans Ulrich. Historische Syntax und Textinterpretation. Am Beispiel des Objektsgenitivs im Alt- und Mittelhochdeutschen. In: ZDL 71, 2004, 23–34.
Schmid, Hans Ulrich. Einführung in die deutsche Sprachgeschichte. Stuttgart 2009. 3. aktual. und überarbeitete Aufl. 2017.

Schmid, Hans Ulrich. *wir muessen etwas teutsch reden* ... Empirische Wege zur historischen Mündlichkeit. In: Ziegler 2010, Bd. 2, 631–645.
Schmid, Hans Ulrich. Zur Vor- und Frühgeschichte der ostmittelhochdeutschen Urkundensprache. Theodor Frings revisited. In: Christian Braun (Hrg.). Kanzleisprachen auf dem Weg zum Neuhochdeutschen. Wien 2011, 205–214.
Schmid, Hans Ulrich. Wie entstand der ostmitteldeutsche Sprachraum? Ein Überblick über die Entstehungsgeschichte im 13. – 15. Jahrhundert und die Bedeutung für das Neuhochdeutsche. In: Rainer Hünecke/Karlheinz Jakob (Hrg.). Die obersächsische Sprachlandschaft in Geschichte und Gegenwart. Heidelberg 2012, 9–25. (=2012a.)
Schmid, Hans Ulrich. Modalität – Modifikation – Modernität. Zur Verwendung von Partikeln und Modalverben im Frühneuhochdeutschen. In: Ernst 2012, 329–344. (=2012b.)
Schmid, Hans Ulrich. Sprachgeschichte und Kulturmorphologie. Theodor Frings. In: Günther Öhlschläger/Hans Ulrich Schmid/Ludwig Stockinger/Dirk Werle (Hrg.). Leipziger Germanistik. Beiträge zur Fachgeschichte im 19. und 20. Jahrhundert. Berlin/Boston 2013, 180–192.
Schmid, Hans Ulrich. Die Zukunft einer philologisch orientierten historischen deutschen Sprachgeschichte. In: Dieter Burdorf (Hrg.). Die Zukunft der Philologien. Heidelberg 2014, 95–110.
Schmid, Hans Ulrich. Historische deutsche Fachsprachen. Von den Anfängen bis zum Beginn der Neuzeit. Eine Einführung. Berlin 2015. (=2015a.)
Schmid, Hans Ulrich. Leipziger Stadtsprache. In: Enno Bünz (Hrg.). Geschichte der Stadt Leipzig. Band 1: Von den Anfängen bis zur Reformation. Leipzig 2015, 586–593. (=2015b.)
Schmid, Hans Ulrich. *was nit ertz ist, haißt alles berg*. Zur frühen Fachsprache des Bergbaus. In: Sergio Neri/Roland Schuhmann/Susanne Zeilfelder (Hrg.). „dat ich dir nu bi huldi gibu". Linguistische, germanistische und indogermanistische Studien Rosemarie Lühr gewidmet. Wiesbaden 2016, 373–392.
Schmid, Hans Ulrich. *Bitt ich derhalben demutiglich* ... Beobachtungen zu Martin Luthers Briefprosa. In: Armin Kohnle/Manfred Rudersdorf (Hrg.). Die Reformation. Fürsten – Höfe – Räume. Stuttgart 2017, 161–171.
Schmid, Hans Ulrich/Sabrina Ulbrich. Überlegungen zu einer historischen „osthochdeutschen" Sprachgeographie. In: H.U. Schmid 2010, 323–341.
Schmid, Hans Ulrich (Hrg.). Perspektiven der germanistischen Sprachgeschichtsforschung. Berlin/New York 2010 (JGS 1).
Schmidt, Hartmut. Luther, Adelung und das Märkische. Zur Aussprachetradition des Hochdeutschen. In: Schildt 1984, 149–162.
Schmidt, Hartmut. Wörterbuchprobleme. Untersuchungen zu konzeptionellen Fragen der historischen Lexikographie. Tübingen 1986. (=1986a.)
Schmidt, Hartmut. Die sprachliche Entwicklung Berlins vom 13. bis zum frühen 19. Jahrhundert. In: Schildt/Schmidt 1986, 100–172. (=1986b.)
Schmidt, Hartmut. Probleme der historischen Lexikographie. In: ZGL 15, 1987, 129–140.
Schmidt, Hartmut. Von der mittelalterlichen Stadtsprache zum Berlinischen des 19. Jahrhundert. In: H. Schmidt (Hrg.). Berlinisch in Geschichte und Gegenwart. Berlin 1988, 3–15.
Schmidt, Hartmut. Podiumsgespräch: Die nationalpolitische Bedeutung der Germanistik im 19. Jahrhundert. In: Wimmer 1991, 182–306.

Schmidt, Hartmut. *Libertas- und Freiheits-Kollokationen* in Luthers Traktaten ‚Von der Freiheit eines Christenmenschen' und ‚De libertate christiana'. In: Bentzinger u. a. 1993, 101–120.

Schmidt, Hartmut. Wörter im Kontakt. Plädoyer für historische Kollokationsuntersuchungen. In: Gardt u. a. 1995, 127–144.

Schmidt, Johannes. Die Verwandtschaftsverhältnisse der indogermanischen Sprachen. Weimar 1872.

Schmidt, Jürgen Erich/Joachim Herrgen. Sprachdynamik. Eine Einführung in die moderne Regionalsprachenforschung. Berlin 2011.

Schmidt, Oskar/Theo Vennemann. Die niederdeutschen Grundlagen des standarddeutschen Lautsystems. In: Beitr (T) 107, 1985, 1–20, 157–173.

Schmidt, Wilhelm u. a. Geschichte der deutschen Sprache. Berlin 1969. 11. verb. und erw. Aufl. Hrg. von Elisabeth Berner und Norbert Richard Wolf. Stuttgart 2013.

Schmidt-Wiegand, Ruth. Die mittelhochdeutsche Bilderhandschriften des Sachsenspiegels und die sprachgeschichtliche Stellung des Elb-Saale-Raums im 14. Jahrhundert. In: Heimann u. a. 1989, 93–102. (=1989a.)

Schmidt-Wiegand, Ruth. Prolegomena zu einer Texttypologie des Mittelniederdeutschen. In: Walter Tauber (Hrg.). Aspekte der Germanistik. Göppingen 1989, 261–283. (=1989b.)

Schmidt-Wiegand, Ruth. Rechtssprachgeographie als Sonderfall historischer Wortgeographie. In: Elisabeth Feldbusch (Hrg.). Ergebnisse und Aufgaben der Germanistik am Ende des 20. Jahrhunderts. Hildesheim u. a. 1989, 39–95. (=1989c.)

Schmidt-Wiegand, Ruth. Rechtsbücher und Weistümer. Zum Sprachausgleich in der historischen Wortgeographie. In: Lerchner u. a. 1995, 153–158.

Schmidt-Wiegand, Ruth. Zwei- und Dreigliedrigkeit in den deutschsprachigen Urkunden. In: Kurt Gärtner/Günter Holtus (Hrg.). Urkundensprachen im germanisch-romanischen Grenzgebiet. Beiträge zum Kolloquium am 5./6. Oktober 1995 in Trier. Mainz 1997, 139–149.

Schmitt, Christian. Affinitäten und Konvergenzen in der Entwicklung westeuropäischer Sprachen. Für eine soziokulturell ausgerichtete Wortbildungslehre der romanischen Nationalsprachen und des Deutschen. In: Gardt u. a. 1995, 413–438.

Schmitt, Ludwig Erich. Die deutsche Urkundensprache in der Kanzlei Kaiser Karls IV. Halle 1936. Neudr. Walluf 1972.

Schmitt, Ludwig Erich. Die sprachschöpferische Leistung der deutschen Stadt im Mittelalter. In: Beitr 66, 1942, 196–226.

Schmitt, Ludwig Erich. Untersuchungen zu Entstehung und Struktur der ‚neuhochdeutschen Schriftsprache'. Bd. I: Sprachgeschichte des Thüringisch-Obersächsischen im Spätmittelalter. Die Geschäftssprache 1300–1500. Köln/Graz 1966. 2. unveränd. Aufl. 1982.

Schmitt, Ludwig Erich. (Hrg.). Kurzer Grundriß der germanischen Philologie bis 1500. Bd. 1: Sprachgeschichte. Berlin 1970. Bd. 2: Literaturgeschichte. Berlin 1971.

Schmöe, Friederike. Italianismen im Gegenwartsdeutschen unter besonderer Berücksichtigung der Entlehnungen nach 1950. Bamberg 1998.

Schmölders, Claudia (Hrg.). Die Kunst des Gesprächs. Texte zur Geschichte der europäischen Konversationstheorie. München 2. Aufl. 1986.

Schnabel-Schüle, Helga (Hrg.). Reformation. Historisch-kulturwissenschaftliches Handbuch. Stuttgart 2017.

Schneider, Karin. Paläographie und Handschriftenkunde für Germanisten. Eine Einführung. 3. durchges. Aufl. 2014.
Schneider-Mizony, Odile. Vertextung Ende des 15. Jahrhunderts. In: Martine Dalmas/ Roger Sauter (Hrg.). Grenzsteine und Wegweiser. Textgestaltung, Redesteuerung und formale Zwänge. Tübingen 1998, 281–292.
Schneider-Mizony, Odile. Die allmähliche Konstituierung des Textes in der Frühzeit des Buchdruckes. In: Marie-Hélène Pérennec (Hrg.). Textlinguistik. An- und Aussichten. Aix-en-Provence 1999, 27–39.
Schneider-Mizony, Odile. Erweitertes Attribut versus Relativsatz in der zweiten Hälfte des 15. Jahrhunderts. In: Desportes 2000, 269–279.
Schneider-Mizony, Odile. Aufstieg und Fall der Pronominaladverbien als Satzkonnektoren im Zeitraum 1450–1650. In: Desportes 2003, 213–233.
Schneider-Mizony, Odile. Lässt sich ein stilistisches Modell des Renaissance-Romans zur Erklärung von syntaktischen Präferenzen anwenden? In: Lefèvre/Simmler 2008, 211–226.
Schneider-Mizony, Odile. Syntaktische Präferenzen als Kommunikationsmaximen in der Grammatikographie 1500–1700. In: Ziegler 2010, Bd. 2, 781–798. (=2010a.)
Schneider-Mizony, Odile. Asymmetrische Koordinierung in frühneuhochdeutschen Texten (1450 – 1590). In: Desportes 2010, 175–191. (=2010b.)
Schneider-Mizony, Odile. Syntax und Verständlichkeit in Lehrwerken der deutschen Sprache. In: József Wiktorowitz u.a. 2013, 255–269.
Schnell, Bernhard/Hans-Jürgen Stahl/Erltraud Auer/Reinhard Pawis/Klaus Grubmüller (Hrg.). Vocabularius ex quo. Überlieferungsgeschichtliche Ausgabe. 6 Bde. Tübingen 1988–2001.
Schnell, Rüdiger (Hrg.). Geschlechterbeziehungen und Textfunktionen. Studien zu Eheschriften der Frühen Neuzeit. Tübingen 1998.
Schöndorf, Kurt Erich. Über Formenbestand und syntaktische Verwendung des Konjunktivs in den mittelniederdeutschen Bibelfrühdrucken. In: NdJ 112, 1989, 73–91.
Schöndorf, Kurt Erich. Kausale, konditionale und konzessive Sätze in niederdeutschen Bibelfrühdrucken. In: Peters u.a. 2001, 733–750.
Schöndorf, Kurt Erich. Zwei- und mehrgliedrige Ausdrücke im Bereich der Phraseologie in frühneuhochdeutsch-altschwedischer Übersetzungsliteratur. In: John Ole Askedal/Hans-Peter Naumann. Hochdeutsch in Skandinavien. II. Internationales Symposium, Oslo 19.–20. Mai 2000. Frankfurt a.M. u.a. 2002, 141–164.
Schöndorf, Kurt Erich. Ein ostmitteldeutscher Psalmentext aus dem Deutschordensland mit einem Ausblick auf die Danziger Kanzleisprache. In: Meier/Ziegler 2008a, 119–140.
Schöndorf, Kurt Erich u.a. (Hrg.). Niederdeutsch in Skandinavien. Berlin 1987.
Schöne, Albrecht (Hrg.). Kontroversen, alte und neue. Akten des VII. Internationalen Germanisten-Kongresses Göttingen 1985. 11 Bde. Tübingen 1986.
Schottenloher, Karl. Flugblatt und Zeitung. Berlin 1922. Neudr. München 1985.
Schowe, Ulrike. Mit Haut und Haar. Idiomatisierungsprozesse bei sprichwörtlichen Redensarten aus dem mittelalterlichen Strafrecht. Frankfurt a.M. u.a. 1994.
Schröder, Ingrid. Die Bugenhagenbibel. Untersuchungen zur Übersetzung und Textgeschichte des Pentateuchs. Köln u.a. 1991.
Schröder, Ingrid. Qvatuor Evangeliorum versio Saxonica. Ein Exempel mittelniederdeutscher Bibelübersetzung aus dem 15. Jahrhundert. In: NdJ 115, 1992, 7–23.

Schröder, Ingrid. Städtische Kommunikation zwischen Mündlichkeit und Schriftlichkeit. Greifswald im 15. Jahrhundert. In: NdJ 124, 2001, 101–133.
Schröder, Ingrid. Johannes Bugenhagen – Reformation auf Niederdeutsch. In: Irmfried Garbe/Heinrich Kröger. Johannes Bugenhagen (1485–1558). Der Bischof der Reformation. Beiträge der Bugenhagen-Tagungen 2008 in Barth und Greifswald. Leipzig 2010, 303–314.
Schröder, Ingrid. Das Referenzkorpus: Neue Perspektiven für die mittelniederdeutsche Grammatikographie. In: Ágel/Gardt 2014, 150–164. (=2014a.)
Schröder, Ingrid. Der Beitrag der Sprachgeschichtsforschung zu einer Hansegeschichte in der Region. In: Oliver Auge (Hrg.). Hansegeschichte als Regionalgeschichte. Beiträge einer internationalen und interdisziplinären Winterschule in Greifswald vom 20. bis 24. Februar 2012. Frankfurt a.M. 2014, 173–186. (=2014b.)
Schröder, Ingrid. Sprachliche Heterogenität in den Dramen Johann Rists. In: Bernhard Jahn/Anselm Steiger (Hrg.). Johann Rist (1607–1667). Profil und Netzwerke eines Pastors, Dichters und Gelehrten. Berlin/Boston 2015, 205–230.
Schröder, Ingrid. Les mutations linguistiques à Hambourg: du bas-allemand au haut-allemand. Sprachwechsel in Hamburg: Vom Niederdeutschen zum Hochdeutschen. In: Roland Béhar/Mercedes Blanco/Jochen Hafner (Hrg.). Villes à la croisée des langues (XVIe-XVIIe siècles). Anvers, Hambourg, Milan, Naples et Palerme. Städte im Schnittpunkt der Sprachen (16.–17. Jahrhundert). Antwerpen, Hamburg, Mailand, Neapel und Palermo. Genf 2018, 377–387.
Schröder, Ingrid. Der „Schapherders Kalender" als Exempel mittelniederdeutscher Wissensliteratur. In: Frank Eisermann/Christine Magin/Monika Unzeitig (Hrg.). Schriften und Bilder des Nordens. Niederdeutsche Medienkultur im späten Mittelalter. Stuttgart 2019, 145–164.
Schröder, Ingrid. Die Reformation und norddeutsche Sprachgeschichte. In: Hünecke/Meier 2020, 157–172.
Schröder, Werner/Judith Walter: Die Stadt als Ort europäischer Mehrsprachigkeit: Erwerb und Vermittlung moderner Fremdsprachen in Augsburg im Zeitalter der Frühen Neuzeit. In: Elspaß/Negele 2011, 117–162.
Schrodt, Richard. System und Norm in der Diachronie des deutschen Konjunktivs. Der Modus in althochdeutschen und mittelhochdeutschen Inhaltssätzen. Tübingen 1983.
Schrodt, Richard. Die Opposition von Objektgenitiv und Objektakkusativ in der deutschen Sprachgeschichte: Syntax oder Semantik oder beides? In: Beitr 114, 1992, 361–394.
Schrodt, Richard. Althochdeutsche Grammatik. Bd. 2. Syntax. Tübingen 2004.
Schröter, Ulrich. Idiomatische Phraseologismen und ihre pragmatischen Funktionen in Luthers deutschen Schriften. In: Schildt 1984, 233–243.
Schuchardt, Hugo. Der Vokalismus des Vurgärlateins. Bd. 3. Leipzig 1868.
Schulz, Gerd. Buchhandels-Ploetz. Abriß der Geschichte des deutschsprachigen Buchhandels von Gutenberg bis zur Gegenwart. Freiburg/Würzburg 3. Aufl. 1981. 5. aktual. Aufl. 1990.
Schulz, Hans/Otto Basler. Deutsches Fremdwörterbuch. Straßburg 1913 ff. Weitergeführt vom Institut für deutsche Sprache. 8 Bde. Berlin/New York 1977–2017 [bis *inaktiv*]. Neubearb. im Institut für deutsche Sprache 1995 ff. [Abk.: DFWB]. Online: https://www.owid.de/wb/dfwb/start.html.

Schulz, Matthias. Militärwortschatz in der Frühen Neuzeit: Das Beispiel Leonhardt Fronsperger. In: Helmut Glück/Mark Häberlein (Hrg.). Militär und Mehrsprachigkeit im neuzeitlichen Europa. Wiesbaden 2014, 185–200. (=2014a.)

Schulz, Matthias. Deutsch in Handschrift und gedrucktem Buch im 15. und 16. Jahrhundert. In: Lorenz Korn/Birgitt Hoffmann/Stefanie Stricker (Hrg.). Aus Buchwerkstatt und Bibliothek. Manuskriptkulturen des Mittelalters in Orient und Okzident. Bamberg 2014, 271–304. (=2014b.)

Schulz, Matthias. Sprache unterwegs. Verständigung auf Reisen 1500–1800. In: Matthias Schulz (Hrg.). Sprachliche Aspekte des Reisens in Mittelalter und Früher Neuzeit. Wiesbaden 2014, 9–27. (=2014c.)

Schulz, Matthias. Stadtsprachen in historischen Bibliotheksbeständen- Stadtsprachliche Varietäten und Schreibsprachenwandel in Greifswald im Spiegel der Bibliothek des Geistlichen Ministeriums. In: Karin u.a. 2015, 173–192.

Schulz, Matthias. Eine annotierte digitale Plattform für die Untersuchung der Stadtsprachgeschichte Greifswalds: Neue Methoden zur Erforschung des Niederdeutschen? In: NdJ 140, 2017, 59–78.

Schulze, Winfried. Einführung in die Neuere Geschichte. 5. überarb. Aufl. Stuttgart 2010.

Schulzke, Regine. Untersuchungen zur Widerspiegelung sozialökonomischer Verhältnisse in Zwickauer Handwerksordnungen des 14. bis 17. Jahrhunderts. In: Beitr (H) 98, 1977, 195–302.

Schunk, Gunther. Studienbuch zur Einführung in die Deutsche Sprachwissenschaft. Vom Laut zum Wort. Würzburg 1997. 2. überarb. und erw. Aufl. 2002.

Schuppener, Georg. Visierbücher als frühneuhochdeutsche Fachtextsorte. In: Barz/Fix 2008, 71–84.

Schuster, Britt-Marie. Perspektiven einer texttypologischen Analyse spätmittelalterlicher und reformatorischer Texte. In: Elmentaler 2000, 177–200.

Schuster, Britt-Marie. Die Verständlichkeit von frühreformatorischen Flugschriften. Eine Studie zu kommunikationswirksamen Faktoren der Textgestaltung. Hildesheim u.a. 2001.

Schuster, Britt-Marie. Historische Phraseologismen und ihre Bedeutung zum Aufbau von Textallianzen im frühen 16. Jahrhundert – ein systematischer Entwurf. In: Peter Wiesinger (Hrg.). Textsorten und Textallianzen vom 16. bis zum 18. Jahrhundert. Berlin 2007, 349–383.

Schuster, Britt-Marie. Grund und Folge: Beobachtungen zur komplexen Syntax in der Luther-Biographik (1546–1600). In: Simmler/Wich-Reif 2011, 177–214.

Schuster, Britt-Marie. Sprachgeschichte als Geschichte von Texten. In: Bär u.a. 2019, 219–240.

Schuster, Britt-Marie/Manuel Wille. „Die Volltextdigitalisierung der „Staats- und Gelehrten Zeitung des Hamburgischen Unpartheyischen Correspondenten" und ihrer Vorgänger (1712–1848) und ihr Nutzen: Befunde zur Genese und zum Wandel von Textmustern". In: Jörg Riecke/Oliver Pfefferkorn/Britt-Marie Schuster (Hrg.). Zeitungen als das Medium der jüngeren Sprachgeschichte. Berlin/Boston 2017, 99–119.

Schuster, Britt-Marie/Dana Janetta Dogaru (Hrg.). Wirksame Rede im Frühneuhochdeutschen: Syntaktische und textstilistische Aspekte. Hildesheim u.a. 2015.

Schuster, Britt-Marie/Ute Schwarz (Hrg.). Kommunikationspraxis und ihre Reflexion in frühneuhochdeutscher und neuhochdeutscher Zeit. Festschrift für Monika Rössing-Hager. Hildesheim 1998.

Schuster, Britt-Marie/Susan Holtfreter (Hrg.). Textsortenwandel vom 9. bis zum 19. Jahrhundert. Berlin 2016

Schuster-Šewc, Heinz. Die Lutherische Reformation und die Anfänge der schriftsprachlichen Entwicklung bei den Lausitzer Sorben. In: Schildt 1984, 242–258.

Schütz, Eva. *Daz alte sagen – daz niuwe niht verdagen.* Einflüsse der neuen Predigt auf Textsortenentwicklung und Sprachgeschichte um 1300. In: Dittmann u. a. 1991, 19–46.

Schützeichel, Rudolf. Mundart, Urkundensprache und Schriftsprache. Studien zur Sprachgeschichte am Mittelrhein. Bonn 1960. 2. Aufl. 1974.

Schützeichel, Rudolf. Zur Entstehung der neuhochdeutschen Schriftsprache. In: Nassauische Annalen 78, 1967, 75–92.

Schützeichel, Rudolf. Zur Erforschung des Kölnischen. In: Werner Besch u. a. (Hrg.). Die Stadt in der europäischen Geschichte. Bonn 1972, 44–55.

Schützeichel, Rudolf. Die Grundlagen des westlichen Mitteldeutschen. 2. Aufl. Tübingen 1976.

Schützeichel, Rudolf (Hrg.). Bibliographie der Ortsnamenbücher des deutschen Sprachgebietes in Mitteleuropa. Heidelberg 1988.

Schützeichel, Rudolf. Althochdeutscher und Altsächsischer Glossenwortschatz. 12 Bde. Tübingen 2004.

Schützeichel, Rudolf. Althochdeutsches Wörterbuch. 7. durchges. und verb. Aufl. Berlin/Boston 2012.

Schutzeichel, Marc/Renata Szczepaniak. Die Durchsetzung der satzinternen Großschreibung in Norddeutschland am Beispiel der Hexenverhörprotokolle. In: Hundt/Lasch 2015b, 151–167.

Schwarz, Alexander. Gedanken zur Kommunikationsgeschichte des Frühneuhochdeutschen. In: Lerchner u. a. 1995, 167–174.

Schwarz, Alexander/Laure Abplanalp (Hrg.). Text im Kontext. Anleitung zur Lektüre deutscher Texte der frühen Neuzeit. Bern u. a. 1997.

Schwarz, Alexander/Laure Abplanalp Luscher (Hrg.). Textallianzen am Schnittpunkt der germanistischen Disziplinen. Bern 2001.

Schwarz, Ernst. Volkstumsgeschichte der Sudetenländer. 2 Bde. München 1965/66.

Schwarz, Ernst. Kurze deutsche Wortgeschichte. Darmstadt 1967. 2. Aufl. 1982.

Schwarz, Ernst. Sudetendeutsche Familiennamen des 15. und 16. Jahrhunderts. München 1973.

Schwarz, Ernst (Hrg.). Zur germanischen Stammeskunde. Aufsätze zum neuen Forschungsstand. Darmstadt 1972.

Schweikle, Günther. Germanisch-deutsche Sprachgeschichte im Überblick. Stuttgart 1986. 5. Aufl. 2002.

Schwerdt, Judith. Die 2. Lautverschiebung. Wege zu ihrer Erforschung. Heidelberg 2000.

Schwerdt, Judith. Konnektionsmöglichkeiten bei konjunktionslosen Exzeptivsätzen in der deutschen Sprachgeschichte, insbesondere im Frühneuhochdeutschen. In: Desportes 2003, 235–251.

Schwerdt, Judith. Die Flexion des attributiven Adjektivs im Mittelhochdeutschen. In: Spw 32, 2007, 77–100.

Schwitalla, Johannes. Deutsche Flugschriften 1460–1525. Textsortengeschichtliche Studien. Tübingen 1983.

Schwitalla, Johannes. Martin Luthers argumentative Polemik: mündlich und schriftlich. In: v. Polenz u. a. 1986, 41–54.

Schwitalla, Johannes. Textsortenwandel in den Medien nach 1945 in der Bundesrepublik Deutschland. In: Biere/Henne 1993, 1–29.
Schwitalla, Johannes. Flugschrift. Tübingen 1999 (=1999a.).
Schwitalla, Johannes. The use of dialogue in early German pamphlets. On the consitution of public involvement in the Reuchlin-Pfefferkorn controversy. In: Andreas H. Jucker/Gerd Fritz/Franz Lebsanft (Hrg.). Historical dialogue analysis. Amsterdam/Philadelphia 1999, 111–137. (=1999b.)
Schwitalla, Johannes. Wandlungen eines Mediums. Sprachliche Merkmale öffentlicher Briefe von Laien in der Reformationszeit. In: Barz u. a. 2000, 261–279.
Schwitalla, Johannes. Frauen als Autorinnen in der reformatorischen Öffentlichkeit. Der Streit um das Recht des öffentlichen Worts. In: Elisabeth Cheauré/Ortrud Gutjahr/Claudia Schmidt (Hrg.). Geschlechterkonstruktionen in Sprache, Literatur und Gesellschaft. Gedenkschrift für Gisela Schoenthal. Freiburg 2002, 281–304. (=2002a.)
Schwitalla, Johannes. Komplexe Kanzleisyntax als sozialer Stil. Aufstieg und Fall eines sprachlichen Imponierhabitus. In: Inken Keim/Wilfried Schütte (Hrg.). Soziale Welten und kommunikative Stile. Festschrift für Werner Kallmeyer zum 60. Geburtstag. Tübingen 2002, 379–398. (=2002b.)
Schwob, Anton. Die Edition der Lebenszeugnisse Oswalds von Wolkenstein als Basis für sprachwissenschaftliche Untersuchungen des Frühneuhochdeutschen. In: Besch 1990, 201–208.
See, Klaus von. Deutsche Germanen-Ideologie vom Humanismus bis zur Gegenwart. Frankfurt a.M. 1970.
Seebass, Gottfried. Artikelbrief, Bundesordnung und Verfassungsentwurf. Studien zu drei zentralen Dokumenten des südwestdeutschen Bauernkrieges. Heidelberg 1988.
Seebold, Elmar. Etymologie. Eine Einführung am Beispiel der deutschen Sprache. München 1981.
Seebold, Elmar. Chronologisches Wörterbuch des deutschen Wortschatzes. Der Wortschatz des 8. Jahrhunderts (und früherer Quellen). Berlin/New York 2001.
Seebold, Elmar. Chronologisches Wörterbuch des deutschen Wortschatzes. Der Wortschatz des 9. Jahrhunderts. Berlin/New York 2008.
Seelbach, Sabine. Sprache der Wissenschaft – Sprache der Ausbildung? Deutsche Übersetzungen lateinischer Fachprosatraktate im 15. Jahrhundert. In: Maria Katarzyna Lasatowicz/Andrea Rudolph/Norbert Richard Wolf (Hrg.). Deutsch im Kontakt der Kulturen: Schlesien und andere Vergleichsregionen. Berlin 2006, 161–173.
Sehrt, Edward H. Vollständiges Wörterbuch zum Heliand und zur altsächsischen Genesis. 2. Aufl. Göttingen 1966.
Seibicke, Wilfried. Technik. Versuch einer Geschichte der Wortfamilie um τέχνη in Deutschland vom 16. Jahrhundert bis etwa 1830. Düsseldorf 1968.
Seibicke, Wilfried. Die Personennamen im Deutschen. Eine Einführung. Berlin/New York 1982. 2. überab. Aufl. 2008.
Seibicke, Wilfried. Schichten slawischer Vornamen im Deutschen. In: Onomastica Slavo-Germanica XIX. Berlin 1990, 177–189.
Seibicke, Wilfried. Vornamen. 3. Aufl. Frankfurt a.M. 2002.
Seibicke, Wilfried. Historisches deutsches Vornamenbuch. 5 Bde. Berlin/New York 1996–2007.
Seidel, Kurt Otto/Renate Schophaus. Einführung in das Mittelhochdeutsche. 2. Aufl. Wiesbaden 1994.

Seidelmann, Erich. Vokaldehnung und Diphthongierung im Neuhochdeutschen. In: ZDL 66, 1999, 129–146.
Seidensticker, Peter. Die frühen deutschen Kräuterbücher als Quelle für die Lexikographie. In: Schützeichel/Seidensticker 1990, 130–138. (=1990a.)
Seidensticker, Peter. „Überwiegend ostfälisch". Zur Sprachmischung in frühen Drucken. In: NdW 30, 1990, 33–53. (=1990b.)
Seidensticker, Peter. *die seltzamen namen all*. Studien zur Überlieferung der Pflanzennamen. Stuttgart 1997.
Seidensticker, Peter. Kräuterbücher und Sprachwissenschaft. Ein Forschungsbericht. In: A. Braun 2001, 80–94.
Seidensticker, Peter. Aisthesis. Wahrnehmung der Farben in den Pflanzenbeschreibungen der frühen deutschen Kräuterbücher. Stuttgart 2010.
Seifert, Jan. *Zů erkanntnuß gebracht*: Frühneuhochdeutsche Funktionsverbgefüge – sprachliche Strukturen in der Diglossiesituation. In: Wich-Reif 2016, 165–187.
Seiler, Friedrich. Die Entwicklung der deutschen Kultur im Spiegel des deutschen Lehnwortes. 8 Bde. Halle 1910–1925.
Selting, Margret. Kontinuität und Wandel der Verbstellung von ahd. *wanta* bis gwd. *weil*. Zur historischen und vergleichenden Syntax der *weil*-Konstruktionen. In: ZGL 27, 1999, 167–204.
Seppänen, Lauri. Meister Eckeharts Konzeption der Sprachbedeutung. Sprachliche Weltschöpfung und Tiefenstruktur in der mittelalterlichen Scholastik und Mystik? Tübingen 1985.
Seppänen, Lauri. Hermann Paul als sozialer Evolutionist? In: Beitr (T) 111, 1989, 1–15.
Seyferth, Sebastian. Bibelsprachliche Lexemkonstanten in Martin Luthers Septembertestament, verglichen mit früheren spätmittelalterlichen Übersetzungen. In: Walter Groß (Hrg.). Bibelübersetzung heute – Geschichtliche Entwicklungen und aktuelle Herausforderungen. Stuttgart 2001, 49–71.
Seyferth, Sebastian. Sprachliche Varianzen in Martin Luthers Bibelübertragungen von 1522–1545. Eine lexikalisch-syntaktische Untersuchung des Römerbriefes. Stuttgart 2003. Neuaufl. Erfurt 2016.
Seyferth, Sebastian. Der Einfluß lateinischer Quellen auf die Textgestaltung von Martin Luthers Bibelbearbeitungen (1522–1545). Zu einigen Spuren seiner Vorlagen in den Übersetzungsvarianten. In: ZdPh 123, 2004, 87–108.
Seyferth, Sebastian. „Du solt wissen das gesunde leüt nit süllen lassen noch kein tranck nemen […]". Medizinisch-astrologische Wissenspräsentationsformen und deren Textsyntax in einem Iatro-mathematischen Hausbuch von 1487. In: ABäG 61, 2006, 247–271.
Seyferth, Sebastian. Textbausteine in volkssprachlichen Medizintexten vor und nach 1500 – Makrostrukturelle Enkodierungsmuster in frauen- und kinderheilkundlichen Texten des späten Mittelalters. In: Mihael Max Szurawitzki/Christopher M. Schmidt (Hrg.). Interdisziplinäre Germanistik im Schnittpunkt der Kulturen: Festschrift für Dagmar Neuendorff zum 60. Geburtstag. Würzburg 2008, 69–90.
Seyferth, Sebastian. Lateinisch-volkssprachliche Koexistenzen – Begrifflichkeiten in medizinischen Fachtexten der Frühen Neuzeit. In: Michael Prinz/Jarmo Korhonen (Hrg.). Deutsch als Wissenschaftssprache im Ostseeraum – Geschichte und Gegenwart. Frankfurt a.M. 2011, 167–183.
Shigeto, Minoru. Modale Bedeutung des Futurs in der historischen Entwicklung. In: Doitsu Bungaku, Neue Beitr. 3, 2004, 2, 74–82. (=2004a.)

Shigeto, Minoru. Entwicklung der periphrastischen Verbalstrukturen und Partizip Präsens im Frühneuhochdeutschen. In: Mattheier/Nitta 2004, 121–130. (=2004b.)
Siemens, Ray/John Unsworth/Susan Schreibman (Hrg.). A Companion to Digital Humanities. Oxford: 2004. Online: http://www.digitalhumanities.org/companion/.
Siewert, Klaus. Masematte. Zur Situation einer regionalen Sondersprache. In: ZDL 58, 1991, 44–56.
Siewert, Klaus (Hrg.), Rotwelsch-Dialekte. Symposion Münster 1995. Wiesbaden 1996.
Siller, Max. Die Entwicklung der Suffixe -*lîch* und -*rîch* im Frühneuhochdeutschen. Am Beispiel der tirolischen Urkunden- und Kanzleisprache. In: König/Ortner 1996, 313–360.
Šimečková, Alena. Zur Zweisprachigkeit im Böhmen des 17. Jahrhunderts. Heinrich Hiesserles von Chodaw Reisebuch und Lebenserinnerungen. In: König/Ortner 1996, 361–370.
Simmler, Franz. Synchrone und diachrone Studien zum deutschen Konsonantensystem. Amsterdam 1976.
Simmler, Franz. Syntaktische Strukturen im Prosaroman des 16. Jahrhunderts: *Die schon Magelona*. In: Spw 8, 1983, 137–187.
Simmler, Franz. Vom Prosaroman zur Erzählung. Sprachliche Veränderungen in der Stoffgeschichte und ihre Rückwirkungen auf Textsorten-Differenzierungen. In: Daphnis 20, 1991, 457–486.
Simmler, Franz. Lexikalische Entwicklungsetappen bei der Entstehung der neuhochdeutschen Schriftsprache. Die Bezeichnungen für Kleidung, Schuhwerk und Bettzeug in der deutschsprachigen Regula Benedicti-Tradition. In: Spw 21, 1996, 141–210.
Simmler, Franz. Zur Geschichte der direkten Rede und ihrer Interpungierungen in Romantraditionen vom 16. bis 20. Jahrhundert. In: Ernst/Patocka 1998, 651–674.
Simmler, Franz. Zur morphologischen Struktur der prä- und postnuklearen Adjektivattribute und ihrer Funktionalität in der Geschichte der deutschen Sprache vom 16. bis 18. Jahrhundert. In: Desportes 2000, 99–177.
Simmler, Franz. Gesamtsatzstrukturen, ihre Ermittlungsverfahren und Textfunktionen in Luthers Übersetzungen des Matthäus-Evangeliums 1522 und 1545. In: Meier/Ziegler 2001b, 139–153.
Simmler, Franz. Probleme frühneuhochdeutscher Orthographie. Die Rolle von Doppelkonsonanten. In: Spw 29, 2004, 207–255. (=2004a.)
Simmler, Franz. Biblische Textsorten. Ihre Merkmale und Traditionen von der Mitte des 15. bis zur Mitte des 16. Jahrhunderts. In: Daphnis 33, 2004, 379–546. (=2004b.)
Simmler, Franz. Luthers Evangelienübersetzung und die Entstehung neuer Makrostrukturen im Deutschen. In: Spw 30, 2005, 161–216.
Simmler, Franz. Synchrone lexikalische, syntaktische und makrostrukturelle Variabilität in Luthers Septembertestament 1522 und der deutschsprachigen Zürcher Bibeltradition von 1524 bis 1535. In: Besch/Klein 2009, 151–192.
Simmler, Franz. Zur Entwicklung der Stellung des Prädikats in Aussagesätzen in biblischen Textsorten vom 9. bis zur Mitte des 16. Jahrhunderts. In: Ziegler 2010, Bd. 1, 33–54. (=2010a.)
Simmler, Franz. Makro- und Mikrostrukturen im ‚Frühneuhochdeutschen Prosaroman', ihr Verhältnis und ihre Funktionen. In: Desportes 2010, 193–218. (=2010b.)

Simmler, Franz. Entwicklungstendenzen und syntaktische Variabilität in den Bibelübersetzungen der Zürcher Prädikanden in der zweiten Hälfte des 16. Jahrhunderts im Vergleich zur Luther- und Emser-Tradition. In: Daphnis 41, 2012, 453–563.

Simmler, Franz. Zur Textsortengebundenheit syntaktischer Strukturen am Beispiel der Gesamtbibelübersetzung Luthers von a. 1534. In: Schuster/Dogaru 2015, 109–130.

Simmler, Franz (Hrg.). Textsorten und Textsortentraditionen. Frankfurt a.M. 1997.

Simmler, Franz (Hrg.). Textsorten deutscher Prosa vom 12./13. bis 18. Jahrhundert und ihre Merkmale. Frankfurt a.M. u.a. 2002.

Simmler, Franz (Hrg.), Textsortentypologien und Textallianzen von der Mitte des 15. bis zur Mitte des 16. Jahrhunderts. Berlin 2004. (=2004c.)

Simmler, Franz/Claudia Wich-Reif (Hrg.). Probleme der historischen deutschen Syntax unter besonderer Berücksichtigung ihrer Textsortengebundenheit. Berlin 2007.

Simmler, Franz/Claudia Wich-Reif (Hrg.). Geschichte der Gesamtsatzstrukturen vom Althochdeutschen bis zum Frühneuhochdeutschen. Bern u.a. 2011.

Simon, Bettina. Jiddische Sprachgeschichte. Versuch einer neuen Grundlegung. Frankfurt a.M. 1988. Überarb. Fassung der 1. Aufl. 1993.

Simon, Gerd (Hrg.). Sprachwissenschaft und politisches Engagement. Zur Problem- und Sozialgeschichte einiger sprachtheoretischer, sprachdidaktischer und sprachpflegerischer Ansätze in der Germanistik des 19. und 20. Jahrhunderts. Weinheim 1979.

Simon, Horst J. Zur Problematik einer Geschichte der deutschen Abtönungspartikeln. Fallstudien anhand eines Sprachlehrbuchs von 1424. In: Spw 21, 1996, 262–300.

Simon, Horst J. Für eine grammatische Kategorie ‚Respekt' im Deutschen. Synchronie, Diachronie und Typologie der deutschen Anredepronomina. Tübingen 2003.

Simon, Horst J. Vom *Sie* zum *Du* – und oft auch wieder zurück. Beobachtungen zur Pragmatik des temporären Anredewechsels im älteren Deutsch. In: Silvia Bonacchi u.a. (Hrg.). Beziehungsgestaltung durch Sprache. Berlin 2016, 81–85.

Sinner, Carsten. Varietätenlinguistik. Eine Einführung. Tübingen 2014.

Sitta, Horst (Hrg.). Ansätze zu einer pragmatischen Sprachgeschichte. Tübingen 1980.

Skála, Emil. Die Entwicklung des Bilinguismus in der Tschechoslowakei vom 13. bis 18. Jahrhundert. In: Beitr (H) 86, 1964, 69–106.

Skála, Emil. Schriftsprache und Mundart im „Ackermann aus Böhmen". In: Bohuslav Havránek/Rudolf Fischer (Hrg.). Deutsch-tschechische Beziehungen im Bereich der Sprache und Kultur. Aufsätze und Studien. Bd. 1, Leipzig 1965, 62–72.

Skála, Emil. Die Entwicklung der Kanzleisprache in Eger 1310 bis 1660. Berlin 1967.

Skála, Emil. Süddeutschland in der Entstehung der deutschen Schriftsprache. In: Beitr (H) 92, 1970, 93–110.

Skála, Emil. Die Entwicklung der Sprachgrenze in Mähren und Schlesien von 1300 bis 1650 und sprachliche Interferenzmöglichkeiten. In: Acta Universitatis Carolinae, Philologica 5, 1972, 75–85 (=1972a.)

Skála, Emil. Zum Prager Deutsch des 16. Jahrhunderts. In: Beitr (T), 95 (Sonderband), 1972, 283–305. (=1972b.)

Skála, Emil. Thesen zur Entstehung der nhd. Schriftsprache. In: Akten d. VI. Intern. Germanisten-Kongresses, Bd. 2, Frankfurt a.M. 1981, 441–461.

Skála, Emil. Die deutsche Sprache auf dem Gebiet der Tschechoslowakei bis zum Jahr 1650. In: Acta Universitatis Carolinae, Philologica 2, 1984, 7–28.

Skála, Emil. Lexikographie in Böhmen im 14. bis 18. Jahrhundert. In: BEDS 7, 1987, 146–150.

Skála, Emil. Lexikographie in Böhmen im 13. bis 19. Jahrhundert. In: Festschrift für Herbert Kolb. Bern u.a. 1989, 692–701.
Skála, Emil. Die Stadtsprachen in Böhmen zwischen Hus und Müntzer. In: Peilike/Schildt 1990, 228–251.
Skála, Emil. Zum Prager Deutsch des 14. Jahrhunderts. In: Bernhard Dietrich Haage (Hrg.). Granatapfel. Festschrift für Gerhard Bauer zum 65. Geburtstag. Göppingen 1994, 13–27.
Skála, Emil. Mundartliches in der Egerer Kanzlei. In: Lerchner u.a. 1995, 175–184.
Skála, Emil. Zentrum und Peripherie in der Graphie der Lutherzeit. In: Mattheier u.a. 1997, 11–22.
Skála, Emil. Versuch einer Definition des mitteleuropäischen Sprachbundes. In: Ernst/Patocka 1998. 675–686.
Skála, Emil. Frühneuhochdeutsche Fachprosa in Böhmen: Die Egerer Forstordnung von 1379. In: A. Braun 2001, 48–57. (=2001a.)
Skála, Emil. Das Regensburger und das Prager Deutsch im Mittelalter. In: Greule 2001, 51–62. (=2001b.)
Skála, Emil. Das Regensburger und das Prager Deutsch. In: Näßl 2002, 153–170.
Skalweit, Stephan. Der Beginn der Neuzeit. Epochengrenze und Epochenbegriff. Darmstadt 1982.
Smolka-Koerdt u.a. (Hrg.). Der Ursprung von Literatur. Medien, Rollen, Kommunikationssituationen zwischen 1450 und 1650. München 1988.
Socin, Adolf. Schriftsprache und Dialekte im Deutschen. Nach Zeugnissen alter und neuer Zeit. Heilbronn 1888. Neudr. 1970.
Socin, Adolf. Mittelhochdeutsches Namenbuch nach oberrheinischen Quellen des 12. und 13. Jahrhunderts. Basel 1903. Nachdr. Hildesheim 1966.
Solling, Daniel. Zur Getrennt- und Zusammenschreibung von Substantivkomposita in frühneuhochdeutschen Predigten um 1550. In: Bo Andersson/Gernot Müller/Dessislava Stoeva-Holm (Hrg.). Sprache – Literatur – Kultur: Text im Kontext. Beiträge zur 8. Arbeitstagung schwedischer Germanisten in Uppsala, 10.–11.10.2008. Uppsala 2010. 153–162.
Solling, Daniel. Zur Problematik der Unterscheidung zwischen pränominalem Genitivattribut und getrennt geschriebenem Substantivkompositum im Frühneuhochdeutschen. In: Riecke 2011, 294–311.
Solling, Daniel. Zur Getrennt-, Zusammen- und Bindestrichschreibung von Substantivkomposita im Deutschen (1550 – 1710). Uppsala 2012.
Solling, Daniel. Die Stellung des attributiven Genitivs im Lübischen Stadtrecht und in den Rüthener Statutarrechten. In: Karin u.a. 2015, 133–153. (=2015a.)
Solling, Daniel. Das Substantivkompositum in Grammatiken und Orthographielehren des 16. und 17. Jahrhunderts. In: Solling u.a. 2015, 125–138. (=2015b.)
Solling, Daniel. Compound nouns in German (1550–1710): open, closed and hyphenated forms. In: Paola Cotticelli-Kurras/Alfredo Rizza (Hrg.). Variation within and among writing systems: Concepts and Methods in the Analysis of Ancient Written Documents. Wiesbaden 2016, 291–302.
Solling, Daniel/Dessislava Stoeva-Holm (Hrg.) „Ein Ewigs Feuer dir entbrant". Germanistische Studien zu Sprache. Uppsala 2015.
Solms, Hans-Joachim. Die morphologischen Veränderungen der Stammvokale der starken Verben im Frühneuhochdeutschen. Untersucht an Texten des 14. bis 18. Jahrhundert. Bonn 1984.

Solms, Hans-Joachim. Der Gebrauch uneigentlicher Substantivkomposita im Mittel- und Frühneuhochdeutschen als Indikator kultureller Veränderung. In: Gardt u. a. 1999, 225–246.

Solms, Hans-Joachim. Zur westmitteldeutschen ,Wechselflexion' bei den mhd. starken Verben der Klassen III–V. In: Watts u. a. 2001, 39–49.

Solms, Hans-Joachim. Die Schimäre einer mittelhochdeutschen Gemeinsprache. Eine grammatikographische Studie auf der Grundlage des Bochumer Mittelhochdeutsch-Korpus. In: JGS, 5, 2014, 111–134.

Solms, Hans-Joachim. Substantivkomposition und nominale Attribuierung im Frühneuhochdeutschen. Zur Wortschatzerweiterung und Monosemierung. In: Kwekkeboom/Waldenberger 2016, 333–345.

Solms, Hans-Joachim/Klaus Peter Wegera. Flexion der Adjektive. Heidelberg 1991 (=Moser/Stopp/Besch Bd. 6).

Sonderegger, Stefan. Althochdeutsche Sprache und Literatur. Eine Einführung in das älteste Deutsch. Darstellung und Grammatik. Berlin/New York 1974. 3. durchges. und wesentlich erw. Aufl. 2003.

Sonderegger, Stefan. Martin Luthers Ringen um den deutschen Vaterunser-Text. Eine philologische Studie, mit einem Vergleich zwischen Notker und Luther. In: Friedhelm Debus/Joachim Hartig (Hrg.). Festschrift für Gerhard Cordes, Bd. 2. Neumünster 1976, 403–425.

Sonderegger, Stefan. Grundzüge deutscher Sprachgeschichte. Diachronie des Sprachsystems. Bd. I: Einführung – Genealogie – Konstanten. Berlin/New York 1979.

Sonderegger, Stefan. Sprachgeschichte als Idee und Verwirklichung. Zur Problematik der deutschen Sprachgeschichtsschreibung. In: Wolfgang Weber (Hrg.). Idee. Gestalt. Geschichte. Odense 1988, 381–403.

Sonderegger, Stefan. Grundsätzliche Überlegungen zu einer literarischen Sprachgeschichte des Deutschen. In: Besch 1990, 31–49. (=1990a.)

Sonderegger, Stefan. Syntaktische Strukturen gesprochener Sprache im älteren Deutschen. In: Betten 1990a, 310–323. (=1990b.)

Sonderegger, Stefan. Frühneuhochdeutsch in der Schweiz. Versuch einer Standortbestimmung. In: Mattheier 1993, 11–36. (=1993a.)

Sonderegger, Stefan. Geschichtliche Aspekte deutscher Rezeption der älteren niederländischen Sprache und Literatur. In: Sonderegger/Stegeman 1993, 1–17. (=1993b.)

Sonderegger, Stefan. Althochdeutsch als Anfang deutscher Sprachkultur. Freiburg (Schweiz) 1997.

Sonderegger, Stefan. Dichterische Wortstellungstypen im Altgermanischen und ihr Nachleben im älteren Deutsch. In: Askedal 1998a, 25–47.

Sonderegger, Stefan. Die Vielschichtigkeit des Sprachbewußtseins in frühneuhochdeutscher Zeit. In: W. Hoffmann u. a. 1999, 175–208.

Sonderegger, Stefan/Jelle Stegeman (Hrg.). Geben und Nehmen. Theoretische und historische Beiträge zur deutschen Rezeption niederländischer Sprache und Literatur. Dordrecht 1993.

Sowinski, Bernhard. Deutsche Stilistik, Beobachtungen zur Sprachverwendung und Sprachgestaltung im Deutschen. Frankfurt a.M. 1972.

Spáčilová, Libuše. Deutsche Testamente von Olmützer Bürgern. Entwicklung einer Textsorte in der Olmützer Stadtkanzlei in den Jahren 1416–1566. Wien 2000. (=2000a.)

Spáčilová, Libuše. Das Frühneuhochdeutsche in der Olmützer Stadtkanzlei. Eine textsortengeschichtliche Untersuchung unter linguistischem Aspekt. Berlin 2000. (=2000b.)
Spáčilová, Libuše. Die deutsche Chronik der Olmützer Bürgerfamilie Hobel aus den Jahren 1530–1629. Ein Beitrag zur Textsortengeschichte. In: Brücken 11, 2003, 25–39.
Spáčilová, Libuše. Rechtsterminologie lateinischer Herkunft in frühneuhochdeutschen Texten der Olmützer Stadtkanzlei. In: Germanoslavica 15, 2004, 199–212.
Spáčilová, Libuše. Italienische, französische und slawische Entlehnungen im Wortschatz der Olmützer Stadtkanzleisprache. Ein Beitrag zur Untersuchung des Frühneuhochdeutschen in den böhmischen Ländern. In: Andrášová u. a. 2006, 85–409.
Spangenberg, Karl. Baumhauers Stromergespräche in Rotwelsch. Halle 1970.
Sperber, Hans. Geschichte der deutschen Sprache. Berlin/Leipzig o.J. [1926]. Neubearbeitete Aufl.: Sperber/Fleischhauer 1958. 1963, Sperber/v.Polenz 1966. 1968.
Speyer, Augustin. Germanische Sprachen. Ein historischer Vergleich. Göttingen 2007.
Spillmann, Hans Otto. Untersuchungen zum Wortschatz in Thomas Müntzers deutschen-Schriften. Berlin 1971.
Spillmann, Hans Otto (Hrg.). Linguistische Beiträge zur Müntzerforschung. Studien zum Wortschatz in Thomas Müntzers deutschen Schriften und Briefen. Hildesheim 1991.
Spillner, Bernd. Nachbarsprachen in Europa. Frankfurt a.M. u. a. 1994.
Spitzmüller, Jürgen. Graphische Variation als soziale Praxis. Eine soziolinguistische Theorie skripturaler ‚Sichtbarkeit'. Berlin/Boston 2013.
Splett, Jochen. Althochdeutsches Wörterbuch. Analyse der Wortfamilienstrukturen des Althochdeutschen, zugleich Grundlegung einer zukünftigen Strukturgeschichte des deutschen Wortschatzes. 2 Bde. Berlin/New York 1993.
Sprache Gegenwart und Geschichte. Probleme der Synchronie und Diachronie. IdS-Jahrbuch 1968. Düsseldorf 1969.
Sprachwandel und Sprachgeschichtsschreibung im Deutschen. Jahrbuch 1976 des Instituts für Deutsche Sprache. Düsseldorf 1977.
Springmann, Uwe/Anke Lüdeling/Carolin Odebrecht/Thomas Krause. Das RIDGES-Korpus. Ein diachrones, tief annotiertes Mehrebenenkorpus aus Kräuterkundetexten. In: Prinz/Schiewe 2018, 473–478.
Squires, Catherine. Die Hanse in Novgorod: Sprachkontakte des Mittelniederdeutschen mit dem Russischen, mit einer Vergleichsstudie über die Hanse in England. Köln u. a. 2009.
Stackmann, Karl. Probleme germanistischer Lutherforschung. In: Archiv für Reformationsgeschichte 75, 1984, 7–31.
Staffeldt, Sven. Einführung in die Sprechakttheorie. Ein Leitfaden für den akademischen Unterricht. 2. Aufl. Tübingen 2009.
Stalder, Felix. Kultur der Digitalität. 4. Aufl. Berlin 2019.
Starck, Taylor/John C. Wells. Althochdeutsches Glossenwörterbuch. Heidelberg 1972–1990.
Stark, Franz. Faszination Deutsch. Die Wiederentdeckung einer Sprache für Europa. München 1993. Ausgabe für Russland: Zauberwelt der deutschen Sprache. Geschichte ihres Wortschatzes und seiner Ausstrahlung. Moskau 1995.
Staudenmaier, Johannes. Fremdsprachenerwerb in der frühneuzeitlichen Reichsstadt: Ein Werkstattbericht aus Nürnberger Archiven. In: Häberlein/Kuhn 2010, 149–176.

Stedje, Astrid. Deutsche Sprache gestern und heute. Einführung in die Sprachgeschichte und Sprachkunde. Lund 1979. 6. Aufl. Neu bearb. von Astrid Stedje und Heinz-Peter Prell. Paderborn 2007.

Steer, Georg. Der Laie als Anreger und Adressat deutscher Prosaliteratur im 14. Jahrhundert. In: Haug u.a. 1983, 354–363.

Stefanowitsch, Anatol. Frauen natürlich ausgenommen. In: Sprachlog [Weblog 14.12.2011]. Online: https://scilogs.spektrum.de/sprachlog/frauen-natuerlich-ausgenommen/.

Steffens, Rudolf. Zur Graphematik domanialer Rechtsquellen aus Mainz (1315–1564). Ein Beitrag zur Geschichte des Frühneuhochdeutschen anhand von Urbaren. Stuttgart 1988.

Steffens, Rudolf. Frühneuhochdeutsch in Mainz. In: RhVjb 57, 1993, 176–226.

Steffens, Rudolf. Aufbau und Einsatz einer Datenbank zur Erforschung der Graphematik spätmittelalterlicher Schreibdialekte. In: Gerd Richter/Jörg Riecke/Britt-Marie Schuster (Hrg.). Raum, Zeit, Medium – Sprache und ihre Determinanten. Festschrift für Hans Ramge zum 60. Geburtstag. Darmstadt 2000, 827–843.

Steffens, Rudolf. Eine relationale Datenbank zum Frühneuhochdeutschen in Mainz. In: Václav Bok/Ulla Williams/Werner Williams Krapp (Hrg.). Studien zur deutschen Sprache und Literatur. Festschrift für Konrad Kunze zum 65. Geburtstag. Hamburg 2004, 297–316.

Steffens, Rudolf. Beobachtungen zum Umlaut in der frühneuhochdeutschen Mainzer Stadtsprache. In: Moulin/Ravida/Ruge 2010, 297–330.

Steffens, Rudolf. Die Präposition-Artikel-Enklise in der deutschen Sprachgeschichte unter besonderer Berücksichtigung der Bibelübersetzung Martin Luthers. In: ZDL. 79, 2012, 298–329.

Steffens, Rudolf. *Grede Gertnerßen* und *die Leyendeckersen von Mentze*. Femininmovierung in Rechtsquellen des späten Mittelalters und der Frühen Neuzeit unter besonderer Berücksichtigung des rheinfränkischen -sin-Suffixes. In: Pickl/Elspaß 2019, 121–150.

Steger, Hugo. Über die Würde der alltäglichen Sprache und die Notwendigkeit von Kultursprachen. Mannheim u.a. 1982.

Steger, Hugo. Über Textsorten und andere Textklassen. In: Textsorten und literarische Gattungen. Dokumentation des Germanistentages in Hamburg vom 1. bis 4. April 1979. Berlin 1983, 25–67.

Steger, Hugo. Zur Frage einer Neukonzeption der Wortgeschichte der Neuzeit. In: v.Polenz u.a. 1986, 203–209.

Steger, Hugo. Erscheinungsformen der deutschen Sprache. ‚Alltagssprache' – ‚Standardsprache' – ‚Dialekt' und andere Gliederungstermini. In: DS 16, 1988, 289–319.

Steger, Hugo. Institutionensprachen. In: Staatslexikon, Bd. 5. 7. Aufl. Freiburg u.a. 1989, 125–128.

Steger, Hugo. Über Sprachvarietäten und Existenzformen der Sprache. In: R. Große 1990a, 39–50.

Steger, Hugo. Alltagssprache. Zur Frage nach ihrem besonderen Status in medialer und semantischer Hinsicht. In: Wolfgang Raible (Hrg.). Symbolische Formen – Medien – Identität. Tübingen 1991, 55–112.

Stegmann von Pritzwald, Kurt. Die Pluralumwälzung im Deutschen. In: DU 10, 1958, 75–84.

Stein, Stephan. Neuere Literatur zur Phraseologie und zu ritualisierter Sprache. In: DS 22, 1994, 152–180.
Stein, Stephan. Formelhafte Sprache. Untersuchungen zu ihren pragmatischen und kognitiven Funktionen im gegenwärtigen Deutsch. Frankfurt a.M. 1995.
Stein, Stephan. Formelhaftigkeit und Routinen in mündlicher Kommunikation. In: Kathrin Steyer (Hrg.). Wortverbindungen – mehr oder weniger fest. Jahrbuch des Instituts für Deutsche Sprache 2003. Berlin/New York 2004, 262–288.
Stein, Stephan. Mündlichkeit und Schriftlichkeit, phraseologisch gesehen. In: Jarmo Korhonen/Wolfgang Mieder/Elisabeth Piirainen/Rosa Piñel (Hrg.). Phraseologie global – areal – regional. Akten der Konferenz Europhras 2008 vom 13.–16.08.2008 in Helsinki. Tübingen 2010, 409–416.
Stein, Stephan/Sören Stumpf. Muster in Sprache und Kommunikation. Eine Einführung in Konzepte sprachlicher Vorgeformtheit. Berlin 2019.
Steinhausen, Georg. Geschichte des deutschen Briefs. Zur Kulturgeschichte des deutschen Volkes. 2 Bde. 1889/91. Nachdr. Dublin/Zürich 1968.
Steinmetz, Max. Thomas Müntzer und die Bücher. Neue Quellen zur Entwicklung seines Denkens. In: Zeitschrift für Geschichtswissenschaft 32, 1984, 603–612.
Steinmetz, Max (Hrg.). Der deutsche Bauernkrieg und Thomas Müntzer. Leipzig 1976.
Stellmacher, Dieter. Niederdeutsch. Formen und Forschungen. Tübingen 1981.
Stellmacher, Dieter. Arbeiten zur niederdeutschen Philologie (1972–1982). In: ZGL 11, 1983, 347–358.
Stellmacher, Dieter. Niederdeutsche Sprache. Eine Einführung. Bern u. a. 1990. (=1990a.)
Stellmacher, Dieter. Die niederländische Ostkolonisation – ein Kapitel deutscher und niederländischer Sprachgeschichte. Zur Forschungslage. In: Hans Rothe (Hrg.). Gedenkschrift für Reinhold Olesch. Köln u. a. 1990, 269–276. (=1990b.)
Stellmacher, Dieter. Gelten für die Darstellung der niederdeutschen Sprachgeschichte eigene Prinzipien? In: Beitr. 120, 1998, 368–375.
Stellmacher, Dieter. Das Altostfälische. In: Ursula Föllner/Saskia Luther/Dieter Stellmacher (Hrg.). Der Raum Ostfalen: Geschichte, Sprache und Literatur des Landes zwischen Weser und Elbe an der Mittelgebirgsschwelle. Frankfurt a.M. 2015, 183–194.
Stellmacher, Dieter. Die niederdeutsche Sprachgeschichte und das Deutsch von heute. Frankfurt a.M. u. a. 2017.
Stellmacher, Dieter (Hrg.). Sprachkontakte. Niederländisch, Deutsch und Slawisch östlich von Elbe und Saale. Frankfurt a.M. u. a. 2004.
Stelzel, Ulla. Aufforderungen in den Schriften Herzogin Elisabeths von Braunschweig-Lüneburg. Eine Untersuchung zum wirkungsorientierten Einsatz der direktiven Sprachhandlung im Frühneuhochdeutschen. Hildesheim u. a. 2003.
Stephan, Julia. Wortbildungsmodelle für Frauenbezeichnungen im Mittelhochdeutschen und Frühneuhochdeutschen. Hamburg 2009.
Stetter, Christian (Hrg.). Zu einer Theorie der Orthographie. Tübingen 1990.
Stichlmair, Timm. Stadtbürgertum und frühneuzeitliche Sprachstandardisierung. Eine Vergleichende Untersuchung zur Sprachentwicklung der Städte Emmerich, Geldern, Nimwegen und Wesel vom 16. bis zum 18. Jahrhundert. Berlin 2008.
Stjerna, Kirsi. Women and the Reformation. Oxford 2009.
Stöber, Rudolf. Deutsche Pressegeschichte. Einführung, Systematik, Glossar. Konstanz 2000.

Stockmann-Hovekamp, Christa. Untersuchungen zur Straßburger Druckersprache in den Flugschriften Martin Bucers. Graphematische, morphologische und lexikologische Aspekte. Heidelberg 1991.
Stolt, Birgit. Die Sprachmischung in Luthers Tischreden. Stockholm 1964.
Stolt, Birgit. Der prädikative Rahmen und die Reihung. Stockholm 1966.
Stolt, Birgit. Studien zu Luthers Freiheitstraktat mit besonderer Rücksicht auf das Verhältnis der lateinischen und der deutschen Fassung zueinander und die Stilmittel der Rhetorik. Stockholm 1969.
Stolt, Birgit. Wortkampf. Frühneuhochdeutsche Beispiele zur rhetorischen Praxis. Frankfurt a.M. 1974.
Stolt, Birgit. Die Entmythologisierung des Bibelstils. Oder: Der komplizierte Zusammenhang zwischen Sprachgeschichte und Gesellschaftsgeschichte. In: GL 3–4, 1981, 179–190.
Stolt, Birgit. Luther, die Bibel und das menschliche Herz. Stil- und Übersetzungsprobleme der Luther-Bibel damals und heute. In: MS 94, 1983/84, 1–15. (=1983a.)
Stolt, Birgit. Luthers Übersetzungstheorie und Übersetzungspraxis. In: Helmar Junghans (Hrg.). Leben und Werk Martin Luthers von 1526 bis 1546. Berlin 1983, 241–252. (=1983b.)
Stolt, Birgit. Luther, die Bibel und das menschliche Herz. In: Schildt 1984, Bd. 1, 154–177.
Stolt, Birgit. „Was ist wahr?" Eine alte Kontroverse aus textlinguistischer Sicht. In: Schöne 1986, Bd. 1, 53–70.
Stolt, Birgit. *Periodus, cola* und *commata* in Luthers Bibeltext. In: Wiesinger 1988, 263–668.
Stolt, Birgit. Lieblichkeit und Zier, Ungestüm und Donner. Martin Luther im Spiegel seiner Sprache. In: Zeitschr. f. Theologie und Kirche 86, 1989, 282–305. Neudr. in: H. Wolf 1996a, 317–340.
Stolt, Birgit. Redeglieder, Informationseinheiten: *Cola* und *commata* in Luthers Syntax. In: Betten 1990a, 379–392. (=1990a.)
Stolt, Birgit. Die Bedeutung der Interpunktion für die Analyse von Martin Luthers Syntax. In: Besch 1990, 167–180. (1990b.)
Stolt, Birgit. Rhetorik und Musik in Martin Luthers Bibelübersetzung. In: ZfG N.F. IV, 1994, 298–308.
Stolt, Birgit. Der Einfluß der Luthersprache auf die schwedische Sprache. In: John Ole Askedal/Hans-Peter Naumann (Hrg.). Hochdeutsch in Skandinavien. Frankfurt a.M. u.a. 2000, 19–32. (=2000a.)
Stolt, Birgit. Martin Luthers Rhetorik des Herzens. Tübingen 2000. (=2000b.)
Stolt, Birgit. Kainszeichen der Antiquamajuskel. Zu informationsstrukturierender Großschreibung. In: Solling u.a. 2015, 153–168.
Stolt, Birgit/Jan Trost. „Hier bin ich – wo bist du?". Heiratsanzeigen und ihr Echo, analysiert aus sprachlicher und stilistischer Sicht. Kronberg 1976.
Stopp, Hugo. Vokalismus der Nebensilben II, III. Heidelberg 1972/1978 (= Moser/Stopp/Besch Bd. 1,2; 1,3). (=1972/1978a)
Stopp, Hugo. Veränderungen im System der Substantivflexion vom Althochdeutschen bis zum Neuhochdeutschen. In: Werner Besch u.a. (Hrg.). Studien zur deutschen Literatur und Sprache des Mittelalters. Berlin 1974, 324–344.
Stopp, Hugo. Schreibsprachwandel. Zur großräumigen Untersuchung frühneuhochdeutscher Schriftlichkeit. München 1976.
Stopp, Hugo. Verbreitung und Zentren des Buchdrucks auf hochdeutschem Sprachgebiet im 16. und 17. Jahrhundert. In: Spw 3, 1978, 237–261. (1978b)

Stopp, Hugo. Das in Augsburg gedruckte Hochdeutsch. Notwendigkeit, Stand und Aufgaben seiner Erforschung. In: ZdPh 98, 1979, Sonderheft 151–172.
Stötzel, Georg. Zum Nominalstil Meister Eckharts. Die syntaktischen Funktionen grammatischer Verbalabstrakta. In: WW 16, 1966, 289–309.
Stötzel, Georg. Sprachgeschichte. Didaktische und sprachwissenschaftliche Konzepte. In: Cramer 1983, 83–100.
Strasser, Gerhard F. Von der *Lingua Adamica* zur *Lingua universalis*. Theorien über Ursprachen und Universalsprachen in der Frühen Neuzeit. In: Jaumann 2011, 517–592.
Straßner, Erich. Graphemsystem und Wortkonstituenz. Schreibsprachliche Entwicklungstendenzen vom Frühneuhochdeutschen zum Neuhochdeutschen, untersucht an Nürnberger Chroniktexten. Tübingen 1977.
Straßner, Erich. Deutsche Sprachkultur. Von der Barbarensprache zur Weltsprache. Tübingen 1995.
Straßner, Erich (Hrg.). Nachrichten. Entwicklungen Analysen Erfahrungen. München 1975.
Strauß, Gerhard/Ulrike Haß/Gisela Harras. Brisante Wörter, von *Agitation* bis *Zeitgeist*. Ein Lexikon zum öffentlichen Sprachgebrauch. Berlin/New York 1989.
Streitberg, Wilhelm. Urgermanische Grammatik. Einführung in das vergleichende Studium der altgermanischen Dialekte. 4. Aufl. Heidelberg 1974.
Stricker, Stefanie/Rolf Bergmann/Claudia Wich-Reif/Anette Kremer. Sprachhistorisches Arbeitsbuch zur deutschen Gegenwartssprache. 2. aktual. und erw. Aufl. Heidelberg 2016.
Strobach, Hermann (Hrg.). Der arm man 1525. Volkskundliche Studien. Berlin 1975.
Strömberg, Edvard. Die Ausgleichung des Ablauts im starken Präteritum mit besonderer Rücksicht auf oberdeutsche Sprachdenkmäler des 15. bis 16. Jahrhunderts. Göteborg 1907.
Studach, Willi. Die Sprache des Weißen Buches von Sarnen. Graphematik, Morphologie, Syntax und Stilistik. Sarnen 1993.
Stumpf, Sören. Phraseologie pur – Die Konstruktion X[Nomen] *pur* als produktive und keineswegs ungrammatische Modellbildung. In: Deutsche Sprache 45, 2017, 317–334.
Suchsland, Peter. Die Sprache der Jenaer Ratsurkunden. Entwicklung von Lauten und Formen von 1317 bis 1525. Berlin 1968.
Suchsland, Peter. Zum Strukturwandel im morphologischen Teilsystem der deutschen Nominalflexion. In: Wiss. Zs.d. Univ. Jena 18, 1969, 87–103.
Szczepaniak, Renata. Grammatikalisierung im Deutschen: Eine Einführung. Tübingen 2009. 2. überarb. und erw. Aufl. Tübingen 2011.
Szczepaniak, Renata/Stefan Hartmann/Lisa Dücker (Hrg.). Historische Korpuslinguistik. Berlin/New York 2019 (JGS 10).
Szulc, Aleksander. Historische Phonologie des Deutschen. Tübingen 1987.

Tao, Jingning. Mittelhochdeutsche Funktionsverbgefüge. Materialsammlung, Abgrenzung und Darstellung ausgewählter Aspekte. Tübingen 1997.
Tache, Olivier. Die Satzklammer in Martin Luthers Nebensätzen. In: Schwarz/Abplanalp 1997, 289–299.
Tache, Olivier. Verbstellungsvariation. Der Junktor *dann/denn* und W-/D-Präpositionaladverbien in Heinrich Bullingers *Anklag vnd ernstliches ermanen*. In: Schwarz/Abplanalp Luscher 2001, 131–144.

Tache, Olivier. Koordination und Subordination: Typologie der Satzarten in Sendschreiben der Zürcher Reformation zwischen 1524 – 1532. Göppingen 2006.
Tarvainen, Kalevi. Deutsche Satzstruktur und ihre Entwicklung. Dependenzgrammatik des Deutschen. mit historischen Erläuterungen. Jyväskylä 1986.
Tauber, Walter. Der Wortschatz des Hans Sachs. 2 Bde. Berlin/New York 1983.
Tauber, Walter. Mundart und Schriftsprache in Bayern (1450–1800). Untersuchungen zur Sprachnorm und Sprachnormierung im Frühneuhochdeutschen. Berlin/New York 1993.
Taubken, Hans. Niederdeutsch, Niederländisch, Hochdeutsch. Die Geschichte der Schriftsprache in der Stadt und in der ehemaligen Grafschaft Lingen vom 16. bis zum 19. Jahrhundert. Köln/Wien 1981.
Tazi, Raja. Arabismen im Deutschen. Lexikalische Transferenzen vom Arabischen ins Deutsche. Berlin/New York 1998.
Telle, Joachim. Wissenschaft und Öffentlichkeit im Spiegel der deutschen Arzneibuchliteratur. Zum deutsch-lateinischen Sprachenstreit in der Medizin des 16. und 17. Jahrhundert. In: Medizinhistorisches Journal 14, 1979, 32–52.
Telle, Joachim. Die Schreibart des Paracelsus im Urteil deutscher Fachschriftsteller des 16. und 17. Jahrhunderts. In: Medizinhistorisches Journal 16, 1981, 78–100.
Telling, Rudolf. Latein und Griechisch im deutschen Wortschatz. Lehn- und Fremdwörter altsprachlicher Herkunft. 3. Aufl. Berlin 1982.
Telling, Rudolf. Französisch im deutschen Wortschatz. Lehn- und Fremdwörter aus acht Jahrhunderten. 2. Aufl. Berlin 1988.
Temmen, Mareike. Das ‚Abdinghofer Arzneibuch'. Edition und Untersuchung einer Handschrift mittelniederdeutscher Fachprosa. Köln u.a. 2006.
Tennant, Elaine C. The Habsburg Chancery Language in Perspective. Berkeley/Los Angeles/London 1986.
ten Venne, Ingmar. Zur Rolle des Niederdeutschen im spätmittelalterlichen Danzig. In: Jósef Grabarek 1997, 69–191.
ten Venne, Ingmar. Zum Schreibsprachenwechsel vom Nieder- zum Hochdeutschen in Wittenberg. In: Peters u.a. 2001, 893–901. (=2001a.)
ten Venne, Ingmar. Rechtstexte aus dem mittelalterlichen Halle/Saale: Zum sprachhistorischen Wert der Textsorte „Willkür". In: Meier/Ziegler 2001b, 41–54. (=2001b.)
ten Venne, Ingmar/Annelies Roeleveld. Stadtsprache oder Stadtsprachen: Zur Sprachlichkeit Danzigs im späten Mittelalter. In: NdJB 121, 1998, 59–84.
Tervooren, Helmut/Hartmut Beckers (Hrg.). Literatur und Sprache im rheinischmaasländischen Raum zwischen 1150 und 1450.
Tesch, Gerd. Linguale Interferenz. Theoretische, terminologische und methodische Grundfragen ihrer Erforschung. Tübingen 1978.
Teske, Hans. Das Eindringen der hochdeutschen Schriftsprache in Lüneburg. Halle 1927.
Teubert, Wolfgang (Hrg.). Neologie und Korpus. Tübingen 1998.
Textsorten und literarische Gattungen. Dokumentation des Germanistentages in Hamburg. Berlin 1983.
Theobald, Elke. Sprachwandel bei deutschen Verben. Flexionsklassenschwankungen starker und schwacher Verben. Tübingen 1992.
Thielert, Frauke. Paarformeln in mittelalterlichen Stadtrechtstexten. Bedeutung und Funktion. Frankfurt a.M. u.a. 2016.

Thomas, Barbara. Adjektivderivation im Nürnberger Frühneuhochdeutsch um 1500. Eine historisch-synchrone Analyse anhand von Texten Albrecht Dürers, Veit Dietrichs und Heinrich Deichslers. Berlin u. a. 2002.
Thoursie, Stig A.O. Die Verbalflexion eines südbairischen Autographs aus dem Jahre 1464. Ein Beitrag zur frühneuhochdeutschen Morphologie. Göteborg 1984.
Tiefenbach, Heinrich. *-chen* und *-lein*: Überlegungen zu Problemen des sprachgeographischen Befundes und seiner sprachhistorischen Deutung. In: ZDL 54, 1987, 2–27.
Tiefenbach, Heinrich. Altsächsisches Handwörterbuch. A Concise Old Saxon Dictionary. Berlin/New York 2010.
Timm, Erika. Das Jiddische als Kontrastsprache bei der Erforschung des Frühneuhochdeutschen. In: ZGL 14, 1986, 1–22.
Timm, Erika. Graphische und phonische Struktur des Westjiddischen unter besonderer Berücksichtigung der Zeit um 1600. Tübingen 1987.
Timm, Erika. Die Bibelübersetzungssprache als Faktor der Auseinanderentwicklung des Jiddischen und des deutschen Wortschatzes. In: Heimo Reinitzer (Hrg.). Deutsche Bibelübersetzungen des Mittelalters. Bern u. a. 1991, 59–75.
Timm, Erika. Historische jiddische Semantik. Die Bibelübersetzungssprache als Faktor der Auseinanderentwicklung des jiddischen und des deutschen Wortschatzes. Unter Mitarbeit von Gustav Adolf Beckmann. Tübingen 2005.
Timm, Erika/Gustav Adolf Beckmann (Mitarb.). Matronymika im aschkenasischen Kulturbereich. Ein Beitrag zur Mentalitäts- und Sozialgeschichte der europäischen Juden. Tübingen 1999.
Tobin, Frank. Meister Eckhart: Thought and Language. Philadelphia 1986.
Tonnelat, Ernest. Histoire de la langue allemande. Paris 1927. 6. Aufl. 1962.
Toorn, Marten C. van den/W. J. Pijnenburg/J. A. van Leuvensteijn/Joop M. van der Horst (Hrg.). Geschiedenis van de Nederlandse taal. Amsterdam 1997.
Topalovic, Elvira. Perfekt II und Plusquamperfekt II: Zur historischen Kontinuität doppelter Perfektbildungen im Deutschen. In: Moulin/Ravida/Ruge 2010, 165–200.
Tophinke, Doris. Handelstexte – Zu Textualität und Typik kaufmännischer Rechnungsbücher im Hanseraum des 14. und 15. Jahrhunderts. Tübingen 1999.
Tophinke, Doris. Zur Wortabtrennung in den Werler Statuten des 14. und 15. Jahrhunderts – eine exemplarische Analyse. In: Elmentaler 2000, 73–99.
Tophinke, Doris. Vom Vorlesetext zum Lesetext: Zur Syntax mittelniederdeutscher Rechtsverordnungen im Spätmittelalter. In: Angelika Linke (Hrg.). Oberfläche und Performanz: Untersuchungen zur Sprache als dynamischer Gestalt. Tübingen 2009, 161–183.
Tophinke, Doris. Syntaktischer Ausbau im Mittelniederdeutschen: Theoretisch-methodische Überlegungen und kursorische Analysen. In: NdW 52, 2012, 19–46.
Tophinke, Doris. Sprachgeschichtsforschung im Horizont von Nähe und Distanz. In: Helmuth Feilke/Mathilde Hennig (Hrg.). Zur Karriere von Nähe und Distanz. Berlin 2016, 299–322.
Tophinke, Doris/Nadine Wallmeier. Textverdichtungsprozesse im Spätmittelalter. Syntaktischer Wandel in mittelniederdeutschen Rechtstexte des 13. bis 16. Jahrhunderts. In: Elspaß/Negele 2011, 97–116.
Trask, Larry. Historical Linguistics. London 1996. 3. Aufl. London/New York 2015.

Traugott, Elizabeth Closs. Constructions in grammaticalization. In: Brian Joseph, Richard D. Janda, Richard (Hrg.). The handbook of historical linguistics. Oxford 2003, 624–647.
Traugott, Elizabeth Closs/Graeme Trousdale. Constructionalization and constructional changes. Oxford 2013.
Treue, Wilhelm. Deutsche Geschichte von den Anfängen bis zur Ära Adenauer. 5. Aufl. Stuttgart 1978.
Treue, Wilhelm. Wirtschaft, Gesellschaft und Technik vom 16. bis 18. Jahrhundert. 6. Aufl. München 1986.
Trojanskaja, Jelena. Einige Besonderheiten in der Deklination der deutschen Adjektive im 16. und 17. Jahrhundert. In: Feudel 1972, 43–78.
Trost, Pavel. Präteritumverfall und Präteritumschwund im Deutschen. In: ZDL 47, 1980, 184–188.
Trübners Deutsches Wörterbuch. Begr. v. Alfred Götze, hrg. v. Walther Mitzka. Berlin 1939–1957.
Tschentscher, Christhild. Geschichte der Silbe -turn im Deutschen. In: MS 72, 1962, 1–8, 39–47, 67–78.
Tschirch, Fritz. 1200 Jahre deutsche Sprache in synoptischen Bibeltexten. Ein Lese- und Arbeitsbuch. Berlin 1955. 2. Aufl. 1969.
Tschirch, Fritz. Wachstum oder Verfall der Sprache? In: MS 75, 1965, 129–139, 161–169.
Tschirch, Fritz. Spiegelungen. Untersuchungen vom Grenzrain zwischen Germanistik und Theologie. Berlin 1966.
Tschirch, Fritz. Geschichte der deutschen Sprache. Bd. 1. Berlin 1966. 3. durchges. Aufl. bearb. v. W. Besch 1983. Bd. 2. 1969. 3. erg. und überarb. Aufl. bearb. v. W. Besch 1989.
Tulzer, Friedrich. Studien zum süddetuschen Wortschatz des Reitens vom 16. bis zum 18. Jahrhundert. Stuttgart 1989.

Ueding, Gert. Einführung in die Rhetorik. Geschichte, Technik, Methode. Stuttgart 1976.
Ueding, Gert (Hrg.). Historisches Wörterbuch der Rhetorik. 12 Bde. Tübingen 1992–2015.
Uhlig, Brigitte. Die Verba dicendi im Rechtswortschatz des späten Mittelalters, untersucht an einigen Handschriften des Schwabenspiegels. In: BEDS 3, 1983, 241–268.
Uhlig, Brigitte. „Das ist der briff vnd gesetzcze der Becker czw Krokaw" – Zu Inhalt und Form einer Handwerkerordnung im Behaim-Codex. In: Heimann u.a. 1989, 103–120.
Ukena, Peter. Tagesschrifttum und Öffentlichkeit im 16. und 17. Jahrhundert in Deutschland. In: Presse und Geschichte. Beiträge zur historischen Kommunikationsforschung. Bd. 1. München 1977, 35–53.
Ulrich, Wilfried. Semantische Untersuchungen zum Wortschatz des Kirchenliedes im 16. Jahrhundert. Lübeck 1969.
Ungeheuer, Gerold. Zum arbiträren Charakter des sprachlichen Zeichens. Ein Beitrag zum Verhältnis von synchronischer und ahistorischer Betrachtungsweise in der Linguistik. In: Sprache, Gegenwart und Geschichte. Düsseldorf 1969, 65–77.
Ureland, P. Sture (Hrg.). Standardsprache und Dialekte in mehrsprachigen Gebieten Europas. Tübingen 1979.
Ureland, P. Sture (Hrg.). Kulturelle und sprachliche Minderheiten in Europa. Tübingen 1981.

Ureland, P. Sture (Hrg.). Sprachkontakt in der Hanse. Aspekte des Sprachausgleichs im Nordsee- und Ostseeraum. Akten des 7. Internat. Symposiums über Sprachkontakt in Europa. Tübingen 1987.

Valihrachová, Sylva. Die Möglichkeiten der Computernutzung bei der sprachwissenschaftlichen Analyse mittel- und frühneuhochdeutscher Texte. In: Brünner Beiträge zur Germanistik und Nordistik, 47, 1998, 45–55.
Van Pottelberge, Jeroen. Verbonominale Konstruktionen als Vorläufer der Funktionsverbgefüge. Einige diachronische Beobachtungen anhand deutscher Evangelienübersetzungen aus dem Mittelalter. Gent 1996.
Vaňková, Lenka. Die frühneuhochdeutsche Kanzleisprache des Kuhländchens. Frankfurt a.M. u. a. 1999.
Vaňková, Lenka. Medizinische Texte aus Olmütz als Beispiel der Fachprosa des 15. Jahrhunderts in Mähren. In: Meier/Ziegler 2001b, 533–545.
Vaňková, Lenka. Der Anteil des Lateinischen als wichtiger Hinweis auf Autor und Adressat der mittelalterlichen medizinischen Fachprosa. In: Spw 28, 2003, 313–323.
Vaňková, Lenka. Medizinische Fachprosa aus Mähren. Sprache – Struktur – Edition. Wiesbaden 2004.
Vaňková, Lenka. Die verbale und nominale Ausdrucksweise in der Kanzleisprache. Zum Gebrauch von satzwertigen Nominalstrukturen. In: Moshövel/Spáčilová 2009, 213–223.
Vaňková, Lenka. Zum Ausdruck der kausalen Relation in den spätmittelalterlichen medizinischen Texten. In: Ziegler 2010, Bd. 2, 829–840.
Vaňková, Lenka. Fachtexte des Spätmittelalters und der Frühen Neuzeit. Tradition und Perspektiven der Fachprosa- und Fachsprachenforschung. Berlin 2014.
Vañó-Cerdá, Antonio. Das Überleben von *seyn* als Hilfsverb des Handlungspassivs im Frühneuhochdeutschen. In: Spw 20, 1995, 88–122.
Vater, Heinz. Einführung in die Sprachwissenschaft. 4. vollst. überarb. und erw. Aufl. 2002.
Vekeman, Herman/Andreas Ecke. Geschichte der niederländischen Sprache. Bern u.a. 1993.
Viebahn, Emanuel. Einführung in die Sprachphilosophie. Stuttgart (im Druck).
Voeste, Anja. Epithetisches Schwa in der Verbflexion – Eine Fallstudie an den chronikalischen Aufzeichnungen Christine Ebners (14. Jahrhundert). In: Gisela Brandt (Hrg.). Bausteine zu einer Geschichte des weiblichen Sprachgebrauchs. V. Vertextungsstrategien und Sprachmittelwahl in Texten von Frauen: Internationale Fachtagung, Dresden 10. – 12.9.2001, Stuttgart 2002, 17–26.
Voeste, Anja. Wie das *h* in die Wörter kam. In: Andrášová u. a. 2006, 499–513.
Voeste, Anja. Orthographie und Innovation. Die Segmentierung des Wortes im 16. Jahrhundert. Hildesheim u. a. 2008. (2008a.)
Voeste, Anja. Innovation als Makel. Orthografische Varianz in der Frühen Neuzeit. In: Jean-Marie Valentin (Hrg.). Akten des XI. Internationalen Germanistenkongresses Paris 2005 „Germanistik im Konflikt der Kulturen". Bd. 4. Bern u.a. 2008, 163–168. (=2008b.)
Voeste, Anja. Zwischen Wort und Zeichen. Die graphische Markierung suprasegmentaler Einheiten in der Frühen Neuzeit. In: ZGL 37, 2009, 1–14.
Voeste, Anja. Die Orthographien Europas zu Beginn der Frühen Neuzeit – ein vergleichender Blick. In: Elvira Glaser/Annina Seiler/Michelle Waldispühl (Hrg.). Laut-

SchriftSprache. Beiträge zur vergleichenden historischen Graphematik. Zürich 2010, 183–193.

Voeste, Anja. The Emergence of Suprasegmental Spellings in German. In: Susan Baddeley/Anja Voeste (Hrg.). Orthographies in Early Modern Europe. Berlin/Boston 2012, 167–191.

Voeste, Anja. Den Leser im Blick. Die Professionalisierung des Setzerhandwerks im 16. Jahrhundert und ihre Auswirkungen auf die Orthographie der Druckausgaben der „Melusine". In: Rautenberg u. a. 2013, 141–162. (=2013a.)

Voeste, Anja. Sprachkontakt in Spätmittelalter und Früher Neuzeit. Überlegungen aus sprachhistorischer Sicht. In: Brücken. Germanistisches Jahrbuch Tschechien – Slowakei N.F. 21, 2013, 99–110. (=2013b.)

Voeste, Anja. Proficiency and Efficiency: Why German Spelling Changed in Early Modern Times. In: Written Language and Literacy 18, 2015, 248–259.

Voeste, Anja. Effizienzsteigerung und Leserunterstützung. Orthographie im Übergang vom Spätmittelalter zur frühen Neuzeit. In: Thomas Kühtreiber/Gabriele Schichta (Hrg.). Kontinuitäten, Umbrüche, Zäsuren. Die Konstruktion von Epochen in Mittelalter und früher Neuzeit in interdisziplinärer Sichtung. Heidelberg 2016, 289–300. (=2016a.)

Voeste, Anja. *A mensa et thoro*. On the tense relationship between literacy and the spoken word in early modern times. In: Cinzia Russi (Hrg.). Current Trends in Historical Sociolinguistics. Berlin/New York 2016, 237–261. (=2016b.)

Voeste, Anja. Interpunktion und Textsegmentierung im frühen deutschsprachigen Prosaroman. In: Beitr 140, 2018, 1–22.

Voeste, Anja/Ilse Wischer. Der Zusammenhang von quantitativem und qualitativem Lautwandel in der deutschen und englischen Sprachgeschichte des 12.–16. Jahrhunderts. In: Matthias Fritz/Ilse Wischer (Hrg.). Historisch-Vergleichende Sprachwissenschaft und Germanische Sprachen. Innsbruck 2004, 191–204.

Vogel, Petra M. Das unpersönliche Passiv: Eine funktionale Untersuchung unter besonderer Berücksichtigung des Deutschen und seiner historischen Entwicklung. Berlin/New York 2006.

Vogel, Petra M. Sprachgeschichte. Heidelberg 2012.

Vogel, Petra M. (Hrg). Sprachwandel im Neuhochdeutschen. Berlin/New York 2013 (JGS 4).

Voleková, Kateřina (Hrg.). Orthographia Bohemica. Tschechische Übersetzung von Ondřej Koupil, englische Übersetzung von Marcela Koupilová und David Livingstone. Prag 2019.

Volz, Hans. Bibel und Bibeldruck in Deutschland im 15. und 16. Jahrhundert. Mainz 1960.

Volz, Hans (Hrg.). Vom Spätmittelhochdeutschen zum Frühneuhochdeutschen. Synoptischer Text des Propheten Daniel in sechs deutschen Übersetzungen des 14. bis 16. Jahrhunderts. Tübingen 1963.

Vooys, Cornelis G.N. de. Geschiedenis van de Nederlandse taal. Groningen 1970.

Vorbeck-Heyn, Manja. Syntaktische Strukturen in den Summarien in Drucken des 15. und 16. Jahrhunderts. In: Ziegler 2010, Bd. 2, 799–828.

Vries, Oebele. Die Verdrängung des Altfriesischen als Schriftsprache. In: Munske 2001, 606–613.

Wachinger, Burghart. Sprachmischung bei Oswald von Wolkenstein. In: ZdA 106, 1977, 277–296.
Wagener, Peter (Hrg.). Sprachformen. Deutsch und Niederdeutsch in europäischen Bezügen. Festschrift für Dieter Stellmacher. Stuttgart 1999.
Wal, Marijke van der. Geschiedenis van het Nederlands. Utrecht 1992. 4. Aufl. 2004.
Walch, Maria. Zur Formenbildung im Frühneuhochdeutschen. Heidelberg 1990.
Walch, Maria. Zur Sprache des Berliner Weltgerichtsspiels. Die Flexion des Verbs. In: König/Ortner 1996, 371–406. (=1996a.)
Walch, Maria. Zur Sprache von frühen deutschsprachigen Buchanzeigen und Rezensionen. In: Große/Wellmann 1996, 269–288. (=1996b.)
Walch, Maria/Susanne Häckel. Flexion der Pronomina und Numeralia. Heidelberg 1988 (= Moser/Stopp/Besch Bd. 7).
Waldenberger, Sandra. Präpositionen und Präpositionalphrasen im Mittelhochdeutschen. Tübingen 2009.
Waldispühl, Michelle. Alemannische Wortbildung zwischen Sprech- und Schreibsprache. Richtungsadverbien in Konrad Klausers ‚Sylvula formularum quotidiani sermonis' (1562). In: Nievergelt/Rübekeil 2019, 279–293.
Wallmeier, Nadine. Sprachliche Muster in der mittelniederdeutschen Rechtssprache. Zum Sachsenspiegel und zu Stadtrechtsaufzeichnungen des 13. bis 16. Jahrhunderts. Köln u. a. 2013.
Walter, Rolf. Einführung in die Wirtschafts- und Sozialgeschichte. Paderborn 1994. 2. Aufl. Köln u. a. 2008.
Walz, Brigitte. Die Entwicklung der Großschreibung im 16. Jahrhundert. In: Heimann u. a. 1989, 385–394.
Wandhoff, Haiko. Der Medienwechsel als Epochenschwelle? Roger Chartiers Studien zur Geschichte des Lesens in der frühen Neuzeit. In: ZfG, N.F. 1/1996, 76–82.
Wandruszka, Mario: Deutsch im Übersetzungsvergleich. In: Ulrich Engel/Paul Grebe (Hrg.). Sprachsystem und Sprachgebrauch. Festschrift für Hugo Moser. Teil 1. Düsseldorf 1974, 308–327.
Warnke, Ingo. Zur Belegung von ‚Frau' und ‚Weib' in historischen deutschen Wörterbüchern des 16. und 17. Jahrhunderts. In: Britta Hufeisen (Hrg.). „Das Weib soll schweigen …". Beiträge zur linguistischen Frauenforschung. Frankfurt a.M. 1993, 127–152. (=1993a.)
Warnke, Ingo. Wörterbuch zu Thomas Müntzers deutschen Schriften und Briefen. Tübingen 1993. (=1993b.)
Warnke, Ingo. Verschriftete Geometrie – Grammatische Mittel der Raumerfassung in Albrecht Dürers *Vnderweysung der messung* (1525). In: Ziegler 2010, Bd. 2, 647–664.
Wartburg, Walter von. Einführung in Problematik und Methodik der Sprachwissenschaft. 3. Aufl. Tübingen 1970.
Wartenberg, Günther (Hrg.). Werk und Rezeption Philipp Melanchthons in Universität und Schule bis ins 18. Jahrhundert. Leipzig 1999.
Wäscher, Hermann. Das deutsche illustrierte Flugblatt. Von den Anfängen bis zu den Befreiungskriegen. Dresden 1955.
Waterman, John T. A History of the German Language. Seattle/London 1966. Überarb. Aufl. 1976.
Watts, Sheila/Jonathan West/Hans-Joachim Solms (Hrg.). Zur Verbmorphologie germanischer Sprachen. Tübingen 2001.

Weber, Eckhard. Sprachliche Besonderheiten der Fehdekommunikation – Ehre und Öffentlichkeit in der Fehde des späten Mittelalters. In: Ziegler 2010, Bd. 2, 859–874.
Weber, Heinrich. Das erweiterte Adjektiv- und Partizipialattribut im Deutschen. München 1971.
Weber, Heinrich. Erweiterte Attribute zwischen Grammatik und Pragmatik. Probleme bei der Erklärung syntaktischen Wandels. In: Elisabeth Feldbusch u. a. (Hrg.). Neue Fragen der Linguistik. Tübingen 1991, 307–313.
Weber, Hildegard. Venlo – Duisburg – Essen. Diatopische Untersuchungen zu den historischen Stadtsprachen im 14. Jahrhundert. Heidelberg 2003.
Weber, Ulrich. Zur frühmittelniederdeutschen Urkundensprache Osnabrücks. Variablenlinguistische Untersuchung einer ostwestfälischen Stadtsprache. In: NdW 27, 1987, 131–162.
Weber, Ulrich. Die mittelniederdeutsche Schreibsprache Osnabrücks. Variablenlinguistische Untersuchungen zum Nordwestfälischen. Köln u. a. 2003.
Weber, Walter Rudolf. Das Aufkommen der Substantivgroßschreibung im Deutschen. Ein historisch-kritischer Versuch. Bern 1958.
Weddige, Hilkert. Mittelhochdeutsch. Eine Einführung. München 1996. 9. durchges. Aufl. 2015.
Wegener, Lydia. Der ‚Frankfurter'/‚Theologia deutsch': Spielräume und Grenzen des Sagbaren. Berlin/Boston 2016.
Wegera, Klaus-Peter (Hrg.). Zur Entstehung der neuhochdeutschen Schriftsprache. Eine Dokumentation von Forschungsthesen. Tübingen 1986. 2. erw. Aufl. 2007.
Wegera, Klaus-Peter. Flexion der Substantive. Heidelberg 1987 (= Moser/Stopp/Besch Bd. 3).
Wegera, Klaus-Peter. Das Problem der Vorhersagbarkeit in der Sprachgeschichte. In: Germanistik Luxemburg (Germanistik. Publications du Centre universitaire de Luxembourg, 4, 1993), 89–102.
Wegera, Klaus-Peter. Zur Geschichte der Adjektivgroßschreibung im Deutschen. Entwicklung und Motive. In: ZdPh 115, 1996, 382–392.
Wegera, Klaus-Peter. Um 1500 an einer Weggabelung. Zum Spannungsverhältnis zwischen Sprachwandeltheorien und einzelsprachlichen Wandelprozessen. In: Lobenstein-Reichmann/Reichmann 2011, 15–34.
Wegera, Klaus-Peter/Sandra Waldenberger/Ilka Lemke. Deutsch diachron. Eine Einführung in den Sprachwandel des Deutschen. 2. neu bearb. Aufl. Berlin 2018.
Wegera, Klaus-Peter/Simone Schultz-Balluff/Nina Bartsch. Mittelhochdeutsch als fremde Sprache. Eine Einführung für das Studium der germanistischen Mediävistik. Berlin 2011. 3. durchges. und erw. Aufl. 2016.
Wegstein, Werner. Sprachwandel in der literarischen Überlieferung des 14. Jahrhunderts. In: Haug u. a. 1983, 384–399.
Wehler, Hans-Ulrich. Deutsche Gesellschaftsgeschichte. 5. Bde. München 1987–2009.
Weihnacht, Paul-Ludwig. Staat. Studien zur Bedeutungsgeschichte des Wortes von den Anfängen bis ins 19. Jahrhundert. Berlin 1968.
Weimann, Karl-Heinz. Paracelsus und der deutsche Wortschatz. In: Ludwig Erich Schmitt (Hrg.). Deutsche Wortforschung in europäischen Bezügen. Bd. 2, Gießen 1963, 359–408.
Weinberg, Werner. Die Reste des Jüdischdeutschen. Stuttgart 1969. 2. Aufl. 1973.
Weinberg, Werner. Die Bezeichnung Jüdischdeutsch. Eine Neubewertung. In: ZdPh 100, 1981, Sonderheft, 253–290.

Weinmayer, Barbara. Studien zur Gebrauchssituation früher deutscher Druckprosa. Literarische Öffentlichkeit in Vorreden zu Augsburger Frühdrucken. München 1982.
Weinreich, Max. History of the Yiddish language. Edited by Paul Glasser. Translated by Shlomo Noble with the assistance of Joshua A. Fishman. 2 Bde. New Haven/London 2008.
Weisgerber, Bernhard. Steckt die Wahrheit in den Wörtern? Zur Geschichte und Bedeutung der Etymologie. In: Orbis linguarum 10, 1998, 153–170.
Weisgerber, Leo. Von den Kräften der deutschen Sprache. 4 Bde. Düsseldorf 1949–1950. Bd. 1–4. 3. bzw. 4. Aufl. 1971–1973.
Weissberg, Josef. Jiddisch. Eine Einführung. Bern u.a. 1988.
Weithase, Irmgard. Zur Geschichte der gesprochenen deutschen Sprache. 2 Bde. Tübingen 1961.
Wellander, Erik. Studien zum Bedeutungswandel im Deutschen. Uppsala 1917.
Weller, August. Die Sprache in den ältesten deutschen Urkunden des deutschen Ordens. Hildesheim/New York 1977.
Wellmann, Hans. Kollektiva und Sammelwörter im Deutschen. Bonn 1969.
Wellmann, Hans. Sprachgeschichtsschreibung und Historische Grammatik. In: W 22, 1972, 198–221.
Wellmann, Hans. Historische Semantik 1968–1973. In: W 24, 1974, 194–213, 268–285.
Wellmann, Hans. Textbildung (nach der Frühzeit des Buchdrucks). In: Besch 1990, 259–272.
Wellmann, Hans. Zeit und Zeitlichkeit im Diasystem der deutschen Sprachgeschichte, untersucht an Prognosen. In: Lerchner u.a. 1995, 213–226.
Wells, Christopher J. German, A linguistic history to 1945. Oxford 1985. Deutsche Übers. von Rainhild Wells. Tübingen 1990.
Wells, Christopher J. Orthography as legitimation: Luthers bible orthography and Frankfurt Bibles of the 1560s and 70s. In: John L. Flood et al. (Hrg.). ‚Das unsichtbare Band der Sprache'. Stuttgart 1993, 149–188.
Wells, Christopher J. Besprechung von: Peter von Polenz. Deutsche Sprachgeschichte. Bd. 1. Berlin/New York 1991. In: ZdPh 113 (1994) 443–453.
Wells, Christopher J. Uneingewandte Einwände: Unfertiges Referat zur vernachlässigten Rolle Westmitteldeutschlands in der 2. Hälfte des 16. Jahrhunderts. In: Große/Wellmann 1996, 77–100.
Wells, Christopher J. Nicht-Lutherisches in der Orthographie der nach-Lutherischen Bibel- und Psalmenausgaben des 16. Jahrhunderts. In: W. Hoffmann u.a. 1999, 209–240.
Wels, Volkhard. Triviale Künste: die humanistische Reform der grammatischen, dialektischen und rhetorischen Ausbildung an der Wende zum 16. Jahrhundert. Berlin 2000.
Wengeler, Martin (Hrg.). Linguistik als Kulturwissenschaft. Hildesheim/New York 2006.
Wenker, Georg/Ferdinand Wrede/Walther Mitzka/Bernhard Martin. Deutscher Sprachatlas. Marburg 1927–1956. Online: http://www.diwa.info/.
Wenner, Ulrich. Auf der Spurensuche nach veraltetem Lutherwortschatz. In: Gärtner/Solms 2009, 227–241.
Wenners, Peter. Die Probsteier Familiennamen vom 14. bis 19. Jahrhundert. Mit einem Überblick über die Vornamen im gleichen Zeitraum. Neumünster 1988.

Wenzel, Horst. Hören und Sehen, Schrift und Bild. Kultur und Gedächtnis im Mittelalter. München 1995.

Werbow, Stanley N. *Die gemeine teutsch*. Ausdruck und Begriff. In: ZdPh 82, 1963, 44–63.

Werlich, Egon. Typologie der Texte. Entwurf eines textlinguistischen Modells zur Grundlegung einer Textgrammatik. Heidelberg 1975. 2. durchges. Aufl. 1979.

Werner, Otmar. Vom Formalismus zum Strukturalismus in der historischen Morphologie. Ein Versuch, dargestellt an der Geschichte deutscher Indikativ-/Konjunktiv-Bildungen. In: ZdPh 84, 1965, 100–127.

Werner, Otmar. Das deutsche Pluralsystem (Strukturelle Diachronie). In: Sprache, Gegenwart und Geschichte. Düsseldorf 1969, 92–128.

Werner, Otmar. Phonemik des Deutschen. Stuttgart 1972.

Werner, Otmar. Sprachökonomie und Natürlichkeit im Bereich der Morphologie. In: ZPSK 42, 1989, 34–47.

West, Jonathan. Lexical Innovation in Dasypodius' Dictionary Straßburg 1536. Berlin/New York 1989.

Westheide, Henning. Trügerische Nähe. Niederländisch-deutsche Beziehungen in Geschichte, Sprache und Kultur. Münster 1997.

Wetekamp, Sylvia. Petrus Dasypodius, Dictionarium Latinogermanicum et vice versa (1535). Untersuchungen zum Wortschatz. Göppingen 1980.

Wettges, Wolfram. Reformation und Propaganda. Studien zur Kommunikation des Aufruhrs in süddeutschen Reichsstädten. Stuttgart 1978.

Wexler, Paul. Three heirs to a Judeo-Latin legacy: Judeo-Ibero-Romance, Yiddish and Rotwelsch. Wiesbaden 1988.

Wich-Reif, Claudia. Zur Geschichte der deutschsprachigen Bibeltradition in Drucken und ihren Abschriften. In: Daphnis 36, 2007, 111–141.

Wich-Reif, Claudia. Präpositionen und ihre Geschichte. Untersuchung deutschsprachiger „Benediktinerregel"-Traditionen vom Anfang des 9. Jahrhunderts bis zum 21. Jahrhundert. Berlin 208.

Wich-Reif, Claudia. Das „Tagebuch des kölnischen Ratsherren und Gewaltrichters Jan van Brackerfelder" (1560–73). Die Edition, das Original, die Syntax. In: Józef Wiktorowicz/Anna Just/Ireneusz Gaworski (Hrg.). Satz und Text. Zur Relevanz syntaktischer Strukturen zur Textkonstitution. Frankfurt a.M. 2013, 357–372.

Wich-Reif, Claudia. Grammatikschreibung und Stil im Frühneuhochdeutschen. In: Schuster/Dogaru 2015, 319–340.

Wich-Reif, Claudia. Revisited: Der Genitiv als Objektkasus im Deutschen. In: Kwekkeboom/Waldenberger 2016, 395–412.

Wich-Reif, Claudia (Hrg.). Historische Sprachkontaktforschung. Berlin/Boston 2016 (JGS 7).

Wich-Reif, Claudia (Hrg.). Serialisierungsregeln und ihre Geschichte vom 8. zum 19. Jahrhundert. Akten zum Internationalen Kongress vom 11. bis 14. Mai 2016 an der Rheinischen Friedrich-Wilhelms-Universität Bonn. Bonn 2017.

Wick, Philipp. Die slawischen Lehnwörter in der neuhochdeutschen Schriftsprache. Marburg 1939.

Widmann, Hans (Hrg.). Der deutsche Buchhandel in Urkunden und Quellen. Bd. 1. Hamburg 1965.

Widmann, Hans. Geschichte des deutschen Buchhandels. In: Helmut Hiller/Wolfgang Strauß (Hrg.). Der deutsche Buchhandel. 5. Aufl. Hamburg 1975, 17–65.

Wiedemann, Konrad. Arbeit und Bürgertum. Die Entwicklung des Arbeitsbegriffs in der Literatur Deutschlands an der Wende zur Neuzeit. Heidelberg 1979.
Wiese, Benno von/Rudolf Henß (Hrg.). Nationalismus in Germanistik und Dichtung. Berlin 1967.
Wiesinger, Peter. Die frühneuhochdeutsche Schreibsprache Wiens um 1400. In: Beitr (T) 93, 1971, 366–389.
Wiesinger, Peter. Die Ermittlung oberschichtiger Sprachformen des mittelalterlichen Deutsch mit Hilfe der Dialektgeographie. In: Akten des VI. Internat. Germanistenkongresses Basel 1980. Bern u. a. 1980, T. 2, 345–357.
Wiesinger, Peter. Vom Wandel einer Wortform in der bairisch-frühneuhochdeutschen Urkundensprache des 13. bis 15. Jahrhunderts. In: Wiesinger 1988a, 361–398. (=1988b.)
Wiesinger, Peter. Regionale und überregionale Sprachausformung im Deutschen vom 12. bis 15. Jahrhundert unter dem Aspekt der Nationsbildung. In: Joachim Ehlers (Hrg.). Ansätze und Diskontinuität deutscher Nationsbildung im Mittelalter. Sigmaringen 1989, 321–343.
Wiesinger, Peter. Österreich als Sprachgrenz- und Sprachkontaktraum. In: L. Kremer/Niebaum 1990, 501–541. (=1990a.)
Wiesinger, Peter. Zur Periodisierung der deutschen Sprachgeschichte aus regionaler Sicht. In: Besch 1990, 403–414. (=1990b.)
Wiesinger, Peter. Die frühneuhochdeutsche Graphemik des steirischen Dichtermönchs Andreas Kurzmann. In: Mattheier u. a. 1993, 33–51.
Wiesinger, Peter. Schreibung und Aussprache im älteren Frühneuhochdeutsch. Zum Verhältnis von Graphem – Phonem – Phon am bairisch-österreichischen Beispiel von Andreas Kurzmann um 1400. Berlin/New York 1996. (=1996a.)
Wiesinger, Peter. 5 Thesen zur Regionalität und Überregionalität in der schriftsprachlichen Entwicklung: Der baierisch-österreichische Raum vom 16. bis 18. Jahrhundert. In: Große/Wellmann 1996, 315–318. (=1996b.)
Wiesinger, Peter. Probleme einer regionalen Sprachgeschichte Österreichs. In: ZdPh 117, 1998, Sonderh. 128–143.
Wiesinger, Peter. Zur bairisch-oberdeutschen Schriftsprache des 16. und frühen 17. Jahrhunderts in Österreich unter dem Einfluß von Reformation und Gegenreformation. In: W. Hoffmann u. a. 1999, 241–273.
Wiesinger, Peter. Zwei Varietäten der deutschen Schriftsprache durch Konfessionalisierung im 16. und 17. Jahrhundert. In: Habermann 2018b, 213–234.
Wiesinger, Peter (Hrg.). Studien zum Frühneuhochdeutschen. Emil Skála zum 60. Geburtstag. Göppingen 1988. (=1988a)
Wiktorowicz, Józef. Die deutsche Sprache in den Krakauer Stadtbüchern des 15. und 16. Jahrhunderts. In: Lerchner u. a. 1995, 227–236.
Wiktorowicz, Józef. Die Anfänge der deutschen Kanzleisprache in Krakau. In: Meier/Ziegler 2008a, 33–40.
Wiktorowicz, Józef. Die Substantivderivation in der Krakauer Kanzleisprache. In: Moshövel/Spáčilová 2009, 261–270.
Wilbur, Terence. Bourgeois respectability: Its origin and final triumph. In: Betten 1990a, 352–364.
Wiktorowicz, Józef. Differentielle Linguistik: Entwurf eines Modells zur Beschreibung und Messung semantischer und pragmatischer Variation. Tübingen 1977.

Wiktorowicz, Józef. Johannes Bechert. Einführung in die Sprachkontaktforschung. Darmstadt 1991.
Wilhelm, Eva-Maria. Italianismen des Handels im Deutschen und Französischen. Wege des frühneuzeitlichen Sprachkontakts. Berlin u. a. 2013.
Wilke, Anja. Redewiedergabe in frühneuzeitlichen Hexenprozessakten. Ein Beitrag zur Geschichte der Modusverwendung im Deutschen. Berlin 2006.
Willems, Klaas. Geschichte und Systematik des adverbalen Dativs im Deutschen. Eine funktionallinguistische Analyse des morphologischen Kasus. Berlin/New York 1998.
Willemyns, Roland. Sprachliche Variation und Sprachgeschichtsforschung. Überlegungen zur Historiographie des Niederländischen. In: Gardt u. a. 1995, 439–454.
Williams-Krapp, Werner. Ordensreform und Literatur im 15. Jahrhundert. In: Jahrbuch der Oswald von Wolkenstein-Gesellschaft 4, 1986/87, 41–51.
Wilmanns, Wilhelm. Deutsche Grammatik. 4 Bde. Straßburg 2. Aufl. Berlin/Leipzig 1911 ff. Neudr. 1930.
Wimmer, Rainer. Metaphorik in der Sprachgeschichtsschreibung. In: Cramer 1983, 63–82.
Wimmer, Rainer. Zur juristischen Fachsprache aus linguistischer Sicht. In: SuL 81/1998, 8–23.
Wimmer, Rainer (Hrg.). Das 19. Jahrhundert. Sprachgeschichtliche Wurzeln des heutigen Deutsch. Berlin/New York 1991.
Windisch, Rudolf. Zum Sprachwandel. Von den Junggrammatikern zu Labov. Frankfurt a.M. 1988.
Winge, Vibeke. Hochdeutsch und Niederdeutsch in der „deutschen Kanzlei" in Kopenhagen um 1540. In: NdJ 105, 1982, 144–147.
Winge, Vibeke. Sprachwechsel und Reformation. Niederdeutsche und hochdeutsche Quellen zur dänischen Reformationsgeschichte. In: Gingkobaum F. 3, 1984, 30–36.
Winge, Vibeke. Niederdeutsch.-hochdeutscher Sprachwechsel in Dänemark zur Zeit der Reformation und das weitere Schicksal des Niederdeutschen im 17. und 18. Jahrhundert. In: Schöndorf u. a. 1987, 74–86.
Winge, Vibeke. Zur Übersetzungstätigkeit Niederdeutsch-Dänisch und Dänisch-Niederdeutsch von 1300 bis Ende des 16. Jahrhunderts. In: Lennart Elmevik/Kurt Schöndorf (Hrg.). Niederdeutsch in Skandinavien 3. Berlin 1992, 30–36.
Winge, Vibeke. Deutsch als Mittlersprache in Nordeuropa im 15. Jahrhundert. In: Glück/Morcinek 2006, 121–132.
Winkler, Gertraud. Die Wortbildung mit *-lich* im Alt-, Mittel- und Frühneuhochdeutschen. Heidelberg 1995.
Winkler, Hannelore. Zum soziologischen Aspekt von Flugschriften aus der Zeit der Reformation und des Bauernkrieges. In: Beitr (H) 94, 1974, 37–51.
Winkler, Hannelore. Der Wortbestand von Flugschriften aus den Jahren der Reformation und des Bauernkrieges. Berlin 1975.
Winter, Esme. Zum Verhältnis sprachkontaktinduzierter Innovationen, lexikalischer Entlehnungen und fremder Wörter – zugleich ein Beitrag zu ‚Lehnschöpfung' und ‚Scheinentlehnung'. In: Romanistisches Jahrbuch 56, 2015, 31–62.
Winter, Julie. Luther Bibel Research in the Context of Volkish Nationalism in the Twentieth Century. New York u. a. 1998.
Winter, Renate. Slawische Entlehnungen in den niederdeutschen Mundarten des ehem. Hinterpommern. In: Wiss. Zs. d. Univ. Rostock 10, 1961, 271–275.

Winter-Froemel, Esme. Entlehnung in der Kommunikation und im Sprachwandel. Theorie und Analysen zum Französischen. Berlin/Boston 2011.
Winter-Froemel, Esme/Araceli López Serena/Álvaro Octavio de Toledo y Huerta/Barbara Frank-Job. Diskurstraditionen, Diskurstraditionelles und Einzelsprachliches im Sprachwandel: Zur Einleitung. In: Winter-Froemel, Esme/Araceli López Serena/ Álvaro Octavio de Toledo y Huerta/Barbara Frank-Job (Hrg.). Diskurstraditionelles und Einzelsprachliches im Sprachwandel/Tradicionalidad discursiva e idiomaticidad en los procesos de cambio lingüístico. Tübingen 2015, 1–27.
Winterhager, Friedrich. Bauernkriegsforschung. Darmstadt 1981.
Wirrer, Jan. Zum Status des Niederdeutschen. In: ZGL 26, 1998, 308–340.
Wis, Marjatta. Ricerche sopra gli italianismi nella lingua tedesca. Dalla metà del secolo XIV alla fine del secolo XVI. Helsinki 1955.
Wittmann, Richard. Geschichte des deutschen Buchhandels. München 1991.
WMU = Wörterbuch der mittelhochdeutschen Urkundensprache. Auf der Grundlage des Corpus der altdeutschen Originalurkunden bis zum Jahr 1300. Unter Leitung von Bettina Kirschstein und Ursula Schulze erarb. von Sibylle Ohly und Peter Schmitt. 3 Bde. Berlin 1991–2010.
Wodak, Ruth/Rudolf de Cillia (Hrg.). Sprachenpolitik in Mittel- und Osteuropa. Wien 1995.
Woggan, Annika. *Dit is der lant friede* – Zur Syntax frühneuzeitlicher Titelblätter aus Köln. In: Karin u.a. 2015, 117–131.
Woggan, Annika/Marko Neumann. Zur lexikalischen Großschreibung in ausgewählten Drucken des 16. Jahrhunderts auf der Ebene von Text und Paratext. In: Götz/ Ernst 2016, 9–44.
Wolf, Dieter. Die neutestamentlichen Übersetzungen Nikolaus Krumpachs und die 1522 anonym erschienenen Übersetzungen des Markus- und Lukasevangeliums. 3 Bde. Trier 1970.
Wolf, Dieter. Kommunikationsformen der Flugschriften des 16. und 19. Jahrhunderts und ihre sozialgeschichtlichen Bedingungen. In: Cramer 1983, 150–169. (=1983a.)
Wolf, Dieter. Überlegungen zur historischen Semantik des Neuhochdeutschen. In: ZGL 11, 1983, 290–300. (=1983b.)
Wolf, Herbert. Studien zur deutschen Bergmannssprache in den Bergmannsliedern des 16.–20. Jahrhunderts vorwiegend nach mitteldeutschen Quellen. Tübingen 1958.
Wolf, Herbert. Zur Wortgeographie der deutschen Bergmannssprache. In: Mitzka 1968, 418–444.
Wolf, Herbert. Die Sprache des Johannes Mathesius. Philologische Untersuchungen frühprotestantischer Predigten. Köln 1969.
Wolf, Herbert. Zur Periodisierung der deutschen Sprachgeschichte. In: GRM 52, 1971, 78–105.
Wolf, Herbert. Martin Luther. Eine Einführung in germanistische Luther-Studien. Stuttgart 1980.
Wolf, Herbert. Luthers Umgang mit Wortgut fremdsprachlicher Herkunft. In: MS 94, 1983/84, 16–29.
Wolf, Herbert. Beiträge der Korrektoren zum Sprachausgleich Luthers. In: Spw 9, 1984, 108–125.
Wolf, Herbert. Germanistische Luther-Bibliographie. Heidelberg 1985.
Wolf, Herbert. Zum Stand der sprachlichen Lutherforschung. In: ZdPh 106, 1987, 246–272.

Wolf, Herbert. Marginalien der Lutherbibel. Ihre sprachwissenschaftliche Relevanz. In: ZGL 16, 1988, 291–309. (=1988a.)
Wolf, Herbert. Die Windbezeichnungen bei Luther. In: Wiesinger 1988, 343–354. (=1988b.)
Wolf, Herbert. Beziehungen zwischen Böhmen und Sachsen in der frühen Neuzeit. Auswirkungen auf Sprache und Konfession in St. Joachimsthal. In: Hans Rothe (Hrg.). Gedenkschrift für Reinhold Olesch. Köln 1990, 291–310.
Wolf, Herbert. Das Druckwesen im Lichte deutscher Vorreden des 16. Jahrhunderts. In: Bentzinger u.a. 1993, 136–156.
Wolf, Herbert (Hrg.). Luthers Deutsch. Sprachliche Leistung und Wirkung. Frankfurt a.M. u.a. 1996 [mit Bibliographie]. (=1996a.)
Wolf, Herbert. Luthers sprachliche Selbstbeurteilungen. In: ZdPh 115, 1996, 349–370. (=1996b.)
Wolf, Herbert. Luthers Umgang mit Anthroponymen. In: A. Braun 2001, 58–75.
Wolf, Norbert Richard. Regionale und überregionale Norm im späten Mittelalter. Graphematische und lexikalische Untersuchungen zu deutschen und niederländischen Schriftdialekten. Innsbruck 1975.
Wolf, Norbert Richard. Satzkonnektoren im Neuhochdeutschen und Mittelhochdeutschen. In: Spw 3, 1978, 16–48.
Wolf, Norbert Richard. Althochdeutsch – Mittelhochdeutsch. (Hans Moser/Hans Wellmann/Norbert Richard Wolf. Geschichte der deutschen Sprache, Bd. 1). Heidelberg 1981.
Wolf, Norbert Richard. Das 14. Jahrhundert in der deutschen Sprachgeschichte. In: Haug u.a. 1983, 368–383.
Wolf, Norbert Richard. Probleme wissensliterarischer Kommunikation. In: N.R. Wolf 1987a, 208–220. (=1987b.)
Wolf, Norbert Richard. Vom Nutzen der Schlacht von Mohács für die Erforschung des Frühneuhochdeutschen. Eine graphematische Untersuchung eines Nürnberger und eines Basler Druckes. In: Wiesinger 1988, 69–82.
Wolf, Norbert Richard. Zur Periodisierung der deutschen Sprachgeschichte. In: Heimann u.a. 1989, 121–130.
Wolf, Norbert Richard. Über eine textlinguistische Sprachgeschichte. In: Besch 1990, 421–430. (=1990a.)
Wolf, Norbert Richard. Die Darwinsche Theorie und die Sprachentwicklung. Sprachgeschichte aus Natur- oder Gesellschaftsgeschichte? In: R. Große 1990a, 368–374. (=1990b.)
Wolf, Norbert Richard. Sprachwissenschaftliche Beobachtungen zu spätmittelalterlicher deutscher Ordensliteratur. In: Bentzinger u.a. 1993, 157–173.
Wolf, Norbert Richard. Wort- und Begriffsbildung in spätmittelalterlicher deutscher Wissensliteratur. In: Lerchner u.a. 1995, 237–244.
Wolf, Norbert Richard. Deutsch im frühneuzeitlichen Vatikan. In: König/Ortner 1996, 429–440. (=1996a.)
Wolf, Norbert Richard. Das Entstehen einer öffentlichen Streitkultur in deutscher Sprache. In: Große/Wellmann 1996, 135–146. (=1996b.)
Wolf, Norbert Richard. Herzog August der Jüngere von Braunschweig und das Ende des Frühneuhochdeutschen. In: Glaser/Schlaefer 1997, 357–367.
Wolf, Norbert Richard. Wort- und Begriffsbildung und ihre Rolle in der Ausbildung der deutschen Standardsprache. In: W. Hoffmann u.a. 1999, 275–286.

Wolf, Norbert Richard. Zur Schreibsprache des Hausbuchs Michaels de Leone. In: Dorothea Klein/Elisabeth Lienert/Johannes Rettelbach. Vom Mittelalter zur Neuzeit. Festschrift für Horst Brunner. Wiesbaden 2000, 359–368. (=2000a.)

Wolf, Norbert Richard. Die neuhochdeutsche Schriftsprache als „protestantischer dialect". Luthers sprachliche Wirkung. In: Anna Grotans (Hrg.). De consolatione philologiae. Studies in honor of Evelyn S. Firchow. Göppingen 2000, 733–746. (=2000b.)

Wolf, Norbert Richard. Das Verbalpräfix *ge-* in mittelhochdeutschen Urkunden. In: Simmler/Wich-Reif 2007, 225–235.

Wolf, Norbert Richard (Hrg.). Wissensorganisierende und wissensvermittelnde Literatur im Mittelalter. Perspektiven ihrer Erforschung. Wiesbaden 1987. (=1987a.)

Wolf, Norbert Richard (Hrg.). Martin Luther und die deutsche Sprache – damals und heute. Heidelberg 2017.

Wolf, Siegmund A. Wörterbuch des Rotwelschen. Deutsche Gaunersprache. Mannheim 1956. 2. Aufl. 1985.

Wolf, Siegmund A. Studien zum Vokalismus des älteren Jiddisch. In: Phonetica 8, 1962, 31–54. (=1962a.)

Wolf, Siegmund A. Jiddisches Wörterbuch. Mannheim 1962. 2. durchges. Aufl. 1986. (=1962b.)

Wolff, Friedrich/Otto Wittstock. Latein und Griechisch im deutschen Wortschatz. Lehn- und Fremdwörter. 6. bearb. Aufl. Wiesbaden 1999.

Woronow, Anatolij. Die Pluralbildung der Substantive in der deutschen Sprache des 14.–16. Jahrhunderts. In: Beitr (H) 84, 1962, 173–198.

Woronow, Anatolij. Zur Geschichte der Pluralsuffixe der Substantive in der deutschen Sprache, dargestellt nach den Chroniken der deutschen Städte des 14.–16. Jahrhunderts. In: Beitr (H) 88, 1966, 395–413.

Worstbrock, Franz Josef. Zur Einbürgerung der Übersetzung antiker Autoren im deutschen Humanismus. In: ZdA 99, 1970, 45–81.

Wörterbuchnetz. Universität Trier: Trier Center for Digital Humanities. Online: http://www.woerterbuchnetz.de

Wurzel, Wolfgang Ullrich. Flexionsmorphologie und Natürlichkeit. Berlin 1984. 2. Aufl. 2001.

Wurzel, Wolfgang Ullrich. Hermann Paul und die natürliche Morphologie. In: ZfG 9, 1988, 537–544.

Wurzel, Wolfgang Ullrich. Inflectional Morphology and Naturalness. Dordrecht 1989.

Wurzel, Wolfgang Ullrich. Grammatisch initiierter Wandel. Bochum 1994.

Wurzel, Wolfgang Ullrich. Natürlicher grammatischer Wandel, ‚unsichtbare Hand' und Sprachökonomie – wollen wir wirklich so Grundverschiedenes? In: Thomas Birkmann (Hrg.). Vergleichende germanische Philologie und Skandinavistik. Tübingen 1997, 295–308.

Wurzel, Wolfgang Ullrich. Verläuft Sprachgeschichte gezielt? In: Herberg/Tellenbach 2000, 43–56.

Wußing, Hans. Einige Bemerkungen zur Entwicklung der frühen deutschen mathematischen Fachsprache. In: Große/Wellmann 1996, 289–296.

Wyss, Ulrich. Geschichte der Germanistik. Gesammelte Aufsätze. Hrg. von Christian Buhr u. a. Heidelberg 2015.

Zedelmaier, Helmut. Buch und Wissen in der Frühen Neuzeit (15.–18. Jahrhundert). In: Rautenberg 2013, 503–533.

Zeeden, Ernst Walter. Das Zeitalter der Glaubenskämpfe (1555–1648). 7. Aufl. München 1986. 9. Aufl. 1999.

Zelljadt, Margaret Skiles. A Descriptiv Grammar of the Lübecker Bible of 1494. Bern 1979.

Zeman, Sonja. Tempus und „Mündlichkeit" im Mittelhochdeutschen. Zur Interdependenz grammatischer Perspektivensetzung und „Historischer Mündlichkeit" im mittelhochdeutschen Tempussystem. Berlin/New York 2010.

Zeman, Sonja. Zur Diachronie der Modalverben: *sollen* zwischen *Temporalität, Modalität* und *Evidentialität*. In: Werner Abraham/Elisabeth Leiss (Hrg.). Funktionen von Modalität. Linguistik – Impulse und Tendenzen. Berlin/Boston 2013, 335–366. (=2013a.)

Zeman, Sonja. Historische Mündlichkeit. Empirische Erörterung einer theoretischen Problemlage. In: ZGL 41, 2013, 377–412. (=2013b.)

Ziegler, Arne. Orte des Frühneuhochdeutschen: Die Kanzlei. In: Meier/Ziegler 2001b, 69–85.

Ziegler, Arne. Die Syntax der Kanzleisprachen. In: Moshövel/Spáčilová 2009, 271–282.

Ziegler, Arne (Hrg.). Historische Textgrammatik und historische Syntax des Deutschen. Traditionen, Innovationen, Perspektiven. 2 Bde. Berlin/New York 2010.

Žifcák, František. Die Stadtkanzleien der wichtigsten Zipser Städte. In: Meier/Ziegler 2008a, 69–84.

Zinsmeister, Heike. Chancen und Grenzen von automatischer Annotation. In: ZGL 43, 2015, 84–111.

Zur Ausbildung der Norm der deutschen Literatursprache (1470–1730). 6 Bde. Berlin 1976–1983.

Abkürzungen

ABäG	Amsterdamer Beiträge zur älteren Germanistik
BBRS	Besch/Betten/Reichmann/Sonderegger (s. Lit!)
BEDS	Beiträge zur Erforschung der deutschen Sprache
Beitr	Beiträge zur Geschichte der dt. Sprache und Literatur (H = Halle, T = Tübingen)
BNF	Beiträge zur Namenforschung
BRS	Besch/Reichmann/Sonderegger (Hrg.). Sprachgeschichte (s. Lit!)
DFWB	Schulz/Basler/IdS. Deutsches Fremdwörterbuch (s. Lit.!)
DPhA	Deutsche Philologie im Aufriß, hrg. v. Stammler (s. Lit!)
DS	Deutsche Sprache. Zeitschrift für Theorie, Praxis, Dokumentation
DVJS	Deutsche Vierteljahrsschrift für Literaturwissenschaft und Geistesgeschichte
DU	Der Deutschunterricht. Beiträge zu seiner Praxis und wissenschaftlichen Grundlegung
DWDS	Digitales Wörterbuch der deutschen Sprache (https://www.dwds.de/)
FWB	Frühneuhochdeutsches Wörterbuch Hrg. v. Anderson u. a. (s. Lit!)
GL	Germanistische Linguistik
GRM	Germanisch-romanische Monatsschrift
HSK	Handbücher zur Sprach- und Kommunikationswissenschaft
JGL	Journal of Germanic Linguistics
JGS	Jahrbuch für Germanistische Sprachgeschichte
LGL	Lexikon der germanistischen Linguistik. Hrg. v. Althaus/Henne/Wiegand (s. Lit!)
LiLi	Zeitschrift für Literaturwissenschaft und Linguistik
MS	Muttersprache
NdJ	Jahrbuch des Vereins für niederdeutsche Sprachforschung
NdW	Niederdeutsches Wort
NphM	Neuphilologische Mitteilungen
OBST	Osnabrücker Beiträge zur Sprachtheorie
RhVjb	Rheinische Vierteljahrsblätter
SL	Studium Linguistik
Spw	Sprachwissenschaft
WA.	Weimarer Ausgabe = D. Martin Luthers Werke, Weimar 1888 ff.
WW	Wirkendes Wort
ZdA	Zeitschrift für dt. Altertum und dt. Literatur
ZDL	Zeitschrift für Dialektologie und Linguistik
ZdPh	Zeitschrift für dt. Philologie
ZdS	Zeitschrift für dt. Sprache
ZdWf	Zeitschrift für dt. Wortforschung
ZfG	Zeitschrift für Germanistik
ZGL	Zeitschrift für germanistische Linguistik. Dt. Sprache in Gegenwart und Geschichte

ZMaf   Zeitschrift für Mundartforschung
ZPSK   Zeitschrift für Phonetik, Sprachwissenschaft und Kommunikationsforschung

Register

å/ä, künstliches Phonem 4.3D 4.4L
-abel/-ibel 4.6B
Abend/Westen 4.4N
Abkürzungen 2.2B 4.6Lit
Ablaß 4.1FG 4.2L
Ablaut 3C1 3E3 4.3J
Ableitung 2.3B
Ableitungsbeschränkung 4.7M
Ableitungsmuster, -typen 3C5 4.6B
Abraham, W. 2.1D
absoluter Akkusativ 4.7H
Absolutismus 4.1H 4.9J
Absolutistische Zeit 4.7A 4.8M
Abstandsprache 4.9C
Abstracta s. Substantivierung!
Abstraktheit 4.6D
Abwertung s. Pejorisierung!
Ackermann aus Böhmen 4.2M 4.7B
Adel 4.1E–H 4.2FHL
Adelung, Johann Christoph 4.4A
Adjektivableitungen 4.6Lit
Adjektivflexion 4.3K 4.9M
Adjektivierung 4.6B
Admoni, W.G. 4.5B
Adressatenansprache 4.8N
adressatenspezifische Variation, Empfängerprinzip 4.4AGHN
Adresse/Anschrift 1.1F 2.4C 2.5G
Adverbien 4.8M
adversative Verknüpfungen 4.5C
Advokat 4.4O 4.6E
afinite Nebensätze 4.7H
Agitation(sschriften) 4.2K 4.8K
Agricola, Rudolf 4.7CF
ai/et 4.4B
Aich, Arnd von 4.4G
Akademiker(bewegung) 4.7B 4.9A
akademische Abstraktheit 4.6D
akademische Bildung 4.5E 4.6E
akademische Öffentlichkeit 4.7C
akademische Statussymbolik 4.7E

akademischer Grobianismus 4.8H
akademischer Stil 4.7H
akademischer Wortschatz 4.7G
Akademisierung d. Sprache 2.5K
Akkusativ, absoluter 4.7H
Akkusativ mit Infinitiv 4.7H
Aktionsart 4.5D
Aktionsprogramme 4.8K
Akzentwandel 2.1C
-al 4.7M
Albertus 4.4L
Albrecht, Erzbischof v.Mainz 4.4E
Alemannisch 4.4C
allein, Partikel 4.8M
allgemein 2.3J
Allgemeinverständlichkeit 4.5B 4.8D
Allographen 4.3C
Allophone 2.4C 4.3C
Alltagsgeschichte 1.2F
alltagskultureller Sprachenkontakt 4.7O
Alltagssprache 4.8M
Alltagswissen 1.1B
Alphabetisierung 1.2BG 4.2FJP 4.2Lit
als 4.5C
Alternationen, phonemische 2.3F 2.5F
Alternativbewegungen 1.2G
Alternative 1.1E
Altes/Neues in der Sprache 2.5L
Althaus, H.P. 4.7N 4.9LM
Althochdeutsch 3B–E 3Lit 4.9B
Altmark 4.9OP
Altniederfränkisch 3B1
Altsächsisch 3D1 3Lit 4.9BK
Ambivalenz 2.3N 4.5B
Ammon, U. 2.4D
amtliche Sprachregelung/Verdeutschung 1.1F 2.4C
Amtssprache, -Stil 2.5G 4.5CE
Anakoluth 4.5B
Analogie 2.2A
Analphabetismus 4.2P

analytische Verbformen 4.5D
analytischer Sprachbau 2.1C 3C6 4.5D 4.6B
Anaphora 4.6B
Anderssagen 4.6B
androzentrische Sprache 2.5J
Aneinanderreihung 4.5C
animistische Metaphorik 2.1B
Anrede(formen) 4.7L 4.8J
Anspielungen 2.2C
Antijudaismus 4.1E
Antiquaschrift 3D2 4.2E
antirömische Publizistik 4.2K
antisemitischer Sprachspott 4.5F
Anwalt 4.6E 4.9N
Anwendungsziele 1.2D 2.1D
Apokoinu 4.5B
Apokope des *-e* 3C2 4.3H 4.9M
Appellfunktion 2.4A
Appositionen 2.2BI
-är 4.7M
Arabisch 4.7Lit
Arbeit 4.8F
Arbeitsteilung 4.6C 4.9AB
Archaisierung 2.3N 4.4L 4.8EG
Archaismen 2.4D
Architektur, Lehnwörter der 4.7J
areale Varianten/Varietäten 2.4D
Argumentation(stypen) 4.2M 4.8HJK
Argumentationswörter 4.6E 4.7G
argumentative Satzstrukturen 4.5C
Arkansprache s. Geheim-!
Ars dictandi 4.7H
artes liberales 4.2H
artes mechanicae 4.6C
artig 2.3K
Artikelentstehung, -gebrauch, -wörter 2.1D 4.3K 4.7E
Artikel(kataloge) 4.2M 4.8K
Åsdahl-Holmberg, M. 4.6C
Aspekt 4.5D
Assimilation s. Integration!
asymmetrischer Bilinguismus 4.9S
-ation 4.7M
asyndetische Relativsätze 4.5C
Attribute zu Nominalgruppen 2.2BI 4.5A 4.7HM
Attributsätze s. Relativsätze!

-a(t)z/-ation 4.7M 4.8N
Auffälligkeit des Neuen 2.5L
Aufklärung(szeit) 1.1B 4.8N 4.9L
Aufklärungsphilosophen 4.7G
Aufruhr 4.8H
Aufstände 4.1G4.8K
Aufsteigergruppen 3D4 4.9AC
Aufwertung 2.3N 2.5B
Augsburg 4.2J 4.4ABO 4.4Lit
Augsburger Confession 4.1H
Augsburger Interim/Religionsfrieden 4.1H 4.2N 4.4F 4.9J
Augustiner 4.2C
Ausbau einer Sprache, Ausbausprache 2.3A 3B7 4.9C
Ausbreitung 2.1B4.3C
Ausdrucksfunktion 2.4A
Ausgewogenheit 2.5AH
Ausgleich, überregionaler 1.2H **4.4** 4.9C
Ausklammerung 2.2BII **4.5BEF** 4.8F 4.9M
Auslautverhärtung 4.3F 4.4L
Ausnahmslosigkeit der Lautgesetze 2.1A
Ausrufe 4.8J
Ausschreiben 4.2K
äußere/außersprachliche (In)konstanten 3BD
außersprachlich bedingte Variation 2.4CD
außersprachliche Zusammenhänge 1.2B 2.1D
Aussonderungsprinzipien 4.4J
Aussprachenorm s. Lautnorm!
Aussprachevarianten 2.4B
Ausweichreaktionen 2.5J
Auswendiglernen, -sprechen 1.2B 4.2FBP 4.4M
Autorenrolle, -rechte 4.4K 4.7C 4.8EH
Autozentrierung 4.2E 4.9J
Aventin (Johannes Turmair) 4.4A 4.7E 4.8E 4.9B

Babylonische Sprachverwirrung 1.1B
Bach, A. 1.2D 2.1B
Bairisch-Österreichisch **4.4B** 4.9O
Baltikum 4.4EH
Bann 4.8H
-bar 4.6B
Barbaren 4.9A

barbarolexis 4.7D
Base 2.3H
Basel 4.4CK 4.4Lit 4.6D 4.7B
Bastarda-Schrift 3D2 4.2E
Bauer 4.4O
Bauern 4.1H
Bauernkanzleien 4.8K
‚Bauernkrieg' 1.2G 4.1GH 4.1Lit **4.2L**
  4.8K–N 4.8Lit
Bautzen 4.9PQ
be- 4.6B
Becker/Becke 4.4O
Beckers, H. 4.4G
Bedeutungserweiterung 2.3H
Bedeutungskonstituierung 1.1H
Bedeutungstheorien, -ideologien 1.1G
  2.3G 2.5J
Bedeutungsübertragung 2.3M
Bedeutungsverbesserung 2.3N
Bedeutungsverengung 2.3J
Bedeutungsverschlechterung s.
  Pejorisierung!
Bedeutungswandel 1.1E **2.3FO**
Bedingungsetzen 4.8K
Beginen 4.2G 4.6B
Begleitwörter 3C4C6
Begriffe-Besetzen 1.1G 2.3P 4.8H
Begriffsgeschichte 2.3P 2.3Lit
Begriff(sinhalt), -umfang 1.1G 2.3H
Begründung 4.5C 4.8K
behagen/gefallen 4.4N
behaucht/unbehaucht 4.3F
behavioristische Bedeutungstheorie 2.3G
Beinamen 4.6C
Belial (Dialog) 4.8J
Bellmann, G. 4.7O 4.9P
Bellmann, J.D. 4.9G
Benennungsverbesserung 2.3N
Bentheim, Grafschaft 4.9D
Bentzinger, R. 4.4E 4.8JK
Beratungstexte 4.8K
Bergbau(wörter) 4.6D 4.9D
Bergen (Norwegen) 4.9D
Bergmann, R. 4.4L 4.8G
Bergmannswortschatz 4.6C 4.6Lit
Bering, D. 2.3Q
Berlin 4.4HL 4.4Lit 4.9D 4.9Lit
Berthold v.Henneberg 4.9B

Beruf 4.8F
Berufsbezeichnungen 4.6C
Berufsnamen 4.6C
Besch, W. 3D3, 4.4AFGJO 4.9C
Beschwerde(schriften) 4.2M 4.8K 4.9J
Besetzen von Begriffen 1.1G 4.8H
Besitzbürgertum 4.2P 4.9C
Betonung v. Lehnwörtern 3E4
betreuen 1.1H
Bettelorden 4.2H 4.6B 4.8C 4.9B
Betten, A. 4.5
betucht 4.7N
Bewertungen 4.8M
Bibel 4.1G
Bibellektüre 4.2P 4.8G 4.8Lit
Bibelübersetzungen 4.8E 4.9BG 4.9Lit
Bibliotheken 4.2G
Bielfeldt, H. H. 4.7O
Bilder als Leseersatz, Bildertexte 4.2JKO
bildungsbürgerliche(r) Sprachkultur,
  -norm, -stil 1.1D 2.2C **4.5B 4.7E**
  4.8G 4.9M
Bildungsbürgertum 3D3 4.1H 4.2P 4.9C
Bildungsgeschichte 1.2E **4.2** 4.4L
Bildungsjargon 2.3N
Bildungsprestige, -dünkel 4.6E 4.7F 4.9H
Bildungsschranken 4.7C
Bildungssprache 2.3F 2.5F 4.5DE 4.8M
  4.9BM
bildungssprachliche Ableitungen/
  Entlehnungen 4.7M
Bildungssymptome 1.1J 2.3E 3E4 4.3E
Bilinguismus/Zweisprachigkeit 1.2H 2.3F
  4.2R 4.3C 4.6B **4.7 4.9**
Bindestrich 4.6B
binnendeutsche Konsonanten-
  schwächung 3C3
biologische Metaphern 2.1AC 2.3M
Birnbaum, S. 4.9LM
Bischoff, K. 4.9D
Bittschriften 4.2M
Blockbücher 4.2J
Bödiker, Johann 4.4B
Bodmer, Johann 3D3 4.8G
Böhmen 4.4ABD 4.4Lit 4.9O **4.9S**
Böke, K. 2.3Q
Bolten, J. 4.4F
Botanikwortschatz 4.6Lit

Boulevardisierung 2.5H
Brandenburg, Mark 4.9DJO
Brandenburgisch 4.4HM 4.9O
Brandt, G. 4.8K
Brant, Sebastian 4.2EK
brauchen (nicht), als Modalverb 2.1D
Braune, Wilhelm 4.3B 4.4M
Braunschweig 4.9DJ
Bremen 4.9DJ
Briefe, offene 4.2M
Briefmarke/Postwertzeichen 2.4C
Briefsteller 4.4L 4.8N
Briefzeitungen 4.2O
Brille 4.2D
brisant, Brisanz 2.3M
Brüder vom gemeinsamen Leben 4.2CL
Buchdruck(er) **4.2J** 4.2M 4.2Lit 4.4G 4.4K 4.9H Wortschatz 4.7G Sprache 4.4Lit
Bücherleser 4.4K
Bücherverbrennung 4.9S
Bücherzensur 4.2N 4.9B
Buchführer 4.2JKO
Buchführung 4.2E
Buchhandel, -händler 4.2CHM 4.2Lit 4.6D 4.9C
Buchillustrationen 4.2J
Buchschriften 3D2 4.2E
Buchstabierbüchlein 4.2G 4.4L
Buchstabieren 2.5D 4.2P 4.4M
Buchtitel 2.2C
Bugenhagen, Johannes 2.5C 4.9G
Bühler, K. 2.4A
Bündnisse 4.8K
Burdach, K. 4.4A
bürgerlich s. frühbürgerlich!
bürgerliches Sprachbewusstsein 3D3
Bürgertum 4.1G
Burkhardt, A. 2.3N–P
Busse, D. 2.3Q
Buße/Strafe 4.4O
c/k 4.7F
Calvinisten 4.8G 4.9EJ
Campe, Joachim Heinrich 2.5G
Canisius, Petrus 4.2Q
Castiglione, Baldassare 4.2K
Celtis, Conrad 4.2L
-chen/-lein 4.4O

Cherubim, D. 1.2E 2.1E
Chomsky, N. 2.1D
Chroniken 4.2E
Chur 4.4Lit
Chuzpe 4.7N
Chytraeus, Nathan 4.6F
Claius, Johannes 4.4L 4.8G
Closener, Fritsche 4.6F
Cochläus, Johannes 4.8G
Code-Switching 2.3F 4.9C
Cola di Rienzo 4.2K 4.7B
Comenius s. Komenský!
communis lingua 4.4F
Coseriu, E. 2.1E
Cottbus 4.9PQ
Cousin, Cousine 2.3HN
Cranach, Lucas d.Ä. 4.4L
Crotus Rubeanus 4.2K

da 4.5C
Dame 2.3HNO 2.5B
damit 2.2BII 4.5C
Dänemark 4.1F 4.9FJ
Dänisch 4.9K
Danzig 4.9D
Darstellungsfunktion 2.4A
darumb das 4.5C
das/dass 2.2BII 4.3G 4.4L 4.5C
Dasypodius, Petrus 4.6DF
Data reuse 1.3C
Datenkritik 1.3
David v.Augsburg 4.8B
DDR-Sprache 2.2C
De Grauwe, L. 4.0
Dehnung 3E2 4.3C
Dekategorialisierung 2.1D
denn/dann 4.5C
Derivation s. Ableitung!
Desemantisierung 2.1D
Dessau 4.9D
deutsch 1.2H 3B1 4.0
Deutsch als Fremdsprache 4.9B 4.9Lit
Deutsch als Mischsprache 4.7A
Deutsch als Unterrichtssprache 4.2GR 4.6D
Deutsch/Latein 4.2EJLR **4.7C–E 4.9B** s. auch Latein/Deutsch!
Deutschböhmisch 4.9O

deutsche Lehnwörter in anderen Sprachen 2.3F
deutsche Schrift 3D2 4.2E
deutsche Schulen 4.2GP 4.9H
Deutscher Orden, Deutschordensland 4.1B 4.4ADE 4.9D
Deutsches Fremdwörterbuch 4.7AM
Deutschunterricht 4.2P
devotio moderna 4.2C
Diachronie 1.1B 2.1E
Dialektbewusstsein 4.9A
Dialektdiskriminierung/-verdrängung 2.5D **4.4** 4.9CHJ
Dialekte/Mundarten 1.2G 2.4D 3B1 3B5 3C3 4.3BCF **4.4**
Dialektologie/Mundartforschung 2.1B 4.4A
Dialektwörter in polemischen Texten 4.8J
Dialog-Flugschriften 4.2M 4.8J 4.8Lit
Diasystem 2.4D
Dichtkunst-Wortschatz 4.7G
Dietenberger, Johann 4.8G
Differenzierung, semantische 2.3M 4.6C
Digital Humanities/Digitale Geisteswissenschaften 1.3
digital literacy 1.3A
digital turn 1.3A
digitale Portale 1.3B
Diglossie 3D3 4.4CFGM **4.4CH**
Diminutiv(suffixe) 4.4FO
Diphthongierung 3E2 **4.3C** 4.4CJK 4.9E
Diskontinuität 3A
Diskriminierung s. Dialektdiskriminierung!
Diskursgeschichte, -semantik 1.2E 2.3OQ 2.3Lit
Diskutieren/Disputieren 4.7G 4.8J
Distanz s. Nähe/Distanz!
Distanzierungsbewegungen 4.4C
Distanzstellung 4.5E
distributionelle Varianten 2.4C
Dolmetscher 4.9N
Domänen 2.3F 4.9ACF
Dominikaner 4.2C 4.6B 4.8BC
Doppelkonsonanten 3C3 **4.3G** 4.4L 4.8E
Doppelschreibung von Vokalen 4.3C
Doppelsuffigierung 4.7M
dörpaere 3D4

Dortmund 4.9H
Drawehnopolabisch 4.9P 4.9Lit
Dresden 4.4Lit
Drucker(ei) s. Buchdruck!
Druckorte/-landschaften 4.4K
Dückert, J. 4.4O
dufte 4.7N
Duisburg 4.4Lit
Dunkelmännerbriefe 4.2K
Durchsichtigkeit s. Motiviertheit!
Dürer, Albrecht 4.2R 4.6BC 4.6Lit 4.8G
Dutch 3B1
-e, lutherisches 4.3H

Eberlin v.Günzburg 4.2M 4.8N
Ebert, Robert P. 4.5
echt 4.4O
Eck, Johann 4.2L 4.8G 4.9B
Eckhart, Meister 4.2H 4.6B 4.7C 4.8C
-(e)de 4.6B
Editionen 1.3D
Effizienz 2.2A BII
Eger 4.4B
eigenkünste 4.6C
eigentliche Bedeutung 1.1E
Eignungs-Adjektive 2.3D 4.6B
Eike von Repgow 4.9N
Einblattdrucke 4.2JK
Eindeutschung(en) 4.7EM s. auch Integration!
Einheitskasus 4.4H
Einheitsplural 4.4H
Einheitssprache 1.2H
Einsparung 2.2B
Eisleben 4.9D
Elbostfälisch 4.4HM 4.4Lit 4.9D
elitäre Sprachideologie 1.1D
-ell 4.7M
elliptischer Stil 2.2C
eloquentia 4.2P
Elsaß 4.4C
Elspaß St. 1.2G
emanzipieren, Emanzipation 2.3K
Emden 4.9DG
Emotionalisierung 2.3CM
Empfängerprinzip s. adressaten-!
empfindsam/sentimental 2.5G
Emphase 4.8M

empraktische Sprachfunktion 2.2A
Emser, Hieronymus 4.8DG 4.9B
Emsland 4.9Lit
Endbetonung von Lehnwörtern 4.7F
Endsilben-Abschwächung 2.1C
Endstellung des Verbs 4.5D 4.7H
Endungsflexion, -schwund 3C4 4.3H 4.4F
Enea Silvio Piccolomini 4.7B
energetische Sprachtheorie 1.1AH
eng/offen 4.4L
Engelhus-Glossar 4.6F
englisch 2.5B
englischer Spracheinfluss 4.6C
ent- 4.6B
Entdeckungen 4.1F 4.7AL
Entfaltungstheorie 2.1C 4.3C
Entgegensetzen 4.8K
Entlatinisierung 3B4
Entlehnung(en) 2.3EF 4.7
Entlehnungsmotive 2.3E
Entlehnungsprinzipien 4.7J
Entmetaphorisierung 2.3M
Entrenchment 2.1D
Entrundung 4.3D 4.4E 4.9M
Entwicklungstendenzen 2.1C 3A–C
Epistolae obscurorum virorum 4.2K
Epochen 1.2D 2.3D 2.5K 4.0 4.1AD
er- 4.6B
-er (Berufsbezeichnungen) 4.4O
Erasmus v.Rotterdam 4.2LP 4.4M 4.7CF 4.8B 4.8GJN 4.9B
Erbauungsliteratur 4.2C 4.6B 4.8B 4.9BG
Erben, J. 4.0 4.6AB 4.8BFG
-erei 4.8L
Erfurt 4.2HK 4.4E 4.4Lit
Ergänzungen 4.6B
Erkenntnisinteressen 1.2 2.1D
Ernte/Schnitt 4.4N
Ersparung 2.2C
Erwartungsnormen 2.2A
erweitertes Adjektivattribut 2.2BI 4.5E 4.7H 4.9M
Erweiterung des Satzrahmens 4.5E
Erzgebirge 4.9D
Erziehungswörter 2.3K
Ethik-Lehnwörter 4.7J
Etymologie 2.4Lit

etymologisierende Schreibung 4.4L
Euphemismus 2.3CJ **2.3N** 4.4O
Eurolatein 2.3F
europäische Sprachgeschichte 1.2Lit 2.3F 4.7Lit
evangelisch 4.8L
evolutionärer Sprachwandel 2.1E 2.5 4.4M 4.9A
Ewiger Landfrieden 4.1D
Exemplifizieren 4.8J
Existenzform einer Sprache 2.4D
Experimentierfreudigkeit 4.7M
expliziter Ausdruck 2.2A
expressive Sprachfunktion 2.4A
Extension der Bedeutung 2.3H
Eyb, Albrecht von 4.7C

Fabritius, Hans 4.4L
Fachlexikographie 4.6D
Fachprosa 4.2HR 4.2Lit 4.9B
Fachsprachen, -termini, -Wortschatz 2.4D 3C5 **4.6C–E** 4.6Lit 4.7G 4.9B
Fahnenwörter 4.8L
fahren 2.3JKO
fällen 2.3K
falsche Sprache 1.1G
Familiennamen 4.2E 4.6C 4.6Lit 4.7O
Farbwörter 2.3DF
fast 3C1
Fastnachtsspiele 4.2M
Feder 2.2BI 2.3L
Fehler 2.3A
Feindwörter 4.8L
feministische Sprachkritik 2.5J
Fernentlehnungen slawischer Wörter 4.7O
Fernhandel 4.1F 4.2CE 4.4ABHO 4.7AK 4.9A
Fernsprecher/Telefon 2.4C 2.5G
Fest 2.3J
Feudalismus 3D3 4.1EG 4.2E 4.9A
Feyerabend, Drucker 4.4K
Fibeln 4.4L
finale Sprachhandlungen/Verknüpfungen/Nebensätze 2.2BII 4.5C 4.8K
finale Sprachkommunikation 2.3A
Finanzpolitik 4.1CF

finites Hilfsverb, Fehlen im Nebensatz 4.7H
Fiskalismus 4.1CF
-fixieren 4.7M
flämeln 3D4 4.9J
flämische Stadtkultur 3B1
Fleischer/Metzger usw. 4.4O
Fleischer, W. 4.4A
flektierender Sprachbau 3C6
Flensburg 4.9DJ
Flexibilität, stilistische 4.5B 4.8N
Flexion 3C2 3C4 3E3 **4.3H–K**
Flexionsschwund, -reduzierung 2.1C 2.2BI 4.3J
Flexivische Integration 2.3F
flexivische Variation 2.4B
flötengehen 4.7N
Flugschriften 4.2J **4.2KLM** 4.2N 4.2Lit 4.4KN 4.7M **4.8H–L** 4.8MN 4.8Lit
Flury, R. 4.6B
Folgerung 4.5C
Forderungen 4.8K
Formenlehre/system s. Flexion! 2.4Lit
Formulare, -larien 4.2J 4.7H
Fortschritt 1.1C 2.5A
Fracht 4.4O
Frakturschrift 3D2 4.2EJ 4.3E
Frangk, Fabian 4.4LM 4.8G
Frankfurt/Main 4.1 BF 4.2O 4.4KO 4.4Lit 4.6E 4.9B
Frankfurt/Oder 4.4E
Franziskaner 4.2C 4.8BC
französeln 3D4 4.9J
Französisch 3B4D4 4.7A 4.7Lit
französisch/dt. Sprachgrenze 3B2
Französische Revolution 1.2C 2.3K 3B3 3D4
französischer Spracheinfluss 3E4 4.7J
Frau 2.3HM–O 2.5B 4.0
Frauen 4.2CFMP 4.5E 4.6B 4.9HL
frau/man 2.3B 2.5J
Fräulein 2.3O
freie Varianten 2.4C
freiere Übersetzung 4.7C 4.8E
Fremdeinflüsse s. Lehneinfluss!
Fremdflexion 2.5F 4.7E
Fremdgrapheme 4.7F
Fremdpräfixe 4.7M

Fremdsprache s. Deutsch als …!
Fremdsuffixe 2.5F 4.7M
Fremdwörter 1.1F **2.3F** 2.5FG 3D2E4
Fremdwörterbuch, Deutsches 4.7A
Fremdwort-Erklärung 4.6E
Fremdwortverdeutschungen 2.3C 2.4C
Friedrich d.Gr. 4.9B
Friedrich d.Weise v.Sachsen 4.1G 4.4EF
Fries, Laurentius 4.6F
Friesisch 4.6C 4.9K 4.9Lit
Frings, Theodor 2.1B 4.4AE
Frömmigkeit 4.1G
Frömmigkeitsbewegungen 4.2C 4.6B 4.9B
frühbürgerlich 4.0 4.1E 4.7A
frühbürgerliche Revolution 4.1G 4.8K
Frühdrucke 4.2J
Frühhumanismus 4.2K 4.7B
Frühkapitalismus 4.1G 4.2C 4.6E 4.9A
Frühneuhochdeutsch 3A 3C4 4.0 4.0Lit
frühwissenschaftlicher Wortschatz 4.6D
Fuchsperger, Ortolph 4.4L
Fugger 4.1F 4.4B
Fuggerzeitungen 4.2O
funktionale Varianten/Varietäten (Funktionalstil) 2.4D
Funktionalität 4.4J
Funktionen von Sprache 2.4A
Funktionsklassen/-wörter 4.5A 4.7D
Funktionsverben, F.-gefüge 2.1C 4.5Lit
Fürsprech(er) 4.9N
Fürsten 4.1B 4.2F
Futur 4.5D

Gabrielsson, A. 4.9EH
Gadamer, H. G. 1.2C
Galanterie 2.5B
Gauner 4.7N
Gaunersprache 4.7N
ge- 4.3J 4.5D 4.6B
Gebetsbücher 4.9G
Gebrauchstheorie der Bedeutung 2.3GO
Gedächtnisleistung 2.2AB
gefallen/behagen 4.4NO
Gegenbibeln 4.9B
Gegenreformation 4.1H 4.2N4.2Q 4.4G 4.7B 4.9HRS
geheime Künste 4.6C
Geheimsprache 4.6C 4.9L

Geiß/Ziege 4.4O
Geistliche 4.2EM
geistliches Argumentieren 4.8J
Geldwirtschaft 4.1F 4.2E 4.7AK
Gelegenheitsbildungen 2.3O
Gelegenheitsentlehnungen 2.3F
gelehrte Sprachnorm 2.1D
gelehrte Wortspielerei 4.7M
Gelehrtenstreit 4.2KL
gelehrter Stil 4.5E 4.8K
Gelhaus, H. 4.8EG 4.9B
Geltungsareal, -grad, -höhe 4.4FJO
gemein 2.3JN
gemein deutsch 3B1 4.4BFLO
gemein man 4.1FG 4.8JK
Gemeiner Pfennig 4.1D
gemeinsam 2.3J
gemeinsames Wissen 2.2C
Gemeintes 1.1H
Gemeinwortschatz/-sprache 2.3F 4.6C
Geminaten 3C3
Genauersagen 1.1J s. auch explizite Sprache!
Gender(linguistik) 1.3C 2.5J
gendergerechter Sprachgebrauch 2.5J
genealogische Metaphern 2.1A
General Semantics 1.1H
Generations-Varianten 2.4D
generative Sprachwandeltheorien 2.1D
generative Transformationsgrammatik 2.1D
generative Wortbildungslehre 2.3B
generische Personenbezeichnungen 2.5J
Genitiv-Endungen 4.3H
Genitiv-Ersatz 4.9M
Genitiv-Schwund 2.2BI
Gennep, Jaspar von 4.4G
Genus-Kongruenz 2.5J
Genus verbi 4.5D
Geometrie 4.2R 4.6D
Geopolitik 2.1B
Georg v.Sachsen 4.8G
geredete Graphie 4.3D
German 3B1
Germanisch 3Lit
Germanisierung 4.9O
Germanismen in anderen Sprachen 2.3F
Germanistik 1.2AD 1.2Lit

Gerücht 4.4O
Gesamtsprache 1.1D 2.4D
Gesangbücher 4.9J
Geschäftssprache 4.2E
Geschäftsstil 4.5E
Geschichtsbegriff 1.2C 1.2Lit
Geschichtsschreibung 1.2B 4.2E
geschlechterneutraler Sprachgebrauch 2.5J
geschriebene Sprache s. Schreibsprache!
geschriebene Zeitungen 4.2O
Geselle/Knappe/Knecht 4.4O
Geselligkeit 4.7J
gesellschaftlich 1.2E
Gesellschaftsgeschichte 1.2FH 2.1A
Gesetzbücher, Gesetzestexte 2.5JK 4.2C 4.6E
Gesichtskreis/Horizont 2.5G
gesprächbüchlein 4.2M 4.8J
Gesprächsverhalten 4.2K
gesprochene Sprache s. Sprechsprache!
Gessinger, J. 4.9CQ
Getreidehändler 4.7N
Getrenntschreibung 4.6AB
Gilden 4.1E
Glauch, S. 1.3B
Gleichberechtigung der Sprachen 2.5C 4.9B
Gleichgewicht 2.2A
Gliederungsmittel s. Textgliederung!
Glossartradition 4.6F
Glück, H. 4.9AB
Goethes Reime 4.3F
Goldene Bulle 4.1B 4.9S
Goslar 4.4Lit 4.9D
gotische Schriftarten 3D2 4.2EJ
Gottesdienst 4.9G
Gräzisierung v. Personennamen 4.7E
Grammatikalisierung **2.1D** 4.3GK 4.4M 4.5D
Grammatiken 4.2G 4.4L
Grammatiker 4.3CDGH 4.4L 4.4Lit 4.8G
Grammatiktermini 4.4L
grammatischer Lehneinfluss 4.7Lit
Graphem 4.3C
Graphem-Ersatz 2.3F
Graphemik 3D2
Graphemische Variation 2.4

graphemisches Phonem 4.3D
Graphien 4.3C
gravamina 4.2M 4.8K
Grenzentlehnungen aus slaw. Sprachen 4.7O
Grice, H.P. 2.2A
Griechisch 4.2P 4.7A 4.7Lit
Griechischer Spracheinfluss 4.7F
Grimm, Jacob 1.2ABD
Grobianismus 2.4D 4.6C 4.8H
Groningen 4.9K
Groote, Geert 4.2C
Große, R. 4.5B 4.8F
Großschreibung/Majuskel 4.4L 4.4Lit 4.8E
Grumbach, Argula v. 4.2M
Grund 4.8HJ
Grünsleder, Ulrich 4.2K
Gruppen, soziale 3D3
Gruppendistanzierung 4.6C
gruppenspezifische Varianten 2.4D
Gruppensprache s. Soziolekt!
Gruppen-Vorurteile 4.9A
Gruppenwörter 4.8L
Grüßbeutel, Jacob 4.4L
Guchman, M. 4.8K
-*gut* 2.2BI 4.6B
Gutenberg, Johann 4.2J
gutes Deutsch 2.4D
Gutsherrschaft 4.1H
Gymnasium 4.7F 4.9B

Habermann, M. 4.6B
Habermas, J. 1.2C
Habsburger 4.1B 4.4AB 4.9S
Halbalphabetismus 4.2J
Halberstädter Bibel 4.8B
halbmündlich/-schriftlich s. semioral!
Halle 4.9D
Hamburg 4.4Lit 4.9DGH 4.9Lit
Hamm, J. 1.3B
Handel(sverkehr) 4.1F 4.7KLO
Handlungsmaximen 2.5B
Handlungsmuster 4.8K
Handlungszusammenhänge 2.3G
Handwerk(er) 4.2MP 4.6CD 4.6Lit 4.8K 4.9F
Hanse 4.1F 4.4HO 4.9D

Harz 4.9D
Häufigkeit 2.2A
Hauptartikel 4.2M
Hauptsatz/Nebensatz 3C6 4.5BE
Hauptsprache 4.9B
Haushaltungsbüchlein 4.2N
Hauskultur 4.7K
Hebräisch 4.7N 4.9L
hebräische Schrift 4.9L
Heidelberg 4.7B
heilige Sprachen 4.9B
Heiliges Römisches Reich 3B1
Heilpflanzen 4.6Lit
Heinrich Seuse 4.2C
-*heit/-keit* 4.6BF 4.7M
Henne, H. 1.2E 2.1A 4.7B
Herder 3D4
Herkunftsbereiche von Wörtern 2.3M
Herkunftssprachen 4.7A
Hessisch 4.4G
Heterogenität der Sprache 1.1G
Heteronyme 4.4NO 4.6C s. auch Regionalismen!
Heterozentrierung 4.2E 4.9J
Hilfsverben 2.1C 3C6 4.5D
Hilfsverben, Weglassung im Nebensatz 4.7H
Himmelsbriefe 4.2M
Hintergründiger Ausdrucksstil 2.2C
Hintergrundwissen 2.2C
historische Linguistik 1.2A
historistische Sprachideologie 1.1E
historisch-stilistische Varianten/ Varietäten 2.4D
hochdeutsch 4.4BL 4.9C
Hochdt./Niederdt. 4.4A 4.9C–J
hochkulturelle Perspektive 1.2H
Hochlautung s. Lautnorm!
Hochpreußisch 4.3C 4.9O
Hochsprache 1.1J 1.2H 2.4D
Hochzeit 2.3JN
höfische Geselligkeit 4.2K
höfische Lehnwörter 4.7JL
höfische Prestigesprache 4.7A
höfisches Mittelhochdt. 3B1 3D1 3D3 3D4 4.9BFJ
Hofkultur 4.7JK
hofkünste 4.6D

Höfler, O. 2.1C
Hofsprache 3D3 4.4A
Hohenzollern 4.1B 4.4A
Holländisch 3B1
Holzschnitt 4.2J
homo litteratus 4.2F 4.7B
homogenes Sprachsystem 4.3A
Homonyme 2.5 3E1 4.3C 4.4L
Horizont/Gesichtskreis 2.5G
Hörtext 3D1
Hueber, Christoph 4.4L
Hügel/Bühel 4.4N
Hugo v.Trimberg 4.7C
Humanismus 1.2CD 2.5F 4.2Lit 4.6D 4.7ABCM 4.7Lit 4.8H s. auch Frühhumanismus!
Humanisten 3E4 4.2GKL 4.7EF
Humanistendeutsch 4.3E 4.5B 4.7H
humanistische Personennamen 4.7E
humanistisches Gymnasium 4.7F 4.9B
Humboldt, Wilhelm v. 1.1A
Hus, Jan/Johann 4.1D 4.9S
Hussiten(kriege) 4.1D 4.9BS
Husum 4.9J
Hutten, Ulrich v. 4.1G 4.2KL 4.8J
hybride Formen 1.1F 2.3F 2.5F 4.7M
Hymes, Dell 1.1A
hyperkorrekte Formen/Aussprache/ Schreibungen 2.5J 4.3FG 4.4E 4.9E
hyperkorrekter Satzrahmen 4.5E
Hypotaxe **4.5AB** 4.7H 4.8FJK 4.9M

Ickelsamer, Valentin 4.4L
ideologische Semantik 2.3L 4.8L
idiolektale Varianten/Varietäten 2.4D
Idiomatisierung von Metaphern 2.3M
-ieren 4.6B 4.7M 4.8L
-ierer 4.7M
-ierung 4.8N
-ig 4.7M
-igen 4.6B
Ihrzen 4.7L
Ijsselländisch 4.4H
Illustrationen s. Buchillustration!
Illustrierte Flugschriften 4.2K
Implikaturen, konversationelle 2.2A
-in, Movierungssuffix 2.5J
inchoative Aktionsart 4.5D

Index librorum prohibitorum 4.2N
indigen/entlehnt 2.3F 4.6BD 4.7M
individuelle Sprachgewohnheiten 2.4D
individuelle Wortbildungen 2.3C
Indogermanisch 2.1A
Industriegesellschaft, Sprache der 2.3D
Infinitiv, substantivierter 4.6B
Infinitivgruppen 4.5B
Information/Meinung 2.5H
Informationsbezogene Ökonomie 2.2BII
Infotainment 2.5H
Ingolstadt 4.2Q
ingressive Aktionsart 4.5D
Ingwäonisch 4.9K
Initialabkürzungen 2.2BII 2.2C
Inkonstanten der dt. Sprachgeschichte 3A–E
Inkunabeln 4.2J
innere Mehrsprachigkeit 1.2E 2.4BD 4.6C
Innovation 2.1E **2.3** 2.5K
Institutionalisierung 4.9H
Institutionen 4.9F
Institutionenbezeichnungen 4.7M
instrumentative Verben 2.3D
Inszenierung (Politiksprache) 2.3M
Integration von Entlehnungen **2.3F** 3E4 4.7E 4.7Lit
Intellektuelle 3D4 4.2M 4.9ADJ
Intellektuellen-Stil 2.2C
Intension 2.3HO
intentionales Handeln 2.5A
Intentionen 2.3A
Interferenz 2.3F 4.7D 4.7Lit 4.9L
Internationalisierung 2.3E 3E4
Internationalismen 2.3F 4.7M
Interpunktion 4.2B 4.4L 4.5B 4.5Lit
Interviews 2.5H
Intoleranz, sprachkritische 2.5A
invisible-hand-Prozess 2.5AB
ironischer Sprachgebrauch 2.2C 4.6C
-isch 4.7M 4.8L
-isieren 4.7M
Ising, G. 4.8F
-ismus 4.8L
-ist 4.7M 4.48L
Italienisch 4.7AK 4.7Lit

j/i 4.3E 4.4L

Jagdmetaphorik 2.3M
Jagdwortschatz 4.6C 4.6Lit
Jägerlatein 4.6C
Jargon 1.1D 2.3N 4.6C 4.9L
Jellinek, M.H. 4.4L
Jenisch 4.7N
Jesuiten 4.2Q
Jiddisch s. Jüdischdeutsch!
jiddische Lehnwörter 4.7N 4.7Lit
Johann v.Neumarkt 4.7B
Johannes v.Tepl 4.2M 4.7B
Jonas, Justus 4.8G
Jordan, Peter 4.4L
Juden 4.1E 4.6C 4.9LM
Judenemanzipation 2.3K 4.9L
Jüdischdeutsch/Jiddisch 1.2G 3B1 4.5F 4.7N 4.7Lit **4.9LM** 4.9Lit
Jugendsprache/-jargon 1.1D 2.4D
Junggrammatiker 2.1A
Jurisprudenz 4.2H
Juristen 4.1D 4.6E 4.7B

Kaiserhof, kaiserliche Institutionen 4.4AO
Kanzleideutsch/-stil 4.5BE 4.7H 4.8K
Kanzleien 4.4K
Kanzleipersonal 4.2E 4.4A 4.9DF
Kanzleisprache 4.4A 4.5C 4.6B
Kanzlisten 4.4L
Kapuziner 4.2Q
Karikatur/Zerrbild 2.5G
Karl d.Gr. 4.9B
Karl IV. 4.7B 4.9S
Karl V. 4.1BGH 4.4B 4.7L
Karlstadt 4.2L 4.8Lit
Kärnten 4.9PR
karolingische Minuskel 3D2 4.2E
Karsthans 4.2M 4.8J
Kaschubisch 4.9O
Kassiber 4.7N
Kasusflexion 3C4
Kasusrektion 4.5Lit
Kasus-Zusammenfall 4.9M
Katechismus 4.2Q 4.4M 4.9G
Kategorienfestigung 3C1
katholische Kirche 4.1CD 4.2NQ
katholische Territorien 4.2P
Kaufleute 4.1F 4.2EM 4.7K 4.9F

Kaufmannssprache 4.6C 4.6Lit
kausale Handlungen/Verknüpfungen 4.5C 4.8K
keiser und reich 4.1B
Keller, R. 2.1D 2.5AB
Kettenreaktionen 2.1C 3C1
Kettmann, G. 4.8K
Ketzer(ei) 4.1DG 4.8EH 4.9BLS
Kirche, römische 4.1CD
Kirchenlied 4.4M 4.8Lit
Kirchenordnungen 4.2P 4.9GJ
Kirkness, Alan 4.7AJ
Klammersatz, Satzrahmen 1 3C6 **4.5EF** 4.7H 4.9M
klassisches Mittelhochdeutsch 4.3A
Kleindrucke 4.2J
Klerus s. Geistliche!
Klippschulen 4.2GP
Klosterreformen 4.2C
Klotz, Stephan 4.9J
Kluge, F. 1.2BCD
Knappe/Knecht/Geselle 4.4O
Koch, P. 1.2G
kognitive Semantik 2.3G
Kollektiva 2.2BI 4.6B
kollektive Innovationen 2.3C
kollektives Formulieren 4.8K
Kollokationen 2.3P
Kollusion 2.5B 4.9A
Köln 4.2HQ 4.4GHK 4.4Lit 4.9EH
koloniale Ausgleichssprache 4.4AE
Kolonisation 4.9O
Kolross, Johann 4.4L
Kombination 2.3B
kombinatorische Varianten 2.4C
Komensky/Comenius, Jan Arnos 4.9S
Kommunikationsbedürfnisse 2.2A
Kommunikationsgeschichte 4.2Lit
kommunikationsgeschichtliche Sprachgeschichtsschreibung 1.2D
Kommunikationsintentionen 2.3A
kompensatorischer Stil 2.2C
komplementäre Distribution 2.4C
komplexer Satz s. Satzkomplexität!
Komposita s. Zusammensetzung!
komprimierter/kondensierter/kompakter Ausdrucksstil 2.2BII **2.2C** 2.3C 2.5K 4.6B

konditionale Verknüpfungen/Handlungen 4.5BC 4.8K
Konfessionalisierung 4.1H 4.2N
Konfixe 2.3BE
Kongruenz d. Genus 2.5J
Konjunktionen 4.5C s. auch Subjunktionen!
Konjunktiv 3.C1 4.3J 4.5B
Konjunktiv-Ersatz 1.1C 2.2BI 2.4B 4.5D 4.9M
Konjunktiv-Schwund 4.3J
Konkurrenzwörter 4.4NO
Konnektoren 3C6 4.5C 4.5Lit 4.8J s. auch Konjunktionen!
Konnotationen 2.3CM–O
Konrad Celtis 4.7C
Konrad v.Megenberg 4.7C
konsekutive Verknüpfung 4.5C
konservative Dialekte 4.9M
konservative Sprachkritik 1.1B 2.3A
Konservierung eines Lautstandes 4.3F
Konsonant/Vokal 4.3E
Konsonantenhäufungen 4.4B
Konsonantenschwächung 3C3 4.3F 4.4E
Konsonantensystem 3C3 4.3FG
Konsonantenverdoppelung s. Doppelkonsonanten!
Konsonantenwechsel 3C4 4.3J
Konstruktionsgrammatik 2.1D
Konstruktionswechsel, -bruch 4.5B
Konstanten d. dt. Sprachgeschichte 3A–C
Konstanzer Konzil 4.1D 4.2K
Kontextbedeutung 1.1H
Kontextmerkmale, -regeln 2.3KO
Kontinentalsüd/westgermanisch 3B1 4.0
Kontinuität 3A
Kontinuitätsbruch s. Diskontinuität!
Kontrafakturen 4.2M
Konventionalisierung 2.4B
Konversation 2.3F 2.3Lit
Konversationslehre 4.2K
Konversationsmaximen 2.2A
Konversion (Wortbildung) 2.2BI 2.3B 4.6B
konzessive Handlungen 4.8K
Kookkurrenz 2.4D
kooperative Kommunikation 2.2A 2.3A
Kopenhagen 4.9J

köpfen 2.3D
Korpora, digitale 1.3C
Korpuserstellung 1.3C
Korpuslinguistik 1.3C
Korrektoren, Korrekturlesen 4.2J 4.3E 4.4K 4.8E
Korrektsprechen 2.5H
Korrespondenztexte 4.8K
Koselleck, R. 2.3P
Kotextregeln 2.3O
Krain 4.9R
Krakau 4.4Lit
krank/siech 4.4N
kreativer Sprachgebrauch 2.2A 2.3A **2.3BC**
Kriegsmetaphern 2.3M
Kriegswesen 4.7JKL
kroatisch 4.9O
kulturgeographische Perspektive 2.1B
Kulturnation 1.2D
Kunst, bildende 4.7J
künstliches Phonem 4.3D
Kupferstich 4.2J
Kurfürsten 4.1B
kursächsisch s. obersächsisch!
Kursivschrift 3D2 4.2E
kurze Wörter 2.2A
Kürzebezeichnung 3C3 4.3CG
Kurzwörter 2.2BI 2.2C 2.3B

Laienbildung **4.2** 4.4L 4.6F **4.8DGJ** 4.9B
Laienfrömmigkeit 2.5CD 4.1G 4.6B 4.9FQ
Laienorden 4.2K
Laienpriestertum 4.2P
Landesausbau 4.4E 4.9O
Landesfürsten, -herrschaft s. Territorial-!
Landeskirchen 4.1H 4.9GH
Landrecht 4.1D 4.2L 4.6E 4.9N
Landschaftskombinatorik 4.4JO
Landschaftssprachen 3B1
Längezeichen 4.3CG
Langkonsonanz 3C3
Langue 2.1D
lantsprächen 3.B1
Latein 1 4.2P **4.7A–M** 4.9S
Latein, Kulturmonopol 3B6 3D4 4.6D **4.9AB**

Latein/Deutsch 3D1 3B4 3B6 4.2EJKLR 4.4H 4.6BD **4.7B–E** 4.7Lit 4.9ABK 4.9Lit
lateinische Wortbildungsmuster 3E4 4.6BDF
lateinischer Lehneinfluss 3B6 4.7B–E
lateinischer Satzbaustil 4.5B–E 4.7H 4.8E
Lateinschulen 4.2GP 4.9HJ
Lateinstudien, -renaissance 4.7BE
Lateinunterricht 4.2GP
Latinisierung in der Flexion 4.7E
Latinisierung des Rechtswortschatzes 4.6E 4.7G
Latinismen 4.7Lit
Lauber, Diebold 4.2C
Lausitz 4.4F, s. auch Sorbisch!
Lautgesetze 2.1A
Lautier-Methode 2.5D 4.4M
Lautlehre, historische 2.4Lit
Lautnorm, Orthoepie, Hochlautung 4.3BF 2.4B 2.5DEH 4.3F **4.4M** 4.4Lit
Lautschreibung 4.4L
Lautsubstitution/-ersatz 2.3F 4.3G
Lautvarianten 2.4B
Lautverschiebung 2.3C3 4.3F 4.4H
Lautwechsel/Phonemalternation 2.3 F 2.5F
Leerformel 1.1G
Leerheit s. Vagheit!
Lehnaffixe 4.7A
Lehnbedeutungen 2.3E
Lehnbildungen 3E4
Lehneinflüsse 3B6 **4.7**
Lehnflexion 2.3F
Lehngrapheme 4.3G
Lehnkonfixe 2.3E
Lehnpräfixe 2.3EF 4.7M
Lehnprägungen **2.3E** 4.6B 4.7C
Lehnschöpfungen **2.3E** 4.6D
Lehnsuffixe **2.3E** 2.3F 2.5F 4.7JM
Lehnübersetzung **2.3E** 4.6D 4.7K
Lehnübertragung 2.3E
Lehnwendung 2.3E
Lehnwort 2.3EF 4.7
Lehn-Wortbildung 2.3B **2.3F** 2.5F 3E4 4.6B **4.7AM** 4.7Lit
Lehnwortbetonung 4.7F

Lehrbücher 4.9HJ
Lehrer 4.2P
Lehrerausbildung 4.4M
Leibniz, Gottfried Wilhelm 4.6D 4.8G
-lein/-chen 4.4FO
Leipzig 4.1F 4.2LO 4.4AEO 4.4Lit 4.7C 4.9DF
Leitbegriffe 4.8H
Leone, Michael de 4.2E
Leseaussprache/Schriftlautung 2.1D 2.5DE 3D2 4.2B **4.3BD** 4.3EG **4.4LM** 4.9H
Lesebrille 4.2D
Lesedeutlichkeit 3D2
Leseexpansion 4.2
Lesefähigkeit 4.2FP 4.4L
Lesefibeln, -lehren, -meister 4.4KL 4.4Lit
Lesen 4.2E
Lesenhören 1.2B 4.2JL 4.8M
Lese-Phonem /ɛ::/ 4.3DE
Lesepublikum 4.2DFJ 4.4K
Lese-Syntax 4.5E
Leseverständlichkeit 4.3AF
Lëtzebuergesch 2.3A
lexematisch-semantisches Orthographieprinzip 4.4L
lexemische/lexikalische Variation 2.4B
lexikalische Aussonderung 4.4NO
lexikalisierte Metaphern 2.3M
lexikalisierte Wortbildungen 2.3BD
Lexikographie, historische 2.3Lit 2.4Lit 4.2K 4.6D **4.6F** 4.6Lit 4.9E s. auch Vokabularien!
liberal 2.3O
-lich 4.6B 4.7M
Liebe/Minne 4.4O
-ling 4.8L
Lingen, Grafschaft 4.9D
Linguistik, historische 1.2A 1.2Lit
linguistische Terminologie 1.1Lit
Lippe/Lefze 4.4N
Litaneiparodien 4.2M
Literatur-Wortschatz 4.7JK
Literaturexpansion 3B4 4.2B 4.9B
Liturgie 4.8Lit
logische Verknüpfungen 4.5C
logographische Tendenz 4.4L
Lohnschreiber/-schreiberinnen 4.2E

Lokale Varianten/Varietäten 2.4D
Lotzer, Sebastian 4.2M
Lübeck 4.1F 4.2P 4.4HK 4.4Lit 4.6E 4.9ADHJ
Lüdtke, H. 2.5B
Ludwig d.Bayer 4.1C 4.2K
Ludwig d.Fromme 4.9B
Lufft, Hans 4.4K
Lügen 1.1H
Lüneburg 4.9DG
Lüneburger Wendland 4.9P
Luther, Martin 2.3J4.1G4.2L4.4E4.8A–H4.8Lit Argumentationswörter 4.8J Bibelübersetzung 4.2L 4.8BE 4.8Lit *communis lingua* 4.4F Flug-/Programmschriften 4.2L 4.8H Gegner 4.8EG Grammatik 4.8Lit Kontinuitätsbruch 3D3 4.8G Korrekturen, Korrektoren 4.4K 4.8E Laienfrömmigkeit 4.9G Latein/Deutsch 4.8B 4.9B Lautnorm 2.5D 4.4M Modalwörter 4.8M Niederdeutsch 4.9G Predigt 4.8C Propagandawörter 4.8L Rhetorik 4.8Lit Satzbau 4.5B 4.8F 4.8Lit *Sechsische cantzelei* 4.4F *Sendbrief vom Dolmetschen* 4.8EGM Sprachenpolitik 4.9B Sprachspott 4.4C4.9A Sprechsprache 2.5D 4.8CJ Sprichwörter 4.8F 4.8Lit Stil 4.8Lit Streitschriften, Polemik 4.8H Tischreden 4.4EFM 4.5E 4.7D Übersetzungsprinzip 2.5C 4.8E Verständlichkeit 4.8D Vorbilder, Vorläufer 4.8B Wirkung, Vorbild 4.4L **4.8G** 4.9J 4.8Lit Wortwahl, Wortbildungen 4.4NO 4.8F 4.8Lit über Zwinglis Sprache 4.9A
Lutherdeutsch 4.8BFG
lutherisch 4.8L
Lutherische Kirche, Lutheraner 4.1H 4.9Q
lutherisches *-e* 4.3H
Lutherpropaganda 4.8E
Luxemburg 2.3A 4.4Lit!

Maaler, Josua 4.6F
Maas, U. 4.2ABEJ 4.9ACEG
Macht des Wortes 1.1H 4.8H

Mädchenschulen 4.2P 4.9H
Madjarisch 3B6
Magdeburg 4.1F 4.6E 4.9DH
Magister/Meister 4.7E
Mähren 4.4BD 4.4Lit 4.9O
Mainz 4.2J 4.4EG 4.4Lit 4.9B
Majuskelschreibung s. Großschreibung!
makkaronischer Stil 4.7DM
Makler 4.4O
man/frau 2.3B 2.5J
Mansfeld 4.9D
Manuel, Niklaus 4.2M
Markiertheit 2.1D
Märkisch 4.4H
Markt, sprachlicher 2.1B
Marmor/Marmel 4.7E
Marsilius v.Padua 4.2K
Martinet, A. 2.2A
marxistische Sprachgeschichtsschreibung 1.2D
Massenmedien 2.2C 2.5H
Massenpublikum 4.2K
-mäßig 4.6B
Mathematik 4.2R 4.6D 4.6Lit 4.7G
Mathesius, Johannes 4.4N 4.6C 4.8Lit
Maximilian I. 3B1 4.1BD 4.2K 4.4BFL
Maximilians Kanzlei 4.4L
Mecklenburg 4.9DJO
Mecklenburgisch 4.9O
Mediengeschichte 1.2E 1.2Lit 4.2
Medizin 4.2HR 4.6D 4.6Lit 4.7G
medizinische Metaphorik 2.3M
Mehrfachsuffigierung 4.7M
Mehrsprachigkeit 1.2H 4.7 4.9Lit
Mehrwert, sprachlicher 2.1B
Meichßner, Johann Elias 4.4L
Meinung/Information 2.5H
Meißen, Mark 4.4A
Meißnisches Deutsch 4.3F **4.4D–F** 4.4M 4.4Lit 4.9CJ
Meister/Magister 4.7E
Melanchthon, Philipp 4.2LP 4.7F 4.9B
Melusine 4.4K
mentalistische Bedeutungstheorie 2.3G
Mentel, Johann 4.8B
Merkhilfen 4.6E
Merkmalsinsertion 2.3J
Merkmalskoppelung 4.3EF

Merkmalsredundanz 4.3F
Merkmalsreduzierung 2.2BI 2.3H
Merkmalswandel 2.3K
Merseburg 4.9D
meschugge 4.7N
Messen 4.1F
Meßrelationen 4.2O
Metaphern in der Sprachgeschichts-
   schreibung 2.1AB
Metaphorik 1.1D 2.3M 4.6CD
metasprachliche Urteile 2.5E
Metonymie 2.3M
Metzger/Fleischer usw. 4.4O
mies 4.7N
Mihm, A. 4.4K
Militär 4.7J
militärische Metaphern 2.1B 2.3M
Minderheitensprachen 1.2G 4.9K–S
   4.9Lit
Minne/Liebe 4.4O
Mischpoche/poke 4.7N
Mischsprache 1.1F 2.3F 3B6 4.2K 4.6D
   4.7A 4.7Lit
Missbrauch der Sprache 1.1G
Missingsch 4.9E
Missive 4.8K
Mitgemeintes 2.2C
Mittag/Süden 4.4N
Mittelalter 4.1A
mittelalterliches Deutsch 3
Mittelhochdeutsch 3C4 3E 3Lit 4.3A
   4.9BC
Mittellatein 4.7E
Mittelniederdeutsch 3D1 4.0 **4.4H** 4.4Lit
   4.6E 4.9A **4.9C–K**
Mittelniederländisch 3B1 4.4A
Mitternacht/Norden 4.4N
Mitzka, W. 2.1B
Mitzuverstehendes 1.1H 2.2A 2.4A
modale Funktionen 4.5D
modaler Infinitiv 4.5D
modales Futur 4.5D
Modalverben 1.1C 2.1CD 2.2BI 3C6 4.3J
   4.5Lit
Modalwörter 4.6Lit 4.8JM
Modernisierung 4.1AH 4.9CDO
Modi 4.5Lit 4.7H
Modifikationsverben 4.5D

Modus-Unterschied 4.3J
Mollerus, Albinus 4.9Q
Monolingualisierung 4.9AB
Monophonematisierung 4.3G
Monophthongierung 3E2 4.3CD 4.4E
Monosemierung 4.5C
Morgen/Osten 4.4N
Morphemik 2.1D
morphematisches Prinzip s. Wortstamm-
   schreibung
morphosyntaktische Variation 2.4B 4.3J
Moselfränkisch 4.4G
Moser, H. 2.2B
Motive der Entlehnung 2.3E
Motive der Wortbildung 2.3C
Motiviertheit 2.3BCK 2.5B 4.4O 4.6A
Movierungssuffix 2.5J
Muhme 2.3H
Müllenhoff, K. 3D3 4.4A
Müller, R. 3D1
München 4.2Q 4.7K
Mundarten s. Dialekte!
Mundartforschung s. Dialektologie!
mündliche Tradition 4.6CE 4.8F
Mündlichkeit s. Sprechsprache!
Munske, H.H. 4.7AE
Münster 4.1G 4.4Lit 4.9EGJ
Münster, Sebastian 4.7C
Müntzer, Thomas 4.1G 4.2M 4.8K 4.8Lit
Musik 4.7JK
Mystik(er) 4.2LQ 4.6B 4.6Lit 4.8BFJ 4.9B

Nachahmung 2.1B
Nachdruck 4.6C
Nachdrucke 4.2L 4.8G
Nachricht, Textsorte 4.5H
Nachrichtenpresse 4.2O
Nachrichtensprecher 2.5H
Nachstellung des erweiterten Attributs
   4.7H
Nähe/Distanz 1.2G
Namenforschung 2.4Lit 4.4E 4.6C 4.7ED
   4.9O
narrative Strukturen 4.5C
Nasalvokale 4.3G
natio, Nation, national 1.2D 2.3P 3B1 4.1D
   4.9S
Nationalbewegung 3D4

Nationalbewusstsein 1.2D 3D4 4.1B 4.9S
nationale Varietäten 1.2G 2.4D 2.4Lit
nationaler Humanismus 4.2L
Nationalismus 1.1F 1.2D 2.1A
Nationalsprachbewusstsein 3B1
Nationalsprache 3D4 4.4A 4.9Q
Nationalstaat, nationalstaatliche
   Tendenzen 3D3 4.1D 4.2K 4.9D
Natürlichkeitstheorie 2.1D 2.1Lit 2.2B
Naturwissenschaft 4.2HR 4.6D 4.6Lit
Nebensätze 4.4E 4.5BE 4.5Lit ohne finites Hilfsverb 4.7H
Nebensatzeinleitung s. Subjunktionen!
Nebensilben-Abschwächung 3C2
nemici ‚Deutsche' 4.9A
Neologismen 2.3A
Neue Zeitungen 4.2O
Neues/Altes in der Sprache 2.5KL
Neuhochdeutsch 3A 4.4A
Neuhochdeutsche Lautveränderungen 4.3C
neuhochdeutsche Schriftsprache 3D3 4.4 4.9CE
neuhochdeutsches Sprachsystem 4.3
Neulatein 4.7EJM 4.7Lit
Neutralisierung einer Opposition 4.3F
Neuzeit 4.1A
neuzeitliches Deutsch 3
Nichtalphabetisierte 1.2B
nichtfunktionaler Effekt 2.5B
Nichtintegration 2.3F 3E4 4.7E
nichtintentionale Folgen 2.5
nichtsprachliche Kommunikation 2.2AC
niderlendisch 4.4A 4.9C
Niederdeutsch 2.5C 4.2J 4.4AK 4.4H 4.4Lit 4.6F 4.9C–J
Niederdeutsch/Hochdt., Untergang der niederdt. Schriftsprache 4.9C–J 4.9Lit
Niederlande 4.1BF
Niederländisch 3B1 3B6 3Lit 4.0 4.4AH 4.9CDK
niederländischer Spracheinfluss 4.6C 4.7L 4.7Lit 4.9DK
Niederlausitz 4.9PQ
Niederpreußisch 4.9O
Niederrhein 4.9Lit
Niedersächsisch 4.4M

Nikolaus v.Kues 4.1D
Nivellierung 1.1D
Nomina actionis 4.7M
Nomina agentis 4.6B
Nominalgruppe/phrase 4.5A 4.5Lit
Nominalisierung s. Substantivierung!
Nonnen 4.6B s. auch Beginen, Mystik!
nonverbal s. nichtsprachlich!
Nordböhmen 4.4F
norddeutsche Lautung 2.5DE 4.3EF **4.4M**
norddeutsche Wortwahl 4.4N
Norddeutschland 3D1 4.4EFH 4.9C–K
Norden/Mitternacht 4.4N
Nordeuropa 4.4H 4.9D
Nordfriesisch 4.9K
Nordniedersächsisch 4.4H 4.9Lit
Nordseegermanisch 4.9K
Nordseeraum 4.4H 4.4Lit 4.9Lit
normative Diskriminierung 4.5B
Norwegen 4.9DJ
Notker v.St. Gallen 4.9B
nu 4.5C
Numerusprofilierung 3E3 4.3H
Nürnberg 4.2CG 4.4ABEO 4.4Lit 4.5E 4.6B

ob 4.5C
Oberdeutsch 4.4BC
Oberfranken 4.9P
Oberharz 4.9D
Oberlausitz 4.9PQ
oberlendisch 4.4ABM 4.9C
Oberpfalz 4.9P
Oberrheingebiet 4.2E
Obersachsen 4.4M
Obersächsisch 2.5E 3D3 4.3DF **4.4D–F** 4.4Lit 4.7O 4.9O
Oberschichtsprache 1.2G
Oberweimar, Florentina v. 4.2M
Objektsätze, parataktische 4.5B
oder-Verbindungen 4.6E
Oesterreicher, W. 1.2G
offen/eng 4.3E 4.4L
Offenheit s. Vagheit!
Öffentlichkeit 4.2EFK
Offizin 4.2J
Öffnung 4.4E

Oheim 2.3H
ökologische Bedingungen 2.5B
Ökonomie s. Sprachökonomie!
Oldenburg 4.9D
Ölinger, Albert 4.4L
Onkel 2.3HN
Open access 1.3A 1.3C
opportunistisches Sprachverhalten 4.9A
Optimierung 2.2A
oral history 1.2F
organisches Wachstum 2.1A
Organonmodell 2.4A
ornative Verben 2.3D
Orthoepie s. Lautnorm!
Orthographiegeschichte 2.4Lit
Orthographielehren 4.3CEG 4.4K **4.4L** 4.4Lit 4.8G
Orthographieprinzipien 3D2 4.4L
Orthographische Variation 2.4B
Ortsnamen, slawische 4.7O
Ortsnamenschreibungen 4.4E
Osnabrück 4.9E
Ostalpenländer 4.9OP
Ostdeutschland 4.9N–S
Osten/Morgen 4.4N
Österreich 4.4A
österreichisch 4.4B 4.7K
Ostexpansion/kolonisation/siedlung 3B2 4.9N
Ostfalen 4.9D 4.9Lit
Ostfälisch 4.4H 4.4Lit
Ostfränkisch 4.4B
Ostfriesland 4.4H 4.9DK
Ostgermanen 4.9O
Ostholstein 4.9O
Ostjiddisch 4.9LM
Ostmitteldeutsch 4.3H **4.4D–F** 4.4KO 4.4Lit 4.5E 4.7O
Ostniederdeutsch 4.4H 4.4Lit 4.9Lit
Ostoberdeutsch 4.4BF 4.4Lit
Ostpreußen/Westpreußen 4.3C 4.4DE 4.9DO
Ostseeraum 4.4H 4.4Lit 4.6E
Ostthüringisch 4.9O 4.9Lit

p/b 4.4B
Paarformeln s. Zwillingsformeln!
Paderborn 4.9J

Palais/Pfalz/Palast 4.7E
Paläographie 3D2
Palatalisierung 3C1
panlinguistische Haltung 1.1H 2.5H
Papier 4.2C
Papierhandschriften 4.2C
Päpste 4.1CD 4.2K
Paracelsus 4.2MR 4.6D 4.6Lit 4.7DG
Paraphrasierung 2.2C
parataktische Objektsätze 4.5B
Parenthesen 4.5B 4.8J
Parodien 4.2KM
Parole 2.1D
Partikeln 4.8M
Partizip II ohne *ge-* 4.3J
Partizipgruppen, -konstruktionen 2.2BI 4.5B 4.7H
Passiv 4.5D 4.5Lit
pathologisierende Metaphorik 2.3M
patria lingua 4.9B
patriarchalische Sprache 2.5J
Patrizier 4.1E 4.2H 4.9J
Paul, H. 2.1A
Pedantisches in der Sprache 1.2B
Pein/Schmerz/Pön 4.4O 4.7E
Peitsche/Geißel 4.4N
pejorisierende Personenbezeichnungen 2.3N 2.5B 4.8L
Perfekt 2.1D 4.3J 4.5D
Periodenbau 4.5B 4.7G
Periodisierung 1.2D 1.2Lit 4.0 4.0Lit
periphrastische Verbformen 4.5D
Personalstil 2.4D
Personenbezeichnungen 2.5J 4.0 4.7M
Personencharakteristik 4.8J
Personennamen 2.5K 4.6Lit humanistische 4.7E
persuasive Handlungen 4.2M
Peutinger, Konrad 4.2E
Pfalz/Palast 4.7E
pfälzisch 4.4G
Pfarrerssöhne 4.8G
Pfarrschulen 4.2G
Pfefferkorn, Johannes 4.2K
pflügen/ackern/eren 4.4N
ph/f 4.7F
Phänomene der dritten Art 2.5A
Philologie 4.2LP 4.7CF 4.8E

Philosophie 4.6B
Phonem 2.4B 4.3C
Phonem-Alternationen 2.3F 2.5F
phonematisches Orthographieprinzip 4.4L
Phonemdistinktion 4.3G
Phonem-Ersatz 2.3F
Phonemik 2.1D 2.4B 2.4Lit
Phonemspaltung 4.3C
Phonemsystem 4.3B–G
Phonemzusammenfall 4.3CDF
Phrasendrescherei 1.1G
Phraseologismen 4.6CD 4.6Lit 4.8FJ s. auch Sprichwörter!
Piccolomini, Enea Silvio 4.7B
Pirkheimer, Willibald 4.7F
Piscator 4.8G
Plattdütsch 4.9CJ
Pleite/pleite 4.7N
Pluralkennzeichnung (Substantive) 2.2A 2.5F 3C1 3E3 **4.3H** 4.7E
plurizentrische Entwicklung 4.4A
Plusquamperfekt 4.5D
Pöbel 2.5D
Polabisch 4.9O
Polemik 2.3M 4.2KLM 4.6C 4.7M **4.8HKL**
Polenz, Peter v. 1.2EF 2.2C 2.4D 4.4M 4.6E 4.7GO
Politikwortschatz, Politolekt 1.2B 2.3M 2.4D 4.7GJ 4.8H **4.8L**
politisch 2.3O
politisch-soziale Begriffsgeschichte 2.3P
politische Publizistik 4.2K 4.4L 4.8H
politisches Argumentieren 4.8J
politisches Verhalten 4.9A
Polizeiverordnungen 4.9J
Polnisch 4.9O
polnische Lehnwörter 4.7O
Polyfunktionalität 2.2BI 2.4A
polygenetische Entfaltung 2.1C 2.3C 4.3C
Polygrammatikalisierung 2.1D
polyseme Verknüpfung 4.5C
Polysemie LIEG 2.2BI 2.3DKM 2.5J 4.4O
Pommern 4.9D O
Pommersch 4.9O
Pomoranisch 4.9O

Pontanus, Giovanni 4.2K
Positivismus 1.1G 1.2C
Postmeister 4.2O
Postreuter 4.2O
Postwertzeichen/Briefmarke 2.4C
prädikative Wortbildungslehre 2.3B
Prädispositionen 2.1C
Prädizieren 2.3G
Präfixbildungen, Präfixe 3C5 3E1 4.6B
Präfixentlehnung 4.7M
Präfix-Suffix-Kombination 4.6B
Prag 4.1B 4.2GH 4.4A 4.4Lit 4.7B **4.9S**
Pragmatik 2.3O
pragmatische Bedeutungstheorie 2.3GN
pragmatische Sprachwandeltheorie 2.1E
pragmatische Wende der Linguistik 1.2D
prahlen/geuden 4.4N
Pranger 4.4O
Präpositionen 2.1C 2.2BI
Präsuppositionen 2.3O
Präteritalendung (*-te*) 2.1D
Präteritalvokale 4.3J
Präteritumschwund 4.3J 4.5D 4.9M
Predigerausbildung 2.5D 4.4M
Predigt, Prediger 4.2M 4.6B 4.8BC 4.9BG
Predigtton 4.8J
Přemysliden 4.9S
Prestige s. Sprachprestige!
Prestigewort 2.3N
preußisch-protestantische Geschichtsdeutung 4.1D
preußische Hegemonie 4.4M
Prinzipien der Orthographie 4.4L
Prinzipien der Schreibsprachentwicklung 4.4J
privative Verben 2.3D
Produktivität (Wortbildung) 2.3CD 3C5 3E4 **4.6B** 4.7M
Professionalisierung 4.6E 4.7C 4.8K
Profilierung von Ableitungstypen 4.6B
Programmschriften 4.2M 4.8H
Pronomen 2.1C
Propaganda 4.2KLMN
Propagandaschriften 4.8HJ
Propagandawörter 4.8L
propositionaler Gehalt 2.3HN
Prosa 3D1
Prosaauflösungen 4.2F 4.5CD

Protestanten 4.1H 4.8L
protestantische Lutherpropaganda/
 Sprachideologie 4.4AD 4.8E
Proteste 4.9J
Proto-Sprachen 1.2A
psychologischer Wortschatz 4.6B
Publikumsgeschmack 4.2K
Publizistik 1.2B 4.2K 4.2Lit 4.8H–N
Publizistik-Wortschatz 4.7G
Purismus s. Sprachpurismus!

Quellengattungen 1.2F
Quentel, Peter 4.4G

Rahmenbau s. Klammersatz!
Ratsbibliotheken 4.2G
Ratsherren 4.2F
Ratsschulen 4.2G
Raumfaktor 2.1B
räumlich → logisch 4.5C
Realismus 4.6C
realistische Bedeutungstheorie 1.1G 2.3G
recht und gut deutsch 4.4L
Rechtsanwalt 4.6E
Rechtsbücher 4.2C
Rechtschreibung s. Orthographie!
Rechtsdokumentation 4.2E
Rechtssprache 3B7 4.6B **4.6E** 4.6Lit
 4.8FK 4.9BN
Rechtstexte 4.2Lit 4.5B 4.9K
Rechtswesen 4.1D
Rechtswörter 4.4O 4.7G
Redensarten 4.8FJ s. auch
 Phraseologismen!
Redesprache s. Sprechsprache!
Redundanz 2.2A 2.2BI 4.4L
reduzierte Sprache s. Sprachökonomie!
referieren 2.3G
reformatio 4.1D 4.2K
Reformation 2.5E 4.1A **4.1G** 4.1Lit
 4.2LMP 4.4EF 4.6B 4.7AF 4.8Lit 4.9AD **4.9G** 4.9HQR
Reformationsdialoge 4.2M 4.8J
Reformatio Sigismundi 4.2K
Reformierte 4.8L
Reformierte Kirche 4.9H
Reformversuche 4.1D
Regelvereinfachung 2.2A

Regensburg 4.4ABO 4.6E
Regiomontanus, Johannes 4.7F
regionale Orientierung 4.2E
regionale Varietäten, Regionalsprache
 1.2G 2.4D **4.4**
regionales Sprachbewusstsein 3B1
regionales Sprachprestige 3D3
Regionalismen, regionaler Wortgebrauch
 2.4D 4.4NO s. auch Heteronyme!
Regionen, vorbildgebende 3D3
Regräzisierung 4.7F
-reich 4.6B
reichhaltig 4.6C
Reichmann, O. 4.4L
Reichsdeutsch, süddt./oberdt. 4.4B
Reichsinstitutionen 4.4AO 4.6E
Reichskammergericht 4.1D 4.6E
Reichskanzlei 4.4EL
Reichsrecht 4.9N
Reichsreformen 4.2K 4.9D
Reichssprachen, vier 4.9S
Reichsstädte 4.1BF
Reichstage 4.4B
Reich(sverfassung) 3B2 3B3 4.1B
Reimgebrauch 4.4E
Reimpaarverse 4.2F
Reimverstexte 3D1
relativer Anschluss 4.7H
Relativpronomen 4.5C
Relativsätze 4.5C 4.8J
Reliefbildung 4.5B
religiöse Prosa 3B7
religiöser Wortschatz 4.8F
Reliktwörter, slawische 4.7O
Rem, Katharina 4.2M
Renaissance 4.1D
Renaissance 4.2K 4.7A
Repertoire, pragmatisches 2.3M
reproduzierende Wortwahl 2.3B
Repgow, Eike v. 4.9N
repräsentative Funktion 2.4A
resultative Aktionsart 4.5D
Reuchlin, Johannes 4.2K 4.7CEF
revolutionäre Alltagstexte 4.8K
revolutionäre Bewegungen 4.1G
Rezeptionssteuerung 4.5A
rh/r 4.7F
Rheinfränkisch 4.4G 4.9L

Rhetorik 2.3M 4.2L 4.2Lit 4.6EF 4.7BEH 4.8N 4.8Lit
Riederer, Friedrich 4.4L
Ries, Adam 4.6C
Ripuarisch 4.4G 4.9E
Ritualisierung s. Sprachritual!
romanische Aussprache 4.3C
romanische Sprachen 4.9B
Römische Kirche 4.1C
römisches Recht **4.1DG** 4.2HL 4.6EF 4.7ABG 4.8K 4.9DN
Ronneberger-Sibold, E. 2.2A
Rörer, Georg 4.4L
Rössing-Hager, M. 4.5B 4.7M 4.8KN
Rösslin, Eucharius d.Ä. 4.7C
Rostock 4.9D
Rothe, Johannes 4.2E
Rotunda-Schrift 4.2E
Rotwelsch 4.6C 4.7N
Rückumlaut 4.3J
Rudolf II. 4.2Q
Rügen 4.9P
Rupp. M 1.3B
russische Lehnwörter 4.7O

s-Plural 4.3H
Sachs, Hans 4.2M 4.4N
Sachsen 4.4D
Sachsenspiegel 4.2C 4.4O 4.6E 4.9N
Sächsisch 4.4F 4.4Lit s. auch Obersächsisch!
Sachwandel 2.3L
Sakralstil 4.8E
Salzburg 4.2Q
sassesch 4.9C
Satire, Satiriker 4.2KM 4.8HK
Satzbau 3C6 4.5 4.7H 4.8FJK
Satzbaupläne s. Valenz!
Satzergänzungen 4.6B
Satzerweiterung 4.5E
Satzgefüge 4.5AB 4.5Lit
Satzgliedstellung s. Wortstellung!
Satzinfinitiv 4.6B
Satzklammer s. Klammersatz!
Satzkomplexität 4.5AB 4.5Lit
Satzrahmen s. Klammersatz!
Satzsemantik 2.3O
Satzverknüpfung 4.5C 4.7D

Saussure, Ferdinand de 2.1D
schachern 4.7N
Schachtelsatz 4.5E s. auch Klammersatz!
Schafe weiden 4.8H
schäkern 4.7N
Schappeler, Christoph 4.2M
Schauspieler/Schauspielerinnen 2.5H
Scherer, Wilhelm 3D3 4.4A
Scheune/Scheuer 4.4O
Schibboleth 2.4AD
Schifffahrt 4.7K
Schildt, J. 4.8KM
Schimpfwörter 4.8HJ
Schirlentz, Nickel 4.4
Schlagwörter 4.8L
Schlamassel 4.7N
Schleicher, August 2.1A
Schlesien 4.4F 4.4Lit 4.9O
Schlesisch 4.4D 4.9MO
Schleswig 4.9J
Schleswig-Holstein 4.9Lit
Schlüsselwörter 4.8L
Schmachbüchlein 4.2M
Schmalkaldischer Bund/Krieg 4.1H
Schmerz/Pein/Weh 4.4O
Schmidt, Johannes 2.1B
Schmiere stehn 4.7N
Schmitt, L. E. 4.4A 4.7B
Schmus 4.7N
schofel 4.7N
Scholastik 4.6B 4.6Lit
schon 3C1
Schönsprechen 2.5H
Schöpper, Jacob 4.9E
Schottelius, Justus Georg 3B1
Schreiber/Schreiberinnen 4.2E
Schreiberherkunft 4.4AE
Schreibfähigkeit 4.2F
Schreiblandschaften 1.2H 4.4 4.9C
Schreiblehren, -fibeln 4.4L 4.4Lit
Schreib-Lautsystem 4.3B
Schreibmanufakturen 4.2C
Schreibschrift 4.2E 4.2Lit
Schreibsprache, Schriftsprache 1 3B5 3D3 3E2 4.2B 4.2Lit 4.3F 4.5F
schreibsprachliche Aussonderung 4.4E
schreibsprachliche Konservierung 4.4H
schreibsprachliches Phonemsystem 4.3D

Schreib- und Leseexpansion 4.2A–F
Schreib- und Lesemeister 4.2G 4.4L 4.5E 4.9H
Schreibungsvarianten 2.4B
Schriftabhängigkeit des Sprachsystems 4.3A
Schriftlautung s. Leseaussprache!
Schriftarten 3D2 4.2EJ 4.2Lit
Schriftlichkeit s. Schreibsprache!
Schriftreformen 3D2
Schriftsprache, neuhochdeutsche 3D3 4.4 4.9CE
Schryfftspiegel 4.4L
Schuchardt, Hugo 2.1B
Schueren, Gerard van der 4.6F
Schule, Schulbildung 4.2GQ 4.2Lit 4.5E 4.9H
Schulordnungen 2.5D 4.4M 4.9J
Schulreformen 4.2P 4.9B
Schulsprachen 4.9B
Schulz/Basler 4.7A
Schwabacher-Schrift 3D2 4.2EJ
Schwabenspiegel 4.2C 4.4O
Schwäbisch 4.4C
Schwäbischer Bund 4.1G
schwache Verben 4.3J
Schwächung s. Konsonantenschwächung!
Schwanz/Zagel 4.4N
Schwarmgeister 4.1G
Schwartzenbach, Leonhard 4.6F
Schweden 4.9FJ
Schweiz 4.1B 4.6E 4.8G
Schweizer Söldner 4.7J
Schweizerdeutsch 4.4C 4.7K 4.9AC
Schwerin 4.9D
Schwerverständlichkeit 4.6C
Schwitalla, J. 4.8HJK
Seemannsgarn 4.6C
Seemannssprache 4.6C
Selbstbezeichnung der Deutschen 3B1
Selbstlesen 4.2BEF 4.4L
Selbstlesetext 3D1
Selbststudium 4.2G
Selektionsrestriktion 2.3K
Semantik, diachrone 2.3O 2.3Lit
Semantik, historische 2.4Lit
Semantikideologie 1.1G 2.5J
semantisch-pragmatische Sprünge 2.3O

semantische Integration 2.3F
Semenjuk, N. 4.8K
Semioralität/Halbmündlichkeit 1.2B 4.2FMOP 4.8GK
Sendbrief 4.2M 4.8K
Sendschreiben 4.8K
sentimental/empfindsam 2.5G
septem artes liberales 4.2H
sermo vulgaris 4.2E
Seuse, Heinrich 4.2C 4.8C
Sicherung der Informationsmenge 2.2BII
Siebenbürgerdeutsch 4.3C
Sieben Freie Künste s. *septem artes*!
Sickingen, Franz v. 4.1G 4.2KLM
Siedelraumthese 4.4A
Siedlermischung 4.4E
Siezen 4.7L
Sig(is)mund, Kaiser 4.1D 4.2N
sinngemäßes Übersetzen 4.7C
Sinnverwandte s. Synonyme!
Situation 2.3A
situative Varianten/Varietäten/Situationsregister 2.4D
Skála, E. 4.4ABF 4.9S
Skandinavien 4.4H 4.9D
skandinavische Sprachen 3B6
Slawen 4.9N–S
slawische Sprachen 4.7Lit 4.9N–S 4.9Lit
slawische(r) Lehnwörter/Sprachenkontakt 3B6 4.7O 4.9L
Slovenisch 4.7O 4.9OPR
Slowakei, Slowakisch 4.4D 4.4Lit 4.9O
so 4.5C
so dass 2.2BII
Soest 4.9J
Soldatensprache 4.6C
Söldner 4.7JK 4.8K
Solidarisierung(sbriefe) 4.2M 4.8K
sollen als Hilfsverb 4.5D
Sonderegger, Stefan 3A–E 4.8G
Sondersprachen 4.6C 4.6Lit
Sonderweg, deutscher 1.2H
Sorbisch 4.7O 4.9OP **4.9Q** 4.9Lit
sozial 1.2E
Sozialdiskriminierung 4.4M 4.9H
Sozialdistanzierung, -distinktion 2.3N 2.5DG 4.7C
Sozialdisziplinierung 2.5D 4.9A

soziale Gruppen als Sprachvorbilder 3D3
Sozialgeschichte 1.2F–H 4.1Lit
Sozialstatus 2.3N
Soziolekte/Gruppensprachen 2.4D 4.6CD
soziopragmatische Sprachgeschichte 1.2DE 1.2Lit
soziopragmatische Sprachwandeltheorie 1.2E2.1E
spanischer Lehneinfluss 4.7L
Spätaufklärung 1.2C
Spätmittelalter 3A 4.0 4.1A
Spätscholastik 4.6B
Speyer 4.4O 4.6E
Spitzenstellung des Verbs 4.5F 4.9M
Splett, J. 3B7
spontane Ordnungen 2.5A
Spottlieder 4.2M
Sprachanschluss 2.1B
Sprach-Archäologie 1.2A
Sprachatlas/Wenkeratlas 1.3F 2.1AB
Sprachausbau s. Ausbau!
Sprachbarrieren 1.1J 2.3F
Sprachbevölkerung 1.1A 1.2D
Sprachbewusstsein 4.4Lit
Sprachdeterminismus 1.1AH
Sprache/Varietät 4.9AC
Spracheinflüsse 1.2H 4.7
sprachelitäre Sprachideologie 1.1D
Sprachenkämpfe 3D4 4.9S
Sprachenkontakte 2.3F 4.7 4.7Lit
Sprachenpolitik 1.2B 3D4 **4.9** 4.9Lit
Sprachenverdrängung 3D4 4.9N–S
Sprachenwechsel slaw./dt. 4.7O 4.9C–S
Sprach(en)zwang 4.9AJNP
Sprachevolution s. Evolution!
Sprachfunktionen 2.4A 2.5J
Sprachgebrauch (Parole) 2.1D
Sprachgebrauch, geschlechterneutraler 2.5J
Sprachgebrauch, weiblicher 4.2M 4.2Lit
Sprachgemeinschaft 1.1A 1.2D
Sprachgeographie 2.1B 4.4A
Sprachgeschichte 1.1A 1.2A
Sprachgeschichte als Stilgeschichte 2.5L
Sprachgeschichte im digitalen Zeitalter 1.3
Sprachgeschichte von unten 1.2G

Sprachgeschichtsbewusstsein 1.2C
Sprachgeschichtsschreibung 1.2 1.2Lit
Sprachgesellschaften 2.5F
Sprachgrenze, deutsch-französische 3B2 4.1B
Sprachhandeln/Sprachtätigkeit 1.1A 2.3G
Sprachhandlungstypen 2.3N 4.2M
Sprachhandlungsverben 4.6E 4.7G
Sprachideologien **1.1C–J** 2.3A 2.5J 4.4AD
Sprachimperialismus 1.2D
Sprachinseln 4.4D 4.4Lit 4.9O
Sprachkompensation 2.2C
Sprachkompetenz 2.3ABF 2.4B
sprachkonservative Haltung 1.1C 2.5A
Sprachkritik 1.1BH 1.2CH 2.3A 4.9B
Sprachkritik, feministische 2.5J
Sprachkritik, humanistische 4.7C
sprachkritische Intoleranz 2.5A
sprachkritisches Erkenntnisinteresse 1.2B
Sprachkultivierung 1.2H
Sprachminderheiten s. Minderheitensprache!
Sprachmischung 1.1F 2.2A 2.3F 4.6D **4.7D** 4.9S
sprachmonomane Sprachideologie 1.1G 1.2H
Sprachnorm(en) 1.1JG **2.4A** 2.5B 4.2B
Sprachnormenkritik 2.5J
Sprachnorm-Reform 4.3A
Sprachnormung 1.2BCH 2.4D 2.5K 3D4 4.4M 4.9AM
Sprachökonomie 2.1E **2.2** *2.5*J 4.6A
Sprachpflege 1.2C
Sprachphilosophie 1.1Lit
Sprachpolitik 1.2C 2.5D 4.8G 4.9
Sprachprestige 2.1B 2.3DN 2.4A 2.5F 4.4FJ 4.5E 4.7A 4.9BHJO
Sprachprestige, regionales 3D3
Sprachpurismus **1.1F** 1.2C 2.3H 2.4C 2.5FG 3D2 3E4 4.6B 4.7EMS
Sprachraum 2.1B
Sprachraum, deutscher 3B2
sprachrealistische Semantik 1.1G
Sprachregelungen 2.4C 2.5J
Sprachreinigung s. Sprachpurismus!
Sprachrituale 2.5H 4.2Lit
Sprachschmähung 4.9B
Sprachsoziologische Integration 2.3F

sprachsoziologische/sozialgeschichtliche
  Sprachgeschichtsschreibung 1.2D
Sprachspiel(erei) 2.3G 4.7D 4.8N
Sprachspott 4.4M 4.5F 4.9AJ
Sprachstadien 2.1D 4.3A
Sprachstereotype 4.9A
Sprachströmung 2.1B
Sprachsystem (Langue) 2.1D
Sprachsystem vs. Sprachnorm 2.5B
Sprachsystemwandel 2.3D 4.3
Sprachunterricht 2.3A
Sprachvariation 2.1D 2.3M **2.4**
Sprachvarietäten s. Varietäten!
Sprachverbot 3D4 4.9Q
Sprachverfall/verderb/zerstörung 1.1BC
  2.3A 2.5A
Sprachwandel 1 1.1 **2.1–5** 4.9C
Sprachwechsel 4.4G 4.9A
Sprachwirkungen 1.1H
Sprachwissenschaft 1.1Lit 1.2Lit
Sprachzustand 2.1E 2.5A
Sprechbarkeit 2.5J 4.5B 4.8J
Sprechereinstellungen 2.3N 4.8M
Sprechsprache, gesprochene Sprache,
  Redesprache 4.2M 4.2Lit **4.4M**
  4.5BEF 4.8C 4.8JM
Sprich wie du schreibst! s. Leseaussprache!
Sprichwörter 4.8EPJ 4.8Lit
st/sp-Aussprache 4.3G
staatliche Varianten/Varietäten 2.4D
  2.4Lit
Staatsnation 1.2D
Stadel/Scheune 4.4O
Stadium 2.1D
Stadt/Land 4.1F
Stadtbücher 4.2E
Städtebünde 4.1F
Städte(entwicklung) 4.1EFH 4.6C
städtische Schriftlichkeit 3D1 4.2E 4.2Lit
  4.9B
städtische Schulen 4.2P
städtische Textsorten 4.9F
Stadtkanzleien 4.9F
Stadträte 4.1G 4.4O 4.9J
Stadtschreiber 4.2E
Stadtschulen 4.2G
Stadtsprache 4.4G 4.4Lit
Stadtuniversitäten 4.2H

Stammbaumtheorie 2.1A
Stammsilbenbetonung 3C12
Stammsilbenvokale 3E2
Standardsprache 1.2H 2.4D
Stände 4.1E
Standesprestige 4.9H
Stapel 4.4O
Staphylus, Friedrich 4.8E
stark/schwach (Adjektive) 4.3K
stark/schwach (Verben) 3E3 4.3FJ
Statussymptome 3E4
Staufische Klassik 4.9B
Steiermark 4.9PR
Steigerungskennzeichnung 3C1
Steinhöwel, Heinrich 4.4L 4.7C 4.8E
Stereotypen 2.3M
Stettin 4.9DJ
Stigmatisierung 3D3 4.9CJ
Stil 2.1D
Stilfiguren 2.3M 4.7H
Stilgeschichte 2.5L
Stil-Lehrbücher 4.7H
Stilvariation 4.8H
stimmlos/stimmhaft 4.3F
Stítný, Thomáš 4.9S
Stolt, B. 4.5BE 4.8E
Strafe/Pein/Buße 4.4O
Stralsund 4.9DJ
Straßburg 4.4C 4.4Lit 4.7B
Streitschriften 4.2KN 4.8HK
Stromer, Ulman 4.2C
Strukturale Bedeutungstheorie 2.3 G
Strukturale Sprachwandeltheorie 2.1D
  2.2A
strukturelle Disposition 4.4J
Studierendenbewegung, 1968er 1.1J
  1.2DH
Studentenjargon 2.4D 4.7M
Stufe/Staffel 4.4N
Stuß 4.7N
Subjunktionen/Nebensatzkonjunktionen
  3C6 4.5CE 4.7DH 4.9L
subkulturelle Entlehnungen 4.7NO
Subkultursprache 1.1D 4.6C
Substantiv-Großschreibung s. Groß-
  schreibung!
Substantivierung/Nominalisierung 2.2C
  4.6BF 4.7M

Substantivstil/Nominalisierungsstil 2.5L 4.6B
Substantiv-Wortbildung 4.6Lit
süddeutsche Aussprache 4.4M
süddeutsche Wortwahl 4.4N
süddeutsches Gemeindeutsch 4.4FGO
Süddeutschland 4.1FH 4.2PQ 4.3F 4.4A **4.4BC** 4.4FO 4.5D 4.6E 4.7K
Südwesten 4.4C
Suffixe 3C5 4.6B
Suffixentlehnung 4.7M
Suffixentstehung 4.6B
Suffixhäufung 4.6B
Suffix-Purismus 2.5F
Suffixvarianten 2.4B
Suffixverdeutlichung 4.6B
symptomatische Sprachrezeption 2.5J
Symptome kurieren 2.5J
Symptomfunktion 2.4A
Synästhesie 2.3M
Synchronie 1.1B 2.1DE
Syndese 4.8J
Synekdoche 2.3M
Synkope 3C2
Synonymenwörterbücher 4.6F 4.9E
Synonymie 1.1G 2.4BC 2.5G 4.6C 4.7C
synonymische Worterklärungen 4.6E
synonymische Zwillingsformeln 4.6EF
syntaktische Variation 2.4B
Syntax 2.1D 2.4Lit 4.5 4.8P
synthetischer Sprachbau 3C6
Systematisierung 3E2 3E3 4.3E 4.5AD 4.6BE
systembezogene Ökonomie 2.2B
systemlinguistische Sprachwandeltheorien 1.2D 2.1D 2.1Lit
Systemstabilisierung 4.3G
Systemwandel 2.1D 2.3D 2.5K 4.3
Szientismus 2.1ABD

Tante 2.3HN
Tauler, Johannes 4.2L 4.8BC
Technik 4.2HR 4.6BD 4.6Lit
Teilsysteme s. Varietäten!
Telefon/Fernsprecher 2.4C 2.5G
Telegrammstil 2.2C
Telekratie 2.3M
teleologische Perspektive 1.2H

Tempo-Beschleunigung 2.2BII
temporale Verknüpfung 4.5C
Tempus 4.3J 4.5D 4.5Lit 4.7H
Tepl, Johannes v. 4.2M
Terminologie 4.2R 4.7E, linguistische 1.1Lit
Terminologisierung 2.3C 4.7G
Territorialfürsten, Landesherrschaft 4.1BDGH 4.2N 4.7B 4.9ADFJO
Territorialverwaltung 4.2C
Tetzel, Johann 4.2L
Teufelsbriefe 4.2M
Textbausteine 4.8K
Textgliederung, Gliederungsmittel 4.2BF 4.8K
Textkohärenz 4.8J
Textkomplexität 4.5F
Textlinguistik 2.1D
Textrezeption 1.2B 4.2B
Textsorten 1.1D 1.2Lit 3B7 3D1 **4.2** 4.5B **4.8KM** 4.9CF
Textsortennormen 4.8K
Textsortenspezifik 4.5E 4.8K
Textsortenstile 2.2C 2.3L 2.4D 2.5K 4.5A
Textsorten-Variation 2.4B
Textura-Schrift 3D2 4.2EJ
Textverständlichkeit 2.5J
th/t 4.7F
Tharaeus, Andreas 4.9Q
Theatermetaphern 2.3M
Thema/Rhema 2.2BII
Theologia deutsch 4.2L
theologischer Wortschatz 4.8F
Thomas v.Aquin 4.2Q
Thüringisch 4.4D–F 4.4Lit
tiefschürfend 4.6C
Timm, E. 4.5F 4.9LM
Tinnef 4.7N
Titel von Flugschriften 4.8H
Titelblätter 2.2C 4.2JN 4.5B
Titelbüchlein 4.4L
Titulaturen 4.8K
Tochtersprachen 2.1A
Topf/Hafen 4.4N
Torquatus, Georg 4.9J
Träne/Zähre 4.4N
Transfer(enz) 2.3F 4.7D 4.7Lit
Transitivierung 2.2BI

trennbare Präfixe s. Verbzusätze!
Trienter Konzil 4.2Q
Triglossie 4.9K
trivial 4.2H
Trivialliteratur 1.2G
Tropen 2.3M
Tschechisch 4.9O **4.9S** 4.9Lit
tschechischer Spracheinfluss 4.5D 4.7O
Tschirch, F. 4.6B 4.8G
-turn 4.8L
tun als Hilfsverb 4.5D
Türkenkriege 4.9R
Turmair s. Aventin!
Twinger von Königshofen, Jacob 4.6F
Typographie 3D2 4.2J 4.2Lit
typographische Verdeutlichung 4.3E

Überdifferenziertheit 3E2
Übergeneralisierungen 2.4C
Übernahme in die Gemeinsprache 4.6C
Übernamen 4.6C
überregionale Kommunikation 4.9A
überregionale Variantenkenntnis 4.4KL
überregionale Wortwahl 4.4NO
überregionaler Ausgleich **4.4** 4.9B
Überschaubarkeit 2.2BII
Übersetzen 4.2R 4.7CF 4.7Lit
Übersetzungen ins Niederdeutsche 2.5C 4.9CG
Übersetzungsliteratur 4.6B
Übersetzungsmethoden, -prinzipien, -Stile 2.5C 4.7CH 4.8E 4.9GL
Übersetzungsverbot 4.9BQ
Übersichtlichkeit 4.5D
Überspezifizierungen 2.5J
Überstaatlichkeit der dt. Sprache 3B3
Übertragene Bedeutung s. Bedeutungsübertragung!
Überzeugungswörter 4.8L
Ufer/Gestad 4.4N
Ulrich v.Württemberg 4.2L 4.8J
umbe das 4.5C
Umgangssprache 2.4D
Umgebungs-Varianten 2.4C
Umlaut 3C1 4.3DJ 4.4L
Umlautbezeichnung 4.3D 4.4L 4.8E
um zu 4.5C
unartig 2.3K

unbeabsichtigte Folgen 2.5A
und 4.5BC
uneigentlicher Ausdruck 4.6B
uneigentlicher Wortgebrauch 2.3M
unfreie Künste 4.6C
Ungarn 4.4B 4.4Lit
-unge 4.6B
Ungenauigkeit s. Vagheit!
Univerbierung 2.3C 4.6A
Universalität 4.9AB
Universitäten **4.2HQ** 4.2Lit 4.4K 4.7BK 4.9D
Unsagbarkeit 4.6B
untergehen (Sonne) 2.3L
Unterrichtspraxis 4.6F
Unterrichtssprache 4.2PR 4.6D 4.7B 4.9BJHS
Unterschicht-Lehnwörter 4.7O
Unterwelt-Wörter 4.7N
Unterwerfungs-Bilinguismus 4.9N
Urkunden(sprache) 3B4 4.2E 4.4H 4.5B 4.9BK
Urkundenstil 4.7B
Ursprache 1.1B 2.1A

v/f 4.3E 4.4L
v/u 4.4L
Vagantentradition 4.2M
Vagheit 2.2C 4.5B
Valenz 2.2BI **2.3K** 4.5Lit 4.6B
Variabilität 4.5BF
Variable 2.4B
Varianten 2.4B 4.3C
Variantenkenntnis 4.4K
Variantenreduzierung, -aussonderung 2.2BI **4.4** 4.5C
Variantenreichtum 4.9E
Variantenverschiebungen 4.3A
Variation **2.4** 4.8N
Variationsstil 4.6F
Varietäten 1.1D **2.4BD** 4.9A s. auch nationale, regionale, staatliche V.!
ver- 4.6B
Verallgemeinerung 2.3C
veralteter Sprachgebrauch 2.4D
Veränderbarkeit 1.1
Verbableitung 4.6Lit
Verbendstellung 4.5BE 4.7H

Verbgefüge 3C6 4.5D 4.5Lit
Verbflexion, schwache 2.1D
Verbklammer s. Klammersatz!
verbotene Künste 4.6C
Verbstellung 4.5E 4.9M
Verbvalenz s. Valenz!
Verbzusätze, trennbare (Präfixoide) 2.2BII 3E1 4.6B
Verdeutlichung 2.3C
Verdeutlichung, typographische 4.3E
Verdeutschungen 1.1F 2.3C **2.3E** 2.4C 2.5G
verdichteter Ausdrucksstil s. komprimierter!
Verdrängungswörter 2.3M
Verdumpfung 4.4E
Vereinfachung 2.2A 3E2 4.3E
Vereinigung 4.8K
Verengung 4.4E
Verfremdung 4.6C
Verführungsmacht Sprache 1.1H
Verkehr 2.1B 4.7JK
Verknüpfungen 4.8FK
Verknüpfungselemente 4.5C 4.7D
Verleger 4.2J 4.4K 4.8G
Vermeidung von Dialektmerkmalen 4.4E
Vermeidung von Phonemzusammenfall 4.3D
Vernakularisierung 3B4
Versammlung 4.8K
Verschleierung 2.3CD
Verschriftlichung 4.2Lit
Verschriftlichungszwang 4.6E
Verständigungsschwierigkeiten 3B1
Verständlichkeit 4.2EF 4.3E 4.5B 4.6E 4.8D
Verständniserschwerung 4.7C
Verständniskonflikte 4.9J
Verständnisschwierigkeiten 4.9CGN
Verstärkung 2.3C
Verstehen L1A 2.2A 2.3A
Verstexte 4.2F
Verunsicherung 2.5J
Vervielfältigung 4.2CJ
Vervolkssprachlichung, Vernakularisierung 3B4
Verwaltung 4.2CE 4.6E
Verwaltungsstaat 4.1D

Verwaltungswortschatz 4.7GJ
Verwandtschaftsbezeichnungen 2.3H
Verwissenschaftlichung 2.5K
Vetter 2.3H
Viehhändler 4.7N
visuelle Textgliederung 4.4L
Vocabularius ex quo 4.2G 4.6F
Vokabularien 4.4K 4.6F
Vokal/Konsonant 4.3E
Vokaldehnung 4.3C
Vokalismus, Vokalsystem 3C1 3E2 4.3CDE
Vokalwechsel 3C1 3C4 4.3J 4.9M
Volk 1.1G
Völkerwanderungszeit 4.9O
Volksaufstände 4.1G 4.8J–N 4.8Lit
Volksbildung s. Laienbildung!
Volkssprache 4.2E 4.9AB
Vorarlberg 4.4C
vorbildgebende Regionen 3D3
Vorbildgeber 4.4K
vorbildliche Texte 4.4L
Voreinstellungen 2.1D
Vorkommenskombination 4.4J
Vorlesen 1.2B 4.2BEF 4.2MOP 4.8EJM
Vormund 4.4O
Vornamen 2.5K 4.6Lit
vorsprech(e) 4.9N
vorwissenschaftlicher Wortschatz 4.6D
Vulgarisierung 1.1D

w/u 4.3E
Wahrheitsbeteuerung 4.8M
Waidmannssprache 4.6C
Waldenser 4.9B
Walfisch 2.3L
Wanderarbeiter 4.7K
Ware/Kaufmannschaft 4.4O
Weh/Schmerz/Pein 4.4O
Weib 2.5B
Weyda, Ursula 4.2M
Weiden der Schafe 4.8H
weil 4.5BC
Weinhändler 4.7N
Weisgerber, L. 1.1AH
weiterführende Nebensätze 4.5B
welcher, Relativpronomen 4.5E
Wellentheorie 2.1B 4.3C

Wenker, G. 1.3F 2.1AB 4.4A
wenn 4.5C
Wenden 4.9NO
Wendisch s. Sorbisch!
Wendland, Lüneburgisches 4.9P
Wenzel IV. 4.9S
Werbebriefe 4.8K
Werbetexte 4.2CJ
werden-Gefüge 2.1D 4.5D
-*werk* 2.2BI 4.6B
Wertigkeit s. Valenz!
-*wesen* 4.6B
West, J. 4.6D
Westen/Abend 4.4N
Westeuropa 4.9D
Westfalen 4.9E 4.9Lit
Westfälisch 4.4H
Westjiddisch 4.9L
Westmitteldeutsch 4.4GK 4.4Lit
Westniederdeutsch 4.4H 4.4Lit 4.9Lit
Westoberdeutsch 4.4C 4.4Lit
west-östliches Kulturgefälle 4.7O
Westpreußen 4.4E 4.9D
Wettiner 4.1B 4.4A
Wettinische Kanzlei 4.4D–F
wettinische Territorien 4.9D
Whorf, B. L. 1.1H
Wickram, Jörg 4.2E
Wiedertäufer 4.1G 4.9J
Wiegendrucke 4.2J
Wien 4.1B 4.2GHQ 4.4ABO 4.4Lit 4.6E 4.7BCK
Wilhelm v.Ockham 4.2KL
Wimpfeling, Jakob 4.7CE
Winkelschulen 4.2GP
wir-Stil 4.2M
Wirtschaftsgeschichte 4.1 Lit
Wirtschaftswortschatz 4.7J
Wismar 4.9D
Wissenschaften 2.1 4.2H 4.4A
Wissenschaftsliteratur 4.2Lit
Wissenschaftssprache 2.3F 2.5K 3C4C5 3E4 **4.2R** 4.6BD 4.6Lit 4.7AE
Wissenschaftsstil 4.5E
Wissensvermittlung 4.2J 4.6Lit
Wissenswandel 2.3L
Wittenberg 4.2L 4.4AD–F 4.4KM 4.4Lit 4.8B 4.9FGP

Wittgenstein, Ludwig 2.3GO
Witzel, Georg 4.8E
witziger Sprachgebrauch 4.6C
wo 4.5C
wollen als Hilfsverb 4.5D
Wortakzent 3C2 3E1E4 4.7F
Wortartvariation 2.3C
Wortartwechsel s. Konversion!
Wortbildung **2.3B** 2.3Lit 3C5 4.4LO **4.6ABF** 4.6Lit 4.8N
Wortbildungsfreiheit 4.7M
Wortbildungskennzeichnung 3C1
Wortbildungskompetenz 2.3BC
Wortbildungsmuster, -typen, -klassen 2.3CD
Wortbildungsmuster, lateinische Vorbilder 4.6BDF
Wortbildungs-Polysemie 2.3D
Wortbildungssystem 3E4
Wortbildungstendenzen 2.3B
Wortbildungs-Variation 2.4B
Wortdifferenzierungs-Kennzeichen 3C1
Wörterbücher s. Lexikographie!
Wörterbücher, digitale 1.3E
Worterklärungen 4.4KN 4.6E
Wortersatz 2.3C 2.5G
Wortfelder 2.3DFM 4.6Lit
Wortfeldstruktur 2.3H
Wort-für-Wort-Übersetzung 4.7CH 4.9G
Wortgeographie 4.4NO
Worthülsen 1.1G
Wortkürzung s. Kurzwörter!
Wortlisten 4.4KN
Wortschatzausgleich 4.4Lit
Wortschatzerweiterung, -expansion 3B7 **4.6** 4.7M
Wortschatzgeschichte 2.4Lit
Wortschatzunterschiede 4.4Lit
Wortschatzwandel 2.3
Wortspiele(rei) 4.7M 4.8N
Wortstammschreibung (= morphematisches Prinzip) 4.3F 4.4L
Wortstellung/Satzgliedstellung 3C6 **4.5BEF** 4.5Lit 4.8EF
Wortvariation 2.4B 4.6EF 4.8N
Wortverdrängung 2.4C
Wrack 4.6C
Wrede, Ferdinand 2.1B

würde-Fügung 1.1C 2.2BI 2.4B 4.3J 4.5D
Wyle, Niklas von 4.2E 4.4L 4.7CEH

y/i 4.3E 4.4L
y/ü 4.7F
Yentl 4.9L
Yiddish 4.9L

Zeichensetzung s. Interpunktion!
Zeitgeschichte 1.2H
zeitlich logisch 4.5C
zeitliches Nacheinander 1
Zeitstile 2.4D
Zeitungen, frühe 4.2O 4.2Lit
Zeitungslieder 4.2O
Zeitungsschreiber 4.2O
Zell, Katharina 4.2M
Zensur 4.2N 4.9B
zer- 4.6B
Zerbst 4.9D
Zerrbild/Karikatur 2.5G

-zeug 4.6B
Ziege/Geiß 4.4NO
Ziegler, Niclas 4.4B
Zielbegriffe 2.3N 4.4L
Zitate 4.8J
Zünfte 4.1E 4.4O 4.6C
Zürich 4.4CK 4.8G
Zusammenfall von Phonemreihen 4.3C
Zusammenschreibung 4.6B
Zusammensetzung/Kompositum 2.2BIC
   2.3B 3C5
Zuwachs im Wortschatz 3B7
Zweifachsuffigierung 4.7M
Zweisprachigkeit s. Bilinguismus!
Zweitstellung des Verbs 4.5E
Zwickau 4.4E
Zwillingsformeln, Paarformeln 4.4N
   4.6EF 4.7C
Zwingli, Huldrych 4.4C 4.8G 4.8Lit 4.9A
Zwölff Artikel 4.2M

www.ingramcontent.com/pod-product-compliance
Lightning Source LLC
Chambersburg PA
CBHW070256240426
43661CB00057B/2567